लोक संस्कृति की रूपरेखा

डा. कृष्णदेव उपाध्याय
एम.ए., पी-एच.डी.
पूर्व निदेशक
लोक संस्कृति शोध संस्थान
वाराणसी

लोकभारती प्रकाशन
पहली मंजिल, दरबारी बिल्डिंग, महात्मा गाँधी मार्ग, इलाहाबाद-1

लोकभारती प्रकाशन
पहली मंजिल, दरबारी बिल्डिंग, महात्मा गाँधी मार्ग
प्रयागराज-211 001
वेबसाइट : www.lokbhartiprakashan.com
ईमेल : info@lokbhartiprakashan.com

शाखाएँ : 1-बी, नेताजी सुभाष मार्ग, दरियागंज
नयी दिल्ली-110 002
अशोक राजपथ, साइन्स कॉलेज के सामने
पटना-800 006
36-ए, शेक्सपियर सरणी
कोलकाता-700 017 (प. बंगाल)

संस्करण : 2019

जे.के. आर्ट प्रेस
प्रयागराज द्वारा मुद्रित

LOK SANSKRITI KI ROOPREKHA
by Dr. Krishna Dev Upadhyaya

मूल्य : ₹ 750

समर्पण

जिन्होंने बचपन में लोरियों को गाकर तथा कथाओं को सुनाकर मेरे हृदय में लोक साहित्य के प्रति प्रेम उत्पन्न किया

उन्हीं

प्रातःस्मरणीया, परम पूजनीया पुत्रवत्सला, "माई"

श्रीमती मूर्ति देवी जी

के करकमलों में

उनके कनिष्ठ पुत्र की यह कृति

सादर सप्रेम समर्पित

लोक साहित्य तथा लोक संस्कृति के प्रेमियों एवं विद्वानों के लिए अष्ट श्लोकी गीता

अर्चनं नैव जानामि; नैव जानामि पूजनम् ।
लोकसाहित्य सेवा हि; परा पूजा, परा गीतः ॥१॥

लोकगीते तथा नृत्ये; नाटके च सुभाषिते ।
लोकगाथा कथायां च; सदा रमतु मे मनः ॥२॥

गृहे गृहे प्रसिद्धानां; लोकगीत-कथादिनाम् ।
संग्रहः करणीयोऽस्ति; सर्वैरेव जनैः सदा ॥३॥

लोकसाहित्य रत्नानां; लोकसाहित्य-सागरात ।
समुद्धारः संकलनं; कर्तव्यः लोकसेवकैः ॥४॥

रक्षा लोककथानां च; लेखनात्, "टेपनात्" तथा ।
लोकसाहित्य भक्तानां; नास्ति चान्या परा गतिः ॥५॥

संचयः लोकगीतानां; गाथानां चैव सूक्तिनाम् ।
नान्यत् पुण्यतमो धर्मः; नास्ति चान्यत् परं तपः ॥६॥

एष एव परो धर्मः एषा चैव परा गतिः ।
जीवनस्य पराकांक्षा; लोकसाहित्य-सेवनम् ॥७॥

एष धर्मः समासेन; प्रोक्तः लोक हितैषिणा ।
कृष्णदेवेन विदुषा; उपाध्यायेन सूरिणा ॥८॥

———

निवेदन

आज से तीस वर्ष पहिले जब सन् १९५६ ई० में डॉ० धीरेन्द्र वर्मा ने हिन्दी प्रदेश के विश्वविद्यालयों में, सर्व प्रथम प्रयाग विश्वविद्यालय में, लोक साहित्य के अध्ययन-अध्यापन का श्रीगणेश किया, उस समय लोक साहित्य के सिद्धान्तों का विवेचन करने वाली, उसकी विभिन्न विधाओं का सम्यक् रीति से प्रतिपादन प्रस्तुत करने वाली किसी ऐसी पुस्तक का अत्यन्त अभाव था जिससे छात्रगण इस विषय का अध्ययन कर सकें। अतः डॉ० वर्मा के सुझाव पर 'लोक साहित्य की भूमिका' के नाम से एक पाठ्य ग्रन्थ का मैंने निर्माण किया जिसमें लोक साहित्य के सिद्धान्तों के प्रतिपादन के अतिरिक्त उसकी विभिन्न विधाओं पर भी प्रचुर प्रकाश डाला गया है।

हिन्दी के विद्वानों तथा छात्रों ने इस पुस्तक का पूर्णरूप से स्वागत किया। आज मुझे यह कहने में प्रसन्नता होती है कि इस समय इस पुस्तक के चार संस्करण प्रकाशित हो चुके हैं तथा आज भी यह पुस्तक विश्वविद्यालयों में पाठ्य ग्रन्थ के रूप से पढ़ाई जा रही है। यद्यपि इस विषय पर एक दो अन्य ग्रन्थ भी अब प्रकाशित हो गये हैं परन्तु इसका महत्त्व तथा उपयोगिता आज भी ऐसी ही बनी हुई है जैसे पहिले थी।

लेखक का वक्तव्य

प्रस्तुत ग्रन्थ की आवश्यकता

(क) लोक साहित्य लोक संस्कृति की एक महत्त्वपूर्ण इकाई है। यह इसका अविच्छिन्न अंग अथवा अवयव है। जब से लोक साहित्य का भारतीय विश्वविद्यालयों में अध्ययन तथा अध्यापन के लिए प्रवेश हुआ है, तब से इस विषय को लेकर अनेक महत्त्वपूर्ण ग्रन्थों का निर्माण हुआ है। इन ग्रन्थों में डॉ० सत्येन्द्र का 'लोक-साहित्य विज्ञान', डॉ० त्रिलोचन पाण्डेय का 'लोक साहित्य का अध्ययन' तथा डॉ० कृष्णदेव उपाध्याय रचित 'लोक-साहित्य की भूमिका' आदि पुस्तकें अनेक दृष्टियों से महत्त्वपूर्ण तथा तलस्पर्शी हैं। परन्तु लोक संस्कृति (फोक लोर) के समस्त अंगों तथा उपांगों का विवेचन करने वाला तथा उसके प्रधान सिद्धान्तों का प्रतिपादक अभी तक कोई भी मानक ग्रन्थ हिन्दी में उपलब्ध नहीं है। अंग्रेजी भाषा में लोक संस्कृति के सिद्धान्तों का सम्यक् रूप से प्रतिपादन करने वाले अनेक ग्रन्थ उपलब्ध हैं। परन्तु हमारी मातृभाषा तथा राष्ट्रभाषा हिन्दी में इस विषय की प्रतिष्ठा करने तथा विवेचन प्रस्तुत करने वाले किसी भी ग्रन्थ का न होना अत्यन्त परिताप का विषय है। यह एक ऐसा अभाव था जो सर्वदा हृदय में खटकता रहता था।

जब से विश्वविद्यालयों में लोक साहित्य (फोक लिटरेचर) तथा लोक संस्कृति (फोक लोर) का अध्ययन होने लगा है और यह शोध का प्रधान विषय बन गया है, तब से एक ऐसे ग्रन्थ के अभाव की अनुभूति तीव्रतर होने लगी है। लोक साहित्य के विद्वानों तथा शोधी छात्रों के सम्मुख ऐसे किसी ग्रन्थ का नितान्त अभाव था जिसमें लोक संस्कृति (फोक लोर) के समस्त अवयवों की सर्वाङ्गीण व्याख्या मानक रूप में प्रस्तुत की गई हो। प्रस्तुत ग्रन्थ इसी अभाव की पूर्ति के लिए लिखा गया है।

(ख) इस ग्रन्थ के लिखने का दूसरा कारण हिन्दी में अंग्रेजी के 'फोक लोर' के लिए, उसके समानार्थक शब्द के रूप में 'लोक संस्कृति' शब्द की स्थापना करना है। फोक लोर के लिए हिन्दी में 'लोक वार्ता' शब्द का प्रयोग किया जा रहा है जो नितान्त भ्रामक तथा अशुद्ध है। कोई शब्द अथवा परिभाषा, अवाचक, अव्याप्ति तथा अति व्याप्ति आदि दोषों से रहित होनी चाहिए। प्रस्तुत लेखक ने अनेक तर्कों तथा उदाहरणों को देकर इस ग्रन्थ में यह प्रतिपादित करने का सफल प्रयास किया है कि हमारी राष्ट्रभाषा में 'फोक लोर' के लिए लोक संस्कृति शब्द का ही प्रयोग

समुचित तथा उपादेय है। लोक-वार्ता शब्द अवाचक तथा अव्याप्ति दोषों से दूषित है। अतः यह शब्द 'फोक लोर' का अर्थ प्रतिपादित करने के लिए कथमपि-कदापि-ग्राह्य नहीं है। यह भ्रामक शब्द हिन्दी में कैसे चल पड़ा इसका इतिहास बतला कर इसकी अप्रयुक्तता पर भी प्रकाश डाला गया है। फिर भी यदि कुछ लोग अज्ञानतावश अथवा दुराग्रहवश इसी शब्द का प्रयोग करने पर तुले बैठे हों तो उनकी बुद्धि को क्या कहा जा सकता है ? उनकी विचार-शक्ति अथवा बुद्धि पर तरस खाने के अतिरिक्त और अधिक किया ही क्या जा सकता है।

(ग) साधारण पाठक वर्ग, शोधी छात्र तथा कुछ विद्वान् भी लोक साहित्य तथा लोक संस्कृति शब्दों के अर्थ में भेद न जानते हुए, एक के लिए दूसरे शब्द का प्रयोग करते हुए पाये जाते हैं। उन्हें लोक साहित्य तथा लोक संस्कृति में अन्तर ही ज्ञात नहीं होता। अतः इस ग्रन्थ में यह स्पष्ट रूप से विवेचन किया गया है कि लोक संस्कृति अंगी है और लोक साहित्य इसका केवल एक अंग मात्र है। इस प्रकार अंगी और अंग में जो भेद होता है वही भेद इन दोनों शब्दों में भी विद्यमान है। आशा है इस मीमांसा से इन शब्दों के संबंध में फैली हुई भ्रान्ति दूर हो जायेगी और लोक साहित्य तथा लोक संस्कृति का पार्थक्य स्पष्ट रूप से प्रतीत होने लगेगा।

इस ग्रन्थ की योजना तथा वर्ण्य विषय

प्रस्तुत ग्रंथ को छः खण्डों तथा १८ अध्यायों में विभक्त किया गया है। इन छः खण्डों के नाम निम्नांकित हैं—(१) विषय प्रवेश, (२) लोक विश्वास, (३) सामाजिक संस्थायें, (४) धार्मिक मान्यतायें, (५) ललित कला, (६) लोक साहित्य। विषय प्रवेश खण्ड में तीन अध्याय हैं—(१) लोक संस्कृति की समीक्षा, (२) लोक संस्कृति का अध्ययन आदि। प्रथम अध्याय में लोक संस्कृति (फोक लोर) शब्द के जन्म की कथा, इसका अर्थ, इसकी परिभाषा, सभ्यता और संस्कृति में अन्तर, लोक साहित्य तथा लोक संस्कृति में अन्तर, हिन्दी में फोक लोर का समानार्थक शब्द लोक संस्कृति तथा लोक संस्कृति के विराट् स्वरूप की मीमांसा की गई है। द्वितीय अध्याय में लोक संस्कृति के अध्ययन का इतिहास प्रस्तुत किया गया है। यूरोप के विभिन्न देशों—जैसे जर्मनी, फ्रान्स, इंगलैण्ड, स्वीडेन तथा फिनलैण्ड आदि—में लोक साहित्य का अध्ययन किन विद्वानों के द्वारा किया गया, इसकी संक्षिप्त चर्चा की गई है। लोक साहित्य की स्थापना करने वाले इन विद्वानों का क्या योगदान था, इस पर भी प्रकाश डाला गया है।

भारत में लोक साहित्य का अध्ययन अंग्रेजी शासकों तथा ईसाई मिशनरियों के द्वारा कब तथा किन परिस्थितियों में किया गया एवं उन्हें इस कार्य में कितनी परेशानियों का सामना करना पड़ा, इसे भी दर्शाया गया है। लोक साहित्य के अध्ययन

में इन विदेशी विद्वानों का क्या योगदान है तथा हम भारतवासी इनके कितने ऋणी हैं, इस पर प्रकाश डाला गया है।

इस विशाल देश के विभिन्न प्रान्तों अथवा राज्यों में अनेक विद्वानों ने लोक साहित्य के अध्ययन का सूत्रपात किया था—जैसे बंगाल में डॉ० दिनेश चन्द्र सेन, गुजरात में झवेर चन्द्र सेघाणी और हिन्दी प्रदेश में पं० राम नरेश त्रिपाठी आदि। इन मनीषियों की कृतियों तथा उनके अप्रतिम योगदान की विशेष रूप से चर्चा की गई है। तीसरे अध्याय में लोक संस्कृति का श्रेणी-विभाजन किया गया है। अंग्रेजी में श्रीमती सोफिया बर्न, प्रोफेसर एलेक्जेण्डर क्रेपी तथा प्रोफेसर एलन डण्डी ने अपने मत के अनुसार इसका श्रेणी-विभाजन किया है। परन्तु इनका वर्गीकरण पाश्चात्य संस्कृति की पृष्ठभूमि में किया गया है। अतः लेखक ने स्वतंत्र रूप से इस पर विचार कर अपना मौलिक श्रेणी-विभाजन किया है।

द्वितीय खण्ड में पाँच अध्याय अन्तर्भुक्त हैं—जैसे—(१) आकाशीय पिण्ड संबंधी लोक विश्वास (२) पृथ्वी संबंधी लोक विश्वास (३) वनस्पति जगत् संबंधी लोक विश्वास (४) मानव शरीर संबंधी लोक विश्वास तथा (५) विविध लोक विश्वास। आकाशीय पिण्डों में नवग्रह तथा आकाशीय 'फेनामिना' के अन्तर्गत बादल, विद्युत, वायु और इन्द्रधनुष की गणना की जाती है। पृथ्वी संबंधी लोक विश्वास के अन्तर्गत नदियों और पर्वतों के संबंध में प्रचलित लोक विश्वास आते हैं। नदियों में गंगा-यमुना और पर्वतों में हिमालय एवं विंध्याचल के विषय में अनेक विश्वास लोक में प्रचलित हैं। वनस्पति जगत् संबंधी लोक विश्वासों के अन्तर्गत वृक्ष, पौधा, घास, शाक और पुष्पों के विषय में अनेक विश्वास प्राप्त होते हैं। जैसे पीपल, गूलर, आम के संबंध में अनेक धारणायें समाज में प्रचलित हैं। वैसे ही तुलसी माता का वर्णन लोक गीतों में विशेष रूप से उपलब्ध होता है। पशु और पक्षियों को भी लोक विश्वास के संसार में विशेष स्थान प्राप्त है। गाय की महिमा वेदों तक में गायी गयी है। आज भी हिन्दू समाज में इसका महत्त्व अक्षुण्ण रूप से बना हुआ है। वानर आज भी हनुमान् के रूप में पूजित है और कुत्ता एवं बिल्ली परिवार में प्रेम के अधिकारी पात्र माने जाते हैं।

पक्षियों में कौआ के विषय में अनेक लोक विश्वास उपलब्ध होते हैं और यह आज भी लोक साहित्य में विरहिणियों का सन्देश-वाहक बना हुआ है। मनुष्य के शरीर के विभिन्न अंगों जैसे बाल, सिर, आँख और हाथ आदि के विषय में भी विश्वासों की कुछ कमी नहीं है। विभिन्न लोक विश्वासों के अन्तर्गत मास, दिन, तथा दिशाशूल के संबंध में अनेक धारणायें प्रचलित हैं। लोक कवि घाघ और भड्डरी ने दिशाशूल संबंधी विधि-निषेधों का बड़ा ही सुन्दर वर्णन किया है। घरेलू वस्तुओं में नमक, दर्पण, झाड़ू, सिलवट और सूप के विषय में अनेक मान्यतायें ग्रामीण जनता

में प्रचलित हैं। अन्त में स्वप्न पर विचार प्रकट करते हुए इस खण्ड की समाप्ति की गई है।

यह द्वितीय खण्ड पूर्णतया लोक विश्वासों से संबंधित है। अतः आकाश-लोक और भू-लोक में जितनी भी वस्तुयें उपलब्ध हैं और उनके संबंध में जो भी लोक विश्वास समाज में प्रचलित हैं उनका साङ्गोपाङ्ग विवेचन इस खण्ड में प्रस्तुत किया गया है। लोक विश्वास का क्षेत्र इतना विस्तृत तथा प्रचुर है कि इस पर एक स्वतंत्र ग्रन्थ ही लिखा जा सकता है। परन्तु यहाँ संक्षिप्त रूप में ही इनका वर्णन प्रस्तुत है।

तीसरे खण्ड में सामाजिक संस्थाओं का वर्णन किया है जिसमें दो अध्याय हैं—(१) वर्ण और आश्रम तथा (२) संस्कार। वर्ण के अन्तर्गत ब्राह्मण, क्षत्रिय, वैश्य एवं शूद्रों के कर्तव्य, अधिकार तथा समाज में इनका स्थान का प्रतिपादन किया गया है। आश्रम वाले प्रकरण में चारों आश्रमों की चर्चा की गई है। जातिप्रथा से होने वाले लाभ तथा हानियों की चर्चा के पश्चात् संयुक्त परिवार के सदस्यों के कर्तव्यों का परिचय दिया गया है।

संस्कार हिन्दू धर्म के प्रधान अंग हैं। यद्यपि धर्मशास्त्र में १६ संस्कारों का वर्णन उपलब्ध होता है परन्तु समाज में केवल छः संस्कार ही प्रधान रूप से प्रचलित हैं। विवाह संस्कार के अवसर पर विविध विधि-विधानों का सम्पादन किया जाता है जिनकी संक्षिप्त रूप से चर्चा की गई है।

हिन्दू समाज में व्रत और त्यौहारों का महत्त्वपूर्ण स्थान है। ये स्त्रियों तथा पुरुषों द्वारा समान रूप से मनाये जाते हैं। उत्तरी भारत से दक्षिणी भारत के त्यौहारों में कुछ भिन्नता पायी जाती है। अतः भारत के विभिन्न प्रान्तों में प्रचलित त्यौहारों का विवेचन यहाँ प्रस्तुत है। टोटेमवाद की चर्चा भी यहाँ की गई है। अनेक जंगली तथा आदिम जातियों में टोटेमवाद का प्रचार प्रधान रूप से उपलब्ध होता है। अनेक पेशा तथा व्यवसाय करने वाली जातियों का भी उल्लेख है।

चतुर्थ खण्ड का प्रधान वर्ण्य विषय धार्मिक मान्यतायें हैं, जिसके अन्तर्गत तीन अध्याय हैं—(१) ग्राम देवता तथा गृह देवता, (२) मृत आत्माओं संबंधी लोक विश्वास, (३) जादू, टोना और टोटका। ग्रामीण क्षेत्रों में अनेक देवी और देवता प्रचलित हैं जिनकी पूजा बड़ी श्रद्धा और भक्ति के साथ की जाती है। शीतला माता, षष्ठी माता, अछेरी और हरदौल आदि ऐसे ग्राम देवता हैं जिनका गाँवों में बड़ा ही आदर तथा सम्मान है। दूसरे अध्याय के अन्तर्गत उन मृत आत्माओं का वर्णन विशेष रूप से किया गया है जिनका प्रभाव ग्रामीण क्षेत्रों में समधिक रूप में उपलब्ध होता है। इनमें से कुछ प्रधान दुष्ट आत्मायें **(evil spirits)** निम्नांकित हैं—भूत, प्रेत,

पिशाच, वैताल, राक्षस, दानव, दैत्य और चुड़ैल आदि। इन दुष्ट आत्माओं का जितना विशिष्ट तथा विस्तृत वर्णन हिन्दी में है, अन्यत्र कहीं उपलब्ध नहीं है। अतः यह विवेचन नितान्त मौलिक है जिसके विवरण का हिन्दी में नितान्त अभाव है। किम्बहुना, संस्कृत में भी इन प्रेत आत्माओं का वर्णन एकत्र कहीं प्राप्त नहीं होता। जादू, टोना और टोटका के अन्तर्गत उन विधि-विधानों का वर्णन है जिनके द्वारा डायन स्त्रियाँ अपने कुकृत्य (कुदृष्टि) का सम्पादन करती हैं।

पंचम खण्ड में ललित कलाओं का विवरण प्रस्तुत किया गया है। इन कलाओं के अन्तर्गत संगीतकला, नृत्यकला, नाट्यकला, वास्तुकला, चित्रकला, मूर्तिकला आती हैं। संगीत लोक गीतों का प्राण है। इसके बिना लोक गीत निष्प्राण, निर्जीव तथा नीरस हैं। इसके अतिरिक्त भी ग्रामीण जनता गवनई, भजन और कीर्तन के द्वारा अपना मनोरंजन करती है। अतः संगीत जन-मन के अनुरंजन का प्रधान साधन है।

मूर्तिकला का दर्शन दिवाली के अवसर पर निर्मित मिट्टी की मूर्तियों में होता है जिनमें गणेश तथा लक्ष्मी की आकृतियाँ प्रधान हैं। गाँवों में अलपना और कोहबर के कुछ चित्रों को छोड़कर चित्रकला की विशेष उपलब्धि नहीं होती। वास्तुकला का प्रदर्शन गँवई में छप्पर के बने गृहों में किया गया है।

गाँवों में नाटकों—जिनमें रामलीला और रासलीला प्रसिद्ध हैं—का अभिनय करके ग्रामीण जनता का मनोरंजन किया जाता है। प्रत्येक प्रान्त में अनेक लोक नाट्य प्रचलित हैं जिनका संक्षिप्त रूप में परिचय दिया गया है। नृत्यकला का भी कुछ कम प्रचार नहीं है। विवाह के अवसर पर इनका वैभव देखा जा सकता है।

षष्ठ तथा अन्तिम खण्ड में लोक साहित्य का समास रूप में विवेचन प्रस्तुत किया गया है। लोक साहित्य का पाँच श्रेणियों में विभाजन करके, प्रत्येक वर्ग की विशिष्टता दिखलाई गई है। लोक सुभाषित का विभाजन चार वर्गों में किया गया है—यथा लोकोक्तियाँ, पहेलियाँ, मुहावरे और सूक्तियाँ। इन चारों का वर्णन लोक साहित्य से उदाहरण देकर किया गया है। अन्तिम अध्याय उपसंहार में इस ग्रन्थ के विभिन्न खण्डों तथा अध्यायों का अति संक्षिप्त सर्वेक्षण प्रस्तुत कर इस ग्रंथ की समाप्ति की गई है।

परिशिष्ट (क) के अन्तर्गत लोक संस्कृति (फोक लोर) का प्रामाणिक मीमांसा करने वाली पुस्तकों की सूची दी गई है जिससे पाठकों को इस विषय की विशिष्ट पुस्तकों की जानकारी प्राप्त हो सके। परिशिष्ट (ख) में इस ग्रन्थ में आये हुए विद्वानों, ग्रंथों तथा संस्थाओं और पारिभाषिक शब्दों की तालिका दी गई है जिससे पाठकगण इस ग्रंथ में वर्णित किसी वस्तु अथवा नाम का पता लगा सकें। इस प्रकार यह प्रस्तुत

ग्रंथ छः खण्डों और १८ अध्यायों में समाप्त है। इस पुस्तक में अध्यायों की संख्या १८ का होना साभिप्राय है तथा महाभारत के पर्वों का स्मरण दिलाता है।

इस ग्रन्थ की वर्णन शैली

(क) **तुलनात्मक शैली**—इस पुस्तक को लिखने में तुलनात्मक पद्धति का अनुसरण किया गया है। उदाहरण के लिए यदि कोई लोक विश्वास इस देश में प्रचलित है तो सर्वप्रथम उसके मूल रूप को वेदों में खोजने का प्रयास किया गया। इसके पश्चात् लौकिक संस्कृत-साहित्य में उसका क्या स्वरूप था, इसकी गवेषणा की गई है। आजकल लोक में अर्थात् साधारण समाज में यह किस रूप में प्रचलित है, इसका वर्णन करने के बाद लोक गीतों का उद्धरण देकर इस कथन की पुष्टि की गई है। अन्त में, यह लोक विश्वास संसार के अन्य देशों में कहाँ-कहाँ और किस रूप में उपलब्ध होता है इसका सम्यक् रूप से प्रतिपादन किया गया है। इस प्रकार किसी एक विश्वास को लेकर वैदिक साहित्य से आधुनिक लोक साहित्य तक उसका क्या स्वरूप रहा है और आज वह किस रूप में वर्तमान है इसकी साङ्गोपाङ्ग मीमांसा प्रस्तुत है। लोक विश्वास वाले द्वितीय खण्ड में इस तुलनात्मक शैली का विशेष रूप से पालन किया गया है।

(ख) **सरल भाषा का प्रयोग**—इस ग्रंथ के लिखने में सरल भाषा का प्रयोग किया गया है जिससे पाठकगण लेखक के भावों को आसानी से समझ सकें। कहीं भी ऐसी कठिन भाषा का प्रयोग नहीं पाया जा सकता जहाँ कथ्य वस्तु का भाव भाषा-काठिन्य के कर्दम में फँस गया हो।

किसी तथ्य के प्रतिपादन करने में कठोर, दुर्गम तथा दुर्बोध भाषा का प्रयोग नहीं करना चाहिए इसका सदा ध्यान रखा गया है। इसलिए यह आशा की जाती है कि इस पुस्तक में भावों की सम्प्रेषणीयता सर्वदा वर्तमान है।

इस ग्रन्थ की प्रधान विशेषताएँ

इस ग्रन्थ की प्रधान विशेषताएँ निम्नांकित हैं जिनकी संक्षिप्त रूप में चर्चा की जाती है।

(क) **नितान्त मौलिक रचना**—आज तक हिन्दी भाषा में संभवतः ऐसा कोई ग्रंथ विद्यमान नहीं है जिसमें लोक-संस्कृति (फोक लोर) के प्रधान सिद्धान्तों का निरूपण किया गया हो तथा जिसमें इसके मुख्य अंगों एवं उपाङ्गों का सम्यक् विवेचन प्रस्तुत करने का ईषत् भी प्रयास उपलब्ध हो। ऐसी दशा में यह ग्रंथ एक बहुत बड़े अभाव की पूर्ति करता है। लोक साहित्य के विद्वानों तथा शोधी छात्रों के लिए यह ग्रंथ अत्यन्त सहायक तथा ज्ञान-वर्धक सिद्ध होगा, ऐसी आशा करना कुछ अनुचित

नहीं होग ा। जैसा कि लोक साहित्य के प्रकाण्ड विद्वान् डॉ० त्रिलोचन पाण्डेय अपनी भूमिका में लिखा है, यह ग्रंथ लोक साहित्य का मन्थन कर निकाला गया नवनीत है जो सुधी पाठकों को सुस्वादु लगेगा ऐसा विश्वास है।

(ख) 'लोक संस्कृति' शब्द की स्थापना—इस ग्रंथ की दूसरी विशेषता अंग्रेजी के फोक लोर शब्द के लिए उसका समानार्थक हिन्दी में 'लोक संस्कृति' शब्द की स्थापना है। हिन्दी में फोक लोर के लिए लोक वार्ता शब्द ने बड़ा ही भ्रम फैला रखा है। साधारण पाठकगण तथा कुछ विद्वान् भी इस शब्द के अनौचित्य को बिना समझे ही धड़ल्ले से इसका प्रयोग करते पाये जाते हैं। इस पुस्तक में अनेक तर्कों, प्रमाणों तथा उदाहरणों को देकर यह प्रामाणिक रूप से समझाने का प्रयास किया गया है कि यह शब्द अवाचक तथा अव्याप्ति दोषों से दूषित होने के कारण 'फोक लोर' के अर्थ में कथमपि ग्रहण नहीं किया जा सकता। अतः आशा ही नहीं, यह विश्वास है कि हिन्दी के विद्वान् अब फोक लोर के लिए 'लोक संस्कृति' शब्द को ही अपनायेंगे और इसी का व्यवहार अपने ग्रंथों में करेंगे।

(ग) नामूलं लिख्यते किंचित्—इस ग्रंथ गें कोई भी तथ्य या वस्तु कथन मूल से रहित नहीं है। वर्तमान लेखक ने मल्लिनाथ की इस प्रतिज्ञा का सर्वथा निर्वाह किया है कि बिना मूल अथवा स्रोत के किसी भी तथ्य का प्रतिपादन इसमें नहीं किया गया है। इसीलिये पाद-टिप्पणियों में संस्कृत के ग्रंथों, हिन्दी की पुस्तकों तथा अंग्रेजी के मानक तथा प्रामाणिक किताबों से मूल रूप में उद्धरण प्रस्तुत किये गये हैं। लोक संस्कृति (फोक लोर) की परिभाषा बतलाते हुए दस विदेशी विद्वानों के मतों का प्रतिपादन करके उनके सिद्धान्तों का मूल अंग्रेजी में उद्धरण दिया गया है जिससे सुधी पाठकों को यह ज्ञात हो सके कि जो कुछ यहाँ लिखित है वह अत्यन्त प्रामाणिक तथा समूल है।

(घ) लोक संस्कृति के समन्वित तथा सर्वाङ्गीण स्वरूप का प्रस्तुतीकरण—इस ग्रंथ में लोक संस्कृति (फोक लोर) के समन्वित तथा सर्वाङ्गीण विराट् स्वरूप को प्रस्तुत करने का अथक प्रयास किया गया है। आधुनिक पाश्चात्य विद्वानों के अनुसार लोक संस्कृति मानव जीवन के समस्त स्वरूप का समन्वित प्रस्तुतीकरण है जिसका संकेत डॉ० त्रिलोचन पाण्डेय ने अपनी विद्वत्तापूर्ण भूमिका में किया है। इसीलिए इस पुस्तक में लोक संगीत, लोक नृत्य, लोक नाट्य, लोक कला और लोक साहित्य का विशद रूप से विश्लेषण प्रस्तुत है। इस कार्य में लेखक को कहाँ तक सफलता मिली है इसे दोषज्ञ विद्वान् ही बतलाने के अधिकारी हैं।

कृतज्ञता ज्ञापन—सर्वप्रथम मैं अपने पितृतुल्य, ज्येष्ठ भ्राता, पद्मभूषण, आचार्य पं० बलदेव उपाध्याय के चरण-कमलों में अपनी श्रद्धांजलि समर्पित करता हूँ

जिनकी सतत प्रेरणा तथा प्रेरक प्रोत्साहन ही मेरे साहित्यिक जीवन का बल और सम्बल है । मैं इनके अजस्र शुभ आशीर्वाद की सन्तत कामना का अभिलाषी हूँ । लोक साहित्य तथा लोक संस्कृति के अगाध विद्वान् तथा दोषज्ञ बिपश्चित् एवं रानी दुर्गावती विश्वविद्यालय, जबलपुर में हिन्दी विभाग के अध्यक्ष एवं आचार्य डॉ० त्रिलोचन पाण्डेय का अत्यन्त आभारी हूँ जिन्होंने अत्यन्त व्यस्त रहते हुए भी इस ग्रन्थ की बहुमूल्य भूमिका लिखने की कृपा की है ।

मैं अपने कनिष्ठ पुत्र डॉ० रविशंकर उपाध्याय एम० ए०, पी-एच० डी०, डि० लिट् प्राध्यापक; हिन्दी विभाग, सतीश चन्द्र कालेज, बलिया को हृदय से आशीर्वाद देता हूँ जिन्होंने इस ग्रन्थ के लेखन में अनेक प्रकार की सहायता पहुँचायी है ।

अन्त में बाबा विश्वनाथ, माता अन्नपूर्णा तथा भगवती दुर्गा से मेरी यही प्रार्थना है कि मुझे सुन्दर स्वास्थ्य तथा प्रचुर शक्ति प्रदान करें जिससे मैं लोक संस्कृति की आजन्म सेवा करता रह सकूँ ।

"देहि सौभाग्यमारोग्यं; देहि मे परमं सुखम् ।
वयं देहि, बलं देहि; यशो देहि, मदं जहि ॥"

गंगा दशहरा सं० २०४४
७ जून, १९८७ ई०
वाराणसी

—**कृष्णदेव उपाध्याय**

भूमिका

इस समय हिन्दी में लोक साहित्य के मूर्धन्य विद्वान् डॉ० कृष्णदेव उपाध्याय की नवीनतम पुस्तक 'लोक संस्कृति की रूपरेखा' के विषय में कुछ लिखते समय मुझे संकोच का अनुभव हो रहा है क्योंकि जो विद्वान् जीवन भर लोक-जीवन, लोक-संस्कृति और लोक-साहित्य की साधना करता रहा हो, उसकी संचित ज्ञान-राशि के विषय में मन्तव्य प्रकाशित करने पर दूसरे व्यक्ति को परीक्षा के दौर से गुजरना पड़ेगा। डॉ० उपाध्याय ने हिन्दी में लोक साहित्य की भूमिकाएँ लिखी हैं, लोक गीतों के संकलन प्रकाशित किये हैं और हिन्दी साहित्य के इतिहास में लोक भाषाओं के साहित्य की प्रतिष्ठा की है। "भारतीय लोक-संस्कृति शोध-संस्थान" की स्थापना करने के पश्चात् वे अभी तक जिस प्रकार लोक-भाषा और लोक-साहित्य के उन्नयन में प्रयासरत हैं, उसे देखकर अभूतपूर्व स्फूर्ति का संचार होता है। उनके सामने बैठने पर इस विषय का एक प्रकार से इतिहास जीवन्त हो उठता है।

'लोक संस्कृति के रूपरेखा' के १८ अध्याय क्रमशः ६ खण्डों में विभाजित हैं :—

(१) विषय प्रवेश, (२) लोक विश्वास, (३) सामाजिक संस्थाएँ, (४) धार्मिक मान्यताएँ, (५) ललित कला और (६) लोक साहित्य, जिनके अन्तर्गत विद्वान् लेखक ने लोक संस्कृति के सभी अंगो-उपांगों का सम्यक् अनुशीलन करते हुए, उनकी व्याख्या करने के लिए भारतीय तथा पाश्चात्य साहित्य से प्रचुर उदाहरण दिए हैं। लोक-संस्कृति का श्रेणी-विभाजन करते समय इन्होंने पाश्चात्य सिद्धान्तों का उल्लेख करते हुए उनकी सीमाएँ निर्धारित की हैं तथा अपना स्वतंत्र वर्गीकरण प्रस्तुत किया है (पृ० ४२) जो भारतीय सन्दर्भ में अधिक समीचीन प्रतीत होता है। लोक-साहित्य लोक संस्कृति का महत्त्वपूर्ण घटक होते हुए भी, मूलतः उससे भिन्न है। इस विशिष्ट तथ्य को इन्होंने भली-भाँति स्पष्ट कर दिया है। इस स्पष्टीकरण के पश्चात् लोक साहित्य का अध्ययन करने वाले शोधी छात्रों को अब किसी प्रकार की भ्रान्ति नहीं होगी।

इस पुस्तक के दसवें अध्याय में सामाजिक संस्थाओं का उल्लेख करते हुए डॉ० उपाध्याय ने जिस प्रकार 'टोटमवाद' की व्याख्या की है, उससे भारतीय आर्य तथा आर्येतर जातियों के आन्तरिक संगठन पर नया प्रकाश पड़ता है। विद्वान् लेखक ने लिखा है कि आर्य जातियों की अपेक्षा द्रविड़ जातियों में टोटेम संबंधी नाम अधिक पाये जाते हैं और इसके कारण भी इन्होंने बतलाये हैं (पृ० १८२)। इससे प्राचीन

तथा मध्य कालीन सामाजिक व्यवस्था पर भी नये सिरे से विचार किया जा सकता है।

वस्तुतः हमारे विविध प्रकार के लोक विश्वास—चाहे वे वृक्ष-लता संबंधी हों अथवा पशु-पक्षी संबंधी, दिशा-शूल संबंधी हों अथवा आकाशीय पिण्ड संबंधी, प्राणि-जगत् संबंधी हों अथवा स्वप्न विचार संबंधी—वे हमारी सामाजिक व्यवस्था के बहुरूपी और बहुरंगी ताने-बाने से ही आकार ग्रहण करते रहे हैं। इसलिए लोक-संस्कृति की आधारभूत समीक्षा करने के लिए, किसी समाज-व्यवस्था के परिवर्तनशील आयामों से परिचित होना नितान्त आवश्यक है। यदि ध्यान से देखा जाए तो हमारे विभिन्न धार्मिक विश्वास, लोक देवी और देवता, रोगों के देवी-देवता, मृत-आत्माओं तथा पितृ-पूजा संबंधी विश्वास; जादू, टोना और टोटका आदि—जिनका विवेचन ११, १२ और १३वें अध्यायों में किया गया है—इसी समाज-व्यवस्था की विशेष प्रकार की परिणति हैं। लोक संस्कृति का 'लोक' पक्ष (फोक) इसी कारण संस्कृति (कल्चर) पक्ष की अपेक्षा अधिक महत्त्वपूर्ण माना जाता है।

लोक-संस्कृति का एक अविच्छिन्न पक्ष ललित कलाओं का है जिनकी प्रायः पुस्तकों में चर्चा नहीं की जाती। इस अभाव को दूर करने के लिए लेखक ने ग्रंथ के १४ तथा १५वें अध्यायों में लोक संगीत, लोक नृत्य और लोक कलाओं का पारम्परिक संबंध निरूपित किया है। इसके द्वारा न केवल लोक साहित्य का, बल्कि सम्पूर्ण लोक संस्कृति का एक समन्वित (होलिस्टिक) रूप उभर कर सामने आता है। इससे ज्ञात होता है कि सुविधा के लिए हम भले ही लोक-संस्कृति के किसी एक अंग-विशेष का विश्लेषण करते हों, फिर भी यह विश्लेषण अन्ततः अधूरा ही रहता है। लोक-संस्कृति के विभिन्न अंगों तथा अवयवों को तो उनकी समग्रता में ही देखना वांछनीय है।

लोक साहित्य के अन्तर्गत लोक सुभाषितों का विवेचन करते हुए विद्वान् लेखक ने लोकोक्तियों, पहेलियों, मुहावरों और सूक्तियों—सभी का एक शीर्षक में समाहार कर दिया है (पृ० २९७) जो विषय वस्तु के अनुकूल है। लोक साहित्य की इन इकाइयों को स्वतंत्र मानकर विवेचन करने पर विषय का अनावश्यक विस्तार हो जाता। अतः लेखक ने यहाँ पर एक व्यवस्था देकर इस विस्तार को बचाने की सराहनीय प्रयास किया है।

संक्षेप में इस ग्रन्थ की प्रमुख विशेषताएँ इस प्रकार हैं—

(१) अभी तक हिन्दी में लोक संस्कृति (फोक लोर) के सिद्धान्तों का प्रतिपादन करने वाला कोई ग्रन्थ प्राप्त नहीं था। अतः यह पुस्तक एक बहुत बड़े अभाव की पूर्ति करती है।

(२) इस पुस्तक में तर्कों और प्रमाणों के आधार पर यह सिद्ध करने का सफल प्रयास किया गया है कि हिन्दी में 'फोक लोर' के लिए लोक संस्कृति शब्द ही नितान्त उपयुक्त है। 'लोक-वार्ता' शब्द को इसका पर्यायवाची कदापि नहीं समझना चाहिए।

(३) पुस्तक को वैज्ञानिक तथा प्रामाणिक बनाने के लिए पाद टिप्पणियों में अंग्रेजी के मूल उद्धरण दिये गये हैं। पाश्चात्य तथा भारतीय दोनों ही सन्दर्भों में लोक संस्कृति की विशेषताएँ स्पष्ट की गई हैं।

सन् १९१४ ई० में शार्लट सोफिया बर्न ने लन्दन की "फोक लोर सोसाइटी" के तत्वावधान में एक प्रामाणिक पुस्तक "ए हैण्ड बुक आफ फोकलोर" शीर्षक से प्रकाशित की थी, जिसकी पाश्चात्य जगत् में बड़ी प्रशंसा की गयी। किन्तु इस पुस्तक की सम्पूर्ण पृष्ठभूमि यूरोपीय थी। इस बीच इसकी एकाधिक मान्यतायें खंडित भी हो चुकी हैं। इसके पश्चात् जिस प्रकार अमेरिका और रूस में लोक संस्कृति (फोक लोर) का अध्ययन तथा अध्यापन हुआ है, उससे इस विषय की एकाधिक नवीन विशेषताएँ सामने आई हैं और लोक संस्कृति के अनेक मानक ग्रन्थों का प्रकाशन हुआ है। अंग्रेजों के भारत में आगमन के पश्चात् बंगाल और महाराष्ट्र के विद्वान् इस दिशा में संभवतः सबसे आगे रहे हैं। किन्तु हिन्दी में भी लोक-साहित्य-संबंधी अध्ययनों की कमी नहीं रही है। विगत ३०-४० वर्षों में विभिन्न जनपदों की लोक-रचनाओं के आधार पर न केवल एकाधिक शोध प्रबन्ध तैयार किए गये हैं अपितु अनेक स्वतंत्र ग्रन्थ भी प्रकाशित हुए हैं जिनमें लोक साहित्य की सार्वजनीन महत्ता स्वीकार की गयी है। अब अनेक विश्वविद्यालयों में इस विषय का प्रवेश हो चुका है। अतः इस विषय की प्रामाणिक पुस्तकों की आवश्यकता निरन्तर बढ़ती जा रही है। प्रस्तुत पुस्तक को इसी दिशा में एक महत्त्वपूर्ण प्रयत्न समझना चाहिए।

भारतीय लोक साहित्य की सभी गतिविधियों के प्रत्यक्ष सम्पर्क में रहते हुए, विभिन्न सिद्धान्तों का मन्थन करते हुए, इस ग्रंथ के विद्वान् लेखक (डॉ० कृष्णदेव उपाध्याय) ने यहाँ पर जिस प्रकार अपने अमूल्य ज्ञान और अनुभवों का नवनीत प्रस्तुत किया है, वह निःसन्देह हमारे लिए ग्रहणीय है। अतः मुझे आशा ही नहीं, बल्कि पूर्ण विश्वास है कि हिन्दी के सुधी पाठक इस पुस्तक का समुचित स्वागत करेंगे और हमारे शोधकर्त्ता इस ग्रन्थ को मार्ग-दर्शक के रूप में अपनायेंगे।

त्रिलोचन पाण्डेय
आचार्य एवं अध्यक्ष
हिन्दी तथा भाषा विज्ञान विभाग
रानी दुर्गावती विश्वविद्यालय
जबलपुर
[२७-४-१९८७ ई०]

विषय-सूची

खण्ड १ : विषय-प्रवेश (१-४४)

अध्याय १—लोक संस्कृति की समीक्षा (३-२८)

१. फोक लोर शब्द का जन्म—३

२. फोक लोर शब्द का अर्थ—४

३. फोक लोर शब्द की परिभाषा—५

विलियम टाम्स ५; विलियम वास्कम ५; एलेरियो एस्पिनोजा ६, जार्ज फास्टर६; आर० डी० जेमसन ६, मेकएडवर्ड लीच ७; आर्चर टेलर ७; जेरट्रूड कुरथ ७; मारिस बारब्यू ७; जॉन मिश ७;

४. लोक शब्द का अर्थ—८

५. लोक शब्द की प्राचीनता—८

६. लोक शब्द की परिभाषा—१०

७. संस्कृति और अंग्रेजी का कल्चर शब्द—११

८. संस्कृति और सभ्यता में अन्तर—११

९. लोक संस्कृति की स्वतंत्र सत्ता—१२

१०. लोक संस्कृति तथा लोक साहित्य में अन्तर—१५

११. लोक संस्कृति के कार्य तथा उद्देश्य—१७

१२. लोक संस्कृति का विराट् स्वरूप—१९

१३. फोक लोर के अर्थ का वाचक हिन्दी में समीचीन तथा उपयुक्त शब्द लोक संस्कृति—२०

१४. डॉ० कृष्णदेव उपाध्याय का मत—२५

अध्याय २ (२९-३९)

परिच्छेद १—लोक संस्कृति का अध्ययन यूरोप में प्रारम्भ (२९-३५)

इङ्गलैण्ड-२६, जर्मनी-३१; फिनलैण्ड ३१; डेन मार्क ३२; नार्वे ३२, स्वीडेन ३३, रूस ३३; अमेरिका ३३, जर्मनी ३३, फिनलैण्ड ३४, इङ्गलैण्ड ३५

परिच्छेद २—भारत में लोक संस्कृति के अध्ययन का श्रीगणेश (३५-३६)

अध्याय ३— (४०-४४)

लोक संस्कृति का श्रेणी विभाजन (४०-४४)

(क) विश्वास और आचरण—४०

(ख) रीति-रिवाज—४०

(ग) लोक कथा, गीत और सुभाषित ४०

१. डॉ० सत्येन्द्र का मत—४१

२. प्रो० क्रेपी का मत—४२

३. प्रो० एलेन डण्डी का विभाजन—४२

४. डॉ० कृष्णदेव उपाध्याय का श्रेणी विभाजन—४२

(क) लोक विश्वास तथा अन्ध परम्परा का आठ श्रेणियों में विभाजन—४३

(ख) संस्कार, आचार-विचार तथा विधि-विधान आदि—४३

(ग) सामाजिक, आर्थिक तथा राजनैतिक संस्थायें—४३

(घ) धार्मिक तथा आध्यात्मिक मान्यतायें—४४

(ङ) लोक साहित्य—४४

खण्ड २ : लोक विश्वास (४७-१४४)

अध्याय ४—आकाशीय पिण्ड संबंधी लोक विश्वास (४८-५६)

परिच्छेद १—(१) सूर्य ४८, (२) चन्द्रमा ५१, (३) शनि ५३, (४) मंगल ५४ (५) अगस्त्य ५४ (६) ध्रुव ५५ (७) धूमकेत ५५ (८) उल्का ५६।

परिच्छेद २—आकाशीय 'फेनामेना' (५६-६०)

(१) विद्युत् ५६ (२) बादल ५७ (३) वर्षा ५८ (४) इन्द्रधनुष ५६ (५) वायु ६०।

अध्याय ५—पृथ्वी संबंधी लोक-विश्वास (६१-६५)

परिच्छेद १—नदियाँ—(६२-६५)

(१) गंगा ६२ (२) यमुना ६३ (३) वैतरणी ६४ (४) कर्मनासा ६४ (५) नर्मदा ६५

परिच्छेद २—पर्वत (६५-६६)

(१) हिमालय ६५, (२) विन्ध्याचल ६६, (३) सागर ६७, (४) कूप ६७ (५) हंसकूप ६८ (६) तालाब ६८ (७) झील ६९ (८) मानसरोवर ६९ ।

अध्याय ६ (७०-८४)

परिच्छेद १—वनस्पति जगत संबंधी लोक विश्वास (७०-८४)

अनुच्छेद १— (७०-७९)

(क) वृक्ष—(७०-७९)

(१) पीपल ७१, (२) बरगद ७२ (३) गूलर ७२ (४) नीम ७३ (५) बाँस ७४ (६) आम ७६ (७) महुआ ७६ (८) पलाश ७७ (९) नारियल ७७ (१०) चन्दन ७८ (११) बबूल ७८-७९ ।

अनुच्छेद २—(७९-८३)

(ख) पौधा—(७९-८३)

(१२) तुलसी—७९ (१३) केला—८१

अनुच्छेद ३—(८२-८३)

(ग) घास—(८२-८३)

(१४) घास—८२ (१५) दूब ८२-८३

अनुच्छेद ४—(८३-८४)

(घ) शाक—(८३-८४)

(१६) कोहड़ा ८३, (१७) सतपुतिया ८३, (१८) नेनुंआ ८४ (१९) लौकी ८४

अनुच्छेद ५—(ङ) फूल—(८४-८५)

(२०) अड़हुल ८४ (२१) कमल ८४

परिच्छेद २— पशु-पक्षी संबंधी लोक-विश्वास (८५-१११)

परिच्छेद १—प्राचीन भारत में पशुपूजा—८५-८७। पवित्रता ८५, उपयोगिता ८६, पवित्रता ८७, श्रेणी-विभाजन ८७,

परिच्छेद २—पशु संबंधी लोक-विश्वास (८८-१०१)

(१) गाय ८८—लोक विश्वास ८८, (२) बैल—९० (३) भैंसा ९१, (४) बकरा ९१, (५) बानर ९२, (६) गीदड़ ९३ (७) कुत्ता ९४ (८) बिल्ली ९५, (९) शेर ९७ (१०) हाथी ९८ (११) घोड़ा ९८, (१२) मृग १०० (१३) गदहा १०० (१४) चूहा १०१ ।

परिच्छेद ३—पक्षी संबंधी लोक-विश्वास (१०१-११४)

(१) कौआ १०२ (२) कोयल १०४ (३) उल्लू १०५ (४) मोर १०७ (५) हंस १०८, (६) खंजरीट ११० (७) नीलकंठ १११ (८) मुर्गा १११ (९) गीध ११३ (१०) चातक ११३, (११) कबूतर ११४ (१२) बगुला ११४

परिच्छेद ४—सरीसृप (११५-१२०)

(१) सर्प ११५ (२) छिपकली ११७ (३) मेढ़क ११८ (४) मछली ११८ (५) चीटा-चींटी ११९ (६) रेशम का कीड़ा १२० (७) मक्खी १२०

अध्याय ७—मानव शरीर संबंधी लोक विश्वास (१२१-१२७)

(१) केश १२१ (२) मस्तक तथा ललाट १२३ (३) आँख १२३ (४) कान १२५ (५) मुख १२५ (६) बाँह १२६ (७) वक्षस्थल १२७ (८) मन १२७।

अध्याय ८—विविध लोक-विश्वास (१२८-१४०)

परिच्छेद १—(१२८-१३२)

अनुच्छेद १—मास संबंधी लोक विश्वास (१२८-१३२)

(१) श्रावण १२८ (२) भाद्रपद १२९, (३) आश्विन १२९ (४) कार्तिक १३०, (५) अगहन १३० (६) माघ १३१, (७) फाल्गुन १३१ (८) चैत्र १३१; (९) मलमास १३२

अनुच्छेद २—दिन संबंधी लोक विश्वास (१३२-१३६)

रविवार १३३, मंगलवार १३३, शुक्रवार १३४, शनिवार १३४, दिशाशूल–१३५

परिच्छेद ३—घरेलू वस्तु संबंधी लोक-विश्वास १३६-१४०

(१) नमक १३६ (२) दर्पण १३७ (३) मोमबत्ती १३७, (४) आलपिन १३८ (५) झाड़ू १३८ (६) मूसल १३९ (७) सूप १४० (८) हल १४०

परिच्छेद ४—स्वप्न-विचार (१४१-४४)

खण्ड ३ : सामाजिक संस्थायें (१४५-१५७)

अध्याय ९—वर्ण तथा आश्रम (१४७-१५१)

परिच्छेद १—(क) वर्ण–१४८-४९

ब्राह्मण १४८, क्षत्रिय १४९, वैश्य १४९, शूद्र १४९

परिच्छेद २—(ख) आश्रम १४६-१५१

ब्रह्मचर्याश्रम १५०, गृहस्थाश्रम १५०, **वानप्रस्थाश्रम** १५०, संन्यासाश्रम १५१

परिच्छेद ३—जातिप्रथा १५१-५३

जातिप्रथा से लाभ १५२, जातिप्रथा से हानि १५३

परिच्छेद ४—संयुक्त परिवार (१५४-५७)

गृह प्रमुख १५४, गृह प्रमुख की पत्नी १५४, ज्येष्ठ पुत्र १५५, संयुक्त परिवार का महत्त्व १५५, हानियाँ–१५५, परिवार के भेद १५६-५७

अध्याय १०—संस्कार (१५८-१६५)

परिच्छेद १—(१५८-१६५)

संस्कारों की संख्या १५८, संस्कारों के भेद १५६-१६५, (१) पुत्रजन्म १५६, (२) मुण्डन १६१ (३) उपनयन १६१, (४) विवाह १६२-१६३ ।

विवाह की आयु १६२, वैवाहिक प्रथा १६२, मण्डप-निर्माण १६३, बारात की तैयारी तथा आगमन १६३, (५) गवना १६४ (६) मृत्यु १६४-६५

परिच्छेद २—**व्रत और त्यौहार** (१६५-१७६)

अनुच्छेद १—उत्तर-भारत (१६६-१७०)

(१) वट सावित्री १६६ (२) जीवित्पुत्रिका १६६ (३) भ्रातृ द्वितीया १६७ (४) मातृ-नवमी १६७ (५) कजरी १६७, (६) अनन्त चतुर्दशी १६७ (७) होली १६८ (८) दिवाली १६८ (६) दशहरा १६६ (१०) कृष्ण जन्माष्टमी १६६ (११) रामनवमी १७० (१२) महा शिवरात्रि १७०, (१३) गणेश चतुर्थी १७०

अनुच्छेद २—दक्षिण भारत के व्रत तथा त्यौहार (१७०-१७६)

(१) केरल—ओणम् १७१, विषु १७१, तिरुवातिरा १७२; (२) कर्णाटक दशहरा १७२ (३) आन्ध्र प्रदेश—एरुवाक पुन्नम् १७३, संक्रान्ति १७३, विनायक चवती १७३, श्रावण पूर्णिमा १७४; (४) तमिलनाडू—पोंगल (५) बंगाल—दुर्गापूजा १७४ (६) असम—माघ विहू १७५ (७) पंजाब—बैसाखी १७५, गुग्गा नवमी १७६, साँझी देवी १७६

अनुच्छेद ३—विदेशों के व्रत और त्यौहार (१७६-१७८)

(१) क्रिसमस १७६ (२) न्यू इयर्स डे १७७ (३) ईस्टर १७७ (४) मे पोल १७७

परिच्छेद ३—टोटेमवाद (१७८-१८४)

(१) परिभाषा १७८ (२) टोटेमिज़म की उत्पत्ति १७९ (३) टोटेमिज़म की विशेषतायें १७९ (४) टोटेम के रूप १८० (५) द्रविड़ जातियों के टोटेमिक नाम १८२ (६) व्यक्तिगत नामों में टोटेम १८२ (७) टोटेम के प्रति सम्मान १८३, (८) देवताओं के वाहन तथा अवतारवाद १८४, देवताओं और उनके वाहनों के नाम १८४

परिच्छेद ४—पेशा तथा व्यवसाय (१८४-१९०)

(१) मछुआ १८४, (२) ग्वाला १८५ (३) भेड़िहार १८६, (४) चूड़ीहार १८७ (५) धोबी १८७ (६) डोम १८७ (७) बढ़ई १८७ (८) खेतिहर १८८ विदेशों में वर्षा कराने वाले विधि-विधान १८९, भारत में वर्षा कराने वाले विधि-विधान १९०

खण्ड ४ : धार्मिक मान्यतायें (१९१-२३०)

अध्याय ११—ग्राम देवता तथा गृह देवता (१९३-२०१)

परिच्छेद १—लोक देवी और देवता (१९३-१९०)

(१) हनुमान १९३, (२) गणेश १९४ (३) भीमसेन १९५ (४) सत्य-नारायण १९६ (५) बाबा त्रिलोकीनाथ १९७

परिच्छेद २—रोगों के देवी देवता (१९७-२०१)

(१) शीतला माता १९८, शीतला के मन्दिर १९९, (२) ज्वरहरीश्वर १९९ (३) घेण्टु २०० (४) षष्ठी माता २००; (५) अछेरी २०० (६) मर्ही भवानी २०० (७) हरदौल २००, (८) काशी बाबा २०१ (९) गलसुआ माता २०१, (१०) पिलेग मइया २०१, हैज़ा रोग का बहिर्निष्कासन २०१, ओझा २०१, सोखा २०१।

अध्याय १२ (२०३-२१६)

परिच्छेद १—मृत आत्माओं संबंधी विश्वास (२०३-२१३)

प्रेतात्माओं के प्रकार २०३, (१) भूत २०३, भूतों के लक्षण २०४, भूतों के प्रकार अथवा भेद २०५—वैताल २०५, भूतों के निवास स्थान २०५, (२) प्रेत २०६ (३) पिशाच २०७ (४) राक्षस २०७, राक्षस के लक्षण २०७ (५) ब्रह्म राक्षस २०९ (६) बीर २०९ (७) दानव २१० (८) दैत्य २१० (९) मसान २११ (१०) अचेरी (अछेरी) २११, (११) जिन्न २११, (१२) बूड़ा २१२ (१३) परी २१२ (१४) चुड़ैल २१२ चुड़ैल के लक्षण २१३ चुड़ैलों के भगाने की विधि २१३-१४।

परिच्छेद २—पितरों की पूजा तथा विश्वास (२१४-२१६)

पितरों की पूजा २१४, सती बुर्ज २१५

अध्याय १३ (२१७-२३०)

परिच्छेद १—जादू, टोना, टोटका (२१७-२२२)

वेदों में यातु विद्या २१७, अथर्ववेद में जादू के प्रकार २१८, जादू और टोना (अभिचार) २१९, टोना २२०, टोना और उसकी शास्त्रीय पद्धति २२०, (१) काल २२० प्रधान मंत्र २२०, अथर्ववेद में मारण और सम्मोहन का मंत्र २२१, डाकिनी २२१, डाकिनी का कुकर्म २२१, डाकिनी के टोने का निवारण २२२, यंत्र और मंत्र २२२, जन्तर (तावीज) २२२

परिच्छेद २—डाइन और काला जादू (२२३-२२७)

डाइन की आकृति २२३, डाइन की असाधारण शक्ति २२४, डाइन की विद्या में दीक्षित करने की विधि २२४, डाइनों उपकरण २२५, मनुष्य की प्रतिकृति द्वारा जादू कर्म २२५, मूँठ मारना २२६, नोना चमारिन २२६, टोटका २२७

परिच्छेद ३—कुदृष्टि (नजर लगना) (२२८-२३०)

कुदृष्टि की अवरोधक वस्तुयें (२२८-२३०)

(१) घृणास्पद नामकरण २२९, (२) काजल २२८ (३) काला वस्त्र २२९ (४) रक्त २२९ (५) नमक २२९ (६) बहुमूल्य रत्न २२९ (७) पाषाण खण्ड २२९ (८) अन्न २२९ (९) मुँह को वस्त्रों से ढकना २३० (१०) दृष्टि दोष की पराकाष्ठा २३०

खण्ड ५ : ललित कला (२३१-२६१)

अध्याय १४ (२३३-२५३)

परिच्छेद १—लोक संगीत (२३३-२४२)

(१) अनुच्छेद—(१) संगीत शब्द का अर्थ २३३, (२) जीवन में संगीत का महत्त्व २३४, (३) शास्त्रीय संगीत का जन्म २३४, लोक गीतों में प्रधानतया प्रयुक्त होने वाले ताल, राग, थाट और स्वर आदि २३५-३७ ताल २३६, ताल और लय २३६, थाट २३६, काफी थाट २३७, भैरव थाट २३७

(२) अनुच्छेद—लोक-गीतों के गाने की पद्धति २३७, लोक गीतों के गाने की विशेषतायें २३७ (१) पिंगल के नियमों का पालन नहीं (२) उपान्त्य स्वर को दीर्घ कर देना (३) स्तोत्र की प्रणाली २३८ (४) लघु और गुरु का शिथिल बन्धन २३८, लोक संगीत की विशेषतायें २३९, तालों की उपयोगिता २४०, लोक संगीत का महत्त्व २४०-२४२ ।

परिच्छेद २—लोक नृत्य (२४२-२५३)

लोक नृत्य की प्राचीनता २४२, नृत्य के भेद २४३, आदिम नृत्य के उद्देश्य २४३, नृत्य की प्रचलित प्रधान पद्धतियाँ २४३—(१) कथाकली २४३ (२) भरत नाट्यम् २४४ (३) कत्थक नृत्य २४५ (४) मणिपुरी नृत्य २४५, मणिपुरी नृत्य के विभिन्न प्रकार २४५, रास लीला २४६, जैगोई २४६ (क) मालवा में प्रचलित लोक नृत्य २४६-२४७ (१) घूमर २४७ (२) माँच के नृत्य २४७ (३) भीलों के नृत्य २४७, (४) मोहिली २४७ (५) पाली नृत्य २४७ (ख) गढ़वाल के लोक-नृत्य २४७-२४८ (क) धार्मिक नृत्य २४८ (१) पाण्डव नृत्य २४८ (२) नागर्जा (नागराजा) नृत्य २४८ (३) देवी नृत्य २४८ (४) अछरी नृत्य २४८ (ख) सामाजिक नृत्य २४८-२४९ (१) मेले के नृत्य (२) ऋतु विशेष के नृत्य २४९ (ग) कुमाऊँ के लोक नृत्य २४९ (१) झोड़ा २४९ (२) चाँचरी—२४९ (३) छपेली २५० (४) भगनौल २५० (५) छोलिया नृत्य २५० (घ) गुजरात का गर्बा नृत्य २५०-५१ (ङ) पंजाब के लोक-नृत्य २५१-५२, (१) भाँगड़ा २५१ (२) गिद्धा २५२ (च) तमिल नाडु के लोक नृत्य २५२ (१) कोलट्टम २५२ (२) कबाड़ी नृत्य २५२ (३) करकम नृत्य २५३, अन्य राज्यों के लोक नृत्य २५३

अध्याय १५—(२५४-२६१)

परिच्छेद १—लोक नाट्य २५४-५७

लोक नाट्यों की समीक्षा २५४ (१) प्राचीनता २५४ (२) लोक नाट्यों का विकास २५४ (३) लोक नाट्यों की कतिपय विशेषताएँ—२५४ (i) भाषा २५५ (ii) संवाद (iii) कथानक (iv) पात्र २५५ (v) रंगमंच २५५ ।

भारत के कतिपय प्रसिद्ध लोक नाट्य २५५

(१) राम लीला (२) माँच (३) ख्याल २५५ (४) नौटंकी २५५ (५) भगत २५५ (६) भवाई २५६ (७) गर्बा २५६ (८) जात्रा २५६ (९) गंभीरा २५६ (१०) ललित २५६ (११) गोंधल २५६ (१२) दशावतार २५६ (१३) यक्ष गान २५६ (१४) विथि नाटकम् या विधि भागवतम् २५७ (१५) भाँगड़ा २५७ (१६) छाऊ २५७ (१७) विदेसिया २५७

परिच्छेद २—लोक कला (२५७-२६१)

लोक कला के भेद २५८ (१) वास्तुकला २५८ (२) चित्रकला २५८, चित्रकला के उपादान २५८ (३) मूर्तिकला २५९ (४) अल्पना २५९ (५) थोप २५९ (६) गोंदना २५९ बंगाल की लोक कला २६०-२६१; पट २६०, हाथी दाँत तथा शंख का काम २६०, काँथा २६१, मिष्टान्न २६१

खण्ड ६ : लोक साहित्य (२६३-३१२)

अध्याय १६—लोक गीत (२६५-२८१)

लोक साहित्य का वर्गीकरण २६५, लोक गीत २६५, लोक गीतों का वर्गीकरण २६६, संस्कार संबंधी गीतों का श्रेणी-विभाजन २६६

अनुच्छेद १—संस्कार संबंधी गीत (२६७-२७२)

(१) सोहर २६७ (२) मुण्डन २६८ (३) जनेऊ के गीत २६८ (४) विवाह के गीत २६९ विवाह के गीतों में विभिन्न विधि-विधान २६९, वर्ण्य विषय २६९ (५) गवना २७० वर्ण्य विषय २७० (६) मृत्यु गीत २७१ परम्परा २७१, यूरोपीय देशों में मृत्यु गीत २७२

अनुच्छेद २—ऋतु संबंधी गीत (२७३-७५)

(१) कजली २७३ (२) होली २७३ (३) चैता २७४ वर्ण्य विषय २७४ (४) बारहमासा २७५।

अनुच्छेद ३—व्रत संबंधी गीत (२७५-२७७)

(१) नाग पंचमी २७६ (२) बहुरा २७६ (३) गोधन २७६ (४) पिंडिया २७६ (५) छठी माता २७७।

अनुच्छेद ४—जाति संबंधी गीत २७७-७९—(१) अहीरों के गीत २७८ (२) दुसाधों के गीत (३) गोण्डों के गीत (४) तेलियों के गीत (५) धोबियों के गीत २७८ (६) कहारों के गीत (७) चमारों के गीत २७९,

अनुच्छेद ५—श्रमगीत (२७९-२८०,) (१) जाँत के गीत २७९ (२) रोपनी के गीत (३) सोहनी के गीत (४) चर्खा के गीत २८०

अनुच्छेद ६—विविध गीत (२८०-२८१)

अध्याय १७—लोक गाथा (२८२-२९२)

(क) लोक गाथाओं की विशेषतायें २८२-२८५

(ख) लोक गाथाओं की उत्पत्ति २८५—

(१) ग्रिम का सिद्धान्त २८६ (२) श्लेगल का सिद्धान्त २८६ (३) स्टेन्थल का सिद्धान्त २८७ (४) विशप पर्सी का सिद्धान्त २८८ (५) चाइल्ड का सिद्धान्त २८८ (६) उपाध्याय का सिद्धान्त २८९

(ग) लोक गाथाओं के प्रकार २९०

(१) डॉ० कृष्णदेव उपाध्याय का वर्गीकरण २९०

(२) प्रो० कीट्रीज का वर्गीकरण २९१

(३) प्रो० गूमर का श्रेणी-विभाजन २६१

(४) विभिन्न प्रकार की गाथायें २६२

अध्याय १८—लोक कथा तथा सुभाषित २६३

परिच्छेद १—लोक कथाओं की मीमांसा २६३

(क) लोक कथाओं की प्राचीन परम्परा २६३

(ख) लोक कथाओं का वर्गीकरण २६४

(ग) लोक कथाओं की विशेषतायें २६५

परिच्छेद २—लोक सुभाषित २६७

अनुच्छेद १—लोकोक्तियाँ २६७

लोकोक्तियों की विशेषतायें २६८, लोकोक्तियों का वर्गीकरण २६६

अनुच्छेद २—पहेलियाँ (प्रहेलिका) ३००,

पहेलियों का वर्गीकरण ३०१, ढकोसले ३०२।

अनुच्छेद ३—मुहावरा ३०२, मुहावरों की विशेषतायें ३०३,

अनुच्छेद ४—सूक्तियाँ ३०४

उपसंहार—३०७-१२

परिशिष्ट (१) सहायक ग्रन्थ सूची (२) अनुक्रमणिका (३) लेखक के ग्रन्थों की तालिका।

संक्षिप्त शब्द-सूची

संक्षिप्त शब्द		पूर्ण शब्द
अ० का०	=	अयोध्या काण्ड
आ०	=	आह्निक (महाभाष्य)
आ० प०	=	आदि पर्व (महाभारत)
उ० का०	=	उत्तर काण्ड
ओ० इ० बै०	=	ओल्ड इंलिश बैलेड
ओ० स्टो०	=	ओशन आफ स्टोरी
इ० फो०	=	इंगलिश फोकलोर
इ० रि० ए०	=	इन्साइक्लोपिडिया आफ रिलिजन एण्ड एथिक्स (हैस्टिंग्स)
इ० ए०	=	इण्डियन एन्टीक्वेटी
इ० स्का० पा० बै०	=	इंगलिश एण्ड स्काटिश पापुलर बैलेड्स
कु० बि० दा०	=	कुंज बिहारी दास (डॉ०)
कु० सं०	=	कुमार संभव
कौ० म०	=	कौमुदी महोत्सव
ख० बो० लो० सा०	=	खड़ी बोली का लोक साहित्य
ग्रा० गी०	=	ग्राम गीत
गो० बा०	=	गोल्डेन बाऊ (फ्रेज़र)
जे० ए० सो० बं०	=	जरनल आफ दि एशियाटिक सोसाइटी आफ बंगाल
जे० अ० फो०	=	जरनल आफ अमेरिकन फोकलोर
जे० आर० ए० एस०	=	जरनल आफ दि रायल एशियाटिक सोसाइटी
डिक्शनरी०	=	डिक्शनरी आफ फोकलोर, माइथोलाजी एण्ड लीजेण्ड
डि० ए० बं०	=	डिस्क्रिप्टिव एथ्नोलाजी आफ बंगाल ।
त्रिपाठी	=	राम नरेश त्रिपाठी
नै० च०	=	नैषधीय चरितम्
पा० रि० फो० ना० ई० या पापुलर रिलिजन	=	पापुलर रिलिजन एण्ड फोकलोर आफ नार्दन इण्डिया । (क्रुक)

प० सा० अ०	=	पदमावत का सांस्कृतिक अध्ययन
फो० रि० इ०	=	फोकलोर रिसर्च इन्स्टीट्यूट
पृ०	=	पृष्ठ
बा० का०	=	बाल काण्ड
बि० स०	=	बिहारी सतसई
ब्र० लो० सा० अ०	=	ब्रज लोक साहित्य का अध्ययन
भो० लो० गी०	=	भोजपुरी लोक गीत
म० भा०	=	महाभारत
म० स्मृ०	=	मनुस्मृति
मै० लो० गी०	=	मैथिली लोक गीत
मो० इ० फो० लि०	=	मोटिफ इन्डेक्स आफ फोक लिटरेचर
यु० का०	=	युद्ध काण्ड।
रा० ए० सो०	=	रायल एशियाटिक सोसाइटी
रा० च० मा०	=	रामचरित मानस
रा० लो० गी०	=	राजस्थानी लोक गीत
वा० रा०	=	वाल्मीकि रामायण
वि०	=	विक्रमी (संवत्)
वृ० सं०	=	वृहत् संहिता
लो० क०	=	लोक कला
लो० जी० लो० वि०	=	लोक जीवन में लोक विश्वास
लो० सं० अ०	=	लोक संस्कृति का अध्ययन
लं० का०	=	लंका काण्ड
स० सा० मं०	=	सस्ता साहित्य मण्डल
सु० का०	=	सुन्दर काण्ड
सं०	=	संख्या
सं०	=	संवत्
ह० च०	=	हर्ष चरित
है० बु० फो० लो०	=	हैण्ड बुक आफ फोकलोर (सोफिया बर्न)
उपाध्याय	=	डॉ० कृष्णदेव उपाध्याय।
दास	=	डॉ० कुंज विहारी दास।
अ० फो० सो०	=	अफ्रिकन फोकलोर सोसाइटी
ओ० डे० डे०	=	ओल्ड डेकन डेज़
इ० बं० बै०	=	इस्टर्न बंगाल बैलेड्स
एफ० एफ० सी०	=	फोकलोर फेलो कम्युनिकेशन्स

———

खण्ड : 1

विषय-प्रवेश

अध्याय १—लोक संस्कृति की समीक्षा

अध्याय २—लोक संस्कृति का अध्ययन

अध्याय ३—लोक संस्कृति का श्रेणी-विभाजन

खण्ड १

अध्याय १

लोक संस्कृति की समीक्षा

(१) फोकलोर शब्द का जन्म

'फोकलोर' शब्द के जन्म की कथा कुछ बहुत प्राचीन नहीं है। मुश्किल से इसके जन्म की कहानी लगभग १५० वर्ष पुरानी है। 'फोकलोर' शब्द का निर्माण विलियम टाम्स (William Thoms) ने सन् १८४६ ई० में किया था। इसके पहले इस शब्द के लिए लोकप्रिय पुरातत्व सामग्री (Popular Antiquities) अथवा लोकप्रिय साहित्य (Popular literature) शब्दों का प्रयोग किया जाता था। सन् १८४६ ई० में विलियम टाम्स ने एम्ब्रोज मर्टन (Ambrose Merton) के छद्मनाम से "एथीनियम" (The Athenaeum) नामक पत्रिका में एक पत्र प्रकाशित किया जिसमें उसने यह प्रस्ताव किया था कि "फोकलोर"—जो एक "सुन्दर सेक्सन समसित" शब्द है—का प्रयोग "लोकप्रिय पुरातत्व सामग्री" शब्द के लिए किया जाना चाहिए। टाम्स ने फोकलोर के अन्तर्गत रीति, प्रथा, विधि-विधान, अन्धविश्वास, लोकगाथा तथा लोकोक्ति आदि का अन्तर्भाव स्वीकार किया था।[१]

टाम्स ने अपने पत्र में फोकलोर की सामग्री के क्रमशः नष्ट होने का उल्लेख किया है। उनके द्वारा "उपेक्षित प्रथाओं," "मुरझाती हुई लोक कथाओं" और बिखरी हुई "लोक गाथाओं" आदि शब्दों के प्रयोग के द्वारा उनकी मनःस्थिति का कुछ

१. In 1846 William Thoms using the name Ambrose Merton, wrote a letter to "the Athenaeum" in which he proposed that a "good Saxon compound 'folklore' be employed in place of such lebels as "Popular Antiquities" and Popular literature. Noteworthy is Thom's conception of folklore and his essentially enumerative definition; manners, customs, observances, superstitions, ballads, proverbs and so forth.

—Alan Dundes : The study of folklore, P. 4.

अनुमान किया जा सकता है।[१] इन्होंने इस पत्र के सम्पादक के पास यह भी लिखा कि जिन लोगों ने प्राचीन रीति-रिवाजों, प्रथाओं और लोक-विश्वासों का अध्ययन किया है वे लोग दो निर्णयों पर अवश्य ही पहुँचे होंगे :—(१) इस सामग्री में कितनी विशिष्टता है जो प्रायः नष्ट हो रही है या हो गई है और (२) और आज भी समय से प्रयास करने पर इस अनन्त सामग्री की रक्षा की जा सकती है। इससे पता चलता है कि टाम्स के समय में फोकलोर की अनन्त सामग्री की क्षति प्रारम्भ हो गयी थी और शेष उपादानों की रक्षा करना ही उनका परम ध्येय था।[२]

टाम्स ने फोकलोर शब्द की व्याख्या करते हुए इसे सर्वसाधारण जनता का ज्ञान (The lore of the people) बतलाया है। इस कथन से फोकलोर शब्द के निर्माण-कर्त्ता का इस शब्द की परिभाषा के संबंध में क्या अभिप्राय था, इसकी ओर भी संकेत मिलता है।

यद्यपि विलियम टाम्स के अनेक वर्षों पहिले ही 'फोकलोर' के अध्ययन का प्रारम्भ हो चुका था। परन्तु उन दिनों में इस समस्त सामग्री को 'लोकप्रिय पुरातत्त्व' का नाम दिया जाता था जिससे कुछ विशेष अभिप्राय स्पष्ट नहीं होता था। अतः सन् १८४६ ई० में 'फोकलोर' शब्द के निर्माण का श्रेय विलियम टाम्स को ही प्राप्त है। इन्होंने 'फोकलोर' के क्षेत्र का भी संक्षेप में निर्देश किया था जिसकी चर्चा पहिले की जा चुकी है।

'फोकलोर' शब्द की सबसे बड़ी विशेषता है कि कालान्तर में यह शब्द बड़ा ही लोकप्रिय सिद्ध हुआ। जर्मनी को छोड़कर प्रायः सभी देशों के विद्वानों ने रीति-रिवाज, लोक-विश्वास, प्रथा तथा लोक-साहित्य के अध्ययन के लिए इसी शब्द 'फोकलोर' को निःसंकोच स्वीकार कर लिया और आज प्रायः समस्त संसार में इस शब्द का प्रयोग इसी अर्थ में किया जा रहा है। हाँ, जर्मन लोग आज भी फोकलोर के लिए 'फोल्क्स कुण्डे' (Folks Kunde) का ही प्रयोग करते हैं। परन्तु इससे इस शब्द की सार्वजनीनता में कुछ भी अन्तर नहीं आता और इसकी महत्ता दिन पर दिन बढ़ती जा रही है।

(२) फोकलोर शब्द का अर्थ

"फोकलोर" यह समसित पद है जिसमें दो शब्द सम्मिलित हैं—(१) फोक और (२) लोर। फोक (Folk) शब्द की व्युत्पत्ति ऐंग्लो सेक्सन शब्द फोल्क (Folc) से मानी जाती है। जर्मन भाषा में इसे वोल्क (Volk) कहते हैं। डॉ० बार्कर ने 'फोक' शब्द की व्याख्या करते हुए लिखा है कि 'फोक' शब्द से सभ्यता

---

१. Some recollection of a new neglected custom, some fading legend, local tradition on fragmentary ballad.

—एलन डण्डी, दि स्टडी आफ फोकलोर, पृ० ५।

२. The Athenaeum No. 982, Page 862-63.

से दूर रहने वाली किसी पूरी जाति का बोध होता है। परन्तु यदि इसका विस्तृत अर्थ लिया जाय तो किसी सुसंस्कृत राष्ट्र के सभी लोग इस नाम से पुकारे जा सकते हैं। लेकिन 'फोकलोर' के सन्दर्भ में 'फोक' शब्द का अर्थ 'असंस्कृत' लोग है। अंग्रेजी 'फोक' के लिए इसी अर्थ में हिन्दी की 'लोक' शब्द का प्रयोग किया जा सकता है।

दूसरा शब्द लोर (lore) है जो ऐंग्लो सैक्सन 'लर' (Lar) शब्द से निकला हुआ है। 'लोर' शब्द का अर्थ 'नालेज' (ज्ञान) अथवा लर्निंग (विद्या) होता है। अतः 'फोकलोर' का अर्थ हुआ सामान्य जनता का ज्ञान अथवा विद्या। कहने का आशय यह है कि जनता-जनार्दन का यावत् ज्ञान है, उनकी जो कुछ जानकारी है, वह सभी कुछ 'फोकलोर' के अध्ययन का विषय है। इस प्रकार जनता के रीति-रिवाज, विधि-विधान, क्रिया-कलाप, विश्वास, प्रथा, परम्परा और लोक साहित्य—गीत, कथा, गाथा, नाट्य—ये सभी विषय 'फोकलोर' में अन्तर्भुक्त होते हैं।

(३) फोकलोर शब्द की परिभाषा

'फोकलोर' शब्द की परिभाषा अनेक विद्वानों ने विभिन्न रूपों से बतलायी है। किसी ने इसके साहित्यिक रूप पर बल दिया है तो किसी ने जनता की संस्कृति के अध्ययन को ही 'फोकलोर' का क्षेत्र माना है। मेरिया लीच ने "डिक्शनरी आफ फोकलोर, माइथोलोजी एण्ड लीजेण्ड" नामक एक अत्यन्त उपयोगी पुस्तक का दो बृहत् भागों में सम्पादन किया है। इस ग्रन्थ में विश्व के महान् फोकलोर के विद्वानों के मतों का वर्णन किया गया है। इन विद्वानों की संख्या बीस से भी अधिक है। अतः इन्हीं में से कुछ प्रसिद्ध विद्वानों की परिभाषाओं को यहाँ संक्षेप रूप में दिया जा रहा है—

(१) **विलियम टाम्स**—'फोकलोर' शब्द के निर्माणकर्ता विलियम टाम्स ने इसकी परिभाषा बतलाते हुए इसे जनता के रीति-रिवाज, प्रथा, विधि-विधान, अन्ध विश्वास, लोक गाथा और लोकोक्ति आदि से सम्बन्धित बतलाया है जिसका उल्लेख पहिले किया जा चुका है।

(२) **विलियम बास्कम**—इस विद्वान ने लिखा है कि फोकलोर का सम्बन्ध पुराण-गाथा, अवदान, लोक कथा, लोकोक्ति, पहेली आदि विषयों से है जिसका माध्यम मौखिक शब्द है। मानव विज्ञानशास्त्रियों के अनुसार फोकलोर का अध्ययन क्षेत्र प्रथायें, अन्ध विश्वास, कला, शिल्प, वेश-भूषा, गृह के प्रकार और भोजन की सामग्री आदि से है।[१]

---

१. The term folklore has come to mean myths, legends, folktales, proverbs, riddles, verse and a variety of **other forms of artistic expression**. × × × Folklorists are interested in customs, beliefs, arts and crafts, dress, house-types and food recipes.

—मेरिया लीच—डिक्शनरी, भाग १, पृ० ३६८।

(३) **एरेलियो एस्पिनोजा**—फोकलोर की सामग्री अधिकांश रूप में सामाजिक मानव विज्ञान शास्त्र (Social Anthropology) की सामग्री के समान है। × × × विशिष्ट रूप से फोकलोर के अन्तर्गत लोक विश्वास, प्रथायें, अन्ध-विश्वास, लोकोक्तियाँ, पहेलियाँ, गीत, पुराण-कथा, अवदान, लोक कथा, धार्मिक संस्कार, जादू, डायन-विद्या तथा आदिवासियों एवं अशिक्षित लोगों के क्रिया-कलाप आते हैं। × × × फोकलोर किसी सभ्यता की पद्धति अथवा प्रकार को स्थायिता प्रदान करता है तथा इसके अध्ययन से हम किसी सभ्यता के अभिप्राय (Motif) तथा उसके वास्तविक अर्थ को समझ सकते हैं।[१]

(४) **जार्ज फास्टर**—इस विद्वान के अनुसार फोकलोर के अध्ययन का क्षेत्र पहेलियों, गीतों, लोकोक्तियों, लोक विश्वासों तथा विभिन्न प्रकार के अन्ध-विश्वासों तक विस्तृत है। × × × इसके अतिरिक्त बच्चों के खेल, पालने के गीत, संस्कार, विविध विधि-विधान तथा जादू एवं डायन शास्त्र भी आता है।[२]

(५) **आर० डी० जेमसन**—इस विद्वान का कथन है कि फोकलोर सांस्कृतिक जाति विज्ञान (Cultural Ethnology) का एक अंग है जिसके अन्तर्गत पुराण-कथा, अवदान, परम्परा, लोक कथायें, अन्ध-विश्वास, धार्मिक विधि-विधान, प्रथायें, नृत्य तथा प्रकृति और मानव की विशेषतायें आती हैं। × × × परन्तु आधुनिक "वैज्ञानिक" फोकलोरिस्ट उषा की कथा, ताराओं की कथा, टोटेमिज़म (टोटेमवाद) और विस्तारवाद के अध्ययन में लगे रहते हैं।[३]

---

१. Specifically, folklore consists of the beliefs, customs, superstitions, proverbs, riddles, songs, myths, legends, tales, ritualistic ceremonies, magic, witchcraft etc. Folklore may be said to be a true and direct expression of the mind of the "primitive" man. × × × Folklore perpetuates the pattern of culture and through its study we can often explain the motifs and the meaning of culture. —मेरिया लीच—डिक्शनरी, भाग १, पृ० ३९९।

२. Stories, certainly, whether myths, legends, folktales or anecdotes are of primary importance. × × × I would also add riddles, rimes, proverbs, folksongs, as well as folk-beliefs, and superstitions of almost all kind. One finds meterials which may be treated in folkloristic fashion—games, cats, cradle, ceremonies, and witchcraft etc. —मेरिया लीच—वही, पृ० ३९८।

३. Folklore is a branch of cultural ethnology. The data of folklore are the myths, legends, traditions, narratives, superstitions, religious, rituals, customs, dances, and explanations of nature and man. × × × The "Scientific" folklorists search for "original" dawn myths stellar myths, toterrism and diffusionism etc.

—मेरिया लीच—वही, भाग १, पृ० ४०१।

(६) **मेकएडवर्ड लीच**—अमेरिकन फोकलोर सोसाइटी के अनेक वर्षों तक मंत्री के पद को सुशोभित करने वाले, इस सुप्रसिद्ध विद्वान् के अनुसार फोकलोर शब्द का अभिप्राय प्रथाओं, विश्वासों, परम्पराओं, लोक कथाओं, जादूगरी के व्यवहारों, लोकोक्तियों तथा लोक गीतों से समझना चाहिये। संक्षेप में फोकलोर अशिक्षित तथा 'एक समान' जनता—जो आपस में सामान्य शारीरिक संबंधों से बँधे हुए हैं—की ज्ञान राशि है।[१]

(७) **आर्चर टेलर**—अन्तर्राष्ट्रीय ख्याति के अमेरिकन विद्वान् आर्चर टेलर का मत है कि फोकलोर की परिभाषा के भीतर निम्नांकित सभी विधाओं का अन्तर्भाव हो जाता है जो निम्नांकित हैं—विभिन्न प्रकार की लोक कथायें, लोक गाथायें, लोक गीत, बालकों के गीत, जादू, लोकोक्तियाँ और पहेलियाँ आदि।[२]

(८) **जेरट्रूड कुरथ**—इस विद्वान् का अभिप्राय यह है कि फोकलोर वह विज्ञान है जिसमें पारम्परिक लोक विश्वास, लोक कथा, अन्ध-विश्वास, सूक्ति, संस्कार, प्रथा, खेल, गीत तथा नृत्य का वर्णन किया गया हो।[३]

(९) **मारिस बारब्यू**—इस मनीषी ने तो लोक जीवन के समस्त क्रिया-कलापों में—चाहे वह बढ़ई, लोहार, सोनार और मोची का ही व्यापार क्यों न हो—फोकलोर का दर्शन किया है। इस प्रकार मानव जीवन की क्रियाओं के जितने भी क्षेत्र हो सकते हैं वे सभी फोकलोर के अन्तर्गत आते हैं।[४]

(१०) **जान मिश**—इस विद्वान् का कथन है कि फोकलोर के अन्तर्गत हमारे समस्त प्राचीन लोकप्रिय विश्वासों, प्रथाओं और परम्पराओं का समावेश होता है

---

१. Folklore is the generic term to designate the customs, beliefs, traditions, tales, magical practices, proverbs, songs etc. of a homogeneous, unsophisticated people.

—मेरिया लीच—डिक्शनरी, भाग १, पृ० ४०१।

२. Folklore in the form of connected discourse includes tales of various kinds i.e. marchen, rests, legends, cumulative tales, exempla, fables, etiological tales; ballads, lyric songs, children's songs, charms, proverbs and riddles.

—मेरिया लीच—वही, भाग १, पृ० ४०२-३

३. मेरिया लीच—वही, पृ० ४०१

४. Whenever a village crafts man—carpenter, carver, shoe-maker, cooper, black smith, trains his apprentice in the use of tools, then we have folklore in its own perennial domain, alive and stufting. —मेरिया लीच—वही, भाग १, पृ० ३९८।

जो अशिक्षित जनता के बीच आज भी अवशेष रूप में सुरक्षित हैं। इसके साथ ही फोकलोर का क्षेत्र परी कथाओं, पुराण कथाओं, अवदानों, अन्ध-विश्वासों, व्रतों, विधि-विधानों, परम्परागत खेलों, लोक गीतों, जनप्रिय सूक्तियों; कला, शिल्प, लोक नृत्य तथा अन्य ऐसी वस्तुओं तक विस्तृत है।[१]

जान मिश के अनुसार फोकलोर शास्त्र का क्षेत्र अत्यन्त विस्तृत है। मानव जीवन के समस्त क्रिया-कलापों को इन्होंने फोकलोर के अन्तर्गत स्वीकार किया है। लोक गीत तथा लोक कथाओं से लेकर लोक कला तथा शिल्प भी इसके अन्तर्गत आता है। किम्बहुना लोक विश्वास, उत्सव, संस्कार तथा जीवन के अन्य क्रिया-कलापों का समावेश भी इसके भीतर माना जाता है।

(४) 'लोक' शब्द का अर्थ

'लोक' शब्द संस्कृत के 'लोक दर्शने' धातु से 'घञ' प्रत्यय करने पर निष्पन्न होता है।[२] इस धातु का अर्थ देखना है। जिसका लट् लकार के अन्य पुरुष के एक वचन का रूप 'लोकते' है। अतः 'लोक' शब्द का अर्थ हुआ देखने वाला। इस प्रकार वह समस्त जन-समुदाय जो इस कार्य को करता है 'लोक' कहा जा सकता है। 'लोक' शब्द से ही हिन्दी के 'लोग' शब्द की व्युत्पत्ति मानी जाती है जिसका तात्पर्य है सर्वसाधारण जनता। अतः 'लोक' शब्द का अभिप्राय उस समस्त जनसमूह से है जो किसी देश में निवास करता है।

लोक शब्द की प्राचीमता

लोक शब्द अत्यन्त प्राचीन है। यहाँ तक कि वेदों में भी इसका उल्लेख पाया जाता है। साधारण जनता के अर्थ में इसका प्रयोग ऋग्वेद में अनेक स्थानों में किया गया है। इस वेद में लोक शब्द के लिए 'जन' शब्द का भी प्रयोग उपलब्ध होता है।[३] वैदिक ऋषि कहता है कि विश्वामित्र के द्वारा उच्चरित यह ब्रह्म या मंत्र भारत 'जन' की रक्षा करता है।

"य इमे रोदसी उभे; अहमिन्द्रमतुष्टवम्।
विश्वामित्रस्य रक्षति; ब्रह्मेदं भारतंजनम्॥

१. The entire body of ancient, popular beliefs, customs & traditions, which have survived among the less educated elements of civilized society until to-day. It, thus, includes fairy tales myths, legends, superstitions, festival, rites, traditional games, folksongs, popular sayings, arts, crafts, folk dances and the like. —मेरिया लीच—डिक्शनरी, भाग १, पृ० ४०१।

२. सिद्धान्त कौमुदी, पृ० ४१७ (वेंकटेश्वर प्रेस, बम्बई)।

३. ऋग्वेद—३/५३/१२

ऋग्वेद के सुप्रसिद्ध पुरुष सूक्त में 'लोक' शब्द का व्यवहार जीव तथा स्थान दोनों अर्थों में हुआ है।[1]

"नाभ्या आसीदन्तरिक्षं
शीर्ष्णो द्यौः समवर्तत।
पद्भ्यां भूमिः दिशः श्रोत्रात्,
तथा लोकानकल्पयत्॥"

संस्कृत व्याकरण के पिता महर्षि पाणिनि ने अपनी अष्टाध्यायी में 'लोक' तथा 'सर्वलोक' शब्दों का उल्लेख किया है तथा इनसे ठञ् प्रत्यय करने पर 'लौकिकः' तथा 'सार्वलौकिकः' शब्दों की निष्पत्ति की है।[2] पाणिनि ने वेद से पृथक् 'लोक' शब्द की सत्ता को स्वीकार किया है। उन्होंने अनेक शब्दों की व्युत्पत्ति को बतलाते हुए लिखा है कि वेद में अमुक शब्द का अमुक प्रकार है परन्तु लोक में इसका स्वरूप भिन्न है।[3] वररुचि ने अपने वार्तिकों में भी 'लोक' शब्द का प्रयोग किया है। महाभाष्यकार पतञ्जलि ने भी जनसाधारण के अर्थ में 'लोक' शब्द का व्यवहार किया है[4] तथा लोक में प्रचलित 'गौः' शब्द के अनेक अपभ्रंश रूपों का उल्लेख किया है।[5]

महर्षि व्यास ने महाभारत की विशेषताओं का वर्णन करते हुए लिखा है कि यह ग्रन्थ अन्धकार रूपी अज्ञान से व्यथित लोक (सामान्य जनता) की आँखों को ज्ञान रूपी अंजन की शलाका लगाकर खोलने वाला है।[6]

"अज्ञान तिमिरान्धस्य;
लोकस्य तु विचेष्टतः।
ज्ञानाञ्जन शलाकाभिः
नेत्रोन्मीलन कारकम्॥"

इसी प्रकार से महाभारत में वर्णित विषयों की चर्चा करते हुए लोक यात्रा का उल्लेख किया गया है।[7]

"पुराणानां चैव दिव्यानां;
कल्पानां युद्ध कौशलम्।

---

१. ऋग्वेद (पुरुषसूक्त) १०।९०।२४
२. लोक सर्वलोकाट्ठञ् ५।१।४४। तत्र विदितः इत्यर्थे लौकिकः। अनुशति— कादित्वात् उभयपद वृद्धिः। सार्वलौकिकः।
३. वहुलं छन्दसि २।४।३९ तथा २।४।७३ सूत्रों की व्याख्या देखिए।
४. अभ्यन्तरोऽहं लोके न त्वहं लोकः। आ० १, पृ० २०।
५. महाभाष्य प्रथम आह्निक।
६. म० भा० (आ० प०) १।८४
७. वही (आ० प०) १।६६

वाक्य जाति विशेषाश्च;
लोक यात्रा क्रमश्च यः ॥"

भगवद्‌गीता में 'लोक' तथा 'लोक संग्रह' आदि शब्दों का प्रयोग अनेक स्थानों पर पाया जाता है। गीता में लोक संग्रह पर बड़ा बल दिया गया है।[1]

"कर्मणैव हिसंसिद्धिमास्थिताः जनकादयः।
लोक संग्रह मेवापि संपश्यन् कर्तृमर्हसि ॥"

इन कतिपय उल्लेखों से ज्ञात होता है कि लोक शब्द अत्यन्त प्राचीन है और सामान्य जनता के अर्थ में इसका प्रयोग चिरकाल से चला आ रहा है।[2]

(५) 'लोक' शब्द की परिभाषा

लोक शब्द की परिभाषा के सम्बन्ध में अनेक विद्वानों ने अपना मत अभिव्यक्त किया है। हिन्दी के सुप्रसिद्ध विद्वान् डॉ० हजारी प्रसाद द्विवेदी ने लोक के सम्बन्ध में अपने विचारों को प्रकट करते हुए लिखा है कि—"लोक शब्द का अर्थ 'जानपद' या 'ग्राम्य' नहीं है बल्कि नगरों और गाँवों में फैली हुई वह समस्त जनता है जिनके व्यावहारिक ज्ञान का आधार पोथियाँ नहीं हैं। ये लोग नगर में परिष्कृत, रुचि सम्पन्न तथा सुसंस्कृत समझे जाने वाले लोगों की अपेक्षा, अधिक सरल तथा अकृत्रिम जीवन के अभ्यस्त होते हैं और परिष्कृत रुचि वाले लोगों की समूची विलासिता और सुकुमारता को जीवित रखने के लिए जो भी वस्तुएँ आवश्यक होती हैं उन्हें उत्पन्न करते हैं।"[3] भारत के लोक साहित्य के सुप्रसिद्ध विद्वान् डॉ० कुंज विहारी दास ने लोक शब्द की सुन्दर व्याख्या प्रस्तुत की है।[4] इससे स्पष्टतया ज्ञात होता है कि जो लोग संस्कृत तथा परिष्कृत लोगों के प्रभाव से बाहर रहते हुए अपनी पुरातन परिस्थिति में वर्तमान हैं उन्हें ही लोक कहा जाता है।

(६) 'संस्कृति' का शाब्दिक अर्थ

संस्कृति शब्द 'सम्' उपसर्गक 'कृ' धातु से निष्पन्न होता है। संस्कृत व्याकरण के अनुसार सम् उपसर्ग के आगे कृति अथवा कार शब्द को जोड़ देने पर इसके फलस्वरूप सम्+कृतिः=संस्कृतिः तथा सम्+कारः=संस्कारः आदि शब्दों की निष्पत्ति का विधान होता है। आप्टे के संस्कृत-अंग्रेजी कोश में संस्कृत, संस्कार

१. गीता ३।२०

२. लोक शब्द की प्राचीनता के विशेष विवरण के लिए देखिए—
डॉ० उपाध्याय—लोक साहित्य की भूमिका, पृ० १०-१३।

३. डॉ० द्विवेदी—'जनपद' वर्ष १, अंक १, पृ० ६५।

४. The people that live is more or less primitive conditions outside the sphere of sophisticated influences.
—डॉ० दास—ए स्टडी आफ ओरिसन फोकलोर।

तथा संस्क्रिया आदि शब्दों की उपलब्धि होती है। संस्कृत शब्द का अर्थ है संस्कार किया हुआ; पालिश किया हुआ, दोष तथा त्रुटियों को निकाल कर शुद्ध किया हुआ। इसी प्रकार से संस्कार शब्द का अर्थ है किसी वस्तु का संशोधन करना, उत्तम बनाना तथा उसका परिष्कार करना। आप्टे के कोश में 'संस्कृति' शब्द उपलब्ध नहीं होता। इससे यह सहज में ही अनुमान किया जा सकता है कि आजकल जिस अर्थ में संस्कृति शब्द का व्यवहार किया जा रहा है, प्राचीन काल में इस शब्द का यह अर्थ नहीं था। संस्कृत साहित्य में संस्कृति शब्द के प्रयोग के स्थान पर 'संस्कार' और 'संस्क्रिया' शब्दों का ही व्यवहार पाया जाता है। यद्यपि कुछ विद्वानों ने प्राचीन भारतीय साहित्य में संस्कृति शब्द के प्रयोग को खोजने का अथक प्रयास किया है परन्तु प्राचीन ग्रन्थों में जो संस्कृति शब्द उपलब्ध होता है वह वर्तमान अभिप्राय को प्रकाशित करने में नितान्त असमर्थ है।

(७) संस्कृति और अंग्रेजी का 'कल्चर' शब्द

आजकल का संस्कृति शब्द अंग्रेजी के कल्चर (Culture) शब्द का समान-अर्थवाची है। निरुक्ति की दृष्टि से 'कल्चर' शब्द की व्युत्पत्ति लैटिन भाषा के कोलर (Colar) धातु से निष्पन्न कुल्टुरा (Cultura) शब्द से हुई है जो संक्षेप में पूजा करना तथा कृषि सम्बन्धी कार्य का क्रमशः बोधक है। कुछ विद्वान् कल्चर (Culture) तथा कल्टीवेशन (Cultivation) अर्थात् कृषि कर्म में समानता की स्थापना करते हैं। अतः इस समता के आधार पर यह कथन कुछ असमीचीन नहीं होगा कि कृषि-विद्या (Agriculture) के सिद्धान्तों के आधार पर जिस प्रकार पेड़-पौधों को सुविकसित करके अच्छी खेती तैयार की जाती है; ठीक उसी प्रकार मनुष्यों में भी मानवता की भावन को पुष्पित और पल्लवित करने के लिए जिस पद्धति का अनुसरण किया जाता है, जो प्रक्रिया अपनायी जाती है, उसे संस्कृति कहा जा सकता है। कुछ अन्य विद्वानों के अनुसार किसी देश या समाज के विभिन्न जीवन व्यापारों या सामाजिक सम्बन्धों में मानवता की दृष्टि से प्रेरणा प्रदान करने वाले आदर्शों को ही 'संस्कृति' कहते हैं।

(८) संस्कृति तथा सभ्यता में अन्तर

आजकल जिस प्रकार संस्कृति के लिए अंग्रेजी में 'कल्चर' शब्द का प्रयोग हो रहा है, उसी प्रकार सभ्यता के लिए 'सिविलाइजेशन' (Civilisation) शब्द का व्यवहार होता है। इन दोनों के अन्तर को समझ लेना आवश्यक है। सुप्रसिद्ध मानव-विज्ञान-शास्त्री डॉ० डी० एन० मजुमदार के अनुसार संस्कृति के अन्तर्गत मनुष्यों की रीति-नीति, लोक विश्वास, आदर्श, कलायें तथा मानव द्वारा उपलब्ध समस्त कौशल एवं योग्यताओं को लिया जा सकता है।[१] सभ्यता मनुष्य के सामाजिक गुणों तथा वाह्य वैभव की द्योतिका है।

---

१. डॉ० मजुमदार तथा टी० एन० मदान—एन इन्ट्रोडक्शन टु सोशल एन्थ्रोपोलाजी, पृ० १४ (प्रथम संस्करण), सन् १९६० ई०।

संस्कृति तथा सभ्यता के अन्तर को साध्य तथा साधन के विवेचन के द्वारा स्पष्टतया समझा जा सकता है। सभ्यता वह साधन है जिसके द्वारा संस्कृति रूपी साध्य की प्राप्ति की जाती है। संस्कृति के क्षेत्र में आने वाले दर्शन, आदर्श, विश्वास और परम्पराओं आदि जीवन के लक्ष्य अथवा साध्य बन जाते हैं। सभ्यता मानव की वाह्य सुख-समृद्धि तथा वैभव का साधन मात्र है।

(९) लोक संस्कृति की स्वतंत्र सत्ता

प्राचीन भारतीय साहित्य के अवलोकन से यह स्पष्ट प्रतीत होता है कि अत्यन्त प्राचीन काल से ही इस देश में संस्कृति की दो पृथक्-पृथक् धारायें प्रवाहित हो रही थी, जो निम्नलिखित थीं :—

(१) शिष्ट संस्कृति और (२) लोक संस्कृति। शिष्ट संस्कृति से तात्पर्य उस अभिजात वर्ग की संस्कृति से है जो बौद्धिक विकास के पराकाष्ठा पर पहुँची हुई थी। यह वर्ग अपनी प्रतिभा के कारण समाज का अग्रणी तथा पथ-प्रदर्शक था तथा जिसकी संस्कृति का स्रोत वेद और शास्त्र था। परन्तु लोक संस्कृति से हमारा अभिप्राय जन-साधारण की उस संस्कृति से है जो अपनी प्रेरणा लोक से प्राप्त करती थी। जिसकी उत्स-भूमि जनता थी। इस संस्कृति के अनुयायी बौद्धिक विकास के निम्न धरातल पर अवस्थित थे। यदि ऋग्वेद और अथर्ववेद का सूक्ष्म दृष्टि से अध्ययन किया जाय तो यह पार्थक्य स्पष्ट ही प्रतीत हो जाता है। संस्कृत के अन्तर्राष्ट्रीय ख्याति के विद्वान् पद्मभूषण आचार्य पं० बलदेव उपाध्याय ने इस विषय का गंभीर विवेचन करते हुए अपना अभिमत निम्न प्रकार से प्रकट किया है।[1]

"लोक संस्कृति शिष्ट संस्कृति की सहायक होती है। किसी देश के धार्मिक विश्वासों, अनुष्ठानों तथा क्रिया-कलापों के पूर्ण परिचय के लिए दोनों संस्कृतियों में परस्पर सहयोग अपेक्षित रहती है। इस दृष्टि से अथर्ववेद ऋग्वेद का पूरक है। ये दोनों संहितायें दो विभिन्न संस्कृतियों के स्वरूप की परिचारिकायें हैं। यदि अथर्ववेद लोक संस्कृति का परिचायक है तो ऋग्वेद शिष्ट संस्कृति का दर्पण है। अथर्ववेद के विचारों का धरातल सामान्य जन-जीवन है तो ऋग्वेद का विशिष्ट जन-जीवन है।"

ऋग्वेद में यज्ञ-यागादिक विधान पाया जाता है तो अथर्ववेद में अंध-विश्वास, टोना-टोटका, जादू और मंत्र का वर्णन उपलब्ध होता है। इस प्रकार ऋग्वेद में शिष्ट तथा संस्कृत जन के विचारों का विवरण मिलता है तो अथर्ववेद में सामान्य जनता के जीवन का चित्रण हुआ है। इस प्रकार ये दोनों वेद दो विभिन्न संस्कृतियों के प्रतीक हैं।

उपनिषद काल में भी ये दोनों संस्कृतियाँ पृथक् रूप में दृष्टिगोचर होती हैं। वृहदारण्यक, कठोपनिषद तथा अन्य उपनिषदों में जहाँ आत्मा-परमात्मा, जीव और

१. समाज पत्रिका (काशी विद्यापीठ) वर्ष ४, अंक ३ (१९५८), पृ० ४४६।

जगत् आदि का वर्णन है, वे अभिजात संस्कृति के ग्रन्थ हैं। परन्तु जिनमें लोक जीवन का वर्णन है, जिनमें लोक विश्वास तथा लोक रीति-रिवाजों का उल्लेख है उनका संबंध निश्चय ही लोक संस्कृति से है। गृह्य-सूत्रों को यदि लोक संस्कृति का विश्व-कोष कहें तो कुछ अत्युक्ति नहीं होगी।

पालि जातकों में लोक संस्कृति का सजीव चित्रण किया गया है। 'नच्च' जातक में वैवाहिक प्रथा का उल्लेख करते हुए वर के आवश्यक गुणों की ओर संकेत पाया जाता है। वावेरू जातक के अध्ययन से तत्कालीन व्यापार का पता चलता है। पालि सुत्त निपात में धनिय गोप का जो कथन है उसमें ग्रामीण जीवन की बड़ी ही बाँकी झाँकी देखने को मिलती है। धनिय गोप भगवान् इन्द्र को चुनौती देते हुए कहता है कि मेरे घर में गाय है, बैल हैं, मेरा घर सुन्दर है। मेरी स्त्री सुन्दर तथा पतिव्रता है, मैं उसकी कोई बुराई नहीं जानता। मेरे घर में भात पकाया गया है, दूध भी घर में रखा है। नदी के तीर पर मैं सुखपूर्वक निवास करता हूँ। मेरे घर में सदा आग जलती रहती है। अतः ए भगवान् ! यदि तुम वर्षा करना चाहते हो तो वर्षा करो।

"पक्कोदनो युद्ध खोरोऽहमस्मि,
अनुतीरे महिया समानवासो।
छन्ना कुटि, आहितोगिनि,
अथ चे पत्थयसि पवस्स देव॥ १
अंधक मकसा न विज्जिरे,
कच्छेरुलह तिणे चरन्ति गावो।
तुट्ठिपि सहेय्यु मागतं;
अथ चे पत्थयसी पवस्स देव॥ २
गोपी मम अस्सवा अलोला,
दीघरत्तं समवासिया मनापा।
तस्सा न सुणामि किंचि पापं
अथ चे पत्थयसि पवस्स देव॥ ३
वेतनभत्तोऽहमस्मि;
पुत्ता च में समानिया अरोगा।
तेसं न सुणाणि किंचि पापं,
अथ चे पत्थयक्षि पवस्स देव॥४
अत्थिवसा, अत्थि धेनु पा;
गोधरणियो पवेनियो पि अत्थि।
उसभो पि गवम्पती च अत्थि,
अथ चे पत्थयसी पवस्स देव॥"५

पूर्वोक्त इन पाँच गाथाओं के सम्यक् अनुशीलन से पता चलता है कि बौद्ध युग में ग्रामीण जीवन कितना सुखी तथा समृद्ध था। किसान का घर सुख और समृद्धि का आवास था और वह किस प्रकार सुखी जीवन व्यतीत करता था। ग्रामीण संस्कृति का इतना सुन्दर तथा सजीव वर्णन अन्यत्र मिलना कठिन है।

आदि कवि-वाल्मीकि के आदि काव्य में वर्णित सुग्रीव और जाम्ववान्—जो बन्दरों और भालुओं के राजा थे—उन आदिम जातियों के नेताओं का प्रतिनिधित्व करते हैं जो आज भी इस विशाल देश में लाखों की संख्या में विद्यमान हैं। उस समय शिष्ट जनता तथा साधारण जनता की भाषा में भी अन्तर था। हनुमान् जब लंका में अशोक बाटिका में बैठी हुई सीता से मिलने के लिए जाते हैं तब वे अपने मन में सोचने लगते हैं कि यदि मैं शिष्ट लोगों की भाषा—संस्कृतां वाचं—का प्रयोग करने लगूंगा तो सीता मुझे रावण समझ कर डर जायेगी।[1] हनुमान् कहते हैं कि :—

"यदि वाचं प्रदास्यामि, द्विजाति रिव संस्कृताम्
रावणं मन्यमानामां, सीता भीता भविष्यति ।।"

इस उद्धरण से ज्ञात होता है कि रामायण के युग में शिष्ट तथा साधारण लोग पृथक्-पृथक् भाषाओं का प्रयोग करते थे।

महाकवि कालिदास के काल में भी शिष्ट जनों तथा सामान्य मनुष्यों की भाषा पृथक् थी। महाकवि ने लिखा है कि शिव और पार्वती के विवाह में सरस्वती ने दो प्रकार की भाषा—द्विधा विभक्तेन च वाङ्मयेन। में वर और वधू की प्रशंसा की। संस्कार से पवित्र भाषा-संस्कृत में तो वर-शिव की स्तुति की तथा सरलता से समझने योग्य भाषा—प्राकृत में पार्वती की प्रशंसा की।[2]

"द्विधा विभक्तेन च वाङ्मयेन;
सरस्वती तन्मिथुनं नु नाव।
संस्कार पूतेन गिरा वरेण्यं;
वधूं सुखग्राह्य निबन्धनेन ॥

संस्कृत के नाटकों में श्रेष्ठ पात्रों के लिए संस्कृत भाषा का व्यवहार किया गया है तथा चेरी, दासी एवं इतर पात्र विभिन्न प्रकार की प्राकृत बोलते पाये जाते हैं। इससे ज्ञात होता है शिष्ट तथा सामान्य जनों के लिए व्यवहार की भाषायें पृथक्-पृथक् थीं।

संस्कृत के महाकवियों तथा नाटककारों की कृतियों में लोक संस्कृति का जो विराट और भव्य रूप दृष्टिगोचर होता है उसका वर्णन करना अत्यन्त कठिन है। महाकवि कालिदास ने अपने ग्रन्थों में शिष्ट संस्कृति तथा लोक संस्कृति का

१. बालिमकीय रामायण—सुन्दर काण्ड
२. कालिदास—कुमार संभव सर्ग—श्लोक—७/९०

समान रूप से बड़ा ही सुन्दर चित्रण किया है। मेघदूत में जहाँ यक्ष के घर की वापी (तल्लैया) का कालिदास ने "वापी चास्मिन् मरकत शिलाबद्ध सोपान मार्गा" लिखकर उच्च वर्ग के वैभव का वर्णन किया है, वहाँ रघुवंश में अपनी सूक्ष्म दृष्टि से उन्होंने लोक संस्कृति का भी मनोरम चित्रण किया है। ईख के खेत की छाया में बैठ कर धान के खेत की रक्षा करने वाली स्त्रियों का वर्णन करना ये नहीं भूले हैं। महाकवि का कथन है।[1]

"इक्षुच्छाया निणादिन्यः
तस्य गोप्तुर्गुणोदयम्।
आकुमार कथोद्घातं,
शालिगोप्यो जगुर्यशः ॥"

इस प्रकार वैदिक काल से मध्यकाल तक लोक संस्कृति की पृथक धारा प्रवाहित होती दिखाई पड़ती है। कहने का अभिप्राय केवल इतना ही है कि आदिकाल से ही लोक संस्कृति की स्वतन्त्र सत्ता विद्यमान थी जिसका स्रोत आज भी अजस्र रूप से अक्षुण्ण दिखाई पड़ता है।

(१०) लोक संस्कृति तथा लोक साहित्य में अन्तर

अनेक तर्कों तथा उदाहरणों को देकर गत पृष्ठों में यह स्पष्ट करने का प्रयास किया गया है कि अंग्रेजी शब्द 'फोकलोर' का समान अर्थ वाची शब्द हिन्दी में केवल 'लोक संस्कृति' है। अतः इस ग्रन्थ में फोकलोर के लिए सर्वत्र 'लोक संस्कृति' शब्द का ही प्रयोग किया गया है। 'फोक-लिटरेचर' के लिए हिन्दी में 'लोक साहित्य' शब्द निर्विवाद सिद्ध है। अतः लोक संस्कृति और लोक साहित्य के अन्तर को समझना अत्यन्त आवश्यक है।

हिन्दी के अनेक अनुसन्धानकर्ता विद्यार्थी तथा कुछ विद्वान् भी इन शब्दों के पार्थक्य को समुचित रीति से न समझकर एक के लिए दूसरे शब्द का व्यवहार प्रायः किया करते हैं। इससे बड़ी अव्यवस्था उत्पन्न हो जाती है। अंग्रेजी में 'फोक-लोर' और 'फोक लिटरेचर' में जो अन्तर है वही अन्तर लोक-संस्कृति तथा लोक-साहित्य में भी समझना चाहिए। विगत प्रकरण में फोकलोर की परिभाषा के सम्बन्ध में जिन दस विद्वानों के मतों का उल्लेख किया गया है उससे यह स्पष्ट प्रतीत होता है कि फोकलोर (लोक संस्कृति) का विस्तार अत्यन्त व्यापक है। लोक जीवन का कोई भी ऐसा अंग नहीं है जो लोक संस्कृति के भीतर अन्तर्भुक्त न हो।[2]

सोफिया वर्न ने फोकलोर (लोक संस्कृति) को तीन श्रेणियों में विभक्त किया है[3]।

---

१. मेघदूत—(पूर्व) श्लोक—१६
२. रघुवंश—सर्ग ४, श्लोक—२०
३. सोफिया वर्न–ए हैण्ड बुक आफ फोकलोर, पृ० ९, १०।

(१) लोक विश्वास
(२) रीति-रिवाज तथा प्रथायें और
(३) लोक साहित्य ।

परन्तु लोक संस्कृति की विभिन्न परिभाषाओं पर विचार करने से पता चलता है कि इसका क्षेत्र-विस्तार अत्यन्त अधिक है। इसके अन्तर्गत पिछड़ी हुई जातियों में प्रचलित अथवा अपेक्षाकृत समुन्नत जातियों के असंस्कृत समुदायों के अवशिष्ट लोक विश्वास, रीति-रिवाज, खान-पान, संस्कार, प्रथायें, रहन-सहन एवं आचार-विचार आते हैं। प्रकृति के चेतन तथा जड़ जगत् के सम्बन्ध में भूत-प्रेतों की दुनिया तथा उनके साथ मनुष्यों के सम्बन्धों के विषय में, जादू-टोना, संमोहन, वशीकरण, ताबीज, भाग्य, शकुन, रोग तथा मृत्यु के सम्बन्ध में आदिम तथा असभ्य जातियों की अन्ध परम्परायें इसके भीतर समाविष्ट होती हैं। इसके साथ ही विवाह, उत्तराधिकार, बाल तथा प्रौढ़ जीवन के रीति-रिवाज, अनुष्ठान और त्यौहार, युद्ध, आखेट, पशु-पालन, मत्स्य-व्यवसाय आदि विषयों के विधि-विधान इसके अन्तर्गत हैं। संक्षेप में लोक की मानसिक सम्पन्नता के अन्तर्गत जो भी वस्तुयें आ सकती हैं वे सभी लोक संस्कृति के क्षेत्र के भीतर हैं।

इसके अतिरिक्त लोक-साहित्य की समस्त विधायें भी लोक संस्कृति में अन्तर्भूत होती हैं। लोक गीत, लोक गाथा, लोक कथा, लोक नाट्य, लोक सुभाषित अर्थात्—लोकोक्तियाँ, पहेलियाँ, मुहावरे तथा सूक्तियों—आदि भी लोक संस्कृति के अध्ययन के विषय हैं। किम्बहुना बच्चों के पालने के गीत, खेल के गीत, ऋतु सम्बन्धी उक्तियाँ सभी का इसमें अन्तर्भाव होता है।

इस प्रकार यह स्पष्ट प्रतीत होता है कि लोक संस्कृति का क्षेत्र-विस्तार अत्यन्त व्यापक एवं विस्तृत है। लोक संस्कृति मानव जीवन के समस्त अंगों से सम्बन्धित होने के अतिरिक्त, उसके लोक साहित्य को भी आत्मसात् किये हुए है। यदि लोक संस्कृति की किसी विशाल वृक्ष से उपमा दी जाय तो लोक साहित्य उसकी एक शाखा के समान है। यदि लोक संस्कृति एक विस्तृत नदी है तो लोक साहित्य की उपमा उसकी छोटी-सी सहायक नदी से दी जा सकती है। लोक संस्कृति की तुलना यदि किसी राष्ट्र से की जाय तो लोक साहित्य उसके सप्तांगों में से एक महत्वपूर्ण अंग है।

स्पष्ट शब्दों में यदि लोक संस्कृति की उपमा शरीर से दी जाय तो लोक साहित्य उसके एक अंग के तुल्य है। इस प्रकार इन दोनों में अङ्गी-अङ्ग भाव स्थापित है। यदि लोक संस्कृति की अंगी अर्थात् शरीर से तुलना की जाय तो लोक साहित्य उसका एक अंग—हाथ या पैर के समान है।

संक्षेप में शरीर और उसके अंगों में जो सम्बन्ध है वही सम्बन्ध लोक संस्कृति और लोक साहित्य में समझना चाहिए। पहिला अंगी है तो दूसरा अंग। लोक

संस्कृति तथा लोक साहित्य के पार्थक्य को समझने के लिए इतना विवेचन पर्याप्त है।

> "लोक संस्कृतिः अङ्गीस्यात्,
> साहित्यमङ्गमुच्यते।
> इति ते संशयो मा भूत्,
> उभयोः अन्तरं महत्॥

(११) लोक संस्कृति के कार्य अथवा उद्देश्य (Functions of Folklore)

विद्वानों ने लोक संस्कृति के उद्देश्य (Functions) को प्रधानतया चार भागों में विभक्त किया है—

(१) नवयुवकों की शिक्षा में सहायता करना।

(२) किसी समुदाय की संगठन शक्ति की पुष्टि करना जिससे समाज में स्वीकृत पद्धतियों को स्थिरता प्राप्त हो।

(३) सामाजिक विरोध का माध्यम।

(४) यथार्थता से पलायन और किसी मनहूस कार्य को खेल तथा प्रसन्नता के रूप में परिणत करना।[१]

इसी प्रकार से दूसरे विद्वानों ने भी लोक संस्कृति के उद्देश्यों के ऊपर प्रकाश डालने का स्तुत्य प्रयास किया है। विलियम आर० बास्कम नामक विद्वान् ने इस सम्बन्ध में अपने शोधपूर्ण विचारों को प्रकट किया है जिसका संक्षिप्त विवरण यहाँ प्रस्तुत किया जाता है।

(१) लोक संस्कृति का उद्देश्य है सामाजिक सन्दर्भ में अर्थात् वास्तविक जीवन में उसका सन्निवेश। लोक संस्कृति किसी देश की सभ्यता का दर्पण है। अर्थात् किसी देश के निवासियों की लोक संस्कृति तभी भली-भाँति जानी जा सकती है जब उनकी सभ्यता का पूरा ज्ञान हो। सभ्यता के माध्यम से लोक संस्कृति का पूर्ण परिज्ञान हो सकता है। इस प्रकार लोक संस्कृति (फोकलोर) और सभ्यता

१. There are many diverse functions of folklore. Some of the most common ones include aiding in the education of the young, promoting a group's; feelings of solidarity, providing socially sanctioned ways for individuals to act superior to or to censure other individuals, serving as a vehicle for social protest, offering an enjoyable escape from reality, and converting dull work into play.—डॉ० एलेन डण्डी—ए स्टडी आफ फोकलोर, पृ० २७७।

(फोक कल्चर) में अन्योन्याश्रय सम्बन्ध है। एक की पूर्ण जानकारी के लिए दूसरे का अध्ययन अत्यन्त आवश्यक है।[१]

(२) लोक संस्कृति का दूसरा कार्य समाज में प्रचलित सभ्यता का पुष्टिकरण तथा इसके विभिन्न विधि-विधानों एवं संस्थाओं को औचित्य प्रदान करना है।[१] समाज में रहने वाले मनुष्य अनेक प्रकार का धार्मिक कार्य करते हैं तथा अनेक संस्थाओं (जैसे, वर्ण आश्रम आदि) की स्थापना करके उसके नियमों तथा विधि-विधानों को पालन करते हैं। इन संस्थाओं के औचित्य को प्रदान करना लोक संस्कृति का परम कर्तव्य है। किसी देश के मिथक उस देश की सांस्कृतिक परम्परा को बल प्रदान करते हैं। इसी प्रकार से जादू, टोना, धार्मिक अनुष्ठान आदि सामाजिक संरचना के रूप को बतलाने में व्यावहारिक मार्ग दर्शक का कार्य करते हैं। सुप्रसिद्ध मानव विज्ञानशास्त्री मेलिनोवस्की ने इस विषय पर गम्भीरतापूर्वक विचार किया है।[२]

(३) लोक संस्कृति का तीसरा महत्त्वपूर्ण उद्देश्य इसका शिक्षा का माध्यम होना है। विशेषतया उन असभ्य तथा अर्ध सभ्य समाज में जहाँ सभ्यता का प्रचार नहीं हुआ है यह शिक्षा का अनन्यतम माध्यम है। राक्षस, दानव और दैत्यों की कथायें बच्चों को सुनाई जाती हैं जिससे वे कभी प्रसन्न होते हैं और कभी इन कथाओं में वर्णित घटनाओं से डर निद्रा देवी की गोद में चले जाते हैं। पालने के गीत तथा लोरी सुनकर उन्हें सुख प्राप्त होता है।

शिक्षाप्रद कथाओं के सुनने से चरित्र का निर्माण होता है। जैसे पंचतंत्र में उल्लिखित लालची ब्राह्मण की कथा को सुनकर "लालच करना बुरी बला है" इस

---

१. The extent to which folklore is a mirror of culture has been mainly the concern of the athropologists, but when stated conversely it becomes the concern of all folklorists. The folklore of a people can be fully understood only through a knowledge of their culture.

—डॉ० एलेन डण्डी—दि स्टडी आफ फोकलोर, पृ० २८१-२८६।

२. A second function of folklore is that which plays in validating culture, in justifying its rituals and institutions to those who perform and observe them. Myth is not explanatory, but serves as warrant, a charter, and often a practical guide to magic, ceremony, ritual and social structure. × × × The function of myth, briefly, is to strengthen tradition and endow it with a greater value and prestige. —वही, पृ० २६२।

तथ्य का ज्ञान प्राप्त होता है। अशिक्षित समाज में शिक्षा का अभाव होने के कारण इन कथाओं तथा कहावतों के द्वारा ही उपदेश दिया जाता है।[1]

(४) लोक संस्कृति का चौथा तथा अन्तिम उद्देश्य समाज में प्रचलित आचार या लोक व्यवहार की स्वीकृत शैली या रीति (Pattern) की एक-रूपता को स्थिर तथा दृढ़ बनाये रखना है।[2] इसके द्वारा सामाजिक नियंत्रण (social control) भी किया जाता है तथा सामाजिक दबाव (social pressure) भी डाला जाता है।[3] यदि कोई व्यक्ति समाज के विरुद्ध कोई कार्य करता है तब उसे कोई उपदेशप्रद कहानी सुनाकर उसे कुमार्ग से विरत किया जा सकता है। बास्कम ने लिखा है कि अफ्रीका की अशन्टि जाति के गुलाम लोग अपने दुष्ट, लोभी, क्रूर तथा मार-पीट करने वाले मालिक को कोई उचित तथा तद्रूप प्राचीन कथा सुनाकर अपने मनोभावों को प्रकट करते हैं तथा उसे सन्मार्ग पर लाने का सफल प्रयास करते हैं।[4]

(१२) लोक संस्कृति का विराट स्वरूप

संस्कृति के अन्तर्गत जितने विषयों का समावेश होता है उनको हम दो श्रेणियों में विभक्त कर सकते हैं :—(१) आध्यात्मिक तत्त्व (२) लौकिक तत्त्व। आध्यात्मिक तत्त्व के अन्तर्गत (१) परलोक संबंधी धारणा (२) मोक्ष तथा स्वर्ग संबंधी विचार (३) साधना मार्ग (४) जीवन का आदर्श और (५) धार्मिक सिद्धान्तों का समावेश होता है। इसी प्रकार से लौकिक तत्त्व के अन्तर्गत (१) मानव जीवन के विभिन्न संस्कार (२) सामाजिक उत्सव (३) पर्व और त्यौहार (४) मनोरंजन के

---

१. A third function of folklore is that which it plays in education, particularly in non-literate societies. The importance of many forms of folklore as pedagogic devices has been documented in many parts of the world. × × × Myths and legends may contain detailed description of sacred rituals the codified beliefs or dogma of the religious system.

—प्रो० एलेन डण्डी—ए स्टडी आफ फोकलोर, पृ० २९३-९४।

२. In the fourth place, folklore fulfills the important but often overlooked function of maintaining conformity to the accepted patterns of behaviour. —वही, पृ० २९४।

३. Some forms of folklore are important as means of applying social pressure and exercising social control. —वही, पृ० २९४।

४. African proverbs are highly effective in excercising social control, because they express the morals or ethics of the group.

—वही, पृ० २९५।

साधन (५) रहन-सहन (६) वेश-भूषा (७) अलंकरण तथा प्रसाधन (८) भोजन तथा पेय पदार्थ (९) सामाजिक रूढ़ियाँ (१०) लोक विश्वास (११) मान्यतायें (१२) कला (१३) शिल्प (१४) परम्परायें और (१५) प्रथायें आदि की परिगणना की जाती है।[१]

कहने का तात्पर्य यह है कि लोक संस्कृति ऋग्वेद के पुरुष सूक्त में वर्णित 'पुरुष' की भाँति विराट है। गीता में चित्रित भगवान् के विराट स्वरूप की भाँति विशाल है। मानव जीवन का कोई भी क्षेत्र ऐसा नहीं है जो इससे अछूता है। अतः अगले पृष्ठों में इसी विराट लोक संस्कृति का भव्य दर्शन पाठकों को कराने का विनम्र प्रयास किया जायेगा।

(१३) 'फोकलोर' के अर्थ का वाचक हिन्दी में समीचीन तथा उपयुक्त शब्द लोक संस्कृति

अंग्रेजी के 'फोकलोर' शब्द के हिन्दी पर्यायवाची शब्द के संबंध में विद्वानों में बड़ा मतभेद है। इन विभिन्न मतों का उल्लेख करने के पूर्व 'फोकलोर' शब्द के व्युत्पत्तिलभ्य अर्थ पर थोड़ा विचार करना अत्यन्त आवश्यक है। 'फोकलोर' दो शब्दों को मिला कर बना है—(१) फोक तथा (२) लोर। 'फोक' शब्द की उत्पत्ति एंग्लो सेक्सन 'फोल्क' (Folc) शब्द से मानी जाती है। जर्मन भाषा में इसे वोल्क (Volk) कहते हैं। डॉ० बार्कर ने 'फोक' शब्द की व्याख्या करते हुए लिखा है कि 'फोक' शब्द से सभ्यता से दूर रहने वाली किसी पूरी जाति का बोध होता है। परन्तु यदि इसका विस्तृत अर्थ लिया जाय तो किसी सुसंस्कृत राष्ट्र के सभी लोग इस नाम से पुकारे जा सकते हैं। लेकिन 'फोकलोर' के सन्दर्भ में 'फोक' का अर्थ 'असंस्कृत लोग' है। दूसरा शब्द 'लोर' ऐंग्लो सेक्सन लर (Lar) शब्द से निकला है जिसका अर्थ होता है सीखा गया अर्थात् ज्ञान। इस प्रकार फोकलोर का अर्थ हुआ "असंस्कृत लोगों का ज्ञान"।

'फोकलोर' शब्द के हिन्दी पर्याय के लिए पहिले 'फोक' शब्द पर विचार करना चाहिए। इसके लिए हिन्दी में तीन शब्द प्रस्तुत हैं—ग्राम, जन और लोक। पं० राम नरेश त्रिपाठी का 'फोक' के लिए ग्राम शब्द के प्रयोग पर अत्यधिक आग्रह है।[२] इसी आधार पर उन्होंने 'फोक सांग' के लिए 'ग्राम गीत' शब्द का व्यवहार करने पर आवश्यकता से अधिक बल दिया है।

परन्तु यदि ध्यानपूर्वक देखा जाय तो ग्राम शब्द लोक के भाव को अभिव्यक्त करने में नितान्त असमर्थ है। ग्राम शब्द लोक की विशाल भावना को अत्यन्त संकुचित कर देता है। यदि गंभीर दृष्टि से विचार किया जाय तो लोक की सत्ता

१. डॉ० हजारी प्रसाद द्विवेदी—अशोक के फूल (स० सा० म० नयी दिल्ली, पृ० ८१)।

२. त्रिपाठी—'जनपद' (पत्रिका), खण्ड १, पृ० ५-१६।

ग्राम तथा नगर दोनों में समान रूप से विद्यमान है। परन्तु ग्राम शब्द गाँव तक ही सीमित है। आज दिल्ली, बम्बई, कलकत्ता और मद्रास जैसे विशाल नगरों में निवास करने वाले निम्न वर्ग के लोग गीतों को गा-गाकर अपना मनोरंजन किया करते हैं। अतः इन नगर निवासियों के गीतों को लोक गीत न कहकर जो लोग ग्राम गीत कहने का आग्रह करते हैं उनका यह आग्रह शुद्ध दुराग्रह मात्र है।

'जन' शब्द में सभी प्राणियों का समावेश किया जा सकता है। वेदों में 'सामान्य जनता के लिए' इस शब्द का प्रयोग उपलब्ध होता है। इस जन शब्द से संबंधित जनपद, जनप्रवाद और जनचेतना आदि शब्द प्रचलित हैं। परन्तु 'लोक' शब्द की अपनी एक प्राचीन परम्परा है। इस शब्द का प्रयोग वेद में, पाणिनि की अष्टाध्यायी में तथा गीता में बहुशः किया गया है। इन दोनों शब्दों—जन और लोक—में लोक शब्द जन की अपेक्षा 'फोक' के अधिक समीप है। अतः 'फोक' के लिए लोक शब्द का ही ग्रहण अधिक समीचीन ज्ञात होता है।

सुप्रसिद्ध ऐतिहासिक तथा पुरातत्ववेत्ता डॉ० वासुदेव शरण अग्रवाल ने 'फोकलोर' शब्द का हिन्दी में पर्यायवाची शब्द 'लोक वार्ता' बतलाया है। उन्होंने इस शब्द का चुनाव वैष्णव सम्प्रदाय में प्रचलित 'चौरासी वैष्णवों की वार्ता' तथा "दो सौ बावन वैष्णवों की वार्ता" आदि ग्रन्थों के आधार पर किया है।[1] आज कल फोकलोर के लिए हिन्दी में इसी अप्रयुक्त शब्द का प्रयोग होने लगा है।

परन्तु 'फोकलोर' के लिए लोक वार्ता शब्द को ग्रहण करने में अनेक आपत्तियाँ दिखाई पड़ती हैं। प्रथम तो यह शब्द पर्याप्त व्यापक प्रतीत नहीं होता। लोक वार्ता शब्द में अधिक से अधिक लोक कथा अथवा लोक चर्चा का भाव वहन करने की क्षमता है। इसके अतिरिक्त 'लोक वार्ता' शब्द संस्कृत साहित्य में एक अन्य अर्थ में भी प्रयुक्त पाया जाता है। संस्कृत के कोशों में इसका अर्थ प्रवाद, अफवाह या किम्बदन्ती लिखा हुआ है।[2] संस्कृत के सुप्रसिद्ध कोशकार पं० वामन शिवराम आप्टे ने अपनी 'संस्कृत-इंग्लिश डिक्शनरी' में 'लोक वार्ता' शब्द का अर्थ लोकप्रिय सूचना (पापुलर रिपोर्ट) या सार्वजनिक अफवाह (पब्लिक रयूमर) दिया है।[3] सर मोनियर विलियम्स ने भी इसका अर्थ यही किया है।[4] अतः डॉ० अग्रवाल के लोक वार्ता शब्द में अव्याप्ति दोष होने के कारण इसे ग्रहण करना समीचीन नहीं है।

कौटिल्य के 'अर्थशास्त्र' में वार्ता शब्द का प्रयोग अर्थशास्त्र तथा राजनीति

---

१. डॉ० सत्येन्द्र—व्र० लो० सा० अ०, पृ० १।

२. पं० द्वारिका प्रसाद शर्मा—संस्कृत शब्दार्थ कौस्तुभ।

३. आप्टे—संस्कृत-इंग्लिश डिक्शनरी।

४. मोनियर विलियम्स—संस्कृत-इंग्लिश डिक्शनरी।

शास्त्र के लिए किया गया है। भगवान् मनु ने चार विद्याओं का वर्णन करते हुए 'वार्ता' शब्द का प्रयोग उस विद्या के लिए किया है जिसे आजकल अर्थशास्त्र अथवा 'एकोनामिक्स' कहते हैं।

"आन्वीक्षिकी, त्रयी वार्ताः; दण्डनीतिश्च शाश्वती।
विद्याह्येताः चतस्रःस्युः; लोकसंस्थिति हेतवे ॥"

व्यास की शत साहस्री संहिता—महाभारत में यक्ष-युधिष्ठिर संवाद के प्रसंग में वार्ता शब्द का प्रयोग किया गया है। यक्ष प्रश्न करता है कि—

"का वार्ता, किमाश्चर्यं; कः पन्था, कश्च मोदते।"

संसार में नूतन समाचार क्या है ? आश्चर्य की कौन सी वस्तु है ? मार्ग क्या है ? तथा इस जगत् में कौन व्यक्ति सुखी है ? इस प्रश्न का उत्तर देते हुए युधिष्ठिर कहते हैं कि—

"अस्मिन् महामोहमये कटाहे;
सूर्याग्निना रात्रिदिवेन्धनेन।
मासर्तुदर्वी परिघट्टनेन;
भूतानि कालः पचतीति वार्ता ॥"

अर्थात् यह विकराल काल इस संसार में सभी लोगों को खा रहा है यही समाचार है। इन श्लोकों में आये हुए वार्ता शब्द के अर्थ पर सन्दर्भ पूर्वक विचार करने से पता चलता है कि इस शब्द का प्रयोग 'नूतन समाचार' अथवा 'नयी बात' के अर्थ में ही किया गया है। इस प्रकार संस्कृत साहित्य में कहीं भी वार्ता शब्द का प्रयोग ज्ञान (लोर) के अर्थ में प्रयुक्त उपलब्ध नहीं होता। आजकल रेडियो तथा दूरदर्शन के द्वारा संस्कृत में जो समाचार प्रसारित किया जाता है उसके प्रारम्भ में उद्घोषक 'अथ वार्ताः श्रूयन्ताम्" तथा अन्त में 'इति वार्ताः' शब्दों का प्रयोग करता है। इससे स्पष्ट है कि आधुनिक काल में भी 'वार्ता' शब्द का प्रयोग समाचार के अर्थ में ही किया जा रहा है।

वार्ता शब्द से ज्ञान का कभी भी बोध नहीं होता है। यह शब्द ज्ञान का बोधक न होने के कारण अवाचक दोष से युक्त है। कोई भी परिभाषा अथवा शब्द का प्रयोग अवाचक तथा अव्याप्ति दोषों से रहित होना चाहिए। परन्तु विद्वान् डॉ० अग्रवाल का फोकलोर के लिए यह मन गढ़न्त शब्द—लोक वार्ता—अवाचक तथा अव्याप्ति दोषों से पूर्णतया दूषित होने के कारण स्वतः धराशायी हो जाता है।

कुछ विद्वानों की यह भ्रान्त धारणा है कि डॉ० वासुदेव शरण अग्रवाल ने फोकलोर के लिए 'लोक वार्ता' शब्द को गढ़ा है। उनकी यह धारणा नितान्त निर्मूल है। डॉ० अग्रवाल के घनिष्ठ मित्र तथा प्रशंसक श्री कृष्णानन्द गुप्त ने मुझे एक

लम्बा पत्ना लिख कर विद्वानों की इस धारणा का खण्डन किया है। उनका पत्र इस प्रकार है—

कृष्णानन्द गुप्त

पोस्ट—गरौठा
झांसी (उ० प्र०)
दिनांक २३-८-८३

प्रिय उपाध्याय जी,

सप्रेम नमस्कार।

बाराणसी में आपके यहाँ लोक वार्ता शब्द की चर्चा आने पर मैंने आपको बताया था कि डॉ० वासुदेव शरण जी के पास से उनकी पुस्तक 'पृथ्वी पुत्र' के मिलने पर उसके अन्त में यह टिप्पणी मुझे पढ़ने को मिली कि "एन्थोपोलोजी के लिए (फोकलोर के लिए नहीं) यह शब्द—यानी 'लोक वार्ता शास्त्र'—मैंने (डॉ० अग्रवाल जी) श्री कृष्णानन्द जी को दिया।"

"बात यह थी कि लोक वार्ता पत्रिका के प्रकाशन का निश्चय होने पर अग्रवाल जी से मैंने उसके प्रथम अंक के लिए लेख की प्रार्थना की। इसके उत्तर में उन्होंने अपने पत्र में लोक वार्ता के महत्त्व और उसके अध्ययन के सम्बन्ध में अपने भावपूर्ण विचार भी लिख भेजे। उनके विचारों को मैंने 'लोक वार्ता शास्त्र' का शीर्षक देकर एक लेख के रूप में पत्रिका में प्रकाशित कर दिया। × × × उसी लोक वार्ता शास्त्र शब्द के सम्बन्ध में उन्होंने अपनी उक्त टिप्पणी लिखने की आवश्यकता अनुभव की थी जबकि पत्रिका के लिए लेख की प्रार्थना करने के पूर्व उनसे इस शब्द (लोक वार्ता) की कोई चर्चा नहीं हुई थी। न उन्हें इसकी कोई खबर ही थी। उनकी टिप्पणी पढ़कर मैं इतना क्षुब्ध हुआ कि कलम से उसी समय उस पर यह नोट लगा दिया कि "**यह सब गलत है।**" यह नोट अब भी उस पुस्तक में जहाँ का तहाँ लिखा मौजूद है। × × ×

दर असल लोक और वार्ता इन दोनों ही शब्दों में कोई ऐसी विलक्षणता नहीं थी जो किसी के दिमाग में न आते। कथा-वार्ता शब्द तो अत्यन्त साधारण है जो ग्रामीण लोगों की जिह्वा पर चढ़ा रहता है। इसके लिए "चौरासी वार्ता" शब्द तक जाने की आवश्यकता नहीं थी।

श्री कृष्णानन्द जी गुप्त के पत्र से पता चलता है कि हिन्दी में फोकलोर के लिए लोक वार्ता शब्द के गलत प्रचार का समस्त श्रेय डॉ० सत्येन्द्र को प्राप्त है। श्री गुप्त जी इसी पत्र में आगे लिखते हैं कि—"सत्येन्द्र जी (खेद है अब वे इस संसार में नहीं हैं) ने डॉ० वासुदेव शरण जी की पुस्तक में समाविष्ट उक्त टिप्पणी (जिसकी चर्चा पहिले की जा चुकी है) के आधार पर ही अपने शोध ग्रन्थ—व्रज लोक साहित्य

का अध्ययन—में लिख दिया कि फोकलोर के लिए डॉ० अग्रवाल ने यह 'लोक वार्ता शब्द' श्री कृष्णानन्द जी को दिया। उनकी पुस्तक से ही **शायद यह भूल आगे बढ़ती गई**। किसी (विद्वान) ने भी वास्तविकता की छान-बीन करने की कोशिश नहीं की। सब आँखें मूंद कर सत्येन्द्र जी के ही शब्दों को ही दुहराने लगे। स्वयं सत्येन्द्र जी ने भी यह देखने का प्रयास नहीं किया कि डॉ० अग्रवाल ने तो एन्थोपोला जी के लिए यह शब्द (लोक वार्ता) कृष्णानन्द जी को दिया और हम 'फोकलोर' शब्द के लिए इस शब्द (लोकवार्ता) का प्रयोग क्यों कर रहे हैं। कोई पूछ-ताछ करने की जरूरत उन्होंने (सत्येन्द्र जी ने) नहीं समझी।

मेरे दो एक मित्रों को छोड़कर इस शब्द (लोक वार्ता) के सच्चे इतिहास को कोई नहीं जानता। अब आप भी जान गये। आपकी तरह मेरे उन मित्रों ने भी मुझसे इस विषय का प्रतिवाद करने को कहा था और सत्य को प्रकट करने के लिए आग्रह भी किया था परन्तु मैं स्वभाव का अत्यन्त भीरु और संकोचशील हूँ अतः मैंने प्रतिवाद नहीं किया।

× × × ×

बहुत लिख गया। गाँव में अन्य कोई बात भी नहीं। आप इस सत्य के उद्घाटन के लिए अवश्य लिखें। मेरे इस पत्र की सामग्री का आवश्यकता पड़ने पर आप यथा वाञ्छित उपयोग करने को स्वतन्त्र हैं।" × ×

सप्रेम आपका—**कृष्णानन्द गुप्त**

श्री कृष्णानन्द गुप्त के उपर्युक्त पत्र को पढ़कर पाठकवृन्द अच्छी तरह से समझ गये होंगे कि डॉ० वासुदेव शरण अग्रवाल ने एन्थोपोलाजी शब्द के लिए लोक वार्ता का प्रयोग करने का सुझाव श्री कृष्णानन्द जी को दिया था। उन्होंने 'फोकलोर' के लिए लोक वार्ता शब्द का सुझाव कभी नहीं दिया था।

परन्तु डॉ० सत्येन्द्र ने अपने शोध प्रबन्ध में यह भूल से लिख दिया कि डॉ० अग्रवाल ने फोकलोर के लिए लोक वार्ता शब्द को कृष्णानन्द जी गुप्त को दिया था। फिर क्या था "गड्डलिका प्रवाह" की भाँति सभी तथाकथित विद्वान् इस शब्द का निःसंकोच प्रयोग फोकलोर के लिए करने लगे।

हिन्दी में फोकलोर के लिए लोक वार्ता शब्द के प्रयोग का यही इतिहास है। एक व्यक्ति की भूल के कारण इस शब्द का प्रयोग भूल से चल पड़ा और आज धड़ल्ले से जारी है। परन्तु विचारशील एवं गम्भीर विद्वानों को इस विषय पर ध्यान-पूर्वक मनन करना चाहिए। "लोक वार्ता शब्द" अवाचक तथा अव्याप्ति दोष से व्याप्त होने के कारण यह फोकलोर के पर्यायवाची शब्द के रूप में कदापि ग्रहण नहीं किया जा सकता।

सुप्रसिद्ध भाषाशास्त्री डॉ० सुनीति कुमार चटर्जी ने 'फोकलौर' के लिए

'लोकयान' शब्द को प्रयोग में लाने का सुझाव दिया है।[1] इन्होंने इस शब्द का निर्माण बौद्धधर्म में प्रयुक्त हीनयान, महायान और वज्रयान शब्दों के अनुकरण पर किया है। इस सम्बन्ध में इतना ही कहना पर्याप्त होगा कि ये उपर्युक्त शब्द बौद्ध धर्म के एक विशिष्ट सम्प्रदाय के द्योतक हैं तथा धार्मिक जगत् से सम्बन्ध रखते हैं। हीनयान, महायान तथा वज्रयान आदि शब्द धर्म से सम्बन्धित होने के कारण इसी अर्थ में रूढ़ हो गये हैं। अतः इनके अनुकरण पर जो 'लोकयान' शब्द निर्मित किया जायेगा उसे सामान्य जनता में प्रचलित किसी धर्म का तो बोध हो सकता है परन्तु साधारण लोक की रहन-सहन, रीति-रिवाज, अंध-विश्वास, परम्परा तथा प्रथाओं का बोध कराने में यह शब्द सर्वथा असमर्थ सिद्ध होगा। अतः फोकलोर के लिए 'लोकयान' शब्द को ग्रहण करने में सबसे बड़ी आपत्ति यही होगी।

इधर कुछ विद्वानों ने 'लोकयान' के स्थान पर 'लोकायन' शब्द का सुझाव दिया है।[2] इस शब्द का व्युत्पत्तिलभ्य अर्थ—लोक=लोग, अयन=गति—लोगों की गति है। परन्तु 'फोकलोर' के व्यापक तथा विशाल अर्थ को द्योतित करने में यह शब्द भी अत्यन्त अशक्त है। यह शब्द हिन्दी में नितान्त अप्रचलित है। अतः 'फोकलोर' के लिए इस शब्द को भी ग्रहण करने में अनेक कठिनाइयाँ उपस्थित होती हैं।

(१४) डॉ० कृष्णदेव उपाध्याय का मत

डॉ० कृष्णदेव उपाध्याय के मत के अनुसार 'फोकलोर' के लिए 'लोक संस्कृति' शब्द को ही ग्रहण करना नितान्त उपयुक्त तथा समीचीन है। लोक संस्कृति के अन्तर्गत जनजीवन से सम्बन्धित जितने भी आचार-विचार, रहन-सहन, विधि-निषेध, प्रथा-परम्परा, धर्म-कर्म, पूजा-पाठ, खान-पान, वेश-भूषा और मूढ़ाग्रह-अनुष्ठान आदि हैं वे सभी इसके अन्तर्गत आते हैं। लोक संस्कृति शब्द फोकलोर के व्यापक तथा विस्तृत अर्थ को प्रकाशित करने में सर्वथा समर्थ है। कोई भी नव निर्मित शब्द अथवा परिभाषा अव्याप्ति तथा अवाचक दोषों से रहित होनी चाहिए। फोकलोर के अर्थ में लोक संस्कृति का प्रयोग इन दोषों से सर्वथा मुक्त है। 'लोकायन' अथवा 'लोकयान' शब्दों की भाँति इसमें अवाचक दोष भी नहीं हैं। दूसरी बात यह भी है कि हिन्दी में लोक संस्कृति चिर परिचित शब्द है। इसके उच्चारण मात्र से ही जन-जीवन का चित्र तथा उसकी संस्कृति की झाँकी हमारी आँखों के सामने उपस्थित हो जाती है। जब हिन्दी में यह शब्द पहिले से विद्यमान है ऐसी स्थिति में लोक वार्ता, लोकयान, लोकायन जैसे अप्रचलित शब्दों का निर्माण कर उन्हें प्रचारित करने

---

१. राजस्थानी कहावतें, भाग १, कलकत्ता भूमिका, पृ० ११।
२. जनपद खंड १, अंक १, पृ० ६६।

का प्रयास करना असमीचीन तथा असंगत है। इस सम्बन्ध में यह आशंका प्रकट की जा सकती है कि लोक संस्कृति शब्द 'फोक कल्चर' का पर्यायवाची हो सकता है 'फोकलोर' का नहीं। परन्तु डॉ० उपाध्याय के मतानुसार 'लोक संस्कृति' और 'फोकलोर' में कोई विशेष अन्तर नहीं है। इन दोनों की सीमायें तक दूसरे को स्पर्श करती हुई दृष्टिगोचर होती हैं।

आजकल यूरोप में 'फोकलोर' शब्द की सीमा बहुत विस्तृत हो गई है। विशेषकर स्केन्डेनेशियन देशों—नार्वे और स्वीडेन—के विद्वान् इस शब्द को लोक जीवन का पर्याय मानते हैं। स्वीडेन की एक संस्था से फोकलोर सम्बन्धी शोध-पत्रिका प्रकाशित होती है जिसका नाम 'फोकलिव' (Folk Liv) है जिसका अर्थ 'फोक-लाइफ' अर्थात् जन जीवन होता है। इस संस्था के विद्वानों का मत है कि 'फोकलोर' का क्षेत्र उतना विस्तृत तथा व्यापक है जितना मानव के जीवन का। दूसरे शब्दों में इसका तात्पर्य यह है कि फोकलोर के अन्तर्गत मनुष्य के जीवन से सम्बन्धित रहन-सहन, आचार-विचार, पूजा-अनुष्ठान, खान-पान, वेश-भूषा, संस्कार-परम्परा और सामाजिक, धार्मिक एवं आर्थिक अवस्थाओं का अन्तर्भाव होता है। संक्षेप में कहने का आशय यह है कि फोकलोर के भीतर मनुष्य के जीवन से सम्बद्ध सभी प्रकार की दशाओं और अवस्थाओं का अध्ययन-अनुसन्धान होता है। इस प्रकार यूरोपीय विद्वानों की आधुनिक प्रवृत्ति फोकलोर के अन्तर्गत मानव जीवन के समस्त विभागों के अध्ययन की ओर है। ऐसी परिस्थिति में लोकयान, लोकायन अथवा लोक वार्ता आदि शब्दों के द्वारा इस विस्तृत अर्थ का बोध कदापि नहीं हो सकता है। लोक संस्कृति के विराट् स्वरूप तथा विशाल क्षेत्र को प्रतिपादित करने के लिए ये शब्द असमर्थ तथा नितान्त बौने के समान हैं।

हिन्दी साहित्य के प्रकाण्ड विद्वान डॉ० हजारी प्रसाद द्विवेदी ने भी 'फोक-लोर' के अर्थ को द्योतित करने के लिए 'लोक संस्कृति' शब्द को ही समीचीन स्वीकारा है। डॉ० हजारी प्रसाद द्विवेदी ने लिखा है कि "जिन देशों में लोक साहित्य की छान-बीन बहुत सावधानी से की जा रही है वहाँ भी भिन्न-भिन्न विद्वानों में यह मतभेद दिखाई पड़ता है कि क्या-क्या बातें लोक साहित्य (फोकलोर) के अन्तर्गत स्वीकार की जायँ और क्या-क्या उसके बाहर रखी जायँ। कुछ विद्वान् जिस चीज को लोक साहित्य कहते हैं उसे दूसरे विद्वान् वैसा नहीं मानना चाहते। परन्तु साधारणतः लोक कथाओं, लोक गीतों, प्रादेशिक निजधरी कथाओं, लोकोक्तियों और पहेलियों को इस साहित्य का विवेच्य विषय माना जाता है। फ्रांस और स्कैण्डिनेविया में जिन परम्परा से प्रचलित शिल्पों, कलाओं और उद्योगों को 'फोक-लोर' माना जाता है वे लोक साहित्य शब्द से सूचित नहीं हो पाते। उनके लिए अपने देश के कई विद्वानों ने "लोक संस्कृति" जैसे शब्द का प्रयोग अधिक उचित समझा है। इस प्रकार इस देश में लोक साहित्य का प्रयोग तो साधारण जनता में

प्रचलित आलोचित शब्दमय साहित्य को कहा जाने लगा है और **'लोक संस्कृति' लोक जीवन से संबद्ध शिल्प कलाओं को।"**[1]

इस उद्धरण से स्पष्ट पता चलता है डॉ० हजारी प्रसाद द्विवेदी के अनुसार भी लोक गीत, लोक गाथाओं का अन्तर्भाव लोक साहित्य के अन्तर्गत हो सकता है। परन्तु लोक जीवन से सम्बन्धित शिल्पों, कलाओं, उद्योगों, परम्पराओं और संस्कारों आदि के अध्ययन को लोक संस्कृति के द्वारा ही सूचित किया जा सकता है। इस प्रकार डॉ० कृष्णदेव उपाध्याय द्वारा प्रतिपादित 'लोक संस्कृति' शब्द को डॉ० द्विवेदी भी समीचीन समझते हैं।

कुछ विद्वानों ने सन् १९५८ ई० में अर्थात् आज से लगभग २८ वर्ष पूर्व "भारतीय लोक संस्कृति शोध संस्थान" की स्थापना प्रयाग में की थी जिसके तत्वावधान में 'अखिल भारतीय लोक संस्कृति सम्मेलन' के अनेक अधिवेशन आयोजित किये गये थे। इन सम्मेलनों में भारतवर्ष के प्रायः प्रत्येक राज्य से आकर अनेक विद्वानों ने इसमें सक्रिय भाग लेकर इसकी विभिन्न गोष्ठियों में अपना निबन्ध पाठ किया था। इन व्यक्तियों में से भारत के कुछ लब्धप्रतिष्ठ चोटी के विद्वान् थे जिनमें से कतिपय निम्नांकित थे—(१) डॉ० आशुतोष भट्टाचार्य, कलकत्ता विश्वविद्यालय (२) डॉ० कुंजविहारी दास, विश्वभारती विश्वविद्यालय (३) डॉ० प्रफुल्ल दत्त गोस्वामी, गुवाहाटी विश्वविद्यालय, असम, (४) डॉ० चिन्तामणि उपाध्याय, उज्जैन (मध्य प्रदेश), (५) श्री मधु भाई पटेल, बम्बई, (६) पं० रामनाथ शास्त्री कश्मीर आदि। इन सभी विद्वानों ने "फोकलोर" के लिए "लोक संस्कृति" शब्द को ही उपयुक्त तथा समीचीन स्वीकार किया था।

चुरु, राजस्थान की सुप्रसिद्ध लोक साहित्य के क्षेत्र में शोध में संलग्न संस्था का नाम 'लोक संस्कृति शोध संस्थान' है। यह संस्थान राजस्थानी साहित्य तथा जन-जीवन के विभिन्न अंगों के अध्ययन में निरत है। इसके द्वारा एक पत्रिका भी प्रकाशित होती है। इन विद्वानों ने भी अपनी संस्था का नाम 'लोक संस्कृति संस्था' ही रखा है। कहने का आशय केवल इतना ही है कि भारत के अधिकांश विद्वान् भी 'फोकलोर' के लिए 'लोक संस्कृति' शब्द को ही उपयुक्त, समीचीन तथा उचित मानते हैं। अतः 'लोक संस्कृति' शब्द को ग्रहण करना ही उपादेय है।

"इण्डियन फोकलोर कांग्रेस" नामक सुप्रसिद्ध संस्था आज अनेक वर्षों से लोक साहित्य तथा लोक संस्कृति के प्रचार-प्रसार में प्रशंसनीय कार्य कर रही है। यह भारतवर्ष की श्रेष्ठ तथा चोटी के 'फोकलोरिस्ट' विद्वानों की एकमात्र संस्था है। इस संस्था का प्रधान कार्यालय कलकत्ता में है और यह अथक तथा अटूट लगन के साथ लोक साहित्य की सेवा कर रही है। भारत के सभी विद्वानों ने मिलकर

---

१. डॉ० हजारी प्रसाद द्विवेदी—जनपद खंड १, अंक १, पृ० ६६।

सर्वसम्मति से हिन्दी में इस संस्था का नामकरण "भारतीय लोक संस्कृति सम्मेलन' किया है। इस प्रकार समस्त भारतवर्ष के श्रेष्ठ 'फोकलोरिस्टों' के मत के अनुसार 'फोकलोर' के लिए समीचीन पर्यायवाची अर्थ का प्रतिपादन करने वाला शब्द 'लोक संस्कृति' ही है।

अतः डॉ० कृष्णदेव उपाध्याय का विनम्र सुझाव यह है कि फोकलोर के लिए एकमात्र 'लोक संस्कृति' शब्द का ही प्रयोग करना चाहिए। क्योंकि यह शब्द अव्याप्ति तथा अवाचक दोनों ही दोषों से रहित है। यह शब्द सरल तथा बोधगम्य भी है। इसके साथ 'लोक संस्कृति' को भारत के चोटी के विद्वानों का समर्थन प्राप्त है। अतः मैं उच्च स्वर से यह कहता हूँ कि :—

उध्वंवाहुर्विरौम्येष:
सर्वे शृण्वन्तु सूरिणः।
"फोकलोरस्य" शब्दस्य
"लोक-संस्कृतिः" वाचकः" ॥

———

अध्याय २

परिच्छेद १: लोक संस्कृति का अध्ययन यूरोप में प्रारम्भ

यूरोप में लोक संस्कृति के अध्ययन का इतिहास कुछ बहुत प्राचीन नहीं है। इस महाद्वीप के विभिन्न देशों में पृथक्-पृथक् रीति-रिवाज, आचार-विचार और रहन-सहन की परम्परा प्रचलित थी। परन्तु इसके अध्ययन की ओर विद्वानों का ध्यान १८वीं शताब्दी के प्रारम्भ से पूर्व नहीं गया था। यूरोप में भौतिक-विज्ञान, जीव-विज्ञान और मानव-विज्ञान के क्षेत्रों में कुछ ऐसे भौतिकवादी सिद्धान्तों की स्थापना हुई जिनसे प्रभावित होकर विद्वानों ने अपने देश की सामाजिक परम्पराओं, धार्मिक विश्वासों तथा राजनैतिक संस्थाओं का अध्ययन करना प्रारम्भ किया।

अठारहवीं शताब्दी के प्रारम्भ में इन उपर्युक्त विषयों का अनुसन्धान लोकप्रिय पुरावशेष (पापुलर एन्टिक्वीटीज़) के नाम से प्रसिद्ध है। सर्वप्रथम ब्रैन्ड ने "पापुलर एन्टिक्वीटीज़" के नाम से अपने ग्रन्थ का प्रकाशन किया जिसमें तत्कालीन आचार-विचार, रहन-सहन, रीति-रिवाज और विधि-विधानों का वर्णन किया गया था। ब्रैन्ड की यह पुस्तक अनेक दृष्टियों से महत्त्वपूर्ण है। क्योंकि यह अपने विषय की सर्वप्रथम पुस्तक थी जिसने विद्वानों का ध्यान इस शास्त्र के अध्ययन की ओर आकृष्ट किया। इसी कारण इस पुस्तक का समधिक महत्त्व है।

इंग्लैंड में टामस पर्सी ने इस दिशा में बहुमूल्य कार्य किया। यह व्यक्ति गिरिजाघर का पादरी था और पुरातन वस्तुओं के संग्रह में समधिक रुचि रखता था। इसने सन् १७६५ ई० में "रेलिक्स आफ एंशियेण्ट इंग्लिश पोयट्री" (Reliques of Ancient English Poetry) नामक पुस्तक प्रकाशित की जिसमें भूत-प्रेत, परियों आदि की रोमांचक कथा और गीत विद्यमान थे। इस पुस्तक की नवीनता को देखकर यूरोपीय विद्वान् स्वभावतः ही इस ओर आकृष्ट हुए।

सन् १७४६ ई० में पर्सी से कुछ ही वर्षों पूर्व रेवरेण्ड हेनरी बोर्न ने "एन्टीक्स आफ दि कामन पीपुल" नामक पुस्तक की रचना की जिसमें रोमन कैथोलिक धर्म के अनुयायियों के विश्वासों का संग्रह किया गया था।

परन्तु यूरोप में व्यवस्थित रूप से लोक संस्कृति के क्षेत्र में कार्य करने के श्री गणेश का श्रेय ग्रिम बन्धुओं को दिया जा सकता है जिन्होंने आजीवन इस क्षेत्र में कार्य किया और अपना समस्त जीवन ही इसमें खपा दिया। ये दोनों बन्धु जेकब ग्रिम (१७८५-१८६३) तथा विलहेल्म ग्रिम (१७८६-१८५९) थे, जो जर्मन थे। इन

दोनों भाइयों ने मिलकर जर्मनी के लोक गीतों तथा कथाओं का संग्रह ही नहीं किया बल्कि जर्मन माइथोलाजी (पुराण-गाथा) पर अभूतपूर्व अनुसन्धान कार्य किया है। इन्होंने गीतों और कथाओं का वर्गीकरण करते हुए उनकी व्याख्या की। इन्होंने जर्मनी की लोक कथाओं का एक प्रामाणिक संग्रह भी प्रकाशित किया जो "डायश हाउस होल्ड मार्शन"—के नाम से अत्यन्त प्रसिद्ध है। यह ग्रन्थ इतना लोकप्रिय तथा प्रसिद्ध हुआ कि आज संसार की सभी भाषाओं में इसका अनुवाद उपलब्ध है। पश्चिम जर्मनी के 'कासेल' नामक नगर में इन ग्रिम बन्धुओं से सम्बन्धित एक संग्रहालय भी स्थापित है जिनमें इनके स्मृति चिह्न—फोटो, ग्रन्थ, घरेलू सामान आदि—संग्रहीत हैं।

इसके पश्चात् इङ्गलैण्ड के विद्वानों ने प्राचीन विश्वासों, प्रथाओं, आचार-विचार, लोक गीतों और कथाओं के संग्रह पर विशेष ध्यान दिया। सन् १८२६ ई० में होम्स ने अपनी पुस्तक 'एव्री डे बुक' में इसका उल्लेख किया है कि अब भी पुराने घरों में लोक संस्कृति सम्बन्धी सामग्री प्राप्त होती है। सन् १८४६ ई० में इङ्गलैण्ड के ही विलियम टाम्स नामक विद्वान् ने पूर्व काल में प्रचलित 'पापुलर एन्टीक्विटीज' के भावों को द्योतित करने के लिए 'फोकलोर' इस नवीन शब्द की सृष्टि की जिसका तात्पर्य मनुष्य के रीति-रिवाज, अन्ध-विश्वास, रहन-सहन, विधि-विधान, विविध क्रिया-कलापों तथा लोक गीत एवं कथाओं से था। टाम्स के द्वारा निर्मित यह 'फोकलोर' शब्द इतना प्रसिद्ध तथा लोकप्रिय हुआ कि आज यूरोपीय देशों ने—जर्मन लोगों को छोड़कर—इसे सर्वसम्मति से ग्रहण किया है। टाम्स ने विद्वानों के मतों के आदान-प्रदान के लिए "नोट् एण्ड क्वेरीज" शीर्षक से एक पत्रिका भी प्रकाशित करनी प्रारम्भ की जिसमें लोक संस्कृति से सम्बन्धित बहुमूल्य सामग्री प्रकाश में आने लगी। इसी विद्वान् ने सन् १८६६ ई० में इङ्गलैण्ड में एक "लोक संस्कृति परिषद्" (फोकलोर सोसाइटी) की स्थापना की जो केवल यूरोप में ही नहीं, बल्कि विश्व में अपने ढङ्ग की सर्वप्रथम संस्था थी। इस संस्था ने अपनी 'फोक-लोर' नामक शोध पत्रिका के द्वारा सारे संसार में लोक संस्कृति के सम्बन्ध में नव जागरण उत्पन्न किया।

क्राफ्टन क्राकर (१७९८-१८५४) नामक विद्वान् ने उन्नीसवीं शताब्दी के पूर्वार्द्ध में आयरलैंड की लोक कथाओं और अवदानों को प्रकाशित किया। इसने टिप्पणियों के द्वारा लोक गाथाओं के मूल स्रोतों का उल्लेख करते हुए उनकी उत्पत्ति-स्थानों की भी चर्चा की। उन्नीसवीं शताब्दी का उत्तरार्ध लोक संस्कृति के क्षेत्र में बड़ा महत्त्व रखता है क्योंकि इसी काल में एण्ड्रू लैंग, जार्ज लारेन्स गीमे, हार्ट लैंड, क्लाड, क्लाडस्टन आदि अनेक लोक संस्कृति-शास्त्रियों ने अपनी कृतियों के द्वारा अभूतपूर्व योगदान दिया। इङ्गलैंड की "फोकलोर सोसाइटी" की स्थापना के ठीक बाईस वर्ष पश्चात् सन् १८८८ ई० में "अमेरिकन फोकलोर सोसाइटी"

की स्थापना हुई। इस परिषद् के द्वारा "जर्नल आफ अमेरिकन फोकलोर" नामक शोध पत्रिका प्रकाशित होती है, आज भी जिसके उच्च स्तर में कोई कमी नहीं आई है।

जर्मन विद्वान् थियोडार बेनफी (१८०९-१८८१ ई०) ने भारतीय लोक कथाओं की प्राचीनता पर विशेष अनुसन्धान किया है। बेनफी ने पञ्चतन्त्र की प्रत्येक लोककथा को लेकर उसके उद्‌गम का पता लगाने का प्रयास किया। किसी विशिष्ट कथा का किस प्रकार से विकास हुआ, किन देशों में किस रूप में उसका परिवर्तन हुआ आदि विषयों का बड़ा ही साङ्गोपाङ्ग विवेचन बेनफी ने किया है। सन् १८५९ ई० में इसने भारत को ही संसार की प्रसिद्ध सभी लोक कथाओं का मूल केन्द्र सिद्ध किया। इसका सिद्धान्त 'इण्डियनिस्ट थ्योरी' ('भारतीय सिद्धान्त') के नाम से प्रसिद्ध है। बेनफी ने अपने अनुसन्धानों के द्वारा यह सिद्ध कर दिया है कि पञ्चतन्त्र की भारतीय कथाओं ने ईसाप की कहानियों (इसाप्स फेबुल्स) को भी प्रभावित किया है। अतः भारत ही कथाओं का मूल देश तथा प्रधान स्रोत है।

जोहन बोल्टे जर्मनी का सर्वश्रेष्ठ लोक संस्कृति-शास्त्री माना जाता है। इसने जार्ज पालविका के सहयोग से लगातार तीस वर्षों तक परिश्रम करके ग्रिम की कथाओं की पाँच भागों में टिप्पणियाँ लिखकर प्रकाशित किया है जो समस्त यूरोपीय लोक कथाओं के तुलनात्मक अध्ययन की आधारशिला मानी जाती है।

विगत शताब्दी में फिनलैण्ड लोक साहित्य और लोक संस्कृति के अध्ययन का प्रधान केन्द्र माना जाता था और आज भी इस क्षेत्र में इसकी महत्ता तथा प्रधानता कुछ कम नहीं है। उन्नीसवीं शताब्दी के पूर्वार्द्ध में फिनलैण्ड में लोनराट नामक सुप्रसिद्ध विद्वान् पैदा हुआ था जो अनुसन्धान कर्त्ता होने के साथ ही देश भक्त भी था। इसने अपने देश के विभिन्न स्थानों में घूम-घूम कर स्थानीय लोक गीत, लोक गाथाओं और लोक कथाओं का संग्रह किया। इन्हीं लोक गाथाओं का संग्रह कर इसने सन् १८३५ ई० में 'कालेवल (Kalevala)' नामक पुस्तक का प्रकाशन किया जो उस देश का राष्ट्रीय महाकाव्य (नेशनल एपिक) माना जाता है। यह महाकाव्य इतना महत्त्वपूर्ण माना जाता है कि सन् १९३५ ई० में इसकी शताब्दी मनाई गई थी और इस वर्ष (१९८५ ई०) इस राष्ट्रीय महाकाव्य की अर्धशत शताब्दी (१५०वीं वर्षगाँठ) फिनलैंड के तुर्कू नामक विश्वविद्यालय में बड़ी धूम-धाम से मनाई जा रही है।

लोनराट् के पश्चात् इस देश में एण्टी ओर्ने (१८६७-१९२५) नामक सुप्रसिद्ध विद्वान् पैदा हुआ जिसने लोक साहित्य के अध्ययन में ऐतिहासिक-भौगोलिक पद्धति का सूत्रपात किया। इस विद्वान् से लोक साहित्य के विभिन्न विधाओं के वर्गीकरण का प्रशंसनीय प्रयास किया तथा एक अत्यन्त महत्त्वपूर्ण पुस्तक इस सम्बन्ध में लिखी जिसका नाम "मोटिफ इन्डेक्स आफ फोक लिटरेचर" है। इसी पुस्तक का

संशोधित संस्करण डॉ० टामसन ने अमेरिका के इंडियाना विश्वविद्यालय से प्रकाशित किया है।

कार्ल क्रोहन नामक फिनलैंड का दूसरा प्रसिद्ध विद्वान् था। सन् १८९८ ई० में इसकी नियुक्ति फोकलोर के प्रोफेसर के पद पर हेलसिंकी विश्वविद्यालय में हुई। यह घटना लोक संस्कृति के अध्ययन के इतिहास में अत्यन्त महत्त्वपूर्ण थी क्योंकि विश्व में लोक संस्कृति (फोकलोर) के अध्ययन के लिए यह सर्वप्रथम प्रोफेसर का पद (चेयर) प्रतिष्ठित किया गया था।

लोक संस्कृति के अध्ययन को विश्व में गति और प्रगति प्रदान करने के लिए फिनलैंड में एक संस्थान की भी स्थापना की गई जिसका नाम "फोकलोर फेलोज़ कम्युनिकेशन्स" है। इस संस्थान के द्वारा विश्व भर के विद्वानों के द्वारा प्रणीत लोक संस्कृति सम्बन्धी ग्रन्थ प्रकाशित किये जाते हैं जिनकी संख्या आज दो सौ से भी अधिक है।

डेनमार्क के विद्वानों में ग्रुण्डविक का स्थान अत्यन्त प्रसिद्ध है। इन्होंने अथक परिश्रम तथा अटूट मनोयोग से डेनिश लोक गाथाओं का संकलन दस वृहत् भागों में सन् १८५३ से लेकर सन् १८५८ ई० के बीच प्रकाशित कर अन्य संकलन कर्ताओं के लिए एक आदर्श स्थापित किया है। यहीं के दूसरे विद्वान् ओलरिक ने इस क्षेत्र में अपूर्व योगदान दिया है। ओलरिक की सबसे बड़ी विशेषता है लोक गाथाओं के संबंध में नियम निर्धारित करना। इन नियमों के अनुसार लोक गाथाओं की रचना-प्रक्रिया का विश्लेषण किया जा सकता है।

फ्रांसिस चाइल्ड ने इंगलैण्ड तथा स्काटलैण्ड के लोकप्रिय लोक गीतों तथा लोक गाथाओं का संग्रह बड़े ही परिश्रम तथा उत्साह के साथ किया है। इनकी पुस्तक "इङ्गलिश एण्ड स्काटिश पापुलर बैलेड्स" अपने ढंग की अद्वितीय पुस्तक है। चाइल्ड ने किसी लोक गाथा के जितने भी वाचनायें (वर्शन्स) प्राप्त हो सकते हैं उन सभी को संकलित करने का प्रशंसनीय प्रयास किया है। कहीं-कहीं एक ही गाथा के पन्द्रह, बीस और पचीस वाचनाओं (वर्शन्स) को एकत्रित कर इन्होंने लोक साहित्य संग्रहकर्ताओं के लिये एक आदर्श उपस्थित किया है। इनकी पुस्तक में कुल **केवल ३०५ लोक गाथाओं** (बैलेड्स) का संग्रह पाया जाता है परन्तु इस संग्रह को अंग्रेजी लोक साहित्य का मूल आधार समझना चाहिए। इस संग्रह की पाँच भागों में व्याख्यायें प्रकाशित हुई हैं जो अत्यन्त विद्वत्तापूर्ण हैं। चाइल्ड का यह ग्रन्थ लोक साहित्य-संकलन के इतिहास में युगान्तर उपस्थित करने वाला है। वैज्ञानिक पद्धति से किया गया यह संकलन अनेक दृष्टियों से अत्यन्त महत्त्वपूर्ण है।

नार्वे के विद्वानों में राइडर क्रिश्चियन्सन बहुत प्रसिद्ध हैं जिन्होंने नार्वे की लोक कथाओं का एक वर्गीकरण (क्लासिफिकेशन) तैयार किया है। ओसलो विश्व-विद्यालय में फोकलोर एक स्वतन्त्र विषय के रूप में पढ़ाया जाता है। नार्वे में जार्गन

मो (Moe) के पुत्र मोल्तके मो ने ओसलो में अभिलेखागार स्थापित करने में अधिक योगदान दिया है।

स्वीडेन में लोक संस्कृति के विभिन्न अवयवों के संग्रह पद्धति की नार्वे की अपेक्षा अधिक व्यवस्थित है। इस देश में चार विश्वविद्यालय हैं जिनमें प्रत्येक में लोक संस्कृति के विभिन्न अंगों पर विशेष अनुसन्धान किया जाता है।

रूस में लोक संस्कृति सम्बन्धी कार्य बड़ी लगन तथा व्यवस्थित ढंग से हो रहा है। ए० एन० अफनास्येव ने अपने लोक कथा सम्बन्धी प्रकाशनों के द्वारा समस्त यूरोप का ध्यान अपनी ओर आकृष्ट कर लिया है। १९वीं शताब्दी में इन लोक कथाओं का प्रकाशन आठ भागों में किया गया था। इस शताब्दी के प्रारंभ में मिलर ने स्थानीय लोक साहित्य के संग्रह में लोक गायकों के व्यक्तित्व पर विशेष जोर दिया है। रूसी लोक संस्कृति के सम्बन्ध में वी० एम० सोकोलोव की पुस्तक 'रशियन फोकलोर' बड़ी विद्वत्तापूर्ण है। इस ग्रन्थ में विद्वान् ने रूसी लोक साहित्य की विस्तृत तथा प्रामाणिक मीमांसा प्रस्तुत की है। इस पुस्तक में रूसी लोक गाथा—जिसे विलीना कहा जाता है—का बड़ा ही साङ्गोपाङ्ग विवरण उपलब्ध होता है। शोकोलोब ने यह भी दिखलाने का सफल प्रयास किया है कि रूसी जनता लोक गीतों का उपयोग किस प्रकार राजनीति के क्षेत्र में कर रही है।

अमेरिका—बीसवीं शताब्दी में अमेरिका का इण्डियाना विश्वविद्यालय फोकलोर (लोक संस्कृति) के अध्ययन का केन्द्र माना जाता है। संसार के विभिन्न देशों के शोधी छात्र तथा विद्वान् यहाँ फोकलोर के अध्ययन के लिए जाते हैं। यहाँ लोक संस्कृति के अध्ययन के लिए एक संस्थान (फोकलोर इन्स्टीट्यूट) की स्थापना की गई है जहाँ इस विषय से सम्बन्धित अति विशाल पुस्तकालय स्थित है। इस संस्थान से एक शोध-पत्रिका भी प्रकाशित होती है। डॉ० स्मिथ टामसन ने अपने अथक प्रयत्नों से इस शोध संस्थान की स्थापना की थी। बाद में डॉ० एम० आर० डारसन ने इसकी अधिक उन्नति की। इन्होंने अपने प्रयासों से इण्डियाना विश्वविद्यालय को लोक संस्कृति के अध्ययन का प्रधान केन्द्र बना दिया।

अमेरिका में सन् १८८८ ई० में 'फोकलोर सोसाइटी' की स्थापना हुई थी। तब से लेकर लगातार विगत सौ वर्षों से यह सोसाइटी लोक संस्कृति के संग्रह, सम्पादन तथा प्रकाशन का कार्य करती आ रही है। इसके द्वारा "जर्नल आफ अमेरिकन फोकलोर" एक त्रैमासिक पत्रिका भी प्रकाशित होती है। अमेरिका के प्रायः प्रत्येक राज्य में फोकलोर सोसाइटी स्थापित है। इस प्रकार अमेरिका आजकल लोक संस्कृति के अध्ययन के क्षेत्र में सबसे अग्रणी देश है।

जर्मनी—जर्मनी में लोक संस्कृति के अध्ययन की परम्परा बड़ी ही महत्त्वपूर्ण है। यहीं के ग्रिम बन्धुओं ने—जिनकी चर्चा पहिले की जा चुकी है—लोक साहित्य के वैज्ञानिक अनुसन्धान का श्री गणेश किया था। पश्चिम जर्मनी के गांटि-

गन नामक नगर में लोक संस्कृति शोध संस्थान (फोकलोर रिसर्च इन्स्टीच्यूट) स्थापित की गई है जहाँ इस सम्बन्ध में शोध कार्य होता है। इस संस्थान का पुस्तकालय भी बहुत बड़ा है। इस संस्थान के डाइरेक्टर प्रोफेसर डॉ० कुर्तरांके थे जो लोक कथाओं के अन्तर्राष्ट्रीय ख्याति के विद्वान् थे। इस संस्था के द्वारा डॉ० कुर्तरांके के प्रधान सम्पादकत्व में एक लोक कथाओं का विश्वकोष इस वृहत भागों में प्रकाशित करने की योजना भी थी। डॉ० रांके के सम्पादकत्व में 'फाबुला' नामक शोध पत्रिका का प्रकाशन भी होता था।

जर्मनी के 'फ्राइबुर्ग' नगर में लोक गीतों का सुप्रसिद्ध अभिलेखागार (आरकाइब्ज़) है जहाँ लाखों लोक गीतों को संकलित कर सूचीबद्ध किया गया है। जान मेयर तथा एटिल सीमान द्वारा सम्पादित (१६३५ ई०) लोक गीतों का यह अभिलेखागार अन्तर्राष्ट्रीय महत्त्व का माना जाता है। फ्राइबुर्ग अभिलेखागार के डाइरेक्टर डॉ० प्रो० व्रेडनिश हैं (१६६६) जो बड़े ही अभिनिवेश से इस कार्य को सम्पादित कर रहे हैं। जर्मनी में प्रतिवर्ष लोक संस्कृति सम्मेलन आयोजित किया जाता है। इस देश में एक वर्ष में लोक संस्कृति के क्षेत्र में जो अनुसन्धान होता है उसके सम्बन्ध में एक "ईयर बुक" (वार्षिकी) भी प्रकाशित की जाती है।

फिनलैण्ड—उन्नसवीं शताब्दी में यह देश लोक संस्कृति के अनुसन्धानकर्ताओं का तीर्थ स्थान रहा है। जैसे इस शताब्दी में संसार के सभी देशों के लोग अमेरिका के इण्डियाना विश्वविद्यालय में जाकर फोकलोर में शोध करना अपने लिए गर्व का विषय मानते हैं; उसी प्रकार विगत शताब्दी में फिनलैण्ड की राजधानी हेलसिंकी लोक साहित्य के अनुसन्धित्सु के लिए आकर्षण का केन्द्र था। यहाँ के विद्वानों ने अपने देश के लोक साहित्य के विभिन्न अंगों का बड़े परिश्रम से संकलन किया।

गत शताब्दी के पूर्वार्द्ध में इन लोगों ने "फिनिश फोक-लिटरेचर सोसाइटी" की स्थापना की। तभी से लगातार १५० वर्षों से यह सोसाइटी लोक साहित्य की अभिवृद्धि के लिए सतत प्रयास करती आ रही है। इस सोसाइटी का अभिलेखागार (आरकाइब्ज) बड़ा विशाल है जिसमें अनेक शोध छात्रों, विद्वानों तथा सामान्य जनता के द्वारा संकलित तथा प्रेषित लोक गीत तथा कथायें अपने मूल रूप में संगृहीत तथा सुरक्षित हैं। इस सोसाइटी की ओर से एक शोध पत्रिका भी प्रकाशित की जाती है।

फिनलैण्ड के तुर्कू नामक नगर में "नार्डिक फोकलोर इन्स्टीट्यूट" नामक संस्थान का प्रधान केन्द्र स्थापित है। इस संस्थान ने उत्तरी यूरोप के चार देशों—स्वीडेन, नार्वे, फिनलैण्ड तथा डेनमार्क—में लोक संस्कृति के शोध को गति तथा प्रगति प्रदान की है। इस संस्था की ओर से एक समाचारिका (न्यूज़ बुलेटिन) भी प्रकाशित की जाती है जो सूचनापरक है।

इङ्गलैण्ड—इस देश के विद्वानों ने लोक संस्कृति के क्षेत्र में अभूतपूर्व कार्य किया है। सन् १८४६ ई० में फोकलोर शब्द की सृष्टि करने वाला विद्वान् टाम्स इसी देश का निवासी था। इङ्गलैण्ड में सन् १८६६ ई० में लोक संस्कृति के सम्यक् अध्ययन के लिए फोकलोर सोसाइटी की स्थापना की गई थी जो विश्व में अपने ढंग की सर्वप्रथम संस्था थी। इस सोसाइटी की ओर से 'फोकलोर' नामक शोध पत्रिका विगत सौ वर्षों से प्रकाशित हो रही है जो आज भी अपने ऊँचे स्तर को बनाये हुए है। इस पत्रिका में विश्व भर की लोक संस्कृति के संबंध में बहुमूल्य सामग्री प्रकाशित होती है। इस सोसाइटी ने इङ्गलैण्ड के प्रत्येक जनपद—जिन्हें वहाँ शायर कहा जाता है—में उपलब्ध लोक संस्कृति के विभिन्न अंगों—जैसे लोक गीत, कथा, विश्वास, रहन-सहन, रीति-रिवाज, प्रथा-परम्परा—का बड़ा प्रामाणिक तथा विस्तृत संकलन किया है। इस देश के सभी प्रसिद्ध लोक संस्कृति शास्त्री (फोकलोरिस्ट) किसी न किसी रूप में इस संस्था से संबंधित रहे हैं जिनमें गोमे, फ्रेज़र, एन्ड्रू लैंग, हार्टलैण्ड, आदि विद्वानों का नाम लिया जा सकता है। डॉ० फ्रेज़र ने 'गोल्डेन बाऊ' नामक बारह भागों में एक विशाल तथा अद्भुत ग्रन्थ लिखा है जो लोक संस्कृति के अनुसन्धानकर्ताओं के लिए अनिवार्य ग्रन्थ है। आज भी इस देश के विद्वान् इस क्षेत्र में अभूतपूर्व कार्य कर रहे हैं। यहाँ की फोकलोर सोसाइटी आज सक्रिय है तथा विद्वानों का पथ-प्रदर्शन कर रही है।

परिच्छेद : २

भारत में लोक संस्कृति के अध्ययन का श्रीगणेश

भारत में लोक साहित्य तथा लोक संस्कृति के अध्ययन का प्रारम्भ दो प्रकार के व्यक्तियों ने किया :—(१) अंग्रेज सिविलियन तथा (२) ईसाई मिशनरी। पहिले वर्ग के लोग इस देश पर शासन करने के लिए और दूसरे धर्म प्रचार के लिए आये थे। ये दोनों ही वर्गों के लोग यह अच्छी तरह से जानते थे कि अपने कार्य की सिद्धि के लिए इस देश के साहित्य, सभ्यता तथा संस्कृति का सम्यक् अध्ययन करना आवश्यक है। इसीलिए सन् १७७४ ई० में—आज से दो सौ वर्षों पूर्व—कलकत्ता सुप्रीम कोर्ट के जज सर विलियम जोन्स ने कलकत्ता में 'रायल एशियाटिक सोसाइटी' की स्थापना की। भारतीय लोक संस्कृति के अनुसन्धान के इतिहास में सन् १७७४ का वर्ष अत्यन्त महत्त्वपूर्ण माना जाता है क्योंकि भारतीय इतिहास, दर्शन तथा संस्कृति के वैज्ञानिक पद्धति से अनुसन्धान का शिलान्यास इसी वर्ष में किया गया। इस सोसाइटी ने एक शोध-पत्रिका का भी प्रकाशन प्रारम्भ किया जिसमें सर्वप्रथम

लोक गीतों तथा कथाओं का प्रकाशन प्रारम्भ हुआ । भारतीय इतिहास तथा संस्कृति को उजागर करने के लिए इस सोसाइटी ने अपने दो सौ वर्षों के जीवन में अनेक ग्रन्थों का प्रकाशन किया जिसमें से कुछ ग्रन्थ लोक साहित्य तथा लोक संस्कृति से भी संबंध रखते हैं। इस प्रकार लोक संस्कृति के इतिहास में इस सोसाइटी की स्थापना का अत्यधिक महत्त्व है ।

परन्तु लोक साहित्य तथा संस्कृति के अनुसन्धान का वास्तविक श्रीगणेश का श्रेय जेम्स टाड़ को प्राप्त है जिन्होंने राजस्थान की लोकगाथा तथा कथाओं एवं जनश्रुतियों का संकलन कर उनके आधार पर अपने सुप्रसिद्ध ग्रन्थ 'एनाल्स एण्ड एण्टीक्वीटीज़ आफ राजस्थान' का निर्माण सन् १८२६ ई० में किया । यद्यपि इसमें राजस्थान का राजनैतिक इतिहास प्रस्तुत किया गया है परन्तु इसके साथ ही राजपूतों की सामाजिक अवस्था, रहन-सहन, रीति-रिवाज, खान-पान, प्रथा एवं परम्पराओं का भी साङ्गोपाङ्ग विवेचन पाया जाता है । जे० एबाट ने सन् १८८४ ई० में पंजाबी लोकगीतों तथा कथाओं के संबंध में अपना एक लेख प्रकाशित किया ।[1] इसमें पंजाब के वीरों की चर्चा की गई है । रेवरेण्ड एस० हिलसप नामक पादरी ने मध्य प्रदेश की जंगली जातियों के संबंध में अनेक ज्ञातव्य विषयों का संग्रह किया । सर रिचर्ड टेम्पुल ने सन् १८६६ ई० में हिलसप के संग्रह को सम्पादित कर प्रकाशित किया । मिस फ्रेयर नामक अंग्रेज महिला ने सन् १८६८ ई० में 'ओल्ड डेकेन डेज़' पुस्तक को प्रकाशित किया जिसमें दक्षिण भारत की लोक-कथाओं का संग्रह प्रस्तुत किया है । चार्ल्स ई० गोवर ने सन् १८७१ ई० में 'फोक सांग्स आफ सदरन इण्डिया' नामक पुस्तक को प्रकाशित किया । इस ग्रन्थ में दक्षिण भारत की चार प्रसिद्ध भाषाओं—तमिल, तेलुगु, कन्नड़ और मलयालम—के लोक गीतों का संकलन किया गया है । यह ग्रन्थ अनेक दृष्टियों से अत्यन्त महत्त्वपूर्ण है । भारतीय लोक गीतों के संग्रह की यह सर्वप्रथम पुस्तक मानी जाती है जिसमें दक्षिणी भारत की चारों भाषाओं के लोक गीतों का संकलन एकत्र किया गया है ।

डाल्टन ने सन् १८७२ ई० में 'डिस्क्रिप्टिव एथ्नोलाजी आफ बङ्गाल' नामक प्रसिद्ध ग्रन्थ का निर्माण किया जिसमें बङ्गाल में निवास करने वाली विभिन्न जातियों के सम्बन्ध में बहुमूल्य सामग्री विद्यमान है । इसी वर्ष आर० सी० कालवेल ने 'तामिल पापुलर पोइट्री' नामक अपना लेख प्रकाशित किया जिसमें तमिल भाषा के लोक गीतों पर प्रचुर प्रकाश डाला गया है ।[2] इसी समय जी० एच० डेमण्ट ने 'बेङ्गाली फोकलोर फ्राम दिनाजपुर' पुस्तक में बङ्गाली लोक कथाओं

---

१. जे० ए० एस० बी० भाग २३, पृ० ५६-६१ 'औन दि लीजेण्ड्स एण्ड बैलेण्ड्स आफ दि पंजाब' शीर्षक लेख ।

२. इण्डियन एन्टीक्वेटी, भाग १, पृ० ६७-१०३ ।

का संग्रह प्रकाशित किया। ये सन् १८७६ ई० तक लगातार 'इंडियन एण्टीक्वेरी' में लोक साहित्य सम्बन्धी लेख लिखा करते थे।

बङ्गाल की सुप्रसिद्ध कवयित्री तोरूदत्त ने सन् १८८२ ई० में 'एंशेण्ट बैलेड्स एण्ड लीजेण्ड्स आफ हिन्दुस्थान' का प्रकाशन किया। बङ्गाली लोक कथाओं के सुप्रसिद्ध संग्रहकर्ता श्री लाल विहारी डे ने सन् १८८३ ई० में 'फोकटेल्स आफ बङ्गाल' नामक सुप्रसिद्ध ग्रन्थ को लिखा। यह बङ्गाली लोक कथाओं का सर्वश्रेष्ठ तथा सर्वप्रथम संकलन माना जाता है। इन्होंने अपनी दूसरी पुस्तक 'बेङ्गाल पीजेण्ट लाइफ' में बङ्गाल के ग्रामीण लोक जीवन का सच्चा तथा सजीव चित्रण प्रस्तुत किया है।

आर० सी० टेम्पुल ने सन् १८८४ ई० में 'लीजेण्ड्स आफ दि पंजाब' नामक प्रसिद्ध पुस्तक लिखी जिसमें पंजाब के प्रसिद्ध लोक-वीरों की गाथायें संग्रहीत हैं। पंजाबी लोक कथाओं के संग्रह का इसे प्रथम प्रयास समझना चाहिए। सन् १८८५ ई० श्रीमती स्टील ने 'बाइड अवेक स्टोरीज़' ग्रन्थ का निर्माण किया जिसमें उन्हें आर० सी० टेम्पुल का भी सहयोग प्राप्त था। यह कहानी संग्रह अत्यन्त महत्त्वपूर्ण है। इसी वर्ष श्री नटेश शास्त्री ने 'फोकलोर इन सदरन इण्डिया' लेख का प्रकाशन किया जिससे लेखक के अथक परिश्रम का पता चलता है। सन् १८८५ ई० में ही ई० जे० राबिन्सन का 'टेल्स एण्ड पोयम्स आफ साउथ इण्डिया' प्रकाश में आया जिसमें दक्षिण भारत के लोक गीतों तथा कथाओं का अँग्रेजी में अनुवाद किया गया है।

डॉ० सर जार्ज एब्राहिम ग्रियर्सन अन्तर्राष्ट्रीय ख्याति के भाषा-शास्त्र के प्रकाण्ड विद्वान् थे। परन्तु इसके अतिरिक्त लोक साहित्य के क्षेत्र में भी इन्होंने अलौकिक शोध-कार्य किया है। इन्होंने सन् १८८४ ई० में 'सम विहारी फोक सांग्स' तथा सन् १८८६ ई० में 'सम भोजपुरी फोक सांग्स' शीर्षक दो विस्तृत तथा प्रामाणिक लेखों को प्रकाशित किया जिसमें भोजपुरी के लोक गीतों का मूल पाठ, उनका अंग्रेजी अनुवाद तथा टिप्पणियाँ दी गई हैं।[1] यह भोजपुरी लोक गीतों का सर्वप्रथम संग्रह माना जाता है। सन् १८८५ ई० में इन्होंने 'दि सांग आफ आल्हाज़ मैरेज' लेख इण्डियन एन्टीक्वेटी पत्रिका में छपवाया। इसी वर्ष इन्होंने 'टू वर्शन्स आफ दि साँग आफ गोपी चन्द' को संकलित किया। इस लेख में गोपीचन्द की गाथा की भोजपुरी तथा मगही में उपलब्ध दोनों वाचनायें (वर्शन्स) दी गई हैं। सन् १८८८ ई० में जर्मनी की सुप्रसिद्ध पत्रिका 'जे० डी० एम० डी०' में इन्होंने 'नयकवा बनजारा' गीत छापा। इनके द्वारा लिखित 'विहार पीजेण्ट लाइफ' नामक ग्रन्थ भी अत्यन्त उपयोगी है जिसमें ग्रामीण जीवन से सम्बन्धित शब्दावली का प्रामाणिक संग्रह किया गया है।

विलियम क्रुक ने भी भारतीय लोक संस्कृति के क्षेत्र में प्रचुर योगदान किया है। सन् १८९१ ई० में इन्होंने "नार्थ इण्डियन नोट्स एण्ड क्वेरीज़" नामक शोध

१. जे० आर० ए० एस० भाग १६ तथा १८, पृ० १९६ तथा २०७ (सन् १८८४ तथा ८६)।

पत्रिका का प्रकाशन प्रारम्भ किया जिसमें लोक साहित्य सम्बन्धी बहुमूल्य सामग्री छपती थी। सन् १८९३ ई० में क्रुक ने 'पापुलर रिलिजन एण्ड फोकलोर आफ नार्दर्न इण्डिया' नामक प्रसिद्ध ग्रन्थ को दो भागों में प्रकाशित किया जिसे सचमुच ही लोक संस्कृति के विश्व-कोष की संज्ञा दी जा सकती है। इस ग्रन्थ में क्रुक ने जानवरों, वृक्षों तथा मनुष्यों से सम्बन्धित लोक-विश्वासों का वर्णन करने के अतिरिक भूत-दूत, प्रेत-पिशाच, राक्षस-जिन आदि प्रेतात्माओं पर भी प्रचुर प्रकाश डाला है। पं० राम गरीब चौबे—जो हिन्दी प्राइमरी स्कूल के एक साधारण अध्यापक थे—ने सन् १८९३ ई० में क्रुक की प्रेरणा से उत्तर प्रदेश के लोक गीतों का संग्रह कर 'नार्थ इण्डियन नोट्स एण्ड क्वेरीज़' में छपवाया था। सम्भवतः पं० राम गरीब चौबे प्रथम भारतीय थे जिन्होंने हिन्दी प्रदेश के लोक गीतों का संकलन कर उन्हें प्रकाश में लाने का प्रयास किया था।

जे० डी० एण्डरसन ने सन् १८९५ ई० में असम राज्य के कछार जाति के लोगों की लोक-कथाओं तथा शिशु गीतों को अपने ग्रन्थ 'कलेक्शन आफ कछारी फोक टेल्स एण्ड राइम्स' में स्थान दिया था। सन् १८९९ ई० में आर० एम० लाफ्रेनैस ने 'सम सांग्स आफ दी पोर्चुगीज़ इण्डियन्स' ग्रन्थ लिखा जिसमें गोआ निवासी भारतीयों के लोक गीतों का संकलन है।

रिचर्डसन ने सन् १९०३ ई० में 'टोमेण्टिक टेल्स फ्राम दि पंजाब' में पंजाबी लोक कथाओं का बड़ा सुन्दर संग्रह किया है। सन् १९०५ ई० में एफ० हान ने 'कुरुख फोकलोर इन ओरिजिनल' में उराँव जाति के लोगों के २०० लोक गीतों को मूल रूप में प्रस्तुत किया गया है। सन् १९०६ ई० में थर्स्टन ने 'एथनोग्राफिक नोट्स इन सदरन इण्डिया' में दक्षिण भारत की विभिन्न जातियों का गहन अध्ययन किया है। सन् १९०९ ई० में इन्होंने अपनी सुप्रसिद्ध पुस्तक 'कास्ट्स एण्ड ट्राइब्स आफ सदरन इण्डिया' लिखी जिसमें दक्षिण भारत के विभिन्न जातियों का प्रामाणिक वर्णन किया गया है। इनकी दूसरी पुस्तक 'ओमेन्स एण्ड सुपरस्टीशन्स आफ सदरन इण्डिया' का प्रकाशन सन् १९१२ ई० में हुआ जिसमें दक्षिण भारत में प्रचलित लोक-विश्वासों तथा अन्य परम्पराओं का विस्तृत विवरण उपलब्ध होता है। लोक कथाओं के क्षेत्र में ए० कुलक की 'बंगाली हाउस होल्ड टेल्स' और शोभना देवी का 'ओरिएण्ट पर्ल्स' प्रसिद्ध है। सन् १९१६ ई० में डॉ० हीरा लाल तथा रसल ने मध्य प्रदेश की जातियों के सम्बन्ध में 'दि ट्राइब्स एण्ड कास्ट्स ऑफ सेन्ट्रल प्राविन्सेन्ज ऑफ इण्डिया' चार वृहत् भागों में प्रकाशित किया।

सन् १९२० ई० तक आते-आते लोक साहित्य तथा संस्कृति के अध्ययन की ओर देशी विद्वानों का ध्यान विशेष रूप से आकृष्ट हुआ और ये अपनी राष्ट्रीय धरोहर की रक्षा के लिये तन, मन और धन से जुट गये। इन लोगों ने अपना जीवन ही इसमें समर्पित कर दिया। ये विद्वान् लोक साहित्य की सेवा शौक के कारण नहीं, बल्कि इसे अपने जीवन का प्रधान कर्त्तव्य तथा लक्ष्य मानकर करने लगे।

लोक साहित्य की अभिवृद्धि में समर्पित ऐसे विद्वानों में बंगाल में डॉ० दिनेश चन्द्र सेन, गुजरात में झबेर चन्द्र मेघाणी, राजस्थान में देवी लाल सामर, महाराष्ट्र में डॉ० सरोजनी बाबर, आन्ध्र प्रदेश में डॉ० राम राजू, उत्तर प्रदेश में पं० रामनरेश त्रिपाठी, बिहार में पं० गणेश चौबे, असम में डॉ० प्रफुल दत्त गोस्वामी, उड़ीसा में डॉ० कुंज विहारी दास, पंजाब में सन्तराम अनिल, मध्य प्रदेश में पं० राम नारायण उपाध्याय, कश्मीर में श्री मोहन लाल दर और पं० रामनाथ शास्त्री आदि विद्वानों का नाम लिया जा सकता है।

इन सभी विद्वानों में डॉ० दिनेश चन्द्र सेन का नाम अग्रगण्य है। ये लोक साहित्य के विद्वानों में अग्रणी थे। आपने ही सर्वप्रथम लोक गीतों का संकलन कर वैज्ञानिक पद्धति से उनका संपादन किया था। अपने जीवन के अन्तिम दिनों में डॉ० सेन कलकत्ता विश्वविद्यालय में बंगला के प्रोफेसर थे। इन्होंने मैमन सिंह (अब बांगला देश में) जिले में घूम-घूम कर वहाँ के लोक गीतों का संग्रह किया जिसे इन्होंने चार वृहत् भागों में 'मैमन सिंह गीतिका' के नाम से प्रकाशित किया है। इसका अंग्रेजी में अनुवाद भी इन्होंने 'इस्टर्न बंगाल बैलेड्स' के नाम किया है। इनकी दूसरी पुस्तक 'फोक लिटरेचर आफ बङ्गाल' है जिसमें बङ्गाल की लोक कथाओं का सुन्दर वर्णन दिया गया है। 'बेङ्गाल पीजेण्ट लाइफ' में बङ्गाल के ग्रामीण जीवन की झाँकी दिखलाई गई है।

गुजरात में लोक साहित्य संग्रह के उत्साही संग्रहकर्ता श्री झवेर चन्द्र मेघाणी का नाम प्रसिद्ध है। इनका प्रधान क्षेत्र सौराष्ट्र था जहाँ के लोक-गीत, गाथाओं और कथाओं का इन्होंने संकलन किया। इन्होंने लोक साहित्य सम्बन्धी पाचासों ग्रन्थों का निर्माण किया जिसमें रढ़ियाली रात (४ भाग), सौराष्ट्रनी रसधार, सोरठनी बहार बटिया, चूंदड़ी नो रंगो आदि प्रसिद्ध हैं। इन्होंने लोक साहित्य के सिद्धान्त पक्ष पर भी पुस्तक की रचना की है। बम्बई विश्वविद्यालय में दिया गया इनका भाषण 'लोक साहित्यनुं समालोचन' प्रसिद्ध है।

पं० रामनरेश त्रिपाठी ने सन् १९२९ ई० में अपनी कविता कौमुदी भाग ५ (ग्राम गीत) का प्रकाशन किया। त्रिपाठी जी ने भारत के प्रत्येक भाग में घूम कर लोक गीतों का संग्रह बड़े ही परिश्रम से किया था। हिन्दी क्षेत्र के लोक साहित्य के विद्वानों में त्रिपाठी जी अग्रणी माने जाते हैं। देवी लाल सामर ने लोक कला के क्षेत्र में प्रशंसनीय कार्य किया है। इन्होंने अपने द्वारा उदयपुर में स्थापित 'लोक कला मण्डल' के द्वारा राजस्थानी लोक गीत, संगीत और कला के सम्बन्ध में अनेक पुस्तकों का प्रकाशन किया है। कठपुतलियों के नृत्य के ये विशेष ज्ञाता थे तथा इस क्षेत्र में अन्तर्राष्ट्रीय ख्याति प्राप्त की थी।[१]

१. लोक साहित्य के अनुसन्धान के विस्तृत विवेचन के लिए देखिए—डॉ० कृष्णदेव उपाध्याय---भारत में लोक साहित्य के अध्ययन का इतिहास।

अध्याय ३

लोक संस्कृति का श्रेणी-विभाजन

(१) लोक संस्कृति का वर्गीकरण विभिन्न विद्वानों ने भिन्न-भिन्न रूप से किया है। लोक साहित्य की परम विदुषी श्रीमती सोफिया बर्न ने इसका श्रेणी विभाजन निम्नांकित तीन प्रकार से किया है।[1]

(क) वे विश्वास और आचरण जिनका सम्बन्ध निम्नांकित वस्तुओं से है—

(१) पृथ्वी और आकाश
(२) वनस्पति जगत्
(३) पशु जगत्
(४) मानव
(५) मनुष्य निर्मित वस्तु
(६) आत्मा और पुनर्जन्म
(७) अति मानवी व्यक्ति (देवी और देवता)
(८) शकुन, अपशकुन, भविष्य वाणी आदि
(९) जादू-टोना-टोटका।
(१०) रोग, बीमारी और जोंक की तरह खून चूसना।

(ख) रीति-रिवाज

(१) सामाजिक तथा राजनैतिक संस्थायें।
(२) व्यक्तिगत जीवन के विधि-विधान।
(३) व्यवसाय, पेशा तथा उद्योग-धन्धा।
(४) वर्ष में होने वाले व्रत और त्योहार।
(५) खेल, कूद और मनोरंजन के साधन।

(ग) लोक-कथा, गीत और सुभाषित

(१) लोक कथा—(i) सत्य कथा, (ii) मनोरंजन कथा।
(२) लोक गीत और लोक गाथा।
(३) लोकोक्तियाँ और पहेलियाँ।
(४) पद्यबद्ध लोकोक्तियाँ और स्थानीय सुभाषित।

---

१. सोफिया बर्न—हैण्ड बुक आफ फोकलोर (फोकलोर सोसाइटी, लण्डन, १९१४ ई०)।

सोफिया बर्न ने लिखा है कि यह वर्गीकरण वस्तुपरक है। इस वर्गीकरण पर दृष्टिपात करने से पता चलता है यह बहुत वैज्ञानिक नहीं है। आत्मा और परमात्मा सम्बन्धी लोक विश्वास के साथ ही पशु-पक्षी और वनस्पति जगत् सम्बन्धी विश्वासों को एक ही श्रेणी में रखना वैज्ञानिक नहीं कहा जा सकता।

लोक साहित्य के प्रसिद्ध विद्वान् ए० एम० स्पिनोज़ा ने फोकलोर (लोक संस्कृति) की परिभाषा बतलाते हुए इसके वर्गीकरण की ओर भी संकेत किया है।[1] वे लिखते हैं कि फोकलोर के अन्तर्गत निम्नलिखित विषयों का अध्ययन किया जाता है—

विश्वास, प्रथायें, अन्ध परम्परायें, लोकोक्तियाँ, पहेलियाँ, गीत, पुरा-कथा, ऐतिहासिक कथा, लोक-कथा, विधि-विधान, जादू, टोना-टोटका, आदिम तथा अशिक्षित जनता के क्रिया-कलाप आदि। इनके अनुसार फोकलोर (लोक संस्कृति) को प्रधानतया दो ही भागों में विभक्त किया जा सकता है :—

(१) लोक विश्वास तथा अन्ध परम्परायें,

(२) लोक-साहित्य।

स्पिनोजा के अनुसार इन्हीं दो विभागों में समस्त वस्तुओं का अन्तर्भाव हो जाता है।

व्रज लोक साहित्य के प्रकाण्ड विद्वान् डॉ० सत्येन्द्र ने लोक संस्कृति (लोक वार्ता) के विषयों की चर्चा करते हुए लिखा है कि "यह (लोक संस्कृति) एक जाति बोधक शब्द की भाँति प्रतिष्ठित हो गया है जिसके अन्तर्गत पिछड़ी जातियों में प्रचलित अथवा अपेक्षाकृत समुन्नत जातियों के असंस्कृत समुदायों में अवशिष्ट विश्वास, रीति-रिवाज, कहानियाँ, गीत तथा कहावतें आती हैं। प्रकृति के जड़ तथा चेतन जगत् के संबंध में, मानव-स्वभाव तथा मनुष्य कृत पदार्थों के संबंध में, भूत-प्रेतों की दुनिया तथा उसके साथ मनुष्यों के संबंधों के विषय में जादू, टोना, सम्मोहन, वशीकरण, तावीज, भाग्य, शकुन, रोग और मृत्यु के संबंध में आदिम तथा असभ्य विश्वास इसके क्षेत्र के अन्तर्गत आते हैं। इसके अतिरिक्त विवाह, उत्तराधिकार, बाल्यकाल तथा प्रौढ़ जीवन के रीति-रिवाज, अनुष्ठान और त्योहार, युद्ध, आखेट, मत्स्य-व्यवसाय, पशुपालन आदि विषयों के भी रीति-रिवाज और अनुष्ठान इसमें आते हैं। इसके साथ ही धर्म गाथायें, अवदान (लीजेण्ड), लोक कहानियाँ, साके (बैलेड) गीत, किम्बदन्तियाँ, पहेलियाँ तथा लोरियाँ इसके अध्ययन के विषय हैं।"[2]

डॉ० सत्येन्द्र के द्वारा लोक संस्कृति के वर्गीकरण का कोई प्रयास नहीं किया गया है। परन्तु लोक-संस्कृति के क्षेत्र में अन्तर्भुक्त होने वाले जिन विषयों का उन्होंने

१. मेरिया लीच—डिक्शनरी आफ फोकलोर माइथोलाजी एण्ड लीजेण्ड, भाग १, पृ० ३६६।

२. सत्येन्द्र—ब्रजलोक साहित्य का अध्ययन (साहित्य रत्न-भण्डार, आगरा, १६४६), पृ० ४-५।

उल्लेख किया है उससे यह ज्ञात होता है कि उन्होंने सोफिया बर्न के ही वर्गीकरण को स्वीकार किया है।

(२) **प्रो० क्रेपी का मत**—एलेक्जेण्डर एच० क्रेपी (Krappe) नामक विद्वान् ने 'दि साइन्स आफ फोकलोर' नामक एक अत्यन्त अनुसन्धानपूर्ण ग्रन्थ की रचना की है। यद्यपि इन्होंने 'फोकलोर' का कोई विभाजन अपने ग्रन्थ में प्रस्तुत नहीं किया है परन्तु जिन विषयों की इस पुस्तक में विवेचना की गई है उन पर सामान्यतया दृष्टिपात करने पर उनके मन्तव्य का कुछ अनुमान लगाया जा सकता है। उन्होंने निम्नांकित १८ विषयों का साङ्गोपाङ्ग वर्णन अपने ग्रन्थ में किया है—(१) परी कथा, (२) हास्य कथा, (३) पशु कथा, (४) स्थानीय अवदान, (५) भ्रमणशील कथा, (६) गद्य काव्य (प्रोज़ सागा) (७) लोकोक्तियाँ (८) लोक गीत (९) लोक गाथा (१०) पहेलियाँ (११) लोक विश्वास (१२) वनस्पति जगत् सम्बन्धी विश्वास (१३) पशु-पक्षी सम्बन्धी विश्वास (१४) धातु, आकाशीय पिण्ड तथा सृष्टि सम्बन्धी विश्वास (१५) रीति-रिवाज तथा विधि-विधान (१६) जादू, टोना-टोटका (१७) लोक नाट्य तथा लोक नृत्य (१८) पौराणिक तथा लोक धर्म। इन विषयों के पर्यालोचन से पता चलता है कि इनका अन्तर्भाव निम्नांकित चार भागों में किया जा सकता है। क्रेपी के विभाजन की विशेषता यह है कि इन्होंने फोकलोर (लोक संस्कृति) के वर्ण्य विषयों में लोक साहित्य को ही अत्यधिक महत्त्व दिया है। इसका श्रेणी विभाजन है :—

(१) लोक साहित्य,
(२) लोक विश्वास,
(३) टोना-टोटका एवं जादू,
(४) रीति-रिवाज एवं विधि-विधान।

(३) प्रोफेसर एलेन डण्डी का विभाजन

डॉ० एलेन डण्डी ने यद्यपि लोक-संस्कृति (Foklore) का कोई स्पष्ट वर्गीकरण प्रस्तुत नहीं किया है परन्तु उनका मत भी डॉ० क्रेपी के मत से बहुत कुछ मिलता-जुलता है।

(४) डॉ० कृष्णदेव उपाध्याय का श्रेणी-विभाजन

डॉ० कृष्णदेव उपाध्याय के मत के अनुसार लोक संस्कृति को निम्नांकित **पांच वर्गों** में विभाजित किया जा सकता है—

(क) लोक विश्वास तथा अन्ध-परम्परायें।
(ख) संस्कार, आचार-विचार तथा विधि-विधान।
(ग) सामाजिक, आर्थिक तथा राजनैतिक संस्थायें।
(घ) धार्मिक तथा आध्यात्मिक मान्यतायें।
(ङ) लोक साहित्य।

(क) लोक-विश्वास तथा अन्ध-परम्पराओं को भी निम्नलिखित आठ श्रेणियों में विभक्त किया जा सकता है :—

(१) आकाशीय पिण्ड सम्बन्धी विश्वास।
(२) पृथ्वी सम्बन्धी विश्वास।
(३) पशु-पक्षी सम्बन्धी विश्वास।
(४) वनस्पति जगत् सम्बन्धी विश्वास।
(५) मानव शरीर सम्बन्धी विश्वास।
(६) सामान्य वस्तु सम्बन्धी विश्वास।
(७) शकुन और अपशकुन विश्वास।
(८) रोग, बीमारियाँ तथा औषधि विश्वास।

(ख) संस्कार, आचार-विचार तथा विधि विधान आदि।

धर्मशास्त्रियों ने १६ संस्कारों का वर्णन किया है परन्तु प्रधान संस्कार केवल छः ही हैं—(१) पुत्र जन्म (२) मुण्डन (३) जनेऊ (४) विवाह (५) गवना तथा (६) मृत्यु।

इन संस्कारों के अवसर पर विभिन्न प्रकार के विधि-विधान सम्पादित किये जाते हैं जिनका संक्षिप्त वर्णन यथावसर अगले पृष्ठों में किया जायेगा। इसके अतिरिक्त गर्भाधान, पुंसवन, नामकरण आदि संस्कारों के अवसर पर भी अनेक विधान किये जाते थे जिसका उल्लेख गृह्य-सूत्रों में पाया जाता है। परन्तु आजकल इन संस्कारों को नहीं किया जाता। अतः इस अवसर पर किये जाने वाले कार्यों का भी कुछ पता नहीं है।

(ग) सामाजिक, आर्थिक तथा राजनैतिक संस्थायें—भारत में अनेक सामाजिक संस्थायें प्रचलित हैं जैसे वर्ण, आश्रम आदि। इस देश में स्पर्शास्पर्श (छूआछूत) की प्रथाओं ने भी अब सामाजिक संस्था का रूप धारण कर लिया है। पर्दा प्रथा और सती प्रथा इस देश में चिरकाल से चली आ रही है। परन्तु आज इनकी भी गणना संस्था के रूप में की जाती है। आर्थिक संस्थाओं के अन्तर्गत प्राचीन काल में पूग, श्रेणी, श्रेष्ठी और सार्थवाह प्रचलित थे। आजकल भी देश में आर्थिक संगठनों का कुछ अभाव नहीं है। विभिन्न प्रान्तों में स्थापित 'चेम्बर आफ कामर्स' इसी श्रेणी में रखे जा सकते हैं।

राजनैतिक संस्थाओं के अन्तर्गत राजतन्त्र, लोकतन्त्र, बुद्धिजीवी तन्त्र (ओलिगर्की) आदि प्रसिद्ध हैं। लोकतन्त्र के भीतर राष्ट्रपति, प्रधान मन्त्री, मन्त्रि-मंडल, लोक सभा और राज्य सभा आदि का समावेश होता है। समाजवाद, साम्य-वाद और अधिनायकवाद भी आधुनिक युग की शासन प्रणाली के भेद हैं। इन सभी सामाजिक, आर्थिक और राजनैतिक संस्थाओं का अध्ययन लोक संस्कृति के भीतर आता है।

(घ) **धार्मिक और आध्यात्मिक मान्यतायें**—धार्मिक मान्यताओं के अन्तर्गत विभिन्न देवी-देवताओं की पूजा और अनुष्ठान को रखा जा सकता है। जैसे—

(१) शास्त्रीय तथा पौराणिक देवताओं की पूजा।

(२) लोक देवी और लोक देवताओं सम्बन्धी अनुष्ठान।

(३) भूत-दूत, प्रेत-पिशाच, डायन-भूतिन आदि नीच योनियों को प्रसन्न रखना।

(४) मन्त्र-तन्त्र, मारण, उच्चाटन तथा वशीकरण आदि विधियों का प्रयोग।

(५) जादू-टोना-टोटका करना।

(६) लोक-सामान्य धर्म का पालन।

आध्यात्मिक मान्यताओं के अन्तर्गत कर्मवाद, भाग्यवाद, पुनर्जन्मवाद, अवतारवाद और ईश्वरवाद की चर्चा की जा सकती है। ईश्वरवाद के अन्तर्गत साकार तथा निराकार ब्रह्म की उपासना आदि आती है।

(ङ) लोक संस्कृति का पाँचवा तथा अन्तिम विभाग **लोक साहित्य** है। इसके अन्तर्गत निम्नांकित विषयों की चर्चा आवश्यक मानी जाती है—

(१) लोक गीत

(२) लोक गाथा

(३) लोक-कथा

(४) लोक-नाट्य और

(५) लोक-सुभाषित।

लोक सुभाषित के अन्तर्गत लोकोक्तियों, पहेलियों, मुहावरों तथा खेलों का वर्णन आता है। जिस प्रकार मानव जीवन में पाँच तत्व—(छिति, जल, पावक, गगन, समीर) होते हैं उसी प्रकार से लोक संस्कृति के भी ये उपर्युक्त पिछले पृष्ठों में वर्णित में पांच तत्त्व हैं।

———

खण्ड : २

लोक-विश्वास

अध्याय ४—आकाशीय पिण्ड सम्बन्धी लोक विश्वास

अध्याय ५—पृथ्वी सम्बन्धी लोक विश्वास

अध्याय ६—प्राणि जगत् सम्बन्धी लोक विश्वास

[क] वृक्ष-लता सम्बन्धी लोक विश्वास

[ख] पशु-पक्षी सम्बन्धी लोक विश्वास

अध्याय ७—मानव शरीर सम्बन्धी लोक विश्वास

अध्याय ८—विभिन्न लोक विश्वास

[क] दिन, मास सम्बन्धी लोक विश्वास

[ख] यात्रा, दिशाशूल आदि

[ग] स्वप्न विचार

खण्ड २

लोक-विश्वास

लोक-विश्वास का क्षेत्र अत्यन्त व्यापक है। ब्रह्माण्ड में यावत् वस्तुएँ दृष्टि-गोचर होती हैं, इस जगत में जितनी वस्तुएँ उपलब्ध होती हैं, उनमें से प्रत्येक के सम्बन्ध में कोई न कोई लोकविश्वास निश्चित रूप से प्रचलित है। आकाशीय पिण्डों में सूर्य, चन्द्रमा, शनि, मंगल, सप्तर्षि मंडल आदि ग्रहों की गणना की जाती है। पृथ्वी पर स्थित वस्तुओं में नदियाँ, पर्वत, तालाब, कूप, वापी, ताल-तलैया आदि परिगणित हैं। प्राणि जगत् सम्बन्धी वस्तुओं को दो वर्गों में विभक्त किया जा सकता है—

(१) पशु-पक्षी सम्बन्धी लोक विश्वास।

(२) वनस्पति जगत् सम्बन्धी लोक विश्वास।

पशुओं में गाय, बैल, घोड़ा, हाथी, कुत्ता, बिल्ली आदि तथा पक्षियों में कौआ, मोर, गिद्ध, गौरया आदि के विषय में अनेक विश्वास जनता में पाये जाते हैं। वनस्पतियों में आम, पीपल, बरगद, महुआ और नीम की गणना बड़े आदर से की जाती है। इसी प्रकार लताओं और पौधों मे तुलसी, केला, केवड़ा, अड़हुल आदि प्रसिद्ध हैं। इन सभी पशु-पक्षियों और वृक्ष-लताओं के सम्बन्ध में अनेक लोक-विश्वास प्राप्त होते हैं। इन अध्यायों में इन्हीं लोक विश्वासों तथा अन्ध परम्पराओं का वर्णन संक्षिप्त रूप से प्रस्तुत करने का प्रयास किया जायेगा।

———

अध्याय ४

आकाशीय पिण्ड सम्बन्धी लोक विश्वास

आकाश में अनेक पिण्ड विद्यमान हैं जिनके विषय में अनेक लोक विश्वास प्रचलित हैं। इन पिण्डों में सबसे प्रधान सूर्य है। सूर्य आकाश में स्थित सबसे प्रकाशमान तथा तेजपूर्ण पिण्ड है। यह सौर परिवार अर्थात् 'सोलर सिस्टम' का सबसे अधिक महत्त्वपूर्ण सदस्य है। इसी सूर्य के चारों ओर सूर्य-परिवार के अन्य सदस्य जैसे पृथ्वी, चन्द्रमा, मंगल, शनि और बृहस्पति आदि चक्कर लगाया करते हैं अर्थात् सूर्य की परिक्रमा करते हैं। सौर परिवार के सदस्यों के अतिरिक्त आकाश में सप्तर्षि मण्डल की भी स्थिति है। इस मण्डल में सात तारे एक ही साथ स्थित दिखलाई पड़ते हैं। इनके अतिरिक्त इस वृहत् आकाश मण्डल में बादल, विद्युत्, इन्द्र धनुष, नक्षत्र तथा ध्रुव एवं अगस्त्य आदि ताराओं को भी स्थान प्राप्त है। इन सभी उपर्युक्त आकाशीय पिण्डों के सम्बन्ध में साधारण जनता में अनेक लोक विश्वास प्रचलित हैं जिनका संक्षिप्त वर्णन यहाँ प्रस्तुत किया जाता है।

परिच्छेद : १

आकाशीय पिण्ड सम्बन्धी लोक विश्वास

(१) सूर्य—वेदों में सूर्य को सविता कहा गया है। सविता शब्द 'सूञ् प्राणिप्रसवे' धातु से बना हुआ है जिसका अर्थ होता है प्राणियों की सृष्टि करने वाला। चूंकि सूर्य के प्रकाश से ही समस्त सस्य-सम्पदा की सृष्टि होती है अतः भगवान् सूर्य समस्त सृष्टि के कर्ता माने जाते हैं। सूर्य के अभाव में मानवों की भी सृष्टि और स्थिति असम्भव है। अतः वेदों में सविता की बड़ी महिमा गायी गई है। प्रातः काल में जिस गायत्री मंत्र के जप का विधान द्विजातियों के लिए आवश्यक धर्म बतलाया गया है वह वास्तव में सूर्य का ही मंत्र है जिसमें यह प्रार्थना की गई है कि हे भगवन्! मेरी बुद्धि को तीव्र बनाइये। गायत्री मंत्र यह है :—

"ओऽम् भूर्भुवः स्वः तत्सवितुर्वरेण्यं
भर्गो देवस्य धीमहि;
धियो यो नः प्रचोदयात्॥"

ऋग्वेद में सूर्य के रथ अर्थात् रश्मियों को सुवर्णमयी कहा गया है जिस पर चढ़कर वे भुवनों का निरीक्षण करते हुए आते हैं।[1]

"आ कृष्णेन रजसा वर्तमानो,
निवेशयन्नमृतं मर्त्यं च ।
हिरण्ययेन सविता रथेन;
देवो याति भुवनानि पश्यन् ॥"

इस प्रकार सवितृ अर्थात् सविता=(सूर्य) वैदिक देवता है और इनका कार्य समस्त प्राणियों को कार्य में प्रवृत्त करना है।

सूर्य मण्डल (सोलर सिस्टम) में सूर्य सबसे महत्त्वपूर्ण ग्रह है और अन्य दूसरे ग्रह इसके चारों ओर परिक्रमा किया करते हैं। सूर्य मण्डल में इसकी स्थिति राजा के समान है और अन्य ग्रह इसके अनुगामी मात्र हैं। फलित ज्योतिषियों के द्वारा निर्मित जन्म कुण्डली में सूर्य का महत्त्व अत्यधिक माना जाता है। अपने गृह (स्थान या घर) में स्थित होने पर तो इसका महत्त्व है ही यदि इसकी दृष्टि किसी दूसरे स्थान पर भी पड़ती है तो यह उस घर के अधिष्ठाता का महत्त्व कम कर देता है।

वेदों में सूर्य को विष्णु के नाम से भी अभिहित किया गया है। वामनावतार में इनके द्वारा अपने तीन डगों में समस्त संसार को नापने का भी संकेत हुआ है।[2]

पुराणों में सूर्य की बड़ी स्तुति पायी जाती है। इन्हें तेज का अक्षय भण्डार तथा अत्यन्त तेजस्वी ग्रह कहा गया है। सूर्य को 'सहस्रांशु' भी कहते हैं क्योंकि यह हजारों किरणों से जगत् को प्रकाशित करता है। इनकी प्रशंसा में सैकड़ों स्तोत्र लिखे गये हैं जिनमें इनकी भूरि-भूरि प्रशंसा की गई है।

लोक में सूर्य की पूजा बड़ी श्रद्धा और भक्तिपूर्वक की जाती है। प्रत्येक हिन्दू प्रातःकाल स्नान करने के पश्चात् सूर्य को अर्घ देता है। पण्डित लोग प्रतिदिन गायत्री मंत्र का जप करना अपना कर्तव्य समझते हैं। यह गायत्री मंत्र वास्तव में सूर्य का ही मंत्र है जिसमें उनसे बुद्धि को तीक्ष्ण बनाने की प्रार्थना की गई है। सूर्य के सम्बन्ध में जो स्तोत्र बने हुए हैं उनका पाठ करना भी आवश्यक समझा जाता है।

लोगों का ऐसा विश्वास है कि सूर्य की पूजा करने से पुत्र की उत्पत्ति होती है तथा असाध्य रोग भी इससे नष्ट हो जाते हैं। कार्तिक शुक्ल षष्ठी को स्त्रियाँ

---

१. ऋग्वेद १/३५/२।

२. प्र तद्विष्णुः स्तवते वीर्येण;
मृगो न भीमः कुचरो गिरिष्ठाः।
यस्योरुषु त्रिषु विक्रमेण
ष्वधि क्षियन्ति भुवनानि विश्वाः ॥ऋग्वेद १/१५४/२।

'षष्ठी माता' का व्रत करती हैं जिसमें दिन भर उपवास रख कर दूसरे दिन प्रातः काल सूर्य को जलांजलि देकर ही अन्न ग्रहण किया करती हैं। इस अवसर पर पुष्प, दुग्ध और जल से सूर्य भगवान् को अर्घ दिया जाता है तथा पूजा कराने वाला ब्राह्मण निम्नांकित मंत्र का उच्चारण करता है—

"एहि सूर्य ! सहस्रांशो, तेजो राशे, जगत्पते।
अनुकम्पय मां भक्त्या, गृहाणार्घं दिवाकर।"

इस दिन स्त्रियाँ सूर्य भगवान् को जो पक्वान्न समर्पित करती हैं उसमें उनके चक्र (पहिया) का चिह्न अंकित रहता है। इस व्रत को करने से स्त्रियों को पुत्र-रत्न की प्राप्ति होती है तथा पुत्रवती स्त्रियों के बालक दीर्घायु होकर स्वस्थ तथा नीरोग रहते हैं।

कुष्ट रोग से पीड़ित मनुष्य सूर्योपासना से रोग मुक्त हो जाते हैं—ऐसा लोगों का दृढ़ विश्वास है। श्वेतकुष्ट (चरक) से ग्रस्त अनेक स्त्रियों ने सूर्य को प्रातः काल प्रतिदिन जलांजलि देने से इस रोग से मुक्ति प्राप्त की है। यह तो प्रसिद्ध ही है कि संस्कृत के एक प्रसिद्ध कवि मयूर ने कुष्ट रोग से ग्रसित होने पर 'सूर्यशतक' नामक स्तोत्र की रचना कर स्वास्थ्य लाभ किया था।

सूर्य का दिन रविवार माना जाता है। इस दिन अनेक लोग रविवार का व्रत करते हैं। वे दिन भर उपवास रह कर संध्या समय बिना नमक का 'अलोना' भोजन करते हैं क्योंकि इस व्रत में नमक खाना निषिद्ध माना जाता है। लोगों में यह विश्वास है कि सूर्य ग्रहण के समय राहु सूर्य को ग्रस लेता है। अतः इस दुष्ट ग्रह से सूर्य की मुक्ति के लिए लोग पूजा-पाठ करते हैं और भगवान् से इनकी मुक्ति के लिए प्रार्थना करते हैं। सूर्य ग्रहण के समय हरियाणा राज्य में स्थित कुरुक्षेत्र नामक स्थान में स्नान करना पुण्यदायक माना जाता है। गर्भवती स्त्रियों के लिए सूर्य ग्रहण देखना अत्यन्त निषिद्ध है क्योंकि इससे गर्भस्थ शिशु की शारीरिक क्षति होने की आशंका बनी रहती है। आजकल के वैज्ञानिकों ने सर्वसाधारण जनता के लिए भी सूर्य ग्रहण को देखना आँखों के लिए क्षतिकारक बतलाया है। इसलिए सभी लोगों के लिए सूर्य ग्रहण देखना वर्जित है।

इस अवसर पर हरिजन जाति के सदस्यों को दान देना पुण्यकारक माना जाता है। सूर्य मण्डल के चारों ओर यदि परिवेश (गोलाकार मण्डल) दिखाई पड़े तो उसे अशुभ तथा भावी आपत्ति का सूचक माना जाता है। महाकवि श्रीहर्ष ने इस तथ्य की ओर संकेत किया है।[1]

संस्कृत साहित्य में सूर्य के सम्बन्ध में अनेक लोकविश्वास प्रचलित हैं। कालिदास ने जनकपुरी से लौटते समय मार्ग में दशरथ द्वारा सूर्य के चारों ओर

१. तनोति भानोः परिवेश कैतवात्
तदा विधिः कुण्डलनां विधोरपि। नै० च०

परिधि मंडल—परिवेश—का उदय भावी उत्पात् का सूचक होने के कारण अशुभ माना है।[1] महाकवि श्रीहर्ष ने भी इसी तथ्य का प्रतिपादन किया है।[2] संस्कृत साहित्य में सैकड़ों ऐसे उदाहरण भरे हैं जिनमें सूर्य के सम्बन्ध में लोक-विश्वास उपलब्ध होते हैं।

साधारण जनता सूर्य को देवता के रूप में पूजती है। प्रातः काल स्नान करके प्रायः प्रत्येक हिन्दू सूर्य को जलांजलि देता है। इनको 'भगवान्' शब्द से सम्बोधित किया जाता है। सूर्य पुत्र को प्रदान करने वाले देवता माने जाते हैं। अतः वन्ध्या तथा पुत्रवती स्त्रियाँ समान रूप से कार्तिक मास के शुक्ल पक्ष की षष्ठी को व्रत रखती हैं जिसे 'छठी माता' का व्रत कहा जाता है। परन्तु वास्तव में यह सूर्य देवता का ही व्रत है। स्त्रियाँ इस दिन पक्वान्न—जिसे ठेकुआ कहा जाता है—पका कर तथा अनेक प्रकार के फलों को लेकर सूर्योदय होने से पूर्व ही नदी के जल में उनको अर्घ देने के लिए खड़ी रहती हैं और सूर्य भगवान् से यह प्रार्थना करती हैं कि आप शीघ्र उदय कीजिए जिससे आपको अर्घ दिया जा सके।[3]

"हाली-हाली उगऽए अदित मल, अरघ दियाउ।"

भोजपुरी लोक गीतों में छठी माता के सम्बन्ध में अनेक गीत पाये जाते हैं जो वास्तव में सूर्य की प्रार्थना में ही गाये गये हैं। सूर्य को जलांजलि देने के लिए इस अवसर पर जो पक्वान्न बनाया जाता है उसे एक काष्ठ फलक—जिसे 'अधरवटा' कहते हैं—की सहायता से तैयार किया जाता है। इस पर सूर्य के रथ के चक्र की आकृति बनी रहती है। यह चक्र की आकृति सूर्य का प्रतीक है।

जिस प्रकार काशी में चन्द्रग्रहण के अवसर पर स्नान का माहात्म्य है उसी प्रकार से सूर्य ग्रहण के समय कुरुक्षेत्र के तालाब में स्नान करना पुण्यदायक माना जाता है। इस समय नीच जातियों—विशेष कर भंगी को दान देना पुण्यकारक है। सूर्य रोगों को नष्ट करने वाले देवता भी माने जाते हैं। जो लोग श्वेत कुष्ट (चरक) से पीड़ित होते हैं वे नित्य प्रति सूर्य की पूजा करने से नीरोग हो जाते हैं ऐसा विश्वास है। कितने ही लोग सूर्य भगवान् की आराधना करने से रोग मुक्त होते देखे गये हैं।

(२) **चन्द्रमा**—वेदों में इसे 'सोम' कहा गया है। कृष्ण पक्ष में अमावस्या के दिन क्षय होने के पश्चात् यह पुनः जन्म ग्रहण करता है, इसीलिए इसे 'द्विज' भी कहते हैं। वेदों में सोम (चन्द्रमा) को ब्राह्मणों का राजा कहा गया है।

"सोमोऽस्माकं ब्राह्मणानां राजा"

जहाँ सूर्य का स्वभाव ज्वलनशील है वहाँ चन्द्रमा का स्वभाव शीतलता और

---

१. रघुवंश ११/५६।
२. नैषधीय चरितम्।
३. डॉ० कृष्णदेव उपाध्याय—भो० लो० गी० भाग १

शान्ति प्रदान करना है। इसीलिए इसे 'शीतांशु' (ठण्डी किरणों वाला) की भी संज्ञा दी गई है।

लोगों की ऐसी दृढ़ धारणा है कि चन्द्रमा के मध्य में जो कालिमा विद्यमान है वह खरगोश का चिह्न है। इसीलिए चन्द्रमा को शशांक (शश=खरगोश+अंक=चिह्न) के नाम से भी प्रसिद्ध है। इसे 'शश लक्षण' या 'शश लांछन' भी कहते हैं। साधारण जनता का यह विश्वास है कि चन्द्रमा पहिले पृथ्वी पर विराजमान था। किसी बुढ़िया ने इसे अपने मूसल से मार दिया। अतः यह आकाश में चला गया।

ऐसा माना जाता है कि चन्द्रग्रहण के अवसर पर राहु चन्द्रमा को ग्रस लेता है। अतः इस दुष्ट ग्रह से चन्द्रमा की मुक्ति के लिए जनता इस अवसर पर पूजा-पाठ करती है। चन्द्रग्रहण के समय काशी में गंगा में स्नान करना अत्यन्त पुण्य का कार्य माना जाता है। इस अवसर पर भंगियों को दान देने का समधिक महत्त्व है।

लोक साहित्य में चन्द्रमा से सम्बन्धित अनेक लोक कथायें प्रसिद्ध हैं। चन्द्रमा बच्चों का मामा लगता है। अतः भोजपुरी मातायें अपने छोटे बच्चों को 'चाना माना' कहकर तथा इसके सम्बन्ध में गीत गा-गाकर इनके लिए निद्रा देवी का आवाहन करती हैं। इसके सम्बन्ध में यह 'लोरी' किसी सुप्रसिद्ध फिल्मी गायिका के द्वारा गाये जाने के कारण बड़ी लोकप्रिय तथा प्रसिद्ध है :—

"चाना मामा आरे आवऽ, पारे आवऽ।
नदिया किनारे आवऽ।
सोना के कटोरवा में दूध-भात लेले आवऽ
बबुआ के मुँहवा में घुट्टूऽऽऽऽक ।।"

सूर्य की भाँति चन्द्रमा की भी पूजा की जाती है। माघ कृष्ण चतुर्थी को 'गणेश चौथ' का व्रत किया जाता है। इस दिन स्त्रियाँ दिन भर उपवास रख कर रात्रि को चन्द्रमा का उदय होने पर उन्हें अर्घ प्रदान कर ही व्रत की समाप्ति मानती हैं। विवाह आदि शुभ अवसरों पर चन्द्रमा का सम्मुख रहना अत्यन्त आवश्यक माना जाता है।

चन्द्रमा सोमवार दिन का अधिष्ठाता है। यह दिन अत्यन्त पवित्र है। काशी में कुछ लोग सोमवार के दिन को बाबा विश्वनाथ के दर्शन का शुभ दिवस मानते हैं। सोमवती अमावस्या के दिन किसी पवित्र नदी में स्नान करना पुण्यकारक है। इस दिन स्त्रियाँ गंगा स्नान करके पीपल के वृक्ष की बड़ी श्रद्धा से पूजा करती हैं। सोमवार को पूर्व दिशा में यात्रा नहीं करनी चाहिए क्योंकि यह अमंगलकारक होती है।

विदेशों में इस ग्रह (चन्द्रमा) से सम्बन्धित अनेक लोकविश्वास उपलब्ध होते हैं। ब्रिटेन में वातायन (खिड़की) के मध्य से चन्द्रमा का प्रथम दर्शन अशुभ

माना जाता है।[1] दाहिने कन्धे के ऊपर नवीन (द्वितीया का) चन्द्र का दर्शन शुभ तथा बायें कन्धे के ऊपर से दर्शन अशुभ है। फ्रांस में कृष्ण-पक्ष में वृक्षों का काटना शुभ माना गया है।[2] जर्मनी में नवीन चन्द्रमा तथा पूर्णिमा के चन्द्र को अत्यन्त शुभ माना जाता है। दक्षिणी तथा पूर्वी अफ्रीका में चन्द्रग्रहण एवं कृष्ण पक्ष का समय अशुभ तथा शुक्ल पक्ष के दिन शुभ हैं।[3] कैनेडा में कन्धे के ऊपर से नवीन चन्द्रमा का दर्शन शुभ, किन्तु वातायन अथवा अन्य किसी व्यवधान के मध्य से चन्द्र-दर्शन अशुभ माना गया है।[4] दक्षिणी अमेरिका में कृष्ण-पक्ष में वृक्षों का काटना तथा अनाज का बोना शुभ है।[5] द्वितीया के चन्द्रमा के अस्ताचल जाते समय किसी कार्य को सम्पादित करना मृत्यु का आह्वान माना जाता है। बेबीलोन में चन्द्र-ग्रहण विभिन्न मासों के अनुसार शुभ अथवा अशुभ होता है। ग्रीस, रोम और चीन देशों में चन्द्र-ग्रहण को अशुभ माना गाया है।[6] इसी प्रकार से संसार के अन्य देशों में भी चन्द्रमा के सम्बन्ध में शकुन विद्यमान हैं।

(३) **शनि**—यह बड़ा ही दुष्ट ग्रह माना जाता है। यह लोगों को बड़ा ही कष्ट देता है। जन्म कुण्डली में जिस व्यक्ति का शनि ग्रह खराब होता है उसको अनेक प्रकार की आधि-व्याधि से यह पीड़ित करता है। जब किसी आदमी की जन्म-पत्रिका में साढ़े सात वर्षों तक शनि की महादशा रहती है तो उसे 'साढ़सातो' कहा जाता है। ये साढ़े सात वर्ष उस व्यक्ति के लिए बड़े ही दुःखदायक होते हैं। वह अनेक प्रकार की बीमारियों से ग्रस्त रहता है तथा अनेक दैवी विपत्तियों का शिकार होता है। गोस्वामी तुलसीदास ने दुष्ट मंथरा को अवध की 'साढ़साती' कहकर शनि के दुष्ट ग्रह होने की ओर संकेत किया है।[7]

शनि ग्रह का स्वरूप अत्यन्त काला है। अतः इस दुष्ट ग्रह को प्रसन्न करने के लिए सभी प्रकार की काली वस्तुओं को ही दान में ब्राह्मणों को दिया जाता है। जैसे काला कपड़ा, काली तिल, काली उड़द आदि। शनि का सम्बन्ध शनिवार से माना जाता है। अतः इस दिन विशेष रूप से शनि देवता की पूजा की जाती है। शनिवार को लोहा तथा तेल खरीदना अत्यन्त निषिद्ध है। इस दिन पूर्व दिशा की यात्रा करना भी वर्जित है। कहने का आशय यह है कि शनिवार को कोई भी शुभ कार्य नहीं किया जाता। परन्तु कुछ आचार्यों के मतानुसार इस दिन किसी कार्य का

१. रेड फोर्ड—इन्साइक्लोपीडिया आफ सुपरस्टिशन्स (१९४७), पृ० १७६।
२. एलेकजेण्डर पोर्टियस—फारेस्ट फोकलोर (१९२८), पृ० ३८।
३. रेटजेल—दि हिस्ट्री आफ मैनकाइण्ड (१८५७), भाग २, पृ० ३५३।
४. दि जर्नल आफ अमेरिकन फोकलोर, भाग ३१ (१९१८ ई०), पृ० ६।
५. डॉ० फ्रेजर—गो० बा० (१९१९) भाग २, पृ० १३६।
६. हेस्टिंग्स—इ० रि० ए० भाग १०, पृ० ३६८।
७. अवध साढ़साती तब बोली—राम चरित मानस

प्रारम्भ तथा समाप्ति की जा सकती है।[1] परन्तु लोक व्यवहार में यह सिद्धान्त काम में नहीं लाया जाता।

(४) **मंगल**—शनि की भाँति यह भी दुष्ट ग्रह माना जाता है। परन्तु जिस व्यक्ति की जन्म कुण्डली में मंगल ग्रह अपने 'घर' में स्थित होता है उसकी उन्नति का यह कारण बनता है। मंगल ग्रह का स्वरूप लाल माना जाता है। अतः जिसका मंगल खराब होता है तब इसे प्रसन्न करने के लिए लाल वस्तुओं का दान करना आवश्यक बतलाया गया है जैसे लाल कपड़ा, लाल पक्वान्न (मालपूआ आदि) और लाल मिष्ठान्न (बेसन का लड्डू) आदि। शनि की ही भाँति मंगल के मंदिर बहुत कम दिखाई पड़ते हैं। इस ग्रह के प्रसन्नार्थ अनेक लोग विशेष प्रकार के बहुमूल्य पाषाण से जटित अँगूठी या अन्य आभूषण पहनते हैं।

मंगलवार का अधिष्ठातृ देवता यही ग्रह माना जाता है। अतः इससे पीड़ित व्यक्ति मंगलवार को व्रत रखते हैं। वे दिन भर उपवास करते हैं। सन्ध्या समय इनके लिए लाल रंग वाले पक्वान्न (जैसे ठेकुआ, मालपुआ) का भोजन ही विहित है। इस दिन कुछ धार्मिक व्यक्ति नमक नहीं खाते हैं। अतः इनकी पारणा 'अलोनी' होती है। आजकल के डाक्टरों का मत है कि नमक खाना रक्त-चाप की अधिकता का कारण होता है। अतः रविवार तथा मंगलवार को 'अलोना' भोजन करना आरोग्यवर्धक है।

मंगलवार को उत्तर दिशा की यात्रा करना निषिद्ध है। इस नियम का उल्लंघन करने वाले व्यक्ति की अनिष्ट की अशंका बनी रहती है। रवि और मंगल को बधू की बिदाई नहीं की जाती। मंगल को नवीन वस्त्रों का धारण करना अमंगलकारी है। परन्तु किसी कार्य को प्रारम्भ करना अथवा इस दिन समाप्ति शुभ मानी गई है।

(५) **अगस्त्य**—आकाश में अगस्त्य का तारा दिखाई पड़ता है। लोग इसे अगस्त्य ऋषि का प्रतिनिधि मानते हैं। अगस्त्य ऋषि के विषय में यह पौराणिक कथा प्रचलित है कि इन्होंने एक पक्षि विशेष (टिटिहिरी) की प्रार्थना को स्वीकार कर समुद्र के समस्त जल को सोख अथवा पी लिया था। अतः इनके विषय में यह धारणा प्रचलित हो गई है आकाश में इनके उदय से नदियों का जल सूख जाता है। गोस्वामी तुलसीदास ने इस विश्वास की ओर इस प्रकार से संकेत किया है।

"उदित अगस्त पन्थ जल सोखा।
जिमि लोभहि सोखे सन्तोखा॥"

इस प्रकार से अगस्त्य का आकाश में उदय होना शीत ऋतु के आगमन का प्रतीक है।

---

१. स्थाप्यं समाप्यं शनि-भौमवारे।

(६) **ध्रुव**—आकाश में ध्रुव तारा की स्थिति सदा एक स्थान पर ही रहती है। वह सदा एक ही दिशा में तथा एक निश्चित स्थान में उदय लेता है। अतः यह अटलता तथा निश्चितता का प्रतीक बन गया है। ध्रुव के विषय में यह कथा प्रचलित है कि अपनी विमाता से अपमानित होने पर इन्हें घोर दुःख हुआ और इन्होंने अपनी बाल्यावस्था में ही घनघोर तपस्या की। इनकी कठोर तपस्या से भगवान् प्रसन्न हो गये और उन्होंने इन्हें आकाश में उच्च स्थान प्रदान किया।

लोक में ध्रुव का दर्शन शुभ माना जाता है। वैवाहिक कृत्य के अवसर पर नवीन वर-वधू को ध्रुवतारा का दर्शन कराया जाता है जिसका अभिप्राय यह होता है कि ध्रुव की ही भाँति इन दोनों का दाम्पत्य प्रेम अटल तथा सुदृढ़ रहे। यदि कोई बात बिल्कुल ठीक होती है तो उसे 'ध्रुव सत्य' कहा जाता है। अंग्रेजी में संभवतः ध्रुव को 'पोलर स्टार' कहा जाता है। प्राचीन काल में नाविक इसी 'स्टार' या नक्षत्र को देखकर दिशा का ज्ञान प्राप्त करते थे। अंग्रेजी के महाकवि शेक्सपियर ने 'सच्चा प्रेम' (ट्रू लव) नामक अपनी कविता में सुदृढ़ प्रेम की उपमा ध्रुव से दी है। यह तारा अपनी दृढ़ता, निश्चितता तथा अटलता के लिए अत्यन्त प्रसिद्ध है।

(७) **धूमकेतु**—इसे लोक भाषा में 'पुच्छल तारा' कहा जाता है। आकाश में इस तारा का दिखाई पड़ना अत्यन्त अशुभ है। इससे देश में महान् विपत्ति पड़ने तथा अनिष्ट होने की आशंका की जाती है। यह तारा अनेक वर्षों में कभी-कभी ही आकाश में दिखाई पड़ता है। परन्तु जब कभी भी दृष्टिगोचर होता है तब भयंकर उत्पात अवश्य ही होता है।

उल्काओं का पतन और धूमकेतु के उदय को अशुभ सूचक की मान्यता प्राप्त है। संस्कृत साहित्य में इसके अनेक उदाहरण भरे पड़े हुए हैं। अथर्ववेद तथा षड्विंश ब्राह्मण में उल्का तथा धूमकेतु मृत्यु की सूचना देने वाले कहे गये हैं।

विदेशों में भी इसकी यही मान्यता है। ब्रिटेन में आकाश में देदीप्यमान धूमकेतु का उदय विविध भावी आपत्तियों का सूचक होने के कारण अशुभ माना गया है।[१] आस्ट्रेलिया में धूमकेतु का उदय विनाश का सूचक है।[२] बेबीलोन में धूमकेतु का दिखाई पड़ना राजा की मृत्यु का सूचक तथा अराजकता का द्योतक है।[३] जापान में इस नक्षत्र का दर्शन अशुभ शकुन के रूप में स्वीकार किया गया है।[४] ईरान में भी इसका देखना अशुभ है।[५]

---

१. टी० शार्पर नोलसन (Sharper Knowlson)—दि ओरिजिन आफ पापुलर सुपरस्टिशन्स एण्ड कस्टम्स (१९३०), पृ० १९८।
२. इन्साइक्लोपीडिया ब्रिटेनिका (नवम् संस्करण) भाग १५, पृ० १९९।
३. इ० एस० ड्रावर—दि बुक आफ दि जोडिएक (१९४९), पृ० १८०।
४. इन्साइक्लोपीडिया आफ रिलिजन एण्ड एथिक्स (१९११), भाग ४, पृ० ८०६।
५. डोनाल्डसन—दि वाइल्ड र्यू (१९३८), पृ० १०६।

(८) **उल्का**—आकाश में स्थित छोटे-छोटे पिण्ड जो टूट-टूट कर जमीन पर गिरते रहते हैं उन्हें 'उल्का' कहा जाता है। इसके सम्बन्ध में भी अनेक प्रकार के विश्वास प्रचलित हैं। अण्डमान द्वीप समूह, क्वीन्स लैण्ड तथा मध्य आस्ट्रेलिया में उल्का दर्शन अशुभ माना जाता है।[१] प्राचीन ग्रीस देश में इसे देखना अशुभ सूचक माना जाता था।[२] जर्मनी के कुछ भागों में यह विश्वास प्रचलित है कि अन्तरिक्ष में प्रत्येक व्यक्ति के जन्म के समय एक नक्षत्र स्थापित किया जाता है तथा उस व्यक्ति की मृत्यु के समय उल्का के रूप में उसका पतन हो जाता है। अफ्रीका के विभिन्न देशों में तथा उत्तरी पश्चिमी अमेरिका में उल्का-दर्शन किसी महान् व्यक्ति की मृत्यु का सूचक है।[३] पोलैण्ड में यहूदी जाति के लोगों में भी ऐसा ही विश्वास प्रचलित है। प्राचीन रोम तथा चीन में उल्का-दर्शन अशुभ माना गया है।[४] बेबीलोन में उत्तर से दक्षिण दिशा की ओर जाता हुआ उल्का अंधड, आतंक, रक्तपात और राज्य में अशान्ति का सूचक है।[५] भारतवर्ष में उल्का-पात भूकम्प, दुर्भिक्ष, महामारी, समुद्री तूफान और किसी महापुरुष की मृत्यु का सूचक होने के कारण अत्यन्त अमंगलकारी है।[६]

परिच्छेद : २

आकाशीय "फेनामेना"

(१) **विद्युत्**—आकाश में बिजली के चमकने तथा उसके विभिन्न प्रकार के रंगों को देखकर लोग अनेक प्रकार की आशंका करने लगते हैं। इस सम्बन्ध में यह श्लोक प्रसिद्ध है कि :—

"वाताय कपिला विद्युत् ; आतपायातिलोहिनी।
श्यामा भवति सस्याय ; दुर्भिक्षाय सिता भवेत्।"

अर्थात् यदि आकाश में भूरे रंग की बिजली दिखाई पड़े तो बड़े जोरों से अंधड़ आता है, यदि वह लाल हो तो अतिशय गर्मी पड़ती है, काली होने पर अन्न अधिक पैदा होता है परन्तु यदि वह सफेद रंग की हो तो निश्चित ही अकाल पड़ता है। इस प्रकार बिजली के रंग से ही उसके शुभ और अशुभ होने का अनुमान लगाया जा सकता है।

---

१. डॉ० फ्रेजर—दि गोल्डेन बाऊ (१९१९), भाग ३, पृ० ६०।
२. डॉ० फ्रेजर—वही, पृ० ५०।
३. डॉ० फ्रेजर—वही, पृ० ६५।
४. हेस्टिंग्स—इ० रि० ए० (१९५५), भाग १०।
५. ड्रोवर—दि बुक आफ दि ज़ोडियक, पृ० १४०।
६. इन्थोवेन—फोकलोर नोट्स (१९१४), भाग १, पृ० ५३।

कृष्ण जन्म के अवसर पर आकाश में बिजली का चमकना अत्यन्त शुभ माना गया है।[1] रामायण में कुम्भकर्ण के रणभूमि के लिए प्रस्थान के अवसर पर तथा रावण के युद्ध भूमि में उपस्थित होने पर बिजली का गिरना उनकी भावी मृत्यु का सूचक माना गया है।[2] सर्व साधारण जनता का यह विश्वास है कि बिजली का गिरना अशुभ है। इसीलिए इसे वज्रपात भी कहा जाता है। बिजली का आकाश में अत्यन्त तेजी से चमकना अशुभ तथा भय का सूचक है।

(२) **बादल**—आकाश में छाये हुए बादलों को भी देखकर अनेक प्रकार के शुभाशुभ की कल्पना लोक में की जाती है। ऐसी प्रसिद्धि है कि सफेद बादल वर्षा करते और काला मेघ गड़गड़ाते हुए केवल भय का संचार करता है। लोकोक्ति है कि :—

"भूरा मेघा पानी दे;
काला मेघा जी डरवावै।"

जो बादल सन्ध्या समय आकाश में छाये हुए दिखाई पड़ते हैं वे बिना बरसे नहीं जाते। इस सम्बन्ध में एक लोकोक्ति प्रचलित है कि सन्ध्या के समय आकाश में उमड़ा हुआ बादल और साँझ को आया अतिथि कहीं नहीं जाता। "साँझि के बादल अवरू पाहुना, लवटि के ना जाला" अर्थात् बादल अवश्य ही बरसेगा और अतिथि रात भर निवास करेगा।

जब पृथ्वी पर वर्षा नहीं होती और संसार भीषण गर्मी के कारण जलने लगता है तब गाँवों के छोटे-छोटे बालक जमीन पर लोटते हुए बादल से जल देने की प्रार्थना करते हैं।

"काला मेघा पानी दे।
पानी दे गुड़धानी दे।
काला मेघा पानी दे॥"

लोगों का यह विश्वास है कि ऐसा करने से आकाश से जल वृष्टि अवश्य ही होती है।

वर्षा-विज्ञान के आचार्य भड्डरी की उक्ति है कि यदि तीतर के पंख जैसी बदली आकाश में छा जाय तो अवश्य ही वर्षा होगी।

"तीतर बरनी बादरी, रहे गगन पर छाय।
डंक कहै सुनु भड्डली, बिन बरखै ना जाय॥"

---

१. भास—बाल चरित, अङ्क १, पृ० ५१३।

२. अभिनन्द—रामचरित, सर्ग ३३/२२।

इसी प्रकार से बादलों के सम्बन्ध में घाघ और भड्डरी की अनेक सूक्तियाँ लोक में प्रसिद्ध हैं।

(३) **वर्षा**—वर्षा के सम्बन्ध में अनेक लोक विश्वास संस्कृत काव्यों तथा लोक में पाये जाते हैं। वर्षा के भी तीन-चार प्रकार हैं :—यथा (१) जल वर्षा, (२) धूलि वर्षा, (३) रुधिर वर्षा तथा (४) पुष्प वर्षा। इनमें प्रथम और चतुर्थ शुभ और दूसरा एवं तीसरा अशुभ है। अत्यन्त अधिक वृष्टि, जिससे जल प्लावन का दृश्य दिखाई पड़ने लगे, अशुभ है। इसकी गणना छः ईतियों में की गई है।[१] अत्यधिक वृष्टि से पैदावार नष्ट हो जाती है। इसी प्रकार से अनावृष्टि भी अमंगल तथा दुर्भिक्ष का लक्षण है क्योंकि जल वृष्टि के अभाव में पृथ्वी पर अन्न कदापि पैदा नहीं हो सकता।

वर्षा विज्ञान के सम्बन्ध में लोक में घाघ और भड्डरी की अनेक सूक्तियाँ प्रचलित हैं। घाघ ने प्रत्येक मास में वर्षा के होने अथवा न होने से उत्पन्न शुभाशुभ का विचार किया है जिनमें से कतिपय सूक्तियाँ यहाँ प्रस्तुत की जाती हैं। घाघ ने कहा है कि यदि सावन शुक्ला सप्तमी को आधी रात को वर्षा हो तो इसे दुर्भिक्ष का लक्षण समझना चाहिए।[२]

आकाश से पुष्प वर्षा का होना अत्यन्त शुभ माना गया है। भगवान् बुद्ध के जन्म के अवसर पर मेघ रहित आकाश से कमल के पुष्पों से युक्त वर्षा का होना मंगलकारी माना गया है।[३] कालिदास ने दशरथ के द्वारा राम और लक्ष्मण को विश्वामित्र के साथ जाने के लिए अनुमति प्रदान करते समय फलों के साथ जल वर्षा को शुभ सूचक उल्लेख किया है।[४] परन्तु आकाश से धूलि तथा रुधिर की वर्षा अत्यन्त अशुभ है। कुम्भकर्ण तथा रावण के युद्ध भूमि के लिए प्रस्थान करते समय आकाश से रुधिर की वर्षा उनकी मृत्यु का सूचक है।[५] पृथ्वीपाल के रणभूमि को जाते समय खून की वर्षा अशुभ के रूप में स्वीकार की गई है। इसी प्रकार से धूलि अथवा हड्डी की वर्षा भी अमंगल करने वाली है।

राम के विवाह के पश्चात् अयोध्या लौटते समय दशरथ के मार्ग में रजो

---

१. अतिवृष्टिः, अनावृष्टिः, मूषिकाः, शलभाः, शुकाः।
प्रत्यासन्नाश्च राजानः, षडेताः ईतयः स्मृताः॥

२. सावन सुकला सप्तमी; जो बरसै अधिरात॥
तूं पिय जैयो मालवा, हम जावै गुजरात॥
घाघ और भड्डरी की सूक्तियाँ।

३. अश्वघोष—बुद्ध चरित सर्ग १/२१

४. कालिदास—रघुवंश सर्ग ११/३

५. भट्टि—रावणवध सर्ग १७/७४

वृष्टि का होना परशुराम द्वारा होने वाले उत्पात का सूचक है।[1] कहीं-कहीं अस्त्र वर्षा तथा हड्डी के बरसने या गिरने का भी अशुभ सूचना के रूप में उल्लेख किया गया है। परन्तु संस्कृत साहित्य में आकाश से पुष्प वृष्टि होने का ही उल्लेख अधिक पाया जाता है जो अत्यन्त शुभ तथा मंगलकारी है।

(४) **इन्द्र-धनुष**—वर्षा होने के पश्चात् जब आकाश में सूर्य का प्रकाश फैलता है तब उनकी किरणों के रंग के कारण आकाश में तीन रंगों—लाल, पीला और सफेद—का एक अर्धवृत्त दिखाई पड़ता है जिसे ग्रामीण जनता इन्द्र धनुष कहती है। इसे अंग्रेजी में 'रेन बो' कहा जाता है। ग्रामीण जनता इसे रामचन्द्र की 'धेनुही' (धनुष) मानती है। पंजाब में इसे बीबी बाई का झूला कहा जाता है। क्रुक ने लिखा है कि फारस देश के निवासी इसे रुस्तम का धनुष कहते हैं। संस्कृत में इसका अभिधान 'रोहितम्' है। परन्तु इन्द्र के साथ इस धनुष का सम्बन्ध कैसे हुआ यह कहना कठिन है। उत्तर प्रदेश के पर्वतीय प्रदेशों में इसे 'पनिहारिन' कहा जाता है जिसका अर्थ पानी भरने वाली स्त्री है।[2]

इन्द्र धनुष का सम्बन्ध सर्प से भी माना जाता है। लोगों की यह धारणा है कि यह पृथ्वी के नीचे निवास करने वाले शेष नाग के मुँह का गाज (फ्यूम) है जो आकाश में दिखाई पड़ता है। सर्प से सम्बन्धित होने के कारण ब्रिटेन के बालक उस स्थान पर सुवर्ण होने की सम्भावना मानते हैं जहाँ इन्द्र धनुष पृथ्वी को छूता हुआ दिखाई पड़ता है।[3] भारत में इन्द्र धनुष को आकाश में देखकर छोटे बच्चे बड़ी प्रसन्नता प्रकट करते हैं। लोक कथाओं में इसका अनेकशः उल्लेख पाया जाता है।

(५) **वायु**—शीतल, मन्द और सुगन्धित वायु का चलना प्रशस्त माना जाता है। विभिन्न मासों में वायु का बहना, उसका मन्द अथवा अत्यन्त तीव्र गति से विभिन्न दिशाओं में चलने से भी, अनेक विश्वासों की उत्पत्ति पाई जाती है। घाघ का कथन है कि सावन में दो-चार दिन भी पछुआ हवा बहे तो चूल्हे के पीछे भी अन्न पैदा होगा अर्थात् बहुत अधिक पैदावार होगी।[4] परन्तु यदि सावन में पुरवैया हवा चले तो पैदावार बिल्कुल ही नहीं होती।[5] दक्षिण दिशा से बहने वाली वायु प्रायः कुलच्छनी (अशुभ) होती है। परन्तु यदि वह माघ और पूस महीनों में चले तो लाभदायक होती है।[6] यदि चैत में पछुआ हवा चलेगी तब भादों में वर्षा

---

१. कालिदास—रघुवंश सर्ग ११/६०

२. क्रुक—पा० रि० भाग १, पृ० २५

३. क्रुक—पा० रि० भाग २, पृ० १४४

४. सावन के पछुआँ, दिन दुइ चार।
चूल्ही के पीछे उपजै सार॥

५. सावन मास बहै पुरवाई।
बरधा बेंचि लियो धेनु गाई॥

६. दखिनी कुलछिनी, माघ, पूस सुलछिनी॥

होगी परन्तु यदि भाद्रपद मास में पछुआ हवा चलने लगे तब यह माघ मास में पाला पड़ने की सूचना देती है।[1]

यदि कभी पुरुआ और कभी पछुआ हवा बहे और क्षण-क्षण में बवंडर बाँध कर हवा चले, इसके साथ ही बदल उमड़े तो इससे वृष्टि की सूचना मिलती है। यदि सावन में पछुआ, भादों में पुरवैया और कुंआर में ईशान कोण (पूर्व उत्तर) से वायु चले परन्तु कातिक में हवा बिलकुल न बहे तो पैदावार प्रभूत मात्रा में होती है।[2]

———

१. चैत के पछुआ, भादों जल्ला।
भादों के पछुआ, माघ के पल्ला॥
त्रिपाठी—ग्राम साहित्य, भाग ३, पृ० ६१

२. सावन पछिवाँ, भादों पुरवा, आसिन बहै ईसान।
कातिक कंता सींक न डोलै, गाजे सबै किसान॥
त्रिपाठी—ग्राम साहित्य, भाग ३, पृ० ६०

अध्याय ५

पृथ्वी सम्बन्धी लोक-विश्वास

वेदों में पृथ्वी को माता माना गया है। अतः इसकी स्तुति तथा पूजा का विधान है। अथर्ववेद का "पृथ्वी सूक्त" धरती की महिमा का उद्घोषक महान् काव्य है। इस सूक्त में पृथ्वी को माता और संसार के मनुष्यों को उसका पुत्र कहा गया है। वैदिक आर्यों का यह महामंत्र था कि :—

"माताभूमिः, पुत्रोऽहं पृथिव्याः।"

पृथ्वी को माता मानना तथा इसी कारण इसकी पूजा करना हमारी प्राचीन संस्कृति रही है। आज भी धार्मिक पंडित लोग प्रातःकाल उठकर पृथ्वी पर पैर रखने के पहिले "पाद स्पर्शं क्षमस्व में" इस श्लोक के द्वारा इससे क्षमा की याचना करते हैं। वर्ष में हल जोतने के प्रथम दिन पृथ्वी की पूजा कर उससे अधिक अन्न पैदा करने की प्रार्थना की जाती है।

पंजाब में यह प्रथा वर्तमान है कि जब कोई गाय या भैंस बच्चा देती है तब उसे दूहते समय दूध की प्रथम पाँच धार को पृथ्वी पर गिरा दिया जाता है। जब दूध के साथ दवा खाई जाती है तब उस समय दूध की दो चार बूंदों को पृथ्वी पर गिरा देते हैं। उत्तरी भारत में धरती माता के सम्बन्ध में अनेक विश्वास प्रचलित हैं।

मृत्यु के कुछ पहिले बीमार व्यक्ति को जमीन पर सुला दिया जाता है जिसे भोजपुरी प्रदेश में 'भुंइसेज' कहा जाता है। रजस्वला के लिए पृथ्वी पर ही सोना विहित है। पलंग पर उसके लिए सोना निषिद्ध है। इसी प्रकार बच्चा पैदा करने के समय भी वह पृथ्वी पर ही 'लेटती' है।

उत्तर प्रदेश के पूर्वी जिलों में यह प्रथा प्रचलित है कि विवाह के एक-दो दिन पहिले, घर की स्त्रियाँ गाँव के बाहर किसी मिट्टी के गड़हा (पिट) में से मिट्टी खोद कर घर लाती हैं। इस प्रथा को 'माटी कोड़ाई' अथवा 'मट मंगर' भी कहा जाता है। इस मिट्टी से विवाह का चबूतरा तथा यज्ञवेदी बनाई जाती है। इसी मिट्टी से वह चूल्हा भी बनाया जाता है जिस पर विवाह में 'कुँवरथ' का भात पकाया जाता है। यह अप्रत्यक्ष रूप से पृथ्वी माता के प्रति आदर प्रदान करना है।

पृथ्वी की धूलि भी परम पवित्र मानी जाती है। माता, पिता तथा गुरु के चरण-रज को सिर पर धारण करना मंगल तथा सौभाग्य का सूचक माना जाता है। कुछ भक्त लोग गुरु के चरण-रज को पानी से धोकर, उस जल को अपने शरीर

पर तथा घर के विभिन्न कक्षों में छिड़कते हैं जिससे वह पवित्र हो जाय। महाराष्ट्र के थाना जिले में यदि कोई माता अपने छोटे शिशु को गोदी में लेकर बाहर जाती है तो काजल के अभाव में वह अपने पैर की धूलि को उसके ललाट में लगा देती है जिससे किसी की बुरी नजर उसे लगने न पाये।[1]

भारत में कुछ जातियों में पृथ्वी कुल देवता के रूप में पूजी जाती है तथा विपत्ति के समय इससे प्रार्थना की जाती है। सन् १६४० ई० में सूरत (गुजरात) के निवासी ब्राह्मण अकाल के समय एक छबड़ी को मिट्टी से भर कर अपने सिर पर रखकर घूमते थे जिससे इस विपत्ति को हटाया जा सके।[2]

परिच्छेद : १

नदियाँ

(१) **गंगा**—भारत में अधिकांश नदियाँ पवित्र मानी जाती हैं जिनमें गंगा का स्थान सर्वश्रेष्ठ है। इसे 'स्वर्गापगा' (स्वर्ग की नदी) अथवा 'देवापगा' (देवताओं की नदी) भी कहते हैं। गंगा की उत्पत्ति ब्रह्मा के कमण्डलु से मानी जाती है। पहिले गंगा स्वर्ग में ही स्थित थी। परन्तु राजा भगीरथ कठोर तपस्या करके अपने पूर्वजों के उद्धार के लिए इसे पृथ्वी पर ले आये। भगीरथ के कारण ही गंगा का दूसरा नाम 'भागीरथी' पड़ गया।

गंगा गंगोत्री जो हिमालय की गोदी में स्थित है—से निकाल कर उत्तर प्रदेश, बिहार तथा बंगाल में बहती हुई बंगाल की खाड़ी में समुद्र में गिरती है। अतः इस स्थान को 'गंगा सागर' कहा जाता है। गंगा हमारी परम पवित्र नदी है। इसके जल में स्नान करना पुण्य को देने वाला माना जाता है। परन्तु स्नान की कथा तो दूर रही, यदि कोई मनुष्य ८०० मील अर्थात् १२०० किलोमीटर की दूरी से भी यदि गंगा शब्द का उच्चारण मात्र करता है तो भी वह समस्त पापों से रहित होकर स्वर्ग की प्राप्ति करता है।

"गंगा गंगेति यो ब्रूयात्, योजनानां शतैरपि।
मुच्यते सर्व पापेभ्यो, विष्णु लोकं स गच्छति॥"

इस प्रकार गंगा स्वर्ग-लोक में जाने का वह पासपोर्ट है जो केवल उसका नाम लेने से ही प्राप्त किया जा सकता है। गंगा का नाम-स्मरण तथा उसकी पूजा मुक्ति तथा भुक्ति दोनों को प्रदान करती है।

कहा भी है—

"नमामि गंगे तव पाद-पंकजं।
सुरासुरैः वंदित-दिव्य-रूपम्॥

---

१. कैम्पवेल—नोट्स, पृ० ७६
२. फ्रियर—ट्रैवेल्स, पृ० ४१८

"मुक्तिञ्च भुक्तिञ्च ददासि नित्यं
भावानुसारेण सदा नराणाम् ॥"

मृत्यु-शय्या पर पड़े हुए मनुष्य के मुख में गंगा जल और तुलसी दल दिया जाता है जिससे उसकी सद्गति होती है। यदि किसी पर्व के दिन गंगा-स्नान का अवसर उपलब्ध नहीं होता तब पण्डित लोग निम्न मन्त्र से जल को पवित्र कर, उसे गंगा जल के ही समान समझ कर स्नान करते हैं।[1] प्रयाग के संगम अथवा गंगोत्री का जल भारत के सुदूर दक्षिण में स्थित रामेश्वरम् के मन्दिर में चढ़ाया जाता है। प्रत्येक मांगलिक अवसर पर गंगा जल के द्वारा ही समस्त विधि-विधान करने का विधान है। कार्तिक पूर्णिमा को गंगा स्नान का अधिक महत्व माना जाता है।

गंगा का जल अधिक दिनों तक रखने पर भी खराब या दूषित नहीं होता। अतः धार्मिक लोग शीशियों में इस जल को सुरक्षित रखते हैं। गंगा जल में औषधि के अनेक तत्वों की उपलब्धि होने के कारण इसका पान करना रोगों का नाशक माना जाता है। आधुनिक डाक्टर भी इसके जल को स्वास्थ्यवर्धक मानते हैं।

महाशिवरात्रि के अवसर पर शिव पर गंगा जल चढ़ाना बड़ा ही पुण्य-दायक माना जाता है। कुछ लोग दूर स्थान से काँवर पर गंगा जल को लेकर इस दिन शिवजी की मूर्ति पर चढ़ाते हैं। ऐसे लोगों को 'कँवरथू' कहा जाता है। चन्द्र ग्रहण के अवसर पर काशी में गंगा स्नान का समधिक महत्त्व है। हरिद्वार में हर की पैड़ियों पर गंगा का मन्दिर स्थित है जिसमें सन्ध्या समय आरती का दृश्य बड़ा ही मनोहर तथा भव्य होता है।

(२) **यमुना**—यह सूर्य भगवान् की पुत्री मानी जाती हैं। सूर्य ने प्रसन्न होकर इन्हें यह वरदान दिया कि कार्तिक शुक्ल द्वितीया—जिसे भातृ द्वितीया भी कहा जाता है—के दिन यमुना में स्नान करने वाला व्यक्ति यम की यातना से मुक्त होकर स्वर्ग का अधिकारी होता है। इसीलिए इस दिन यमुना के जल में स्नान करना पुण्य कारक तथा पापनाशक है।

माघ मास में यमुना में नियमित रूप से महीने भर नहाना पुण्यदायक माना जाता है। इस मास में, प्रयाग में, संगम तट पर प्रतिवर्ष बड़ा भारी मेला लगता है है जिसे 'माघ मेला' कहा जाता है। यहाँ भक्त लोग एक मास तक झोपड़ियों में निवास करते हुए प्रतिदिन संगम पर यमुना में स्नान करते हैं। हिमालय में स्थित यमुनोत्री नामक स्थान से निकलकर यमुना प्रयाग में गंगा से मिल जाती है। दो

---

१. गंगे च यमुने चैव, गोदावरी, सरस्वती।
नर्मदे, सिन्धु, कावेरी, जलेऽस्मिन् सन्निधं कुरु ॥

प्रधान तथा पवित्र नदियों का संगम होने के कारण ही प्रयाग 'तीर्थराज' माना जाता है।

जैसे काशी की गंगा में स्नान करने का विशेष महत्त्व है उसी प्रकार मथुरा के विश्राम घाट पर यमुना में स्नान करना विशेष पुण्य का कारण माना जाता है। कार्तिक शुक्ला द्वितीया को यमुना में स्नान करने के लिए यहाँ बड़ा भारी मेला जुटता है। 'गंगा माता' की भाँति यमुना को भी 'मइया' कहा जाता है। इसकी प्रशंसा में स्तोत्र भी पाये जाते हैं परन्तु गंगा की अपेक्षा इनकी संख्या कम है।

(३) **वैतरणी**—यह पौराणिक नदी मानी जाती है। साधारण जनता का यह विश्वास है कि मृत्यु के पश्चात् प्रत्येक मनुष्य की जीवात्मा को स्वर्ग या नर्क में जाने के पहिले वैतरणी नामक नदी पार करनी पड़ती है। यह नदी बड़ी गन्दी है। अतः इसे पार करना बड़ा ही कठिन माना जाता है। मृत्यु शय्या पर पड़े हुए व्यक्ति को गोदान इसीलिए कराया जाता है जिससे मृत्यु के उपरान्त वह इसी गाय की पूँछ को पकड़कर वैतरणी पार कर सके।

अन्न तथा धन का दान भी इसी हेतु किया जाता है। जो मनुष्य पुण्यात्मा होते हैं वे आसानी से वैतरणी को पार कर जाते हैं परन्तु पापियों के लिए इसे पार करना अत्यन्त कठिन है। उड़ीसा में वैतरणी नाम की नदी पाई जाती है परन्तु इस पौराणिक नदी (वैतरणी) की स्थिति इस पृथ्वी तल पर नहीं पाई जाती।

(४) **कर्मनासा**—यह नदी वाराणसी तथा विहार के भोजपुर जिले की सीमा पर प्रवाहित होती है। यह उत्तर प्रदेश और बिहार की सीमा का निर्धारण करती है। आजकल इस्टर्न रेलवे का कर्मनासा नामक एक रेलवे स्टेशन भी है जो वाराणसी से ५०-६० किलो मीटर दूर पूर्व दिशा में स्थित है। जनता की यह मान्यता है कि इस नदी में स्नान करने से समस्त कर्मों अर्थात् पुण्यों का नाश हो जाता है। इसीलिए इसका नाम 'कर्मनासा' पड़ गया है।

इस नदी की उत्पत्ति के सम्बन्ध में ऐसा कहा जाता है ऋषि विश्वामित्र ने अपनी तपस्या के बल से त्रिशंकु नामक व्यक्ति को स्वर्गलोक में भेजा। परन्तु देवताओं ने उसे स्वर्ग में आने नहीं दिया और धक्का मार कर उसे नीचे गिरा दिया। परन्तु विश्वामित्र ने अपने तपोबल से उसे पृथ्वी पर गिरने नहीं दिया। इस प्रकार त्रिशंकु आज भी अधर में ही लटक रहा है। कहते हैं उसके मुँह से जो लार गिरी उसी से कर्मनासा की उत्पत्ति हुई। इसीलिए यह अत्यन्त अपवित्र नदी मानी जाती है।

क्रुक ने लिखा है कि खरवार और माँझी जाति के लोग इस नदी के तट पर निवास करते हैं जिनका 'टोटेम' 'करमा' वृक्ष है। इस कारण भी इस नदी का नाम कर्मनासा पड़ गया होगा।[१] परन्तु यह निश्चित है कि मनुष्यों के कर्मों अर्थात् पुण्यों

१. क्रुक—पा० रि०, भाग १, पृ० ४०-४१।

का नाश करने के कारण से यह 'कर्मनासा' के नाम से प्रख्यात हुई है। पण्डित लोग इसके जल को स्पर्श करना भी पाप समझते हैं। अतः कुछ मजदूर ऐसे लोगों को अपनी पीठ पर चढ़ा कर नदी के उस पार पहुँचा दिया करते हैं।

(५) **नर्मदा**—यह पवित्र नदी मानी जाती है। जिस प्रकार उत्तर भारत में गंगा का आदर तथा सम्मान है उसी प्रकार से मध्य प्रदेश में नर्मदा की स्थिति है। भारत की पवित्र सात नदियों में इसकी भी गणना की जाती है। 'गंगे च यमुने चैव; गोदावरी, सरस्वती। नर्मदे सिन्धु कावेरी, जलेऽस्मिन्न सन्निधंकुरु" इस उपर्युक्त मंत्र से पण्डित लोग स्नान करने के पहिले जल को पवित्र किया करते हैं।

नर्मदा मैकल पर्वत से निकलती है। इसलिए इसे गोस्वामी तुलसीदास ने 'मेकल-सुता' कहा है। इस नदी के किनारे भी अनेक तीर्थ (स्थल) अवस्थित हैं। जबलपुर में भेड़ा घाट के पास नर्मदा की छटा अद्वितीय है। यहाँ पर संगमरमर की चट्टानों के बीच से प्रवाहित होने वाली इस नदी का दृश्य बड़ा ही सुन्दर तथा चित्ताकर्षक है। दूर-दूर से देशी और विदेशी यात्री इस अत्यन्त मोहक दृश्य को देखने के लिए आया करते हैं।

क्रूक ने सोन नदी से नर्मदा के विवाह के सम्बन्ध में एक किम्बदन्ती का उल्लेख किया है जिसके अनुसार सोन के विश्वासघाती सिद्ध होने पर नर्मदा क्रोध में आकर संगमरमर के पहाड़ों को तोड़ कर उसके मध्य से प्रवाहित होने लगी। इस दन्तकथा में कितना सत्य है यह तो कहना बड़ा कठिन है परन्तु जबलपुर में भेड़ाघाट के पास नर्मदा संगमरमर की चट्टानों के बीच बहती है, यह ध्रुव सत्य है।[१]

परिच्छेद २ : पर्वत

नदियों के समान पर्वत भी पवित्र माने जाते हैं। इन पर्वतों में दो-तीन का वर्णन ही यहाँ पर्याप्त होगा।

(१) **हिमालय**—हिमालय हमारा सबसे ऊँचा, महान् तथा पवित्र पर्वत है। महाकवि कालिदास ने इसे 'देवतात्मा' कहा है।[२] अर्थात् इसमें देवता लोग निवास करते हैं। हिमालय की श्रृङ्खलायें कश्मीर से लेकर असम राज्य (अब नेफा) तक फैली हुई हैं। इन श्रृङ्खलाओं के मध्य में अनेक तीर्थ स्थान स्थित हैं। जैसे—कश्मीर में अमरनाथ, पंजाब में ज्वाला जी, उत्तर प्रदेश में केदारनाथ और बद्रीनाथ, असम में कामाख्या देवी और 'नेफा' में परशुराम कुण्ड आदि। इनमें से प्रत्येक

---

१. क्रूक—पा० रि० भाग १, पृ० ३९-४०।

२. अस्त्युत्तरस्यां दिशि देवतात्मा;
हिमालयो नाम नगाधिराजः।—कुमार संभव १।१

तीर्थ स्थान अपनी विशेषताओं के लिए प्रसिद्ध है। कश्मीर में अमरनाथ जी का सुविख्यात मन्दिर अवस्थित है। यहाँ श्रावण की पूर्णिमा के दिन भगवान् का दर्शन करने का बड़ा माहात्म्य है। इस मन्दिर में शिव की कोई प्रतिमा स्थापित नही है। पूर्णिमा के दिन बर्फ का पुरुष-प्रमाण ऊँचा शिवलिङ्ग अनायास स्थापित हो जाता है जिसका दर्शन कर भक्त लोग अपने को कृत-कृत्य मानते हैं।

पंजाब के काँगड़ा जिले में ज्वालाजी का मन्दिर स्थित है। इस मन्दिर में कोई प्रतिमा स्थापित नहीं है। बल्कि पृथ्वी के अन्तराल से कोई छोटी सी ज्वाला सदा निकलती रहती है। उस ज्वाला की लोग पूजा करते हैं। इसीलिये इस मन्दिर का नाम ही 'ज्वालाजी' का मन्दिर पड़ गया है।

उत्तर प्रदेश में शिवालिक की पहाड़ियों में केदारनाथ और बद्रीनाथ के मन्दिर स्थित हैं। इनमें से प्रथम शिव मन्दिर और दूसरा विष्णु का मन्दिर है। बद्रीनाथ तो चारों धामों में से एक धाम माना जाता है जिसकी स्थापना आद्य शंकराचार्य ने की थी। इस धाम का दर्शन करने के लिए लाखों की संख्या में लोग प्रतिवर्ष यहाँ आते हैं। असम के कामरूप जिले में नीलाचल पर्वत पर कामाख्या देवी का मन्दिर है। यह स्थान मध्यकाल में योग विद्या तथा जादू-टोना का मुख्य केन्द्र माना जाता था। आज भी यहाँ नवरात्र में दर्शनार्थियों की अपार भीड़ एकत्रित होती है। 'नेफा' में परशुराम कुण्ड नाम से एक तीर्थ स्थान है। ऐसा कहा जाता है अपनी माता की हत्या करने से उत्पन्न पापों से मुक्ति पाने के लिए परशुराम ने इसी कुण्ड में स्नान किया था। अतः यह कुण्ड पापनाशक माना जाता है।

इसी प्रकार से हिमालय की गोद में अनेक तीर्थस्थान विद्यमान हैं। प्राचीन काल में हिमालय ऋषि-मुनियों की तपोभूमि थी जिसका उल्लेख कालिदास ने बड़े आदर के साथ किया है।[1] तीर्थ स्थान, तपोभूमि तथा देव-भूमि होने के अतिरिक्त हिमालय हमारे देश का सजग प्रहरी भी है। इसलिए आज तक किसी भी बाहरी शत्रु ने हिमालय के मार्ग से भारत पर आक्रमण करने का दुःसाहस नहीं किया।

आर्थिक दृष्टि से भी इस नगाधिराज का समधिक महत्त्व है। इसकी तलहटी में स्थित अनेक खनिज पदार्थों के भण्डार भरे पड़े हैं। अनेक बहुमूल्य वृक्षों से यह आच्छादित है। अतः इस दृष्टि से भी इसका महत्त्व कुछ कम नहीं है।

(२) **विन्ध्याचल**—हिमालय की ही भाँति विन्ध्याचल भी पवित्र पर्वत माना जाता है परन्तु उसकी अपेक्षा कम है। विन्ध्याचल की पर्वत श्रेणियाँ बहुत ऊँची नहीं हैं। इस सम्बन्ध में यह किम्बदन्ती प्रसिद्ध है कि एक बार अगस्त्य ऋषि दक्षिण दिशा को जा रहे थे। विन्ध्याचल ने झुक कर इस ऋषि को प्रणाम किया। ऋषि ने इस पर्वत से कहा कि जब तक मैं दक्षिण से लौटकर न आऊँ तब तक तुम इसी स्थिति में पड़े रहना। अगस्त्य ऋषि दक्षिण से लौटकर नहीं आये। अतः विन्ध्याचल आज भी उसी झुकी हुई अवस्था में विद्यमान है।

---

१. कुमारसंभव सर्ग १।

विन्ध्याचल पर्वत पर भी अनेक तीर्थ विद्यमान हैं। मिर्जापुर जिले में विन्ध्यवासिनी देवी का प्रसिद्ध स्थान है जहाँ नवरात्रि के अवसर पर आश्विन तथा चैत्र मास में बड़ा भारी मेला लगता है। मध्य प्रदेश में अमर कण्टक नामक स्थान बड़ा प्रसिद्ध माना जाता है। विद्वानों का यह मत है कि कालिदास के यक्ष ने अपने शाप से मुक्ति के लिए एक वर्ष तक यहीं कठोर तपस्या की थी। उत्तर प्रदेश के बाँदा जिले में विन्ध्याचल की गोद में चित्रकूट नामक स्थान है जहाँ भगवान् रामचन्द्र ने सीता के साथ बनवास के दिनों में निवास किया था। नर्मदा की उद्‌गम स्थली होने के कारण भी यह पर्वत अधिक पवित्र माना जाता है।

इसी प्रकार से दक्षिण भारत में स्थित मलयाचल पर्वत को भी समझना चाहिए जहाँ चन्दन के वृक्ष उत्पन्न होते हैं और जहाँ से चलने वाली शीतल, मन्द और सुगन्ध वायु मलयानिल के नाम से प्रसिद्ध है।

(३) **सागर**—सागरों में 'गंगा सागर' अत्यन्त पवित्र माना जाता है। यह बंगाल की खाड़ी में स्थित है। यहाँ गंगा उत्तर प्रदेश तथा बिहारी क्षेत्रों से बहती हुई सागर में आकर मिल जाती है। इसीलिए इस स्थान का नाम गंगा सागर पड़ गया है। यह कलकत्ता से लगभग १५० किलोमीटर की दूरी पर स्थित है। यहाँ मकर संक्रान्ति (१४ जनवरी) पर प्रतिवर्ष बहुत बड़ा मेला लगता है जिसे 'गंगा सागर का मेला' कहा जाता है। इस अवसर पर भारतवर्ष के विभिन्न राज्यों से लाखों यात्री स्नान करके पुण्य अर्जन करने के लिए आया करते हैं। यहाँ गंगा में स्नान कर लोग कपिल मुनि का दर्शन करते हैं जिनका मन्दिर समुद्र तट पर बना हुआ है। यह पौराणिक कथा प्रसिद्ध है कि प्राचीन काल में कपिल मुनि के शाप से राजा सगर के साठ हजार (६०,०००) पुत्र जल कर भस्म हो गये थे। भगीरथ ने कठोर तपस्या कर स्वर्ग से पृथ्वी तल पर गंगा का अवतरण किया। इसी गंगा के जल के प्रभाव से सगर के मृत पुत्रों का उद्धार हुआ। संभवतः इसी घटना की स्मृति दिलाने के लिये कपिलमुनि की यहाँ मूर्ति स्थापित है। गंगासागर के सम्बन्ध में लोगों की यह धारणा है कि सब तीर्थों में बार-बार जाया जा सकता है। परन्तु गंगा सागर में एक ही बार स्नान करना समधिक पुण्यकारक होने के कारण पर्याप्त माना जाता है। लोकोक्ति है कि—

"सब तीरथ बार-बार
गंगा सागर एक बार।"

सागर की पूजा नारियल अर्पित करके की जाती है। बम्बई में चौपाटी पर पूर्णिमा के अवसर पर नारियल चढ़ाकर सागर की पूजा का दृश्य देखा जा सकता है।

(४) **कूप**—अनेक कूप भी अपनी विशेषताओं के लिए प्रसिद्ध हैं। काशी के विश्वेसर गंज मुहल्ले के पास एक कूप स्थित है जो 'धनवन्तरि कूप' के नाम से प्रसिद्ध है। लोक में ऐसी प्रसिद्धि है कि आयुर्वेद के आविष्कर्ता धनवन्तरि ऋषि ने

अपनी मृत्यु के पहिले अपनी सभी जड़ी, बूटियों तथा औषधियों को इसी कूप में फेंक दिया। अतः इन औषधियों के कारण इस कुँयें का जल अत्यन्त स्वास्थ्यवर्धक माना जाता है। लोग इस कूप से जल को बड़े शौक तथा आदर के साथ पीते हैं तथा इस प्रकार स्वास्थ्य लाभ करते हैं।

(५) **हंस कूप**—प्रयाग में गंगा के पूर्वी तट पर झूंसी नामक स्थान में हंस कूप अवस्थित है। इस कूप के जल में कोई विशेषता नहीं है बल्कि इस स्थान पर जो मन्दिर बना हुआ है उसी के दर्शन के लिए लोग जाया करते हैं। हंस का दूसरा अर्थ आत्मा भी होता है। इस कूप के पास जो मन्दिर बना हुआ है उसमें योग विद्या के द्वारा मानव शरीर की जो कल्पना की गई है उसी का वह प्रतीक है। उदाहरण स्वरूप योगियों ने मनुष्य के शरीर में षट् चक्र, सहस्र दल कमल और कुण्डलिनी आदि की कल्पना की है। इस मन्दिर का निर्माण इसी सिद्धान्त को स्थूल रूप में प्रदर्शित करते हुए किया गया है। इसीलिए इस स्थान (या कूप) का नाम हंस कूप है। इसमें सन्देह नहीं कि इस मंदिर की कल्पना बड़ी विचित्र तथा विचारोत्तेजक है। प्राचीन ग्रन्थों में इस कूप का उल्लेख पाया जाता है। यह कूप अत्यन्त प्राचीन ज्ञात होता है। राजा पुरुरवा के समय झूंसी का प्राचीन नाम प्रतिष्ठान पुर था। बहुत संभव है कि उसी अतीत काल में इस कूप का निर्माण हुआ हो।

(६) **तालाब**—अनेक वापी या तालाब भी अपनी पवित्रता के लिए प्रसिद्ध हैं। अमृतसर में सिक्खों का सबसे प्रधान गुरुद्वारा है जिसमें एक सरोवर का निर्माण सिक्खों के एक गुरु ने किया था। इस तालाब का नाम अमृतसर है जिसका अर्थ है अमृत के समान मीठे जल वाला सरोवर। इस सरोवर के नाम से ही इस नगर का नामकरण अमृतसर हो गया। सिक्ख लोग इस तालाब में स्नान करना परम पवित्र मानते हैं। यह अनन्त पुण्य को देने वाला है। इसका जल शरीर पर छिड़कने मात्र से मानव पवित्र हो जाता है।

उत्तर प्रदेश में हरिद्वार में भी मगोड़ा नामक एक तालाब है जिसके किनारे भीम के गोड़ अर्थात् पैरों की आकृति बनी हुई है। कहते हैं कि महाभारत युद्ध की समाप्ति के पश्चात् भीम यहीं से होते हुए हिमालय पर गये थे। इस तालाब में स्नान करना पुण्यदायक माना जाता है।

आन्ध्र प्रदेश में रमणीय पर्वत पर स्थित तिरुपति के बाला जी के मन्दिर के पास एक विशाल तालाब स्थित है जिसमें स्नान कर लोग अपने को पापों से मुक्त मानते हैं। इस तालाब के तट पर क्षौर कर्म कराना—बालों को मुंडवाना—अनन्त पुण्य का कारण माना जाता है। अतः इस पवित्र तालाब में प्रति दिन असंख्य यात्री अपने सिर को मुण्डित करवा कर स्नान करते हैं।

इसी प्रकार तमिलनाडु के मदुराई नगर में स्थित जगत् प्रसिद्ध मीनाक्षी मन्दिर के प्राङ्गण में 'कमल सरोवर' नामक तालाब है जिसमें भक्तगण अपने पापों के प्रक्षालनार्थ बड़ी श्रद्धा और भक्ति से स्नान करते हैं।

(७) **झील**—उत्तर प्रदेश के नैनीताल नगर के मध्य में एक सुन्दर झील स्थित है। इस झील के एक किनारे पर नैना देवी का मन्दिर बना हुआ है। नैना देवी पर्वतीय लोगों की आराध्य देवी हैं। संभवतः इस मन्दिर के कारण इस झील की पवित्रता बढ़ गई है। नैनीताल में अत्यधिक जाड़ा पड़ने के कारण प्रत्येक ऋतु में तो लोग इस झील में स्नान नहीं करते परन्तु गर्मियों में यहाँ बड़ी भीड़ लगती है। विशेष कर पर्व के अवसर पर इसमें स्नान कर नन्दा देवी का दर्शन करते हैं। यह झील प्राकृतिक सौन्दर्य की दृष्टि से भी अत्यन्त महत्त्वपूर्ण है।

(८) **मान सरोवर**—भारत भर में मानसरोवर झील सबसे अधिक प्रसिद्ध होने के अतिरिक्त अतिशय पवित्र तथा पुण्यदायक है। गंगा नदी की उत्पत्ति इसी पवित्र झील से मानी जातो है। लोगों का यह विश्वास है कि वर्षा ऋतु में हंस मानसरोवर चले जाते हैं और उसी के तट पर निवास करते हैं। यद्यपि आधुनिक पर्यटकों ने अपने अनुभव के आधार पर इस विश्वास का खण्डन किया है फिर भी लोक तथा साहित्य में यह विश्वास आज भी सम्पूर्ण रूप में विद्यमान है। मानसरोवर का जल स्फटिक के समान स्वच्छ और पारदर्शी है। यह पीने में अत्यन्त शीतल होने के साथ ही स्वादिष्ट भी है। कैलाश पर्वत की यात्रा करने वाले भक्तगण पहिले इसी मानसरोवर में स्नान कर इस पर्वत की परिक्रमा करने के लिए प्रस्थान करते हैं। प्रत्येक हिन्दू इस झील में स्नान करना परम पुण्य का कारण मानता है। इस प्रकार वह पाप रहित होकर स्वर्ग लोक की प्राप्ति करता है।

———

अध्याय ६

प्राणि जगत् सम्बन्धी लोक-विश्वास

परिच्छेद १ : वनस्पति जगत् सम्बन्धी लोक विश्वास

प्राणि जगत् को दो भागों में विभक्त किया जा सकता है—(१) वनस्पति जगत् और (२) पशु-पक्षी जगत् । अतः यहाँ पर वनस्पति जगत् सम्बन्धी लोक विश्वासों का वर्णन संक्षिप्त रूप में प्रस्तुत किया जाता है । वर्णन की सुविधा के लिए वनस्पति जगत् का भी पाँच श्रेणियों में वर्गीकरण हो सकता है—(क) वृक्ष, (ख) पौधे (ग) लता (घ) पुष्प (ङ) शाक आदि ।

अनुच्छेद १ : (क) वृक्ष

वृक्षों तथा लताओं के प्रति सम्मान का कारण—भारत में वैदिक काल से ही वृक्षों तथा लताओं के सम्मान प्रदान करने की परम्परा उपलब्ध होती है । वैदिक आर्य सोमरस पान करने के बड़े अभ्यासी थे । यह रस सोम नामक लता को पीस कर निकाला जाता था । सोम रस को पीने से उनको जीवनी शक्ति प्राप्त होती थी । इसीलिए ऋग्वेद में सोम की बड़ी प्रशंसा प्राप्त होती है ।

हमारे ऋषि-मुनि जंगलों में आश्रम बनाकर रहा करते थे । वृक्षों से उत्पन्न फल ही उनका मुख्य आहार था । इनकी छाल उनके वस्त्रों का काम करती थी और इनकी लकड़ी दैनिक अग्निहोम में प्रयुक्त होती थी । पुष्प और धूप ऋषियों की पूजा की सामग्री थे । इस प्रकार ये वृक्ष उनके एकान्त जीवन के सहचर ही नहीं थे, बल्कि दैनिक जीवन की आवश्यकताओं की पूर्ति करने वाले भी थे । यही कारण है कि पुराण काल तक आते-आते वृक्षों की देवता रूप में प्रतिष्ठा हो गई और इनकी पूजा का बड़ा माहात्म्य माना जाने लगा ।

आजकल वृक्षों के महत्व के कई कारण हैं—(१) अर्थ सम्बन्धी (२) पर्यावरण सम्बन्धी और (३) कृषि सम्बन्धी ।

वृक्षों का सबसे अधिक महत्त्व आर्थिक है । प्राचीन काल में आम, महुआ और शीशम आदि के वृक्षों का महत्त्व था क्योंकि सर्वसाधारण जनता के घर का निर्माण करने के लिए इन वृक्षों की लकड़ियों का उपयोग किया जाता था । आम

और महुआ के फल तथा फूल क्षुधा-शान्ति के काम में लाया जाता था और इनकी लकड़ी जलाने के काम में आती थी। आजकल भी सरकार के वन-विभाग की ओर से साल, शीशम, सागौन, चीड़ और देव दारू के वृक्षों का आरोपण (प्लान्टेशन) किया जाता है और इनकी मजबूत तथा सुन्दर लकड़ी भवन-निर्माण के उपयोग में लगाई जाती है। मैसूर (अधुना कर्णाटक) में प्राप्त होने वाली चन्दन की लकड़ी का आर्थिक महत्त्व सर्वाधिक है।

पर्यावरण के लिए भी वृक्षों का उपयोग किया जाता है। यदि वृक्ष न हो तो हमें प्राण-प्रदायिनी ओषजन (आक्सीजन) गैस की प्राप्ति प्रचुर मात्रा में प्राप्त नहीं हो सकती है। आजकल के विज्ञान-वेत्ताओं का मत है वृक्षों के द्वारा वर्षा को आमंत्रण दिया जाता है जिससे पृथ्वी पर पर्याप्त वर्षा होती है। इस वर्षा से खेतों की सिंचाई होती है। ये वृक्ष पहाड़ों पर भूस्खलन को भी रोकते हैं। इस प्रकार इन वृक्षों का महत्त्व आर्थिक, धार्मिक, वैज्ञानिक तथा कृषि सम्बन्धी दृष्टि से अत्यधिक है।

(१) **पीपल**—वृक्षों में पीपल के संबंध में अनेक लोक विश्वास प्रचलित है। भगवान् श्रीकृष्ण ने गीता में अपने को 'अश्वत्थः सर्ववृक्षाणाम्' कहकर इस वृक्ष की अतिशय महत्ता को प्रतिपादित किया है। कुछ लोग श्रीकृष्ण के पिता वसुदेव का निवास स्थान इस वृक्ष को मानते हैं। इस प्रकार देवता का निवास स्थान होने के कारण यह वृक्ष परम पवित्र स्वीकार किया गया है।

भोजपुरी प्रदेश में सोमवती अमावस्या के दिन स्त्रियाँ स्नान करके, वासुदेव के रूप में इसकी पूजा करती है। वे इसकी जड़ में जल चढ़ाकर, चन्दन, रोरी और फूल से इसकी अर्चना कर, १०८ बार इसकी प्रदक्षिणा करती है। कुछ स्त्रियाँ पीपल के तने को सूत्र से आवेष्टित करती हैं जो इसके यज्ञोपवीत का प्रतीक है।

पीपल के वृक्ष की शाखाओं को काटना और इसकी लकड़ी को जलाना निषिद्ध माना जाता है क्योंकि ऐसा करने से इस वृक्ष पर निवास करने वाले देवताओं को कष्ट होता है।

राजस्थान में विधवापन से अपनी रक्षा करने के लिए स्त्रियाँ वैसाख शुक्ल चतुर्दशी को इस वृक्ष की पूजा करती हैं।[१] वहाँ यज्ञोपवीत, विवाह तथा किसी भवन के शिलान्यास के अवसर पर भी इसकी पूजा का विधान है। कुछ लोगों का विश्वास है कि रविवार के दिन इस वृक्ष पर लक्ष्मी का निवास होता है तथा अन्य दिनों में दरिद्रता और दुःख का। किसी मृत व्यक्ति की आत्मा की शान्ति के लिए उसका पुत्र इसकी जड़ में ३६० घड़े जल चढ़ाता है।

---

१. कैम्पवेल—नोट्स पृ० २३८।

भोजपुरी प्रदेश में इसी पेड़ की शाखा में 'घण्ट' बाँध कर मृतात्मा की शान्ति के लिए १० दिनों तक जल दिया जाता है। गाँवों में पीपल के पेड़ के नीचे ग्राम देवता का निवास माना जाता है और देवता के प्रतीक में कुछ अनगढ़ पाषाण खण्ड स्थापित कर दिये जाते हैं।

(२) **बरगद**—यह बड़ा ही विशाल वृक्ष होता है जिसकी छाया में हजारों व्यक्ति विश्राम पा सकते हैं। इसकी शाखाओं से जड़ें फूटकर नीचे की ओर लटकती रहती हैं जिन्हें 'जटा' कहते हैं। भोजपुरी में इन्हें 'बरोहि' कहा जाता है तथा संस्कृत में वट वृक्ष।

लोगों का ऐसा विश्वास है कि प्रलय के अवसर पर जब समस्त संसार जल मग्न हो जाता है तब भगवान् बाल रूप में इसी वृक्ष की पत्ती पर विराजते रहते हैं। श्लोक है—

हस्तार विन्देन मुखार विन्दे
पादार विन्दं विनियेशयन्तम्।
वटस्य पत्रस्य पुरे शयानं
बालं मुकुन्दं मनसा स्मरामि ॥"

सुप्रसिद्ध चीनी यात्री ह्वेनसाङ्ग ने प्रयाग में संगम के तट पर अक्षय वट का उल्लेख किया है। लोगों की ऐसी धारणा है कि इस अक्षय वट पर चढ़कर अपने प्राणों का उत्सर्ग कर देने से मोक्ष की प्राप्ति होती है। आज भी प्रयाग में स्थित किला में नकली अक्षय वट विद्यमान है जिसकी पूजा लाखों यात्री प्रति वर्ष किया करते हैं। भगवान् बुद्ध को बोध गया में इसी वृक्ष के नीचे 'बोधि' की प्राप्ति हुई थी। अतः बौद्धों के द्वारा भी यह वृक्ष अत्यन्त पवित्र समझा जाता है।

महाराष्ट्र प्रदेश में मराठी स्त्रियाँ जेठ मास की अमावस्या को सावित्री के उपलक्ष में वट की पूजा करती हैं। ऐसी प्रसिद्धि है कि सावित्री के पति सत्यवान् जब इस वृक्ष को काट रहे थे तभी कुल्हाड़ी की चोट से उनकी मृत्यु हो गई। अतः इस वृक्ष को काटना अत्यन्त निषिद्ध माना जाता है। यह वृक्ष त्रिकाल में भी नष्ट नहीं होता। इसीलिए इसे 'अक्षय वट' कहते हैं। प्रयाग में स्थित 'अक्षय वट' आज भी अपनी पवित्रता के लिए प्रसिद्ध है।

(३) **गूलर**—संस्कृत में इसे 'उदुम्बर' कहते हैं। इस वृक्ष की पत्तियों को तोड़ने से उनके डण्ठल से दूध निकलता है जो बड़ा ही गुणकारी होता है। संभवतः इसीलिए इसे 'हेम दुग्धा' भी कहा जाता है। इस वृक्ष का दूध मूर्च्छा तथा अन्य बीमारियों के लिए लाभदायक होता है। यह गर्भ-पात को रोकता है।[1] इस दूध की इन्हीं विशेषताओं के कारण इसका अपर नाम 'क्षीरीवृक्ष' है।

---

१. कैम्पवेल—नोट्स—२०७

प्राचीन परम्परा के अनुसार 'विवस्तान्' का आसान—जिसकी पूजा सोमयज्ञ के अन्त में की जाती है—गूलर की लकड़ी का बना होता था। इसी प्रकार से सोम देवता जिस सिंहासन पर बैठते थे वह भी इसी लकड़ी का बनाया जाता था। मनु ने लिखा है कि वैश्य जाति के ब्रह्मचारी को गूलर की लकड़ी का दण्ड यज्ञोपवीत के अवसर पर धारण करना चाहिए।

ऐसी प्रसिद्धि है कि दीपावली की रात्रि को देवतागण इस वृक्ष पर एकत्रित होकर इसके सभी फूलों को तोड़ ले जाते हैं। इसीलिए गूलर का फूल कभी देखने को नहीं मिलता। अतः जिस व्यक्ति का प्रायः दर्शन नहीं होता उसके विषय में यह कहा जाता है कि वह 'गूलर का फूल' हो गया।

लोगों का यह विश्वास है कि यदि गूलर का फूल—जो कभी दिखाई नहीं पड़ता—भोज्य पदार्थ में अथवा द्रव्य राशि में पड़ जाय तो उसमें कदापि कमी नहीं हो सकती। घर के समीप गूलर वृक्ष को लगाना अशुभ माना जाता है। इसकी छाया पुण्य-क्षय-कारक है। अतः जो व्यक्ति इसकी छाया में आ जाता है उसके समस्त पुण्य नष्ट हो जाते हैं। इसका फल 'गोदा' कहलाता है जिसको खाना निर्धनता और अभाग्य का सूचक है। अतः भोजपुरी मातायें अपने उद्दण्ड बच्चों को गोंदा बीन कर खाने का अभिशाप दिया करती हैं।

(४) **नीम**—नीम के पेड़ पर चेचक रोग की अधिष्ठात देवी शीतला का निवास माना जाता है। अतः इस रोग में इस वृक्ष की पत्तियों का उपयोग अनेक प्रकार से किया जाता है। इन पत्तियों को रोगी की शय्या पर बिछा दिया जाता है तथा इनसे पंखा भी झला जाता है। लोगों का ऐसा विश्वास है कि इससे रोगी की ताप शान्ति होती है।

नीम की पत्तियों का उपयोग भूत-प्रेत को भगाने के लिए भी किया जाता है। जब कोई व्यक्ति प्रेत बाधा से आविष्ट होता है तो उस 'भूत' को भगाने के लिए उस व्यक्ति को नीम की पत्तियों का धुँआ देते हैं। प्रसूता स्त्रियों के सूतिका गृह में जलने वाली अँगीठी—जिसे "पासधि" कहते हैं—में इसी वृक्ष की लकड़ी जलाई जाती है।

समस्त उत्तरी भारत में किसी व्यक्ति की मृत्यु से उत्पन्न स्पर्श-दोष को दूर करने के लिए इसकी पत्तियों को काम में लाया जाता है। महाराष्ट्र में भूतों के ऊपर नीम की पत्तियों का इतना अधिक प्रभाव माना जाता है कि जब किसी स्त्री को बच्चा पैदा होता है तब सूतिका गृह के द्वार पर नीम तथा गोमूत्र को किसी बर्तन में रख दिया जाता है जिससे कोई प्रेमात्मा घर में प्रवेश न कर सके।

पूना (पुणें) के ब्राह्मणों में यह प्रथा कि बच्चा पैदा होनें पर घर के सामने तथा पीछे वाले द्वारों पर नीम की पत्तियों को टाँग देते हैं। अहमद नगर में यदि

किसी व्यक्ति को साँप काटता है तो उसे भैरव के मन्दिर में ले जाकर, उसे नीम की पत्ती को मिर्च मिलाकर खाने के लिए दिया जाता है। इसकी पत्तियों से रोगी 'झाड़ते' हैं जिससे सर्प का विष न चढ़ने पावे। कच्छ के कनफटे योगी अपने कानों में छिद्र करके उसमें नीम की लकड़ी डालते हैं और इसके तेल को लगाकर कान के घाव को ठीक करते हैं।[१]

जंगली जातियों में भी नीम वृक्ष की पूजा का प्रचार है। तमिलनाडु में जोगी नामक जंगली जाति इस वृक्ष की पूजा करती है और इसका प्रतीक कुत्तों के शरीर पर बनाती है।[२] बनजारे लोग इस वृक्ष के द्वारा अपने स्त्रियों के सतीत्व की परीक्षा करते हैं। पति जमीन पर नीम की शाखा को फेंक कर कहता है कि "यदि तुम सच्ची तथा सती स्त्री हो तो इस नीम की शाखा को उठा लो।[३] उत्तर प्रदेश में डोम नामक जाति नीम वृक्ष पर काली देवी का निवास-स्थान मानती है। कुरमी नामक जाति के लोग इस वृक्ष पर भवानी के निवास का विश्वास करते हैं। वे इसके नीचे इस देवी की प्रतिमा को स्थापित कर इसकी पूजा करते हैं।[४]

भोजपुरी प्रदेश में लोगों का यह विश्वास है कि जो व्यक्ति नीम की दतौन करता है, इसकी लकड़ी को जलाकर बनाये गये भोजन को करता है उसे कभी सर्प दंश का भय नहीं रहता है। औषधि के रूप में इस वृक्ष की पत्तियों और छाल का प्रयोग किया जाता है। किसी घाव को दबाने के लिए नीम की पत्तियों को पीस कर उस पर चढ़ाया जाता है। इस वृक्ष की सूखी छाल को चन्दन की तरह पीस कर घाव पर लगाने से वह तत्काल ही सूख जाता है। नीम के फल को 'निमकौड़ी' या 'निबौरी' कहा जाता है। निर्धन व्यक्ति इसके फल से तेल निकाल कर इसे जलाते हैं तथा घावों पर लगाते हैं। नीम कीटनाशक है। अतः आजकल इसका प्रयोग साबुन बनाने के लिए भी किया जाने लगा है।

(५) **बाँस**—संस्कृत में बाँस को वंश कहा जाता है जिसका अर्थ सन्तान भी होता है। बाँस एक ही स्थान पर अत्यधिक संख्या में उत्पन्न होता है जिसे भोजपुरी में 'बँसवारि' कहते हैं। यह संस्कृत की 'वंशावली' का अपभ्रंश रूप है जिसका अर्थ होता है बाँसों का समूह। भोजपुरी प्रदेश में विवाह के अवसर पर मण्डप बनाने के लिए लम्बे-लम्बे हरे बाँसों का प्रयोग किया जाता है। इस मण्डप को 'माड़ो' कहते हैं। इसी माड़ो के नीचे बैठकर वर-वधू का विवाह सम्पन्न किया जाता है। यज्ञोपवीत संस्कार के अवसर पर ब्रह्मचारी के धारण करने के लिए जो 'दण्ड' तैयार किया जाता है वह बाँस की शाखा—जिसे 'कोहनि' कहते हैं—का बना हुआ होता है।

---

१. कैम्पवेल—नोट्स पृ० २३४

२. मुल्लले—नोट्स आन मद्रास क्रिमिनल ट्राहेब्स, पृ० २०१।

३. क्रुक—पा० रि० फो० ना० ह० भाग २, पृ० १०५।

४. पंजाब नोट्स एण्ड क्वेटीज़ भाग ३, पृ० ३८।

बाँस का उपयोग मांगलिक और अमांगलिक दोनों अवसरों पर किया जाता है। जब किसी व्यक्ति की मृत्यु हो जाती है तब उसे श्मशान तक ले जाने की 'अरथी' हरे बाँस से बनाई जाती है। एक भोजपुरी लोक गीत में हरे बाँस की 'अरथी' बनाकर मृत व्यक्ति को उस पर श्मशान ले जाने का वर्णन किया गया है।

"मोरे नइहरवा से नातवा, छोड़वले जाला पियवा,
काँचे काँचे बंसवा के डोलिया बनवले,
ताहि पर काया के सुतवले जाला पियवा।"

श्राद्ध के अवसर पर जो चारपाई महाब्राह्मणों को दी जाती है वह कच्चे तथा हरे बाँस से ही बनाई जाती है। हरा बाँस ही पवित्र माना जाता है। इसके ठीक विपरीत सूखा बाँस अपवित्र होता है। यही कारण है केवल हरे बाँस का ही प्रयोग सर्वत्र किया जाता है। बाँस की 'कोहनि' का उपयोग पैर के दर्द से पीड़ित व्यक्ति के लिए किया जाता है। इसके माध्यम से पीड़ित व्यक्ति के रोग को मंत्रों से दूर किया जाता है।

बाँस में दुष्ट आत्माओं (Evil spirits) को भगाने का गुण पाया जाता है। गुजरात के तुरी नामक जाति के लोग सूतिका गृह के पास बाँस के दो टुकड़ों को इसलिए रख देते हैं जिससे कोई प्रेतात्मा भीतर प्रवेश न कर सके।[1] इसी राज्य में निवास करने वाली 'महार' और 'माँग' नामक जातियाँ नव-विवाहित दम्पति को बाँस की बनी टोकरी में खड़ी करती हैं। यह वंश (सन्तान) की उत्पत्ति के लिए शुभ सूचक माना जाता है। पूना के 'प्रभू' जाति के सदस्य विवाह के अवसर पर वर, वधू और अतिथि लोगों के सिर पर बाँस की टोकरी रखते हैं। बंगाल के मुवासी जाति वाले विवाहित स्त्री और पुरुष को बाँस के बने स्तम्भ के चारों ओर घुमाते हैं। छोटा नागपुर (बिहार) के निवासी 'बिरहोर' लोग फँटे बाँस के रूप में अपने देवता की पूजा करते हैं। असम राज्य की कछारी और गारो नामक जातियाँ जमीन में बाँस को गाड़ कर उसे देवता की तरह पूजती हैं। राज महल पहाड़ी में निवास करने वाले लोग पताका से युक्त तीन बाँसों को "चौदे गुँसाई" के रूप में अपनी श्रद्धांजलि प्रदान करते हैं।[2]

भोजपुरी प्रदेश के लोगों का ऐसा विश्वास है कि 'बँसवारि' में चुड़ैल (चुरहल) का निवास (स्थान) होता है। अतः स्त्रियाँ और बच्चे इसके समीप जाने से डरते हैं। बाँस ग्रामीण जनता के लिए सबसे उपयोगी वृक्ष है। यह उनके मांगलिक तथा अमांगलिक दोनों प्रकार के कार्यों में प्रयुक्त होता है। इसके अभाव में ग्रामीण भवन का निर्माण सम्भव नहीं है। इसके अतिरिक्त इसके साथ अनेक लोक विश्वास जुड़े हुए हैं।

---

१. कैम्पवेल—नोट्स पृ० २३९।
२. क्रुक—पा० रि० भाग २, पृ० ११३। (संशोधित संस्करण)

(६) **आम**—आम का वृक्ष अत्यन्त पवित्र माना जाता है। यज्ञ में हवन के कार्य में इसकी लकड़ी का उपयोग किया जाता है। यज्ञोपवीत तथा विवाह के अवसर पर इसकी हरी लकड़ी का 'पीढ़ा' बनाया जाता है जिस पर बैठकर वर समस्त वैवाहिक कर्मों का सम्पादन करता है। यज्ञोपवीत के समय ब्रह्मचारी को इसी पीढ़े पर बैठा कर स्नान कराया जाता है। ब्रह्मचारी आम की बनी 'पटरी' पर ही सर्व प्रथम 'अक्षरारम्भ' करता है। उसकी खड़ाऊ भी इसी लकड़ी की बनी होती है।

विवाह के मण्डप में जो 'हरिस' गाड़ी जाती है वह आम की बनी होती है तथा 'जुआठि' का निर्माण भी इसी से किया जाता है। श्राद्ध के अवसर पर जो चारपाई महाब्राह्मणों को दी जाती है वह प्रायः आम की ही होती है। मृत व्यक्ति को आम की लकड़ी से जलाना शुभ माना जाता है। जो लोग चन्दन की चिता सजाने में असमर्थ हैं वे इसी आम का उपयोग करते हैं।

प्रत्येक मांगलिक कार्यों में आम की पत्तियों का उपयोग पवित्र माना जाता है। सत्यनारायण की कथा, यज्ञोपवीत, विवाह तथा अन्य शुभ अवसरों पर कलश की स्थापना उसमें आम की पत्तियों को डाल कर की जाती है। बहुत से लोग आम की टहनी से दतौन करना शुभ मानते हैं। परन्तु रविवार और मंगलवार को इस वृक्ष की दतौन करना निषिद्ध है। भाद्र पद मास के शुक्ल पक्ष की पंचमी को 'ऋषिपंचमी' कहा जाता है। इस दिन 'चिचिंडी' के अभाव में आम की दतौन करना पुण्यदायक है। पुत्र के विवाह के अवसर पर, उसकी माता के द्वारा 'इमली घोंटना' का कार्य आम के पल्लव को दाँत से काट कर सम्पादित किया जाता है।

(७) **महुआ**—जहाँ आम का वृक्ष पवित्र माना जाता है वहाँ महुआ को अत्यन्त अपवित्र समझते हैं। महुआ वृक्ष के फूल से शराब बनाई जाती है जिसे 'ठर्रा' कहते हैं। इसी कारण इसे अशुद्ध मानते हैं। इसकी पत्तियों को जोड़कर 'पत्तल' बनाया जाता है। परन्तु पण्डित लोग इसे अशुद्ध मान कर इसमें भोजन नहीं करते। अतः किसी भी मांगलिक कार्य में इसकी लकड़ी या पत्तियों का उपयोग नहीं किया जाता।

परन्तु मध्य भारत (अब मध्य प्रदेश) में महुआ का वृक्ष बड़े सम्मान की दृष्टि से देखा जाता है। विहार के कुरमी, लोहार, भुण्डा और सन्थाल जाति के लोग विवाह में इस वृक्ष की पूजा करते हैं। द्रविड़ जाति के लोग—विशेषकर भुइयाँ—इस वृक्ष की शाखा को विवाह के समय वर और वधू के हाथों में स्थापित करते हैं। ये लोग पुरोहित के द्वारा जमीन में लगाये गये इस वृक्ष की टहनी के चारों ओर प्रदक्षिणा करते हैं। गोण्ड लोगों में यह अलोकिक प्रथा प्रचलित है कि वे मृत युवक पुरुषों के शव को, गाड़ने के पहिले, महुआ के वृक्ष में रस्सी से बाँधकर टाँग देते हैं।[1]

---

१. डाल्टन—डिस्क्रिप्टिम एनोलाजी आफ बंगाल, पृ० १४८।

(८) **पलाश**—पलाश का वृक्ष बड़ा पवित्र माना जाता है। मृत व्यक्ति को इस वृक्ष की लकड़ी से जलाया जाना अच्छा मानते हैं। यज्ञीय कर्म में, हवन के कार्य में इसकी लकड़ी का प्रयोग किया जाता है। 'यूप' अर्थात् यज्ञीय स्तम्भ भी इसी से बनाना शुभ है। यज्ञोपवीत के अवसर पर ब्रह्मचारी जिस दण्ड को धारण करता है वह पलाश की लकड़ी का होता है। कालिदास ने ब्रह्मचारी का छद्मवेश धारण करने वाले शिव के द्वारा पलाश दण्ड लेने का उल्लेख किया है।[1] मनु ने लिखा है कि ब्रह्मचारी को यज्ञोपवीत के अवसर पर पलाश दण्ड ग्रहण करना चाहिए।[2] प्राचीन काल में यह वैदिक प्रथा थी कि जब गायों को उनके बछड़ों से अलग करना होता था तब इसी पलाश के दण्ड से उन्हें मारकर भगाते थे।

अनेक दृष्टियों से पलाश का यह वृक्ष विलायती रोवेन (Rowan) वृक्ष के समान है। यार्कशायर के लोग इस वृक्ष की लकड़ी की छड़ी बनाकर रखते थे। उन लोगों का यह विश्वास था कि इससे उनके घोड़ों को स्थिरता प्राप्त होती है जो किसी डाइन के जादू से चंचल कर दिये जाते हैं। स्काटलैण्ड के कुछ भागों में ग्वालिनें इस वृक्ष की टहनी को अपने पास उन भूतों को भगाने के लिए रखती थी कभी-कभी गायों के गोष्ठ में घुस जाते थे। जर्मनी में लोगों का यह विश्वास है कि गाय को इस वृक्ष के डण्डे से मारा जाय तो अधिक दूध देने लगती हैं।[3]

(९) **नारियल**—नारियल की पवित्रता का कारण संभवतः मनुष्य के सिर की तरह इसकी आकृति का गोल होना है जिसमें दो आँखों के प्रतीक दो चिह्न पाये जाते हैं। प्राचीन काल में जहाँ देवताओं को प्रसन्न करने के लिए नर-वलि चढ़ाई जाती थी वहाँ अब मानव के सिर के प्रतीक इस नारियल को चढ़ा कर संतोष किया जाता है। प्रत्येक यज्ञीय कर्म में नारियल की आहुति देना पवित्र मानते हैं। प्राचीन काल में राजाओं को भेंट रूप में नारियल समर्पित करने की प्रथा विद्यमान थी।[4]

उत्तरी भारत की अपेक्षा दक्षिणी भारत में नारियल को समधिक महत्त्व दिया जाता है। गुजरात और कर्नाटक में यह गृह देवता का प्रतीक माना जाता है। महाराष्ट्र के कोंकण प्रदेश के कुनवी जाति के लोग अपने घर के प्रत्येक मृत व्यक्ति के लिए एक नारियल रख कर उसकी पूजा करते हैं। ये लोग धान काटने के पहिले एक नारियल को फोड़कर उसे खेत काटने वालों में बाँट देते हैं। प्रभु जाति के लोग, जहाँ तीन रास्ते एक स्थान पर मिलते हैं, अर्थात् तिगड्डा पर नारियल को वर के सिर के चारों ओर घुमाते हैं और उसे टुकड़े-टुकड़े कर फेंक देते हैं। उनका विश्वास है कि ऐसा करने से भूतों का बुरा प्रभाव वर के ऊपर नहीं पड़ने पाता।

---

१. अथाजिनाडऽसाढ़धरः प्रगल्भवाक्, ज्वलन्निव ब्रह्ममचेन तेजसा। कु० सं० ५/३०।
२. मनुस्मृति।
३. क्रुक—पा० रि० भा० २, पृ० ११३।
४. वही, पृ० १०६।

सन्यासी लोगों को जल समाधि देने के पूर्व उनके सिर पर नारियल से आघात या स्पर्श किया जाता है जिससे उनके प्राण ब्रह्मरन्ध्र के द्वारा निकल सकें। पश्चिमी भारत में वर्षा के अन्त में समुद्र को शान्त रखने के लिए उसकी पूजा नारियल से की जाती है। जगन्नाथ पुरी (उड़ीसा) में तीर्थ यात्री समुद्र में स्नान कर उसकी पूजा-अर्चा नारियल को समर्पित कर करते हैं।

(१०) **चन्दन**—दक्षिणी भारत विशेष कर कर्णाटक में मलय पर्वत पर चन्दन के वृक्षों की स्थिति मानी जाती है। इसीलिए उन चन्दन के वृक्षों को स्पर्श कर चलने वाली वायु को मलयानिल कहते हैं जो शीतल, मन्द और सुगन्ध होती है। चन्दन की लकड़ी परम पवित्र मानी जाती है जिसका कारण इसकी दुर्लभता, शीतलता और लोकोत्तर सुगन्धित है। वैष्णव लोग चन्दन को घिस पर अपने ललाट में लगाते हैं। इसी लकड़ी के चूर्ण से धूप बनाया जाता है जिसे मन्दिरों में देवताओं के सामने अर्पित करते हैं। यज्ञीय कर्म में इसी की आहुति दी जाती है। सभी मांगलिक अवसरों पर धूप जलाने की प्रथा है।

धनी लोग मृत व्यक्ति के शव को चन्दन की चिता पर जलाते हैं जो अत्यन्त पवित्र मानी जाती है। निर्धन लोग आत्मीय लोगों की चिता में चन्दन का एक टुकड़ा रख कर ही संतोष प्राप्त करते हैं। "चन्दन की चिता" पर जलने का सौभाग्य विरले व्यक्तियों को ही प्राप्त होता है।[१] महाराष्ट्र में पारसी लोग प्रतिदिन सन्ध्या-काल में चन्दन की लकड़ी को अपने घरों में जलाते हैं। उनका विश्वास है कि इसकी सुगन्ध से दुष्ट आत्मायें भाग जाती हैं। चन्दन का चूरा सुगन्धि के लिए घरों में भी जलाया जाता है।

(११) **बबूल**—वृक्षों में यह सबसे निकृष्ट तथा अपवित्र माना जाता है। इसीलिए इस वृक्ष को कोई 'रोपता' नहीं है। बल्कि यह स्वतः खेतों में पैदा हो जाता है। इसमें फूल तथा फल भी लगते हैं। परन्तु उनका भी कोई उपभोक्ता नहीं होता है। अतः यह अत्यन्त अनुपयोगी तथा सारहीन वृक्ष माना जाता है। हाँ, इसकी लकड़ी 'जलावन' के प्रयोग में अवश्य लाई जाती है और इसकी लम्बी, पतली शाखायें दतौन के काम में आती है।

क्रुक ने लिखा है कि कुछ मुसलमानों ने लाहौर में एक मन्दिर के समीप में स्थित किसी बबूल के वृक्ष को काटना प्रारम्भ किया जिसमें लाल-लाल बूंदें गिरने

---

१. इस सम्बन्ध में यहाँ यह बात उल्लेखनीय है कि सन् १९८४ के नवम्बर मास में दिल्ली में भूतपूर्व प्रधान मन्त्री का शव "चन्दन की चिता" पर जलाया गया था जिसमें पाँच कुन्तल (५०० किलो ग्राम) चन्दन की लकड़ी का उपयोग किया गया था। यह दृश्य बड़ा ही दिव्य और भव्य था जो देवताओं के लिये भी स्पृहणीय था।

लगी। अतः डर कर उन्होंने उसे काटना छोड़ दिया। यदि बबूल की जड़ में तेरह दिनों तक पानी दिया जाय तो उस पर निवास करने वाली प्रेतात्मा को अपने वश में किया जा सकता है। क्रुक ने इस सम्बन्ध में सहारनपुर (यू० पी०) में घटित एक सच्ची घटना का उल्लेख किया है।[1] महाकवि तुलसीदास की जीवनी में भी ऐसी घटना का वर्णन पाया जाता है।[2]

बबूल की लकड़ी अपवित्र होने के कारण शव के जलाने के काम में भी नहीं प्रयोग की जाती। इस लकड़ी से बनी चारपाई पर सोने वाला व्यक्ति प्रतिदिन अशुभ स्वप्नों को देखता है। लोगों का ऐसा विश्वास है कि बबूल के फल को किन्हीं दो व्यक्तियों के घर में फेंक दिया जाय तो उनमें आपस में झगड़ा लग जाता है। क्रुक ने बबूल के सम्बन्ध में अनेक लोक-विश्वासों का उल्लेख किया है।[3]

अनुच्छेद २ : (ख) पौधा

(१२) **तुलसी**—भारत तथा संसार के वनस्पति जगत् में संभवतः कदाचित ही ऐसा वृक्ष या पौधा हो जिसका आदर-सम्मान तथा पूजा तुलसी के समान की जाती हो। यह पौधा परम पवित्र, अत्यन्त उपयोगी तथा सर्वाधिक लाभदायक माना जाता है। इस पृथ्वी तल पर शायद ही ऐसा कोई पौधा हो जिसके सम्बन्ध में इतने अधिक लोक विश्वास प्रचलित हों। तुलसी के पौधे का महत्त्व तीन दृष्टियों से समधिक स्वीकार किया जाता है—

(१) धार्मिक दृष्टि से

(२) औषधि सम्बन्धी दृष्टि से

(३) लोक विश्वास की दृष्टि से।

धार्मिक दृष्टि से तुलसी का महत्त्व सबसे अधिक है। संस्कृत में तुलसी को 'हरिप्रिया' कहते हैं जिसका अर्थ विष्णु की प्रेमिका है। इसे 'भूतघ्नी' भी कहते हैं जिसका अभिप्राय भूतों को नष्ट करने वाला होता है। लोगों का ऐसा विश्वास है कि जहाँ तुलसी का पौधा होता है वहाँ भूत फटकने नहीं पाते। इस प्रकार तुलसी का 'भूतघ्नी' नाम सार्थक है।

यों तो तुलसी की पूजा वर्ष के सभी महीनों में की जाती है परन्तु कार्तिक मास में इसकी पूजा का बड़ा महत्त्व माना जाता है। स्त्रियाँ घर में तुलसी का

१. क्रुक—पा० रि० भाग २, पृ० ११४-१५।
२. श्याम सुन्दरदास—गोस्वामी तुलसीदास।
३. क्रुक—पा० रि० भाग २, पृ० २१५।

पौधा लगाकर उसकी पूजा अक्षत, रोरी, पुष्प और नैवेद्य चढ़ा कर करती हैं। वे प्रातः और सायंकाल इस पौधे के पास घी का दीपक जलाती हैं। तुलसी की पूजा स्त्रियों द्वारा निम्नलिखित मन्त्र को पढ़ कर की जाती है—

"करिया तुलसी, साँवर बान।
तुलसी लाँई, सदा फल पाँई।
पाँच पदारथ सोना पाँई।
तुलसी महरानी एहि जग माँही॥
जनम जनम के पाप कटित करीं।
तुलसी महरानी नमो नमः॥"

कार्तिक मास के शुक्ल पक्ष में तुलसी का विवाह विष्णु से किया जाता है। काशी में गंगा के किनारे यह दृश्य बड़ा ही रमणीय होता है। लोक गीतों में तुलसी का उल्लेख अनेक स्थानों में पाया जाता है। एक भोजपुरी लोकगीत में विष्णु (नारायण) के साथ तुलसी के विवाह का वर्णन उपलब्ध होता है।[१]

लोक विश्वास के क्षेत्र में तुलसी से सम्बन्धित अनेक विश्वास उपलब्ध होते हैं। रविवार और मङ्गलवार को तुलसी की पत्तियों को तोड़ना निषिद्ध है। इसकी पत्ती को गर्म जल में डाल कर उबालना मना है। धार्मिक पुरुषों की ऐसा धारणा है कि ऐसा करने से भगवान् विष्णु को कष्ट होता है। इसीलिए धार्मिक व्यक्ति तुलसी के पत्तों की चाय कभी नहीं पीते।

भक्त लोग भोजन करने के पूर्व इसके पत्तों को भोज्य पदार्थ में डाल कर उसे भगवान् को 'भोग' लगाते हैं। किसी भोज के अवसर पर भोजन के भण्डार में तुलसी की पत्तियाँ डाल दी जाती हैं। सामान्य जनता का यह अटूट विश्वास है कि ऐसा करने से भोज्य पदार्थों में कभी कमी नहीं आ सकती।

मरते हुए व्यक्ति के मुख में तुलसी दल और गंगा जल डाला जाता है। इससे मृतात्मा को सद्गति प्राप्त होती है। तुलसी का हरा-भरा होना समृद्धि और कुशलता का सूचक है। इसके विपरीत इनका सूख जाना दुर्भाग्य और भावी विपत्ति की सूचना देता है। इसीलिए प्रोषित पतिका स्त्रियाँ तुलसी के पौधे को अपने पति की कुशलता 'बैरोमीटर' मान कर इसको सदा हरा भरा बनाये रखने का प्रयास करती हैं।

तुलसी के पौधे के सूख जाने पर उसे किसी नदी अथवा पवित्र तालाब में फेंक दिया जाता है। इसके सूखे पौधों की डालों को काट कर माला बनाई जाती है जो 'तुलसी की माला' के नाम से प्रसिद्ध है। साधु लोग—विशेषकर वैरागी सम्प्रदाय के अनुयायी—इसी माला को धारण करते हैं। विशेषतया ये इस माला की बड़ी मनिया—जिसे 'कण्ठी' कहते हैं—को अपने गले में पहिनते हैं।

---

१. डॉ० कृष्णदेव उपाध्याय—भो० लो० गी० भाग २, पृ० ५५।

लोक कथाओं में भी तुलसी का उल्लेख पाया जाता है । भोजपुरी प्रदेश में किसी व्यक्ति को 'किरिया खिलाते' अथवा शपथ दिलाते समय उसके हाथ में तुलसी और गंगा जल दिया जाता है । यह समझा जाता है कि तुलसी को हाथ में लेकर शपथ खाते समय कोई व्यक्ति झूठ नहीं बोल सकता ।

तुलसी का महत्व औषधि के क्षेत्र में भी है । ज्वर तथा खाँसी से पीड़ित व्यक्ति को तुलसी का काढ़ा पिलाया जाता है । डाक्टरों का कहना है कि जहाँ तुलसी का पौधा लगाया जाता है वहाँ मच्छर नहीं रह सकते अर्थात् वे नष्ट हो जाते हैं । अब तो तुलसी का उपयोग टी० बी० की दवा के लिए भी किया जाने लगा है । वैद्यों के अनुसार सैकड़ों रोगों में तुलसी की पत्तियों का प्रयोग सफल सिद्ध हुआ है ।

(१३) **केला**—फलों में केला शुभ माना जाता है । इसीलिए इसके फलों, पत्तियों और तना का प्रयोग सदा मांगलिक अवसरों पर किया जाता है । कुछ लोग इस वृक्ष की पूजा भी करते हैं । उत्तर प्रदेश के नैनीताल जिले में नन्दाष्टमी के दिन नन्दा देवी की मूर्ति केला के तना से बनायी जाती है जिसकी पूजा पहाड़ी लोग बड़ी श्रद्धा से किया करते हैं । तमिलनाडू राज्य में यदि किसी स्त्री को समय से पहिले बच्चा पैदा हो जाता है तो उस बच्चे को केले के पत्ते पर सुलाया जाता है । उस बच्चे को सुलाने के लिए केले की नित्य नई पत्तियों का प्रयाग उतने दिनों तक किया जाता है जितने दिन पहिले वह पैदा हुआ होता है ।[१] बंगाल में दुर्गाजी की प्रतिमा के अभिषेक के अवसर पर केले के वृक्ष को काट कर लाया जाता है । स्त्री के समान इसको वस्त्रों से विभूषित किया जाता है और इसके पश्चात् इसकी पूजा का विधान होता है ।[२]

केला हजारों की संख्या में एक साथ ही फलता है । अतः इसे 'हजारा केला' भी कहा जाता है । एक साथ ही 'घवदि'—अनेक संख्या—में फलने के कारण यह सन्तानोत्पत्ति का प्रतीक भी माना जाता है । कार्तिक की शुक्ल पक्ष की षष्ठी के दिन—जिसे षष्ठो माता का व्रत कहते हैं—स्त्रियाँ सन्तानोपत्ति के लिए केले के फल से सूर्य की पूजा करती हैं । सत्यनारायण की कथा में 'कदली फल' का बड़ा महत्व है । केले को प्रसाद रूप में भक्तों को वितरित किया जाता है तथा भगवान् को चढ़ाया जाता है ।

---

१. क्रुक—पा० रि० भाग २, पृ० १०८ ।

२. वार्ड—हिन्दूज़ भाग २, पृ० १३ ।
कैम्पवेल—नोट्स पृ० २२६ ।

अनुच्छेद ३ : (ग) घास

(१४) **घास**—घासों में सबसे पवित्र कुश माना जाता है । "कुशोत्पाटिनी एकादशी" के दिन इसे उखाड़ कर साल भर के लिए रख लिया जाता है। इसे उखाड़ने का मंत्र 'ओउम् फट् स्वाहा' है । कुश का उपयोग सभी मांगलिक अवसरों पर किया जाता है । विवाह में वेदी के ऊपर कुश बिछाया जाता है जिस पर पूजन का कार्य होता है । नवग्रह की पूजा में इसका उपयोग होता है । यज्ञोपवीत के अवसर पर ब्रह्मचारी की शिक्षा में कुश बाँध कर बाद में उन बालों को छूरा से मुण्डन करा दिया जाता है । सत्यनारायण की कथा तथा पूजा के अन्य अवसरों पर कुश की बनी "पवित्री" (अँगूठी) अनामिका अगुली में धारण की जाती है । गीता में भगवान् श्रीकृष्ण ने कुश के आसन पर बैठ कर योगी के लिए समाधि लगाने का विधान बतलाया है । दान देते समय दाहिने हाथ में कुश और जल लिया जाता है ।

किसी व्यक्ति की मृत्यु के पश्चात् पिण्डदान के समय बनी वेदी पर कुश बिछाया जाता है । प्रेतात्मा की शान्ति के लिए पीपल के पेड़ में जो 'घण्ट' बाँधा जाता है उसमें अक्षत तथा सुपारी के साथ कुश भी रखा जाता है। यदि कोई मनुष्य परदेश में मर जाता है तब कुश से उसकी आकृति को बनाकर उसके शव के स्थान पर जलाने का प्रथा है। इसे 'कुशपुत्रिका' कहते हैं ।

कुश में भूतों को भगाने की शक्ति मानी जाती है । दुष्ट आत्माओं से 'ग्रसित' व्यक्ति को कुश से ही "झाड़ते" हैं। साधु लोग इसीलिए कुश की मेखला पहिनते हैं और कुछ धार्मिक व्यक्ति अपनी शिखा में कुश बाँधते हैं जिससे भूत-प्रेत उनके पास फटकने नहीं पाते ।

(१५) **दूब**—संस्कृत में इसे दूर्वा कहा जाता है। प्रायः सभी मांगलिक कार्यों में दूब का प्रयोग अनिवार्य रूप से किया जाता है । किसी भी शुभ कार्य में गणेश की पूजा के अवसर पर उनकी प्रतिमा पर दूब चढ़ाई जाती है । कुश के अभाव में देवताओं का आमन इसी दूब से बनाया जाता है। विवाह के लिए जाने वाले वर की धोती में अक्षत और हल्दी के साथ दूब भी बाँधी जाती है। इसी प्रकार विवाह के पश्चात् अपनी ससुराल आने वाली बहू के आँचल में दूध रखने की प्रथा है। यह कार्य मांगलिक माना जाता है ।

दूब सदा हरी भरी रहती है । ऐसा कहा जाता है कि विष्णु भगवान् ने अमृत का घड़ा एक स्थान पर रख दिया था । किसी कौवे ने आकर उसे पी लिया और थोड़ा-सा अंश जमीन पर गिरा दिया जो दूब पर पड़ गया । इसीलिए दूब कभी नष्ट नहीं होती और गर्मी के दिनों में भी सदा हरी भरी बनी रहती है। दाँतों

में तृण धारण करना विनम्रता अथवा पराजय का प्रतीक या चिह्न माना जाता है। 'दाँतों से तृण पकड़ना' नामक हिन्दी मुहाविरा का यही अभिप्राय है।

महाराष्ट्र में प्रभु जाति के लोग गर्भवती स्त्रियों के बायें नाक में दूब का रस निचोड़ कर डालते हैं। उत्तर प्रदेश के कनौजिया ब्राह्मण भी स्त्रियों के युवावस्था प्राप्त होने पर ऐसा ही करते हैं।[1]

अनुच्छेद ४ : (घ) शाक

(१६) **कोंहड़ा**—शाकों में कोंहड़ा के सम्बन्ध में अनेक लोक विश्वास प्रचलित पाये जाते हैं। कोंहड़ा के छोटे फल को 'बतिया' कहा जाता है। लोगों का ऐसा विश्वास है कि इस 'बतिया' को अंगुली से निर्देश कर देने पर यह सूख अथवा नष्ट हो जाता है। गोस्वामी तुलसीदास ने इस तथ्य का निर्देश इस प्रकार किया है।[2]

"इहाँ कोहड़ बतिया कोइ नाहीं।
जो तर्जनी देखि मरि जाहीं॥"

जब अँगुली दिखलाने से कोंहड़ा की 'बतिया' मुरझाने लगती है तब उसे फिर से हरा-भरा बनाने के लिए रविवार तथा मंगलवार को सोने के आभूषण को पानी से धोकर उस जल को इस पौधे की जड़ में डाल दिया जाता है। कोंहड़ा पुत्र का प्रतीक माना जाता है। अतः स्त्रियाँ इस फल को स्वयं नहीं फोड़ती। रविवार तथा मंगलवार को इसका शाक बनाना तथा खाना निषिद्ध है। यदि किसी कारण से यह शाक बनाया भी गया तो पुत्रवती स्त्रियाँ इसमें नमक नहीं डालती, उनका यह दृढ़ विश्वास है कि ऐसा करने से विष्णु भगवान् को कष्ट होता है। कोंहड़े का अधिक संख्या में फलना शुभ नहीं माना जाता। श्राद्ध के भोज में ब्राह्मणों को कोंहड़ा का शाक खिलाना निषिद्ध है। यह निकृष्ट कोटि का शाक माना जाता है। अतः मांगलिक अवसरों पर इसे खिलाना प्रशस्त नहीं मानते हैं।

(१७) **सतपुतिया**—संस्कृत में इस शाक को सप्तपुत्रिका कहते हैं जिसका अर्थ होता है सात पुत्रों वाली। यह शाक एक साथ 'घवदि' अर्थात् झुण्ड में पैदा होता है। स्त्रियों की ऐसी धारणा है कि इसके शाक को खाने से सात पुत्रों की उत्पत्ति होती है। इसीलिए आश्विन मास के कृष्ण पक्ष की सप्तमी के दिन स्त्रियाँ जिउतियाँ (जीवीत्पुत्रिका) व्रत के अवसर पर निश्चित रूप इस शाक को खाती हैं। यह व्रत पुत्र की उत्पत्ति तथा उसकी रक्षा के लिए किया जाता है। अतः 'जिउतिया' व्रत के दिन 'सतपुतिया' का खाना एक आवश्यक कार्य माना जाता है।

---

१. कैम्पवेल—नोट्स पृ० ६२।
२. रा० च० मा०—बालकाण्ड—लक्षण-परशुराम संवाद।

(१८) **नेनूँआ**—इस शाक को घेंवड़ा भी कहा जाता है। यह लम्बा तथा बड़ा होता है। आश्विन मास के कृष्ण पक्ष में पितृपक्ष के दिनों में नेनुँआ का शाक खाना अत्यन्त निषिद्ध माना जाता है। जो लोग अपने पितरों को इस पक्ष में तिलांजलि देते हैं इस शाक को इस पक्ष में बिल्कुल नहीं खाते। इसीलिए काशी में यह शाक इन दिनों में बड़ा सस्ता हो जाता है। परन्तु जिन लोगों के पिता जीवित हैं, उनके लिए इस शाक का खाना वर्जित नहीं है।

(१९) **लौकी**—बड़ी लौकी को लौका कहा जाता है। यह आकार में लम्बी और मोटी होती है। यदि यह शाक खाने में तीता (त्तिक्त) हो तो इसे तितलौकी कहा जाता है। इसी कारण हिन्दी में यह कहावत प्रचलित है कि :—

"एक तो तितलौकी दूसरे नीम चढ़ी।"

शहरी लोग इसे कद्दू कहते हैं। लौकी की बेल के पत्तों को कहीं कीड़े न नष्ट कर दें इसलिए इन पर कोंहार के 'आँवे' की राख छिड़की जाती है। लौकी में अधिक फल लग सकें अतः इसकी बेल की जड़ में मृत मछली अथवा उसके जल को डालते हैं। इसके सुन्दर फल में किसी की नजर न लग जाय अतः किसी काली हांड़ी को चूने से पोतकर इसके पास स्थापित कर देते हैं। कार्तिक शुक्ल षष्ठी के दिन इस शाक को खाने का बड़ा अधिक महत्त्व है।

लौकी के छिलके को 'लाँघना' निषिद्ध है क्योंकि ऐसा करने से पैर में 'उंकवत' नामक रोग पैदा होने का डर बना रहता है। परन्तु इसके छिलके पर 'थू, थू' कर दिया जाय तब यह दोष जाता रहता है। यह शाक पवित्र माना जाता है। अतः साधु लोग गोल लौकी की 'तूमड़ी' बनाकर उसे सदा अपने पास रखते हैं तथा जलपात्र के रूप में उसका प्रयोग करते हैं।

अनुच्छेद ५ : (ङ) फूल

(२०) **अड़हुल**—इसका फूल बड़ा लाल होता है तथा यह काली देवी को बड़ा ही प्रिय है। सूर्य की पूजा भी अड़हुल के फूल से की जाती है। इस फूल पर देवी का निवास माना जाता है। अतः ग्रामीण स्त्रियाँ अपने छोटे बच्चों को ग्रीष्म ऋतु की 'दोपहरी' में इस वृक्ष के पास जाने नहीं देती। तांत्रिक लोग अपनी पूजा में इस फूल का ही प्रयोग करते हैं। डायन स्त्रियाँ इसी फूल के माध्यम से अपना टोना-टोटका करती हैं। इस फूल को 'लाँघने' से भूत लग जाने का भय रहता है। अतः स्त्रियाँ अपने बच्चों को चौरास्ते पर रखे गये अड़हुल को कदापि न लाँघने का आदेश देती हैं।

(२१) **कमल**—यह समस्त फूलों में कोमल, सुन्दर तथा सुकुमार माना जाता है। यह भारतीय सभ्यता और संस्कृति का प्रतीक पुष्प है। वैदिक तथा संस्कृत साहित्य में इसकी सुन्दरता तथा कोमलता की प्रशंसा मुक्त कण्ठ से की गई

है। कमल इस देश का राष्ट्रीय पुष्प माना जाता है। इसके पत्ते को 'पुरहनि' कहते हैं जिसका प्रयोग पत्तल के रूप में करना पवित्र माना जाता है। इसे शिव की प्रतिमा पर चढ़ाते हैं। संस्कृत साहित्य में किसी स्त्री के कोमल अंगों की उपमा इसी पुष्प से ही जाती है। अतः कमल अत्यन्त प्रसिद्ध तथा श्रेष्ठ पुष्प है जिसे सुन्दरता तथा सुकुमारता में अलौकिक मान्यता प्राप्त है।

परिच्छेद २ : पशु-पक्षी सम्बन्धी लोक विश्वास

प्र णी जगत् सम्बन्धी लोक विश्वास को दो भागों में विभक्त किया जा सकता है---

(१) वनस्पति जगत् सम्बन्धी।

(२) जीव-जन्तु सम्बन्धी।

इनमें वनस्पति जगत् सम्बन्धी लोक-विश्वासों का वर्णन किया जा चुका है। यहाँ पशु-पक्षी सम्बन्धी लोक विश्वासों का संक्षिप्त विवरण प्रस्तुत किया जाता है।

प्राचीन भारत में पशु-पूजा—भारतीय साहित्य के अध्ययन करने से पता चलता है कि भारत में वैदिककाल से ही पशु पूजा की परम्परा प्रचलित है। भारत में पशुओं और पक्षियों को आदर सम्मान देने की परम्परा चिरकाल से चली आ रही है और यह आज भी अक्षुण्ण रूप से वर्तमान है। अनुसन्धान करने पर ज्ञात होता है कि पशुओं की पूजा के प्रधान दो कारण थे :—

(१) पवित्रता और

(२) उपयोगिता।

पवित्रता—भारत में गौ अत्यन्त प्राचीन से पवित्रतम पशु मानी जाती रही है और इसकी पवित्रता की धारा आज भी अक्षुण्ण रूप से प्रवाहित होती आ रही है। हम लोग गाय को अपनी माता मानते हैं और जो आदर तथा सम्मान माता को दिया जाता है वह आज भी गाय के लिए सुरक्षित है।

भगवान् ने स्वयं कहा है कि मैं गायों के बीच में निवास करता हूँ।

"गावो मे अग्रतः सन्तु, गावः तिष्ठन्तु पृष्ठतः।
गावो में सर्वतः सन्तु, गवां मध्ये वसाम्यहम्॥"

पूर्ण पुरुष वृन्दावन विहारी श्रीकृष्णचन्द्र का वाल्य काल गो चारण में ही व्यतीत हुआ था। वे बड़े प्रेम से नित्य प्रति गौवों को चराने के लिए जंगल में ले

जाया करते थे। गो सेवा उनके बाल्य जीवन की दिनचर्या बन गई थी। कालिदास ने सम्राट् दिलीप के द्वारा गो सेवा का वर्णन अपने ग्रन्थ में किया है जिस नन्दिनी के पैर के रखने से पृथ्वी पवित्र हो जाती थी उसकी पवित्रता का फिर क्या कहना है। महाकवि ने "तस्याः खुरन्यास पवित्र पांशुः" लिख कर उसकी पवित्रता की ओर पाठकों का ध्यान आकृष्ट किया है।[१]

गाय के शरीर के प्रत्येक अंग में सैकड़ों देवताओं का निवास माना जाता है। अतः इसकी पवित्रता लोकोत्तर है। ऐसे पवित्र पशु के आशीर्वाद से पुत्र, धन, धान्य और सम्पदा की किसी को प्राप्ति हो तो इसमें क्या आश्चर्य है?

पशुओं के अतिरिक्त पक्षी भी पवित्र माने जाते थे। इन पक्षियों में हंस, मयूर, कपोत और शुक्र आदि की गणना की जा सकती है। हंस ब्रह्मा का पवित्र वाहन ही नहीं है प्रत्युत वह प्रेमी और प्रेमिका के बीच पवित्र प्रेम-सम्बन्ध का माध्यम भी है। प्राचीन आर्यों ने इसी पवित्रता के आधार पर पशु-पक्षियों की पूजा का प्रारम्भ किया होगा।

उपयोगिता—पशु और पशुओं के प्रति सम्मान का दूसरा कारण उनकी उपयोगिता भी है। मानव के स्वास्थ्य के लिए गाय और भैंस का दूध कितना उपयोगी है यह किसी को बतलाने की आवश्यकता नहीं है। कृषि कर्म के लिए बैल कितना उपयोगी है यह सर्व विदित हैं। सच तो यह है कि कृषि सम्बन्धी आधुनिक यन्त्रों के आविष्कार के पूर्व, बैलों के बिना खेती करने की कोई कल्पना भी नहीं की जा सकती थी। आज भी इस काम के लिए बैलों की उपयोगिता बनी हुई है।

प्राचीन काल में युद्ध में चतुरंगिणी सेना का उपयोग किया जाता था। इस सेना में हाथी, घोड़े और रथ का प्रधान स्थान था। मध्यकाल में महान् दुर्गों के प्रधान द्वार पर लगे कर्कश तथा दृढ़ कपाटों को तोड़ने के लिए हाथियों का प्रयोग किया जाता था। घुड़सवार घोड़ों पर चढ़कर रण के मैदान में जाते और घमासान युद्ध कर विजय-श्री को प्राप्त करते थे।

हंस और तोता प्रेम-सन्देश के वाहक होने के साथ ही प्रेमी और प्रेमिका के बीच वैवाहिक सम्बन्ध स्थापित करने के माध्यम हुआ करते थे। महाकवि श्री हर्ष ने नैषधीय चरित में इसका तथा हिन्दी के सूफी कवि जायसी ने पद्मावत में हीरामन तोता का उपयोग इस कार्य के लिए किया है। किम्बहुना, प्रियतम के आगमन का सूचक होने के कारण काला कौवा भी स्त्रियों के लिए आदर का पात्र था। इसी उपयोगिता तथा पवित्रता के कारण पशु और पक्षियों का प्राचीन समय में समधिक आदर था और यह भावना कुछ अंशों में आज भी बनी हुई है।

---

१. कालिदास—रघुवंश सर्ग २।

पवित्रता—कुछ आदिम जातियाँ ऐसी भी हैं जो पशुओं, पक्षियों और वृक्षों को 'टोटेम' के रूप में मानती है और इसलिए उनको पवित्र मान कर उनकी पूजा करती हैं। हम 'टोटेमिक' जातियों का यह दृढ़ विश्वास है कि इनकी उत्पत्ति किसी पशु, पक्षी अथवा वृक्ष से हुई है। अतः वे उन्हें आदर की दृष्टि से देखती हैं।

उत्तरी भारत में काछी जाति के लोग कच्छप अथवा कछुआ से अपने नाम की उत्पत्ति मानते हैं। इसी प्रकार से कुर्मी लोग कर्म (सूअर) से अपने नाम की निष्पत्ति स्वीकार करते हैं। पंजाब में एक विशेष जाति के लोग हैं जो सर्प से अपना सम्बन्ध मानते हैं। ये जातियाँ अपने 'टोटम' को चाहे वह पशु, पक्षी अथवा वृक्ष ही क्यों न हो, बड़ा पवित्र मानती हैं तथा पशु, पक्षियों की पूजा करती हैं। ये लोग उस वृक्ष को भी काटना निषिद्ध मानते हैं जिनसे इनकी उत्पत्ति हुई है।

इस प्रकार पवित्रता और उपयोगिता के आधार पर पशुओं और पक्षियों को सम्मान प्रधान किया गया है। इसी कारण इनकी पूजा की परम्परा आज भी प्रचलित है।

श्रेणी विभाजन—पशु, पक्षियों तथा अन्य जीवों का विभाजन निम्नलिखित पाँच वर्गों में किया जा सकता है—

(१) पशु—जैसे गाय, भैंस, घोड़ा, हाथी

(२) पक्षी—जैसे मोर, तोता, कौवा आदि

(३) सरीसृप—साँप, बिच्छू, जोंक, गोजर आदि

(४) कीड़े-मकोड़े—जैसे मकड़ी, ततैया, हाड़ा

(५) अन्य जीव—जैसे मक्खी, मच्छर, खटमल आदि।

जीव विज्ञान के विद्वान् इन समस्त जीवधारियों को दो श्रेणियों में विभक्त करते हैं—(१) रीढ़ धारी जीव और (२) अरीढ़धारी जीव। ये अपनी वैज्ञानिक भाषा में वर्टिब्रेट तथा इनवर्टिब्रेट कहते हैं। परन्तु इन वैज्ञानिकों का यह वर्गीकरण बहुत वैज्ञानिक नहीं है क्योंकि बहुत से ऐसे जीव भी हैं जो दोनों ही श्रेणियों के अन्तर्गत नहीं आते जैसे मक्खी और मच्छर। अतः अपने वर्णन की सुविधा के लिए इन जीवधारियों को उपर्युक्त पाँच वर्गों में विभक्त किया गया है। इन जीवधारियों के सम्बन्ध में सामान्य जनता के बीच जो लोक विश्वास प्रचलित हैं उन्हीं का अत्यन्त संक्षिप्त रूप में वर्णन यहाँ प्रस्तुत किया जाता है।[१]

---

१. भारत के पशु पूजा के सम्बन्ध में देखिए

(क) क्रुक—पा० रि० भाग २, पृ० २०१-२५८।

(ख) रिज़ले—पीपुल्स आफ इण्डिया।

परिच्छेद २ : पशु संबंधी लोकविश्वास

(१) **गाय**—गाय भारतीय संस्कृति की आधारशिला है। वैदिक संस्कृति की आश्रय भूमि 'यज्ञ' है। परन्तु यज्ञों का विधान गौ के माध्यम के बिना संभव नहीं है। प्रत्येक यज्ञ में गोघृत, गोदुग्ध, आदि की आवश्यकता पड़ती है। अतः यज्ञ के सम्पादन के लिए गौ एक आवश्यक साधन है।

वेदों में—विशेष कर ऋग्वेद में---गायों की भूरि-भूरि प्रशंसा की गई है। भरद्वाज ऋषि ने गायों को देवाधिदेव का साक्षात् प्रतिनिधि माना है। अष्टादश पुराण और संस्कृत महाकाव्यों में गाय की महिमा तथा गो सेवा के महत्त्व का प्रतिपादन किया गया है। यह तो प्रसिद्ध ही है कि सम्राट् दिलीप ने नन्दिनी की सेवा करके रघु जैसे यशस्वी पुत्र को प्राप्त किया था। प्राचीन काल में गाय और ब्राह्मणों की रक्षा में अपने प्राणों की बलि देने वाले व्यक्ति को स्वर्ग की प्राप्ति हुआ करती थी।

आज भी भारतीय समाज में पशुओं में गाय सबसे अधिक आदर तथा सम्मान का पात्र समझी जाती है। इसीलिए इसे 'गोमाता' कहा जाता है। गो भक्त लोग आज भी गायों की तन, मन और धन से सेवा करना पुण्य का कार्य समझते हैं। आर्थिक दृष्टि से भी गाय का कुछ कम महत्त्व नहीं है। आधुनिक कृषि संबंधी यंत्रों के पश्चात् भी भारतीय कृषि का प्रधान साधन बैल ही समझा जाता है। हल के अभाव में खेती का करना प्रायः असंभव है। अतः धार्मिक तथा आर्थिक दोनों ही दृष्टियों से गाय की महिमा अत्यन्त अधिक है।

लोक विश्वास—गाय के संबंध में अनेक लोक विश्वास प्रचलित हैं। धार्मिक व्यक्ति भोजन करने के पहिले कुछ भोज्य पक्वान्न गाय के लिए निकाल कर रख देते हैं जिसे 'गोग्रास' कहा जाता है। धर्मशास्त्रियों ने 'वलिवैश्वदेव' में जिन पाँच जीवों को बलि देने का विधान किया है उसमें कौवा और कुत्ता के साथ गाय की भी गणना की गई है।

कार्तिक शुक्ल अष्टमी 'गोपाष्टमी' के नाम से प्रसिद्ध है। इस दिन गाय तथा गोवंश—बैल, बछड़ा आदि—की विशेष रूप से पूजा की जाती है। इस दिन गायों की फूल-माला से पूजा कर उन्हें मिष्ठान्न खिलाया जाता है।

गाय के विभिन्न अंगों में भिन्न-भिन्न देवताओं का निवास माना जाता है। अतः गाय का प्रत्येक अंग पवित्र है। फिर भी मुख की अपेक्षा इसकी पूंछ अधिक पवित्र मानी जाती है। सर्व साधारण लोगों की यह दृढ़ धारणा है कि गाय मृत्यु के पश्चात् अन्य लोक को जाते समय वैतरणी नदी को पार करने का अनन्यतम साधन है। इसीलिए मरने वाले व्यक्ति के द्वारा गाय की पूंछ पकड़वा कर गोदान कराने की प्रथा विद्यमान है।

जब गाय बछड़ा अथवा बछिया को जन्म देती है तब उसकी "खेड़ी" को उसे खाने नहीं दिया जाता। क्योंकि यह माना जाता है कि ऐसा करने से उसका दूध सूख जायेगा। जो गायें दूध कम देती है उन्हें 'क्षीरी' वृक्षों—वे वृक्ष जिनकी पत्तियों को तोड़ने से दूध निकलता है—बाँध दिया जाता है। इससे उनके दूध में वृद्धि हो जाती है।[१]

जिस गाय के दूध का रंग कुछ कालिमा लिये हो वह अशुभ मानी जाती है। यद्यपि गायों का रंग प्रायः सफेद होता है परन्तु जो गाय काली होती है वह अधिक दूध देती है तथा उसका दूध पुष्टिकारक होता है।[२]

किसी यात्रा पर जाते समय अपने बछड़े को दूध पिलाती हुई गाय का दर्शन शुभ होता है।[३] छोटे थन वाली गाय दूध कम देती हैं। इसके ठीक विपरीत बड़े और लम्बे थन वाली गायें अधिक दूध देती हैं। माघ महीने में ब्याई गाय किसी अनिष्ट की सूचक है।[४] अतः ऐसी गाय को बेच देना चाहिए। यदि गाय खरीदते समय वह मल-मूत्र त्याग करने लगे तो यह शुभ है।

लोक गीतों में स्वप्न में गाय और बछड़े का दर्शन शुभ माना जाता है।[५] स्वप्न में देखी गई गाय लक्ष्मी का स्वरूप स्वीकार की गई है।[६] गाय के दूध के अतिरिक्त गोबर और गोमूत्र भी उपयोगी होता है। मिट्टी के घरों को गोबर से लीप कर पवित्र किया जाता है। सत्यनारायण की कथा के अवसर पर गणेश की प्रतिमा के अभाव में गोबर से ही उनकी मूर्ति तैयार की जाती है इसी कारण 'गोबर गणेश' शब्द का निर्माण हुआ है।

गोमूत्र भी पवित्र माना जाता है। 'श्रावणी' कर्म करते समय गोमूत्र का आचमन करने का विधान है। अनेक प्रकार की बीमारियों में गोमूत्र का सेवन औषधि के रूप में किया जाता है। किसी भी कथा-वार्ता के अवसर पर पंचामृत बनाते समय पंचगव्य का प्रयोग होता है जिसमें गोघृत तथा गोदुग्ध के साथ गोमूत्र का प्रयोग भी विहित है।

---

१. थर्स्टन—ओमन्स एण्ड सुपरस्टिशन्स आफ सदरन इण्डिया, पृ० ८१।

२. (क) गोषु कृष्णा क्षीरा।
(ख) स्याम सुरभि अति विसद अति
गुनद करहिं सब पान।—मानस—बा० का०

३. सुरभि सन्मुख सिसुहिं पियावा। तुलसीदास—रा० च० मा० (बा० का०)

४. डा० प्रियम्वदा गुप्त—लो० जी० लो० वि० (अप्रकाशित थीसिस), पृ० १३८

५. डा० कृष्णदेव उपाध्याय—भो० लो० गी० भाग १, पृ० ११६

६. गइया त हवे लछिमिनिया; त बाभन नारायण हो।
डा० उपाध्याय—भो० लो० गी० भाग १, पृ० ११६

यन्त्रीकरण के आधुनिक युग में गोबर का महत्त्व अत्यधिक हो गया है। इस गोबर से गैस तैयार की जाती है जो भोजन बनाने के लिए ईंधन और प्रकाश करने के प्रयोग में भी लाई जाती है।

(२) **बैल**—बैल को संस्कृत में वृषभ कहते हैं। इसकी दूसरी संज्ञा 'बलीवर्द' है जिससे हिन्दी के बैल शब्द की उत्पत्ति हुई है। यह भगवान् शिव का वाहन होने के कारण अत्यन्त पवित्र माना जाता है। भगवान् शंकर का वाहन होने के कारण इसकी प्रतिमा शिव-मंदिरों में स्थापित की जाती है।

बैल के रूप-रंग, आकार-प्रकार आदि के विषय में अनेक लोक विश्वास प्रचलित हैं। घाघ की उक्ति है कि जिस बैल का मुँह छोटा और माथा पीला हो वह थोड़ी-सी भी भूमि जोतने में असमर्थ होता है। जिस बैल के कान लम्बे हों और पेट का चमड़ा नीचे लटक आया हो ऐसे बैल को कदापि नहीं खरीदना चाहिए। सात दाँत वाला बैल अपने मालिक का नाश करता है। जहाँ काली गाय शुभ मानी जाती है वहाँ काला बैल अशुभ का प्रतीक है।[१] सींग से रहित बैल बेकार समझा जाता है। खैरा रंग का बैल खरीदना निषिद्ध है क्योंकि जहाँ कहीं उसका पैर पड़ता है वहीं नाश हो जाता है।[२] घाघ ने कुछ ऐसे बैलों की भी चर्चा की है जो खेती के काम के लिए उत्तम होते हैं। जिस बैल के सींग छोटे हों, माथा उन्नत हो, मुँह गोल हो, रोएँ नरम और कान चंचल हों ऐसा बैल खेती के लिए प्रशस्त है।[३]

गोपाष्टमी के दिन बैलों की पूजा की जाती है। इनके सींग तथा खुर में तेल लगाया जाता है। माथे पर सिन्दूर का टीका लगाकर इन्हें माला पहिनाई जाती है। इस दिन दो बैलों का एक साथ दर्शन शुभ माना जाता है।[४] सुप्रसिद्ध ज्योतिषी बराह मिहिर ने गो लक्षणाध्याय में बैलों के संबंध में अनेक सूचनायें दी हैं। इनके मतानुसार, सफेद रंग वाला, ताम्रवर्ण के सींग और आँख वाला तथा बड़े मुख वाला बैल 'हंस' संज्ञक होता है। ऐसा बैल शुभ फल देने के साथ ही अपने यूथ (समुदाय) की वृद्धि करने वाला माना जाता है।[५] इस ग्रन्थ में बैलों के अनेक शुभ

---

१. सात दाँत उदन्त को, बैल जो काला होय।
इनको कबहू न लीजिए; मुफ्त देय चाहे कोय॥
'घाघ और भड्डरी' पृ० १४।

२. 'घाघ और भड्डरी' पृ० १५

३. सींग मुड़े, माथा उठा, मुँह का होवे गोल।
रोम नरम चंचल करन, तेज बैल अनमोल॥ 'घाघ और भड्डरी', पृ० १७

४. हेम विजयगणि—विजय प्रशस्ति ६/१५

५. सितवर्णः पिङ्गाक्षः,
ताम्रविषाणे क्षणो महावक्त्रः।
हंसो नाम शुभ फलो;
यूथस्य विवर्धनः प्रोक्तः॥
बृहत्संहिता—अध्याय ६१. श्लोक १७

लक्षणों की गणना की गई है।[1] जिस बैल के नाक के समीप बलि (भँवरी) हो; बिल्ली के समान मुख तथा अच्छी पूँछ हो, दाहिना भाग सफेद और भेड़ के समान पेट हो, ऐसा बैल भार उठाने में समर्थ तथा चलने में तेज होता है। परन्तु जिस बैल के देह में काले रंग के फल के समान चिह्न हों, सफेद और लाल मिश्रित रंग हों ऐसा बैल अशुभकारी माना जाता है।[2] इस प्रकार बैल सम्बन्धी लोक विश्वास के सम्बन्ध में अनेक महत्त्वपूर्ण बातें बराह मिहिर ने लिखा है।

(३) **भैंसा**—भैंसा धर्मराज अथवा यमराज का वाहन है। अतः यह पशु आदर और सम्मान का पात्र नहीं है। यह आकार में मोटा और रंग में काला होता है। संभवतः इसीलिए यमराज ने इसकी भयंकरता को देखकर इसे अपना वाहन बनाया है। 'दुर्गा सप्तशती' में ऐसा वर्णन मिलता है कि 'महिष' नामक कोई असुर देवी की शक्ति की चुनौती देने लगा था। अतः देवी ने उसका बध कर दिया। इसीलिए वे 'महिषासुर मर्दिनी' के नाम से प्रसिद्ध है। कुछ वर्षों पहिले उत्तर प्रदेश के गढ़वाल जिले तथा कुमाऊँ कमिश्नरी में दुर्गा के मन्दिरों में भैंसा (महिष) की बलि दी जाती थी। लोगों का ऐसा विश्वास था कि इससे दुर्गा जी प्रसन्न होती हैं।[3]

(४) **बकरा**—इसे संस्कृत में 'अज' या 'अजा पुत्र' भी कहते हैं। यह दुर्गा देवी के प्रसन्नार्थ बलि चढ़ाने के लिए सर्वोत्तम पशु है। संभवतः प्राचीन काल से इसको बलि चढ़ाने की प्रथा विद्यमान थी। इसीलिए संस्कृत के किसी कवि ने कहा है कि भगवान् भी दुर्बल जीवों का नाश करता है।

"अजा पुत्रं बलि दद्यात्
दैवो दुर्वल घातकः।"

बकरा अग्निदेव का वाहन माना जाता है। बृहत् संहिता के लेखक आचार्य वराहमिहिर ने 'छागल' के नाम से इसका उल्लेख किया है। उन्होंने इसे चार वर्गों में विभाजित किया है :—(१) कुट्टक (२) कुटिल (३) जटिल तथा (४) वामन। ये चारों प्रकार के छागल लक्ष्मी के पुत्र माने जाते हैं। अतएव धन-धान्य से रहित प्रदेश में इनका निवास नहीं होता।[4] गदहे के समान कान वाले, टेढ़ी पूँछ वाले, खराब नख तथा वर्ग वाले, फटेकान और हाथी के समान बड़े मस्तक वाले छागल अशुभ होते हैं।[5] परन्तु सींग से रहित, कृष्ण या श्वेत वर्ण वाले, आधे काले, श्वेत

१. बृ० सं० ६१/१६
२. वही—६१/८
३. एटकिन्सन—हिमालयन गज़ेटियर।
४. कुटुकः, कुटिलश्चेव, जटिलो वामनस्तथा।
ते चत्वारः श्रियः पुत्राः नाऽलक्ष्मी के वसन्ति ते ॥
बृ० सं० ६५/६
५. बृ० सं० ६५/११

और पीले तथा काले रंग वाले छागल शुभ माने जाते हैं।[१] इस प्रकार वृहत्संहिता में बकरों के शुभ और अशुभ लक्षणों का बड़े ही विस्तार के साथ विवेचन किया गया है।

अनेक व्यक्ति अपनी मनोकामना की पूर्ति के उपलक्ष में किसी देवी के मन्दिर में बकरे की बलि चढ़ाने की मनौती मानते हैं। नवरात्र के दिनों—विशेष कर शारदीय नवरात्र—में काशी के दुर्गा जी के मन्दिर में तथा मिर्जापुर के पास स्थित विन्ध्यवासिनी देवी के मन्दिर में बलि की बेदी पर चढ़ाये जाते हुए बकरों की पंक्ति आज भी देखी जा सकती है। परन्तु धीरे-धीरे इस प्रथा का अब ह्रास होने लगा है। जो लोग बकरा की बलि चढ़ाना उचित नहीं समझते वे केवल उसके कान को काट कर छोड़ देते हैं। बकरे को बलिदान में चढ़ाने की यह प्रथा इतनी दृढ़ मूल हो गई है कि किसी दुःखिया, दुर्बल, निरपराध व्यक्ति को उपमा 'बलि के बकरे' से दी जाती है जो आज हिन्दी में एक प्रचलित मुहावरा हो गया है।

बकरा किसी रोग को भगाने का उत्तम माध्यम भी माना जाता है। यदि किसी स्थान में संक्रामक बीमारी—जैसे हैजा, प्लेग और चेचक आदि—फैली हुई हो तो किसी बकरे को नये वस्त्रों से सुसज्जित करके तथा टीका लगा कर एवं मालाओं से सुशोभित कर उसे गाँव की सीमा के बाहर भगा दिया जाता है। ऐसा विश्वास है कि इस प्रक्रिया से बकरे के साथ ही वह संक्रामक बीमारी दूसरे गाँव वाले को चली जाती है। इसलिए दूसरे गाँव वाले ऐसे बकरे को अपनी सीमा में प्रवेश नहीं करने देते। रोगों को भगाने की इस पद्धति को अंग्रेजी में एक्सोर्सिज़्म (Exorcism) कहते हैं। क्रुक ने अपनी पुस्तक में ऐसी अनेक घटनाओं का उल्लेख किया है।[२]

(५) **वानर**—वन्दर राम भक्त हनुमान के वंशज माने जाते हैं। अतः समाज में इन्हें बड़े आदर की दृष्टि से देखा जाता है। आज भी काशी में दुर्गा जी तथा संकट मोचन के मंदिरों में वानरों की सेना दिखाई पड़ती है जहाँ भक्त लोग इन्हें चना और गुड़ बड़े प्रेम से खिलाते हैं। अतः दुर्गा जी के मन्दिर का नाम ही "मंकी टेम्पुल" पड़ गया है।

वानरों के सम्बन्ध में अनेक लोक विश्वास प्रचलित हैं। गोस्वामी तुलसीदास जी ने लिखा है कि प्रातःकाल में जो बन्दर का नाम लेता है उसे उस दिन भोजन से भेट नहीं होता है।[३] किसी शुभ कार्य के लिए प्रस्थान करते समय यदि वानर

---

१. मुण्डाः सर्वे शुभद्राः;
सर्वसिताः सर्वकृष्ण देहाश्च।
अर्धा सिताः सिताधीः
वृ० सं० ६५/४ [धन्याः कपिलार्ध कृष्णाश्च॥]

२. क्रुक—पा० रि० भाग १, पृ० १४६, १४७; भाग २, पृ० १४०।

३. प्रात लेह जो नाम हमारा।
तेहि दिन ताहि न मिले आहारा।
रा० च० मा० (सु० का०) ६/४

दाईं ओर और लौटते समय बाँई ओर दिखाई पड़े तो इसका फल शुभ होता है।'[1] मध्य युग में लोगों की ऐसी धारणा थी कि घोड़ों का रोग बन्दरों के सिर पर संक्रमित हो जाता है। इसीलिए उन दिनों में अश्वशाला में बन्दर पाले जाते थे। महाकवि जायसी ने इस तथ्य का अपने ग्रन्थ 'पद्मावत्' में उल्लेख किया है।[2]

हनुमान् के वंशज होने के कारण वानरों का बध करना निषिद्ध है। इसीलिए काशी, अयोध्या और चित्रकूट में वन्दरों के महान् अनर्थ तथा उपद्रव करने पर भी नगरपालिकायें इन्हें निर्वासित नहीं कर पातीं। यदि परिवार के सदस्यों की निरन्तर मृत्यु होती रहे तो किसी के द्वारा घर में बन्दर की हड्डी फेंक दिये जाने की आशंका की जाती है।

(६) **गीदड़**—यह एक छोटा-सा जानवर है जो गाँव के पास के खेतों में रहा करता है। यह बड़ा ही चालाक जानवर माना जाता है। भोजपुरी प्रदेश में इसे 'सियार' कहते हैं। अतः इस क्षेत्र में 'सियरन पांडे' की धूर्तता की अनेक कथाएँ प्रसिद्ध हैं। यह चालाक होने पर भी बड़ा ही डरपोक जानवर है और किसी आदमी को देखकर भाग खड़ा होता है। इसीलिए कायर तथा डरपोक व्यक्ति की उपमा गीदड़ से दी जाती है।

यदि यात्रा पर प्रस्थान करते समय गीदड़ रास्ता 'काट' दे अर्थात् रास्ता के आर-पार चला जाय तो इसे अशुभ माना जाता है। जब दिन में वर्षा होने लगती है परन्तु इसके साथ ही सूर्य की किरणें भी प्रकाशित रहती हैं तब यह कहा जाता है कि 'गीदड़ का विवाह' अथवा 'सियार के विवाहं' हो रहा है। जब रात्रि के पूर्व भाग में 'खेतों' में गीदड़ 'हुआँ हुआँ' की बोली बोलने लगता है तब गाँव के लड़के उसे चिढ़ाने के लिए चिल्ला उठते हैं :—

"हुँआ हुँआँ, पकड़िया में धुंआ।"

संस्कृत साहित्य में गीदड़ से सम्बन्धित अनेक लोक विश्वास प्रचलित हैं। गीदड़ों का रुदन राम के मन में भावी अशुभ के आगमन की शंका उत्पन्न करता है।[3]

मारीच नामक सुवर्ण मृग को मार कर लौटते समय मार्ग में श्रृगालों का रोना राम के लिए अशुभ माना गया है।[4] वाल्मीकि ने समुद्र को पार करके श्रृंगालों के शब्द करने का उल्लेख किया है जो वानरों और राक्षसों के बीच भयंकर युद्ध

१. आर० ई० एन्थोवेन—फोकलोर नोट्स, १९१४ भाग १, पृ० १२७।
२. तुरय रोग हरि माथे जाये।
जायसी—पद्मावत।
३. भट्टि—रावण वध काव्यम् १४/३१।
४. क्षेमेन्द्र—रामायण मंजरी (अ० का०) पृ० ९४६।

तथा विनाश का सूचक है।[१] सियारिन को संस्कृत में 'शिवा' कहा जाता है। इसका बोलना अत्यन्त अशुभ तथा भयंकर होता है। महाकवि भारवि ने युधिष्ठिर के समक्ष द्रौपदी के द्वारा शृगालियों के द्वारा अशुभ शब्द करने का उल्लेख किया गया है।[२]

वृहत्संहिता में 'शिवासताध्याय' में शृगाली की चेष्टा, गतिविधि तथा उसके रुदन के सम्बन्ध में अनेक उपयोगी बातें कही गई हैं। ग्रन्थकार ने लिखा है कि पूर्व और उत्तर दिशा में स्थित शृगाली शुभ फल देने वाली होती है। परन्तु शृगाली की चेष्टा तथा आवाज सदा अशुभ फलदायक है। सियारिन के मुँह से ज्वाला का निकलना विनाश की सूचना देता है।[३]

(७) **कुत्ता**—कुत्ता लोक देवता का वाहन माना जाता है। इसीलिए भैरव के मन्दिरों में कुत्ते की आकृति पाषाण-खण्ड पर उत्कीर्ण रहती है। गाँवों में जिस व्यक्ति को कुत्ता काट लेता है उसे सात कुँओं में झाँकना आवश्यक है। ऐसा करने से ग्रामीण लोगों का विश्वास है कि उसका विष नष्ट हो जाता है। ऐसा माना जाता है कि कुत्ते की जीभ में किसी घाव को चाट कर निरोग कर देने की शक्ति विद्यमान है। अतः 'डँकवत' आदि रोग हो जाने पर उस स्थान को कुत्ते से चटवाया जाता है। कुत्ता अपने किसी भी घाव को अपनी जीभ से चाटकर ठीक या अच्छा कर देता है।

क्रुक ने लिखा है बम्बई राज (अब महाराष्ट्र) के हिन्दू लोग काल भैरव देवता के वाहन कुत्ते की पूजा करते हैं। पंजाब में लोहारू नामक स्थान में योद्धाओं की समाधि के साथ ही कुत्तों की भी समाधियाँ बनी हुई है जो लोगों के द्वारा आदर से देखी जाती है। महाराष्ट्र के पूना (पुणें) नगर में दत्तात्रेय की मूर्ति के चारों ओर चार कुत्ते खड़े दिखाई पड़ते हैं। पारसी लोग भी कुत्तों का आदर करते हैं। क्रुक का कथन है कि मरते हुए पारसी के मुँह के पास कुत्ता लाया जाता है जिससे

---

१. का काः श्येनास्तथा गृद्धाः,
नीचै परि पतन्ति च।
शिवा श्चा थ शिवान्नादान्
नदन्ति सुमहा भयान्॥
रामायण—(यु० का०) २३।११।

२. अदभ्रदर्भा मधि शय्या संस्थलीं
जहा सि निद्रा मशिवै शिवा रुतैः।
किरातार्जुनीयम् १।३८।

३. वराहमिहिर ने अपनी वृहत्संहिता के 'शिवा रुताध्याय' में शृगाली के चेष्टाओं और आवाज आदि के सम्बन्ध में अनेक लोक विश्वासों का बड़ा ही विस्तृत वर्णन किया है।

वह उसकी अन्तिम साँस को ग्रहण कर सके। नेपाल में 'किच्छा-पूजा' नामक त्यौहार प्रचलित है जिसमें कुत्तों की पूजा की जाती है।[1] तिब्बती लोग कुत्तों द्वारा किसी शव का भक्षण आदर के साथ देखते हैं।[2]

बंगाल में बौरी (Bauris) जाति के लोगों में कुत्तों के प्रति आदर की भावना पाई जाती है। ये लोग किसी भी दशा में कुत्तों की हत्या करना पाप समझते हैं। ये लोग उस तालाब में स्नान नहीं करते जिसमें कोई कुत्ता डूबकर मर गया हो। पंजाब में भी कुत्तों के सम्बन्ध में अनेक लोक विश्वास प्रचलित हैं। शिकार करने के लिए ले जाते समय यदि कोई कुत्ता घास पर लोटता है तो यह शुभ माना जाता है। इससे ऐसी आशा की जाती है कि प्रचुर शिकार की प्राप्ति होगी।

डायर ने अपनी सुप्रसिद्ध पुस्तक में लिखा है कि इंग्लैण्ड के लंक शायर जिले के निवासियों का यह विश्वास है कि कुत्तों की आयु उनके स्वामी की आयु से सम्बद्ध होती है। यदि इनमें से कोई भी निधन को प्राप्त कर ले तो दूसरा जीवित नही रह सकता। आयरलैण्ड में भूकते हुए कुत्ते को प्रातः काल मे देखना अशुभ माना जाता है।[3] यदि कुत्ता घास खाने लगे तो इसे वर्षा का लक्षण समझना चाहिए। यदि वह अपने शरीर को खुजलावे अथवा जमीन पर लोट-पोट करने लगे तब यह ऋतु में परिवर्तन की सूचना देता है। मिश्र देश के निवासी कुत्तों को आदर की दृष्टि से देखा करते थे।[4] हल (Hull) प्रदेश में यह प्रथा प्रचलित थी कि प्रत्येक वर्ष की १०वीं अक्टूबर को सड़कों पर घूमने वाले कुत्तों को कोड़ो से मारा जाता था। यार्क नामक स्थान में सन्त ल्यूक दिवस (St. Luke's day) को ह्विप डाग-डे (कुत्ता मारो) के रूप मे मानाया जाता था।[5]

(८) **बिल्ली**—यह एक घरेलू जानवर है जिसे अनेक व्यक्ति बड़े प्रेम से पालते हैं। बिल्ली के मुँह पर बड़े-बड़े बाल होने के कारण यह शेर की मौसी कही जाती है। रात्रि में इसका रोना बड़ा अशुभ माना जाता है। यदि कोई व्यक्ति किसी शुभ कार्य के लिए जा रहा हो और बिल्ली यदि उसका रास्ता 'काट' दे तो यह अमंगल सूचक है। बिल्ली की घ्राण शक्ति बड़ी तीव्र होती है। अतः भविष्य में

---

१ क्रुक ने कुत्तों के सम्बन्ध में अनेक रोचक बातें लिखी हैं। शोधी विद्वानों को इसे पढ़ना चाहिए।
क्रुक—पा० रि० भाग २, पृ० २१९-२२३।

२. ज० ए० सी० बं० भाग LIX, पृ० २१२।

३. टी० एफ० थिसेलटने डायर—इंलिश फोकलोर, पृ० १०२।

४. डायर—वही, पृ० १०३

५. कुत्तों के सम्बन्ध में विदेशी लोक विश्वासों के लिए देखिए—डायर—इंगलिश फोकलोर, पृ० १०१-१०४।

होने वाली विपत्ति तथा बीमारी का इसे पूर्व में ही आभास हो जाता है। इसीलिए बिल्ली का रोना बीमारी फैलने की सूचना देता है। बिल्ली की हत्या करना निषिद्ध है। विशेष करके चितकाबर (चित्रकर्बुरित) बिल्ली—जिसके शरीर पर सफेद दाग हो—की हत्या तो अत्यन्त वर्जित है। इसके लिए अपराधी को प्रायश्चित के रूप में सोने की बिल्ली बनाकर दान करने का विधान बतलाया गया है।

थिसलटन डायर ने बिल्लियों के विषय में प्रचलित अनेक विदेशी लोक-विश्वासों की चर्चा की है। उसने लिखा है कि मिश्र देश के लोग बिल्लियों के प्रति आदर बुद्धि होने के कारण उनके सम्मान में भव्य मंदिरों का निर्माण करते थे। ब्रैण्ड नामक विद्वान् का कथन है कि यदि किसी बिल्ली की मृत्यु हो जाती थी तो ये लोग अपनी भौहों को छूरे से मुड़वा देते थे।[1]

यूरोप में मध्ययुग में धार्मिक उत्सवों के अवसर पर बिल्ली को अत्यधिक महत्त्व प्रदान किया जाता था। प्राविन्स (Provence) प्रदेश में 'कार्पस क्रिस्ट्री' नामक उत्सव के अवसर पर बिल्ली को सुन्दर वस्त्रों से सुसज्जित कर जनता के सामने प्रदर्शित करते थे। परन्तु प्रतिवर्ष २४ जून को होने वाले 'सेण्ट जान' के उत्सव पर बिल्लियों के बध करने की प्रथा विद्यमान थी। पादरियों के द्वारा प्रज्वलित अग्नि में अनेक बिल्लियों को टोकरी में रखकर इसी धधकती आग में फेंक दिया जाता था। इस बलि के सम्मान में स्तोत्र-पाठ तथा गीतों का गान किया जाता था।[2]

बिल्ली की गति-विधि के सम्बन्ध में अनेक लोक-विश्वास प्रचलित हैं। यदि वे छींकती है तो इससे वर्षा के आगमन की सूचना मिलती है। लोगों की ऐसी धारणा है कि यदि बिल्ली किसी टेबुल की टाँग (पैर) को नोंचती है तब यह ऋतु के परिवर्तन का सूचक है। बिल्ली का बोलना या चिल्लाना वर्षा होने की सूचना देता है। इसीलिए जब अत्यधिक वर्षा होती है तो इसका सम्बन्ध बिल्ली और कुत्ता से माना जाता है। इसीलिए अंग्रेजी में यह कहावत प्रचलित हैं—

It is raining cats and dogs.

इससे पता चलता है कि वर्षा का सम्बन्ध विशेष रूप से बिल्लियों से है।[3]

इङ्गलैण्ड में सफोक (Suffolk) क्षेत्र के निवासी यह मानते हैं कि ज्वार-भाटा के चढ़ाव और उतराव के साथ बिल्ली की आँखों का संकोच तथा विस्तार हुआ करता है। कुछ स्थानों में काली बिल्ली को शुभ माना जाता है। आयरलैण्ड में यह धारणा विद्यमान है कि यात्रा पर जाते समय बिल्ली को साथ ले जाना अमंगल

१. ब्रैण्ड—पापुलर एन्टीक्विटीज १८४६, भाग २, पृ० ३८।
२. टी० एफ० थिसलटन डायर—इंगलिश फोकलोर, पृ० १०६।
३. बिल्ली सम्बन्धी लोक विश्वास के विस्तृत वर्णन के लिए देखिए—
डायर—इङ्गलिश फोकलोर, पृ० १०४-१११।

कारी है। लंकाशायर में किसी बिल्ली का घर में मर जाना अशुभ है। अतः बीमार होने पर उन्हें पानी में डुबा दिया जाता है। इस प्रकार इस देश में तथा विदेश में बिल्लियों के सम्बन्ध में सैकड़ों लोक-विश्वास प्रचलित हैं।

(९) **शेर**—सिंह के पश्चात् हिंसक जीवों में श्रेष्ठता के क्रम से शेर का ही स्थान आता है। इसे लोक भाषा में 'बाघ' कहते हैं जो संस्कृत के व्याघ्र का अपभ्रंश रूप है। कुक ने लिखा है कि बघेल राजपूत अपनी उत्पत्ति इसी से मानते हैं। मध्य भारत (अब मध्य प्रदेश) के निवासी इस जाति के लोग इसकी हत्या करना निषिद्ध मानते हैं। राजस्थान के भील और बजरावत राजपूत भी अपनी उत्पत्ति का मूल इसी को स्वीकार करते हैं।[१]

मध्य प्रदेश में अकोला नगर के माली शिकारियों को बाघ के छिपने के स्थानों (Hideouts) को बतलाने में संकोच करते हैं। क्योंकि इस जानवर का बध होने से खेती की पैदावार के कम होने की आशंका होती है।[२] बाघ की पूजा जंगली जातियों में समधिक प्राप्त होती है। मिर्जापुर जिले में जंगल में निवास करने वाली जातियाँ 'वाघेश्वर' नामक एक देवता की पूजा करती हैं। बिहार के सन्थाल लोग इसे पूज्य बुद्धि से देखते हैं। ये लोग बाघ को मारना निषिद्ध मानते हैं। हो तथा सन्थाल जाति के सदस्य व्याघ्र चर्म को साक्षी मान कर किसी वस्तु की 'शपथ' 'खाते' या करते हैं। यदि बाघ किसी व्यक्ति की हत्या कर देता है तो बाघ के भूत के रूप (बाघ-भूत) में उसकी पूजा का विधान बतलाया गया है।[३]

मध्यप्रदेश के होशंगाबाद जिले में कुर्क जाति के सदस्य 'बाघदेव' के नाम से देवता के रूप में इसकी पूजा करते हैं। इस जिले में बाघदेव का पुजारी 'भोमका' के नाम से प्रसिद्ध है। इसमें जादू करने की अद्भुत शक्ति होती है। वह अपने जादू के द्वारा बाघ को जंगल से बुलाकर, उसका कान पकड़ कर, उसे नगर में प्रवेश न करने का आदेश देने की सामर्थ्य रखता है।[४]

बाघ के विभिन्न अंगों में जादू की शक्ति पायी जाती है। इसकी हड्डी, पंजा और गलमोंछ में जादुई शक्ति होने के कारण भूत-दूतों के दूषित प्रभाव को नष्ट करने में ये अत्यन्त प्रभावशाली सिद्ध होते हैं। असम प्रदेश के मिरी जाति के लोग बाघ के मांस का भोजन करना सौभाग्य का सूचक समझते हैं। इससे उनको शक्ति और साहस प्राप्त होता है। इसका मांस दवा के उपयोग में आने के साथ ही भूत-दूतों के भगाने का अनन्यतम साधन है। बाघ की चर्बी गठिया के रोग की अचूक

१. जेम्स-टाड—एनास एण्ड एन्टीक्वीटीज़ आफ राजस्थान भाग २, पृ० ६६० ।
२. क्रुक—पा० रि० भाग २, पृ० २१२ ।
३. डाल्टन—डि० ए० बं०, पृ० १३२-३३ ।
४. क्रुक—पा० रि० भाग २, पृ० २१४ ।

औषधि है। शेरिनी का दूध अनेक रोगों को दूर करने में सफल पाया जाता है। इसका नख और हड्डी की ताबीज बालकों को पहिनाई जाती है जिससे उन पर किसी की नज़र न लगने पाये। महाकवि सूरदास इस विश्वास का उल्लेख किया है।[1]

(१०) **हाथी**—हाथी का रंग प्रायः काला होता है। परन्तु स्याम और वर्मा में सफेद हाथी पाये जाते हैं। सफेद हाथी शुभ और मंगल कारक माना जाता है। बुद्ध के जन्म के संबंध में यह कथा प्रसिद्ध है कि उनकी माता ने पूर्व रात्रि को अपने गर्भ में श्वेत हाथी के प्रवेश करने का स्वप्न देखा था। इसीलिए बौद्ध साहित्य में सफेद हाथी को शुभ मानते हैं।

हाथी के शरीर को स्पर्श करना स्त्रियों के सतीत्व की कसौटी माना जाता है। इसके पूंछ का बाल ताबीज के रूप में प्रयुक्त होता है जिससे अनेक रोग दूर हो जाते हैं। सम्राट् अशोक के स्तम्भों पर हाथी की प्रतिमा उत्कीर्ण हैं जो उसके शुभ होने का प्रतीक है। भारतीय कला में भी हाथी मंगलकारक जीव के रूप में चित्रित किया गया है।

वराह मिहिर ने 'हस्तिचेष्टिताध्याय' नामक प्रकरण में हाथियों की चेष्टाओं से सम्बन्धित अनेक लोक विश्वासों का उल्लेख किया है। उनके मत से यदि हाथी के दाँतों में विल्व वृक्ष, छत्र, ध्वज या चामर के चिह्न दिखाई पड़े तो यह आरोग्य तथा श्रीवृद्धि कारक होता है।[2] यदि चलता हुआ हाथी अचानक रुक जाय; उसके कानों का हिलना बन्द हो जाय; बहुत देर तक सोवे तथा अभक्ष्य वस्तु को खाने लगे तब वह भय-उत्पन्न-कारक है।[3] इसी प्रकार से यदि हाथी ग्राह को पकड़कर जल से बाहर निकाल ले आवे तो वह अपने स्वामी की श्री वृद्धि करता है परन्तु इसके विपरीत उसके नाश का कारण बनता है।

(११) **घोड़ा**—प्राचीन काल में समुद्र-मंथन से जो चौदह रत्न उत्पन्न हुए थे उनमें 'उच्चैः श्रवा' नामक घोड़ा भी था। ऐरावत की ही भाँति इन्द्र ने इसे अपना वाहन बना लिया था। घोड़ों में श्यामकर्ण—जिसके कान काले हों—घोड़ा सर्वश्रेष्ठ माना जाता है। प्राचीन काल में यज्ञ के लिए इस प्रकार का घोड़ा अत्यन्त उपयोगी होता था। परन्तु श्यामकर्ण घोड़े अत्यन्त दुर्लभ होते हैं।

घोड़ा शुभ तथा पवित्र पशु माना जाता है। जब कोई रसोई का पात्र अपवित्र हो जाता है तब वह घोड़े के केवल सूंघने मात्र से पवित्र माना जाता है। दक्षिण भारत में ऐसा विश्वास है कि घोड़े के मुँह की फेन (गाज) के कारण दुष्ट आत्मायें उस स्थान पर प्रवेश नहीं कर सकतीं। क्रुक ने लिखा है कि उत्तरी भारत

---

१. सूरदास—सूर-सागर।
२. वराह मिहिर—वृ० सं० ६४/२
३. वराह मिहिर—वृ० सं० ६४/८

में रोपनी के समय किसी घुड़सवार व्यक्ति का ईख के खेत में प्रवेश करना शुभकारक है।[१] लोगों का ऐसा विश्वास है कि घोड़ा के दर्शन से स्त्रियों का बन्ध्यापन दूर हो जाता है।[२]

घोड़ा के मांस को खाना निषिद्ध है। इसके मांस को खाने से सारे शरीर में ऐंठन पैदा हो जाती है। चाँदमारी के समय अपने लक्ष्य में असफल सिपाही को 'घोड़े के मांस का भक्षी' कह कर खिल्ली उड़ाई जाती थी।[३] कुछ लोग घोड़े की नाल को अपने निवास स्थान के प्रधान द्वार के फाटक में कीलों से गाड़ देते हैं जिससे किसी दुष्ट आत्मा का घर में प्रवेश न हो सके। आगरा के पास स्थित फतेहपुर सिकरी के 'बुलन्द-दरवाजा' के विशाल कपाटों (किवाड़) पर हजारों की संख्या में घोड़े के नाल जड़े हुए पाये जाते हैं। संभवतः नगर की रक्षा तथा सलीमुद्दीन चिस्ती की उस दरगाह की सुरक्षा के लिए ऐसा किया गया था।

पश्चिमी भारत में घोड़ों की पूजा प्रचलित है। राजपूत भील लोग "घोड़ा देव" नामक देवता की पूजा करते हैं जो पत्थर के घोड़े के रूप में स्थापित किये गये रहते हैं। भोटिया—नेपाल में निवास करने वाली एक जाति—दशहरा के अवसर पर मिट्टी के बने घोड़े की पूजा करते हैं। गुजरात में पीटों की कब्र पर 'घोड़ों' के 'चढ़ाने' की प्रथा थी। कुनवी जाति के लोग दशहरा के अवसर पर घोड़ों को स्नान कराकर फूल-मालाओं से उन्हें सुसज्जित कर भेड़ों की बलि चढ़ाते हैं तथा उसके खून को उनके ऊपर छिड़कते हैं।[४]

विदेशों में भी घोड़ों के विषय में लोक विश्वास प्रचुरता से उपलब्ध हैं। इङ्गलैंड में घोड़ों को भूत-प्रेतों को देखने की शक्ति से सम्पन्न माना जाता है। ये 'हूपिंग कफ' (कुकुर खाँसी) को भी दूर करने की शक्ति रखते हैं। जर्मनी में घोड़ों से शकुन की प्राप्ति होती है। यूरोप में भी घोड़ों की नाल को घर के प्रधान फाटक पर स्थापित करने की प्रथा है। इससे भावी आपत्तियों तथा डाइनों के प्रकोप से रक्षा होती है। जिस घोड़े की अगली टाँगें सफेद हों, वह अत्यन्त भाग्यशाली माना जाता है। सफेद पैर वालों घोड़ों को खरीदने के सम्बन्ध में इङ्गलैंड में अनेक सूक्तियाँ प्रसिद्ध हैं।[५]

---

१. क्रुक—पा० रि० भाग २, पृ० २०७।

२. क्रुक—वही—पृ० २०७।

३. पंजाब नोट्स एण्ड क्वेरीज़ भाग १, पृ० ११३।

४. कैम्पवेल—नोट्स पृ० २९२।

५. घोड़ों के विषय में लोक विश्वास के विस्तृत तथा प्रामाणिक विवेचन के लिए देखिए।

(क) क्रुक—पा० रि० भाग २, पृ० २०४-०८।

(ख) डायर—ह० फो० पृ० १११-११४।

(१२) **मृग**—यह जानवरों में सबसे सुन्दर, नेत्राकर्षक, नयनाभिराम तथा निरीह पशु है। मृग अत्यन्त पवित्र जानवर माना जाता है। धार्मिक व्यक्तियों के द्वारा मृग चर्म के बने आसन पर आसीन होकर पूजा-पाठ किया जाता है। भगवान् शिव का आसन भी मृग चर्म ही है। उपनयन संस्कार के अवसर पर ब्रह्मचारी मृग चर्म की बनी मेखला को धारण करता है। वह कुछ समय के लिए मृग चर्म से बना यज्ञोपवीत भी पहिनता है। साधु संयासी सदा अपने साथ आसन के रूप में मृग चर्म लिए फिरते हैं। चारों धामों के पीठाधीश्वर शंकराचार्य मृग चर्म पर ही अपने कनक जटिल सिंहासन को स्थापित कर उस पर विराजमान होते हैं। इन उदाहरणों से मृग चर्म की पवित्रता का कुछ अनुमान लगाया जा सकता है।

मृग को मारना निषिद्ध है। शकुन्तला नाटक में कोई आश्रमवासी राजा दुष्यन्त से कहता है कि यह आश्रम का मृग है, इसे मत मारो, मत मारो।[१] शिकारी लोग हरिनी—मादा मृग—का शिकार कभी नहीं करते। गोस्वामी तुलसीदास ने इस तथ्य की ओर संकेत किया है।[२] कंचन मृग को मार कर लौटते समय राम और लक्ष्मण के बायीं ओर से मृगों का जाना अशुभ माना गया है। शत्रुओं के घरों में इधर-उधर काले और चंचल हिरनों का घूमना विनाश सूचक है।[३] विसम संख्या में मृगों द्वारा बायीं ओर से रास्ता काटना मंगल का प्रतीक है।[४]

(१३) **गदहा**—यह शीतला देवी का वाहन माना जाता है। अतः शीतला के मन्दिरों में गदहे की मूर्ति स्थापित पाई जाती है। विष्णु पुराण से पता चलता है कि धेनुक नामक किसी राक्षस ने गदहे का रूप धारण कर कृष्ण और बलराम का निरादर किया था। खर नामक राक्षस भी गदहे का रूप बनाकर लोगों को कष्ट दिया करता था।[५]

हेम विजय गणि ने विजय सेन सूरि के लाभपुर के लिए प्रस्थान करते समय गदहे का बायीं ओर बोलना कुशलता का द्योतक माना है।[६] मैथुन में रत गर्दभ का मिलना धन की प्राप्ति का परिचायक है।[७] इङ्गलैण्ड में यह विश्वास प्रचलित

---

१. आश्रम मृगोऽयं, न हन्तव्यो, न हन्तव्यः—शकुन्तला, अंक १।

२. तुम आनन्द करहुँ मृग जाये।
कंचन मृग खोजन ये आये॥ रा० च० मा०।

३. वाण—ह० च० उच्छास ६।

४. हेम विजय गणि—विजय प्रशस्ति १२/२४।

५. क्रुक—पा० रि० भाग २, पृ० २०८-९।

६. हेम विजय गणि—विजय प्रशस्ति सर्ग १२, श्लोक १०।

७. हेम विजय गणि—वही—१२/१५।

है कि गदहे की गर्दन पर जो चिह्न प्राप्त होते हैं वह ईसा मसीह के द्वारा इस जानवर पर चढ़ने के स्मारक है।[1]

भारतीय लोक कथाओं में गदहा के सम्बन्ध में अनेक लोक विश्वास प्रसिद्ध है। कथा-सरित्-सागर में किसी गर्दभ की कथा प्रचलित है जिसने व्याघ्र चर्म को धारण कर जनता में आतंक मचा रखा था। बौद्धजातकों में 'रासभ जातक' में भी ऐसी ही कथा का उल्लेख मिलता है।[2] क्रुक ने गदहे से सम्बन्धित अग्रवाल जाति की एक विचित्र प्रथा का उल्लेख किया है।[3]

(१४) चूहा—चूहा गणेश का वाहन माना जाता है। अतः गणेश मन्दिरों में गणेश की मूर्ति के नीचे उनके वाहन की प्रतिमा स्थापित दिखाई देती है। मध्य प्रदेश के उज्जैन नगर में 'बड़े गणेश' के मन्दिर में भगवान् गणेश की संभवतः सबसे बड़ी तथा लम्बी एवं ऊँची प्रतिमा की स्थापना की गई है। इसी मन्दिर में इसके वाहन चूहे के मूर्ति भैंस के बच्चे के बराबर निर्मित है। काशी में भी लोहरिया मुहल्ले में 'बड़े गणेश' का मन्दिर विराजमान है जिसमें माघ मास में गणेश चतुर्थी के दिन बहुत बड़ा मेला लगता है।

राजस्थान में 'चूहों का मन्दिर' प्रसिद्ध है जहाँ हजारों की संख्या में चूहे निवास करते हैं। परन्तु वे न तो किसी को काटते हैं और न अन्य किसी प्रकार का नुकसान करते हैं। इस मन्दिर में चूहों की ही पूजा की जाती है। शंकर दिग्विजय में मृग, हाथी, व्याघ्र, सिंह और चूहों का अपना शाश्वतिक विरोध छोड़कर निवास करना शुभ माना गया है।[4]

क्रुक ने चूहों के सम्बन्ध में अनेक देशी तथा विदेशी लोक विश्वासों का वर्णन किया है।[5]

परिच्छेद ३ : पक्षी संबंधी लोक विश्वास

प्राचीन भारत में पक्षियों को बड़ा आदर-सम्मान दिया जाता था। इनमें से अनेक पक्षी पूज्य माने जाते थे तथा दूसरे सम्मान के पात्र। इस सम्मान के प्रधानतया तीन कारण थे :—

(१) शकुन-सूचक-कुशलता।
(२) सुन्दरता—रमणीयता।
(३) उपयोगिता।

---

१. डायर—इ० फो०, पृ० ११६।
२. पालि जात का वली—गद्दभ जातक।
३. क्रुक—पा० रि० भाग २, पृ० २०८-६।
४. शर्मा—संस्कृत काव्य में शकुन, पृ० १५२।
५. क्रुक—पा० रि० भाग २, पृ० २४१।

प्राचीन भारत में शुभ तथा अशुभ सूचना को देने वाले शास्त्र को शकुन-शास्त्र कहा जाता था। शकुन का अर्थ पक्षी होता है। चूंकि पक्षियों की आवाज, गति-विधि, वर्ण तथा अन्य क्रियाकलापों के द्वारा ही शुभ अथवा अशुभ कार्यों की सूचना मिलती थी। अतः इस शास्त्र का नाम ही शकुन-शास्त्र पड़ गया। आज भी कौवे की बोली किसी प्रिय व्यक्ति के आने की सूचना देती है तथा उल्लू का बोलना अशुभ माना जाता है। अतः इसी शकुन-सूचना के कारण पक्षियों का इतना सम्मान था। दूसरा कारण इनकी सुन्दरता थी। सौन्दर्य के उपासक व्यक्ति तोता, मैना तथा मयूर की शारीरिक सुन्दरता से मोहित होकर इन्हें अपने घर में प्रेम से पालते थे।

अनेक पक्षी अत्यन्त उपयोगी भी थे। ये प्राचीनकाल में प्रेमियों के सन्देश वाहक थे। नैषधीय चरित में हंस ने तथा पद्मावत में हीरामन तोता ने दो प्रेमी और प्रेमिकाओं का सन्देश सफलता के साथ वहन किया था—यह बात विद्वानों को विदित ही है। पक्षियों का मांस खाने के उपयोग में आता था। उनके पंख औषधि के रूप में प्रयुक्त होते थे। इसके अतिरिक्त पक्षियों का आर्थिक मूल्य भी कुछ नहीं था जिसका पता वावेस जातक से ज्ञात होता है। इसीलिए पक्षियों का सम्मान होता था।

(१) **कौआ**—लोक जीवन में कौआ के सम्बन्ध में जितना लोकविश्वास प्रचलित है उतना अन्य किसी पक्षी के सम्बन्ध में नहीं है। कौआ रूप में काला और वाणी में कर्कश होता है। यह मांस का भी भक्षण करता है। अतः यह पक्षी आदर की दृष्टि से नहीं देखा जाता।

कौआ अपनी चालाकी के कारण बड़ा ही काँइयाँ पक्षी माना जाता है। लोक में यह कहावत प्रसिद्ध है कि :—

"मनहन में नोआ, चिरहन में कौआ" अर्थात् मनुष्यों में नाई और पक्षियों में कौआ बड़ा ही चालाक होता है। इसीलिए कौवे को मारना बड़ा ही कठिन कार्य है। यह एक स्थान पर बैठा हुआ चारों ओर दृष्टिपात करता रहता है। इसकी चेष्टायें बड़ी चंचल होती हैं। इसीलिए चंचल वृत्ति वाले मनुष्यों की उपमा 'कौआ' से दी जाती है। विद्यार्थी के पाँच लक्षणों में से पहिला लक्षण कौवे के समान चंचल चेष्टा का होना है।[१]

कौआ के सम्बन्ध में यह लोक विश्वास प्रसिद्ध है कि इसकी जीभ के मांस को खाने से मनुष्य अमर हो जाता है। कौवे की केवल एक ही आँख होती है। उसके आँख की एक ही पुतली बारी-बारी से दोनों गोलाक्षों में आती-जाती रहती है। लोगों की यह धारणा है कि यदि कौआ किसी व्यक्ति के सिर पर बैठ जाता है तो

१. काक चेष्टा, बकोध्यानं, श्वान निद्रा तथैव च।
अल्पहारी, गृही त्यागी, विद्यार्थी पंच लक्षणम् ॥

उसकी शीघ्र ही मृत्यु हो जाती है। परन्तु यदि किसी सम्बन्धी अथवा प्रिय व्यक्ति को उसकी "झूठी" मृत्यु की सूचना दे दी जाय और वह रोने लगे तो इसका परिहार हो जाता है।

कौवे के द्वारा कमर तथा स्कन्ध प्रदेश (कन्धा) का भी स्पर्श करना अशुभ माना जाता है। सधवा स्त्री के सिर पर कौआ के बैठने से उसके पति अथवा पुत्र की मृत्यु हो जाती है। यदि कोई व्यक्ति, मैथुन कर्म में निरत कौआ को देख ले; तो छः महीनों के भीतर उसका निधन हो जाता है।[1]

काले कौवे का कर्कश बोली में बोलना और आँगन में उसका बैठना अपशकुन माना जाता है। राजा दशरथ की मृत्यु का समाचार सुनकर जब भरत अपनी ननिहाल से अयोध्या लौट रहे थे तब मार्ग में कौवों का कटु-रटन अनिष्ट की आशंका उत्पन्न करता था।[2]

परन्तु कौआ विरहिणी नायिकाओं का प्रिय पक्षी है। उनके प्रियतम के आगमन की सूचना देने का यह अनन्य साधन है। घर के मुँड़ेरे पर कौवे को देख कर उसे सम्बोधित करती हुई कोई स्त्री कहती है कि यदि मेरा पति आता है तो तुम उड़ जावो। इस प्रकार कौआ का उड़ जाना प्रियतम के आगमन का सूचक है। ऐसे प्रियतम पक्षी को स्त्रियाँ सोने के कटोरा में दूध-भात खिलाने का आश्वासन देती हैं तथा उसकी चोंच को सोने से मढ़ा देने का विश्वास दिलाती हैं।[3] सूरदास की विरह-विदग्धा गोपियाँ काग को उड़ाकर प्रियतम के आगमन की सूचना पाती हैं।[4]

कौआ प्रेतात्मा तक भोजन आदि पहुँचाने का अनन्यतम साधन माना जाता है। इसीलिए धार्मिक व्यक्ति बलि-वैश्वदेव की पूजा करते समय कौवे को भी अन्न की बलि देते हैं। आश्विन कृष्ण पक्ष—जिसे पितृ पक्ष भी कहा जाता है—में कौवों का विशेष आदर होता है। क्योंकि इस पक्ष में पितरों का पिण्ड कौवों

१. षड्मासाभ्यन्तरे मृत्युः काक-मैथुन दर्शनात्।

२. असगुन होंहि नगर बैठारा।
रटहि कुभाँति कुखेत करारा।।
—रा० च० मा० (अ० का०) १५८/२

३. सोने के चोंच मढ़इबो तोहि कागा
जो पिया आवहिं आजु रे। —विद्यापति-पदावली।

४. जँह-तँह काग उड़ावन लागी।
हरि आवत उड़ि जाहि नहीं।। सूरसागर

को खिलाया जाता है। महाकवि विहारी ने इस तथ्य की ओर संकेत किया है।[१]

रात्रि में कौवे का बोलना अत्यन्त अशुभ माना जाता है। यात्रा के समय भी कौआ का दर्शन अमंगलकारी है। एक जातक की कथा से पता चलता है किसी शिकारी को प्रस्थान करते समय कोई कौआ मिल गया। अतः उसने इसे अशुभ समझ कर अपनी यात्रा स्थगित कर दी। जातक में इस कौवे को "काल कर्णि शकुन" कहा गया है।[२]

विदेशों में कौआ अशुभ पक्षी माना गया है। इङ्गलैण्ड के लंकाशायर तथा यार्क शायर नामक काउण्टी (जिला) में लड़के कौवों को बड़ी घृणा की दृष्टि से देखते हैं। वे इसे अपनी दृष्टि से ओझल हो जाने की इच्छा प्रकट करते हैं।[३] यदि कोई कौआ कर्कश शब्द करता है तो यह अमंगलकारी है। यदि उसकी वाणी में कर्कशता के साथ विस्वरता भी हो तो यह बुरे मौसम की सूचना देता है। इस प्रकार कौआ देश और विदेश में भी अशुभ तथा अमंगलकारी पक्षी माना जाता है।

(२) **कोयल**—संस्कृत में इसे "कोकिल" कहते हैं। यद्यपि इसका रंग बड़ा ही काला होता है परन्तु इसकी वाणी में अपूर्व मधुरता होती है। अपनी इसी मधुर वाणी के कारण कोयल जनता का प्रिय पक्षी है। इस पक्षी का उल्लेख लोकगीतों में बहुशः पाया जाता है। कोई स्त्री कोयल से कहती है कि आज मेरे घर में विवाह है। अतः तुम सब जगह निमन्त्रण दे आवो।[४] विवाह के लिए जाता हुआ वर सकुशल लौट आने के लिए कोयल से आशीर्वाद माँगता है। इसके फलस्वरूप वह उसकी चोंच को सोना से मढ़वा देने का आश्वासन देता है।[५]

लोक जीवन में कोयल का दर्शन शुभ माना जाता है। यात्रा के समय इसका दिखाई पड़ना मङ्गलकारी है। श्री कण्ठ चरित महाकाव्य में शिव के साथ संग्राम भूमि को जाते समय दैत्यों के मार्ग में कोयल का शब्द अशुभ कहा गया है।

विदेशों में भी कोयल के सम्बन्ध में अनेक लोक विश्वास प्रचलित हैं। पुंस कोकिल की आवाज़ मधुर होती है परन्तु मादा कोयल कटु तथा कर्कश बोली बोलती है जो भारतीय विश्वास के सर्वथा प्रतिकूल है। इङ्गलैण्ड के कुछ भागों में

१. दिन दस आदर पाइके;
करिलै आपु बखान।
जौ लगि काग सराध पख,
तौ लगि तव सनमान॥ वि० स०

२. पं० बटुक नाथ शर्मा—पालि जातकावलि

३. डायर—इ० फो०, पृ० ८१।

४. रामनरेश त्रिपाठी—ग्रा० गी०, पृ० २६८।

५. डॉ० उपाध्याय—भो० लो० गी० भाग १, पृ० ४६।

लोगों की यह धारणा है कि कोयल २१ अप्रैल को पहिली बार दिखाई पड़ती है। वोर्सेस्टर शायर के निवासी यह मानते हैं कि २० अप्रैल से लेकर २६ जून तक इसकी बोली सुनने को मिलती है। इङ्गलैण्ड के उत्तरी भाग के लोगों की यह मान्यता है कि जब कोयल की वाणी सुनाई पड़े और उस समय पाकेट में पैसा न हो तो यह बड़ा ही अमङ्गलकारी है। नारफोक की जनता यह मानती है कि कोयल की वाणी के सुनाई पड़ने के समय मनुष्य जो भी कार्य करता रहता है वही कार्य पूरे एक वर्ष तक करता रहेगा।[1] कुछ दिनों पहिले यह धारणा विद्यमान थी कि यदि कोई स्त्री खेत में चली जाय और वहाँ कोयल का शब्द सुन ले तो उसे अपने भावी पति के रूप रंग का आभास मिल जाता है।[2]

कोर्निश के निवासी दाहिनी ओर से कोयल की वाणी का सुनना शुभ और इसके विपरीत अशुभ मानते हैं। जर्मनी के लोगों का यह विश्वास है कि यदि कोयल से अपनी आयु के विषय में प्रश्न किया जाय तो वह अपनी आवाज की पुनरावृत्ति कर उचित उत्तर देती है। शोपशायर की जनता के लिए यह सामान्य बात थी कि जब वे इस पक्षी की वाणी वर्ष में प्रथम बार सुतते थे तब उससे आकृष्ट होकर सब काम छोड़कर आनन्द मनाने लगते थे।

कोकिल के विषय में अनेक कवितायें प्रसिद्ध हैं। हिन्दी और संस्कृत साहित्य में इसका भूरिशः गुणगान किया गया है। डेनिश ग्राम बालिकायें कोयल की मधुर वाणी को सुनकर अपने विवाह के विषय में प्रश्न करती हैं। स्वीडेन में भी लड़कियाँ अपने भावी पति के सम्बन्ध में इस पक्षी से कुछ संकेत पाने में विश्वास रखती हैं।[3]

(३) उल्लू—इसे संस्कृत में 'उलूक' कहा जाता है। यह पक्षियों में सबसे अधिक बुद्धि-हीन है। इसीलिए किसी व्यक्ति को 'उल्लू' की उपाधि से विभूषित करना उसकी बुद्धि की मन्दता या हीनता का सूचक है। यह बड़े ही आश्चर्य का विषय है कि भारतीय साहित्य जहाँ उल्लू मन्दता और जड़ता का प्रतीक है वहाँ पाश्चात्य देशों में यह ज्ञान, दर्शन और तत्त्व ज्ञान का प्रतिनिधि माना जाता है। इसीलिए पाश्चात्य दर्शनशास्त्र की पुस्तकों पर 'उल्लू' का चित्र मुख पृष्ठ पर दिखाई पड़ता है।[4]

घर की छज्जा पर अथवा घर के किसी भाग पर उल्लू का बैठकर बोलना अत्यन्त अशुभ है। यह विश्वास है कि जहाँ उल्लू बोलता है वह स्थान निर्जन तथा उजाड़ हो जाता है। इसीलिए जो घर या स्थान उजाड़ हो जाता है उसके संबंध

१. डायर—इ० फो०, पृ० ५७
२. डायर—इ० फो०, पृ० ५८।
३. डायर—इ० फो०, पृ० ५६।
४. डायर—इ० फो०, पृ० ८७।

में यह कहा जाता है कि यहाँ उल्लू बोल रहा है। इसी कारण 'उल्लू बोलना' आज हिन्दी में मुहावरा के रूप में प्रचलित हो गया है जिसका अर्थ है किसी स्थान का उजाड़, उदास तथा निर्जन हो जाना।

उल्लू विष्णु की पत्नी लक्ष्मी का वाहन माना जाता है जिसका अर्थ व्यञ्जना से यह होता है कि मूर्ख मनुष्य ही लक्ष्मीवान् होते हैं। ऐसा विश्वास है कि उल्लू को धन का खजाना मालूम रहता है। अतः दिवाली के दिन इसे शराब पिलाकर खजाना का पता पूछा जाता है।

उल्लू का मांस खाने से मनुष्य मूर्ख बन जाता है। इसकी आँखों की पुतलियों के खाने से मनुष्य को रात्रि में देखने की शक्ति प्राप्त होती है। उल्लू के पंखों को किसी व्यक्ति के ऊपर रख देने से उसे निद्रा आ जाती है। इसके मांस का शोरवा कुकुर खाँसी (हूपिंग कफ) की दवा मानी जाती है। इस पक्षी के दर्शन से गर्भवती स्त्रियों को आसानी से बच्चा पैदा हो जाता है और उन्हें प्रसव-कष्ट तनिक भी नहीं होता।[1]

राम से युद्ध करने के लिए रावण के प्रस्थान करते समय उल्लू के बोलने से उसे अशुभ की आशंका होती है।[2] महाभारत में शिशुपाल-बध के अवसर पर उल्लुओं के बोलने तथा दिन में तारों के उदय लेने का उल्लेख उपलब्ध होता है। आर्या सप्तशती तथा श्रीकण्ठ चरित में उलूक के द्वारा प्राप्त अनेक शकुनों का उल्लेख मिलता है। शिव के साथ संग्राम में जाते समय दैत्यों के मार्ग में आकाश में उल्लुओं का व्याप्त होना तथा दैत्य-सेना में उल्लुओं का बोलना अशुभ माना गया है।[3] 'पृथ्वीराज विजय' काव्य में म्लेच्छों के प्रदेश में उल्लुओं का प्रवेश अमंगलकारी है।[4]

पाश्चात्य देशों में भी उल्लू अशुभ पक्षी स्वीकार किया गया है। प्राचीन ग्रीस में एथीना देवी का प्रिय पात्र होने के कारण यह पक्षी शुभ माना जाता था। प्राचीन ग्रीस में एथीना की पूजा से संबंधित पात्रों (Vase) में उल्लू की प्रतिकृति अंकित पायी जाती थी। परन्तु रोम में उल्लू अपशकुन का प्रतीक माना जाता था तथा इसकी 'घू घू' की आवाज मृत्यु की सूचक थी। रोमन सम्राट् आगस्टस की मृत्यु के पूर्व उल्लू के बोलने का उल्लेख मिलता है। सुप्रसिद्ध सम्राट् सीज़र की हत्या की पूर्व सूचना उलूक की आवाज से मिल गई थी।

---

१. मेरिया लीच—डिक्शनरी ऑफ फोकलोर, माइथोलाजी एण्ड लीजेण्ड्स, भाग २, पृ० ८३८।
२. रा० च० मा० (लं० का०), छन्द ७६।
३. मंखक—श्री कण्ठ चरित २२।३२
४. जयानक—पृथ्वीराज विजय ६।१०।

यूरोप तथा अमेरिका में उल्लू अपशकुन का पक्षी माना जाता है। स्काटलैण्ड में दिन में उल्लू का देखना अशुभ है। वेल्स में उलूक की "घू घू" की आवाज मृत्यु-सूचक होने के अतिरिक्त कुमारी स्त्रियों के शील-भंग की भी सूचना देता है।[1] न्यूफाउण्ड लैण्ड में उल्लू कर्कश क्रन्दन बुरे मौसम की भविष्य वाणी करता है। परन्तु आग में नमक को जलाने तथा रूमाल में कोई गाँठ बाँध देने से उल्लू का बोलना बन्द किया जा सकता है।

उत्तरी अमेरिका में निवास करने वाले किओवा भारतीय (Kiowa Indians) लोगों का विश्वास है कि साधारण दवा करने वाला व्यक्ति (medicine man) मृत्यु के पश्चात् उल्लू के रूप में जन्म लेता है। बुरियत (Buriats) जाति के लोग बच्चों की रक्षा के लिए घर में उल्लू पालते हैं। अफ्रीका महाद्वीप के बान्टू तथा जुलु जाति के लोग उल्लू को किसी 'ओझा' या मंत्रवेत्ता का प्रतीक मानकर उमसे डरते हैं।[2]

(४) **मोर**—मोर पक्षियों में सबसे सुन्दर, मधुरभाषी, मनोरम तथा प्रिय माना जाता है। वह अपने रंग-बिरंगे पंखों तथा मीठी वाणी के कारण जनता का सबसे अधिक प्रिय पक्षी है। इन्हीं सब कारणों से भारत की राष्ट्रीय सरकार ने इस पक्षी को इस देश का राष्ट्रीय पक्षी घोषित किया है। इसी से इसके महत्व का कुछ अनुमान लगाया जा सकता है।

मोर को संस्कृत में 'मयूर' कहते हैं। इसकी मीठी वाणी को 'केका' कहा जाता है। इसीलिए इसका दूसरा नाम 'केकी' भी है। मोर भगवान् शिव के पुत्र कार्तिकेय का वाहन है। पिता बैल पर चढ़ते हैं तो पुत्र मयूर पर। मोर के पंखों—जिसे मयूर पिच्छ भी कहते हैं—से बने मुकुट को श्रीकृष्ण धारण करते थे। इनकी वेश-भूषा के वर्णन में कृष्ण के द्वारा मोर का मुकुट पहिनने का उल्लेख मिलता है।[3]

प्राचीन काल में इसके मांस को खाने की प्रथा थी। सम्राट अशोक के शिलालेखों में इसकी चर्चा मिलती हैं।[4] आज भी पक्षाघात आदि बीमारियों में इसके मांस का उपयोग सफलता के साथ किया जाता है। मोर के पंख को जलाकर

---

१. मेरिया लीच—डिक्शनरी-भाग २, पृ० ८३८।

२. पाश्चात्य देशों में उल्लू संबंधी लोक विश्वासों के प्रामाणिक वर्णन के लिए देखिए—

(क) मेरिया लीच—डिक्शनरी, भाग २, पृ० ८३८-३९।

(ख) डायर—इ० फो०, पृष्ठ ८७-८९

३. मोर मुकुट की चन्द्रकनि यो राजत नंद नंद। वि० स०

४. डॉ० वासुदेव उपाध्याय—प्राचीन भारतीय अभिलेख।

शहद के साथ उस चूर्ण को मिलाकर चाटने से वमन तथा मिचली रोग दूर हो जाते हैं। मोर का पंख शुभ माना जाता है। अतः तीक्ष्ण बुद्धि बालक अपनी पुस्तकों के मध्य में इसके पंख को सुरक्षित रखते हैं।

महाकवि बाण के अनुसार घर के पालतू मोरों के द्वारा बालिकाओं के ताल देने पर भी न नाचना अपशकुन माना जाता था।[१] श्रीमत् देवसूरि ने मोरों के शब्द को शुभ कहा है। सौराष्ट्र के कच्छ प्रदेश में मोरों का पकड़ना अथवा उन्हें चिढ़ाना अनुचित है। जाट तथा खोंड जाति के लोग इस पक्षी को पवित्र मानते हैं। पंजाब में मोर पंख को जलाकर गाँजा की तरह चिलम की सहायता से पीना सर्प दंश को दूर करता है। मोर पंखों से बने पंखे के झलने से रोगों का नाश होता है। वात्स्यायन के अनुसार मोर की हड्डी को सुवर्ण से मण्डित करके किसी व्यक्ति के दाहिने हाथ में बाँध देने से सौन्दर्य की वृद्धि होती है।[२]

पाश्चात्य देशों में मोर की आवाज अमंगलकारी तथा उसका पंख अशुभ माना जाता है।[३] इसके पंख को पास में रखना अभाग्य का सूचक है। डर्बीशायर तथा उसके आस-पास की काउण्टी अर्थात् जिलों में यह विश्वास प्रचलित है कि मयूर-पिच्छ को घर में ले आना भय का कारण होता है। इस कारण घर में बीमारियों के फैलने का तथा परिवार के किसी सदस्य की मृत्यु की आशंका बनी रहती है।[४] मोर यदि जोर से आवाज करे तो वह भारी वर्षा की सूचना देता है। ग्रीस देश में मोर हेर (Hera) देवता के लिए पवित्र होने के कारण उनके मन्दिरों में पाला जाता था।[५] यूरोप में इसके मांस को खाना स्वादिष्ट मानते थे।

(५) हंस—समस्त पक्षियों में हंस सुन्दर, पवित्र, श्रेष्ठ और शुभ माना जाता है। विद्या की अधिष्ठातृ देवी सरस्वती का यह वाहन है। इसीलिए शारदा को 'हंस वाहिनी' कहा गया है। यह पक्षी सरस्वती का वाहन होने के अतिरिक्त ब्रह्मा का भी वाहन कहा गया है।[६]

हंस के विषय में प्रसिद्धि है कि यह नीर-क्षीर विवेक की क्षमता रखता है। संस्कृत के अनेक श्लोकों में इस तथ्य की ओर संकेत किया गया है।[७] नीर-क्षीर का यह विवेक समुचित न्याय की आधार-शिला बन गया है। हिन्दी का मुहावरा "दूध का दूध और पानी का पानी" हंस के इसी गुण के ऊपर आश्रित है।

१. बाण—हर्षचरित उच्छ्वास—६।
२. मेरिया लीच—डिक्शनरी भाग २, पृ० ८४९।
३. मेरिया लीच—डिक्शनरी भाग २, पृ० ८४९।
४. डायर—इ० फो०, पृ० ६१।
५. मेरिया लीच—डिक्शनरी भाग २, पृ० ८४९।
६. श्री हर्ष—नैषधीय चरितम्।
७. नीर-क्षीर विवेके; हंसालस्यं त्वमेव तनुषेचेत्।
विश्वेऽस्मिनधुनाऽन्यः; कुलव्रतं पालीयस्यति कः॥

प्राचीन काल में हंस सन्देशवाहक का भी काम करता था । यह प्रेमी-प्रेमिकाओं का गुप्त प्रेम-सन्देश लेकर एक दूसरे के पास जाता था और उन्हें प्रणय-सूत्र में बाँधने का सफल प्रयास करता था । महाकवि श्री हर्ष ने अपने महाकाव्य 'नैषधीय चरितम्' में हंस का वर्णन किया है । इस महाकाव्य में यात्रा के समय हंस का दर्शन शुभ माना गया है ।[1] इसके साथ ही इसके पंखों का फड़फड़ाना कार्य-सिद्धि का सूचक है ।[2] क्रुक ने लिखा है कि अवध के कलहंस राजपूतों का नाम-करण कालहंस (काला हंस) के आधार पर हुआ है । ये राजपूत 'टोटेम' के रूप में हंस का आदर करते हैं । इसीलिए इस पक्षी का मांस खाना निषिद्ध है ।[3]

इस पक्षी के विषय में ऐसा कहा जाता है कि यह हिमालय में मानसरोवर के तट पर निवास करता है और मोती चुन कर खाता है । वर्षा ऋतु में यह मैदानी स्थानों को छोडकर मानसरोवर के निर्मल जल में विहार करने के लिए वहाँ चला जाता है । वर्षा ऋतु के पश्चात् ही यह मैदानी क्षेत्रों में लौटकर आता है । परन्तु यह धारणा केवल मिथक (माइथोलेजी) मात्र है । मानसरोवर की यात्रा करने वाले पर्यटकों ने इस धारणा का खण्डन किया है ।[4]

लोक जीवन में हंस शुभ माना गया है । विवाह के अवसर पर 'कोहबर' में हंस और हंसिनी के चित्रों के निर्माण करने का उल्लेख लोक-गीतों में उपलब्ध होता है ।[5] गाँवों में हंस का दर्शन दुर्लभ होता है । अतः उसके रूप तथा आकृति से मिलने-जुलने वाले 'बत्तक' नामक पक्षी को ही लोग आदर की दृष्टि से देखते तथा शुभ मानते हैं ।

इंगलैण्ड के लोगों का यह विश्वास है कि हंस मौसम के अच्छे या बुरे होने के सम्बन्ध में भविष्य वाणी करने में समर्थ होता है ।[6] परन्तु वेल्स प्रदेश में यदि वृहस्पति की रात्रि में इसका दर्शन हो जाय तो अशुभ है । प्राचीन ग्रीक लोगों की यह धारणा थी कि हंस भावी घटनाओं की सूचना दे सकता है । जर्मनी के निवासियों की भी यही मान्यता थी । रोम में हंसों को आदर की दृष्टि से देखा जाता था ।[7] हैम्पशायर के लोगों में यह धारणा प्रचलित थी कि अंधड़ के आने तथा विजली-गर्जने के समय हंस अंडा दिया करता है । प्लिनी नामक इतिहासवेत्ता ने एक ऐसे लोक-विश्वास का उल्लेख किया है जिसके अनुसार हंस अपनी मृत्यु के पूर्व सुन्दर

---

१. नैषधीय चरितम्—३/६ ।
२. नैषधीय चरितम्—३/१३२ ।
३. क्रुक—पा० रि० भाग २, पृ० २४७ ।
४. स्वामी प्रणवानन्द—कैलाश और मानसरोवर ।
५. रामनरेश त्रिपाठी—ग्राम गीत भाग ५, पृ० ३७८ ।
६. व्रैण्ड—आबजरवेशन्स, पृ० ६६६ ।
७. क्रुक—पा० रि० भाग २, पृ० २४७-४८ ।

गीत गाया करता है ।[१] सम्भवतः इसीलिए अंग्रेजी में सुन्दर गीत को 'स्वान साङ्ग' (Swan song) अर्थात् "हंस के गीत" की उपमा दी जाती है। अंग्रेजी के कवि कोलरिज ने इस तत्व की ओर संकेत किया है।[२] स्काटलैण्ड में हंसों को भावी मौसम की सूचना देने वाला माना जाता था।

(६) **खंजरीट**—खंजरीट को लोक भाषा में खड़लिच और हिन्दी में खंजन कहा जाता है। यह बड़ा ही शुभ पक्षी है। कार्तिक मास में इसका दर्शन मंगलकारी है। सामान्य जनता का ऐसा विश्वास है कि यदि गोबर के ऊपर सर्प बैठा हो और उसके फन के ऊपर खंजन पक्षी बैठा हो तो उसका दर्शन करने वाला व्यक्ति राजा हो जाता है। महाकवि जायसी ने भी इस लोक विश्वास का उल्लेख अपने महाकाव्य में किया है।[३]

"पन्नग पंकज मुख गहे; खंजन तहाँ बईठ।
छात, सिंहासन, राजधन, ता कँह होय जो दीठ ॥"

संस्कृत साहित्य में खंजन के सम्बन्ध में अनेक शकुन उपलब्ध होते हैं। 'वासव दत्ता' के अनुसार वर्ष के प्रथम दिन खंजन के दर्शन से जिस प्रकार के शुभ या अशुभ फल की प्राप्ति होती है वैसा ही फल पूरे वर्ष तक मिलता रहता है।[४] हनुमन्नाटक में सीताहरण के पश्चात् राम के द्वारा सर्प के फन पर बैठे हुए खंजरीट पक्षी का दर्शन राज्य प्राप्ति का सूचक माना गया है।[५] मार्ग में सीधी ओर जाते हुए खंजन पक्षी का दर्शन सम्पत्ति की प्राप्ति का कारण होता है।[६] इसी प्रकार से लोक साहित्य तथा संस्कृत साहित्य में सर्प के फन पर बैठे खंजन के दर्शन का अत्यधिक महत्त्व माना गया है।

क्रुक ने लिखा है कि खंजन को 'राम चिरैया' भी कहा जाता है जिसका अर्थ राम का पक्षी होता है। भगवान् विष्णु से इसका सम्बन्ध माना जाता है क्योंकि इसके गले में जो चिह्न पाये जाते हैं वे शालिग्राम के अनुरूप है।[७] इस पक्षी का वर्षा के अन्त में आगमन होता है और पतझड़ के अन्त में यह कहीं चला जाता है। इसके प्रथम आगमन के पश्चात् इसे सभी लोग प्रणाम करते हैं। यदि कोई व्यक्ति नदी के समीप, हाथी के ऊपर अथवा सर्प के फन पर स्थित खंजन को देख ले तो

---

१. डायर—इ० फो०, पृ० ६७।
२. Swans sing before they die. डायर—इ० फो०, पृ० ६७।
३. डा० वीणा द्विवेदी—पद्मावत में लोक संस्कृति का अध्ययन, पृ० १६६।
४. सुबन्धु—वासवदत्ता, पृ० १२८।
५. हनुमन्नाटक, अङ्क ५/३१।
६. हेमराज गणि—विजय प्रशस्ति—सर्ग १२, श्लोक २०।
७. क्रुक—पा० रि० भाग २, पृ० २४८।

यह दृश्य अत्यन्त शुभ कारक है। इस पक्षी को भिन्न-भिन्न दिशाओं में देखने से विभिन्न शकुनों की प्राप्ति होती है।[१] आयरलैण्ड में लोगों की यह धारणा है कि खंजन की हत्या करना अशुभ है।[२]

(७) **नीलकण्ठ**—इस पक्षी का कण्ठ प्रदेश नीला होता है। अतः इसे 'नील-कण्ठ' शिव का प्रतीक मानते हैं क्योंकि विषपान करने के कारण शिव का कण्ठ भी नीला है। इस कारण इसे शुभ माना जाता है। आश्विन शुक्ल दशमी—जिसे विजयादशमी अथवा दशहरा कहते हैं—के दिन इस पक्षी का दर्शन अत्यन्त मङ्गल-कारी है। अतः इसको देखने के लिए कुछ लोग बगीचों में घूम कर इसके दर्शन का प्रयास करते हैं।

संस्कृत साहित्य इस पक्षी के शकुनों से भरा पड़ा है। कवि अभिनन्दन ने नीलकण्ठ पक्षी का दर्शन कार्य सिद्धि का सूचक माना है।[३] जय विमल मुनि के प्रस्थान के समय नीलकण्ठ पक्षी द्वारा सीधी ओर आकर तीन बार प्रदक्षिणा करना शुभ सूचक है।[४] लोक में प्रचलित होने पर भी, संस्कृत काव्यों में ठीक दशहरा के ही दिन इसका दर्शन तथा इसके शुभ कारक होने का उल्लेख नहीं पाया जाता।

किसी कार्य के लिए प्रस्थान करते समय वाम भाग में चारा खाते हुए नीलकण्ठ का दर्शन शुभ है।[५] अयोध्या से राम-विवाह के लिए प्रस्थान करते समय राजा दशरथ के द्वारा नीलकण्ठ का दर्शन मङ्गलकारी माना गया है।[६] जायसी ने भी इस पक्षी के शुभ होने का वर्णन किया है।[७]

(८) **मुर्गा**—इस पक्षी को संस्कृत में 'कुक्कट' और हिन्दी में 'मुरुगा' कहा जाता है। रात्रि के अन्तिम प्रहर में इसकी आवाज प्रातःकाल होने की सूचना देती है। गोस्वामी तुलसीदास ने लिखा है कि विश्वामित्र के आश्रम में मुर्गा की आवाज़

---

१. क्रुक—पा० रि० भाग २, पृ० २४६।
२. हिसलाप—'पेपर्स', पृ० ६।
३. अभिनन्द—रामचरित ४/८२।
४. हेमविजय गणि—विजय प्रशस्ति ६/५।
५. वाम भाग चारा चखु खाय।
 काग दाहिने, सेव सुहाय।
 सफल मनोरथ समझो जाय।
 रामनरेश त्रिपाठी—ग्रा० सा० भाग ३, पृ० १०१।
६. चारा चाषु वाम विधि लेहीं।
 मनहु सकल मङ्गल कहि देहीं॥ रा० च० मा० (बा० का०) ३०२।
७. पद्मावत—(जोगी खण्ड) पृ० ५६।

को सुनकर लक्ष्मण ने निद्रा का परित्याग कर दिया।[१]

"उठे लखन निसि विगत सुनि
अरुण सिखा धुनि कान ॥"

जब घड़ियों का आविष्कार नहीं हुआ था तब मुर्गा की आवाज़ ही निशा-अवसान की सूचक थी। इसीलिए लोक में यह कहावत प्रचलित हो गई है कि "क्या मुर्गा के अभाव में सबेरा नहीं होता।"[२]

मुर्गा अशुभ पक्षी माना जाता है। इसीलिए इसे कोई घर में पाल कर नहीं रखता। इसकी आवाज़ बड़ी कर्णकटु होती है जिसे कोई सुनना पसन्द नहीं करता। बृहत संहिता से मुर्गा के शुभ अथवा अशुभ होने के सम्बन्ध में अनेक सूचनायें प्राप्त होती हैं। जिस मुर्गे के पङ्ख और अंगुली (पंजा) सीधी हो, जिसका मुख, नख और चोटी लाल हो, जो रात्रि के अवसान में सुन्दर स्वर से बोलता हो ऐसा मुर्गा राजा और राज्य की वृद्धि करता है। इसके साथ ही जो मुर्गा सफेद, लाल, पीला और काला रङ्ग वाला हो उसे भी शुभ मानते हैं। जो मुर्गी कोमल और सुन्दर शब्द करती हो, और स्निग्ध शरीर वाली हो वह राजाओं को चिरकाल तक यश, विजय, लक्ष्मी और सम्पदा प्रदान करती है।[३]

इङ्गलैंड में लोगों का यह विश्वास है कि जब प्रातः काल में मुर्गा बोलता है तब प्रेतात्मायें इस संसार को छोड़ कर चली जाती हैं। महाकवि शेक्सपीयर ने 'हेम लेट' नामक अपने नाटक में इस तथ्य की ओर संकेत किया है। बटलर ने भी इस लोक विश्वास की पुष्टि की है।[४] इङ्गलैंड के डेवोन शायर और कार्नवाल प्रदेश के निवासियों की यह धारणा है कि यदि मुर्गा अधिक बोलता है तो किसी अतिथि के आने की सूचना मिलती है। भारत में कौआ का बोलना किसी प्रिय व्यक्ति के आगमन का सूचक माना जाता है। परन्तु इङ्गलैंड में यह विश्वास मुर्गा की बोली से सम्बद्ध है। किन्हीं स्थानों में इसकी आवाज़ ऋतु-परिवर्तन की सूचना देती है।[५]

मुर्गियों के सम्बन्ध में भी लोक विश्वास प्रचुर परिमाण में पाये जाते हैं। डर्बीशायर के किसानों की यह धारणा है कि यदि मुर्गियों का झुण्ड किसी ऊँचे स्थान

---

१. रा० च० मा० (बा० का०)।
२. जहाँ न कुक्कट शब्द तँह
होत न कहा विहान ?
३. वराह मिहिर—बृ० सं० ६३/३।
४. डायर—इ० फो०, पृ० ६२।
५. If cock crows on going to bed. He is sure to rise with a watery head.—डायर—इ० फो०, पृ० ६२।

पर बैठकर अपने शरीर को खुजलावे तो यह वर्षा का सूचक है।[१] यदि कोई लड़की दरवाज़े के छेद से झांक कर बाहर किसी मुर्गी के जोड़े को जोड़ियाते हुए देखे तो यह उसके विवाह की संभावना की सूचना देता है।[२]

(९) **गीध**—यह पक्षियों में सबसे बड़ा, गन्दा तथा बीभत्स पक्षी है। इसे दूर स्थान में स्थित वस्तुओं को देखने की शक्ति प्राप्त है। जैसा कि कहा गया है—"गीधहिं दृष्टि अपार।" संभवतः यह दूर स्थित वस्तुओं के सूंघने की भी शक्ति रखता है। इसीलिए कहीं भी शव पड़ा हो यह शीघ्र ही वहाँ पहुँच जाता है।

गीध—जिसे संस्कृत में गृद्ध कहते हैं—अत्यन्त अशुभ पक्षी माना जाता है। लोगों का यह विश्वास है कि जिस घर के 'मुड़ेरा' पर यह बैठता है उस घर का नाश हो जाता है अथवा उसके किसी सदस्य की मृत्यु हो जाती है। गोस्वामी तुलसीदास ने राम से युद्ध करने के लिए रावण के सिर पर गिद्ध का बैठना अशुभ कारक लिखा है।[३] जब खर नामक राक्षस राम के साथ युद्ध करने के लिए प्रस्थान कर रहा था तब किसी गृद्ध का ध्वजा पर बैठना तथा सामने की ओर आकर उसका बोलना भावी मृत्यु का द्योतक माना गया है। इसी प्रकार से बाल्मीकीय रामायण में राम-रावण युद्ध के अवसर पर गृद्धों का उड़ना, बोलना, अनायास गिरना, ध्वजा पर बैठना अत्यन्त अशुभ तथा अमङ्गल का सूचक है।[४] चम्पू रामायण में राम के साथ राक्षसों के युद्ध में गृद्धों का रथों के ऊपर मँडराना अशुभ सूचक है। रणभूमि के लिए प्रस्थान करते समय धूम्राक्ष के ऊपर गीधों का मँडराना अमङ्गलकारी है।

भारतीय साहित्य में गृद्ध मूर्खता, गन्दगी और अपवित्रता का प्रतीक है। इसलिए इसके स्पर्श से बचने का लोग प्रयास करते हैं। गोस्वामी तुलसीदास ने रामायण में गृद्धों के राजा जटायु के आचरण का बड़ी सुन्दर रीति से चित्रण किया है। उसने अपने प्राणों की बाजी लगाकर भी सीता को रावण के चंगुल से छुड़ाने का प्रयास किया था।

(१०) **चातक**—हिन्दी साहित्य में इस पक्षी की बड़ी प्रसिद्धि पाई जाती है। यह शुद्ध, निस्वार्थ तथा एकान्त प्रेम का प्रतीक माना जाता है। चातक सदा केवल स्वाति नक्षत्र में आकाश से गिरे हुए जल को ही पीता है। चाहे वह प्यासा

---

१. डायर—इ० फो०, पृ० ९२।

२. डायर—इ० फो०, पृ० ९३।

३. चलत होहिं अति असुभ भयङ्कर।
बैठहिं गीध उड़ाई सीस पर॥
भयउ कालवस काहु न माना।
कहेसि बजावउ युद्ध निसाना॥ रा० च० मा० (मु० का०) १/८६।

४. बा० रा० (अ० का०) २३/९-१०।

रहकर भले ही अपने प्राणों का परित्याग कर दे, परन्तु स्वाति के जल को छोड़कर वह कदापि अन्य जल को ग्रहण नहीं कर सकता। इस विषय में इसके प्रण के सम्बन्ध में यह उक्ति प्रसिद्ध है।[१] इसीलिए आदर्श तथा एकान्त प्रेमा की उपमा चातक से दी जाती है।

कालिदास ने यक्ष का सन्देश लेकर मेघ के प्रस्थान करते समय बांई ओर चातक का शब्द करना कार्य की सिद्धि का सूचक बतलाया है।[२]

(११) **कबूतर**—यह एक पालतू पक्षी है जिसे अनेक लोग अपने घर में पालते हैं। यह निरपराध (Innocent) पक्षी है जिसको घर में पालने से किसी प्रकार की परेशानी या कष्ट नहीं होता। महाकवि कालिदास ने यक्ष-पत्नी की भवन-बल भी में कबूतरों के सोने का उल्लेख किया है।[३] यह बड़ा ही कामी पक्षी माना जाता है और अपनी स्त्री के साथ ही रहता है। इस तथ्य की ओर हिन्दी के महाकवि विहारी ने संकेत किया है।[४] वाल्मीकीय रामायण में माल्यवान् के द्वारा रावण को समझाते समय कबूतरों का विचरण करना अशुभ माना गया है।[५]

कबूतर की बीट का उपयोग बच्चों को सर्दी लगने पर किया जाता है तथा इसके पंखों की हवा बच्चों के लिए शुभ मानी जाती है।[६] आधुनिक युग में कबूतर शान्ति का प्रतीक माना जाता है। राष्ट्रीय पर्वों के अवसर पर देश में शान्ति की सामना के लिए हजारों कबूतर आकाश में उड़ाये जाते हैं। भारत के प्रथम प्रधान मंत्री पं० जवाहर लाल नेहरू इन कबूतरों के बड़े प्रेमी थे और प्रतिवर्ष सैकड़ों कबूतरों को उड़ाया करते थे। द्वितीय विश्वयुद्ध में कबूतरों का उपयोग गुप्त रूप से सन्देश वाहक के रूप में किया गया था। इस प्रकार आज इन कबूतरों का महत्त्व बहुत ही अधिक है।

(१२) **बगुला**—बगुला को संस्कृत में 'बक' और भोजपुरी में 'बकुला' कहते हैं। यह सारस की ही भाँति जल के किनारे रहने वाला पक्षी है। यह जल में घंटों

---

१. "बधिक बध्यो, जल में गिरयो
उलटि उठाई चोंच।
तुलसी चातक मरत हैं
प्रन में लगी न खोंच॥"

२. मन्दं मन्दं नुदति पवनः, सानुकूलो यथात्वं, वामश्चायं नदति मधुरम्. चातकस्ते सगन्धः॥ —मेघदूत—पूर्व श्लोक—१०

३. तां कस्यांचित् भवन वलभौ सुप्तपारावतायाम्—मेघदूत—पूर्व श्लो० ४२।

४. विहरी सतसई दोहा

५. वा० रा० (यु० का०) ३५।२५-३४

६. डा० सत्या गुप्त—ख० बा० लो० सा०, पृ० ३८६।

खड़े रहकर, ध्यान लगाकर, पानी में से मछलियों को पकड़ने में सिद्धहस्त होता है। अतः ध्यान लगा कर पूजा-पाठ करने वाले निकृष्ट कर्मा व्यक्ति की उपमा 'बगुला भगत' कह कर दी जाती है। तालाब के किनारे मछलियों को पकड़ने के लिए ध्यान में स्थिति किसी बगुला के प्रति निन्दाजनक यह उक्ति बड़ी ही सटीक है।[1] इस प्रकार झूठी धार्मिकता का ढोंग दिखाने वाले व्यक्तियों का प्रतीक बगुला पक्षी माना जाता है।

कालिदास ने बादलों के साथ आकाश में बगुलों का उड़ाना किसी कार्य की सिद्धि का सूचक माना है। यक्ष का सन्देश लेकर मेघ के प्रस्थान करते समय नभ में वक पंक्ति का दर्शन शुभ है। इस समय बगुलियों (मादा बकुला) के द्वारा गर्भधारण की ओर भी महाकवि ने संकेत किया है।[2]

परिच्छेद ४ : सरीसृप

ब्रह्मा की सृष्टि में कुछ ऐसे भी जीव हैं जो छाती के बल से पृथ्वी पर रेंग कर चलते हैं। ऐसे जीवों में साप, बिच्छू, गोजर (केंचुआ) और जोंक प्रधान हैं। लोक विश्वास की दृष्टि से इनमें सर्प सबसे अधिक महत्त्वपूर्ण हैं। इसके विषय में हजारों लोक विश्वास प्रचलित हैं जिनकी चर्चा अगले पृष्ठों में की जायेगी।

इसके अतिरिक्त कुछ ऐसे कीड़े-मकोड़े भी हैं जिनका महत्त्व लोक विश्वास की दृष्टि से कुछ कम नहीं है। इनमें से चींटी, चिउँटा, दीमक, मकरी, मकड़ा, हाड़ा, बिर्हनी (ततैया) आदि की गणना की जा सकती है। छिपकली के विषय में भी विश्वासों की कुछ कमी नहीं है। स्थानाभाव से यहाँ इनका अत्यन्त संक्षिप्त उल्लेख मात्र ही पर्याप्त होगा।

(१) **सर्प**—सर्प के संबंध में जितना अधिक लोक विश्वास प्रचलित है उतना संभवतः किसी भी जीव-जन्तु के विषय में नहीं है। भारतीय संस्कृति में सर्प का संबंध अत्यन्त प्राचीन काल से चला आ रहा है। भगवान् शिव अपने गले में हार के रूप में सर्प को धारण करते हैं। यही कारण है कि शिव के मन्दिरों में कहीं-कहीं सर्प की आकृति पाषाण शिलाओं पर उत्कीर्ण पाई जाती है। भगवान् विष्णु क्षीर सागर में शेष नाग पर शयन करते हैं। भगवान् श्रीकृष्ण ने कालियनाग नामक

---

१. बकं किं वर्ण्यते राम ! येनाहं निष्कुली कृतः।
सहवासी विजानीयात्, चरित्रं सहवासिनाम् ॥

२. गर्भाधानात् क्षणपरिचया,न्नूनयाबद्धमालाः
सेविष्यन्ते नयनसुभगं, खे भावन्तं बलाकाः ॥
मेघदूत—पूर्व श्लोक—१०

दुष्ट सर्प को 'नाथ' कर उसका सर्वनाश किया था। इस प्रकार हिन्दू धर्म के प्रधान देवता शिव, विष्णु और कृष्ण का सर्प से संबंध दिखाई पड़ता है।

सामान्य जनता का यह विश्वास है कि यह पृथ्वी शेषनाग के फनों पर स्थित है और जब ये अपने फनों को हिलाते हैं तब पृथ्वी पर भूकम्प आ जाता है। हिन्दू धर्म में नाग देवता की पूजा की जाती है। श्रावण मास की शुक्ल पंचमी 'नागपंचमी' के नाम से अभिहित की जाती है। इस दिन नागदेवता की पूजा की जाती है। इन्हें दूध में भिगोकर खील-धान का लावा-खिलाया जाता है। लोगों की यह धारणा है कि नागदेवता स्वयं आकर इन्हें ग्रहण करते हैं और प्रसन्न होकर घर के लोगों की रक्षा करते हैं। प्रयाग में दारागंज मुहल्ले में 'नागवासुकि' का सुप्रसिद्ध मंदिर अवस्थित है जिसमें अपने फनों को फैलाये नाग की पाषाण प्रतिमा स्थापित है। भक्त लोग इस मंदिर में आकर बड़ी श्रद्धा से इस देवता की पूजा करते हैं।

जनता की यह धारणा है कि नाग (सर्प) के सिर में मणि रहता है जिसका उल्लेख संस्कृत के एक श्लोक में हुआ है।[1] मार्ग में किसी सर्प का दर्शन अपशकुन है। ऐसी मान्यता है कि सर्प किसी गर्भिणी स्त्री को नहीं काटता। यदि ऐसी स्त्री सर्प के सामने खड़ी हो जाय तो वह आगे नहीं बढ़ सकता और अपनी दिशा बदल कर दूसरी ओर चला जाता है। ऐसा कहा जाता है जो व्यक्ति सर्प को मारता है उसकी आकृति सर्प की आँखों में उतर आती है और वह उसका प्रतिशोध करता है।

सर्प को अधमारा नहीं छोड़ना चाहिए क्योंकि वह कभी भी अपना बदला चुका सकता है। घायल सर्पिणी सर्प से भी अधिक भयंकर होती है। इसीलिए किसी खूंखार और भयानक स्त्री की उपमा 'घायल सर्पिणी' से दी जाती है। गाँवों में सर्प-दंश का उपचार मंत्रों से किया जाता है। 'ओझा' अपने मंत्रों से फूंक कर पीड़ित व्यक्ति का विष उतारने का प्रयास करता है।

उत्तर प्रदेश के गढ़वाल जिले के पाण्डुकेश्वर नामक स्थान में 'भेकलनाग' की पूजा की जाती है।[2] हिमालय में लोकदेवताओं में 'कैलानाग' सबसे प्रसिद्ध माना जाता है। इसकी पूजा करने से मौसम सुन्दर बना रहता है। वाराणसी में 'नागकुंआ' नामक तालाब है जहाँ नागपंचमी के दिन वैयाकरण शास्त्रार्थ किया करते हैं।

---

१. मणिना भूषितः सर्पः, किमसौ न भयंकरः ॥
२. सर्पों के मंदिरों तथा इनसे संबद्ध लोक विश्वासों के प्रामाणिक तथा विस्तृत विवेचन के लिए देखिए।
क्रुक—पा० रि० भाग २, पृ० १२१-१४५।

सर्प जानवरों तथा जलाशयों का अधिष्ठात देवता माना जाता है। लोगों में यह धारणा दृढ़ रूप से बद्धमूल है कि नाग कोषागार (खजाना) की रक्षक होता है। यही कारण है कि प्राचीन दुर्गों की खुदाई करने पर कोषागार कक्ष में जीवित सर्प उसकी रक्षा करते पाये गये हैं। साँपों को दो जीभ होती है। ऐसी किम्वदन्ती है कि समुन्द्र मन्थन के पश्चात् अमृत के घट को कुश पर रख दिया गया था जिसको चाटने से सर्प की जीभ दो टुकड़ों में विभक्त हो गई। इसीलिए यह 'द्विजिह्व' भी कहा जाता है।

क्रुक ने लिखा है कि सावन के महीने में 'नागिन' कहलाने वाली स्त्रियाँ दो-तीन दिनों तक भीख माँगती हैं। इन दिनों में वे नमक नहीं खातीं। इस भिक्षा से प्राप्त धन-राशि के आधे भाग को वे ब्राह्मणों में बाँट देती हैं और शेष आधी गाँव वालों में वितरित कर देती है।[१]

सर्प के संबंध में लोक-विश्वास प्रचुर परिमाण में उपलब्ध होते हैं जिन्हें लिपिबद्ध करना यहाँ संभव नहीं है। डॉ० बोगेल ने अपने प्रामाणिक ग्रन्थ में सर्प संबंधी सभी विषयों का बड़ा ही विस्तृत एवं सर्वाङ्गीण विवेचन किया है।[२] ब्राण्ट की पुस्तक को तो सर्प संबंधी समस्त विषयों का विश्वकोश ही समझना चाहिए।[३]

(२) **छिपकली**—यह जीव छोटा सा जीव है जो घर की दीवालों पर चढ़ कर घूमता रहता है। परन्तु लोक विश्वास की दृष्टि से यह धनी है। छिपकली ग्रीष्म तथा वर्षा ऋतु में अधिक दिखलाई पड़ती है। शरीर पर छिपकली का गिरना शुभ नहीं माना जाता। यदि रविवार तथा मङ्गलवार के दिन शरीर पर यह गिरे तो थोड़े से नमक का दान कर देने पर इसके अशुभ दोष का परिहार हो जाता है। इस समय स्नान करना भी आवश्यक होता है।

भड्डरी ने छिपकली के सम्बन्ध में प्रचलित लोक विश्वासों का इस पद्य में बड़ा सुन्दर वर्णन किया है।[४] भड्डरी की इस सूक्ति से पता चलता है कि छिपकली

---

१. ग्रियर्सन—विहार पीजेण्ट लाइफ पृ० ४०५ का उद्धरण क्रुक के ग्रन्थ में देखिए।

२. डॉ० वोगेल—इण्डियन सरपेण्ट लोर (लण्डन)।

३. ब्राण्ट (Brandt Aywar)—ए ट्रेजरी आफ स्नेक-लोर (न्यूयार्क)।

४. सिर पर गिरै राज सुख पावै; जो ललाट ऐश्वर्यहि धावै।
कंठ मिलावै पिय को धाई; काँध पड़े तो विजय दरसाई॥
हाथन ऊपर जो कहुँ गिरई; सम्पति सकल गेह में भरई।
निश्चय पैर, पीठि सुख पावै; परै काँध प्रियवन्धु नसावै॥
परे जाँघ पर होय निरोगी, परब परे तन जीव वियोगी।
या विधि पल्ली सब्द विचारा; कह्यौ भड्डरी जो जस सारा॥
पं० त्रिपाठी—घाघ और भड्डरी।

का सिर, ललाट, कंठ, काँध, पैर और पीठ पर गिरना शुभ तथा सुख एवं सम्पत्ति प्राप्ति का सूचक है। परन्तु अन्य स्थानों पर गिरना अशुभ तथा दुःखदायी माना जाता है।

ग्रामीण लोगों का विश्वास है कि छिपकली के पूँछ को काटकर उसे ताबीज के रूप में शरीर पर धारण करने से जूड़ी बुखार (जड़ैया) दूर हो जाता है। छिपकली में विष होता है परन्तु यह किसी को काटती नहीं।

(३) **मेढ़क**—यह प्रधानतया जलचरीय जीव है परन्तु स्थल पर भी इसकी स्थिति पाई जाती है। यह बड़ा ही प्राचीन जीव ज्ञात होता है। वैदिक ऋषियों ने ऋग्वेद में 'मण्डूक सूक्त' में इसकी स्तुति की है जहाँ इसके टर्राने की उपमा वेद पढ़ने वाले ब्रह्मचारी से दी गई है। गोस्वामी तुलसीदास ने भी इसी तथ्य की ओर संकेत किया है।[१]

जनता की यह धारणा है कि मेढ़क के टर्राने की आवाज, भावी वर्षा की जोरों से होने की सूचना देती है। ऐसा माना जाता है मेढ़कों को मारने से कान में दर्द पैदा हो जाता है। अतः ग्रामीण स्त्रियाँ अपने बच्चों को मेढ़क को मारने का निषेध करती हैं। इसका मांस जादू पूर्ण औषधि के लिए प्रयुक्त होता है।

विदेशी लोकविश्वास के अनुसार मेढ़क के सिर में मणि होता है। महाकवि शेक्सपियर ने इस तथ्य की ओर अपने एक नाटक में संकेत किया है।[२] एक मान्यता के अनुसार मेढ़क और मकड़ा में बड़ी शत्रुता होती है। विदेशों में मेढ़क को एक विषैला जीव माना जाता है जिसका उल्लेख शेक्सपियर ने 'विषैला' (मेनेमस) शब्द का प्रयोग कर किया है। इङ्गलैण्ड में मेढ़क का सम्बन्ध डायनों (Witches) से स्थापित है। डायर ने मेढ़क के विषय में अनेक विदेशी लोक विश्वासों का वर्णन किया है।[३]

(४) **मछली**—भगवान् विष्णु के दश अवतारों में मत्स्यावतार सर्वप्रथम माना जाता है। अतः मछली—जिसे संस्कृत में 'मत्स्य' कहा जाता है—के महत्व का अनुमान केवल इसी एक तथ्य से किया जा सकता है। सृष्टि सम्बन्धी पौराणिक कथा (मिथक) से भी मछली का घनिष्ठ सम्बन्ध है। प्रलय काल में एक मछली ने नाव के द्वारा मनु की रक्षा की यह आख्यान प्रसिद्ध है।

मछली अत्यन्त शुभ जीव माना जाता है। यात्रा के समय मछली का दर्शन

---

१. दादुर धुनि चहुँ ओर सुहाई।
वेद पढ़े जनु बटु समुदाई॥ —रा० च० मा०

२. शेक्सपियर

३. (क) डायर—ह० फो० पृ० १३९-४०।
(ख) क्रुक—पा० रि० भाग २, पृ० २५६।

मंगलकारी है। गोस्वामी तुलसीदास ने इसी प्रसंग में इसका उल्लेख किया है।[१] मछली का दर्शन शुभ होने के कारण ही काशी, मथुरा और हरिद्वार एवं नैपाल आदि धार्मिक स्थानों में इन्हें मारना निषिद्ध है। धार्मिक व्यक्ति कागज पर राम का नाम लिख कर, उसे आटे में सान कर गोलियाँ बनाते हैं जिन्हें ये मछलियों को खिलाते हैं। हरिद्वार में 'हर की वैड़ियो' पर सन्ध्या के समय इस दृश्य को आज भी देखा जा सकता है। ऐसा करने से अनन्त पुण्य की प्राप्ति होती है। हिमालय में स्थित 'सारस्वत तालाब' में मृकुण्ड नामक मछली पाई जाती है। प्रत्येक मास की शुल्क पक्ष की चतुर्दशी को इन मछलियों को आटा खिलाया जाता है और पितरों की शान्ति के लिए इनकी पूजा की जाती है।[२]

मछली कामदेव का वाहन या चिह्न माना जाता है। महाकवि विहारी ने इस तथ्य की ओर संकेत किया है।[३] यह ख्वाजा खिज्र नामक जल के देवता का वाहन है। अवध के नवाब मछली को अपने राजकीय चिह्न के रूप में धारण करते थे। आजकल उत्तर प्रदेश की सरकार की राजकीय मुद्रा (सील) में मछली का चिह्न अंकित पाया जाता है। विदेशों में भी मछली के सम्बन्ध में अनेक लोक-विश्वास उपलब्ध होते हैं।[४]

(५) **चींटी-चींटा**—चींटी प्राणियों में सबसे छोटा जीव है। यह अपनी लघुता और नम्रता के लिए प्रसिद्ध है। चींटी को आटा खिलाना पुण्यकारक है। इसीलिए धार्मिक व्यक्ति चींटियो के बिल पर आटा रखते या छींटते हुए दिखाई पड़ते हैं। जैनी लोग इस जीव को मारना पाप समझते हैं। अतः जैनी साधु मार्ग में चलते समय रास्ते को झाड़ू से साफ करके ही पैर रखते हैं। अन्यथा चींटियों के मर जाने की आशंका बनी रहती है।

चींटियों के द्वारा अपने अण्डों को एक स्थान से दूसरे स्थान को ले जाना वर्षा का सूचक है।[५] चींटी और चींटा दोनों ही गुड़ तथा चीनी के बड़े प्रेमी होते

---

१. सन्मुख आयउ दीख अरु मीना।
कर पुस्तक दुई विप्र प्रवीना॥
रा० च० मा (बा० का०) ३०३/४

२. एटकिन्सन—हिमालयन गजेटियर भाग २, पृ० ३८०।

३. मकराकृति गोपाल के, कुण्डल सोहत कान।
मनौ धस्यौ हिय घर समर; ड्यौढ़ी लसत निसान॥
—वि० स०

४. विशेष के लिए देखिए—
क्रुक—पा० रि० भाग २, पृ० २५४।

५. कल्हण—राजतंरगिणी—तरंग ८/७२२।

हैं। ऐसा कहा जाता है कि चींटी की घ्राण शक्ति बहुत तीव्र होती है। अतः जहाँ भी मिष्ठान्न रखा रहता है वहाँ वह सूंघकर पहुँच जाती है। चींटा के सम्बन्ध में भी यही बात कही जा सकती है। इसलिए हिन्दी में यह लोकोक्ति प्रसिद्ध है कि—

"जहाँ गुड़ होगा, वहाँ चींटा लगेगा।"

(६) **रेशम का कीड़ा**—यह शहतूत के पेड़ों पर पाला जाता है और उसकी पत्तियों को खाकर यह रेशम के तार को बुनता है। अन्त में इसे मार कर रेशम निकाला जाता है। इसीलिए अहिंसा प्रिय व्यक्ति 'मटका' नामक रेशमी वस्त्र का ही प्रयोग करते हैं जो इन कीड़ों की हत्या को बिना किये ही तैयार किया जाता है।

मिर्जापुर जिले में जब रेशम का कीड़ा घर में लाया जाता है तब कोल और भुँया जाति के लोग जमीन को गोबर से लीपकर इसे वहाँ रखते हैं। उनका विश्वास है कि इससे सौभाग्य की प्राप्ति होती है। उस घर के मालिक को अनेक नियमों का पालन करना पड़ता है। उसे पलंग पर नहीं सोना चाहिए। उसके लिए अपने बालों और नाखूनों का काटना निषिद्ध है। उसे सहवास तथा तैल-मर्दन नहीं करना चाहिए तथा घृतमिश्रित भोज्य पदार्थों का परित्याग आवश्यक है। घर का मालिक शृंगारमती देवी से अधिक मात्रा में रेशम उत्पन्न करने की प्रार्थना करता है। जब रेशम का कोआ (Coconus) दिखाई पड़ता है तब बड़ा उत्सव मनाया जाता है और गाँव की स्त्रियाँ गीत गाती हैं।[1]

(७) **मक्खी**—मक्खी की गणना अत्यन्त लघु तथा तिरस्कृत जीवों में की जाती है। यह गन्दे स्थानों में प्रायः निवास करती है। अतः घर में मक्खियों की अधिकता का होना शुभ नहीं माना जाता। मक्खी किम पेय द्रव्य—दूध, दही, चाय, शर्बत, रस में गिर जाती है तो उसे अपेय समझ कर फेंक दिया जाता है। इसीलिए किसी अवांछित व्यक्ति के विषय में यह कहा जाता है कि वह "दूध की मक्खी" बन गया है।

किसी भोज अथवा दावत में यदि मक्खी गिर कर मर जाय तो इसे शुभ मानते हैं। परीक्षा के लिए जाते समय लड़कों की दावात में यदि मक्खी गिर गई तो यह सफलता का सूचक माना जाता है। भोजन के प्रारम्भ में ही मक्खी का गिरना अशुभ है। इस सम्बन्ध में संस्कृत में एक लोकोक्ति प्रचलित है :—

"प्रथम ग्रास मक्षिका पातः।" जिसका अर्थ है भोजन के पहिले कौर में ही मक्खी का गिर जाना अर्थात् किसी कार्य के प्रारम्भ होते ही विघ्न का पड़ना।

---

१. क्रुक—पा० रि० भाग २, पृ० २५७।

अध्याय ७

मानव शरीर सम्बन्धी लोक-विश्वास

मानव शरीर के विभिन्न अङ्गों के सम्बन्ध में भी अनेक लोक विश्वास प्रचलित हैं। सिर से लेकर पैर तक जितने अङ्ग हैं उनमें से प्रत्येक के विषय में कोई न कोई मान्यता उपलब्ध होती है। इन अङ्गों में सिर, आँख, हाथ, जङ्घा और बालों से सम्बद्ध अनेक शकुन प्रसिद्ध हैं। इनमें से आँख और हाथ के फड़कने के सम्बन्ध में अनेक शकुन तथा अपशकुन पाये जाते हैं। इन्हीं सब शकुनों का संक्षिप्त रूप से विवरण यहाँ प्रस्तुत किया जाता है।

परिच्छेद १

(१) **केश**—शरीर के विभिन्न अङ्गों में केश का स्थान सर्वोपरि है। केश अत्यन्त पवित्र माना जाता है। स्त्रियाँ किसी मनौती की पूर्ति पर अपने बच्चों का मुण्डन संस्कार किसी पवित्र स्थान या नदी के किनारे करती हैं। बच्चों के इन बालों को बालक की फूआ (बुआ) या बहिन अपने आँचल में धारण करती है और उन्हें जमीन पर गिरने नहीं देती।

तीर्थ स्थानों में जाकर मुण्डन कराना प्रत्येक मनुष्य अपना पावन कर्त्तव्य समझता है। काशी में गङ्गा के किनारे, गङ्गा सागर (बङ्गाल) में समुद्र के तट पर, दक्षिण भारत में तिरुपति के बालाजी के मन्दिर में मुण्डन कराने की प्रथा विद्यमान है। यात्रियों का ऐसा विश्वास है कि इन स्थानों में मुण्डन कराने से मनुष्य उतने वर्षों तक स्वर्ग में निवास करता है जितने कि सिर में बाल होते हैं। इसी कारण तीर्थराज प्रयाग में मकर संक्रान्ति, मौनी अमावस्या तथा वसन्त पंचमी के अवसर पर, संगम के किनारे, मुण्डन के इच्छुक यात्रियों की भीड़ देखी जा सकती है।

संन्यासी लोग दीक्षित होने के पहिले अपने बालों को मुड़वा देते हैं। मृत व्यक्ति का अन्तिम संस्कार करने वाला व्यक्ति—दाही—तथा उसके कुटुम्ब के अन्य सभी पुरुष सदस्य "दशाह" के दिन अपना मुण्डन करवाते हैं। ऐसा माना जाता है कि केशों में 'छूत' होती है। अतः इन्हें कटवा देने से मृत्यु से उत्पन्न 'छूत' का दोष मिट जाता है। इसीलिए 'दशाह' के पश्चात् अशौच नष्ट हो जाता है।

परन्तु विभिन्न अवसरों पर बालों का काटना निषिद्ध माना जाता है। किसी व्यक्ति की मृत्यु हो जाने पर दस दिनों—अर्थात् 'दशाह'—तक घर के किसी भी सदस्य के लिए बाल कटवाना निषिद्ध है। घर में किसी बालक के पैदा हो जाने

पर अशौच के दिनों तक—संभवतः छठी संस्कार तक—बालों को नहीं काटना चाहिए। चेचक रोग का घर में प्रकोप होने पर जब तक इस रोग की अधिष्ठातृ देवी शीतला माता की पूजा नहीं हो जाती तब तक बालों को मुड़वाना वर्जित माना जाता है। आश्विन कृष्णपक्ष—जिसे पितृपक्ष भी कहा जाता है—में पितरों को तिलाञ्जलि देने वाले व्यक्ति के लिए क्षौर कर्म निषिद्ध है। लोगों का यह विश्वास है कि इस पक्ष में पितृ-हीन व्यक्तियों को क्षौर कर्म नहीं करवाना चाहिए। महालया (अमावस्या) के दिन पितरों को पिण्डदान करने के पश्चात् ही वे अपना मुण्डन करवा सकते हैं।

किसी कार्य की सिद्धि अथवा पूर्ति की मनौती मानने वाले व्यक्ति, कार्य सिद्धि पर्यन्त, अपने बालों को नहीं कटवाते। कुछ लोग अपने अभीष्ट को बिना सम्पादित किये, अपने चुटिया के बालों को न बाँधने की प्रतीक्षा करते हैं। नन्द वंश का नाश किये बिना, कूटनीतिज्ञ चाणक्य ने अपने शिखा को न बाँधने की प्रतिज्ञा की थी। इसी प्रकार से भरी सभा में अपमानित होने पर मनस्विनी द्रौपदी ने भी अपने केश कलापों को खुली रखने की प्रतिज्ञा की थी। वह केवल दुष्ट दुःशासन के रुधिर से ही उन्हें बाँधने के लिए तैयार हुई थी।

लोगों की ऐसी धारणा है कि बालों का उपयोग डायनों के द्वारा जादू और टोना करने के लिए किया जाता है। इसीलिए बालों को सुरक्षित रखने में लोग बड़ी सावधानी बरतते हैं। वे अपने कटे हुए बालों को किसी नदी अथवा तालाब में प्रवाहित कर देते हैं। सधवा स्त्रियों का मुण्डन करना, नितान्त निषिद्ध है। परन्तु विधवा स्त्रियाँ किसी तीर्थ स्थान में अपने बालों को कटवा सकती हैं। उनके लिए कोई निषेध नहीं है। जिस व्यक्ति के सिर में बाल नहीं होते उसे 'खल्वाट' कहा जाता है कि उसके विषय में यह प्रसिद्धि है कि वह कभी निर्धन नहीं हो सकता तथा सदा भाग्यवान् होता है।[1]

आयरलैंड में बालों को जादू और टोना करने का अनन्य साधन माना जाता है। अतः बालों को ऐसे स्थानों पर नहीं रखा जाता जहाँ चिड़ियायें उन्हें लेकर अपना घोंसला बना सकें। ऐसा होने पर वह व्यक्ति वर्ष भर तक सिर दर्द से पीड़ित रहता है।[2] यदि विदेशों में प्राप्त 'मैगपाई' नामक पक्षी किसी व्यक्ति के बालों से अपना घोंसला बनाता है तो एक साल के भीतर ही उस व्यक्ति की मृत्यु हो जाती है।[3] कङ्घी करने पर सिर के बालों का अधिक संख्या टूट कर निकलना भावी विपत्ति का सूचक है। आकस्मिक तथा भयानक घटनाओं के कारण, या दुःख की

---

१. क्वचित् काणः भवेत् साधुः
क्वचित् खल्वारनिर्धनः।

२. लेड़ी वाइल्ड—'लीजेण्डस' पृ० १६७।

३. डायर—इ० फो०, पृ० २७६।

अधिकता से बालों के एकाएक सफेद हो जाने की धारणा प्रचलित है। महाकवि शेक्सपियर ने इस तथ्य की ओर संकेत किया है।[1]

(२) **मस्तक तथा ललाट**—सिर का बड़ा होना शुभ तथा प्रशस्त माना गया है। एक लोकोक्ति में यह कहा गया है बड़े आदमियों का सिर बड़ा होता है।[2] इसके ठीक विपरीत सिर का छोटा होना बुद्धिहीनता का सूचक है।

इसी प्रकार से ललाट का उन्नत होना सौभाग्य का सूचक है। सामुद्रिक शास्त्र के अनुसार ललाट का उन्नत होना शुभ है। महाकवि श्रीहर्ण ने दमयन्ती के उन्नत ललाट की उपमा अर्धचन्द्र से दी है जिससे उसकी विशालता का कुछ अनुमान किया जा सकता है।[3] आधुनिक मनोवैज्ञानिकों के अनुसार ललाट का उन्नत होना बुद्धिमत्ता का सूचक है। इसके विपरीत ललाट का नीचा या गहरा होना मूर्खता का परिचायक है। कुछ लोगों के ललाट में तीन उर्ध्व रेखाएँ होती हैं जो मङ्गल तथा कल्याण करने वाली मानी जाती हैं।

(३) **आँख**—आँखों के सम्बंध में जितने अधिक लोक-विश्वास प्राप्त होते हैं उतने संभवतः शरीर के अन्य किसी अङ्ग के विषय में नहीं हैं। सर्वसाधारण लोगों की ऐसी दृढ़ धारणा है कि पुरुषों की दाहिनी ओर स्त्रियों की बायीं आँख का फड़कना शुभ है, इसके विपरीत अशुभ माना जाता है। स्त्रियों की बायीं आँख का फड़कना उनके प्रियतम के आगमन की सूचना देता है।

गोस्वामी तुलसीदास ने इस लोक विश्वास का अनेक बार उल्लेख किया है। मंथरा द्वारा उकसाये जाने पर कैकेयी के दाहिने नेत्र के स्फुरण से भावी आपत्ति का आभास होने लगता है।[4] अशोक वाटिका में बैठी हुई सीता के बायें नेत्र के फड़कने से उसके हृदय में राम से मिलन की आशा का संचार होता है।[5] रावण-बध के पश्चात् राम के अयोध्या लौटते समय, भरत के दाहिने नेत्र और भुजा का फड़कना प्रिय के आगमन का सूचक है।[6] संस्कृत की कथाओं में पुरुषों की दाहिनी

---

१. डायर—इ० फो०, पृ० २७७।

२. सिर बड़ा सरदार का, पैर बड़ा गंवार का।

३. श्रीहर्ष—नैषधीय—चरित।

४. सुन मंथरा बात फुर तोरी।
दाहिनी आँख नित फरकत मोरी ॥ रा० च० मा० (अ० का०)।

५. जब उर भयेउ, विरह उर दाहू;
फरकेउ वाम नयन अरु बाहू।
सगुन विचार धरी मन धीरा;
अब मिलिहहिं कृपाल रघुबीरा ॥ रा० च० मा० (लं० का०) १००/३।

६. भरत नयन, भुज दक्खिन; फरकत बारहिं बार।
जानि सगुन मन हरष अति, लागे करन विचार ॥ रा० च० मा० (उ० का०)।

आंख का फड़कना शुभ की सूचना देता है।[१]

संस्कृत साहित्य में आँखों के फड़कने के सम्बन्ध में अनेक लोक विश्वास पाये जाते हैं। चारुदत्त नाटक में विदूषक की बायीं आँख का फड़कना चोरी की सूचना देने के रूप में अमङ्गलकारी माना गया है।[२] मृच्छकटिक में वसन्त सेना के दाहिने नेत्र का स्फुरण भावी विपत्ति का सूचक है।[३] कालिदास ने कण्व के आश्रम में प्रवेश करते समय दुष्यन्त की दाहिनी आँख और भुजा का फड़कना शुभ माना है।[४] राजा दुष्यन्त के दरबार में पहुँचने पर शकुन्तला के दाहिने नेत्र का फड़कना, पति द्वारा परित्याग का अशुभ सूचक माना गया है।[५] परन्तु राजा दुष्यन्त की दाहिनी भुजा का स्फुरण सुन्दर स्त्री की प्राप्ति का सूचक है।[६]

लक्ष्मण के द्वारा सीता को वन में भ्रमण के लिए ले जाते समय सीता के दाहिने नेत्र का स्फुरण अशुभ है।[७] मालविकाग्निमित्र नाटक में मालविका के बायें नेत्र का फड़कना प्रिय के दर्शन की सूचना देता है।[८] मुद्राराक्षस नाटक में अमात्य राक्षस की वामनेत्र का स्फुरण अशुभ माना गया है।[९] कादम्बरी में मन्त्री शुकनास के साथ, गर्भवती रानी विलासवती के भवन में राजा तारापीड़ की दाहिनी आँख का फड़कना पुत्र रत्न की प्राप्ति का सूचक है।[१०]

मृग, मीन और खंजन सुन्दर नेत्रों के उपमान माने जाते हैं। अतः मृग और मीन के समान जिस स्त्री की आँख होती हैं उसे मृगनैनी या मीनाक्षी कहा जाता है। ऐसी स्त्री शुभ तथा कल्याणकारिणी होती है। दक्षिण भारत में मदुराई (मदुरा) नगर में मीनाक्षी देवी का अत्यन्त विशाल, सुन्दर तथा भव्य मन्दिर स्थित है जो अपनी कला और सुन्दरता में अद्वितीय है।

जिस व्यक्ति की एक आँख नहीं होती उसे 'एकाक्ष' कहा जाता है। प्रातः-काल में ऐसे व्यक्ति का दर्शन अशुभ है। इसी प्रकार से जो व्यक्ति सूरदास की उपाधि से विभूषित होता है उसका दर्शन भी अमङ्गलकारी है परन्तु एकाक्ष से कम।

१. टानी—ओ० स्टो० भाग १, पृ० १२८।
२. भास—चारुदत्त अङ्क ३, पृ० ३८।
३. शूद्रक—मृच्छकटिक अङ्क ६।
४. कालिदास—शकुन्तला—अङ्क १/१४।
५. अहो मे बामेतरं नयनं स्फुरति। शकुन्तला—अङ्क ५।
६. शकुन्तला—अङ्क ७/१३।
७. रघुवंश—१४/४६।
८. मालविकाग्निमित्र—अङ्क २/४।
९. विशाखदत्त—मुद्रा राक्षस, अङ्क ४
१०. वाण—कादम्बरी—पूर्व भाग।

जो व्यक्ति कुछ तिरछा देखता है उसे 'ऐंचा ताना' कहते हैं। ऐसे व्यक्ति कभी खंजन नहीं होते हैं। इनकी दुर्जनता के विषय में यह लोकोक्ति प्रसिद्ध है कि—

"सौ में अंधा, हजार में काना।
सवा लाख में ऐंचा ताना॥
ऐंचा ताना कहे पुकार।
कञ्जा से रहिहेउ होसियार॥

कहने का आशय यह है कि जो व्यक्ति नेत्रों से रहित अथवा नेत्र-दोष सहित हैं वे कभी सज्जन नहीं हो सकते। लोक-जीवन में इन विश्वासों का प्रत्यक्ष अनुभव किया जा सकता है।

(४) **कान**—कानों का लम्बा होना शुभ माना जाता है। महायान बौद्ध धर्म में तथागत की मूर्तियों के कान लम्बे दिखलाये गये हैं। किसी व्यक्ति के बायें कान स्फुरण अशुभ तथा दाहिने का शुभ माना जाता है।

विदेशी लोक विश्वास के अनुसार दाहिने कान का फड़कना किसी मित्र से वार्ता की सूचना देता है। परन्तु यदि बायाँ कान फड़कता हो तो शत्रु से बातें होती हैं। महाकवि शेक्सपियर ने भी अपने एक नाटक में इस विश्वास की ओर संकेत किया है।[१] फ्रांस में ठीक इसके विपरीत रूप में यह धारणा विद्यमान है। वहाँ बायें कान का फड़कना शुभ है। ब्रिटेन में दाहिने कान का स्फुरण शुभ और बायें का अशुभ माना जाता है।[२]

(५) **मुख**—मुख का प्रसन्न या अप्रसन्न होना शुभ या अशुभ का द्योतक है। लोक गीतों में इसका बहुशः उल्लेख हुआ है। विवाह के पश्चात् उदासीन होकर लौटने वाले अपने पुत्र के मुख को देखकर उसकी माता किसी अनिष्ट की आशंका करती है।[३]

राम के द्वारा लंका पर चढ़ाई करते समय वानरी सेना का प्रसन्न मुख होना शुभ सूचक माना गया है।[४] चम्पू रामायण में वीरों का युद्ध करने के लिए प्रस्थान करते समय उनकी स्त्रियों के मुँह का मलीन होना अशुभ है।[५] अंग्रेजों में एक कहावत प्रसिद्ध है कि मानव का मुख उसके हृदय गत भावों की सूचना देता है।[६] इससे ज्ञात होता है कि मुख को देखने से मनुष्य की प्रसन्नता या उदासीनता का पता चलता है और उससे शुभ या अशुभ घटनाओं का अनुमान किया जा सकता है।

---

१. "Much Ado About nothing."
२. डायर—इ० फो०, पृ० २७९।
३. हँसत खेलत मोर बाबू गइले।
मनबेदिल काहे अइले॥ भो० लो० गी०, भाग १।
४. वा० रा० (यु० का०) ४,५५।
५. चम्पू रामायण (यु० का०)।
६. Face is the index of heart.

(६) **बाँह**—बाँह को भुजा भी कहते हैं। इसके फड़कने अथवा स्फुरण के सम्बन्ध में अनेक लोक विश्वास प्रचलित हैं। लोगों की ऐसी मान्यता है कि पुरुषों की दाहिनी और स्त्रियों की बायीं भुजा का फड़कना शुभ होता है। इसके विपरीत का होना अशुभ है। लोक-गीतों में इस विश्वास का उल्लेख अनेकशः उपलब्ध होता है।[१] महाकवि बिहारी ने भी इस तथ्य की ओर संकेत किया है।[२] हिन्दी के अन्य कवियों ने भी इस विश्वास का उल्लेख किया है।[३]

संस्कृत साहित्य में प्रचुर परिमाण में इस विश्वास के उदाहरण उपलब्ध होते हैं। राम के साथ युद्ध करने के लिए जाते हुए खर नामक राक्षस की बायीं भुजा का फड़कना अशुभ सूचक माना गया है।[४] कांचन मृग को मार कर लौटते समय राम की वाम बाहु का फड़कना सीता-हरण की सूचना देता है।[५] कालिदास के अनुसार इन्दुमती के स्वयम्वर में अज की दाहिनी भुजा का स्फुरण मंगल कारक है।[६] इसी प्रकार से राजा पुरुरवा की दाहिनी भुजा का फड़कना उर्वशी से भावी मिलन की सूचना देता है।[७]

भुजाओं का लम्बा होना सौभाग्य-सूचक माना जाता है। वाल्मीकि ने राम के शारीरिक सौन्दर्य का वर्णन करते हुए उन्हें 'आजानुवाहुः' लिखा है।[८] महा पुरुषों की भुजाएँ घुटने तक लम्बी होती हैं जो शुभ मानी जाती है। कृष्णानन्द नामक कवि ने राजा नल की बाहुओं के सुदीर्घ होने का उल्लेख किया है।[९] लोक गीतों में "अलफी बहियों"—लम्बी भुजाओं की प्रशंसा की गई है।[१०]

बाहों की कुहनी का मध्य भाग यदि आगे की ओर अधिक झुका हुआ हो तो यह सौभाग्य-सूचक माना जाता है। अनेक भाग्यवान् पुरुषों में यह लक्षण पाया जाता है।

---

१. डा० कृष्णदेव उपाध्याय—भो० लो० गी०, भाग १।

२. वाम बाहु फरकत मिले,
जो हरि जीवन मूरि।
तो तोंही सो भेटिहों,
राखि दाहिनी दूरि ॥ वि० स०

३. सूरदास—सूर-सागर।

४. वा० रा० (अ० का०) २३/१७।

५. वा० रा० (अ० का०) ५७/२४।

६. रघुवंश ६/६८।

७. कालिदास—विक्रमोर्वशी अंक ३/६

८. वा० रा० (अ० का०) सर्ग १

९. कृष्णानन्द—सहृदयानन्द, सर्ग १/३८।

१०. अलफी बहियाँ रे कर हबों।
डा० उपाध्याय—भो० लो० गी०, भाग १।

(७) **वक्षस्थल**—छाती का चौड़ी तथा विशाल होना शुभ माना जाता है। कालिदास ने रघुवंशी राजाओं का वर्णन करते हुए लिखा है कि उनकी छाती चौड़ी, कंधे मजबूत और भुजाएँ लम्बी होती थीं।[1] लोगों की यह दृढ़ धारणा है कि जिसकी छाती में बाल नहीं होते उस व्यक्ति पर विश्वास नहीं करना चाहिए।[2] इसके ठीक विपरीत छाती में बालों से युक्त व्यक्ति सज्जन तथा विश्वसनीय होता है। कौमुदी महोत्सव नाटक में कुमार के वक्षस्थल का श्रीचिह्न से चिह्नित होना शुभ माना गया है।[3] वैष्णव धर्मावलम्बी अपने वक्षस्थल में चन्दन का टीका लगाते हैं और शैव लोग इसे भस्म से विभूषित करते हैं। रामानुजाचार्य के अनुयायी रामानुजी वैष्णव अपने बाहुओं तथा वक्षस्थल को 'तममुद्रा' से अंकित करते हैं। मुद्रा इनका साम्प्रदायिक चिह्न है। अतः इसे धारण करना इनके लिए आवश्यक माना जाता है।

(८) **मन**—मन की प्रसन्नता और अप्रसन्नता से भी शुभ अथवा अशुभ का अनुमान किया जाता है। मन का उदासीन तथा दुःखी होना अशुभ सूचक है तथा इसके विपरीत इसका प्रसन्न तथा सुखी होना मंगल कारक है। राम के विवाह के पश्चात् जनकपुरी से अयोध्या लौटते समय दशरथ के मन का विषाद युक्त होना अशुभ माना गया है।[4] कांचन मृग को मार कर राम के चित्त का उदासीन होना सीता हरण का सूचक है।[5] विक्रमोर्वशीय नाटक में राजा पुरुरवा के मन में अचानक आनन्द का अनुभव होना उर्वशी की प्राप्ति की सूचना देता है।[6] सीता-हरण के बाद राम के मन का प्रसन्न होना भावी कार्य सिद्धि का शुभ सन्देश सूचक है।[7]

साधारण मनुष्यों की भी यही धारणा है कि जब मन प्रसन्न हो, जब उसमें कार्य करने के लिए उत्साह पाया जाता हो, तभी किसी कार्य का श्रीगणेश करना चाहिए। अंगिरा नामक आचार्य या ऋषि का मत है कि जब मन में उत्साह भरा हो तभी कोई काम प्रारम्भ करना उचित है अन्यथा नहीं।[8] शेक्सपियर ने अपने एक नाटक में मन का उदास तथा दुःखी होना आपत्ति का सूचक माना है।[9]

---

१. व्यूढोरलकः, वृषस्कन्धः,
शालप्रांशुः, महाभुजः।
रघुवंश, सर्ग १ श्लोक—१३।
२. जेकरा छाती बार ना,
ओकर एतबार ना। लोकोक्ति।
३. विज्जका—कौ० म० अक १/६।
४. बालमीकीय रामायण (बा० का०) ७४/१२।
५. वा० रा० (अ० का०) ५७/२४।
६. कालिदास—विक्रमोर्वशी अं० २/६,
७. अभिनन्द – रामचरित ४/७६।
८. अंगिरा मनसि उत्साहः।
९. शेक्सपियर—मरचेण्ट आफ वेनिस, अंक १।

अध्याय ८

विविध लोक-विश्वास

परिच्छेद १

अनुच्छेद १ : मास सम्बन्धी लोक-विश्वास

पक्ष विक्रमीय संवत चैत्र मास के शुक्ल पक्ष की प्रतिपदा से प्रारम्भ होता है। अतः चैत्र को वर्ष के प्रारम्भ का प्रथम मास माना जाता है। वर्ष में बारह महीने होते हैं जिनमें से प्रत्येक के सम्बन्ध में कोई न कोई लोक-विश्वास प्रचलित है।

इसी प्रकार से पश्चिमीय देशों में वर्ष का प्रारम्भ जनवरी महीने से होता है। भारत में पूरे वर्ष में छः ऋतु होते हैं [१] :—(१) शिशिर (२) वसन्त (३) ग्रीष्म (४) वर्षा (५) शरद् (६) हेमन्त। परन्तु विदेशों में केवल तीन ही ऋतुयें प्रधानतया होती हैं—(१) जाड़ा, (२) गर्मी और (३) वर्षा। हमारे देश में वर्ष का प्रारम्भ वसन्त ऋतु से होता है परन्तु पाश्चात्य देशों में यह जनवरी अर्थात् जाड़े की ऋतु (Winter) से प्रारम्भ होता है। इन्हीं विभिन्न मासों और ऋतुओं के सम्बन्ध में प्रचलित लोक-विश्वासों की यहाँ संक्षिप्त रूप से चर्चा की जाती है।

(१) **श्रावण**—इस मास को सावन भी कहा जाता है जो परम पवित्र महीना है। इसमें शिव की पूजा का विशेष विधान है। शैव लोग शिव की प्रतिमा पर विसम संख्या (अर्थात् ११, २१, ५१ या १०१) में बेल-पत्र चढ़ा कर उनकी पूजा करते हैं। कुछ लोग इन पत्रों पर लाल स्याही से राम-राम लिखकर भगवान् शिव पर चढ़ाते हैं अथवा उन्हें अर्पित करते हैं। लोगों का यह विश्वास है कि इससे अधिक पुण्य की प्राप्ति होती है। भगवान् पर जो बेलपत्र चढ़ाया जाय वह कीड़ों से खाया गया तथा किसी प्रकार से दूषित नहीं होना चाहिए।

सावन मास के प्रत्येक सोमवार को शिव की पूजा का विशेष महत्व है। अतः काशी में इस मास में प्रत्येक सोमवार को शिव के मन्दिर में दर्शन के लिए लोगों की बड़ी भीड़ एकत्रित होती है। सारनाथ में इस दिन मेला भी लगता है तथा वहाँ के 'सारङ्गनाथ' नामक शिव के मन्दिर में दर्शन तथा पूजन किया जाता है। काशी के 'मानस मन्दिर' में भक्तों की भीड़ लगती है जहाँ वे यन्त्रों से चालित देवी-देवताओं की प्रतिमा का दर्शन करते हैं। काशी और अयोध्या में झाँकिया भी सजाई जाती हैं।

---

१. शिशिरश्च वसन्तश्च; ग्रीष्मो, वर्षा, शरद्धिमः

श्रावन शुक्ला सप्तमी के दिन गोस्वामी तुलसीदास की पुण्य स्मृति मनाई जाती है तथा रामायण का पाठ और व्याख्या आदि का भी आयोजन किया जाता है। इस मास में अयोध्या तथा विशेष कर मथुरा में 'सावन झूला' का मेला भी लगता है। इस अवसर पर सजाई गई इन झाँकियों का दर्शन करना परम पुण्य का कार्य है।

(२) **भाद्रपद**—इसे ग्रामीण क्षेत्रों में भादों कहा जाता है। भाद्रपद मास के कृष्ण पक्ष की अष्टमी को साक्षात् भगवान् श्रीकृष्ण ने इस धराधाम पर अवतार ग्रहण किया था। इसलिए इस तिथि को "कृष्ण जन्माष्टमी" भी कहा जाता है।

भादों का महीना बड़ा ही अशुभ माना जाता है। इस मास में किसी भी मांगलिक कार्य का सम्पादन निषिद्ध है। नयी वधू की विदाई इस महीने में करना अत्यन्त निषिद्ध है। गाँवों में यह लोकोक्ति प्रसिद्ध है कि भाद्रपद मास में लाठी को घर से बाहर नहीं निकालना चाहिए—"भादों में लाठी के भी घर से ना निकाले के चाहीं।"

भादों की काली रात अपने घनघोर अन्धकार के लिए प्रसिद्ध है जिसकी सघनता की सूचना के लिए "सूचि भेद्यं तमः" (अर्थात् सुई से छेदने योग्य अन्धकार) की उपमा दी जाती है। 'भादो-भदवारी' में कहीं आना-जाना निषिद्ध है। इसलिए इस मास में एक मकान को छोड़ कर दूसरे में जाना भी मना है।

(३) **आश्विन**—इस मास को ग्रामीण भाषा में 'कुवार' कहा जाता है। उत्तर प्रदेश के पश्चिमी जिलों में यह 'असौज' के नाम से प्रसिद्ध है जो 'अशौच' का अपभ्रंश रूप है। कुवार मास के कृष्ण पक्ष के पन्द्रह दिनों को 'पितृ-पक्ष' के नाम से जाना जाता है। इस पक्ष में पितरों को जलाञ्जलि दी जाती है तथा अमावस्या—जिसे महालया भी कहा जाता है—के दिन पिण्डदान कर ब्राह्मणों को भोजन कराया जाता है। जो व्यक्ति अपने पितरों को जलाञ्जलि देता है उसे कम से कम इन पन्द्रह दिनों तक ब्रह्मचर्य का पालन करना चाहिए। उसके लिए क्षौर कर्म तथा शरीर में तेल-मर्दन भी निषिद्ध है।

जिन लोगों के पिता जीवित हैं उनके लिए नेंनुआ की तरकारी खाना वर्जित है। अतः इस मास में ननुआ का शाक सस्ता बिकने लगता है। स्वास्थ्य की दृष्टि से इस मास में दूध नहीं पीना चाहिए।

आश्विन के शुक्ल पक्ष की प्रतिपदा से लेकर नवमी तक के नौ दिनों को "नवरात्र" कहा जाता है। इन दिनों में दुर्गा के मन्दिरों में "दुर्गा सप्तशती" का पाठ करना अत्यन्त पुण्य कारक तथा मंगलदायक है। कुछ लोग पूरे नवरात्र भर व्रत करते हैं। नवरात्र के अन्तिम तीन दिनों—सप्तमी, अष्टमी और नवमी—में सरस्वती शयन होता है अर्थात् विद्या की अधिष्ठातृ देवी सरस्वती शयन करती

रहती हैं। अतः इन दिनों में अध्ययन करना वर्जित है। इस मास की दशमी को 'दशहरा' का सुप्रसिद्ध त्योहार मनाया जाता है। इस प्रकार आश्विन का महीना अनेक दृष्टियों से महत्त्वपूर्ण है।

(४) **कार्तिक मास**—इस मास को ग्रामीण जनता 'कातिक' कहती है। इस महीने में गंगा स्नान का अत्यधिक महत्व है। भक्त लोग पूरे मास तक सूर्योदय के पूर्व ही गंगा स्नान कर अनन्त पुण्य के भागी बनते हैं। जो व्यक्ति सम्पूण मास तक स्नान नहीं कर सकता, यदि वह अन्तिम पाँच दिनों—एकादशी से पूर्णिमा तक—में ही स्नान करे तो समस्त पुण्य को प्राप्त कर सकता है। काशी में पचगंगा घाट पर इस मास में गंगा स्नान करना विशेष रूप से पुण्यदायक है।

कार्तिक पूर्णिमा के अवसर पर विहार राज्य के सोनपुर स्थान में 'हरिहर क्षेत्र' का मेला; बलिया में ददरी का मेला; और मेरठ जिले के गढ़मुक्तेश्वर नामक स्थान में गंगा स्नान का मेला लगता है। इस अवसर पर लाखों किम्बा करोड़ों नर-नारी गंगा की पावन धारा में स्नान कर अपने को पाप से मुक्त मानते हैं।

इस मास में तुलसी पूजा का भी बड़ा महत्त्व है। गंगा में स्नान कर, तुलसी की पूजा की जाती है। शुक्ल पक्ष की एकादशी के दिन विष्णु के साथ तुलसी का विवाह भी सम्पादित किया जाता है। स्त्रियाँ इस अवसर पर लोकगीत गाती हैं। कार्तिक शुक्ल एकादशी को 'देवोत्थानी एकादशी' भी कहते हैं। इस दिन भगवान् विष्णु अपनी चार मास की निद्रा का परित्याग कर जागते हैं। कार्तिक शुक्ल नवमी अक्षय नवमी के नाम से प्रसिद्ध है। इस दिन आँवला वृक्ष के नीचे ब्राह्मणों को भोजन कराना पुण्यदायक है। इस दिन दिया गया दान 'अक्षय' होता है। अतः धार्मिक व्यक्ति भतुआ (पेठा) के भीतर सोना-चाँदी रखकर उसे गुप्त-दान के रूप में दिया करते हैं।

(५) **अगहन**—कातिक शुक्ल एकादशी-अर्थात् देवोत्थानी एकादशी के पश्चात् सभी मांगलिक कार्यों का सम्पादन प्रारम्भ हो जाता है। यद्यपि शास्त्रीय नियमों के अनुसार अगहन में विवाहादि कार्यों का करना निषिद्ध नहीं किया है परन्तु लोगों की यह दृढ़ धारणा है कि इस मास में विवाह नहीं करना चाहिए। राम और सीता का विवाह इसी अगहन मास में हुआ था जिसके फलस्वरूप राम को वनवास मिला और सीता को लंका में अशोक वाटिका में निवास करना पड़ा तथा चौदह वर्षों तक प्रिय राम के वियोग का दुःख भोगना पड़ा। अतः जनता इस मास में विवाह करना अशुभ तथा अमंगलकारी मानती है।

परन्तु इस मास में गवना के विषय में यह बात नहीं कही जा सकती। सच तो यह है कि यह महीना गवना के लिए अत्यन्त शुभ तथा प्रशस्त माना जाता है। इसलिए अगहन मास गवना के लिए अति उत्तम है। इस मास में पालकी में बैठ कर ससुराल जाती हुई अनेक बहुओं को देखा जा सकता है।

(६) **माघ**—माघ का महीना भी पवित्र है। इस मास में तीर्थराज प्रयाग में त्रिवेणी के तट पर "कल्पवास" करने का बड़ा महत्त्व है। "कल्पवासी" वे लोग कहे जाते हैं जो संगम के तट पर झोपड़ियों में निवास करते हुए, सूर्योदय के पहले प्रतिदिन गंगा में स्नान करते हैं। इन कल्पवासियों को अनेक नियमों का पालन करना पड़ता है—जैसे चारपाई पर नहीं सोना, शरीर में तेल नहीं लगाना तथा दिन-रात में केवल एक बार भोजन करना आदि।

प्रत्येक वर्ष की १४ जनवरी को संक्रान्ति का त्यौहार मनाया जाता है। ग्रामीण अंचल में इसे 'खिचड़ी संक्रान्ति' भी कहते हैं क्योंकि इस दिन खिचड़ी खाने का बड़ा महत्त्व है। माघ की यह संक्रान्ति 'मकर संक्रान्ति' के नाम से समधिक प्रसिद्ध है। इस दिन प्रयाग में संगम तट पर बड़ा भारी मेला लगता है और लाखों व्यक्ति संगम में स्नान कर अनन्त पुण्य का अर्जन करते हैं। जिस प्रकार कार्तिक मास में, काशी में, गंगा स्नान का महत्त्व है उसी प्रकार माघ मास में प्रयाग में, यमुना में, स्नान करना पुण्यदायक समझा जाता है। ऐसी जनता की मान्यता है कि कार्तिक शुक्ल द्वितीया— जिसे भइया दूज भी कहा जाता है—के दिन यमुना में स्नान करने वाला व्यक्ति यमलोक में जाने के भय से मुक्त हो जाता है। यमराज की बहिन यमुना है। अत: यम ने अपनी बहिन को यह वरदान प्रसन्न होकर दिया था। मथुरा में भी इस मास में यमुना-स्नान का समधिक महत्त्व है। माघ में तिल दान करना तथा तिल का तेल शरीर में लगाना शुभ तथा पुण्यकारक है।

(७) **फाल्गुन**—इसे ग्रामीण लोग फागुन कहते हैं। यह बड़ा ही मस्ती तथा आनन्द का महीना माना जाता है। फागुन मास की शुक्ल पूर्णिमा को होली का सुप्रसिद्ध त्यौहार मनाया जाता है जिसमें अत्यन्त उल्लास तथा प्रसन्नता का प्रदर्शन होता है। इस मास में प्रकृति में भी परिवर्तन दिखाई पड़ता है। वसन्त के आगमन से सर्वत्र प्रसन्नता दृष्टिगोचर होती है।

इस मास में ब्रह्मचारी बालकों का यज्ञोपवीत करना प्रशस्त माना जाता है। अतः अधिकांश बालकों का जनेऊ संस्कार इस महीने में होता है। मिर्जापुर के पास विन्ध्यवासिनी के मंदिर में सामूहिक यज्ञोपवीत संस्कार का दृश्य देखा जा सकता है। विवाह के लिए यह महीना शुभ है। अतः भोजपुरी प्रदेश में फागुन में बरातों की धूम लग जाती है। जहाँ देखिए उधर ही बरातियों का हंगाम दिखाई पड़ता है। गवना के लिए भी यह मास उत्तम माना जाता है। जिस विवाहित युवक का गवना अगहन मास में नहीं हो पाता उनका गवना फागुन में अवश्य ही सम्पादित किया जाता है। इस प्रकार विवाह और गवना दोनों ही मांगलिक कार्यों के लिए फागुन का मस्त महीना शुभ होने के साथ ही प्रशस्य भी है।

(८) **चैत्र**—चैत्र मास को शुक्लपक्ष की नवमी के दिन भगवान् राम ने इस

धरा धाम पर अवतार ग्रहण किया था। इसीलिए इस दिन को 'रामनवमी' कहा जाता है। रामचन्द्र के जन्म लेने के कारण इस मास को बड़ा पवित्र माना जाता है। इस मास में वसन्त ऋतु का आगमन होता है। अतः इसे 'मधुमास' भी कहते हैं। वसन्त के आगमन के कारण प्रकृति में नया उल्लास तथा प्रसन्नता दिखलाई पड़ती है। वृक्षों में नयी और कोमल पत्तियाँ निकल आती हैं, जंगलों में फूल विकसित होकर अपनी अलौकिक सुगन्ध से प्रकृति को सौरभान्वित कर देते हैं। बाग-बगीचों में कोयल की मधुर वाणी लोगों के मन को मोह लेती है। ऐसी दशा में प्रकृति की बड़ी सुन्दर और सुहावनी लगती है। भारतीय नव वर्ष का प्रथम मास होने के कारण, तथा प्रकृति में नवीन उल्लास तथा प्रफुल्लता के आगमन से इस मास को पवित्र माना जाता है।

ब्रह्मचारी बालकों का उपनयन संस्कार इसी मास में सम्पादित किया जाता है। मुण्डन संबंधी मनौतियाँ भी इसी मास में मनाई जाती हैं। विवाह के पश्चात् 'गवना' के लिए चैत्र का महीना प्रशस्त माना जाता है। अतः ग्रामीण क्षेत्रों में इस मास में परदे से घिरी हुई पालकियों के भीतर बैठी हुई बहुओं को देखा जा सकता है। शारदीय नवरात्र आश्विन शुक्ल प्रतिपदा से प्रारम्भ होता है जिसमें दुर्गा की पूजा का विशेष महत्त्व है।

(ई) **मलमास**—चान्द्र मास की गणना के अनुसार तीन वर्षों के पश्चात् जो एक अधिक मास होता है उसे लोक-भाषा में "मलमास" कहा जाता है। इसे 'पुरुषोत्तम मास' भी कहते हैं। यह महीना परम पवित्र है। यद्यपि इस मास में कोई मांगलिक कृत्य—यज्ञोपवीत, विवाह और गवना आदि—करना निषिद्ध है परन्तु धर्म संबंधी पूजा-पाठ आदि के लिए यह शुभ है।

भगवान् विष्णु की पूजा-अर्चा इस मास में विशेष रूप से की जाती है। कुछ लोग नियमित रूप से प्रतिदिन गंगा स्नान कर भगवान् का पूजन करते हैं। बिहार राज्य के राज्यगृह नामक स्थान में इस मास में बड़ा भारी मेला लगता है जहाँ तप्तकुण्ड में स्नान करना पुण्यकारक माना जाता है।

अनुच्छेद २ : दिन संबंधी लोक-विश्वास

सप्ताह के सात दिनों में से प्रत्येक के संबंध में लोक विश्वास प्रचलित हैं। परन्तु इनमें भी शनिवार, रविवार तथा मंगलवार के विषय में इन विश्वासों की अधिकता प्राप्त होती है। इनमें कोई दिन किसी कार्य को करने के लिए शुभ और कोई अशुभ माना जाता है। यह कुछ कम आश्चर्य की बात नहीं है कि इस आधुनिक वैज्ञानिक युग में भी, विदेशों में भी इन विभिन्न वासरों (दिनों) के संबंध में लोक-विश्वास की स्थिति पायी जाती है। इस विषय का संक्षेप में यहाँ विवरण दिया जा रहा है।

रविवार—इङ्गलैण्ड के डेवोन शायर प्रदेश में रविवार के दिन नाखून काटना निषिद्ध माना गया है।[1] रविवार को दाढ़ी बनाना अशुभ है। ऋतु सम्बन्धी अनेक विश्वास इस दिन (रविवार) से जुड़े हुए हैं। नारफोक के निवासियों की यह धारणा है कि यदि रविवार को वर्षा प्रारम्भ होती है तो इसका क्रम पूरे सप्ताह तक चलता रहता है। फाइक शायर के लोगों की भी यही मान्यता है।[2] इङ्गलैण्ड के पश्चिमी भाग में सप्ताह के विभिन्न दिनों में उत्पन्न बालकों की विशेषताओं के सम्बन्ध में अनेक लोक विश्वास प्रचलित हैं। ग्लोसेस्टर शायर की जनता की यह धारणा है कि रविवार के दिन यदि कोई कब्र खुली छोड़ दी जाय तो एक मास के भीतर उस परिवार में मृत्यु अवश्यंभावी है। पर्थ शायर में यह माना जाता है कि सप्ताह के अन्य दिनों की अपेक्षा रविवार को रोगी का बुखार बढ़ जाता है। रविवार को प्रातः काल में छींकना शुभ लक्षण है।[3]

मंगलवार—रविवार की भाँति मंगलवार को भी व्रत किया जाता है। दिन भर व्रत रखकर व्रती केवल सन्ध्या के समय एक बार भोजन ग्रहण करता है। इस व्रत में लवण खाना निषिद्ध है। चूँकि मंगल ग्रह का रंग लाल है, अतः इस दिन व्रती के लिए ऐसी वस्तुओं का ग्रहण अभीष्ट है जिनका रंग लाल हो। अतः निर्धन लोग गुड़ रोटी खाते हैं। धनी लोग 'पूआ' या ठेकुआ को भोजन के रूप में ग्रहण करते हैं। नमक को इस दिन न खाना स्वास्थ्य की दृष्टि से भी लाभदायक है। लवण का अभाव उच्च रक्त-चाप को सीमित रखने में समर्थ होता है।

किसी मङ्गल कार्य का इस दिन प्रारम्भ ग्रामीण जनता द्वारा शुभ नहीं माना जाता। परन्तु शास्त्र में इस दिन किसी कार्य का श्रीगणेश शुभ माना गया है। इतना ही नहीं, इस दिन समाप्ति भी मङ्गलकारणी होती है। इसीलिए यह कहा गया है कि :—

"स्थाप्यं समाप्यं शनि-भौम-वारे।"

नव विवाहित वधू की विदाई मंगलवार तथा रविवार को करना अत्यन्त

---

१. डायर—इ० फो०, पृ० २३५।
"Who on Sabbath pairs his horn;
It were better for him;
He had never been born."

२. If it rains on Sunday, before mess.
It will rain all the week more or less.
डायर—इ० फो०, पृ० २३७।

३. Sneezes on Sunday, morning fasting; you will enjoy your own true love to everlasting.
डायर—इ० फो०, पृ० २३६।

निषिद्ध है। इस दिन उत्तर दिशा में यात्रा करना भी वर्जित है क्योंकि ऐसा करना अशुभ है। इस दिन मंगल देवता की पूजा की जाती है परन्तु इनके मन्दिर का प्रायः अभाव पाया जाता है।

शुक्रवार—सप्ताह के अन्य दिनों की अपेक्षा शुक्रवार के सम्बन्ध में अधिक लोक विश्वास पाये जाते हैं। इसका कारण सम्भवतः यह है कि इसी दिन ईसा मसीह को शूली पर चढ़ाया गया था। अतः इस दिन किसी बालक का जन्म अशुभ माना जाता है। इस दिन विवाह संस्कार करना अमङ्गलकारी है। आज के दिन किसी नवीन कार्य का श्रीगणेश करना उचित नहीं है। नाविकगण शुक्रवार को अपने पोत को समुद्र की उत्ताल तरंगों पर ले जाना नहीं चाहते। उन्हें यह आशंका बनी रहती है कि कहीं यह डूब न जाय। अंग्रेजी के प्रसिद्ध कवि लार्ड बायरन को इस विश्वास में बड़ी आस्था थी। किसी भी महत्त्वपूर्ण कार्य को इस दिन प्रारम्भ करने से वह बहुत चिन्तित हो जाता था।

स्पेन देश के निवासी शुक्र के दिन को बड़ा अशुभ मानते हैं। यदि कोई व्यापारिक फर्म या कम्पनी इस दिन अपना कार्य प्रारम्भ करती है तो उसे थोड़ी भी सफलता की आशा नहीं होती। लंकाशायर के लोगों की यह धारणा है कि शुक्र को प्रेम सम्बन्ध स्थापित नहीं करना चाहिए। यदि प्रेमी अपनी प्रेमिका के साथ लिवा जाता है तो उसे अनेक कठिनाइयों का सामना करना पड़ता है। एक लोकोक्ति से ज्ञात होता है कि शुक्रवार की रात्रि को देखा गया स्वप्न सच्चा होता है।[1]

शनिवार—शनिवार भगवान् शनि का दिन है। चूंकि शनि शुभ ग्रह नहीं माना जाता। अतः उससे सम्बन्ध होने के कारण यह दिन अशुभ है। इस दिन लोहा खरीदना अत्यन्त निषिद्ध माना जाता है। धार्मिक व्यक्ति किसी आवश्यक कार्य की क्षति होने पर भी आज के दिन लोहा नहीं ही खरीदते। इस दिन तेल खरीदना भी अशुभ है। परन्तु शरीर में तैल-मर्दन करना शुभ है। इस दिन तेल दान करने का बड़ा माहात्म्य है। काशी, हरद्वार आदि धार्मिक नगरों में शनि देवता के मन्दिर बने हुए हैं जहाँ इस दिन उनके दर्शन और पूजन का बड़ा महत्त्व माना जाता है।

शनिवार को पूर्व की यात्रा करना अनुचित है जैसा कि इस सूक्ति से पता चलता है—"सोम, सनीचर पूरुब न चालू"। परन्तु किसी नये कार्य का श्रीगणेश तथा उसकी समाप्ति भी शनिवार को करना शुभ माना जाता है। इसीलिए यह सूक्ति कही जाती है कि :—

"स्थाप्यं समाप्यं शनि भौम वारे।"

---

१. Friday nights' dream
On the saturday told.
Is sure to come true,
Be it never so old.
डायर—इ० फो०, पृ० २४३।

शनि देवता का स्वरूप काला माना जाता है। अतः इस दिन इस देवता को काला तिल, काला कपड़ा और अन्य काली वस्तुओं का प्रदान करना पुण्यकारक माना जाता है।

भारत की ही भाँति शनि का दिन पाश्चात्य देशों में भी अशुभ माना जाता है परन्तु कुछ लोग इसे शुभ मानते हैं। आयरलैण्ड के लोगों की यह धारणा है कि यदि शनिवार को आकाश में इन्द्रधनुष दिखाई पड़े तो पूरे सप्ताह तक वर्षा होती रहती है। शनिवार को द्वितीया के चन्द्रमा का दर्शन शुभ नहीं होता।[1] इस दिन यदि सूर्य थोड़ी देर के लिए उदय ले तो यह साल भर तक अपने प्रकाश को पूर्णरूप से देता रहता है। स्पेन के निवासियों का विश्वास भी कुछ इसी प्रकार का है।

शनिवार को जो नौकर घर में रखा जाता है वह स्थायी रूप से कभी नहीं रहता और भाग कर अपने घर चला जाता है।[2] यूरोप में शनिवार के अपराह्न से सभी दूकानें बन्द कर दी जाती हैं और वे सोमवार के प्रातः काल ही खोली जाती हैं। इसके पीछे भी कोई लोक-विश्वास छिपा है। शनि के दिन कपड़ों की सफाई करना अशुभ है।[3]

दिशाशूल—विभिन्न दिशाओं में और विभिन्न दिनों को यात्रा करने के शुभ तथा अशुभ के सम्बन्ध में अनेक लोक विश्वास प्रचलित हैं। भिन्न-भिन्न दिशाओं में यात्रा-विषयक विधि-निषेध को 'दिशाशूल' कहा जाता है। जनता की यह मान्यता है कि सोमवार और शनिवार को पूर्व दिशा की ओर यात्रा नहीं करनी चाहिए। इसी प्रकार से मङ्गलवार और बुधवार को उत्तर दिशा में जाना काल के समान है। यदि कोई मनुष्य बृहस्पतिवार को दक्षिण दिशा की ओर प्रस्थान करता है तो उसे बिना अपराध के ही दण्ड भोगना पड़ता है। लोगों में यह लोकोक्ति अत्यन्त अधिक प्रचचित है :—

"सोम, सनीचर, पुरब न चालू,
मंगर, बुध, उत्तर दिसि कालू।

---

१. Saturday's new and Sunday full; was never fine; nor never wull.
डायर—इ० फो०, पृ० २४४।

२. Saturday's servants never stay,
Sunday servants run away.
डायर—वही, पृ० २४४।

३. But they that wash on Saturday,
Are clarty-paps indeed.

जे वियफै को दक्खिन जाय,
बिना गुनाहे पनही खाय ।।"

विभिन्न दिशाओं में कब प्रस्थान करना चाहिए इस सम्बन्ध में घाघ की सम्मति यह है कि यदि पूर्व दिशा में जाना हो तो गोधूलि (सन्ध्या) के समय, पश्चिम दिशा में प्रातः काल, उत्तर दिशा में दोपहर में, तथा दक्षिण में रात्रि के समय प्रस्थान करना शुभ है। इस समय में यात्रा करने पर न तो भद्रा का डर रहता है और न दिशा-शूल का। धाघ का यह वचन है कि :—

पुरुब गृधुली, पच्छिम प्रात।
उत्तर दुपहर, दक्खिन रात।।
का करे भद्रा, का दिक्सूल।
कहै भड्डरी सब चकना चूर।।

परिच्छेद ३ : घरेलू वस्तु सम्बन्धी लोक-विश्वास

(१) **नमक**—नमक को जमीन पर व्यर्थ नहीं गिराना चाहिए। लोगों की ऐसी धारणा है कि अगले जन्म में गिराये गये इस नमक को पलकों (पपनी) से उठाना पड़ता है। इसीलिए भोजपुरी माताएँ अपने बच्चों को व्यर्थ में नमक गिराने अथवा फेंकने से सदा मना किया करती हैं। किसी व्यक्ति का 'नमक खाना' उसके प्रति स्वामि-भक्ति का सूचक है। इसीलिए कृतज्ञ के लिए 'नमक हलाल' और कृतघ्न के लिए 'नमक-हराम' शब्दों का प्रयोग बोल चाल में किया जाता है। सेंधा नमक पवित्र माना जाता है। इसी कारण व्रत के दिन केवल इसी का उपयोग विहित है।

इंग्लैण्ड के उत्तरी भाग में किसी व्यक्ति के प्लेट में नमक रख देना उसके दुर्भाग्य का सूचक है। किसी व्यक्ति के सामने नमक का जमीन पर गिरना अशुभ की सूचना देता है। श्री पेनाट (Pennat) ने लिखा है कि नमक को व्यर्थ विखेरना भावी आपत्ति का परिचायक है। ऐसी जर्मन लोगों की दृढ़ धारणा है।[1]

जब घरेलू झगड़ा उत्पन्न होने की आशंका होती है तब इसके निराकरण के लिए नमक के कुछ अंश को आग में फेंक दिया जाता है। जिस पात्र में नमक रखा गया हो उसे उलट देना अत्यन्त अशुभ है। प्रसिद्ध चित्रकार 'लियोनार्डो डि विंशी' के अपने 'लास्ट सपर' (अन्तिम भोज) नामक चित्र में जूड़ा द्वारा नमक के पात्र को उल्टा रख देने का चित्रण हुआ है जिससे उसके द्वारा ईसा से प्रतारणा करने की सूचना मिलती है। यदि कोई प्रिया अपने प्रियतम के हृदय को जीतना चाहती है तो उसे लगातार नौ दिनों तक आग में नमक डालना चाहिए। नमक को अधिक

१. डायर—इ० फो०।

मात्रा में खाने से शोक की उत्पत्ति होती है। इसके अधिक प्रयोग से रक्त चाप के अधिक बढ़ जाने की आशंका बनी रहती है। नमक को पाकेट में बिना लिए हुए कहीं नहीं जाना चाहिए।[1]

(२) **दर्पण (शीशा)**—दर्पण का टूटना अशुभ माना जाता है। यात्रा के समय शीशा में मुख देखकर जाना शुभ-सूचक है। आजमगढ़ तथा फैजाबाद जिलों में ऐसी मान्यता है कि छोटे बच्चों को शीशा नहीं दिखलाना चाहिए। क्योंकि इस अवस्था में शीशा दिखलाने से उनके गूँगा हो जाने की आशंका बनी रहती है।

विदेशों में भी दर्पण का टूटना अशुभ माना जाता है क्योंकि इससे गृहस्वामी की मृत्यु की आशंका बनी रहती है। कार्नवाल प्रदेश में शीशा का दो टुकड़ों में हो जाना सात वर्षों तक विपत्ति का सूचक माना जाता है। सुप्रसिद्ध वीर तथा फ्रांस के सम्राट् नेपोलियन की इस विश्वास में अटूट आस्था थी। इटली पर आक्रमण के अवसर पर अपनी प्रिय पत्नी जोसेफिन के चित्र के सामने शीशा के टूट जाने से उत्पन्न अपशकुन से वह बेचैन हो उठा था। उसने अपने विशेष दूत को जोसेफिन का शुभ समाचार लेने के लिए भेजा। उसके मानस पटल पर अपनी प्रियतमा की मृत्यु की आशंका इतनी दृढ़ हो गयी थी कि जब तक उस दूत ने उसकी प्राणप्रिया की कुशलता का शुभ समाचार नहीं सुनाया तब तक उसे शान्ति नहीं मिली।[2]

(३) **मोमबत्ती**—भारत में मोमबत्ती का प्रयोग सर्वसाधारण जनता नहीं करती। अतः इसके सम्बन्ध में कोई विशेष लोक-विश्वास प्रचलित नहीं है। परन्तु विदेशों में इसके समधिक उपयोग के कारण इसके विषय में अनेक धारणायें उपलब्ध होती हैं।

ग्रोस नामक विद्वान् का कथन है कि यदि मोमबत्ती की लौ के चारों ओर मोम की चर्बी ऊँची-खड़ी दिखाई पड़े तो यह अशुभ सूचक है। इसके कारण परिवार के किसी सदस्य की मृत्यु की आशंका होती है। मोमबत्ती की लौ का सामान्य से अधिक तेज प्रकाश का होना किसी प्रेमिका के पत्र-प्राप्ति की सूचना देता है। हण्ट (Hunt) ने लिखा है कि इस प्रेम-पत्र की प्राप्ति के समय का भी अनुमान लगाया जा सकता है। यदि मोमबत्ती के आधार पात्र (केण्डिल स्टिक) को टेबुल पर पटका जाय और इससे पहिली बार में ही चिनगारी निकलने लगे तब यह पत्र दूसरे दिन ही प्राप्त हो जायेगा। यदि दो बार पटकने पर चिनगारी निकले तब "पियवा की पाती" के दो दिनों के बाद मिलने की सम्भावना समझनी चाहिए।[3]

---

१. नमक सम्बन्धी विदेशी लोक विश्वासों के विस्तृत तथा प्रामाणिक वर्णन के लिए देखिए—डायर—इ० फो०, पृ० २७५ और आगे।

२. डायर—इ० फो०, पृ० २७७।

३. हण्ट—पापुलर रोमान्सेज आफ दि वेस्ट आफ इंगलैण्ड।

(४) **आलपिन**—भारत में आलपिन के विषय में संभवतः कोई लोकविश्वास नहीं पाया जाता। सरकारी कार्यालयों तथा सामान्य दफ्तरों में यह आलपिन दो कागज़ों को आपस में जोड़कर एकत्र रखने के काम में प्रयुक्त होता है। परन्तु भारत के किरानी बाबुओं और क्लर्कों को यह क्या पता है कि जिस आलपिन के द्वारा वे दो कागजों को एक साथ मिलाकर रखते हैं उन्हें उन्हीं पिनों के द्वारा इङ्गलैण्ड में दो प्रेमी और प्रेमिकाओं के हृदय को जोड़ने या मिलाने में भी इनका उपयोग किया जाता है। आज से एक सौ वर्ष पहिले १५ जुलाई सन् १८७३ ई० को डर्वीशायर नामक स्थान में वेन्जमिन हड्सन नामक एक व्यक्ति को अपनी स्त्री की हत्या के कारण अपराधी घोषित किया गया था। उसकी मृत स्त्री के पर्स (मनी बैग) में एक पत्र पाया गया था जिसमें आलपिनों के द्वारा अपने पति के हृदय को वश में करने का उल्लेख था।[1] इङ्गलैण्ड के अन्य भागों में भी पिन के द्वारा प्रेमी और प्रेमिका के हृदय को जीतने का जादू पाया जाता है।

(५) **झाड़ू**—भारतीय गृहिणी के लिए घर में झाड़ू लगाना एक आवश्यक कार्य माना जाता है। यह एक दैनंदिन कर्म है जिसे वे प्रतिदिन करना अपना धर्म समझती हैं। परन्तु कुछ दिन ऐसे भी आते हैं जिस दिन घर में झाड़ू लगाना अशुभ माना जाता है।

यदि कोई प्रिय व्यक्ति परदेश चला जाता है उस दिन घर में झाड़ू का प्रयोग करना निषिद्ध है। दिवाली के दिन लक्ष्मी का घर में आगमन होता है। अतः दिवाली के दूसरे दिन से लेकर "भइया दूज" तक घर में झाड़ू नहीं लगाया जाता। लोगों का यह विश्वास है कि ऐसा करने से घर में आई हुई लक्ष्मी चली जाती है। इसी प्रकार रामनवमी (चैत्र शुक्ल नवमी) की पूर्व रात्रि को देवी की पूजा की जाती है। अतः रामनवमी को दिन भर झाड़ू का प्रयोग नहीं किया जाता। नयी विवाहिता वधू की विदाई के दिन भी झाड़ू का व्यवहार नहीं करना चाहिए ऐसा करना अशुभ माना जाता है।

बृहस्पतिवार और शनिवार को झाड़ू नहीं खरीदना चाहिए। सूर्यास्त हो जाने पर रात्रि में झाड़ू का उपयोग नहीं किया जाता। घर की सफाई करने के पश्चात् झाड़ू को दिवाल के सहारे सीधा खड़ा करना अशुभ है। इससे घर में झगड़ा लगने की आशंका बनी रहती है। मोर के पंखों से बने हुए झाड़ुओं का

---

1. "It is not these pins, I mean to born;
But Ben Hudson's heart, I mean to turn,
Let him neither eat, speak; Drink not comfort find,
Till he comes to me, And speaks his mind."
डायर—इ० फो०, पृ० २७१।

प्रयोग दुष्ट प्रेतात्मा से पीड़ित किसी व्यक्ति के भूत-दूत को झाडने के लिए किया जाता है। किसी व्यक्ति को झाड़ू से मारना उसके अतिशय अपमान का सूचक है। महाराष्ट्र में कुदृष्टि (नजर लगना) से पीड़ित बालक को निरोग करने के लिए रोटका के रूप में झाड़ू को तीन बार जमीन पर पटका जाता है। लोगों की यह भी धारणा है कि झाड़ू को पैरों से नहीं रौंदना चाहिए अन्यथा गर्भिणी स्त्रियों को कष्ट होता है।

विदेशों में भी झाड़ू से सम्बन्धित अनेक लोक विश्वास प्रचलित हैं। जर्मनी के बवेरिया प्रदेश में घर की दासियाँ इस बात का ध्यान रखती हैं कि झाड़ू को पैरों से न रौंदा जाय। विशेष रूप से गर्भिणी स्त्रियों के लिए ऐसा करना अत्यन्त निषिद्ध है। भारत में भी ऐसी ही मान्यता है जिसका उल्लेख पहिले किया गया है। इस नियम का उल्लंघन करने पर प्रसव के दिन उन्हें अत्यधिक कष्ट होता है। यदि बालक पैदा भी हुआ तो इसके फलस्वरूप उसका शरीर छोटा परन्तु सिर बड़ा होता है। यदि कोई व्यक्ति अनजान में, गलती से, झाड़ू को 'लाँघ' देता है तब वह पीछे लौट कर इस दोष का परिमार्जन कर सकता है।[1]

प्राचीन काल में इटली देश में झाड़ू का प्रयोग भूत-प्रेतों को भगाने के लिए किया जाता था।[2] इङ्गलैण्ड के 'पब्लिक स्कूलों' में उदण्ड तथा शरारती लड़कों को झाड़ू से ही पीट कर दण्डित करने की अपेक्षा अपमानित करना ही अधिक होता था।

(६) **मूसल**— जब धान कूटने वाली मशीनों का आविष्कार नहीं हुआ था तब चावल 'छाँटने' का एक मात्र साधन यही मूसल था। अतः प्रतिदिन के काम में इसका बड़ा उपयोग था। आज भी ग्रामीण क्षेत्रों में जहाँ मशीन नहीं है मूसल से ही धान कूटते तथा चावल 'छाँटते' हैं।

विवाह के अवसर पर बारात के साथ वर के प्रस्थान करते समय घर तथा कुटुम्ब की स्त्रियाँ मूसल के सिर के चारों ओर घुमा कर उसे 'परीछती' हैं। उनका विश्वास है कि ऐसा करने से प्रेतात्माओं से मार्ग में इसकी रक्षा होती है। इसी प्रकार से विवाह के पश्चात् जब वर अपनी नव विवाहिता बहू के साथ घर लौटता है तब पुनः स्त्रियाँ इन दोनों के सिर के चारों ओर मूसल घुमाती हैं जिसे 'परिछावन' कहा जाता है। लोक गीतों में इसका बहुशः वर्णन मिलता है।

बंगाल में किसी बालक के अन्नप्राशन संस्कार के समय उसे मूसल से 'परीछा' जाता है। बैसाख में मूसल की नियमित रूप से पूजा की जाती है। मूसल के अग्रभाग को सिन्दूर से सुशोभित कर तेल से उसे अभिषिक्त करते हैं। फिर अक्षत, दूब और फूल से उसकी पूजा की जाती है।

---

१. फोक लोर पत्रिका (लण्डन) भाग १, पृ० १५७।

२. क्रूक—पा० रि० भाग २, पृ० १९०-९१।

भगवान् श्रीकृष्ण के बड़े भाई बलराम का आयुध यही मूसल था। इसीलिए उन्हें 'मूसली' भी कहते हैं। ऐसा ज्ञात होता है कि प्राचीन काल में मूसल से आपसे युद्ध (Duel) करने की प्रथा थी जिसका संकेत 'मूसला-मुसली' प्रयोग से ज्ञात होता है। भोजपुरी के एक लोक-गीत में सास और पतोहू के बीच मूसल से झगड़ा करने का उल्लेख मिलता है।[1]

(७) **सूप**—सूप का उपयोग कदन्न को 'फटक' कर अच्छे अन्न से अलग कर देने के लिए किया जाता है। भोजपुरी प्रदेश में स्त्रियाँ दिवाली के दूसरे दिन सूप को छड़ी सी पीट कर ढ़ब-ढ़ब की आवाज करती हुई, घर के प्रत्येक कक्ष में घूमती हैं और सूप को अन्त में घर के बाहर फेंक देती हैं। इस प्रक्रिया को 'दलिद्दर खेदना' कहते हैं। उनका यह विश्वास है कि ऐसा करने से घर से दरिद्रा देवी भाग जाती हैं और लक्ष्मी निवास करती है। हिन्दी में यह लोकोक्ति अत्यन्त लोकप्रिय है कि 'सूप के पीटने से दरिद्रता नहीं भाग जाती।' इसमें इसी ग्रामीण विश्वास की ओर संकेत किया गया है।

महाराष्ट्र में नवजात शिशु को सूप में सुलाते हैं और विशिष्ट अवसर पर उसकी पूजा की जाती है। यदि किसी स्त्री का प्रथम पुत्र मर जाता है तब दूसरे नवजात शिशु को सूप में रखकर उसका 'घसीटन' या 'खदेरन' नामकरण किया जाता है। ऐसी मान्यता है कि ऐसा करने से बालक की कुदृष्टि से रक्षा होती है और वह दीर्घ आयुष्य को प्राप्त करता है। विवाह के अवसर पर कन्या का भाई सूप में 'लावा' (भुना हुआ धान) रख कर वर-कन्या के ऊपर बिखेरता है। ऐसा करने से विवाहिता वधू वन्ध्यापन से पीड़ित नहीं होती।

प्राचीन काल में किसी विशिष्ट व्यक्ति का स्वागत करने के लिए उसके ऊपर लावा बिखेरने की प्रथा विद्यमान थी जिसका उल्लेख महाकवि कालिदास ने किया है।[2]

(८) **हल**—कृषि कर्म का अद्वितीय साधन हल है। आज ट्रैक्टर आदि अनेक आविष्कारों के होने पर हल की उपयोगिता बनी हुई है। कृष्ण के भाई बलराम का यह प्रधान आयुध है। इसलिए इन्हें 'मुसली' के साथ 'हली' (हल से युक्त) भी कहा जाता है।

भोजपुरी प्रदेश में विवाह के अवसर पर वर को 'जुआठि' पर खड़ा कराकर

---

१. उपाध्याय—भो० लो० गी० भाग १।

२. मरुत्प्रयुक्ताश्च मरुत्सखाभं,
तमर्च्य मारादभिवर्तमानम्।
आवा किरन्वाल लताप्रसूनैः,
आचार लाजैरिव पौर कन्याः। रघुवंश २/१०

उसे स्नान कराया जाता है। कन्या पक्ष के लोग वैवाहिक मण्डप के बीच 'हरिस' को गाड़कर उसकी पूजा करते हैं। 'हरिस' हल का सबसे प्रधान अंग है। अतः हल की पूजा मंगलदायक है। खेतों में अन्न की बोआई का कार्य जब प्रारम्भ किया जाता है तब हल की पूजा की जाती है। लोगों का यह विश्वास है कि इससे अन्न की पैदावार बढ़ती है।

दिवाली के दिन हल के विभिन्न अंगों—जैसे फार, जुआठि, हरिस—को दीपक दिखला कर उसका सम्मान किया जाता है। ओरांव नामक आदिम जाति के लोग विवाह के समय विभिन्न रूप से हल की पूजा करते हैं। अन्न का उत्पादक होने के कारण हल की पूजा समृद्धि और वैभव कारण मानी जाती है।

प्राचीन काल में जब अवर्षण के कारण अकाल पड़ता था तब स्वयं राजा द्वारा खेतों में हल चलाने की प्रथा विद्यमान थी। इसे 'हलकर्षण' महोत्सव कहते थे। शान्ति निकेतन के विश्वभारती विश्वविद्यालय में आज भी यह उत्सव मनाया जाता है। लोक-गीतों में वर्षा न होने पर स्त्रियों के द्वारा नग्न होकर खेतों में हल चलाने की प्रथा का उल्लेख मिलता है। ऐसे गीतों को 'हरफरवरी के गीत' कहते हैं।

परिच्छेद ४ : स्वप्न-विचार

स्वप्न के संबंध में भी अनेक लोक-विश्वास पाये जाते हैं। लोगों की ऐसी धारणा है कि स्वप्न में जो वस्तु देखी जाती है उससे शुभ और अशुभ का अनुमान सरलता से लगाया जा सकता है। ब्रह्म मुहूर्त में देखा गया स्वप्न प्रायः सच्चा होता है। इन स्वप्नों की यथार्थता पर लोगों का अटूट विश्वास है।

ग्रामीण जनता की यह मान्यता है कि स्वप्न में जो वस्तु देखी जाती है उसका फल विपरीत होता है। उदाहरण के लिए स्वप्न में रोना आनन्द और हर्ष की प्राप्ति का सूचक है तथा विवाह एवं उत्सव का देखना किसी दुःखद घटना का सूचक है।[1] स्वप्न में जो वस्तु अपने लिए देखी जाती है वह किसी दूसरे व्यक्ति पर जाकर घटती है।[2] जैसे कोई आदमी अपने घर में किसी सदस्य की मृत्यु का सपना देखता है तो यह किसी दूसरे के घर में घटित होता है। स्वप्न में किसी देवी या देवता का दर्शन वरदान का सूचक माना गया है। परन्तु विवाह जैसे मांगलिक कार्य का दर्शन अशुभ की कोटि में परिगणित किया जाता है।

साधारण जनता में प्रचलित शुभाशुभ सम्बन्धी जो मान्यतायें हैं, स्वप्न में उसके ठीक विपरीत दिखाई पड़ता है। जैसे लोक जीवन में मुर्दा का दर्शन अशुभ

---

१. डॉ० प्रियम्बका गुप्त—लो० वि० अ०, पृ० २१०। (अप्रकाशित)

२. अपने देखे, पराया के होय।

और संन्यासी का शुभ है। परन्तु स्वप्न में विशेष कर यात्रा के समय—मृत व्यक्ति का दर्शन शुभ और संन्यासी को देखना अशुभ माना जाता है। इसी प्रकार से चाँदी को देखना शुभ और सुवर्ण का दर्शन अशुभ है। समुद्र, हाथी, बगुला, धेनु और सूर्य आदि स्वप्न में मंगलकारी है। राजा शुद्धोधन की रानी माया ने अपने गर्भ में श्वेत हस्ति का प्रवेश स्वप्न में देखा जो किसी महान् व्यक्ति के अवतार लेने का सूचक था। इस घटना के कुछ ही दिनों बाद भगवान् बुद्ध ने इस धराधाम पर जन्म ग्रहण किया।

स्वप्न में दाँतों का टूट कर गिरना, नाक और कानों का कट जाना, घर का जल जाना, सूर्य का निस्तेज होना अशुभ माना जाता है। सर्पों का दर्शन शुभ है। ऐसा माना जाता है कि सर्पों के रूप में पितरों का आगमन होता है।

लोक-गीतों में स्वप्न के सम्बन्ध में अनेक विश्वास पाये जाते हैं। यदि कोई गर्भवती स्त्री जौ का हरा-भरा खेत तथा हरी दूब देखे तो उसे पुत्र-रत्न की प्राप्ति होती है। स्वप्न में आम का देखना शुभ है।[1] परन्तु सड़े-गड़े आम को देखना अशुभ माना जाता है। कोहड़ा और भतुआ (पेठा) पुत्र-प्राप्ति का सूचक है। परन्तु लौकी का देखना पुत्री होने की सूचना देता है। स्वप्न में हरी-भरी तुलसी और दही का दर्शन शुभ फल को देने वाला माना जाता है। देवकी ने स्वप्न में उपर्युक्त वस्तुओं को देखा था जिसके फलस्वरूप श्रीकृष्ण का जन्म हुआ।[2]

स्वप्न में किसी स्त्री के माँग से सिन्दूर का नष्ट हो जाना वैधव्य का सूचक है। श्वेत वस्त्र धारण करने वाली स्त्री के दर्शन से लक्ष्मी की प्राप्ति होती है। परन्तु यदि स्त्री लाल वस्त्र धारण किये हो तो इससे मृत्यु की सूचना मिलती है। श्वेत वस्त्रधारी किसी व्यक्ति का दक्षिण दिशा की ओर जाना अत्यन्त अशुभ है।

राम चरित मानस में स्वप्न के सम्बन्ध में अनेक लोक विश्वासों का वर्णन किया गया है। स्वप्न में सीता कौशल्या को मलिन वस्त्र धारण किये हुए देखती है जो अशुभ है।[3] स्वप्न में नगर-दाह, सिर का काटा जाना तथा भुजाओं का नष्ट होना भयंकर अमंगल का लक्षण है। त्रिजटा नामक राक्षसी ने ऐसा ही सपना देखा था जिससे रावण का नाश ही हो गया था।[4] सूर सागर मे भी त्रिजटा इसी प्रकार

---

१. डा० कृष्णदेव उपाध्याय—भो० लो० गो० भाग १।

२. डा० विश्वनाथ प्रसाद—मगही संस्कार गीत, पृ० ५३।

३. सकल मलीन, मन दीन दुःखारी।
देखी सास आनु अनुहारी ।।—रा० च० मा० (अ० का० २२५/३)

४. सपने बानर लंका जारी, जातुधान सेना सब मारी।
खर आरूढ़ गगन दस दीसा; मुण्डित सिर खण्डित भुज बीसा।
एहि विधि सो दच्छिन दिसि जाई; लंका मनहुँ विभीषन पाई ।।
--रा० च० मा० (सु० का०) दोहा १०।

का स्वप्न देखती है जिसमें रावण का सिर पृथ्वी पर गिरा दिखाई पड़ता है तथा मन्दोदरी रो रही है।[१] स्वप्न में किसी वाहन अथवा वृक्ष का पहाड़ के ऊपर से टूट कर गिरना, किसी व्यक्ति का नदी में डूबना अशुभ माना गया है। किसी आदमी की मलिन आकृति एवं गोबर के गर्त में प्रवेश मृत्यु का सूचक है। धधकती हुई अग्नि का अचानक बुझ जाना अपशकुन है। कृष्ण के मथुरा जाने के पूर्व नन्द बाबा यह सपना देखते हैं कि बलराम और कृष्ण को कोई ठग कर ले गया है और उनके सखा उनके वियोग में रो रहे हैं।[२]

संस्कृत साहित्य में स्वप्न देखने के फलाफल के संबंध में बड़ा ही विवेचन उपलब्ध होता है। हर्ष चरित में सूर्यमण्डल से अवतरित दो सशस्त्र राजकुमारों का रानी यशोमती के उदर में प्रवेश भविष्य में दो पुत्रों के होने का सूचक माना गया है।[३] वेणी संहार नाटक में रानी भानुमती के द्वारा स्वप्न में जंगली सूअर तथा नकुल (नेवला) द्वारा सर्पों का वध कौरवो के विनाश का सूचक माना गया है।[४] रामायण मञ्जरी में भारत स्वप्न में समुद्र का शुष्क हो जाना और आकाश से चन्द्रमा का पतन देखते हैं जो अत्यन्त अशुभ तथा अमंगलङ्कारी है।[५] इसी ग्रन्थ में अन्यत्र त्रिजटा स्वप्न देखती है जिसमें शुष्क माला, चन्दन और वस्त्रों के सहित राम रुधिर पान कर रहे हैं। सीता समुद्र से चेष्टित लंकापुरी में राम के साथ प्रवेश कर रही है। रावण पुष्पक विमान से गिर रहा है तथा कोई स्त्री रावण को जमीन पर घसीट रही है। ये सभी दृश्य अमङ्गलकारी हैं।[६]

वाल्मीकीय रामायण में अनेक प्रकार के स्वप्नों का उल्लेख मिलता है। राजा दशरथ की मृत्यु के पश्चात् भरत ननिहाल में अनेक प्रकार का दुःस्वप्न देखते हैं[७] जिनमें संसार में अन्धकार का फैलना, हाथी के दाँतों का टूटना, धधकती आग का बुझ जाना, धरती का फट जाना, गधे से जुते रथ में राजा का दक्षिण दिशा में जाना वर्णित है। इसी प्रकार राक्षसिनियों को त्रिजटा अपना स्वप्न सुनाती है जो बडे ही भयंकर है। स्वप्न में किसी व्यक्ति के द्वारा चन्द्रमा और सूर्य को स्पर्श करना शुभ है। 'दशावतार चरित काव्य' में शुभ तथा अशुभ स्वप्नों का उल्लेख विस्तार के साथ किया गया है।[८]

१. सूर सागर (नवम स्कन्ध), पृ० ६३।
२. डा० प्रियम्वदा गुप्त—लो० वि० अ०।
३. वारण—हर्ष चरित उच्छास ४, पृ० २१०-१२ (अप्रकाशित)
४ भट्टनारायण—वेणी संहार अंक २।
५. क्षेमेन्द्र—रामायण मञ्जरी (अ० का०)।
६. क्षेमेन्द्र—वही, पृ० ८०।
७. वा० रा० (अ० का०) ६६। १-१८।
८. क्षेमेन्द्र—दशावतार चारत।

यूरोपीय देशों में भी स्वप्न में देखी गई वस्तुओं के आधार पर शकुनों के शुभाशुभ का विचार किया गया है। इङ्गलैंड में स्वप्न में रक्त-दर्शन परिवार के किसी सदस्य की मृत्यु का सूचक समझा जाता है।[१] ट्यूटानिक देशों में स्वप्न में लोहे का देखना अग्नि-दाह का सूचक है।[२] दक्षिण अफ्रीका में स्वप्न में बीमार व्यक्ति की मृत्यु उसके स्वरूप होने का सूचक है। परन्तु इसके ठीक विपरीत विवाह होना मृत्यु की सूचना देती है।[३] आस्ट्रेलिया में स्वप्न में उल्लू का दर्शन शत्रु द्वारा आक्रमण की आशंका उत्पन्न करता है।[४] न्यूजीलैण्ड में रुग्ण व्यक्ति की मृत्यु शुभ मानी जाती है। कैनेडा में पर्वतारोहण में सफलता का मिलना शुभ और असफलता अमङ्गलकारी है।[५] अमेरिका में किसी शव का दर्शन तथा रक्तपात को देखना भयंकर दुर्भाग्य की सूचना देता है।[६] रोम (इटली) में श्वेत बादलों का दर्शन शुभ और काला अशुभ माना जाता है।[७] बेबीलोन में स्वप्न में अग्नि और विद्युत का दर्शन मृत्यु का सूचक है।

जेम्स हेस्टिंग्स ने अपने द्वारा सुसम्पादित ग्रन्थ में स्वप्नों के संबंध में बड़ा ही प्रामाणिक, विस्तृत तथा विद्वतापूर्ण विवरण प्रस्तुत किया है।[८] भारतीय शकुनों से इन विदेशी शकुनों के फलाफल का विचार करने पर यह स्पष्ट ही प्रतीत होता है कि संसार भर में प्रचलित लोक विश्वास प्रायः एक समान ही हैं। इस प्रकार स्वप्नों से शकुनों की प्राप्ति में, विश्वास की परम्परा विश्वव्यापी दृष्टिगोचर होती है। विज्ञान के इस आधुनिक युग में भी अधिकांश मनुष्यों का विश्वास इन स्वप्नों के शुभाशुभ होने में पाया जाता है।[९]

---

१. एम० सी० डोनेल—ड्रामाज़ एण्ड देअर ट्रू मीनिंग, पृ० १२।
२. हेस्टिंग्स—इ० रि० ए०, भाग ५, पृ० ३७।
३. इ० बी० टायलर—प्रिमिटिव कल्चर (१९०३) भाग १, पृ० १२२।
४. इ० बी० टायलर—वही, पृ० १२१।
५. जरनल ऑफ अमेरिकन फोकलोर भाग ३१ (१९१८), पृ० ३२।
६. वही—भाग २३ (१९१०), पृ० ४०६।
७. इ० वि० भाग ७, पृ० २६३ (नवम् संस्करण)।
८. हेस्टिंग्स—इन साल्कोपीडिया ऑफ रिजिजन एण्ड एथिक्स, भाग ५।
९. दि न्यु पापुलर इन साल्कोपीडिया भाग १०, पृ० १६४।

खण्ड : ३

सामाजिक संस्थायें

अध्याय ९

परिच्छेद १—वर्ण

परिच्छेद २—आश्रम

परिच्छेद ३—जातिप्रथा

परिच्छेद ४—संयुक्त परिवार

अध्याय १०

परिच्छेद १—संस्कार

परिच्छेद २—व्रत और त्यौहार

परिच्छेद ३—टोटेमवाद

परिच्छेद ४—पेशा तथा व्यवसाय

खण्ड ३

अध्याय ६

वर्ण तथा आश्रम

प्राचीन भारतीय धर्म शास्त्राकारों ने समाज को सुव्यवस्थित तथा सुसंगठित बनाने के लिए अनेक सामाजिक संस्थाओं का निर्माण किया था। इन संस्थाओं में वर्ण और आश्रम की स्थापना प्रधान है। सच तो यह है कि हिन्दू समाज की स्थापना वर्णाश्रम धर्म के सुदृढ़ नींव पर की गई है। यही वह आधार शिला है जिस पर हिन्दू समाज का विशाल तथा सुदृढ़ प्रासाद अवस्थित है।

परिच्छेद : १

(क) **वर्ण**—प्राचीन धर्म शास्त्रियों ने मनुष्यों के गुण और कर्म पर विचार करते हुए सबको चार वर्गों में विभाजित किया है। भगवान् श्रीकृष्ण ने स्वयं गीता में कहा है कि मैंने समस्त प्राणियों के गुण तथा कर्मों के अनुसार चार वर्णों में विभक्त किया है।

"चातुर्वर्ण मया सृष्टं, गुण कर्म विभागशः"

इसका तात्पर्य यह है मनुष्यों का विभाजन उनकी योग्यता और विभिन्न कार्यों अथवा कर्मों में उनकी कुशलता के आधार पर किया गया है। ऋग्वेद में विराट पुरुष की कल्पना में ब्राह्मण को उसका मुंह, क्षत्रिय को बाहू वैश्य को उसका जंघा और शूद्र को पैर कहा गया है।

"ब्राह्मणोऽस्य मुखमासीद्
वाहुः राजन्यः, कृतः।
उरु तदस्य यद्वैश्यः;
पद्भ्यां शूद्रोऽजायत।—पुरुष सूक्त

समाज को सुगठित, सुव्यवस्थित और शान्तिपूर्ण रखने के लिए इस वर्ण व्यवस्था को जन्म दिया गया था। किसी विशेष वर्ग को उसकी योग्यता के अनुसार

उस पर कार्य का भार सौंपा गया था जिससे वह उस विशिष्ट कर्म का सम्पादन सुचारु रूप से कर सके ।

सुप्रसिद्ध दार्शनिक प्लेटो ने भी अपने ग्रन्थ में समाज को चार वर्गों में विभक्त किया है । उसके अनुसार समाज में चार वर्गों के लोगों का होना आवश्यक है—(१) विचारक (२) योद्धा (३) कारीगर तथा (४) सेवक । ध्यान पूर्वक विचार करने पर यह स्पष्ट ही प्रतीत होता है कि प्लेटो का यह विभाजन प्राचीन वैदिक ऋषियों के वर्गीकरण से समानता रखता है ।

सुप्रसिद्ध भारतीय दार्शनिक डॉ० भगवानदास ने अपने विद्वत्तापूर्ण ग्रन्थ में यह दिखलाने का सफल प्रयास किया है कि संसार के सभी देशों में गुण और कर्म के अनुसार मनुष्यों का विभाजन इन्हीं उपर्युक्त चार श्रेणियों में किया गया है । इस वर्गीकरण का नामकरण प्लेटो के समान भले ही भिन्न हो परन्तु उसका अभिप्राय एक ही है । इस प्रकार यह चातुर्वर्ण की व्यवस्था संसार के सभी देशों में भिन्न-भिन्न नामों से उपलब्ध होती है ।[1]

ब्राह्मण—विराट् पुरुष के मुख से पैदा होने के कारण ब्राह्मण समाज का नेता अथवा मुखिया समझा जाता था । यह वह बुद्धिजीवी था जो समाज को अपनी उचित मंत्रणा देकर परिचालित करता था । मनु ने ब्राह्मणों के छः कर्तव्यों का वर्णन किया है ।[1] (१) अध्ययन (२) अध्यापन (३) यज्ञ करना (४) यज्ञ कराना, (५) दान लेना तथा (६) दान देना । ब्राह्मण स्वयं अध्ययन करके ज्ञान की प्राप्ति करता था । पुनः अध्यापन के द्वारा वह उस अर्जित ज्ञान को सर्व साधारण जनता में वितरित करना था । वह स्वयं यज्ञ-पंच यज्ञ तथा बलि वैश्व देव आदि—करता था और समाज के अन्य व्यक्तियों को यज्ञ करने की प्रेरणा देता तथा अध्यक्षता भी करता था । यज्ञादि कार्यों के अवसर पर वह दान अवश्य लेता था परन्तु स्वयं दान देकर उस धनराशि को जनता के हित में ही लगा देता था । वह त्याग और तपस्या का जीवन व्यतीत करता था । बड़े-बड़े ऋषि अपने आश्रमों में दस सहस्र संख्या (१०,०००) तक विद्यार्थियों को रखते थे और उनके भोजन, अध्ययन तथा निवास की व्यवस्था निःशुल्क किया करते थे । इस प्रकार ब्राह्मण त्याग का प्रतीक माना जाता था जो समाज से अपने स्वार्थ के लिए किसी वस्तु को ग्रहण न कर उसे अपने ज्ञान को देता था । बुद्धिजीवी होने के नाते ब्राह्मण समाज का नेता तथा पथ-प्रदर्शक था । वह राजाओं को अपनी बहुमूल्य मंत्रणा प्रदान कर सुशासन करने को प्रेरित करता था परन्तु कभी उसने स्वयं शासन करने का लोभ नहीं किया ।

---

१. डॉ० भगवानदास—दि एशेन्शियल यूनिटी आफ आल रिलिजन्स ।

२. अध्यापन मध्ययनं; यजनं याजनं तथा ।
दानं प्रतिग्रहं चैव; ब्राह्मणा नामक कल्पयत् ॥ म० स्मृ० १।८८

क्षत्रिय—अपनी शक्ति के द्वारा समाज की रक्षा करना, समाज में शासन तथा व्यवस्था स्थापित करना क्षत्रिय का कर्तव्य था। चूंकि यह कार्य राजा ही कर सकता है अतः क्षत्रिय वर्ण के ही लोग राजा हुआ करते थे। कलिदास ने लिखा है कि जो क्षति या आपत्ति से रक्षा करता है वही क्षत्रिय कहलाता है।[1] अतः क्षत्रिय का परम कर्त्तव्य जनता तथा समाज की रक्षा करना था।

वैश्य—समाज को समृद्ध तथा वैभव-युक्त बनाये रखना वैश्य का कर्तव्य था। मनु ने लिखा है कि कृषि, गोरक्षा और व्यापार करना वैश्य का स्वाभाविक कर्म है।[2] गोरक्षा करने से समाज में घी-दूध की समृद्धि होगी लोग पुष्ट, स्वस्थ तथा बलवान् बनेंगे। कृषि कर्म से सस्य सम्पदा की अधिकता होगी और व्यापार करने से समाज धनी बनेगा। इस प्रकार वैश्य समाज को सुखी, समृद्ध तथा वैभव सम्पन्न बनाये रखता था।[3]

शूद्र—इस वर्ण का एक मात्र कार्य इन तीनों वर्णों की सेवा करना था। आजकल के शब्दों में इन्हें मजदूर (लेबर क्लास) वर्ग कहा जा सकता है। उपर्युक्त तीनों वर्णों के लोग सुचारू रूप से अपने कार्यों को कर सकें, अतः शूद्र के लिए इनकी सेवा करना आवश्यक था। परन्तु इस कारण शूद्रों के प्रति कोई घृणा की भावना नहीं थी। बल्कि वह भी समाज का एक अत्यन्त आवश्यक अंग समझा जाता था। कदापि समाज में वह भी सन्मान का अधिकारी था।

परिच्छेद : २

(ख) आश्रम—हमारे प्राचीन धर्मशास्त्रकारों ने मनुष्यों की आयु को चार भागों में विभक्त किया था तथा प्रत्येक विभाग में एक विशिष्ट कर्म करने का विधान किया था। मानव जीवन के आयु-विभाग को आश्रम कहते हैं। प्राचीन काल में मनुष्यों की आयु एक सौ वर्षों की मानी जाती थी। इसीलिए वेदों तथा उपनिषदों में सौ वर्षों तक जीवित रहने की कामना की गई है। कोई भक्त भगवान् से एक सौ वर्षों तक जीने की प्रार्थना कर रहा है।

"जीवेम शरदः शतम्"

इस प्रकार मनुष्यों की आयु की सीमा सौ वर्ष स्वीकार कर इसे चार भागों में विभक्त किया गया है—

---

१. क्षतात् किल त्रायत इत्युदग्रः
क्षत्रस्य शब्दः भुवनेसु रूढ़ः॥ रघुवंश सर्ग २।

२. कृषि गोरक्ष वाणिज्यं, वैश्व कर्म स्वभावजम्। म० स्मृति।

३. पशूनां रक्षणं दानमिज्याऽध्ययन मेव च।
वाणिज्यमथ कुसीदं च, वैश्यस्य कृषिमेव च॥ म० स्मृ० १।९०

(१) ब्रह्मचर्याश्रम (२) गृहस्थाश्रम ।
(३) वान प्रस्थाश्रम (४) संन्यासाश्रम ।

ब्रह्मचर्याश्रम—ब्रह्मचर्याश्रम में बालक उपनयन संस्कार होने के पश्चात् गुरु के साथ गुरुकुल में चला जाता था और वहाँ लगातार पच्चीस वर्ष की आयु तक निवास कर एकान्त भाव से विद्या का अध्ययन करता था । ब्रह्मचारी प्रतिदिन जो भिक्षा करके अन्नादि ले आता था उसी से उसका पालन-पोषण होता था । गुरुकुल में निवास करते हुए उसे अनेक यम और नियमों का पालन करना पड़ता था। ब्रह्मचर्य का पालन करना, तैल मर्दन तथा केश-कर्तन न करना, अंग-रागादि का प्रयोग न करना उसके लिए आवश्यक था । वह गुरुकुल में गुरु के पास निवास करते हुए उनके आदर्श चरित्र, त्याग और तपस्या से पाठ ग्रहण करता था तथा अपने चरित्र को ऊँचा बनाने का प्रयास करता था । अन्त में अध्ययन की समाप्ति पर गुरु को दक्षिणा देकर वह गृहस्थ आश्रम में प्रवेश करता था ।

गृहस्थाश्रम—अपने जीवन के पच्चीस वर्षों को ब्रह्मचर्याश्रम में बिताकर ब्रह्मचारी गुरु की आज्ञा से विवाह कर गृहस्थ का जीवन बिताता था । मनु ने लिखा है गृहस्थाश्रम ही सबसे प्रधान आश्रम है क्योंकि अन्य तीनों आश्रमों का भरणपोषण का दायित्व इसी पर आश्रित है ।[1] मनुष्य के जीवन में तीन ऋणों का वर्णन किया गया है—(१) देव ऋण (२) पितृ ऋण और (३) ऋषि ऋण । इन तीनों ऋणों को चुकाना परम आवश्यक माना गया है । गृहस्थ यज्ञ यागादि का विधान करके देव ऋण, पुत्र-पौत्रादि की उत्पत्ति करके पितृ ऋण तथा अध्यापन का कार्य सम्पन्न कर ऋषि ऋण को चुकाने में समर्थ होता था । इस प्रकार गृहस्थ सभी तीनों ऋणों को बड़ी आसानी से चुका देता था । सच तो यह है कि अन्य तीनों आश्रमों के सम्यक् संचालन का भार केवल गृहस्थाश्रम के ऊपर रहता था । अपने परिश्रम से उपार्जित धन तथा सस्य-सम्पदा का एकाकी सेवन न करके गृहस्थ उसे समाज के उपयोग में लगाता था । अपने ब्रह्मचर्य जीवन में उसे जो 'मातृ देवो भव', 'पितृ देवो भव', 'आचार्य देवो भव' तथा 'अतिथि देवो भव' की शिक्षा मिली थी उसे वह इस आश्रम में अपने माता, पिता, आचार्य और अतिथि की सेवा करके कार्य रूप में चरितार्थ करता था । इस प्रकार यह आश्रम महत्त्वपूर्ण होने के साथ ही सर्वश्रेष्ठ था ।

वानप्रस्थाश्रम—इस आश्रम में प्रवेश करने पर व्यक्ति समाज में उपार्जित ज्ञान और अधिकारों का उपभोग करने के पश्चात् तन, मन और धन से समाज की सेवा करना अपना कर्तव्य समझता था । वानप्रस्थाश्रम की अवस्था ५० से ७५ वर्ष तक मानी जाती थी । यह जीवन का तीसरा आश्रम था । अपने योग्य पुत्र और पौत्र को घर का समस्त अधिकार देकर सक्रिय जीवन से अवकाश प्राप्त कर समाज सेवा करने की यह व्यवस्था बड़ी अच्छी थी । इससे पिता-पुत्र में संघर्ष नहीं

१. मनुस्मृति ।

पैदा होता था, अधिकारों के लिए कोई लड़ाई नहीं होती थी जो आधुनिक समाज की विषम समस्या बन गई है।

संन्यासाश्रम—यह जीवन का चौथा तथा अन्तिम आश्रम था। वानप्रस्थी जीवन के ७५ वर्षों को पूरा करने के पश्चात् मनुष्य इस आश्रम में प्रवेश करता था। इस आश्रम का एक-मात्र लक्ष्य मोक्ष की प्राप्ति थी। अतः संन्यासी अपना जीवन पूजा-पाठ तथा भगवान् के चिन्तन में ही व्यतीत करता था। वह समाज तथा गृहस्थी के सभी बन्धनों से मुक्त समझा जाता था। इसीलिए यह शिखा और सूत्र का भी परित्याग कर देता था। समाज में प्रचलित जाति-पाँति, स्पर्शास्पर्श के बन्धनों से यह सर्वथा मुक्त होता था। संन्यासी को अनिकेतन (घर से रहित) होना आवश्यक था और गृहस्थ के गृह से भिक्षा की याचना पर वह उदर की पूर्ति करता था। यह पीत वस्त्र धारण करता था जो उसके त्याग और तपस्या का प्रतीक था। मनु ने लिखा है कि संन्यासी को तीन दिनों तक एक स्थान पर नहीं रहना चाहिए। अतः यह घूम-घूम कर जनता को सद्चरित्र और पावन जीवन का उपदेश देता फिरता था।

परिच्छेद ३ : जाति प्रथा

भारत में सामाजिक संस्थाओं में जाति प्रथा का प्रमुख स्थान है। इस देश में जाति प्रथा का जो स्वरूप है संभवतः संसार में ऐसा कहीं नहीं पाया जाता। वेदों में चातुर्वर्ण की उत्पत्ति का वर्णन पाया जाता है। गीता में भगवान् श्रीकृष्ण ने लिखा है कि मनुष्यों के गुण और कर्म के अनुसार मैंने चारों वर्णों की सृष्टि की। वर्णों का विवरण पिछले पृष्ठों में दिया जा चुका है। वर्ण व्यवस्था के युग में अपनी योग्यता, स्वभाव और कर्म के अनुसार प्रत्येक व्यक्ति अपने लिए व्यवसाय का चयन कर लिया करता था। जिन्होंने अपने त्यागमय जीवन, तपस्या और विद्वत्ता से समाज को शिक्षा, ज्ञान तथा धर्म का उपदेश किया वे ब्राह्मण के नाम से अभिहित किये गये। इसी प्रकार से जिन्होंने अपने बल, पराक्रम और पौरुष से समाज की रक्षा का उत्तरदायित्व वहन किया वे क्षत्रिय कहलाये। अपने नाम और काम से इन्होंने समाज को उपकार पहुँचाया। कालान्तर में समाज के संचालकों ने नाम और काम के अनुरूप उस व्यक्ति को व्यक्तिवाचक नहीं रहने दिया और उसे जातिवाचक के रूप में परिणत कर दिया। आगे चलकर समय के परिवर्तन के कारण समाज में जो व्यक्ति जिस काम को कर रहा था उसको उसी नाम और जाति से अभिहित किया जाने लगा। उस जाति विशेष में उत्पन्न सभी व्यक्ति उसी काम को करने लगे। इस प्रकार जो वर्ण-व्यवस्था कर्मणा प्रचलित थी वह जाति प्रथा के अन्तर्गत जन्मना स्थापित हो गई।

पहिले जो चार वर्ण—ब्राह्मण, क्षत्रिय, वैश्य और शूद्र थे—वह कालान्तर में

चार जातियों के रूप में प्रतिष्ठित हो गये। इन जातियों में जो कोई जन्म लेता था वह व्यक्ति भी चाहे उसका गुण और कर्म भले ही भिन्न क्यों न हो—उस जाति के नियत कर्म को करने के लिए बाधित हो जाता था। उदाहरण के लिए शूद्र जाति में उत्पन्न व्यक्ति का कार्य दूसरे वर्णों की सेवा करना ही था चाहे वह बुद्धि-वैभव से कितना भी समृद्ध क्यों न हो।

कालान्तर में इन जातियों में भी स्थान भेद तथा अन्य कारणों से अनेक उपजातियाँ बनने लगीं। उदाहरण के लिए जो ब्राह्मण सरस्वती नदी के तट पर निवास करते थे, वे सारस्वत ब्राह्मण कहलाये और सरयू नदी के कछार में रहने वाले 'सरयूपारीण' के नाम से अभिहित किये जाने लगे। गौड देश के निवासी गौड़ ब्राह्मण और कान्यकुब्ज प्रदेश में रहने वाले कन्नोजिया कहलाये। क्षत्रिय लोग अपनी उत्पत्ति सूर्य और चन्द्रमा से बतलाकर सूर्य वंशी और चन्द्र वंशी होने का दावा करने लगे। वैश्यों में भी अनेक जातियाँ उत्पन्न हो गईं। सोनार, लोहार, बढ़ई, कुरुमी, माली, काछी, कुँजड़ा आदि अनेक जातियाँ उत्पन्न हो गईं जिनका विभाजन कर्म के अनुसार न होकर जाति के अनुसार था। किम्बहुना शूद्रों में भी चमार, दुसाध, हल खोर, भंगी आदि उपजातियाँ उत्पन्न हो गईं। इस प्रकार जातियाँ के अनेक भेद तथा उपभेद प्रचलित हो गये।

जाति प्रथा से लाभ—जाति प्रथा की प्रतिष्ठा से सबसे अधिक लाभ यह हुआ कि समाज में श्रम का विभाजन (Division of labour) हो गया। इस प्रकार सभी जाति के लोग अपने-अपने कर्मों में लग गये और सुचारु रूप से समाज का संचालन करने लगे। आजकल वर्णों के व्यत्यय से समाज में जो अव्यवस्था उत्पन्न हो गई है, एक ही कार्य को करने में अनेक जातियों में जो प्रतियोगिता या होड़ उत्पन्न हो गई है उसका सर्वथा अभाव था। उदाहरण के लिए प्राचीन काल में केवल ब्राह्मण ही अध्यापन का कर्म करते थे। परन्तु आजकल सभी जातियों के सदस्य अध्यापन का कार्य करने के लिए होड़ लगाये हुए हैं। इससे समाज में जो अव्यवस्था फैली है वह किसी से छिपी हुई नहीं। श्रम का सम्यक् विभाजन जाति प्रथा की सबसे बड़ी देन थी जिसका अब लोप होता जा रहा है।

जाति प्रथा से दूसरा लाभ किसी कार्य में विशेष क्षमता तथा योग्यता (specilisation) थी। जब किसी विशेष जाति के सदस्य को कोई कार्य करना पड़ता था तब वह अपनी विशिष्ट योग्यता से उसे सम्पादित करता था। पैतृक दाय के रूप में मिले कार्य में, मनुष्य की वंश-परम्परागत विशेष योग्यता होती है। अतः वह दूसरे मनुष्यों की अपेक्षा उसे अधिक सुचारु रूप से कर सकता है। जैसे क्षत्रिय का पुत्र युद्ध में स्वाभाविक रूप से निष्णान्त होता है क्योंकि वीरता उसे परम्परागत रूप में मिली है तथा उसकी धमनियों में शौर्य का उष्णा रक्त प्रवाहित होता है।

जाति प्रथा से हानि—भारत में जाति प्रथा की प्रतिष्ठा से जो सबसे बड़ी

हानि हुई, वह ऊँच-नीच की भावना की स्थापना है। जो वर्ण व्यवस्था अथवा जाति प्रथा गुण और कर्मों के सामाजिक कार्यों को सुविधा से सम्पन्न करने के लिए बनाई गई थी वह अब मानव की प्रतिष्ठा की माप दण्ड बन गयी। ब्राह्मण लोग अपने को समाज में सर्वश्रेष्ठ मानने लगे। इतना ही नहीं, उन्हें 'भूदेव' अर्थात् पृथ्वी का देवता भी कहा जाने लगा। उन्होंने अपनी इस श्रेष्ठता का अनुचित लाभ उठाकर शूद्रवर्ण के सदस्यों से अनादर-पूर्ण व्यवहार करना शुरू कर दिया। जैसे शूद्रों को स्पर्श न करना तथा उनकी छाया से भी घृणा करना। इसी प्रकार क्षत्रियों ने सूर्य और चन्द्रमा से अपनी उत्पत्ति बताकर अपनी श्रेष्ठता को प्रतिपादित करने का प्रयास किया।

जाति प्रथा से जो दूसरी हानि हुई वह स्पर्शास्पर्श की दूषित भावना की उत्पत्ति है। द्विज-अर्थात् ब्राह्मण, क्षत्रिय और वैश्य अपने को समाज में उच्च स्थान के अधिकारी मानने लगे। इतना ही नहीं, ब्राह्मण जाति में भी आपस में ऊँच-नीच की भावना का समावेश होने लगा। उदाहरण के लिए गर्ग, गौतम और शांडिल्य गोत्र वाले ब्राह्मणों से भी, रोटी-बेटी का सम्बन्ध करना अपने लिए अपमानजनक मानने लगे। ब्राह्मण अपने को श्रेष्ठ मानने के कारण अन्य किम्बहुना, शूद्र जातियों में भी ऊँच-नीच की भावना व्याप्त हो गई। इस छूआछूत का परिणाम यह हुआ कि समाज में बिखराव पैदा होने लगा और लोग अपनी जाति के दूसरे सदस्यों को भी नीच और अस्पृश्य समझने लगे।

इस जाति प्रथा के और भी अनेक अवगुण हैं जिनका संक्षेप में वर्णन इस प्रकार है—

(१) जाति प्रथा ने व्यक्ति को अपनी इच्छा और प्रवृत्ति के अनुसार कार्य करने के अवसर से सदा वंचित रखा। (२) धार्मिक आत्याचारों और सामाजिक रूढ़ियों ने जातिप्रथा के अवगुणों को समाज के समक्ष प्रस्तुत कर नीच जातियों को अन्य धर्म ग्रहण करने के लिए विवश कर दिया। जैसे छूआछूत की प्रथा से ऊबकर अनेक हरिजनों ने ईसाई तथा मुसलिम धर्म को स्वीकार कर लिया। (३) जाति प्रथा ने ही एक व्यक्ति को दूसरे व्यक्ति से पृथक कर छूआछूत की दूषित प्रथा प्रतिष्ठित कर उसे पनपने का पूर्ण अवसर प्रदान नहीं किया। (४) इसके द्वारा व्यक्ति के जन्मसिद्ध अधिकारों का अपहरण तथा हनन हुआ। (५) जाति प्रथा के कारण देश की एकता और अखण्डता का सत्यानाश हुआ। (६) इस प्रथा ने पृथकता, खण्डता तथा भेद-भाव की भावना को जन्म दिया।

जाति-प्रथा का सबसे बड़ा गुण श्रम का विभाजन था। परन्तु कालान्तर में यही दोष के रूप में परिणत हो गया। क्षत्रिय लोगों का कार्य देश की रक्षा करना था। अतः समाज तथा देश की रक्षा का महान् कार्य केवल क्षत्रियों के ऊपर ही आ पड़ा दूसरी जातियों को देश की रक्षा से कोई प्रयोजन नहीं था। फलस्वरूप विदेशी जातियों के प्रबल आक्रमण का मुकाबिला—क्षत्रिय जाति के सदस्यों की संख्या

सीमित होने के कारण—ये नहीं कर सके और यह देश परतन्त्र हो गया। इस प्रकार जाति-प्रथा से लाभ की अपेक्षा हानि ही अधिक हुई है।

परिच्छेद ४ : संयुक्त परिवार

भारत में सामाजिक संस्थाओं में वर्ण और आश्रम के पश्चात् संयुक्त परिवार सबसे अधिक महत्त्वपूर्ण और प्रसिद्ध है। हमारे धर्मशास्त्रियों ने समाज को सुसंगठित और सुव्यवस्थित रूप से चलाने के लिए इस सामाजिक संस्था का आविष्कार किया था। आज भले ही इस संस्था को विशेष महत्त्व न दिया जाय परन्तु इसमें सन्देह नहीं कि भारतीय समाज को व्यवस्थित तथा संगठित रखने में इसने अभूतपूर्व योग-दान दिया है।

संयुक्त परिवार का अर्थ है परिवार के विभिन्न सदस्यों का एक साथ मिल कर, एक ही आवास या गृह में, एक ही व्यक्ति के शासन को स्वीकार करते हुए, संगठित रूप में रहना। प्राचीन तथा मध्यकाल में माता-पिता, भाई-बहिन, सास-बहू तथा अन्य सदस्य परस्पर प्रेम पूर्वक एकत्र निवास करते थे। इस संयुक्त परिवार में कुछ प्रधान सदस्य होते थे जिनका कार्य निम्नलिखित था—

गृह-प्रमुख—यह घर का सबसे प्रमुख तथा प्रधान व्यक्ति होता था। इस पद को परिवार का सबसे वृद्ध व्यक्ति सुशोभित करता था जो प्रायः पिता हुआ करता था। यही प्रमुख व्यक्ति परिवार की सम्पत्ति का प्रबन्धक होता था। इसे गृहपति' भी कहा जाता था क्योंकि यह संयुक्त परिवार की सभी प्रकार की आवश्यकताओं तथा धार्मिक कृत्यों का सम्पादन करता हुआ घर के बच्चों की शिक्षा-दीक्षा की भी व्यवस्था करता था।

आजकल इसे 'कर्ता' कहा जाता है क्योंकि घर के सभी कार्यों का सम्पादन यही करता है। गृह-प्रमुख पक्षपात शून्य तथा न्यायप्रिय होता था। वह अपने पुत्रों के समान ही भतीजों को भी समझता तथा सबके साथ समान व्यवहार करता था। गोस्वामी तुलसीदास ने घर के इस मुखिया के कर्तव्यों की ओर बड़े ही सुन्दर शब्दों में संकेत किया है।[1]

गृह-प्रमुख की पत्नी—जिस प्रकार गृह-प्रमुख घर के आय-व्यय का प्रबन्ध करता तथा सभी सदस्यों की आवश्यकताओं की पूर्ति करता था उसी प्रकार उसकी पत्नी घर की रानी मानी जाती थी। परिवार की सभी नारियों में प्रमुख की पत्नी

---

१. मुखिया मुख सो चाहिए, खान पान सब एक।
   ....तुलसी सहित विवेक ।।

—रा० च० मा०

को विशेष महत्त्व दिया जाता था। घर की आन्तरिक समस्याओं को सुलझाना प्रमुख की पत्नी का प्रमुख कार्य था। पुरुष-वर्ग जो धनराशि कमाकर घर लाता था उसके द्वारा घर में भोजन-छाजन की सम्यक् व्यवस्था करना, बच्चों का पालन-पोषण करना उसका परम कर्तव्य होता था।

ज्येष्ठपुत्र—परिवार में ज्येष्ठपुत्र का बड़ा महत्त्व होता था। पिता की मृत्यु के पश्चात वही घर का मालिक अथवा गृह-प्रमुख बनता था। अपने पिता के समान ही वह घर की समस्त सम्पत्ति का स्वामी होता था। उसे घर की अचल सम्पत्ति को भी बेंचने तथा खरीदने का पूर्ण अधिकार प्राप्त होता था। शास्त्रकारों में पिता के पश्चात् इसी के अधिकार को स्वीकार किया है।

संयुक्त परिवार का महत्व

हिन्दू संयुक्त परिवार को यदि एक छोटा समाजवादी राज्य कहा जाय तो कुछ अत्युक्ति न होगी। जिस प्रकार राज्य अपनी सुरक्षा, संगठन, एकता, सामाजिक विकास और आर्थिक उन्नति तथा सहकारिता की भावना से अनुप्राणित होकर कार्य करता है, ठीक उसी प्रकार संयुक्त परिवार का प्रमुख अपने परिवार के अभ्युदय के लिए सुन्दर प्रबन्ध तथा प्रयास करता है। समाजवादी राष्ट्र की भाँति परिवार के सदस्यों की समस्त आवश्यकताओं की पूर्ति यह प्रमुख ही सम्पादित करता है। जिस प्रकार राष्ट्र का प्रत्येक व्यक्ति अपनी योग्यता तथा शक्ति के अनुसार विभिन्न कार्यों को करके राष्ट्र की समृद्धि करता है, उसी प्रकार इस परिवार के सदस्य द्रव्य का उपार्जन कर अपने घर को समृद्ध बनाने के लिए सदा सचेष्ट रहते हैं।

प्राचीन काल में, आजकल की ही भाँति 'मैन पावर' (बाहुबल) की बड़ी आवश्यकता समझी जाती थी। 'जिसकी लाठी उसकी भैंस' की लोकोक्ति इसी बाहु की शक्ति के ऊपर आधारित थी। प्राचीन काल में जब आवागमन के नवीन साधनों तथा कृषिकर्म के नये उपादानों का आविष्कार नहीं हुआ था, उस समय भुजाओं के बल से किसी देश पर आक्रमण करने के अतिरिक्त अपने राष्ट्र तथा घर की सुरक्षा भी इसी बाहु-बल से हो सकती थी। सुंयुक्त परिवार में सभी व्यक्ति मिलकर एक साथ रहते थे। अतः ऐसी दशा में घर के इन सदस्यों के लिए कोई कार्य भी कठिन अथवा असंभव नहीं था। 'संघे शक्तिः कलौयुगे' की लोकोक्ति उस समय भी चरितार्थ होती थी क्योंकि घर अनेक सदस्यों का संघ था।

हानियाँ—संयुक्त परिवार से अनेक लाभ थे। सामाजिक, आर्थिक, राष्ट्रीय आदि जिस दृष्टि से भी विचार किया जाय इसमें लाभ ही लाभ दिखाई पड़ता था जिनमें से कुछ की ओर पहिले संकेत किया जा चुका है। परन्तु कालान्तर में इस संस्था में अनेक दोष आ गये थे जिनमें प्रधान ये थे—

(१) गृह प्रमुख का पक्षपात करना।
(२) स्वार्थपरता तथा
(३) अकर्मण्यता।

कुछ काल के पश्चात् गृह-प्रमुख में पक्षपात की भावना आने लगी थी। वह अपने पुत्रों तथा पुत्रियों को अधिक मानता था। अपने पुत्रों की शिक्षा-दीक्षा की अच्छी व्यवस्था करता तथा उनके भोजन-छाजन पर अधिक ध्यान देने लगा था। परन्तु घर के अन्य सदस्यों के साथ उसका व्यवहार समान रूप से नहीं था। इससे घर के इन सदस्यों में फूट पड़ने लगी और संयुक्त परिवार विखराव के तट पर आ पहुँचा।

संयुक्त परिवार में दूसरी सबसे बड़ी बुराई थी—घर के अन्य सदस्यों का अकर्मण्य होना। इस परिवार में एक ही सदस्य अर्थ का उपार्जन करने वाला होता था तथा अन्य सदस्य अकर्मण्य होकर घर बैठे रहते थे और घर का आटा गीला किया करते थे। संयुक्त परिवार होने पर भी सभी सदस्यों का संयुक्त उत्तर-दायित्व नहीं था। बल्कि गृह के संचालन तथा व्यवस्था का समस्त उत्तरदायित्व गृह-प्रमुख पर रहता था। ऐसी दशा में अनुत्तरदायिता बढ़ती गई और घर के लोग आलसी, निष्क्रिय और अकर्मण्य होने लगे। आपसी स्वार्थपरता ने भी इसमें प्रमुख योगदान दिया और धीरे-धीरे संयुक्त परिवार का यह विशाल प्रासाद ढहने लगा है।

(घ) परिवार के भेद

परिवार प्रधानतया दो प्रकार के होते हैं—
(१) मातृमूलक परिवार (Matriarchal Family)
(२) पितृमूलक परिवार (Patriarchal Family)

प्राचीन काल में पितृमूलक परिवार की ही प्रधानता थी। जहाँ वंश परम्परा पिता से पुत्र और पुत्र से पौत्र की ओर चलती थी। इसे पितृमूलक परिवार कहा जाता था। पितृमूलक परिवार में पिता ही परिवार का सर्वश्रेष्ठ व्यक्ति होता है। उसी के हाथों में परिवार की शक्ति संचित रहती है। वह सर्व शक्तिमान् तथा समस्त अधिकारों से सम्पन्न व्यक्ति होता है। परिवार में उसकी संप्रभुता सभी सदस्यों के द्वारा स्वीकृत की जाती है। परिवार का सर्व प्रधान व्यक्ति होने के कारण वह अपने अधिकारों को अपने ज्येष्ठ पुत्र को दे देने की क्षमता रखता है। इसी प्रकार से उसका पुत्र अपने ज्येष्ठ पुत्र को अपने अधिकारों को संक्रमित कर सकता है। इस प्रकार पुत्र-पौत्रादि को अधिकारों तथा दायित्व को अर्पित कर देने की परम्परा जिस समाज में स्थापित हो उसे पितृ-मूलक परिवार कहा जाता है। आदिम युग में संसार के सभी देशों में यही परम्परा व्यवस्थित थी। विशेषतया राजघरानों में इस परम्परा का पालन बड़ी कठोरता के

साथ किया जाता था। प्राचीन राजतन्त्र का इतिहास इसी परम्परा का समर्थन करता है।

(२) इसके ठीक विपरीत मातृमूलक परिवार वह है जहाँ वंश परम्परा तथा अधिकार का क्रम माता से पुत्री और पौत्री को संक्रमित होता है। इस परिवार में माता का वही स्थान होता है जो पितृमूलक परिवार में पिता का होता है।

भारत में केरल राज्य में मातृमूलक परिवार व्यवस्था पायी जाती है जहाँ माता के पश्चात् उसकी पुत्री और तत्पश्चात् उसकी पौत्री घर की स्वामिनी बनती है। संसार के अन्य देशों में भी कहीं-कहीं यह व्यवस्था आज भी उपलब्ध होती है परन्तु धीरे-धीरे इस व्यवस्था का नाश हो रहा है।

अध्याय १०

संस्कार

परिच्छेद १

भारत में तीसरी सामाजिक संस्था संस्कार था। मनु ने लिखा है कि मनुष्य जन्म से शूद्र पैदा होता है परन्तु वह संस्कार के द्वारा ही द्विज की उपाधि को धारण करता है :—

"जन्मना जायते शूद्रः; संस्कारात् द्विजः उच्यते"।

'संस्कार' शब्द संस्कृत के सम् उपसर्गक 'कृ' धातु से घञ् प्रत्यय करने पर निष्पन्न होता है जिसका अर्थ होता है संस्कृत किया हुआ। चूंकि इन विभिन्न संस्कारों के द्वारा मानव का जीवन सुसभ्य तथा सुसंस्कृत बनाया जाता है। अतः इन्हें संस्कार कहते हैं।

संस्कारों की संख्या—गौतम धर्म सूत्र में संस्कारों की संख्या चालीस मानी गयी है। परन्तु गृह सूत्रों में इनकी संख्या ग्यारह, तेरह और अठारह स्वीकार की गई है। अनेक विद्वानों के मतानुसार संस्कारों की स्वीकृत तथा प्रचलित संख्या सोलह है जिन्हें "षोडश संस्कार" कहा जाता है। ये संस्कार निम्नलिखित हैं :—

(१) गर्भाधान (२) पुंसवन (३) सीमन्तोनयन (४) जात कर्म (५)—(६) नामकरण (७) निष्क्रमण (८) अन्न प्राशन (९) चूड़ाकरण (१०) कर्ण वेध (११) विद्यारम्भ (१२) उपनयन (१३) वेदारम्भ (१४) समावर्तन (१५) विवाह और (१६) अन्त्येष्टि। इनमें से प्रथम पन्द्रह संस्कारों का संबंध इह लोक तथा सोलहवें अन्त्येष्टि का परलोक के कल्याण के लिए माना जाता है।

परन्तु आजकल इनमें से केवल छः ही संस्कार प्रधान हैं—(१) पुत्र जन्म (२) चूड़ाकरण (३) उपनयन (४) विवाह (५) गवना और (६) अन्त्येष्टि। इन्हीं छः संस्कारों का आजकल पालन किया जाता है। इन छः में से केवल तीन ही अत्यन्त प्रचलित तथा सभी लोगों के द्वारा किये जाते हैं जो इस प्रकार हैं—(१) पुत्र जन्म (२) विवाह (३) मृत्यु। इन तीन संस्कारों का सम्पादन असभ्य, अर्धसभ्य तथा सभ्य सभी लोगों के द्वारा होता है।

गर्भाधान संस्कार का उद्देश्य अच्छी सन्तान को उत्पन्न करना था। इसमें स्त्री और पुरुष अपनी पवित्र भावनाओं से परिपूर्ण होकर, देवताओं से सुन्दर तथा सुयोग्य सन्तान की कामना करते थे। स्मृतिकारों ने इस संस्कार के सम्पादन के

लिए दिन और उचित समय निर्धारित किया था जिसका पालन करना आवश्यक था। पुंसवन संस्कार का आशय यह था कि जो सन्तान उत्पन्न हो वह पुत्र ही हो। पुत्र शब्द का अर्थ 'पुं' नामक नरक से रक्षा करने वाला होता है। चूंकि पुत्र पिण्ड-दान आदि करके पिता को नरक में जाने से बचाता था। अतः पुत्र की उत्पत्ति आवश्यक मानी जाती थी। दूसरा कारण यह भी था कि पुत्र को उत्पन्न करके ही गृहस्थ 'पितृ ऋण' से उऋण होता था। इसीलिए पुत्र को पैदा करना गृहस्थ का आवश्यक कर्तव्य समझा जाता था। सीमन्तनयन संस्कार का अभिप्राय गर्भवती स्त्री की रक्षा करना था। उसे पौष्टिक, स्वच्छ और सुस्वादु भोजन प्रदान कर उसके दोहद की पूर्ति करना तथा स्वास्थ्य की देखभाल करना इसका एकमात्र उद्देश्य था। जातकर्म संस्कार में पुत्र की उत्पत्ति हो जाने पर उसके जन्म से संबंधित अन्य लौकिक क्रिया-कलापों का सम्पादन करना था। आजकल पुत्र की उत्पत्ति के बाद छठी और बरही करने की जो प्रथा है वह इसी के अन्तर्गत आती है।

नामकरण संस्कार में नवजात शिशु का नाम रखा जाता है। इस नामकरण के अनेक नियम हैं। दक्षिण भारत में पुत्र के नाम के उपरान्त पिता का नाम इसके पश्चात् वंश या गोत्र की उपाधि का होना आवश्यक माना जाता है। जैसे गौरी शंकर हीरा चन्द ओझा। इसमें प्रथम नाम पुत्र का, द्वितीय पिता का और तृतीय वंश की उपाधि है। अन्न प्राशन संस्कार में जब बालक छः मास का हो जाता है तब उसे प्रथम बार अन्न खिलाया जाता है। इस कार्य को घर का कोई वृद्ध पुरुष या स्त्री करती है। चूड़ाकरण का दूसरा नाम मुण्डन है। इस अवसर पर प्रथम बार बालक के सिर के बालों को किसी पवित्र नदी तट अथवा देवालय में काटा जाता है। कर्ण वेध में कानों के निचले भाग (Love) को बेध कर उसमें कुण्डल आदि पहिना दिया जाता है। अक्षरारम्भ अथवा विद्यारम्भ के समय बालक को प्रथम बार अक्षर का ज्ञान कराया जाता है। पटरी अथवा स्लेट पर 'ओइम् नमः सिद्धम्' लिखकर उससे पढ़वाया तथा लिखवाया जाता है। भोजपुरी प्रदेश में "राम गति देहु सुमति" सिखलाने की प्रथा है। उपनयन संस्कार में बालक का यज्ञोपवीत संस्कार कर उसे वेदारम्भ करने के लिए गुरुकुल भेज दिया जाता है जहाँ से विद्याध्ययन की समाप्ति कर लौटने पर उसका समावर्तन संस्कार किया जाता है। इसमें ब्रह्मचारी के बालों को कटवा कर, तैल, गंधादि द्रव्यों से सुसज्जित कर नये परिधान दिये जाते हैं। इसके पश्चात् वह अपना विवाह कर गृहस्थ का जीवन व्यतीत करता है। अन्त्येष्टि जीवन का अन्तिम संस्कार है जो मृत्यु के पश्चात् किया जाता है। अन्तिम दोनों संस्कारों का वर्णन अन्यत्र किया जा चुका है।

संस्कार

(१) **पुत्र-जन्म**—हमारे धर्म शास्त्रकारों ने षोडश संस्कारों का वर्णन किया है परन्तु इनमें से केवल छः संस्कार ही प्रधानतया प्रचलित है जिनके नाम निम्नां-

कित है—(१) पुत्र जन्म (२) मुण्डन (३) यज्ञोपवीत (४) विवाह (५) गवना (६) मृत्यु। भारतीय लोगों में पुत्र का जन्म होना शुभ माना जाता है। पुत्री के जन्म का कोई स्वागत नहीं करता। जब पुत्र उत्पन्न होता है तब 'सोहर' नाम के गीत प्रसन्नता तथा हर्ष को द्योतित करने के लिए गाया जाता है परन्तु पुत्री-जन्म पर कोई गीत नहीं गाये जाते। किम्वहुना, इन दोनों अवसरों पर नवजात शिशु की माता के लिए भोजन-छाजन, वस्त्र आदि की व्यवस्था में भी अन्तर पाया जाता है।

जब कोई स्त्री गर्भवती होती है तब उसको अनेक विधि-निषधों का पालन करना पड़ता है। गर्भवती स्त्री को 'ग्रहण' नहीं देखना चाहिए क्योंकि भावीशिशु पर इसका प्रभाव बड़ा बुरा पड़ता है। इसलिए सूर्य अथवा चन्द्र ग्रहण के अवसर पर ऐसी स्त्री को घर में छिपा कर रखा जाता है। ऐसी स्त्री के लिए बर्रे—एक अन्न जिससे तेल निकाला जाता है—खाना निषिद्ध है। ग्रामीण लोगों का यह विश्वास है कि ऐसा करने से उत्पन्न बालक बहुत बकवासी होता है तथा अनावश्यक रूप से बहुत बोलता है।

गर्भावस्था में स्त्री की भोजन संबंधी इच्छाओं—जिसे संस्कृत में 'दोहद' कहा जाता है—की पूर्ति करना आवश्यक समझा जाता है। इन इच्छाओं की पूर्ति न होने पर भावी शिशु के विकास में बाधा पड़ने की आशंका बनी रहती है। गर्भिणी स्त्री यदि अधिक मिष्ठान्न खाती है तब लोगों की यह मान्यता है कि सन्तान के पैदा होने पर उसके मुँह से लार टपकता रहेगा। जिस कक्ष में वह स्त्री सोती हो उसमें महान् पुरुषों के यदि चित्र स्थापित हों तो उनका भावी शिशु के जीवन पर बड़ा प्रभाव पड़ता है।

गर्भिणी स्त्री घर के जिस कक्ष में सन्तान को जन्म देती है उसे 'सउरि' कहा जाता है जिसमें किसी व्यक्ति का प्रवेश निषिद्ध है। यदि उस कक्ष के भीतर जाना आवश्यक ही हो तो पैरों को धोकर जाना चाहिए जिससे भूत-प्रेतों का प्रवेश उसके भीतर न हो सके। सौर गृह के द्वार पर अंगीठी में रात दिन आग जलाई जाती है जिसमें एक विशेष वृक्ष की लकड़ी का प्रयोग किया जाता है। जनता की यह मान्यता है कि आग के कारण दुष्ट आत्मायें सौर गृह में प्रवेश नहीं कर सकती। इस घर में प्रवेश कर यमराज कहीं शिशु को स्पर्श न कर ले इसलिए सौर गृह का द्वार सदा बन्द रखा जाता है। बिल्ली यमराज का प्रतीक समझी जाती है। अतः इसका प्रवेश अत्यन्त निषिद्ध है।

पुत्र की उत्पत्ति के छठवें दिन छठीं तथा बारहवें दिन 'बरही' संस्कार किया जाता है। इस दिन बालक का नाम-करण करने का विधान है। नवजात शिशु को बुरी नजर से बचाने के लिए मातायें उसकी आँखों में काजल और ललाट में काला टीका लगा देती हैं। वे उसके हाथों और पैरों में काला धागा अथवा 'फूल गेंना' बाँध देती हैं इससे बालक बुरे प्रभावों से सुरक्षित समझा जाता है।

(२) **मुण्डन**—बालक के जन्म के विषम वर्षों—अर्थात् एक, तीन, पाँच, सात, नव आदि—में उसका मुण्डन संस्कार किया जाता है। इस संस्कार के पहिले बालक के बालों को काटना निषिद्ध है। उत्तर प्रदेश के पूर्वी जिलों मे यज्ञोपवीत के पहिले बालक के सिर के बालों को उस्तरा मे काटना वर्जित माना जाता है। परन्तु अन्य स्थानों में इस निषेध का पालन नहीं किया है।

बालक का मुण्डन संस्कार किसी तालाब के किनारे, नदी के तट पर अथवा किसी पवित्र मंदिर में सम्पादित किया जाता है। उत्तर प्रदेश के पूर्वी जिलों के लोग मिर्जापुर के पास स्थित विन्ध्यवासिनी देवी के मदिर में अपने बालकों का मुण्डन कराते हैं। कुछ लोग तो इस मंदिर में मुण्डन कराने की मनौती भी मानते हैं।

बाल बड़ा पवित्र माना जाता है। अतः बालक की फूआ (बुआ) अथवा बहिन इन कटे हुए बालों को अपने आँचल में रखती है और उन्हे जमीन पर नहीं गिरने देती। इसके लिए उसे नेंग (पुरस्कार) भी दिया जाता है। इन बालों को किसी नदी में प्रवाहित कर दिया जाता है।

(३) **उपनयन**—इसे जनेऊ कहा जाता है। अनेक नियमों के पालन करने के कारण इसे 'व्रत-बन्ध' भी कहते हैं। मुण्डन की ही भाँति यह भी बालक के जन्म के विषम वर्षों में सम्पादित किया जाता है। फाल्गुन का महीना इस कार्य के लिए प्रशस्त है।

प्राचीन काल में इस संस्कार के पश्चात् ब्रह्मचारी अपने गुरु के साथ पढ़ने के लिए आश्रम में चला जाता था। इसलिए इसे 'उपनयन' कहते थे जिसका अर्थ है गुरु के समीप ले जाना। इस दिन बालक को मूँज की करधनी धारण करना पड़ता है अपने हाथ में वह पलाश का दण्ड लेता है। इन विषयों की चर्चा लोकगीतों में पाई जाती है।

यज्ञोपवीत संस्कार में भिक्षा माँगने की प्रथा है जो प्राचीन परम्परा का स्मरण दिलाती है। ब्रह्मचारी काशी या कश्मीर विद्योपार्जन करने के लिए जा रहा है। अतः वह अपने माता-पिता, घर तथा गाँव के लोगों से भिक्षा की याचना करता है जिसे ये लोग प्रसन्नतापूर्वक देते हैं। इस संस्कार के अवसर पर ब्रह्मचारी के बालों को प्रथम बार उस्तरा से काटा जाता है। जनेऊ हो जाने पर ब्रह्मचारी को अनेक व्रतों अथवा नियमों का पालन करना पड़ता है। उसके लिए बाल कटाना, नाखून काटना, शरीर में तैल-मर्दन करना, छाता लगाना, दिन में सोना, पेड़ पर चढ़ना, ऊँची-नीची भूमि को पार करना और स्त्रियों को देखना तथा उनसे संलाप करना वर्जित है। प्राचीन काल में वेदाध्ययन के पश्चात् समावर्तन संस्कार किया जाता था परन्तु आजकल उपनयन के साथ ही समावर्तन आदि भी सम्पादित कर दिया जाता है।

(४) **विवाह**—संसार की सभ्य तथा असभ्य सभी जातियों में विवाह प्रधान संस्कार के रूप में पाया जाता है। मानव जीवन में यह सबसे बड़ा तथा महत्त्वपूर्ण संस्कार है। भारतीय धर्म शास्त्रियों ने आठ प्रकार के विवाहों का विधान किया है। जैसे—(१) ब्राह्म (२) दैव (३) आर्ष (४) प्राजापत्य (५) आसुर (६) गान्धर्व (७) राक्षस और (८) पैशाच। इनमें से प्रथम चार प्रकार प्रशस्त माने जाते हैं तथा अन्तिम चार गर्हणीय हैं। आजकल आर्ष तथा ब्राह्म विवाह ही प्रशस्थ है। परन्तु आधुनिक सभ्यता के प्रकाश के कारण गान्धर्व विवाह भी होने लगा है।

विवाह की आयु—प्राचीन काल में प्रथम आश्रम ब्रह्मचर्याश्रम था जो पच्चीस वर्षों तक माना जाता था। इसके पश्चात् ही ब्रह्मचारी का विवाह होता था। इस प्रकार विवाह की अवस्था पच्चीस वर्ष के बाद ही मानी जाती थी। परन्तु आज कल विवाह की कोई आयु निश्चित नहीं है। केन्द्रीय सरकार ने लड़कियों की आयु १६ वर्ष और लड़कों की २० वर्ष निश्चित की है। इससे कम आयु के लड़के और लड़कियों का विवाह अपराध घोषित किया गया है। परन्तु इस कानून का पालन तोड़ने में ही अधिक किया जाता है। आज से ७०-८० वर्ष पूर्व गाँवों में दुँह मुँहे बच्चों का विवाह हो जाता था। परन्तु अब शिक्षा के प्रचार से तथा आर्थिक कठिनाइयों के कारण इस दशा में सुधार हुआ है और अब बाल-विवाह तिरस्कार की दृष्टि से देखा जाने लगा है।

वैवाहिक प्रथा—कन्या के युवावस्था में पदार्पण करते ही उसका पिता उसके विवाह के लिए चिन्तित हो उठता है। किसी विवाह योग्य लड़के का पता लगाने पर कन्या का पिता वर के पिता के पास आकर विवाह का प्रस्ताव करता है और इसके फलस्वरूप उससे कुण्डली माँगता है जिसे 'जन्मपत्री' कहा जाता है। वह वर तथा कन्या की कुण्डली को 'मिलाने' के लिए किसी ज्योतिषी को देता है जो दोनों की कुण्डलियों का 'मिलान' वर्ण, जाति और गुण के आधार पर करता है। यदि कन्या की कुण्डली में बीस या इससे अधिक 'गुण' मिल गये तब कुण्डली प्रशस्त मानी जाती है। कुण्डली 'मिल' जाने के पश्चात् कन्या का पिता वर पक्ष के पिता अथवा भाई से तिलक और दहेज में देय धनराशि के विषय में बातें करता है जिसे 'लेन-देन' कहते हैं। आज कल तिलक-दहेज की इस दूषित प्रथा का इतना अधिक प्रचार है कि इसके अभाव में विवाह का सम्पादन अत्यन्त कठिन है। फिर तिलक और दहेज का 'रेट' इतना अधिक है कि कन्या का गरीब पिता इतनी अधिक धनराशि देने में नितान्त असमर्थ होता है। इसके फलस्वरूप, धन के अभाव में, योग्य लड़कियों का विवाह अयोग्य लड़कों से करना पड़ता है।

धन की राशि स्वीकृत होने पर कन्या का पिता वर को किसी शुभ दिन कुछ द्रव्य तथा मिष्ठान्न प्रदान करता है। इस विधि को 'वर रक्षा' कहा जाता है। इससे वर सुरक्षित हो जाता है अर्थात् अब कोई दूसरा व्यक्ति उससे विवाह करने

का प्रस्ताव नहीं करता है। 'वर रक्षा' के कुछ दिनों के पश्चात् किसी शुभ मुहूर्त में 'तिलक' चढ़ाने की प्रथा होती है। इस दिन कन्या का पिता निश्चित धनराशि, वस्त्र, मिष्ठान्न और फल आदि को वर को समर्पित करता है। तिलक के पश्चात् विवाह निश्चित माना जाता है। अतः किसी शुभ दिन को विवाह करने के लिए तय कर लिया जाता है।

मण्डप निर्माण—विवाह के निश्चित हो जाने पर कन्या के घर मण्डप निर्माण का कार्य प्रारम्भ होता है। घर के आँगन में पाँच अथवा सात बच्चे हरे बाँसों को गाड़ कर उसे खई अथवा कास से छा दिया जाता है। यही 'मण्डप' कहलाता है जिसके नीचे बैठकर वर-बधू का विवाह होता है।

बारात की तैयारी तथा आगमन—उधर वर पक्ष के लोग कन्या के घर जाने के लिए बारात की तैयारी करने लगते हैं। इस बारात में घर के आत्मीय लोगों के अतिरिक्त परिजन, पुरजन, कुटुम्बी तथा सगे सम्बन्धी भी होते हैं। वाहनों में हाथी, घोड़ा और ऊँट का प्रबन्ध होता है जिस पर बैठकर लोग बारात में चलते हैं। यह बारात एक चतुरंगिणी सेना के रूप में होती है जिसमें हाथी, घोंड़ा के अतिरिक्त पदाति पैदल चलने वालों की संख्या अधिक होती है। जब बारात कन्या पक्ष के घर पहुँचती है तब घर के द्वार पर वर की पूजा की जाती है जिसे 'द्वार पूजा' कहते हैं। इसके पश्चात् वर का बड़ा भाई कन्या को आभूषण और वस्त्र आदि प्रदान करता है। इस प्रथा को कन्या निरीक्षण कहा जाता है। ग्रामीण जनता इसे 'गुरहत्थी' कहती है।

विवाह संस्कार में अनेक विधि-विधान किये जाते हैं जिनमें प्रधान है—कन्या दान, सुमंगली और सप्तपदी। कन्या दान में कन्या का पिता अपनी पुत्री को गोद में बैठाकर उसे दान-रूप में वर को प्रदान करता है। इसके पश्चात् वर कन्या के माँग में सिन्दूर लगाता है जिसे 'सुमंगली' कहा जाता है। बाद में वर और कन्या प्रज्वलित अग्नि के चारों ओर सात बार प्रदक्षिणा करते हैं और अग्निदेव को साक्षी मानकर कुछ प्रतिज्ञायें करते हैं जिनमें आपस में सौहार्द बनाये रखना, एक दूसरे के सुख-दुःख में साथ देना और एक दूसरे का परित्याग न करना सम्मिलित है। इस विधि को 'सप्तपदी' कहते हैं।

इस विवाह विधि को कन्या तथा वर पक्ष के पुरोधित सम्पादित करते हैं जिसके लिए उनको भूयसी दक्षिणा दी जाती है। इस कार्य के लिए काशी के वैदिक पण्डित प्रशस्त माने जाते हैं जिन्हें लोक भाषा में 'बेदुआ' कह कर पुकारते हैं। विवाह के पश्चात् बारातियों को भोजन कराया जाता है। इस भोज में समधी (लड़क का पिता) के खाते समय उसे गाली देने की प्रथा है जिन्हें सुनकर वह प्रसन्न होता है। लोकगीतों में इन गालियों का अनेकशः उल्लेख हुआ है। गोस्वामी तुलसी दास ने राम के विवाह में इन गालियों के गाने का वर्णन किया है। दूसरे दिन

प्रायः बारातियों की विदाई कर दी जाती है। इस अवसर पर प्रत्येक बाराती को रुपया तथा घर के सदस्यों को वस्त्र भी दिया जाता है। धनी मानी लोग दूसरे दिन बारात को अपने यहाँ रखकर उन्हें कच्चा भोजन देते हैं। दूसरे दिन बारात को रखना 'मर्याद रहना' कहा जाता है। ये लोग तीसरे दिन बारात की विदाई करते हैं।

(५) **गवना**—विवाह के पश्चात् प्रथम बार जब विवाहिता कन्या अपनी ससुराल जाती है तब उस प्रथा को 'गवना' कहा जाता है। गवना विवाह के बाद विषम वर्षों—अर्थात् एक, तीन, पाँच, सात में सम्पादित होता है। आज से सौ वर्ष पहिले दुँह मुँहे बच्चों का भी विवाह हो जाता था। अतः वर-कन्या के छोटी अवस्था में होने के फलस्वरूप 'गवना' एक आवश्यक कर्म था। परन्तु आजकल जब वयस्क लड़के और लड़कियों का विवाह होने लगा है तब गवना की कोई आवश्यकता नहीं है और न उसका अब कोई विशेष उपयोग ही है। अतः गवना की प्रथा अब धीरे-धीरे लुप्त होती जा रही है।

गवना प्रायः फाल्गुन के महीना में करना प्रशस्त माना जाता है। किसी शुभ दिन वर अपने घर के सदस्यों तथा कुटुम्बियों के साथ कन्या के घर जाता है। परन्तु वर के पिता का इस अवसर पर जाना निषिद्ध माना गया है। वर दूसरे दिन कन्या की बिदाई करा कर उसे अपने घर ले आता है। कन्या की विदाई का दृश्य बड़ा ही कारुणिक तथा पाषाण हृदय को भी पिघला देने वाला होता है। लोक-गीत में इसका बड़ा ही कारुणिक वर्णन उपलब्ध होता है। वर जब बहू को लेकर अपने घर पहुँचता है तब वह अपनी स्त्री के साथ 'दौरा'—अर्थात् बाँस की बनी छबड़ी में पैर रखता है जिसे 'दौरा में ड़ेग डालना' कहा जाता है। बाँस-वंश-सन्तति का प्रतीक है। अतः इसमें पैर रखना सन्तान की उत्पत्ति का सूचक है। घर में आकर नयी बधू भण्डार घर में रखे अन्न आदि का स्पर्श करती है। चौथे दिन 'कंकण मोचन' के साथ गवना की विधि समाप्त समझी जाती है।

(६) **मृत्यु**—यह मानव जीवन का अन्तिम संस्कार है जिसे सभी देशों के लोग सम्पादित करते हैं। जब किसी व्यक्ति के जीवित रहने की आशा नहीं रहती तब उसे पलंग पर से उतार कर भूमि पर सुला दिया जाता है जिसे 'भुँइ सेज देना' कहते हैं। उस व्यक्ति के मुँह में गङ्गा जल और तुलसीदल डालना शुभ माना जाता है। धनी लोग इस अवसर पर उस व्यक्ति के हाथ में गाय की पूँछ का स्पर्श कराकर 'गोदान' भी कराते हैं। लोगों का यह विश्वास है कि ऐसा करने से मृतात्मा के लिए 'वैतरणी' नामक नदी को पार करना आसान हो जाता है जो उसके मार्ग में पड़ती है।

जब किसी व्यक्ति की मृत्यु हो जाती है तब उसके शव को काँच बाँस की बनी हुई 'अरथी' पर सुलाकर किसी नदी के किनारे उसे दाह संस्कार करने के

लिए ले जाते हैं। पिता की मृत्यु होने पर उसका ज्येष्ठ पुत्र दाह संस्कार करने का अधिकारी माना जाता है। मृतात्मा के शव को ढोना पुण्य का कार्य समझा जाता है। मृत व्यक्ति के शव को चिता पर रखकर उस शव की तीन या पांच बार प्रदक्षिणा कर उसमें आग लगा दी जाती है। चन्दन की लकड़ी, उसके अभाव में आम अथवा बेल वृक्ष की लकड़ी की चिता प्रशस्त मानी जाती है। जो व्यक्ति मुखाग्नि देता है उसे 'दाही' कहते हैं। इस दाही को अनेक नियमों का पालन करना पड़ता है—जैसे दस दिनों तक हजामत न बनवाना, शरीर में तेल न लगाना, जूता नहीं पहिनना आदि। दसवें दिन दशाह कर्म कर घर के सभी सदस्य मुण्डन कराते हैं। बारहवें दिन—द्वादशाह—को ब्राह्मणों को भोज देकर श्राद्ध कर्म की समाप्ति हो जाती है।

परिच्छेद २ : व्रत और त्योहार

भारतवर्ष में अनेक व्रत और त्योहार मनाये जाते हैं। इस महान् देश के प्रत्येक राज्य में कोई न कोई त्योहार विशेष रूप से मनाया जाता है। उदाहरण के लिए उत्तर प्रदेश, बिहार, मध्यप्रदेश, राजस्थान आदि राज्यों में होली, दिवाली और दशहरा का त्योहार प्रसिद्ध है। पंजाब में बैसाखी का मेला—जो बैसाख मास की पूर्णिमा को लगता है—विख्यात है। बंगाल में बंगाली लोग दुर्गा-पूजा का उत्सव बड़े ही उत्साह और प्रसन्नता से मनाते हैं। असम में बिहू का त्योहार प्रचलित है जो संभवतः धान काटने के समय होता है। इसी प्रकार दक्षिण भारत में भी अनेक त्योहार प्रचलित तथा प्रसिद्ध हैं। मैसूर राज्य (अब कर्नाटक) का राजसी दशहरा, केरल का ओणम्, तमिडनाडू का पोंगल और आन्ध्र प्रदेश का त्योहार अनेक दृष्टियों से महत्त्वपूर्ण है। कहने का आशय यह है कि भारत व्रतों और त्योहारों का देश है और इसके प्रत्येक राज्य में विशिष्ट प्रकार के त्योहार मनाये जाते हैं जिनका जन-जीवन से घनिष्ट सम्बन्ध है। इन्हीं का संक्षिप्त वर्णन यहाँ प्रस्तुत किया जाता है।

भारत में प्राप्त होने वाले इन पर्वों को हम तीन भागों में विभक्त कर सकते हैं—(१) व्रत, (२) त्योहार और (३) मिश्रित। किसी विशिष्ट देवता की पूजा और अर्चना के निमित्त जब कोई व्यक्ति उपवास रहता, अन्न-ग्रहण के स्थान पर केवल फलाहार करता है उसे व्रत कहते हैं। महर्षि यास्क ने अपने "निरुक्त" नामक सुप्रसिद्ध ग्रन्थ में व्रत का सामान्य अर्थ 'कर्म' बतलाया है। यह व्रत कर्ता को शुभ अथवा अशुभ रूप से बांध लेता है इसीलिए यह 'व्रत' कहलाता है।

"वृणोति निबन्धाति कर्तारं इति व्रतम्।" मनुष्य जो कोई कर्म करता है उसका फल उसे भोगना पड़ता है। इसीलिए कर्म को 'व्रत' कहते हैं। व्रत का एक दूसरा भी अर्थ है जिसका संस्कृत में विशेष रूप से प्रयोग दिखलाई पड़ती है। वह अर्थ उपवास आदि नियम विशेष है। इसी अर्थ में इसका प्रयोग यहाँ

किया गया है। यह व्रत तीन प्रकार का होता है—(१) नित्य (२) नैमित्तिक और (३) काम्य। नैमित्तिक व्रत किसी निमित्त (कारण या अवसर) को लेकर प्रवृत्त होता है। काम्य कर्म किसी कामना की सिद्धि के लिए किया जाता है। आजकल जो व्रत किये जाते हैं वह इन्हीं दोनों उद्देश्यों की पूर्ति के लिए होते हैं।

त्योहार में उत्सव, उद्दाह और प्रसन्नता की मात्रा अधिक होती है जैसे होली, दिवाली और दशहरा। कुछ त्योहार ऐसे भी हैं जिनमें उपवास भी रखा जाता है तथा उत्सव भी मनाया जाता है जैसे रामनवमी और कृष्ण जन्माष्टमी। इन दोनों में उपवास रखते हुए लोग उत्सव मनाते हैं। अतः इन्हें 'मिश्रित' की संज्ञा दी जा सकती है।

अनुच्छेद १ : उत्तर भारत

उत्तर भारत के व्रतों में गंगा दशहरा, निर्जला एकादशी, ऋषि पंचमी, अनन्त चतुर्दशी, महा शिवरात्रि, हरि शयनी तथा देवोत्थानी एकादशी की गणना की जाती है। वट सावित्री, तीज, जिउतिया, पिड़िया और कजरी आदि व्रत केवल स्त्रियों के द्वारा सम्पादित किये जाते हैं। इनमें से कुछ व्रत ऐसे भी हैं जो पुरुषों तथा स्त्रियों—दोनों के द्वारा किये जाते हैं जैसे एकादशी तथा प्रदोष आदि। रविवार और मंगलवार को भी दोनों लिङ्गों के लोगों द्वारा व्रत रखने की परम्परा प्रचलित है।

त्योहारों में होली, दिवाली और दशहरा का अन्तर्भाव होता है। इस दिन बड़ा ही उछाह तथा उत्सव मनाया जाता है। स्त्रियों द्वारा सम्पादित व्रतों का विवरण निम्नांकित है—

(१) **वट सावित्री**—यह व्रत ज्येष्ठ मास की अमावस्या को किया जाता है जिसका उद्देश्य सौभाग्य की वृद्धि तथा पुत्र की प्राप्ति है। प्राचीन काल में सावित्री ने वट की पूजा करके अपने पति सत्यवान् के प्राणों की रक्षा की थी। इसीलिए इसे वट-सावित्री व्रत कहते हैं। इस दिन स्त्रियाँ वट-वृक्ष के मूल में जल देती हैं तथा सावित्री और सत्यवान् की सोना या मिट्टी की प्रतिमा बना कर पूजती हैं। ये सूत को बट-वृक्ष में १०८ बार उसकी परिक्रमा कर लपेटती हैं। इस व्रत को करने वाली स्त्री के लिए तीन रात तक उपवास करने का विधान है। स्त्रियों का यह विश्वास है कि इस व्रत के करने से पति और पुत्र की प्राप्ति होती है।

(२) **जीवित्पुत्रिका**—इसे ग्रामीण स्त्रियाँ 'जिउतिया' के नाम से पुकारती हैं। इस व्रत को स्त्रियाँ पुत्र की प्राप्ति के लिए करती हैं। विशेषकर पुत्र को विपत्तियों से बचाने तथा उसके दीर्घ आयुष्य के लिए यह व्रत किया जाता है। गाँवों में यदि कोई लड़का दुर्घटना अथवा किसी विपत्ति से बच जाता है तब उसके विषय में

यह कहा जाता है कि इसकी माता ने "रबर जिउतिया" का व्रत किया था। यह व्रत आश्विन कृष्ण अष्टमी को सम्पादित होता है। प्रातःकाल किसी नदी अथवा तालाब में स्नानकर स्त्रियाँ सूत की बनी 'जिउतिया' (सूत से बनी माला) को धारण कर चील और सियारिन की कथा सुनती हैं। पुराणों में इस कथा से जीमूतवाहन की कहानी सम्बद्ध है। प्रत्येक पुत्रवती स्त्री के लिए यह व्रत करना आवश्यक है।

(३) **भातृ द्वितीया**—यह व्रत लोक में 'भइया दूज' के नाम से प्रसिद्ध है। यह कार्तिक शुक्ल द्वितीया को किया जाता है। इस व्रत का प्रधान उद्देश्य भाई और बहिन में परस्पर प्रेम की वृद्धि करना है। इस दिन भाई अपनी बहिन के घर जाता है और वह प्रेम से उसे मिष्ठान्न खिलाती है। फलस्वरूप नेंग के रूप में भाई उसे वस्त्र तथा द्रव्य आदि प्रदान करता है। जैसा कहा भी गया है कि :—

"स्नेहेन भगिनी हस्तात्, भोक्तव्यं पुष्टिवर्धनम्।
दानानि च प्रदेयानि, भगिनीभ्यो विशेषतः॥"

इस दिन यमुना में स्नान करना अत्यन्त पवित्र माना जाता है। इस व्रत में स्त्रियाँ अपने घर के समस्त प्राणियों को पहिले मरने की कामना करती हैं। पुनः उन्हें जीवित कर देने की प्रार्थना करती हैं। इस प्रकार से यह व्रत भातृप्रेम की वृद्धि करने वाला माना जाता है।

(४) **मातृ नवमी**—यह व्रत आश्विन कृष्ण नवमी को किया जाता है। इसीलिए इसे 'मातृ नवमी' कहते हैं। इस दिन प्रत्येक मनुष्य अपनी मृत माता का श्राद्ध करता है। इस तिथि को गंगा में स्नान करके माता को पिण्ड दान करना चाहिए। पश्चात् दिन में मध्याह्न में ब्राह्मणों को भर पेट भोजन करावे। जिस प्रकार अमेरिका में 'मदर्स डे' मनाया जाता है उसी प्रकार अपनी पूजनीया मृत माता के उपलक्ष में, उनकी स्मृति की रक्षा के लिए यह व्रत किया जाता है।

(५) **कजरी**—यह स्त्रियों का बहुत बड़ा व्रत है। यह भाद्रपद मास की तृतीया को मनाया जाता है। अतः इसे 'कजरी तीज' भी कहते हैं। इस दिन स्त्रियाँ नया वस्त्र धारण करती हैं तथा अपने शरीर को आभूषणों से सजाती हैं। वे रात को जागरण करती और कजली के गीत गाती हैं। इस दिन गौरी पूजा का विशेष महत्व है जिसका उद्देश्य सौभाग्य की वृद्धि और पति की रक्षा माना जाता है।

(६) **अनन्त चतुर्दशी**—यह व्रत भाद्रपद मास की शुक्ल चतुर्दशी को मनाया जाता है। भगवान् का रूप अनन्त है। इसी तथ्य को दर्शाने के लिए यह व्रत किया जाता है। इस दिन केवल दोपहर तक ही उपवास किया जाता है। मध्याह्न में भगवान् अनन्त की कथा सुनकर इस व्रत की समाप्ति होती है। इस दिन सूत में अनेक गाठें देकर एक 'सूत्र' तैयार किया जाता है जिसे लोग अपनी बाहों में पहिनते

हैं। यह अनन्त भगवान् का प्रतीक है। अपराह्न में लोग नमक से रहित भोज्य पदार्थों को खाते हैं।

त्योहार

(७) **होली**—त्योहारों में होली, दिवाली और दशहरा का प्रधान स्थान है। होली हमारा सबसे प्रसिद्ध, लोकप्रिय तथा सर्व साधारण जनता का त्योहार है। इसे सभी वर्गों, वर्णों तथा जातियों के लोग समान रूप से मनाते हैं। यह त्योहार फाल्गुन शुक्ल पूर्णिमा को मनाया जाता है। पूर्णिमा की पूर्व रात्रि को 'होलिका' जलाई जाती है जिसे 'संवत् जलाना' भी कहा जाता है। इस विषय में यह कथा प्रसिद्ध है कि हिरण्यकश्यप नामक राक्षस ने अपने भगवान् भक्त पुत्र को आग में जला देने के लिए उसकी बुआ होलिका के साथ उसे आग में बैठा दिया। भगवान् की दया से प्रह्लाद बच गया और होलिका जलकर भस्म हो गई। इसी घटना के उपलक्ष्य में यह त्योहार मनाया जाता है।

होली हिन्दुओं का सर्वाधिक प्रचलित तथा लोक-प्रिय त्योहार है। इस दिन लोग आनन्द और उत्सव मनाते और मस्त घूमते हैं। दिन के पूर्वाह्न में अपनी प्रसन्नता प्रकट करने के लिए लोग एक दूसरे पर रंग डालते हैं और अपराह्न में गुलाल—जिसे 'अबीर' भी कहते हैं—लगाया जाता है। इस दिन लोग—विशेष कर छोटे लड़के—नया वस्त्र धारण कर गुलाल लगाते हैं। आज के दिन पक्वान्न तथा मिष्ठान्न खाने की प्रथा है। कुछ लोग भाँग भी पीते हैं। गाँवों में होली के गीत गाये जाते हैं। दो दलों में विभक्त होकर गवैयों की टोलियाँ रात-रात भर फगुआ के गीतों को गा-गाकर अपने हृदयगत हर्ष को प्रकट करती हैं।

(८) **दिवाली**—दिवाली हमारा दूसरा प्रसिद्ध त्योहार है। यह कार्तिक कृष्ण पक्ष की अमावस्या को मनाया जाता है। वर्षा ॠतु के कारण जो घर में गंदगी हो जाती है उसे इस अवसर पर दूर कर दिया जाता है। प्रायः प्रत्येक व्यक्ति अपने घर को चूने से सफेदी कराता है और टूटे-फूटे स्थानों की मरम्मत करा कर उसे नवीन तथा सुन्दर रूप प्रदान करता है। इस दिन रात्रि के समय घर के प्रत्येक कक्ष में घी अथवा तेल का दीपक जलाया जाता है। इन सैकड़ों दीपकों के प्रकाश से घर जगमगा उठता है और घर की गन्दगी के साथ अन्धेरा भी दूर भाग जाता है। दीपकों की इसी जगमगाहट के कारण इसे 'दीपकों का त्योहार' (Fesival of Light) कहा जाता है।

दीपक जलाकर घर में गणेश और लक्ष्मी की मिट्टी की बनी प्रतिमा को स्थापित कर उनकी पूजा की जाती है। इस प्रतिमा की पूजा मिष्ठान्न, धान की खील, सुवर्ण आभूषण तथा चाँदी के रुपयों को अर्पित कर की जाती है। जिस घर ... तिमा स्थापित की जाती है उसमें रात भर घी का दीपक जलता रहता

इस घर का दरवाजा खुला छोड़ दिया जाता है। जनता का यह विश्वास है कि ऐसा करने से लक्ष्मी का घर में आगमन होता है। कुछ लोग इस दिन जुआ भी खेलते हैं जो अनुचित है। इस प्रकार दिवाली का त्योहार बड़ी प्रसन्नता तथा उत्साह के साथ मनाया जाता है।

(६) **दशहरा**—यह त्योहार आश्विन शुक्ल दशमी को मनाया जाता है। भगवान् राम ने इसी दिन लंका में रावण का बध किया था और अधर्म का नाश कर धर्म की स्थापना की थी। इसी विजय के उपलक्ष में इसे मनाते हैं। आश्विन मास के प्रारम्भ से ही विभिन्न स्थानों में रामलीला होने लगती है जिसमें भगवान् राम के जीवन की विभिन्न लीलाओं को प्रदर्शित किया जाता है। आज के दिन रावण की अति विशाल प्रतिमा बाँस की पत्तियों और कागज की सहायता से बनाई जाती है। इस प्रतिमा को किसी चौराहे पर ले जाकर उसमें आग लगा दी जाती है। इस प्रकार रावण का प्रतीक यह कागज का बना हुआ विशाल पुतला क्षण भर में जल कर नष्ट हो जाता है। आज के दिन लड़के नये वस्त्रों को धारण करते हैं। भोजन के लिए पकवान्न तथा मिष्ठान्न बनाया जाता है। लोग बड़ी प्रसन्नता का प्रदर्शन करते हैं।

प्राचीन काल में राजा लोग आज के दिन से ही अपनी विजय-यात्रा प्रारम्भ किया करते थे। अतः इसे 'विजयादशमी' भी कहा जाता है। परन्तु यदि युद्ध करने का कोई अवसर न हो तो अपने राज्य की सीमा को पार कर शमी वृक्ष की पूजा करनी चाहिए। परन्तु अब तो न राजा रहे और न राज्य। अतः ये सब बातें पुराणों की कथा बन गई हैं। परन्तु आजकल मल्ल लोग अखाड़े में अपनी वीरता का प्रदर्शन करते हैं। बड़े शहरों में जलूस निकलते हैं जिनमें तलवार चलाना, लाठी भाँजना, गदा खेलना आदि के 'करतब' दिखलाये जाते हैं। इस प्रकार प्राचीन वीरता की परम्परा आज भी बनी हुई है यद्यपि धीरे-धीरे अब इसका ह्रास होने लगा है।

(१०) **कृष्ण जन्माष्टमी**—भगवान् श्रीकृष्ण ने भाद्रपद मास की कृष्ण पक्ष की अष्टमी को इस धाराधाम पर अवतार लिया था। अतः उन्हीं की स्मृति में यह त्योहार मनाया जाता है। इस दिन लोग केला के पत्तों, फूलों तथा मालाओं से श्रीकृष्ण की झाँकी सजाते हैं। इस दिन मथुरा में द्वारिकाधीश के मंदिर में बड़ा भारी उत्सव मनाया जाता है। इस अवसर पर बालक कृष्ण को पालने पर झुलाने के लिए सोना और चाँदी से निर्मित गंगा-जमुनी पालना भी प्रदर्शित किया जाता है। भगवान् के दर्शनों के लिए लाखों लागों की भीड़ एकत्रित होती है।

जनता आज दिन भर उपवास रखती है। कुछ लोग फलाहार भी करते हैं। मध्यरात्रि को भगवान् श्रीकृष्ण का जन्म हो जाने के पश्चात् इनका दर्शन करके ही

अन्न ग्रहण किया जा सकता है अन्यथा नहीं। वैष्णव जनों के लिए यह सबसे बड़ा तथा पवित्र त्योहार है।

(११) **रामनवमी**—भगवान् रामचन्द्र ने चैत्र मास की शुक्ल पक्ष की नवमी को अयोध्या में अवतार धारण किया था। इसी जन्म के उपलक्ष में यह त्योहार मनाया जाता है। कृष्ण जन्माष्टमी की ही भाँति इस दिन भी जनता व्रत रखती है। जो लोग दिन-रात उपवास नहीं कर सकते उनके लिए फलाहार का विधान है। इस दिन अयोध्या में बड़ा भारी मेला लगता है। लोग प्रातः काल सरयू में स्नान कर 'कनक-भवन' तथा राम की जन्मभूमि का दर्शन करते हैं। अन्य नगरों में राम के मंदिरों में बड़ी सजावट की जाती है। भक्त लोग राम का दर्शन कर अपने को कृतकृत्य मानते हैं। इस दिन अनेक लोग रामचरित मानस का सम्पूर्ण पाठ भी करते हैं।

(१२) **महा शिवरात्रि**—भगवान् शंकर की पूजा-अर्चा के लिए यह दिन परम पवित्र माना जाता है। यों तो शिवरात्रि प्रायः प्रत्येक मास में होती है परन्तु फाल्गुन कृष्ण चतुर्दशी को "महा-शिवरात्रि" कहा जाता है। इस दिन शिव के दर्शन के लिए इनके मंदिरों में भयंकर भीड़ एकत्रित होती है। इस पर्व के अवसर पर नेपाल में पशुपतिनाथ के दर्शन के लिए लाखों लोग दूर-दूर से यात्रा कर आते हैं। यहाँ बड़ा भारी मेला लगता है। काशी में बाबा विश्वनाथ के दर्शन के लिए भी कुछ कम भीड़ नहीं होती। लोग प्रातः काल गंगा में स्नान करके लोटा में गंगा जल लेकर विश्वनाथ जी पर चढ़ाते हैं। इस दिन शिव की प्रतिमा पर गंगा जल चढ़ाने का बड़ा भारी महत्त्व है। अतः हजारों लोग हरद्वार की गंगा का जल 'काँवर' पर लेकर उसे गोला गोकर्णनाथ के मंदिर में चढ़ाते हैं। काँवर में गंगा जल लेकर चलने वाले इन भक्तों को 'काँवरथू' कहा जाता है। बिहार राज्य में स्थित देवघर के शिव मंदिर में भी गंगा जल चढ़ाने की प्रथा है। इस दिन सभी लोग उपवास रहते हैं क्योंकि अन्न ग्रहण करना नितान्त वर्जित है।

(१३) **गणेश चतुर्थी**—भाद्रपद मास की शुक्ल पक्ष की चतुर्थी को यह व्रत किया जाता है। इस दिन गणेश की पूजा की महत्ता मानी जाती है। काशी में बड़े गणेश के मंदिर में इस दिन बड़ी भीड़ होती है। भक्त लोग गणेश जी को लड्डू चढ़ाते हैं क्योंकि हनुमान् की भाँति यह देवता भी मोदक-प्रिय माने जाते हैं। उज्जैन में 'बड़े गणेश' के मंदिर में भी इस दिन बड़ा भारी मेला लगता है। महाराष्ट्र में यह त्योहार बड़े उत्साह से मनाया जाता है। लोकमान्य तिलक ने इस त्योहार को सार्वजनिक रूप प्रदान किया था। अतः इसका वहाँ बड़ा महत्त्व है।

अनुच्छेद २ : दक्षिण भारत के व्रत तथा त्योहार

दक्षिण भारत के अन्तर्गत चार राज्यों की गणना की जाती है— (१) आन्ध्र प्रदेश (२) तमिलनाडू (३) कर्णाटक और (४) केरल। इन राज्यों में

अनेक व्रत और त्योहार प्रचलित हैं जो अपनी स्थानीय विशेषताओं को लिए हुए हैं। इनका संक्षिप्त विवरण इस प्रकार है।

(१) **केरल—ओणम्**—यह भारत का सबसे दक्षिणी राज्य है। यहाँ 'ओणम्' नामक त्योहार अत्यन्त प्रसिद्ध है। नौका प्रतियोगिता का यह जलोत्सव 'ओणम्' केरल में अपना विशेष आकर्षण रखता है। श्रावण मास में चार दिनों तक यह त्योहार मनाया जाता है। 'ओणम्' के अवसर पर नौकाओं की प्रतियोगिता होती है। इसे 'वल्लम कलि' भी कहा जाता है जिसका अर्थ होता है (वल्लम=नाव+ कलि=खेल) नौकाओं का खेल। इस दिन लोग षड्रस भोजन करते हैं और नवीन वस्त्रों को धारण कर नौकाओं का खेल देखने जाते हैं।

इस अवसर पर लोग अपने घर और आँगन को साफ करते है। आँगन में मिट्टी की एक मूर्ति प्रतिष्ठित की जाती है जिसे 'तृकाकरा अप्पन' कहते हैं। तृकाकरा नामक स्थान में एक विष्णु मंदिर है। इसी मंदिर के देवता को प्रतीक रूप में प्रत्येक घर के आँगन में प्रतिष्ठित किया जाता है। इसी मूर्ति को पुष्प आदि से सजाकर इसकी पूजा की जाती है।

'ओणम्' का त्योहार बन्धुत्व और मित्रता की भावना को दृढ़ करता है। 'ओणम्' के दो-तीन दिन पूर्व ही सभी प्रवासी लोग अपने घर आ जाते हैं। बन्धुओं तथा आश्रितों को वस्त्र प्रेम से भेंट किया जाता है। चार दिनों तक यह त्योहार चलता रहता है। परन्तु पहिला दिन ही प्रमुख है।

दोपहर के भोजन के पश्चात् सभी लोग नवीन वस्त्र धारण कर नौका-प्रतियोगिता का खेल देखने के लिए निकलते हैं। इस अवसर पर नाटक, लोक गीत और लोक नृत्य का भी आयोजन किया जाता है। युवतियाँ गाँव के किसी विशिष्ट स्थान में एकत्रित होकर अपने मुँह से एक विशिष्ट प्रकार का मंगल-नाद करती हैं जिसे 'कुरवा' कहा जाता है। अनेक बालिकायें इस अवसर पर लोक नृत्यों का प्रदर्शन करती हैं।

'ओणम्' के संबंध में अनेक कहानियाँ प्रचलित हैं जिनमें से एक का संबंध महावली से है। इनको वामनावतार धारण कर विष्णु ने पाताल लोक भेज दिया था। लोगों का यह विश्वास है कि महावली प्रतिवर्ष श्रावण मास के श्रवणा (ओणम्) नक्षत्र के दिन केरल आकर अपनी प्रजा को देखते हैं। इसीलिए केरल के निवासी अपने राजा के स्वागत में यह त्योहार मनाते हैं। अनेक वैष्णव कवियों ने इस त्योहार का वर्णन अपने ग्रन्थों में किया है।

विषु—केरल का दूसरा प्रसिद्ध त्योहार 'विषु' है। ऐसा विश्वास किया जाता है कि विषु के दिन सबेरे सबसे पहिले जिस वस्तु पर दृष्टि पड़ती है उसका प्रभाव एक वर्ष तक बना रहता है। यदि कोई अच्छी वस्तु दृष्टिगत हुई तो पूरा

वर्ष शुभ तथा मंगलकारक होगा। इसीलिए पिछली रात को ही सुन्दर वस्तुएँ घर में सजाकर रख दी जाती हैं जिससे प्रातःकाल उन्हीं का दर्शन हो सके। काँसे के बर्तन में चावल बिछाकर उस पर 'कोन्ना' नामक पेड़ के पीले रंग का फूल सजाया जाता है। इसके साथ आभूषण तथा चाँदी के सिक्के रखे जाते हैं। इस झाँकी को 'कणि' कहते हैं। दूसरे दिन प्रातःकाल इस 'कणि' का दर्शन शुभ माना जाता है।

तिरुवातिरा—यह महिलाओं का त्योहार है। पौष मास में आर्द्रा नक्षत्र के दिन यह त्योहार मनाया जाता है। ऐसा लोगों का विश्वास है कि तपस्या में निरत पार्वती को इसी दिन भगवान् शिव का दर्शन हुआ था। इस त्योहार को स्त्रियाँ अपने सौभाग्य की वृद्धि के लिए और कुमारी कन्यायें श्रेष्ठ वर की प्राप्ति के लिए करती हैं। यह व्रत सात दिनों तक चलता रहता है और अन्त में पार्वती की सविधि पूजा कर यह समाप्त होता है।

इस त्योहार के दिन स्त्रियाँ सबेरे ब्राह्ममुहूर्त में चार बजे उठकर तालाब या नदी के जल में खड़ी रहती हैं। वे मन्मथ के स्तुति में गीत गाती हुई हाथों से पानी पर ताल देती हैं। सूर्योदय तक यही क्रम चलता रहता है। रात को वृत्ताकार व्यूह बनाकर लास्य शैली में स्त्रियाँ नाचती-गाती हैं। लोगों का विश्वास है कि इससे कुँवारी कन्याओं का शीघ्र ही विवाह हो जाता है।

(२) **कर्णाटक**—कर्णाटक—जिसे पहिले मैसूर राज्य के नाम से जाना जाता था—में दशहरा का त्योहार सबसे अधिक महत्त्वपूर्ण तथा लोकप्रिय है। यह आश्विन शुक्ल दशमी को मनाया जाता है। इसे दशहरा भी कहते हैं। भगवान् राम ने इसी दिन रावण का बध करके विजयश्री प्राप्त की थी। इसी के उपलक्ष में इस त्योहार का आयोजन किया जाता है।

विजया दशमी के दिन महाराजा मैसूर का जो जलूस निकलता था वह बड़े ही ठाट-बाट तथा शान-शौकत का प्रतीक था। सुसज्जित हाथी पर बैठकर महाराजा शोभा-यात्रा में निकलते थे जिसमें उनके सामन्त तथा सेना के सिपाही सभी सम्मिलित होते थे। ये अपने राज्य की सीमा को पार कर शमी वृक्ष की पूजा करते थे और पुनः अपने राजमहल में वापस आते थे।

मैसूर राज्य के भारतीय संघ में विलयन के पश्चात् यद्यपि इस त्योहार के उत्सव में बड़ी कमी आ गई है फिर भी आज भी साधारण जनता इसे बड़े उत्साह तथा उमंग के साथ मनाती है। इसके अतिरिक्त नवरात्र के अवसर पर दुर्गा पूजा भी की जाती है जिसमें दुर्गा की प्रतिमा की नौ दिनों तक पूजा कर दशमी को उत्सर्जित किया जाता है।

नवरात्र के समय ही गुड़ियों का त्योहार भी मनाने की प्रथा है। इन दिनों में गुड़ियों का दरबार लगाया जाता है। यह महिलाओं का त्योहार है। इस दिन

गुड़ियों को सजाकर अनेक देवताओं की पूजा भी की जाती है। इस त्योहार से अर्जुन तथा उत्तरा का संबंध जुड़ा हुआ बतलाया जाता है।

(३) **आन्ध्र प्रदेश**—आन्ध्र प्रदेश में 'उगादि' नामक एक पर्व मनाया जाता है जो 'युगादि' का अपभ्रंश रूप है। इसे संवत्सरादि' भी कहते हैं जिसका अर्थ वर्ष का प्रथम दिन है। जिस प्रकार ईसाइयों में नव वर्ष (न्यू इयर्स डे) का त्योहार मनाया जाता है 'उगादि' को वैसा ही त्योहार समझना चाहिए। इसके मनाने की तिथि चैत्र शुक्ल पंचमी है। यह समय आन्ध्र प्रदेश में वसन्त के आगमन का भी है।

इस दिन प्रातःकाल स्नान कर, अभ्यंजन किया जाता है। आबाल-वृद्ध-वनिता सभी नवीन वस्त्रों को धारण करते हैं तथा इस वर्ष के देवता की उपासना कर आनन्द प्राप्त करते हैं। इस अवसर पर एक प्रतीकात्मक चटनी बनाई जाती है जिसमें मिर्च, इमली और नीम के फूल भी डाले गये रहते हैं। यह आगामी वर्ष के दुःख और सुख की प्रतीक मानी जाती है।

एरूवाक पुन्नम्—यह कृषक समाज का मुख्य त्योहार है जो ज्येष्ठ सुदी पूर्णिमा के दिन मनाया जाता है। पुन्नम् का अर्थ पूर्णिमा है। यह वर्षा ऋतु के प्रारम्भ मे आता है। इसी दिन खेतों में पहिली बार हल जोता जाता है। इस त्योहार के दिन किसान लोग अपने बैलों को सुसज्जित करते हैं, उनकी सींगों में रंग लगाते और गले में घंटियाँ बाँधते हैं। धूप-दीप तथा पुष्पों से उनकी पूजा करते हैं। उत्तर प्रदेश में प्रचलित गोपाष्टमी के त्योहार से इसकी तुलना की जा सकती है। शाम को हल को सजाकर खेतों में ले जाते हैं तथा धरती माता के साथ इसकी भी पूजा करते हैं। कृषि कर्म लाभप्रद और निर्विघ्न हो भगवान् से इसकी प्रार्थना करते हैं।

संक्रान्ति—'एरूवाक पुन्नम्' यदि कृषि कर्म के आरम्भ का अनुष्ठान है तो संक्रान्ति इसकी सफलता का उत्सव है। यह आन्ध्र का एक महत्वपूर्ण पर्व है जो मार्गशीर्ष और पौष के मध्य में मनाया जाता है। संक्रान्ति के दिन दान दिया जाता है। बालिकाएँ गोबर लेकर उसमें गेंदे का फूल लगाती हैं जिसे 'गोब्बम्मा' कहते हैं। इसकी परिक्रमा कर वे तालियाँ पीट कर नाचती-गाती हैं। इसी समय घर की स्त्रियाँ 'गोब्बी' अर्थात् गौरी व्रत रखती हैं। इस दिन शाम को किसी सार्वजनिक स्थान पर मुर्गे लड़ाये जाते हैं और मेढ़ों (भेड़ा) की भी मुठ-भेड़ कराई जाती है।

विनायक चवती—आन्ध्र में किसानों तथा विद्यार्थियों में विनायक की विशेष रूप से पूजा का प्रचार है। 'चवती' शब्द चतुर्थी का ही अपभ्रंश रूप है। अत :यह त्योहार उत्तर भारत के गणेश चतुर्थी का ही दूसरा रूप है। स्नान करके

मिट्टी की बनी विनायक अर्थात् गणेश की मूर्ति को फल-फूल, धूप-दीप प्रदान कर उसकी पूजा की जाती है। दूसरे दिन यह किसी तालाब या नहर में विसर्जित कर दी जाती है। उस स्थान की मिट्टी को लाकर धान्यागार में रखा जाता है। लोगों का विश्वास है कि ऐसा करने से घर के धान्य में कभी कमी नहीं होती और आगार सदा भरा रहता है।

(५) **श्रावण पूर्णिमा**—उत्तर भारत की भाँति इस दिन आन्ध्र में रक्षाबन्धन की प्रथा नहीं है। आन्ध्र में वेद-पठन का प्रारम्भ इस दिन से किया जाता है। इस दिन नया यज्ञोपवीत भी धारण करते हैं। इस मास की पंचमी को नागों की पूजा की जाती है जो कृषि की सफलता के लिए अत्यन्त आवश्यक समझी जाती है।

(४) **तमिलनाडू—पोंगल**—इस राज्य में सबसे प्रसिद्ध तथा महत्त्वपूर्ण त्योहार पोंगल है। इस राज्य के निवासी इस त्योहार को बड़े ही उत्साह तथा उछाह के साथ मनाते हैं। इसे मकर संक्रान्ति के दिन मनाया जाता है। अतः इसकी निश्चित तिथि १४ जनवरी माननी चाहिए। सूर्य जब उत्तरायण होकर मकर राशि में संक्रमण करता है तब उसकी पूजा की जाती है। 'पोंगल' शब्द का अर्थ पकाया गया चावल (भात) है। चूंकि सूर्य भगवान् को इस दिन यह पदार्थ अर्पित किया जाता है इसलिए इसका नाम 'पोंगल' पड़ गया। इस दिन मिट्टी के नये पात्र को केसर से सुसज्जित कर उसे आग पर चढ़ा देते हैं। घर की कोई बुढ़िया या युवती स्त्री इसमें खेत से काटकर लाये गये नये चावल को इस पात्र में डालकर पकाती है। यह पका हुआ चावल (पोंगल) तीन पत्तियों में रखकर सूर्य भगवान् को अर्पित किया जाता है। कर्पूर को जला कर आरती की जाती है और परिवार के सुखी रहने के लिए उनसे आशीर्वाद की याचना की जाती है।

इस अवसर पर निकट कुटुम्बी तथा मित्र आपस में शुभ-कामनाओं का आदान-प्रदान करते हैं। स्वतंत्रता-प्राप्ति के पश्चात् इस दिन कार्डों के द्वारा शुभ-कामना के सन्देश भी भेजे जाने लगे हैं। पोंगल का त्योहार प्रायः तीन दिनों तक रहता है। आजकल अनेक सांस्कृतिक कार्यक्रम भी इस अवसर पर होने लगे हैं। साहित्यिक विषयों पर विद्वान् लोग भाषण देते हैं और कविगण कविता-पाठ करते हैं। इस प्रकार यह धार्मिक होने के साथ ही एक सांस्कृतिक त्योहार भी है।

(५) **बंगाल**—बंगाल में दुर्गा पूजा का उत्सव बड़े ही धूमधाम से मनाया जाता है। बंगाली लोग शक्ति के उपासक हैं। अतः शक्ति की देवी दुर्गा की उपासना इनके लिए स्वाभाविक है। बंगाल में राज प्रासाद से लेकर गरीब की झोपड़ी तक इस पूजा का प्रचार है। धनी मानी, अमीर-गरीब और ऊँच एवं नीच सभी वर्गों, श्रेणियों तथा जातियों के लोग समान रूप से इस उत्सव को बड़े उत्साह के साथ मनाते हैं।

आश्विन शुक्ल प्रतिपद से नौ दिनों तक—'नवरात्र' कहलाता है। इस समय दुर्गा की आराधना की जाती है। चतुर कारीगर दुर्गा देवी की मिट्टी की विशालकाय प्रतिमा बनाते हैं जिसे पुष्प मालाओं से सुसज्जित किया जाता है। प्रतिपदा के दिन किसी सार्वजनिक स्थान में इस प्रतिमा की प्रतिष्ठा की जाती है और लगातार नौ दिनों तक भगवती दुर्गा की पूजा बड़ी भक्ति-भावना से की जाती है। सप्तमी, अष्टमी और नवमी को इनकी विशेष रूप से अर्चना का विधान है। भक्त लोग दुर्गा के मन्दिरों में दुर्गा सप्तशती का सम्पुट पाठ करते हैं। कुछ लोग नवरात्र में उपवास भी रखते हैं।

नवरात्र में नौ दिनों तक बड़ी भक्ति और श्रद्धा से पूजा करने के पश्चात् दशवें दिन दुर्गा की प्रतिमा को किसी नदी या तालाब में विसर्जित कर दिया जाता है। दुर्गा की प्रतिमा को जलूस में निकाल कर गाजे-बाजे के साथ इसे नदी के तट पर ले जाते हैं और मध्य धारा में प्रवाहित कर देते हैं। नवरात्र में बंगाली लोग नवीन वस्त्र धारण कर मित्रों से मिलते-जुलते हैं। इस प्रकार 'माँ दुर्गा' की पूजा बड़े उत्साह से की जाती है।

(६) **असम**—असम राज्य में 'विहू' का त्योहार बड़े ही उत्साह के साथ मनाया जाता है। असम की आदिम जातियों का यह सबसे बड़ा अधिक महत्त्वपूर्ण त्योहार है। यह धार्मिक न होकर सामाजिक है। यह त्योहार चैत्र मास के अन्तिम दिन से प्रारम्भ होकर वैसाख कृष्ण षष्ठी तक चलता रहता है। यह त्योहार तीन प्रकार का होता है—(१) बहाग (बैसाख) विहू (२) काति (कार्तिक) विहू और (३) माघ विहू। इन तीनों में बहाग बिहू ही सबसे अधिक महत्त्वपूर्ण माना जाता है। यह 'रंगाली विहू' के नाम से भी प्रसिद्ध है जिसका अर्थ प्रसन्नता तथा आनन्द का त्योहार होता है। बहाग बिहू असम के नव वर्ष के समय मनाये जाने के कारण समधिक महत्त्व रखता है।

माघ विहू—यह त्योहार धान काटने के अवसर पर मनाया जाता है। असम की प्रधान पैदावार धान है। अतः खेतो से कटकर जब धान घर में आ जाता है तब उसी की प्रसन्नता म इसे किया जाता है। इस दिन जानवरों को किसी नदी में स्नान कराकर, पुष्प और मालाओं से उन्हें सजाया जाता है। उत्तरी भारत के गोपाष्टमी के समान ही इन जानवरो की पूजा की जाती है।

इस अवसर पर रात्रि म लोग बड़ा मस्ती में आकर नाचते तथा गाते हैं। इनके नृत्य को विहू नृत्य और गीतों को विहू गीत कहा जाता है। असम का विहू नृत्य सुन्दरता तथा लोकप्रियता मे अपना सानी नही रखता। यो तो असम में अन्य अनेक त्योहार प्रचलित हैं। परन्तु विहू का यह त्योहार सर्वाधिक लोकप्रिय है।

(७) **पंजाब**—पंजाब में बैसाख मास की कृष्ण प्रतिपदा को बैसाखी का त्योहार मनाया जाता है। इस दिन लोगो मे बड़ा उत्साह तथा उछाह दिखाई

पड़ता है। इस अवसर पर लोग हरिद्वार में आकर गंगा में स्नान करते हैं। यह गंगा स्नान ही इस त्योहार का प्रधान कृत्य है। इसे भी मौसमी त्योहार कहा जा सकता है क्योंकि यह उत्सव खेती के काटने के अवसर पर होता है। उत्साह तथा प्रसन्नता का समय होने के कारण लोग भाँगड़ा और गिद्धा नृत्य का प्रदर्शन करते हैं।

गुग्गा नवमी—भादों के महीने में गुग्गा पीर की स्मृति में इस त्योहार को मनाने का प्रचलन है। इस पीर के भक्त उनकी आकृति को किसी दीवाल पर सिन्दूर से बनाते हैं और पास में ही एक सर्प की आकृति को भी चित्रित करते हैं। इस त्योहार में सेवई खाई जाती है। गुरु गुग्गा जाहिर पीर के भी नाम से जाने जाते हैं। इनके अनुयायी एक बाँस में रंग-विरंगी झंडी और पताका बाँधते हैं। इस झंडे को लेकर वे प्रत्येक घर में जाकर भिक्षा की याचना करते हैं। गुग्गा को प्रसन्न करने के लिए गीत भी गाये जाते हैं।

साँझी देवी—नवरात्र के दिनों में सांझी देवी की पूजा की जाती है। नवरात्र के प्रथम दिन गोबर और मिट्टी को मिला कर साँझी की प्रतिमा द्वार की दीवाल के पास स्थापित की जाती है। नव दिनों तक चावल (अक्षत) और चीनी के मिश्रित द्रव्य से इनकी पूजा की जाती है और दसवें दिन किसी नदी या तालाब में इसको विसर्जित कर दिया जाता है। इस प्रकार इस देवी की पूजा समाप्त होती है।

अनुच्छेद ३ : विदेशों के व्रत और त्योहार

भारत के समान ही संसार के अन्य देशों में भी अनेक व्रत और त्योहार प्रचलित हैं। ईसाई धर्म में प्रधानतया दो त्योहार विशेष रूप से मनाये जाते हैं।

(१) **क्रिसमस**—इसे 'बड़ा दिन' भी कहा जाता है। यह प्रति वर्ष २५ दिसम्बर को मनाया जाता है। ईसाई जनता का विश्वास है कि इस दिन ईश्वर के दूत ईसा मसीह का जन्म हुआ था। अतः समस्त ईसाई संसार में इसका बड़े ही धूमधाम से आयोजन किया जाता है। इस पर्व के अवसर पर गिरजा घरों में ईसा की मूर्ति को एक चरणी में लिटाकर जनता को यह स्मरण दिलाया जाता है कि ईसा का जन्म गुफा में हुआ था। ईसा की माता का नाम मेरी था जो आजन्म कुमारी थी।

क्रिसमस की पूर्व रात्रि अर्थात् २४ दिसम्बर की अर्ध रात्रि में 'मास' (Mass) में सब लोग उपस्थित होते हैं। इस समय सेण्ट निकोलस का आगमन होता है। इस दिन शान्ताक्लौस नामक सन्त का अवतरण होता है जो अपने झोले में बहुत-सा सामान भरे रहते हैं और बच्चों को मिठाई और खिलौना बाटते हैं।

इस अवसर पर एक क्रिसमस ट्री (वृक्ष) भी बनाया जाता है जिसे फूल-पत्तियों से सजाया जाता है तथा इस पर बिजली की रोशनी जलाई जाती है। जिस प्रकार भारत में कृष्ण जन्माष्टमी तथा नवमी का त्यौहार मनाया जाता है उसी प्रकार से ईसाई लोग ईसा के इस जन्म-दिवस क्रिसमस को बड़े उत्सव के साथ मनाते हैं।

(२) **नववर्ष**—इस त्यौहार को 'न्यू इयर्स डे' अर्थात् साल का प्रथम दिन कहा जाता है। ईसाई लोग वर्ष का प्रथम दिन होने के कारण इसे बहुत धूमधाम के साथ मनाते हैं। इस दिन गिरजा घरों में विशेष पूजा होती है। इस तिथि की पूर्व रात्रि अर्थात् ३१ दिसम्बर की अर्ध रात्रि में चर्च में घंटा बजाया जाता है। लोगों का ऐसा विश्वास है कि ऐसा करने से वर्ष भर की गंदगी, गरीबी और पाप दूर हो जाता है और नया वर्ष मंगल तथा कल्याण को देने वाला होता है।

इस दिन सभी लोग—विशेषकर बालक तथा युवक वर्ग—नवीन वस्त्रों को धारण करते हैं। एक-दूसरे से प्रेम से मिलते हैं तथा एक-दूसरे के प्रति शुभकामना प्रकट करते हैं। दूरस्थ लोगों के पास शुभकामना के संदेश भी भेजे जाते हैं जिन्हें 'ग्रीटिङ्ग कार्ड' कहते हैं। ऐसी ही परम्परा 'क्रिसमस' के अवसर पर भी पाई जाती है। हमारे यहाँ नव वर्ष के आगमन का पता भी नहीं चलता, किसी प्रकार का उत्सव मनाने की प्रथा तो दूर रही। परन्तु इसके ठीक विपरीत ईसाई लोगों के यहाँ नव वर्ष का पर्व बड़े ही उत्सव, उछाह और उल्लास का दिन होता है। भारतीय होली के समान इस दिन आबाल-वृद्ध-वनिता आनन्द में मस्त दिखाई पड़ते हैं।

(३) **ईस्टर**—यह यहूदियों, ग्रीक-रोमनों और ईसाइयों इन तीनों का विशिष्ट त्यौहार है। यह त्यौहार अधिकतर अप्रैल में पड़ता है। ग्रीक लोग इस त्यौहार को वसन्त संपात के समय २१ मार्च को मनाया करते थे जब शीत ऋतु के बाद प्रकृति ऋतुमती होती थी। ईसाई जनता का विश्वास है कि ईसा मसीह शूली पर चढ़ा दिये जाने के पश्चात्, मर कर भी इस दिन जी उठे थे। उनका पुनर्जीवित हो जाना इस त्यौहार के दिन ही हुआ था। इसीलिए यहूदियों का 'पेसाख' ईस्टर पर्व का पर्याय बन गया है। ईसाई-संसार में ईस्टर का यह त्यौहार बड़े ही धूमधाम से मनाया जाता है। ईसा का पुनर्जीवित होना, पुनः जन्म धारण के ही समान है। अतः ईस्टर का भी उतना ही महत्त्व है जितना क्रिसमस का।

ईस्टर की तिथि का निश्चित करना बड़ा कठिन कार्य है। इसके संबंध में अनेक मत प्रचलित हैं। परन्तु साधारणतया यह त्यौहार अप्रैल में मनाया जाता है।

(४) **मे पोल**—यूरोपीय देशों में वसन्त के आगमन के समय यह त्यौहार मनाया जाता है। मई के महीने में, मैदान में, किसी ऊँचे बाँस को गाड़ कर उसके चारों ओर आनन्द से नृत्य का आयोजन होता है। इसीलिए यह 'मे-पोल' कहा

जाता है। इस बाँस में एक वृक्ष विशेष की हरी पत्तियाँ बाँध दी जाती है। इसके अन्तिम सिरे पर सींक की बनी हुई 'डलिया' या छबड़ी भी बाँधी जाती है। रात्रि में इसी पोल के चारों ओर एकत्रित होकर गाँव के लोग आनन्द में मस्त होकर नाचते हैं।

मई का प्रथम दिन समस्त, यूरोप और अमेरिका तथा कनाडा में वसन्त के आगमन के प्रारम्भ होने का दिन स्वीकार किया गया है। इस अवसर पर प्रधानतया तीन कार्यों का सम्पादन कर इस उत्सव को मनाया जाता है—(१) इस दिन प्रातः काल में पत्तों से युक्त हरी डालियों तथा फूलों का लाना। (२) किसी युवती कन्या को 'मे क्वीन' (मई की रानी) के रूप में चुनना। (३) मई वृक्ष (मे ट्री) को पत्तियों और फूलों से सुसज्जित करना। "मे क्वीन" अपने हाथों में 'मई वृक्ष' अथवा पुष्पों को लेकर घर-घर घूमकर इस उत्सव के लिए लोगों से चन्दा माँगती है। इस शुभ अवसर पर हरे फूलों और पत्तियों को तोड़कर घर में ले आना वसन्त के आगमन का सूचक है। अतः यह शुभ माना जाता है। इस समय बच्चों तथा लड़कियों के द्वारा गीत भी गाये जाते हैं जो उनके उत्साह तथा आनंद के द्योतक होते हैं।

परिच्छेद ३ : टोटेमवाद (टोटेमिज्म)

टोटेमिज़्म की प्रथा संसार के प्रायः सभी देशों में पाई जाती है। जो जाति अपनी सभ्यता के विकास में जितनी ही अधिक प्रारम्भिक युग में होगी, उसमें उतने ही अधिक 'टोटेम' उपलब्ध होते हैं। भारतवर्ष में भी 'टोटेम' की कुछ कमी नहीं है। उत्तरी भारत में निवास करने वाली नीची जातियों तथा कुछ अनार्य जातियों में यह आज भी प्रचुर मात्रा में उपलब्ध होता है। 'टोटेम' के लिए हिन्दी में कोई उपयुक्त शब्द नहीं है। अतः इसी शब्द का प्रयोग यहाँ किया गया है।

(१) **परिभाषा**—'टोटेम' भौतिक पदार्थों के उस समुदाय को कहते हैं, जिसे गिरि-जन और वन-जन (जंगल में निवास करने वाली जातियाँ) अन्ध विश्वास युक्त श्रद्धा से देखती हैं तथा यह विश्वास करती हैं कि उस जाति के सदस्यों में तथा भौतिक पदार्थ की प्रत्येक वस्तु में आपस में एक घनिष्ठ संबंध है।[१] 'फेटिश' और 'टोटेम' में यह अन्तर है कि 'टोटेम' किसी अकेली वस्तु को नहीं कह सकते, बल्कि यह सदा अनेक वस्तुओं का समुदाय होता है। यह समुदाय प्रायः पशुओं, वृक्षों और पौधों का हुआ करता है। यह कभी निर्जीव वस्तुओं का समुदाय नहीं होता। कृत्रिम वस्तुओं का समूह 'टोटेम' के रूप में बहुत कम माना जाता है।[२]

१. डा० जेम्स फ्रेजर—टोटेमिज़्म, भाग १, पृ० १

२. डा० क्रुक—पा० रि० भाग २, पृ० १४६

परन्तु इसके ठीक विपरीत फेटिश कोई एक वस्तु होती है जो प्रायः निर्जीव हुआ करती है। लोगों का यह विश्वास है कि इस वस्तु (फेटिश) में कोई अलौकिक शक्ति होती है जिसके द्वारा रोग तथा आधि और व्याधि को दूर किया जा सकता है। उदाहरण के लिए गाय, बैल, पीपल का वृक्ष या तुलसी का पौधा टोटेम हो सकता है तथा कोई पाषाण-शिला खण्ड 'फेटिश' कहा जा सकता है।

(२) **टोटेमिज्म की उत्पत्ति**—टोटेमिज़्म की उत्पत्ति के संबंध में विद्वानों में बड़ा मतभेद है। हरबर्ट स्पेन्सर का विचार है कि जंगली जातियों में सर्वप्रथम अपना नाम प्राकृतिक पदार्थों से ग्रहण किया। इसके पश्चात् इन पदार्थों के नामों को अपने पूर्वजों के नामों से मिलाकर अथवा उनसे तादात्म्य स्थापित कर इन प्राकृतिक पदार्थों का भी उतना ही आदर करने लगे जितना अपने पूर्वजों का किया करते थे।[१] सर जे० लबक के मतानुसार टोटेमिज़्म की प्रथा, व्यक्तियों और परिवारों का नामकरण जानवरों के नाम के ऊपर किये जाने के कारण, उत्पन्न हुई है। विलियम क्रुक की यह धारणा है कि सभ्यता के प्रारम्भिक युग में मनुष्य और पशुओं में पारस्परिक संबंध की कल्पना स्पष्ट ही होगी। ऐसा विश्वास किया जाता है कि पशुओं और पौधों में भी उसी प्रकार आत्मा या जीव पाया जाता है जिस प्रकार मनुष्यों में।[२] लोक संस्कृति के क्षेत्र में इस प्रकार के विश्वास प्रचुर मात्रा में उपलब्ध होते हैं जिनमें किसी डाइन स्त्री का किसी शेर, बन्दर या मछली के रूप में परिवर्तित होने का उल्लेख उपलब्ध होता है। अतः सभ्यता के प्रारम्भिक युग में वर्तमान, आदिम जातियों का इस बात में विश्वास करना कुछ अस्वाभाविक अथवा अनुचित नहीं प्रतीत होता कि उनके पूर्वज प्रारम्भ में शेर, भालू, कछुआ या बन्दर रहे होंगे।[३]

सुप्रसिद्ध विद्वान् विलियम क्रुक का विचार यह है कि ज्यों-ज्यों सभ्यता का विकास होता गया त्यों-त्यों ये आदिम जातियाँ अपने प्राचीन 'टोटेमिक' नामों को छोड़ती गईं और उन्होंने नये नामों को धारण कर लिया। जिस प्रकार कन्नौज के पास रहने वाले ब्राह्मणों ने अपने को 'कनौजिया' और सरयू नदी के कछार के निवासी ब्राह्मणों ने अपने को "सरयूपारीण" कहना प्रारम्भ किया, उसी प्रकार क्षत्रिय जातियाँ सूर्य और चन्द्रमा से अपना सम्बन्ध जोड़कर अपने को सूर्य वंशी और चन्द्र वंशी कहने लगीं।

(३) **टोटेमिज्म की विशेषतायें**—सोफिया बर्न के अनुसार 'टोटेमिज़्म' की साधारणतया निम्नांकित तीन विशेषतायें हैं[४]—

---

१. हरबर्ट स्पेन्सर—प्रिन्सिपुल्स आफ सोशियोलाजी, भाग १, पृ० ३६७

२. क्रुक—पा० रि० भाग २, पृ० १४७.

३. क्रुक—पा० रि० भाग २, पृ० १४८

४. सोफिया बर्न—दि हैण्ड बुक आफ फोकलोर, पृ० ४१

(१) मनुष्यों का समुदाय सामान्यतया अपने 'टोटेम' के द्वारा ही अभिहित किया जाता है। उदाहरण के लिए जो लोग अपनी उत्पत्ति कछुआ (कच्छप) से मानते हैं वे लोग अपने को 'कछवाहा' कहते हैं। साधारणतया इस समुदाय अथवा जाति के लोग आपस में विवाह नहीं करते हैं। परन्तु अपने समुदाय में विवाह न करना टोटेमिज़्म का सर्वव्यापक नियम नहीं है क्योंकि इसके बहुत अपवाद भी पाये जाते हैं।

(२) इस समुदाय के लोग 'टोटेम' के साथ अपना सम्बन्ध स्थापित समझते हैं। इन लोगों का यह अखण्ड विश्वास है कि उस विशिष्ट समुदाय (ग्रुप) के सभी लोगों की उत्पत्ति एक ही 'टोटेम' से हुई है।

(३) मनुष्यों के समुदाय तथा उनके 'टोटेम' से धार्मिक सम्बन्ध माना जाता है। टोटेमिक समुदाय अथवा जाति के लोग अपने 'टोटेम' के प्रति अत्यधिक सम्मान प्रदर्शित करते हैं तथा किसी प्रकार की आपत्ति या विपत्ति आने के समय उससे त्राण पाने की आशा रखते हैं।

टोटेम के प्रति आदर तथा सम्मान दिखलाने की अनेक विधियाँ प्रचलित हैं। परन्तु सबसे अधिक प्रसिद्ध विधि है 'टोटेम' की हत्या अथवा उसका नाश नहीं करना। यदि 'टोटेम' कोई भक्ष्य जीव हुआ तो उसके मांस का भक्षण करना अत्यन्त निषिद्ध है।[1] उदाहरण के लिए जो जातियाँ मछली को अपना 'टोटेम' मानती हैं वे न तो उसे जाल में पकड़ कर मारती हैं और न उसके मांस का ही भक्षण करती हैं।

(४) **टोटेम के रूप**—जिन विभिन्न रूपों में 'टोटेमिज़्म' प्रचलित है उसका वर्गीकरण प्रोफेसर राबर्टसन स्मिथ के अनुसार निम्न प्रकार से किया गया है—

(१) मनुष्यों के विभिन्न वर्ग, समुदाय अथवा जातियों का नामकरण पशुओं, वृक्षों, पौधों आदि ऐसे ही अन्य 'टोटेम' के आधार पर किया जाना।

(२) इस धारणा का प्रचलन कि उस समुदाय विशेष के लोग एक विशिष्ट 'टोटेम' (पशु या वृक्ष) से उत्पन्न हुए हैं और उसी के अंगभूत हैं।

(३) 'टोटेम' को पवित्र मानना और उसके प्रति आदर एवं सम्मान प्रदर्शित करना।

इनमें सर्वप्रथम ऐसे समुदाय के लोगों का विवरण प्रस्तुत किया जा रहा है जिनका नामकरण किसी पशु या पौधे के नाम के ऊपर हुआ है। दक्षिण भारत में एक विशिष्ट जाति के ब्राह्मणों के दो वर्ग हैं जो (१) बक्रियार और (२) केरियार के नाम से प्रसिद्ध हैं। यह स्पष्ट ही है कि ये नाम बकरा और केरी अर्थात् बकरी के नाम पर रखे गये हैं। उत्तरी भारत में काछी (माली) और कछवाहा वंश के लोग कच्छप अर्थात् कछुआ से अपने नाम की उत्पत्ति मानते हैं। इसी प्रकार से कुर्मी

१. सी० एस० बर्न—दि हैण्ड बुक आफ फोकलोर, पृ० ४१-४२।

जाति के लोग कूर्म अर्थात् शूकर (सूअर) से अपने नाम का सम्बन्ध जोड़ते हैं। अहवव राजपूत तथा मथुरा के आस-पास के निवासी अहिवासी लोग अहि अर्थात सर्प से अपने नाम की उत्पत्ति स्वीकार करते हैं। इसी प्रकार से कलहंस जाति के सदस्य कल (सुन्दर) हंस (विशिष्ट पक्षी) से अपनी उत्पत्ति मानते हैं।[1]

ब्राह्मणों में कुछ लोग अपने को 'भारद्वाज' गोत्र का मानते हैं और अपनी उत्पत्ति 'भरद्वाज' ऋषि से बतलाते हैं। क्या इस शब्द का सम्बन्ध 'भरदूल' नामक पक्षी से नहीं माना जा सकता? काश्यप गोत्र धारी ब्राह्मण कश्यप ऋषि को अपने बंश का आदि पुरुष स्वीकार करते हैं। परन्तु रिंपले नामक सुप्रसिद्ध मानव-विज्ञान शास्त्री का मत है कि कश्यप शब्द कच्छप (कछुआ) का अपभ्रंश रूप है। काश्यप गोत्री कुम्भकार (कोंहार) कछुआ का बड़ा आदर करते हैं। अतः रिजले की यह धारणा है कि कश्यप का सम्बन्ध कच्छा (कछुआ) से अवश्य रहा होगा।[2]

भारत में अनेक श्रेष्ठ क्षत्रिय अपने को सूर्य वंशी और चन्द्र वंशी कहते हैं और सूर्य तथा चन्द्रमा से अपनी उत्पत्ति मानते हैं। उत्तरी अमेरिका तथा पेरू देश की अनेक जातियाँ अपना सम्बन्ध सूर्य और चन्द्रमा से स्थापित करती हैं।[3] इसी प्रकार से अरब में बहुत से ऐसे बच्चे पाये जाते हैं जिनकी उत्पत्ति सूर्य और चन्द्र से मानी जाती है।[4] केप्टन जे० माण्टगोमरी के मतानुसार कश्मीर के आस-पास तथा हिमालय की तराई में ऐसी अनेक जंगली जातियाँ पाई जाती हैं जिनके सदस्यों के नाम पशुओं के नाम पर रखे गये हैं। अनेक लोगों के नाम में उपाधि के रूप में जो नाहर (सिंह) शब्द लगा रहता है, वह इसी का द्योतक है। कुछ लोग अपनी उपाधि 'सिंह' भी लिखते हैं।

यह प्रसिद्ध ही है कि शाकद्वीपीय ब्राह्मण गरुड़ के ऊपर आरूढ़ होकर इस देश में आये थे। अतएव उनके गोत्रों में बहुत से ऐसे नाम पाये जाते हैं जो गरुड़ के विभिन्न अंगों से सम्बन्ध रखते हैं। ऐसा ज्ञात होता है कि जो शाकद्वीपीय ब्राह्मण गरुड़ के जिस अंग को पकड़ कर आये होंगे उसी अंग के नाम से उनके गोत्र का नाम पड़ गया होगा। इस प्रकार उनके गोत्रों में टोटेमिज़म की झलक पाई जाती है। बहुत से प्राचीन व्यक्तियों—जैसे शुनः श्येप और ग्रन्थों के नामकरण का कुछ ज्ञात नहीं होता। श्वेताश्वतर और तैत्तिरीय ये दो उपनिषदों के ऐसे विचित्र नाम हैं जिनके नाम की उत्पत्ति का कुछ पता नहीं चलता। नृतत्व शास्त्र के अधिकारी विद्वानों को इस सम्बन्ध में शोध करना चाहिए। क्या इन नामों का सम्बन्ध किसी 'टोटेम' से तो नहीं है?

---

१. विलियम क्रुक—पा० रि० भाग २, पृ० १४६

२. क्रुक—पा० रि० भाग २, पृ० १४६

३. डा० फ्रेज़र—गोल्डेन बाऊ भाग १, पृ० १३

४. राबर्टसन स्मिथ—किनशिप (नोट), पृ० १७

(५) द्रविड़ जातियों में 'टोटेमिक' नाम—आर्यों की अपेक्षा द्रविड़ जातियों में ये 'टोटेमिक' (टोटेम संबंधी) नाम अधिक पाये जाते हैं। अगरिया, नट, बैसवार और घसिया जाति के लोगों में ऐसे नामों की प्रचुरता है। उत्तर प्रदेश के मिर्जापुर जिले में रहने वाली धांगर जाति का एक विशेष सम्प्रदाय है जो 'लकड़' के नाम से प्रसिद्ध है। शेर का मांस खाना इन लोगों के लिए निषिद्ध है। ये लोग अपने नाम की व्युत्पत्ति 'लकड़बग्घा' से बतलाते हैं जिसका शिकार करना इनके लिए वर्जित है। इसी प्रकार से 'बर' जाति के सदस्य बट वृक्ष को नहीं काटते। इसी जिले (मिर्जापुर) के निवासी 'हक्का' जाति के लोग इस शब्द का अर्थ चीता बतलाते हैं। ये इस जानवर का शिकार नहीं करते। इसी प्रकार से अन्य जातियाँ भी हैं जो किसी पशु या वृक्ष से अपनी उत्पत्ति मानती हैं। ये 'टोटेम' के रूप में इस जीव या पदार्थ को आदर की दृष्टि से देखते हैं और किसी प्रकार से भी उसे क्षति पहुँचाना पाप तथा अपराध मानते हैं।[१]

पंजाब में एक विशेष जाति के लोग पाये जाते हैं जो सर्प से अपना संबंध स्वीकार करते हैं। ये लोग प्रति सोमवार और बृहस्पतिवार को साँप की पूजा किया करते हैं। इस दिन ये लोग दूध में खीर पकाते हैं और इसका कुछ अंश सर्प को खाने के लिए रख देते हैं। यदि ये लोग किसी मरे हुए सर्प को देखते हैं तो उसे कपड़े से ढक कर रख देते हैं। ये सर्प को कभी नहीं मारते। इनका विश्वास है कि यदि सर्प इन्हें काट भी ले तो उसके विष का प्रभाव तनिक भी इनके शरीर पर नहीं पड़ता।[२]

प्राचीन भारत में नागवंशी राजाओं का वर्णन उपलब्ध होता है। प्राचीन कथाओं में नाग कन्याओं का उल्लेख पाया जाता है। आजकल भी बंगाल में अनेक लोगों की उपाधि 'नाग' पाई जाती है। डाक्टर कालिदास नाग का नाम विद्वानों से अपरिचत नहीं है। क्या इससे यह अनुमान करना उचित नहीं है कि ये नाम (नाग) 'टोटेम' के रूप में ही ग्रहण किये गये होंगे?

(६) व्यक्तिगत नामों में टोटेम—भारतीयों के व्यक्तिगत नामों के संबंध में अभी शोध नहीं किया गया है।[३] इस विषय की ओर विद्वानों ने उतना ध्यान नहीं दिया है जितना देना चाहिए था। परन्तु मेजर टेम्पुल्स ने इस विषय में विशेष अनुसन्धान किया है। उन्होंने अपनी पुस्तक में भारतीय नामों की जो सूची दी है उससे स्पष्ट पता चलता है कि अनेक व्यक्तियों के व्यक्तिगत नाम पशुओं और पौधों

---

१. क्रुक—पा० रि० भाग २, पृ० १५०-५१

२. पंजाब नोट्स एण्ड क्वेरीज, भाग २, पृ० ११

३. टेम्पुल—डिसर्टेशन ऑन दि प्रापर नेम्स आफ दि पंजाबीज़।

के ऊपर रखे गये हैं। क्षत्रिय जाति के लोग अपने नामों के आगे 'सिंह' लिखते हैं। बहुत संभव है कि सिंह के समान शौर्य युक्त और पराक्रम-सम्पन्न होने के कारण ही उन्होंने अपनी यह उपाधि रखी हो। इसी प्रकार से कुछ उपाधि 'भल्ला' हुआ करती है। क्या यह संभव नहीं है कि इस शब्द का संबंध 'भालू' से रहा हो जो बड़ा ही खूँखार तथा भयंकर और हिंस्र पशु माना जाता है। कुछ लोगों का नाम तोताराम, शुकदेव तथा हंसराज भी होता है। इन नामों के संबंध का अनुमान तोता, शुक और हंस आदि पक्षियों से किया जा सकता है। कुछ अन्य व्यक्तियों का नाम-करण वृक्षों तथा पौधों के नाम के ऊपर भी किया गया पाया जाता है। जैसे हरबंस पाण्डेय, तुलसीराम तिवारी और चन्दन चौधरी आदि। इन नामों से यह सहज में ही अनुमान किया जा सकता है कि इनका संबंध हरा बाँस, तुलसी का पौधा तथा चन्दन वृक्ष से रहा होगा। श्री जामुन सिंह का नाम तो जामुन वृक्ष से संबंधित है ही। बाबू केवला प्रसाद तथा कमल सिंह केवड़ा या केला तथा कमल के फूल से संबंधित हैं।

स्त्रियों के नाम में भी यही बात पाई जाती है। जिस स्त्री का नाम 'कसइलिया' है उसका संबंध 'कसइली' अर्थात् सुपारी से स्पष्ट ही है। गुलबदनी, सरोजिनी, कमलिनी आदि नामों की भी इस देश में कमी नहीं है। आजकल लोग अपनी लड़कियों का नाम चम्पा, चमेली, मालती और रजनी गन्धा आदि रखते हैं। मेरे कथन का कदापि यह अभिप्राय नहीं है कि ये नामधारी सभी लोगों की उत्पत्ति किसी पशु, वृक्ष या पौधे से हुई है। मेरे कहने का आशय केवल इतना ही है कि इन नामों के रखने में 'टोटेमिज़्म' की भावना अन्तर्निहित है तथा यह भावना अव्यक्त रूप में अपना कार्य कर रही है।

(७) **टोटेम के प्रति सम्मान**—टोटेम के प्रति सम्मान प्रदर्शन के अनेक उदाहरण पाये जाते हैं। इसके प्रति आदर का कुछ संकेत गो पूजा और नाग पूजा में मिलता है। डा० बाल ने लिखा है खान्ध जाति के लोगों ने एक बार शिकार किये गये चीते के मृत शरीर को ढोने से इस कारण इनकार कर दिया क्योंकि वह उनका 'टोटेम' था।[1] कनारा के कदनबल्ली लोग साँभर का मांस नहीं खाते। कच्छ प्रदेश के निवासी एक विशेष जाति के लोग हनुमान् को अपना पूर्वज मानते हैं और उनकी पूजा करते हैं। इस जाति का वर बन्दर की सूरत बनाकर कन्या के घर जाता है और बानर की ही भाँति उछल कूद करता है।[2] राजस्थान के परिहार क्षत्रिय सूअर का वध नहीं करते। उड़ीसा के कुम्भकार साल नामक मछली को नहीं खाते तथा उसकी पूजा करते हैं। जाट और खान्ध लोगों का टोटेम 'मोर'

---

१. डा० बाल—जंगल लाइफ इन इण्डिया, पृ० ६००।

२. कैम्बेल—नोट्स ऑन दि स्पिरिट बेसिस आफ बिलीफ एण्ड कस्टम, पृ० ७।

है। करिया लोग भेड़ के मांस का भक्षण नहीं करते। संभवतः इसका कारण अपने टोटेम के प्रति उनके सम्मान की भावना है।

(८) **देवताओं के वाहन तथा अवतारवाद**—कुछ विद्वान् हिन्दू देवी और देवताओं के विभिन्न वाहनों तथा अवतारों में भी 'टोटेमिज़्म' की परिकल्पना करते हैं। उनका यह मत है कि ये वाहन तथा अवतार प्राचीन काल में जंगली जातियों के देवताओं के प्रतीक रहे होंगे और क्रमशः वे वहीं से हिन्दू धर्म में ग्रहीत किये गये होंगे। परन्तु यह सिद्धान्त कहाँ तक सम्यक् तथा समुचित है, यह कहना कठिन है। नीचे विभिन्न देवता और उनके वाहनों के नाम दिये जाते हैं।

देवताओं और उनके वाहनो के नाम

(१) ब्रह्मा—हंस	(२) शिव नन्दी—(बैल)
(३) विष्णु—गरुड़	(४) इन्द्र—हाथी
(५) सूर्य—घोड़ा	(६) कार्तिकेय—मोर
(७) अग्नि—भेड़ा	(८) वरुण—मछली
(९) कामदेव—मकर	(१०) यम—भैंसा
(११) गणेश—चूहा	(१२) दुर्गा—सिंह
(१३) सरस्वती—हंस	(१४) शीतला—गदहा
(१५) भैरव—कुत्ता	(१६) गंगा—घड़ियाल

अवतारों के सम्बन्ध में भी यही बात कही जाती है। भगवान् विष्णु के विभिन्न अवतारों में मत्स्य (मछली), कच्छप (कछुआ), वाराह (सूअर) और नृसिंह (आधा सिंह तथा आधा मनुष्य) आदि अवतारों का नाम इस प्रसंग में लिया जा सकता है। इन अवतारों में कछुआ और वाराह 'टोटेम' के रूप में माने जाते हैं। राजस्थान के मीना लोग सूअर की पूजा करते हैं। प्राचीन भारत में वाराह की पूजा प्रचलित थी[1] जिसकी मूर्तियाँ अनेक स्थानों पर मिली हैं। इस प्रकार टोटेम के रूप में वाराह की पूजा होती थी।

परिच्छेद ४ : पेशा तथा व्यवसाय

(१) **मछुआ**—अनेक पेशेवर जातियाँ ऐसी हैं जिनके दैनिक जीवन में लोक विश्वास की मात्रा विशेष रूप से पायी जाती है। ऐसी जातियों में मछुआ विशेष रूप से परिगणित किया जाता है। मछुआ लोग प्रधानतया समुद्र के तट पर, नदियों के किनारे निवास करते हैं। नदी, तालाब तथा समुद्र में मछली मार कर अपनी

१. रामेश्वर ओझा—"द्विवेदी अभिनन्दन ग्रन्थ" में वाराह शीर्षक लेख देखिए।

उदर दरी की पूर्ति करते हैं। छोटी-छोटी नौकायें उनके व्यवसाय का अनन्य साधन हैं। इन्हीं नौकाओं का निर्माण कर, इन्हीं के द्वारा ये मछली मारा करते हैं।

सोफिया बर्न के मतानुसार स्काटलैण्ड के मछुआरे जब किसी नौका का निर्माण करके उसे प्रथम वार जल में उतारते थे तब इस उत्सव की प्रसन्नता में वे डबल रोटी और पनीर वितरित किया करते थे।[१] ये कभी-कभी अपनी नौका के ऊपर जौ के दानों को बिखेरते थे। इस नाव में वे घोड़े की नाल, चाँदी का सिक्का तथा भाग्यसूचक बहुमूल्य रत्न रखा करते थे। यह परम्परा संभवतः आज भी प्रचलित है। बानफ शायर में यह प्रथा प्रचलित थी कि जब हेरिङ्ग नामक छोटी समुद्री मछली का अभाव हो जाता था तब वहाँ के मछुआरे ताँबे के सिक्के फलालैल की बनी कमीज से लपेट कर इसे नगर में घुमाते थे। इस कर्म से उन्हें अधिक मछलियों की प्राप्ति होगी, ऐसा उन्हें विश्वास था। मछली मारने के लिए जाते समय मार्ग में किसी व्यक्ति का मिल जाना अमंगलकारक माना जाता था।

इङ्गलैण्ड में मछुआरों की यह मान्यता है कि उनके मृत साथियों की आत्मा 'गल' नामक समुद्री चिड़िया के रूप में परिवर्तित हो जाती है। ब्राइटन में यह प्रथा प्रचलित है कि मछली मारने के 'सीज़न' की प्रथम रात्रि को मछुआरे समुद्र के तट पर डबल रोटी और पनीर लड़कों में बाँटते हैं। प्रत्येक रात्रि को मछुआरे एकत्रित होकर इस कार्य की सफलता के लिए प्रार्थना भी किया करते हैं।

टोरेस स्ट्रेट्स द्वीप में समय-समय पर मछली की अधिक प्राप्ति के लिए धार्मिक नृत्यों का आयोजन किया जाता है। स्त्रियों को ऐसी मछली मारने वाली नावों में जाने का अत्यन्त निषेध है तथा वे मछुआरों के संसर्ग से बहिष्कृत कर दी जाती हैं।[२] इन नावों को विशेष प्रकार की जड़ी-बूटियों को जला कर पवित्र किया जाता है तथा पुरुषों को स्नान करना आवश्यक होता है। मछली मारने के लिए अभियान पर जाते समय जादू से अभिमंत्रित कुछ मूर्तियों को टाँग दिया जाता है। लोगों का ऐसा विश्वास है कि ऐसा करने से अधिक शिकार (मछली) की प्राप्ति होती है।

भारत में मछुआ लोग अपनी नाव के अग्रभाग—अगला सिरा—पर पैर रखना निषिद्ध मानते हैं। जूता पहिन कर उस पर पैर रखना तो अत्यन्त गर्हित तथा निन्दनीय है। अतः मछुआरे सभी को जूता पहनकर नाव के मस्तक पर पैर रखने के लिए मना करते हैं। नाव के निर्माण में लगी हुई लोहे की कील जादू-टोना करने के काम में लाई जाती है। अतः ये लोग उसे देना नहीं चाहते हैं।

(२) ग्वाला—ग्वाला जाति के लोगों के लोक-विश्वास के सम्बन्ध में अभी

---

१. सोफिया बर्न—है० फो० लो०, पृ० २२४ (वि० सं० १६१३ ई०)
२. सोफिया बर्न—है० फो० लो० पृ० २२५.

बहुत ही कम शोध-कार्य हुआ है। दक्षिण भारत में निवास करने वाले टोड़ा जाति के लोग दुधारू गाय तथा भैंस की बड़े आदर के साथ पूजा करते हैं। ये लोग केवल गाय-भैंस की पूजा ही नहीं करते बल्कि गोशाला को परम पवित्र स्थान मानते हैं तथा उसके स्वामी अथवा अधीक्षक को पुरोहित के रूप में स्वीकार करते हैं। ये लोग भैंस के दूध को तो पीते हैं परन्तु इसके मांस का प्रयोग नहीं करते।

उत्तरी भारत में गोपाष्टमी के अवसर पर बड़ा ही उत्सव मनाया जाता है। इस समय गाय और बैलों को नहलाया जाता है तथा उनके सींगों में घी लगाया जाता है। उनके गले में फूलों की माला पहिनाकर, उनके मस्तक पर सिन्दूर लगा कर, उन्हें सुशोभित किया जाता है। इस अवसर पर भक्त लोग इन पशुओं को मिष्ठान्न भी खिलाते हैं। इस प्रकार गाय तथा गोवंश को इस दिन बड़ा आदर दिया जाता है।

चूंकि भारत में गाय और बैल कृषि के आधार माने जाते हैं। अतः इनकी रक्षा के लिए केन्द्रीय सरकार ने अब 'गो-संवर्धन-सप्ताह' मनाने का आदेश सभी प्रान्तीय सरकारों को दिया है। इस सप्ताह में दुधारू पशुओं तथा बैलों की रक्षा पर बड़ा बल दिया जाता है। अनेक प्रान्तीय सरकारों ने धार्मिक दृष्टि के अतिरिक्त आर्थिक दृष्टि से भी प्रेरित होकर अब दुधारू पशुओं—विशेषकर गायों—के वध का निषेध कर दिया है। इस देश में गायों के महत्व तथा उनकी पूजा का उल्लेख पीछे किया जा चुका है अतः पुनः उसकी चर्चा पिष्ट पेषण मात्र ही होगी।

(३) **भेंड़िहार**—भेंड़िहारों का जीवन चरागाहों में व्यतीत होता है। पृथ्वी ही उनकी शय्या है और आकाश वितान है। भेंड़ें उनकी सतत सहचरी हैं। अतः ऐसे घुमन्तू जाति के लोगों के विषय में लोक-विश्वास की प्रचुर सामग्री उपलब्ध हो सकती है परन्तु इस देश में इस जाति के विषय में विशेष शोध-कार्य उपलब्ध नहीं होता।

अफ्रिका में बगाण्डा (Baganda) जाति की स्त्रियों के लिए भेंड़ के मांस को खाना अत्यन्त निषिद्ध माना जाता है। इस जाति के पुरुष भेंड़ की बलि सामने खड़े होकर नहीं चढ़ाते। उन्हें इस बात का भय बना रहता है कि कहीं भेंड़ अपने हत्यारे को देख ले तो उसकी आत्मा उन्हें सदा पीड़ित करती रहेगी। जिस कुल्हाड़ी अथवा हथियार से भेंड़ का बध किया जाता है वह घर के भीतर रखी जाती है और उसे "भेंड़ का प्लेग" कहा जाता है।

अठारहवीं शताब्दी में यह प्रथा प्रचलित थी कि भेंड़ों के बालों के मुण्डन के अवसर पर नदियों में फूल की मालायें अर्पित की जाती थी। भारत में भी गड़ेरियों के क्रिया-कलाप प्रचलित हैं जिनका विशेष अध्ययन अभी नहीं हुआ है। इस जाति के लोग एक विशेष प्रकार का लोक-गीत गाते हैं जिसे 'पड़ोकी मार' कहा जाता है। ये अपनी भेंड़ों को रात में किसी खेत में 'हिरा' देते हैं जिसके लिए इन्हें कुछ द्रव्य की प्राप्ति होती है। लोगों का विश्वास है कि भेड़ों के मल-मूत्र में अधिक उर्वरा शक्ति विद्यमान रहती है। इसीलिए ये भेंड़ों को अपने खेतों में ठहराते हैं।

(४) **चूड़ीहार**—गाँवों में स्त्रियों को चूड़ी पहिनाने का काम चूड़िहार की स्त्रियाँ—जो चूड़ीहारिन—कही जाती हैं—करती हैं। ये स्त्रियों के दोनों हाथों में चूड़ी पहिनाती हैं। यदि पहिनाते समय कोई चूड़ी फूट जाती है तो उसका दाम नहीं लेती हैं। अन्त में चूड़ी पहिनाने के पश्चात् वे दाहिने हाथ में एक चूड़ी अधिक पहिनाती हैं जिसे 'जुग' कहा जाता है। यह चूड़ी सौभाग्य सूचक समझी जाती है और इसका मूल्य चूड़ाहारिन नहीं लेती है। ऐसा समझा जाता है इस 'जुग' चूड़ी के पहिनने से स्त्रियों का सौभाग्य बढ़ता है।

(५) **धोबी**—गाँवों में यह कपड़ा धोने का काम करता है। यह प्रातःकाल उठकर अपने 'यजमानों' के कपड़ों को गदहे पर लाद कर किसी तालाब अथवा नदी के किनारे धोने के लिए ले जाता है। वहाँ काठ के बने एक चौड़े टुकड़े—जिसे "पाट" कहा जाता है—पर पटक कर इन कपड़ों को वह धोता है। धोबी की जीविका का साधन "पाट" है। अतः वह बड़ा पवित्र माना जाता है। उस पर पैर रखना अथवा जूता पहनकर चढ़ना अत्यन्त निषिद्ध है। विवाह आदि मांगलिक कार्यों के अवसर पर स्त्रियाँ धोबी के घर से सोहाग (सौभाग्य) अर्थात् सिन्दूर माँग कर लाती हैं और उसे कुँवारी कन्या को दे देती हैं। धोबी के द्वारा दिया गया 'सोहाग' अचल माना जाता है। नव-विवाहिता लड़की अधिक वर्षों तक सौभाग्य-वती बनी रहे, इसीलिए यह विधान किया जाता है।

(६) **डोम**—श्मशान घाट पर शव को जलाने की प्रथा है। इस श्मशान घाट का अधीक्षक डोम जाति का सदस्य होता है जो कफन के रूप में लोगों से टैक्स वसूला करता है। प्राचीन काल में राजा हरिश्चन्द्र काशी में जिस डोम के घर बिके थे उसके यहाँ यही पेशा होता था। अतः राजा हरिश्चन्द्र को भी अपनी स्त्री शैव्या से कर वसूल करना पड़ा था। यही प्रथा कुछ परिवर्तित रूप में आज भी प्रचलित है।

काशी में यह परम्परा आज भी विद्यमान है कि मणिकर्णिका तथा हरिश्चन्द्र घाट पर शव को जलाने के लिए वहाँ के अधीक्षक डोम से आग लेनी पड़ती है। इस आग के लिए वह मनमाना मूल्य माँगता है और इस प्रकार जनता को उत्पीड़ित करता है। लोगों का ऐसा विश्वास है कि डोम के द्वारा प्रदत्त अग्नि के द्वारा जलाये जाने से ही मृतात्मा को सद्गति प्राप्त होती है।

(७) **बढ़ई**—यह गाँवों में लकड़ी का काम करते हैं। यज्ञोपवीत और विवाह के अवसर पर बढ़ई आम की लकड़ी का बना खड़ाऊँ और पीढ़ा अपने 'यजमान' को देता है जिसके लिए वह अपना 'नेग' माँगता है। आम की लकड़ी मांगलिक कार्यों में शुभ मानी जाती है। अतः ब्रह्मचारी को चढ़ने के लिए खड़ाऊँ तथा विद्यारंभ करने के लिए काठ की 'पटरी' अत्यन्त आवश्यक है। यह विवाह के अवसर पर प्रयुक्त होने वाली 'हरिस' और 'जुआठि" को भी प्रदान करता है।

(८) **किसान अथवा खेतिहर**—किसानों के रीति-रिवाज, प्रथाओं तथा परम्पराओं के विषय में अधिक शोधकार्य हुआ है। जर्मनी में मैनहर्ट ने और इंग्लैण्ड में सर जेम्स फ्रेजर ने इनके संबंध में अधिक विस्तृत तथा प्रामाणिक वर्णन प्रस्तुत किया है। खेती संबंधी विधि-विधानों का प्रधान उद्देश्य खेतों में अधिक अन्न का उपजाना और कटे हुए अन्न को सुरक्षा पूर्वक घर में ले आना है। अतः खेतिहर जो भी क्रिया-कलाप करता है उसका उद्देश्य यही होता है।

अधिक अन्न उपजाने के संबंध में सबसे अधिक तथा प्रसिद्ध विधान मनुष्य की बलि देना है। खोण्ड जाति के लोगों का यह विश्वास है कि पृथ्वी माता को मानव की बलि चढ़ाने से खेतों में प्रचुर अन्न पैदा होता है। ये लोग बध्य मनुष्य को वर्षों तक कहीं छिपा कर रखते हैं। उसकी बलि देने के पहिले उसकी पूजा करते हैं और उसे पवित्र जीव मानते हैं। जब ये लोग खेतों में अन्न बोते हैं उसी समय उसे अनन्त पीड़ा पहुँचाकर उसकी बलि चढ़ाते हैं। उसके शरीर के मांस को काट कर, अस्थियों के साथ उसे खेत में गाड़ देते हैं। कभी-कभी उसके सिर, हड्डियों तथा अँतड़ियों को जलाकर इस राख को खेतों में छींट दिया जाता है। इससे पैदावार के अधिक होने की आशा की जाती है। कभी घर के अन्न-भण्डार में इस राख को सुरक्षित रख देते हैं जिससे वह कीड़े और मकोड़ों से सुरक्षित रखी जा सके।

ऐसी प्रथा यूरोप में भी पाई जाती है। आस्ट्रिया के 'स्पेकेनडार्फ' नामक स्थान में "सेण्ट रूपर्ट्‌स डे" (मार्च २७) के अवसर पर घास और फूस के द्वारा एक मानव की आकृति (इफिजी) बनाई जाती है। इस आकृति को "फर-कोट" तथा टोप (हैट) से सुसज्जित कर लोहे की छड़ से लटका दिया जाता है। इसके बाद गाजे-बाजे के साथ इसे गाँव के बाहर ले जाकर, अनेक विधि-विधानों को करने के पश्चात्, इसे किसी कब्र के ऊपर स्थापित कर दिया जाता है। आग लगाकर, इसी धधकती अग्नि में उस आकृति को फेंक देते हैं। इसके पश्चात् इस आकृति के साथ जलते हुए बोरे के टुकड़ों को लूटने के लिए छीना-झपटी शुरू हो जाती है। इन टुकड़ों को वे अपने बगीचे के सबसे विशाल वृक्ष में बांध देते हैं अथवा खेतों में गाड़ देते हैं। इन लोगों की यह धारणा है कि इस विधि के करने से खेत की उपजाऊ शक्ति में वृद्धि हो जाती है।[१]

फ्रेजर ने अपनी सुप्रसिद्ध पुस्तक में इस प्रकार के अनेक क्रिया-कलापों का विस्तार के साथ वर्णन किया है।[२] इस विद्वान् ने लिखा है कि अनेक देशों में स्त्रियाँ अपने बालों को बिखेर कर खेतों में अन्न का आरोपण करती हैं जिससे अधिक पैदावार हो सके। पुरुष लोग बीजों से भरे थैलों को आकाश में फेंकते हैं। उनका विश्वास है कि इससे पौधे लम्बे और बड़े होते हैं।

१. जेम्स फ्रेजर—गोल्डेन बाऊ, भाग ३, पृ० २४४।
२. जेम्स फ्रेजर—गोल्डेन बाऊ, भाग १ तथा ३।

विदेशों में वर्षा कराने वाले विधि-विधान—खेती के लिए वर्षा का होना अत्यन्त आवश्यक है क्योंकि बिना वर्षा के समृद्ध पैदावार की कल्पना भी नहीं की जा सकती। यद्यपि सभी अन्नों की उपज के लिए वर्षा की आवश्यकता पड़ती है परन्तु धान के लिए जल ही उसका प्राण है। अतः पाश्चात्य देशों में तथा भारत में भी वर्षा को कराने वाले अनेक जादू तथा क्रिया-कलापों का उपयोग किया जाता रहा है। अतः इन विधि-विधानों में से कुछ एक का संक्षेप में यहा वर्णन किया जाता है।

उत्तरी क्वीन्सलैण्ड देश के तुली नदी के तट के निवासी लोग वर्षा की कल्पना एक मानव के रूप में करते हैं। ये लोग एक हथियार—जिसे ये 'ह्विटलर' के नाम से सम्बोधित करते हैं—को किसी तालाब में पानी के ऊपर टाँग देते हैं। अतः जब वर्षा होती है तब ये इसका कारण इसी विधान को मानते हैं। यदि घनघोर गर्जन तथा बिजली की अपेक्षा रहती है तब एक विशेष वृक्ष की लकड़ी के कुछ टुकड़े इस तालाब में डाल दिये जाते हैं।

अफ्रीका देश में लोग वर्षा के साथ ही उसके स्वामी देवता की भी नाटकीय ढंग से प्रार्थना करते हैं। सुप्रसिद्ध अन्वेषक डा० लिविंग स्टोन ने एक घटना का वर्णन इस प्रकार किया है—"वर्षा कराने के इस विधि-विधान में प्रधान भाग उस स्त्री ने लिया था जो वहाँ के सरदार की बहिन थी। उसने जमीन पर अन्न बिखेरना प्रारम्भ किया। इस कार्य के सम्पादन के समय वह एक मंत्र का उच्चारण करती जाती थी जिसका अर्थ था कि हे भगवान् ! वर्षा करो। इसके पश्चात् जमीन पर शराब बिखेरी गई। फिर वहाँ एकत्रित सभी लोग आकाश की ओर हाथ जोड़कर जमीन पर लेट गये। इसके पश्चात् एक दूसरी स्त्री ने सरदार (चीफ) के समक्ष जल से भरा एक कलश रखा। फिर सब लोग जमीन से उठकर उस कलश में अपना हाथ डाल जल को आकाश में छिड़कने लगे। इस प्रकार बहुत शोर-गुल के साथ यह उत्सव समाप्त हुआ।"[१]

मशोनालैण्ड देश में यह प्रथा प्रचलित है कि यदि समय पर वर्षा नहीं होती है तब उस जाति की सभी स्त्रियाँ अपनी टोकरी में अन्न भर करके उस जाति की सबसे वृद्धा स्त्री के पास गोशाला में जाती हैं। यह वृद्धा स्त्री सभी अन्न को एक छोटे से गड्ढे में डाल देती है और देवता से जल बरसाने की प्रार्थना करती है। यदि इस प्रक्रिया के कुछ दिनों तक वर्षा नहीं होती तब यह वृद्धा किसी एकान्त झोपड़ी में जाकर रात्रि में निवास करती है। उसके अनुयायी बाहर रहकर रात बिताते हैं। प्रातः काल वह वृद्धा अपनी झोपड़ी से निकलकर लोगों को बतलाती है कि तुम लोगों के अपराध के कारण इन्द्र देवता (मोन डोरो) अप्रसन्न हैं। अतः अमुक वस्तुओं के अर्पण करने से प्रभूत वर्षा हो सकती है।[२]

---

१. सोफिया बर्न—है० फो० लो०, पृ० २२८।

२. सोफिया बर्न—है० फो० लो०, पृ० २२९।

भारत में वर्षा कराने वाले विधि-विधान—भारत में भी वर्षा कराने के लिए अनेक विधि-विधानों का प्रयोग किया जाता है। वर्षा और नग्नता से अटूट संबंध ज्ञात होता है। यद्यपि इस दूरान्वय संबंध का कोई कारण अनुमान की परिधि में नहीं आता। जब किसी स्थान में वर्षा का नितान्त अभाव होता है तब वहाँ की स्त्रियाँ रात्रि में मध्य में खेतों में जाती हैं। उस समय किसी पुरुष का वहाँ जाना अत्यन्त निषिद्ध माना जाता है। ये स्त्रियाँ अपनी साड़ी को उतार कर रख देती हैं और इस प्रकार नंगी हो जाती हैं। फिर ये बैलों की भाँति हल खींच कर खेत जोतती हैं। इस अवसर पर भोजपुरी प्रदेश में एक लोक-गीत भी गाया जाता है जो "हरफरवरो के गीत" के नाम से प्रसिद्ध है। इस प्रकार नग्न स्त्रियों के द्वारा हल-कर्षण करने से प्रचुर वर्षा होती है। सन् १८७३-७४ ई० में गोरखपुर जनपद में जो अकाल पड़ा था उस समय स्त्रियों के द्वारा नग्न होकर इन्द्रदेव को प्रसन्न करने के लिए खेतों में हल जोतने का उल्लेख पाया जाता है।[1] भूतों के भगाने के लिए नग्नता का प्रयोग किया जाता था, इसका उल्लेख श्रीमती फेन्नी पाकर्स ने अपनी अद्‌भुत पुस्तक में किया है।[2]

सन् १८६२ ई० में मिर्जापुर जिले के चुनार नामक स्थान में अवर्षण होने के कारण स्त्रियों के द्वारा नंगी होकर खेत में हल चलाने का उल्लेख क्रुक ने किया है।[3] इसका उद्देश्य प्रचुर जल की वर्षा कराना था।

यदि कुमायूँ में जल की वर्षा नहीं होती है तो किसी ब्राह्मण को तालाब में गर्दन भर पानी में खड़ा कर दिया जाता है। वह वहाँ एक-दो दिनों तक इन्द्र की प्रार्थना करते हुए मंत्र जपता रहता है जिससे वर्षा होने लगती है। काशी में जब अवर्षण के अभाव में जनता कष्ट प्राप्त करने लगती है तब स्थानीय भक्त लोग बाबा विश्वनाथ के मंदिर में उनकी प्रतिमा को गंगा जल में डुबो देते हैं। लोगों का ऐसा विश्वास है कि ऐसा करने से वर्षा अवश्य होती है।

भील जाति के लोगों में यह प्रथा प्रचलित है कि वर्षा न होने पर उस जाति की स्त्रियाँ तथा लड़कियाँ अपने हाथों में तीर-धनुष लेकर नाचने निकल जाती हैं। इस समय दूसरे गाँव की किसी भैंस को पकड़ कर काली देवी को बलि चढ़ा दी जाती है। इस कार्य से वर्षा होने लगती है। अवध प्रदेश में आल्हा और ऊदल की वीर गाथा को गा-गाकर वर्षा को आने का निमंत्रण दिया जाता है।[4] संभवतः इसीलिए आल्हा की गाथा वर्षा ऋतु में ही गाने की परम्परा प्रचलित है।

---

१. क्रुक—पा० रि० भाग १, पृ० ६६।

२. फैन्नी पाकर्स—"वंडरिङ्गस आफ ए पिलग्रिम इन सर्च ऑफ दि पिक्चरस्क।"

३. क्रुक—पा० रि० भाग १, पृ० ७१-७२।

४. क्रुक—पा० रि० भाग १, पृ० ७५।

खण्ड : ४

धार्मिक मान्यतायें

अध्याय ११

परिच्छेद १—लोक देवी और देवता

परिच्छेद २—रोगों के देवी-देवता

अध्याय १२

परिच्छेद १—मृत आत्माओं सम्बन्धी विश्वास

परिच्छेद २—पितरों की पूजा तथा विश्वास

अध्याय १३

परिच्छेद १—जादू, टोना और टोटका

परिच्छेद २—डायन और काला जादू

परिच्छेद ३—कुदृष्टि (नजर लगना)

खण्ड ४

अध्याय ११

ग्राम देवता तथा गृह देवता

परिच्छेद १ : लोक देवी और देवता

ग्रामीण अंचलों में अनेक देवता अत्यन्त प्रसिद्ध तथा लोकप्रिय हैं जिनकी पूजा बड़ी भक्ति-भावना से की जाती है। इन देवताओं के मंदिर प्राय: गाँव के बाहर किसी मुख्य स्थान पर होते हैं। अथवा किसी ऐसे सार्वजनिक स्थान पर इनकी प्रतिमा स्थापित की जाती है जहाँ गाँव का प्रत्येक व्यक्ति आसानी से वहाँ पहुँच सके। जो देवता गाँव के सभी—सर्व साधारण-लोगों से पूजा जाता है उसे ग्राम देवता कहा जाता है। परन्तु जिस देवता की पूजा किसी विशेष समाज या सम्प्रदाय के विशिष्ट व्यक्तियों के द्वारा की जाती है उसे गृह देवता कहते हैं। उदाहरण के लिए हनुमान् तथा गणेश ग्राम देवता हैं क्योंकि स्थानीय समस्त जनता इनकी आराधना करतो है परन्तु सीतला माता अथवा त्रिलोकी नाथ बाबा गृह देवता हैं जिनकी आराधना किसी विशेष परिवार द्वारा की जाती है।

(१) हनुमान्—उत्तर भारत में हनुमान् सबसे अधिक प्रसिद्ध, लोक-प्रिय तथा महत्त्वपूर्ण देवता हैं। निर्धन मनुष्य की झोंपड़ी से लेकर राज प्रासादों तक में इनकी पूजा होती है। उत्तरी भारत में कदाचित् ही ऐसा कोई घर हो जहाँ इनकी आराधना न होती हो।

हनुमान् के पिता का नाम पवन था। अत: ये पवनसुत या वायुपुत्र भी कहे जाते हैं। इनकी माता अंजनी थीं। अत: ये अंजनीकुमार भी कहलाते हैं। हनुमान् राम के अनन्य भक्त हैं। अत: भगवान् राम के सेवक होने के कारण ये भी जनता के पूजनीय हैं। इनकी स्तुति में बनाये गये 'हनुमान चालीसा' नामक स्तोत्र का पाठ लोग प्रतिदिन किया करते हैं। इस 'हनुमान चालीसा' ने भारतीय संस्कृति के प्रचार तथा प्रसार में अद्भुत योगदान किया है। भारत के बाहर मारिशस, फ़ीजी, सुरीनाम और ब्रिटिश गाइना (गुआना) में भारतीय संस्कृति का जो जीवन्त स्वरूप

दिखलाई पड़ता है उसका अधिकांश श्रेय हनुमान् की पूजा और उनके स्तोत्र—हनुमान् चालीसा—को प्राप्त है।

काशी में हनुमान् का सुप्रसिद्ध मंदिर 'संकट मोचन' के नाम से प्रसिद्ध है। इस मंदिर में शनिवार तथा मंगलवार को दर्शनार्थियों की भयंकर भीड़ एकत्रित होती हैं। मंगलवार हनुमान् जी का जन्म दिन होने के कारण इस दिन दर्शन का विशेष महत्त्व माना जाता है। अगहन की एक विशेष तिथि हनुमान् जयन्ती के रूप में बड़े धूमधाम से काशी तथा अयोध्या में मनाई जाती है।

'संकट मोचन' के मंदिर में हनुमान् जी के वंशज होने के कारण बन्दरों को गुड़-चना खिलाया जाता है। कुछ भक्त इन्हें लड्डू भी खिलाते हैं। इसी कारण बन्दरों की हत्या करना अत्यन्त निषिद्ध है। काशी के अतिरिक्त अयोध्या में 'हनुमान गढ़ी' के मंदिर में इनकी पूजा की जाती है। 'राम जन्म' स्थान को छोड़कर अयोध्या में हनुमान् का यह मंदिर सर्वाधिक प्रसिद्ध है।

ग्रामीण क्षेत्रों में भी हनुमान् की पूजा बड़े प्रेम से की जाती है। ये शक्ति के देवता माने जाते हैं। अतः 'बजरंग बली' कहे जाते हैं। गाँव के बाहर अखाड़ों में जहाँ कुश्तियाँ होती हैं हनुमान् की ध्वजा के प्रतीक रूप में एक लाल झंडा गाड़ दिया जाता है। प्रत्येक पहलवान् कुश्ती लड़ने के पहिले इस ध्वजा को प्रणाम करता है। ऐसा विश्वास है कि इससे उसे हनुमान् की सी शक्ति प्राप्त होगी और वह दंगल में विजयश्री को प्राप्त करेगा।

साधारणतया गाँव के बाहर एक मिट्टी का चबूतरा बनाकर उस पर लाल 'एकरंगा' कपड़े का बना हनुमान् का झंडा गाड़ दिया जाता है। मूर्त्ति के रूप में कोई अनगढ़ पत्थर रख दिया जाता है। यहीं आकर लोग हनुमान की पूजा किया करते हैं। हनुमान को (लाल) लड्डू बहुत प्रिय है—"मोदक प्रिय, मुद मंगल दाता।" इसलिए इन्हें बेसन का लड्डू उपहार रूप में चढ़ाया जाता है। इनकी स्तुति में लोग हनुमान् चालीसा का पाठ करते हैं। निम्नांकित श्लोक भक्त जनों में अत्यन्त प्रिय है जिसमें हनुमान् के गुणों का वर्णन किया गया है :

"मनोजवं मारुततुल्य वेगं;
जितेन्द्रियं बुद्धिमतां वरिष्ठम्।
वातात्मजं वानरयूथमुख्यं;
श्रीरामदूतं शरणं प्रपद्ये॥"

(२) **गणेश**—गणेश सर्वसाधारण जनता के सर्वाधिक लोकप्रिय देवता हैं। इनकी पूजा प्रत्येक मांगलिक कार्य के प्रारम्भ में की जाती है। इनके पिता शिव तथा माता भगवती पार्वती हैं। ऐसी किम्वदन्ती है कि एक बार देवताओं में यह होड़ लगी कि सबसे बड़ा कौन देवता है ? शर्त यह थी कि जो संसार की सबसे जल्दी

परिक्रमा करके आ जायेगा वही सर्वश्रेष्ठ घोषित किया जायेगा। गणेश जी तुन्दिल होने के कारण तेज नहीं चल सकते थे। अतः ये अपने माता-पिता जो—पृथ्वी से भी महान् थे—की परिक्रमा कर सबसे जल्दी आ गये। अतः इन्हें देवताओं में सबसे बड़ा स्थान प्राप्त हुआ। इसीलिए इनको गाणानां + ईशः = गणेश अर्थात् अपने गणों में सर्व श्रेष्ठ कहा जाता है।

वेदों में गणेश को गणपति के नाम से स्मरण किया गया है। इनकी स्तुति 'गणानां पतिः'—अपने गणों के स्वामी—कह कर की गई है। किसी गृहस्थ के घर में जब कोई भी मांगलिक कार्य—पुत्र जन्म, यज्ञोपवीत, विवाह, गवना—आदि होता है तो सबके प्रारम्भ में गणेश की पूजा की जाती है। इन्हें 'विघ्न विदारक' कहा गया है अर्थात् ये समस्त विघ्नों को नष्ट करने वाले हैं।

वैश्य लोग जब अपना बही-खाता खोलते हैं तब उसके प्रारम्भ में 'श्री गणेशाय नमः' लिख देते हैं। विद्वान् लोग जब कोई लेख अथवा पुस्तक लिखने बैठते हैं तब उसके प्रारम्भ में 'श्री गणेशाय नमः' लिखना आवश्यक समझते हैं। अनेक लोग अपने गृह के मुख्य द्वार के ऊपर गणेश की प्रतिमा स्थापित करते हैं जो मंगल का कारण मानी जाती है। किम्बहुना, किसी कार्य के प्रारम्भ में गणेश की पूजा इतनी अनिवार्य मानी जाती है कि अधुना 'श्री गणेश' शब्द कार्यारम्भ का पर्यायवाची बन गया है।

गणेश जी का समस्त शरीर मानव का है परन्तु मुँह हाथी की सूड़ के समान है। इस संबंध में भी एक किम्वदन्ती प्रचलित है। हाथी के समान मुँह होने के कारण ही इन्हें 'गजानन' भी कहा जाता है। गणेश जी के मुँह में एक ही दाँत है अतः इनकी 'गजानन' तथा 'एक दन्त' के नाम से स्तुति की जाती है। वेदों में "तन्नो दन्तिः प्रचोदयात्" कह कर इनकी प्रशंसा की गई है जिसका अर्थ एक दाँत वाला है।

माघ मास के कृष्ण पक्ष की चतुर्थी 'गणेश चतुर्थी' अथवा गणेश चौथ के नाम से प्रसिद्ध है। इस दिन स्त्रियाँ दिन भर व्रत रखती हैं तथा रात को चन्द्रोदय होने पर इन्हें अर्घ प्रदान कर अन्न ग्रहण करती हैं। काशी में लोहटिया मुहल्ले में बड़ा गणेश का मंदिर है जहाँ गणेश चतुर्थी के दिन बहुत बड़ा मेला लगता है। हनुमान् की ही भाँति गणेश जी भी 'मोदक प्रिय' हैं। अतः इनकी पूजा में बेसन का लड्डू चढ़ाने की प्रथा है। उज्जैन में 'बड़े गणेश' के मंदिर में गणेश जी की दस-बारह फीट ऊँची प्रतिमा प्रतिष्ठापित की गई है। इनका वाहन चूहा है जो इनकी मूर्ति के पास सदा विराजमान रहता है।

(३) **भीमसेन**—कार्तिक के शुक्ल पक्ष में भीम की पूजा का प्रचलन है। किसी वृक्ष के नीचे अथवा मैदान में भीम की मिट्टी की विशालकाय प्रतिमा बनाई

जाती है जो जमीन पर उर्ध्व मुँह मुद्रा में सोती (लेटी) हुई होती है। वास्तव में यह भीष्म पितामह की मूर्ति है जो शर-शय्या पर लेटे हुए हैं। परन्तु ग्रामीण जनता इन्हें तृतीय पाण्डव, महाबली भीम की प्रतिमा मानती है। संभवतः इस प्रतिमा के विशालकाय होने के कारण ही यह भ्रम उत्पन्न हो गया हो। कार्तिक में इनकी पूजा करने से पापों का क्षय होता है।

क्रुक का मत है कि भीमसेन गोण्ड जाति के लोगों के वर्षा के देवता हैं और वर्षा ऋतु के अन्त में तीन-चार दिनों तक इनकी पूजा की जाती है। इस अवसर पर बहुत बड़ा मेला लगता है। उस समय बीस फीट ऊँचे दो बाँस, पाँच फीट के अन्तराल पर गाड़ दिये जाते हैं। इनके सिरे को एक रस्सी से जोड़ दिया जाता है। गाँव के बालक इसी बाँस पर चलते और उतरते रहते हैं। यह प्रक्रिया वर्षा के आगमन का प्रतीक मानी जाती है।[१]

मध्यप्रदेश में भीमसेन की पूजा एक 'फेटिश' (प्रतीक चिह्न) के रूप में की जाती है। किसी पेड़ अथवा पत्थर में गाड़ी गई लोहे की कील इसका प्रतीक मानी जाती है। भुइयाँ जाति के द्वारा भीमसेन एक विशिष्ट देवता माने जाते तथा पूजित होते हैं।[२]

(४) **सत्यनारायण**—भारतीय लोगों ने सत्य को इतना अधिक महत्त्व दिया है कि उसकी पूजा देवता की भाँति की जाती है। सत्यनारायण का शाब्दिक अर्थ है सत्य (सच बोलना) को नारायण अर्थात् ईश्वर के रूप में मानना अथवा आदर प्रदान करना। हिन्दुओं के घर में प्रत्येक मांगलिक अवसर के प्रारम्भ में सत्यनारायण भगवान् की कथा कही जाती है तथा पूजा की जाती है। इनकी कथा संक्षेप में इस प्रकार है। कोई बनिया नाँव पर सोना, हीरा, मोती आदि बहुमूल्य पदार्थों को लाद कर ले जा रहा था। मार्ग में किसी महात्मा के पूछने पर कि इसमें क्या है, वह झूठ बोलता है और कहता है कि कुछ नहीं, इसमें घास-पात लदा है। उसके असत्य भाषण से क्रुद्ध, उस महात्मा के शाप से नाव घास-फूस से भर जाती है जिसके कारण उस बनिया को महती विपत्ति का सामना करना पड़ता है। अन्त में सत्य-भाषण करने की प्रतिज्ञा करने पर उसे पुनः धन-धान्य की प्राप्ति हो जाती है। सत्यनारायण की यही कथा है।

इस कथा के द्वारा सत्य की महिमा का प्रतिपादन किया गया है। जनेऊ, विवाह और पुत्र-जन्म आदि सभी शुभ कार्यों के प्रारम्भ में सत्यनारायण की कथा कही जाती है। यह कथा ग्रामीण क्षेत्रों में इतनी लोकप्रिय है कि ब्राह्मण लोग अपने यजमानों को इसकी कथा सुनाकर अपनी जीविका चलाते हैं। मूल कथा संस्कृत में

---

१. क्रुक—पा० रि० भाग १, पृ० ९९।

२. वही, पृ० ८९-९१।

उपलब्ध होती है जिसका अनुवाद लोक-भाषाओं में भी हो गया है। इसी से इसकी लोकप्रियता का कुछ अनुमान लगाया जा सकता है।

(५) **बाबा त्रिलोकीनाथ**—हिन्दू देवता-मण्डल (पैन्थियान) की माला में बाबा त्रिलोकीनाथ सबसे नयी मनिका हैं। पहिले इस देवता का कहीं पता नहीं था परन्तु इधर तीस-चालीस वर्षों से इनका बड़ा प्रचार हो गया है। मूलतः बाबा त्रिलोकी नाथ मल्लाह जाति के गृह देवता थे। परन्तु धीरे-धीरे इनका ग्रहण उच्च-वर्ग के देवताओं में कर लिया गया। इनकी पूजा में कुछ विशेष सामग्री की आवश्यकता नहीं पड़ती। इस प्रकार निर्धन मनुष्य भी इनकी कथा का प्रबन्ध कर सकता है।

त्रिलोकीनाथ का अर्थ होता है वह भगवान् जो तीनों लोकों का स्वामी है। पहिले इनकी पूजा केवल तथाकथित निम्न वर्गों तक ही सीमित थी। परन्तु आज कल इनकी पूजा का प्रचार सभी वर्गों में समान रूप से पाया जाता है। महर्घता के इस युग में इसमें कुछ आश्चर्य नहीं कि त्रिलोकीनाथ की सस्ती पूजा के आगे सत्य-नारायण की कथा उपेक्षित हो जाय।

दक्षिण भारत में ग्राम देवता

एक विदेशी विद्वान् ने दक्षिण भारत के ग्राम देवताओं के संबंध में एक बहुत ही सुन्दर पुस्तक लिखी है जिसका नाम 'विलेज गाड्स आफ सदरन इण्डिया' है। यह पुस्तक अनेक दृष्टियों से अत्यन्त महत्त्वपूर्ण है। परन्तु दुःख है कि प्रस्तुत पुस्तक के कलेवर की वृद्धि के भय से हम इन ग्राम-देवताओं का वर्णन यहाँ देने में नितान्त असमर्थ हैं।

परिच्छेद २ : रोगों के देवी-देवता

आदिम लोगों का यह दृढ़ विश्वास है कि बीमारी किसी प्राकृतिक कारण का परिणाम नहीं है बल्कि यह किसी दुष्ट आत्मा अथवा डायन के क्रोध का फल है। मूर्च्छा, जलोदर और सन्निपात आदि ऐसी बीमारियाँ हैं जिन्हें साधारण जनता किसी प्रेतात्मा अथवा दुष्टात्मा के कार्यों का फल स्वीकार करती है। इसी प्रकार से हैजा का अचानक हो जाना, उसका भीषण प्रकोप, किसी भूत और प्रेत का क्रुद्ध होना, बतलाता है। इसी प्रकार अन्न न पचना, बच्चों के द्वारा दूध न पीना और "छरियाना" (लगातार रोते रहना) किसी डायन की कुदृष्टि का कारण माना जाता है।

यह प्रथा भारत में ही नहीं बल्कि इङ्गलैण्ड में भी प्रचलित है जिसके अनेक उदाहरण पाये जाते हैं। राजस्थान में बीमारी का कारण खोर अर्थात् दुष्ट प्रेतात्मा माना जाता है। बीमारी को शान्त करने के लिए कोई 'ओझा' या 'सयाना' बुलाया जाता है जो उसे दूध और मिठाई आदि चढ़ाकर उस रोग को दूर करता है। इसी प्रकार से भूत-दूत के प्रकोप से पीड़ित व्यक्ति के उपचार के लिए किसी 'सोखा' या सयाना का बुलाना आवश्यक है जो झाड़-फूंक के द्वारा उस दुष्ट आत्मा को भगा देता है।

(१) **शीतला माता**—शीतला माता चेचक रोग की अधिष्ठातृ देवी मानी जाती हैं। जब कोई बालक या अन्य व्यक्ति चेचक से पीड़ित होता है तब यह माना जाता है कि शीतला देवी का प्रकोप इस पर हो गया है। अतः इस देवी की शान्ति के लिए पूजा-पाठ किया जाता है।

भोजपुरी प्रदेश में इस देवता की पूजा प्रारम्भ करते समय घर में एक स्थान को लीप-पोतकर देवी की प्रतिमा के रूप में मिट्टी का ढेला रख दिया जाता है। अक्षत-फूल चढ़ा कर उसकी पूजा की जाती है। इस प्रक्रिया को "ढेला झोंइछना" कहते हैं। लगातार तीन दिनों तक इस 'ढेला' की पूजा की जाती है।

माली शीतला माता का भक्त माना जाता है। शीतला माता चूंकि नीम के पेड़ पर निवास करती हैं अतः यह वृक्ष इन्हें अत्यन्त प्रिय है। माली नीम वृक्ष की पत्तियों को लेकर चेचक से पीड़ित व्यक्ति को उससे "झाड़ता" है। इसके पश्चात् उन पत्तियों को वह उस रोगी के बिस्तर पर बिछा देता है। घर तथा कुटुम्ब की स्त्रियाँ उसके पास बैठकर शीतला माता के लोक-गीत गाती हैं जिनमें रोगी को शीघ्र नीरोग कर देने की प्रार्थना की गई रहती है। रोगी के शीघ्र स्वास्थ्य-लाभ के लिए "माता" की मनौती भी मानी जाती है। इस रोग में डाक्टरी दवा कराना नितान्त निषिद्ध है। लोगों का विश्वास है, शीतला की कृपा से ही यह रोग दूर हो सकता है, अन्यथा नहीं।

शीतला रोग में अनेक विधि-विधानों का पालन करना पड़ता है। घर का प्रधान व्यक्ति इन दिनों में अपने बालों को नहीं कटवाता और न अपने शरीर में तेल ही लगा सकता है। जूता पहिनना भी उसके लिए निषिद्ध है। जिस घर में इस रोग का प्रकोप होता है उस घर के भोजन में हल्दी का प्रयोग नहीं किया जाता। तवा पर रोटी पकाना भी निषिद्ध है। इस समय किसी श्रेष्ठ व्यक्ति को प्रणाम करना भी वर्जित है।

इन दिनों में छुआ-छूत का भी बड़ा विचार किया जाता है। कोई भी व्यक्ति बिना पैर धोये हुए रोगी के कक्ष में प्रवेश नहीं कर सकता। चूंकि चेचक का रोग "छुतहा" (स्पर्श से फैलने वाला) माना जाता है। अतः किसी बाहरी व्यक्ति को

रोगी के पास नहीं जाने दिया जाता। जब बालक का रोग और अधिक गंभीर होता जाता है तब उसकी माता पुत्र की बीमारी के कारण अपना बलिदान देने के निमित्त अपने गले में रस्सी लगा कर "फाँसी लगाने" का अभिनय करती है। वह अत्यन्त आर्त्त स्वर से माता की स्तुति में गीत भी गाती है। माली प्रति दिन नीम की नई पत्तियों को लाकर माता की पूजा करता है और उन पत्तियों से रोगी को पंखा झलता है।

धीरे-धीरे जब रोगी पूर्ण स्वास्थ्य-लाभ कर लेता है तब एक दिन शीतला माता की चाँदी की मूर्ति बनाकर उनकी विधिवत् पूजा कर मिष्ठान्न बाँटा जाता है जिसे 'सिरिनी बांटना' कहा जाता है। इस 'प्रकार शीतला माता की कृपा से इस रोग का प्रकोप शान्त हो जाता है।

शीतला के मन्दिर—शीतला देवी का वाहन गधा है। अतः मंदिरों में इनकी मूर्ति के पास गधा (गदहा) भी विराजमान रहता है। काशी में शीतला घाट पर शीतला माता का एक छोटा सा मंदिर स्थित है जहाँ इनकी पूजा की जाती है। इनकी मूर्ति सोने की बनी है। अतः बारह इंच से अधिक बड़ी नहीं है। हरद्वार के पास कनखल नामक स्थान में शीतला का मन्दिर है जहाँ इन्हें "तुर्किन" के नाम से जाना जाता है।[1] इनका दूसरा मंदिर देहरादून जिले के 'राय वाला' नामक स्थान में है। यहाँ धृतराष्ट्र की स्त्री गान्धारी—जो सती हो गई थी—के रूप में इनकी पूजा की जाती है। उत्तर प्रदेश के मुजफ्फर नगर जिले में भी इनका एक मंदिर है जहाँ ये 'उजली माता' के नाम से विख्यात हैं। यहाँ स्त्रियाँ देवी से पुत्र-प्राप्ति का आशीर्वाद माँगती हैं। कामना की पूर्ति हो जाने पर वे इस मंदिर में जाकर पूजा करती हैं।

शीतला माता की सात बहिने हैं जिनके नाम हैं—(१) शीतला (२) मसानी (३) बसन्ती (४) महामाई (५) पोलमदेई (६) लमकरिया और (७) अघानो। इन छोटी बहिनों का मंदिर भी शीतला के प्रधान मंदिर के पास ही पाया जाता है। जो स्त्रियाँ शीतला के मंदिर में पूजा करने के लिए नहीं जा सकतीं वे अपने घर में ही इस देवी की सुवर्ण अथवा रजत की प्रतिमा बना कर रखती हैं तथा अवसर आने पर इनकी पूजा करती हैं। ग्रामीण क्षेत्रों में शीतला की पूजा का प्रचुर प्रचार पाया जाता है।

(२) **ज्वरहरीश्वर**—जैसा कि इनके नाम से ही विदित होता है ये ज्वर को हरण करने वाले देवता हैं। इनकी पूजा से बुखार से पीड़ित व्यक्ति आरोग्य-लाभ कर लेता है। इन्हें दूध और भांग अर्पित किया जाता है। परन्तु इनके मंदिर का कहीं पता नहीं है। बिहार के चाईबासा जनपद के निवासी मँगरा नामक देवता की पूजा करते हैं जो ज्वर का अधिष्ठातृ देव माना जाता है।

---

१. क्रुक—पा० रि० भाग १।

(३) **घेण्टु**—बंगाली लोग इसे खुजली का देवता मानते हैं और उसकी पूजा करते हैं। इनकी पूजा का स्थान 'गोबरौरा' (गोबर का ऊँचा स्थान) है। वहाँ किसी मिट्टी के पात्र के निचले भाग को कालिख से पोत दिया जाता है। फिर उसमें चूना लगा देते हैं तथा बीच-बीच में सिन्दूर की लाल रेखाएँ खींच दी जाती हैं। इस पात्र को गोबर की राशि के ऊपर स्थापित कर उसमें "घेण्टु" पौधे की डालियाँ तथा नारियल का झाड़ू रख दिया जाता है। घर की मालकिन पुजारिन का काम करती है। वह वहाँ कोई लोकगीत गाती है। पुनः उस पात्र को फोड़ दिया जाता है। उसके टुकड़ों को छोटे-छोटे बच्चे चुन लेते हैं और खुजली की देवी की स्तुति में गीत गाते हैं।[1] इस प्रक्रिया से रोगी नीरोग हो जाता है।

(४) **षष्ठी देवी**—यह शिशुओं की रक्षा करने वाली देवी मानी जाती है। इसकी काठ की प्रतिमा बनाकर पूजा की जाती है। जब कोई बालक रोग से पीड़ित होता है तब इस देवी की पूजा की जाती है।

मध्य प्रदेश के होशंगाबाद जिले में निवास करने वाले कुर्कु नामक आदिवासी लोग 'कुरदेव' को अपना कुल देवता मानते हैं। यह देवता बच्चों के स्वास्थ्य की रक्षा करता है। इस प्रकार इसका काम भी षष्ठी देवी के ही समान है।

(५) **अछेरी**—पर्वतीय प्रदेशों में अच्छेरी नामक देवी शीत तथा दर्द की देवी मानी जाती हैं। शीत से पीड़ित व्यक्ति के गले में, इस देवी के नाम पर एक लाल कपड़ा बाँध दिया जाता है जो तावीज या यंत्र के रूप में काम करता है।

(६) **मर्हो भवानी**—यह विशूचिका अर्थात् हैजा की अधिष्ठातृ देवी मानी जाती है। यह हैजा की छुतहा बीमारी के ऊपर पूर्ण अधिकार रखती है। सुल्तानपुर (उ० प्र०) में इनका मंदिर स्थित है जहाँ प्रति वर्ष मेला लगता है।

(७) **हरदौल**—परन्तु उत्तरी भारत में हैजा के सबसे प्रसिद्ध देवता हरदौल हैं। हरदौल एक ऐतिहासिक पुरुष हैं जो अब देवता के रूप में पूजे जाते हैं। ये ओरछा के राजा वीरसिंह देव के द्वितीय पुत्र थे। इनकी मृत्यु के बाद इनका ज्येष्ठ पुत्र जुझार सिंह गद्दी पर बैठा। उसे भ्रम वश अपनी स्त्री से अपने छोटे भाई—हरदौल—से प्रेम-संबंध की आशंका हो गई। उसने अपनी स्त्री से भोजन में हरदौल को विष दे देने का आग्रह किया। यह जानते हुए भी कि हरदौल बिल्कुल निर्दोष है रानी ने इन्हें विष दे दिया। इस प्रकार सन् १६२७ ई० में इनकी दुःखद मृत्यु हो गई।

परन्तु हरदौल मर करके भी अमर हो गये। जनता ने इस निर्दोष, निरपराध बलिदानी वीर को देवता के रूप में मान्यता प्रदान की और उनकी पूजा होने लगी। बैशाख के महीने में समस्त बुन्देलखण्ड में इनकी पूजा होती है। इनका मंदिर गाँव

१. कुक—पा० रि० भाग १, पृ० १३६-३७।

से बाहर बनाकर लाल झंडों से सजाया जाता है। विवाह के अवसर पर बारात के आने के एक दिन पहिले स्त्रियाँ हरदौल के मंदिर में जाकर इनकी पूजा करती हैं। यदि इस समय अंधड़ के आने की आशंका होती है तब इससे रक्षा करने के लिए उनसे प्रार्थना की जाती है।

हरदौल हैजा की छूतहा बीमारी के भी देवता माने जाते हैं। जब अंग्रेजों ने होशंगाबाद जिले पर अधिकार प्राप्त कर लिया तब उन्होंने प्रत्येक गाँव-प्रधान को यह आज्ञा दी कि गाँव के बाहर चबूतरे पर इनका मंदिर बनाकर हरदौल की पूजा की जाय जिससे हैजा की बीमारी न फैलने पाये।[1]

(८) **काशी बाबा**—बंगाल के बिन्द नामक जाति के लोगों का यह विश्वास है कि काशी बाबा नामक देवता में जानवरों में व्याप्त रोगों को दूर करने की अद्भुत शक्ति विद्यमान है। ज्योंही कोई छुतही बीमारी फैलती है ज्योंही सभी जानवरों को एक स्थान पर एकत्रित कर उनके ऊपर बिनौला (काटन सीड़) छिड़क दिया जाता है। जो सबसे मोटा तथा तगड़ा जानवर होता है उसे डंडों से पीटा जाता है। डंडों की आवाज से सब जानवर किसी सुरक्षित स्थान को भाग जाते हैं। इस प्रकार से जानवरों में फैली बीमारी के नष्ट होने का विश्वास होता है।[2]

(९) **गलसुआ माता**—गाँवों में जब किसी व्यक्ति का गाल किसी कारण सूज जाता है तब उसे बीमारी के रूप में गलसुआ (गलसूजा) माता का प्रकोप माना जाता है। इसकी शान्ति के लिए इनकी पूजा करके प्रसाद रूप में हलुआ अथवा मालपुआ चढ़ाया जाता है। पूजा के पश्चात् प्रसाद—जिसे सिरिनी कहा जाता है—बाँट देने पर इस रोग की शान्ति हो जाती है।

(१०) **पिलेग मइया**—हैजा की ही भाँति प्लेग की भी अधिष्ठातृ देवी की पूजा की जाती है जिसे 'पिलेग मइया' कहते हैं। पिलेग शब्द अंग्रेजी प्लेग का अपभ्रंश रूप है। इस देवी का कोई मंदिर नहीं पाया जाता। घर की कोई वृद्धा स्त्री इस 'मइया' की पूजा करती है। ऐसा समझा जाता है कि इससे रोग दूर हो जाता है।

हैजा के रोग का वहिर्निष्कासन—जिस गाँव में हैजा फैल जाता है वहाँ के लोग किसी 'ओझा' अथवा 'सोखा' की सहायता से उस रोग को अपने गाँव से निकाल कर दूसरे गाँव में खदेड़ देते हैं। क्रूक ने लिखा है कि इलाहाबाद जिले में

---

१. हरदौल के विषय में विशेष तथा विस्तृत वर्णन के लिए देखिये—
(क) कनिंघम—आर्क्योलाजिकल सर्वे रिपोर्ट भाग १७, पृ० १६२ तथा आगे।
(ख) वी० ए० स्मिथ—जनरल आफ दि एशियाटिक सोसाइटी आफ बंगाल, १८७५ ई०।

२. रिजले—ट्राइब्स एण्ड कास्ट्स आफ बंगाल, भाग १, पृ० १३२।

जादू-टोना और मंत्र-तंत्र के बल से लोगों ने 'कालरा' के प्रेत (डेमन) को किसी मिट्टी के बर्तन में बन्द करके अर्ध रात्रि को उसे जलूस में लेकर, गाँव की सीमा के बाहर, जमीन में उसे गाड़ दिया। इस प्रकार हैजा की बीमारी उस गाँव से दूर चली गई।[1]

कभी-कभी किसी बकरे को हैजे की प्रेतात्मा (स्पिरिट) का प्रतीक बनाया जाता है। उसकी विधिवत् पूजा की जाती है और उसे माला-फूल पहिनाकर जलूस में ले जाते हैं। गाँव की सीमा के बाहर उस बकरे को खदेड़ दिया जाता है। लोगों का यह विश्वास है कि इस विधि से हैजा की बीमारी एक गाँव से निकल कर दूसरे गाँव में संक्रमित हो जाती है।

कभी-कभी दूसरे गाँव वाले इसका प्रबल विरोध करते हैं और प्रायः आपसी झगडे अथवा दंगे भी हो जाया करते हैं। अतः अर्ध-रात्रि को चुपके से इस बकरे को दूसरे गाँव में खदेड़ दिया जाता है। इस प्रक्रिया को "रोग का वहिर्निष्कासन' (एक्सोर्सिज्म) कहा जाता है। यह परम्परा गाँवों में आज भी प्रचलित है और अनेक अन्तर-ग्रामीण झगड़ों का कारण भी बनती है।

———

१. क्रुक—पा० रि० भाग १

अध्याय १२

परिच्छेद १ : मृत आत्माओं सम्बन्धी विश्वास

प्रेतात्माओं के प्रकार—जिस व्यक्ति की मृत्यु हो जाती है उसे साधारणतया 'प्रेत' कहा जाता है। प्रेत आत्मा का सम्यक् प्रकार से अन्तिम संस्कार सम्पन्न किया जाता है, विधि पूर्वक श्राद्ध किया जाता है जिससे उसे सद्गति प्रदान हो सके। ऐसा व्यक्ति जिसकी मृत्यु किसी बीमारी के कारण सामान्य परिस्थितियों में होती है और जिसका अन्तिम संस्कार शास्त्रीय विधि-विधान से किया जाता है वह सद्गति को प्राप्त होता है। वह मृत्यु के उपरान्त पितरों की श्रेणी में गिना जाता है और पितृलोक का निवासी माना जाता है।

परन्तु जो व्यक्ति अपनी अल्पावस्था में अथवा किसी दुर्घटना के कारण अकाल मृत्यु को प्राप्त करता है और जिसका किसी कारण वश अन्तिम संस्कार नहीं हो पाता, वह निकृष्ट योनि को प्राप्त करता है। ऐसे व्यक्ति को भूत की संज्ञा दी जाती है। उदाहरणस्वरूप जो व्यक्ति परदेश में रेल या मोटर दुर्घटना में मर जाता है अथवा आत्म हत्या करके प्राण त्याग देता है या किसी अन्य व्यक्ति के द्वारा उसकी हत्या कर दी जाती है, इन अवस्थाओं में उस व्यक्ति की आत्मा (स्पिरिट) नीच योनि को प्राप्त करती है। वह भूत, प्रेत और पिशाच आदि योनियों में घूमता-फिरता रहता है।

(१) **भूत**—दुर्घटनावश अथवा आत्महत्या के कारण मृत्यु को प्राप्त व्यक्तियों की मृत आत्मा को सामान्यतया भूत की संज्ञा प्रदान की जाती है। यद्यपि भूतों के अनेक प्रकार होते हैं जैसे—भूत, प्रेत, पिशाच आदि परन्तु भूत शब्द से सामान्यतया उन सभी का बोध होता है। जैसा कि पहिले कहा गया है यदि किसी व्यक्ति की मृत्यु भयानक कृत्य, दुर्घटना, आत्महत्या अथवा फाँसी की सजा के कारण होती है तब उसकी मृत आत्मा भूत योनि को प्राप्त करती है। यदि इस व्यक्ति का सम्यक् प्रकार से अन्तिम संस्कार न किया गया हो तब यह दुष्ट आत्मा (evil spirit) और भी भयंकर हो जाती है। मृत आत्मा का जब तक विधिपूर्वक श्राद्ध नहीं किया जाता तब तक उसकी आत्मा यों ही इधर-उधर भटकती फिरती रहती है। इसीलिए हिन्दू जनता अपने पितरों का मासिक तथा वार्षिक श्राद्ध करती है।

पुत्रहीन व्यक्ति की मृत आत्मा 'गयाल' के नाम से जानी जाती है। यह

उस व्यक्ति की 'स्पिरिट' (आत्मा) है जो पुत्रहीन होकर मर गया तथा पुत्र के अभाव में जिसका अन्तिम संस्कार विधि-विधान पूर्वक नहीं किया जा सका। कुछ ऐसे मन्दिर भी पाये जाते हैं जिनमें इन भूतों की पूजा होती है। प्रायः ऐसा पाया जाता है कि जो व्यक्ति जिस दुर्घटना के कारण मृत्यु को प्राप्त हुआ है उसी घटना के नाम से उस मन्दिर का भी नामकरण होता है जैसे बाघ के द्वारा मृत्यु को प्राप्त व्यक्ति के मन्दिर को 'बघौत' कहा जाता है। इसी प्रकार बिजली गिरने से मृत व्यक्ति के मन्दिर को "बिजलिया वीर", ताड़ वृक्ष से गिरकर मरे हुए को 'ताड़ वीर' और सर्प-दंश से मृत को "नागिया वीर" कहा जाता है।

भूतों के लक्षण—भूतों में कुछ विशिष्ट लक्षण पाये जाते हैं जिनसे उन्हें आसानी से पहिचाना जा सकता है—

(१) भूत पृथ्वी पर कभी नहीं बैठते। पृथ्वी माता के रूप में पूजी जाती है। अतः किसी भी दुष्ट आत्मा को वह अपने पास नहीं फटकने देती। इस प्रकार भूतों के हृदय में भय उत्पन्न होने के कारण वे कभी भी पृथ्वी पर नहीं बैठते। इसलिए किसी नीच जाति के मन्दिर के समीप कुछ खूंटियाँ गाड़ दी जाती हैं अथवा कुछ ईंटें रख दी जाती हैं जिन पर भूत बैठ कर विश्राम कर सकें। कहीं-कहीं इस काम के लिए एक बाँस भी गाड़ दिया जाता है।

(२) भूतों की परछाईं नहीं होती। भूत जब चलते हैं तब पृथ्वी पर उनका प्रतिबिम्ब नहीं पड़ता क्योंकि उनकी छाया नहीं होती है। यह एक ऐसा लक्षण है जिससे भूतों को बड़ी आसानी से पहिचाना जा सकता है।

(३) भूत लोग धूप की सुगन्धि कदापि नहीं सहन कर सकते। वे बड़ी से बड़ी दुर्गन्धित वस्तु की गन्ध का सहन तो कर सकते हैं परन्तु धूप की सुगन्धि इनके लिए असहनीय होती है। धूप तथा कोई भी सुगन्धित द्रव्य भूतों को डराने वाला तथा भगाने वाला होता है। अतः वे ऐसी सुगन्धित वस्तु से सदा डरते रहते हैं।

(४) भूत सदा सानुनासिक उच्चारण करते हैं अर्थात् जब वे बोलते हैं तब उनके उच्चारण में नासिका का सहयोग सदा रहता है। सांय-सांय कर बोलना उनकी विशेषता होती है। इसीलिए इस भाषा को 'पिशाच भाषा' कहा जाता है। प्राचीन काल में भूतों की भाषा के ज्ञाता लोग पाये जाते थे जिन्हें 'भूत भाषाविद्" कहा जाता था।

(५) कुछ भूतों की गर्दन सुई के समान पतली होती है परन्तु वे बड़ी आसानी से कई सेर (लीटर) पानी पी सकते हैं।

(६) कुछ भूत ब्रह्म-राक्षसों की भाँति गेहुँआ रंग अथवा सफेद रंग के होते हैं तथा कुछ काले होते हैं जिनको देखने पर हृदय में अत्यन्त अधिक भय का संचार हो जाता है।

(७) सामान्यतया भूत ताड़ वृक्ष के समान लम्बे, पतले और काले होते हैं। ये साधारण तौर से वृक्षों के ऊपर रहा करते हैं।

(८) मध्य रात्रि में ये भूत खेतों में घूमते पाये जाते हैं और राह में चलने वाले पथिकों को डरवाते हैं। ये स्वच्छ स्थानों की अपेक्षा गन्दे स्थानों में रहना अधिक पसन्द करते हैं। अतः जो व्यक्ति इनकी पूजा करना चाहता है वह किसी गन्दे स्थान में जाकर अर्धपक्व भोजन इन्हें अर्पित करता है।

(९) भूत सदा नंगे तथा नंग-धड़ंग रहते हैं। ये स्त्रियों के कामी होते हैं और अवसर मिलने पर ये इन्हें चुरा या भगा ले जाने का प्रयास करते हैं।

(१०) भूत भात खाना पसन्द करते हैं। मनुष्य के द्वारा प्रयुज्य भोज्य पदार्थ इन्हें प्रिय हैं परन्तु इनका प्रिय तथा अभीष्ट भोजन मछली है। ये मन्दिरों के भीतर कभी नहीं जाते। परन्तु उसके आस-पास घूमते रहते हैं। यदि कोई भक्त देवता को मिष्ठान्न या पक्वान्न चढ़ाता है तब ये उसे पाने का यथाशक्ति प्रयास करते हैं।

इन उपर्युक्त दस लक्षणों के द्वारा भूतों को बड़ी सरलता से पहिचाना जा सकता है। जिन लोगों ने भूतों से साक्षात्कार किया है वे भी अपने अनुभव के आधार पर उपर्युक्त लक्षणों की पुष्टि करते हैं।

भूतों के प्रकार अथवा भेद—भूत एक ऐसा सामान्य शब्द है जिसका प्रयोग मृत दुष्ट आत्माओं (evil spirits) के लिए किया जाता है। ये दुष्ट आत्मायें अनेक प्रकार की होती है जैसे राक्षस, ब्रह्मराक्षस, बैताल, भोकस, प्रेत और चुड़ैल आदि। इन्हीं सब प्रेत-योनियों का वर्णन यहाँ संक्षेप में प्रस्तुत किया जाता है।

(१) **बैताल**—यह भूतों का नेता माना जाता है। "बैताल पचीसी" नामक ग्रन्थ में बैतालों के सम्बन्ध में अनेक कहानियाँ संग्रहीत हैं। यह साधारणतया किसी को कष्ट प्रदान नहीं करता। यह उस घुमक्कड़ भूत के समान है जो अपनी इच्छा से घूमता रहता है और मानव शरीर में प्रवेश कर जाता है। सोमदेव द्वारा रचित 'कथा सरित सागर' में एक कथा मिलती है जिसके अनुसार कोई नायक मध्य रात्रि में श्मशान में जाकर किसी बैताल का आवाहन करके उसकी पूजा करता है और मनुष्य का मांस उसे अर्पित करता है। प्रायः बैताल किसी जीवित व्यक्ति की आत्मा के रूप में प्रकट होता है जो पृथ्वी पर अपने निवास स्थान से असन्तुष्ट रहता है। यह अपने शरीर का परित्याग कर किसी मृत व्यक्ति के शव में प्रवेश कर जाता है। वसु, यक्ष और गन्धर्वों के समान तांत्रिक पूजा में इसे भी स्थान प्राप्त हो गया है।[1]

भूतों के निवास स्थान—भूत लोग एकान्त, निर्जन, उजाड़ और प्रायः गंदे स्थानों में निवास करते हैं। लोगों का विश्वास है कि चुड़ैल बँसवारि-बाँसों के झुण्ड में रहा करती है। वहीं से आकर वह नवयुवकों पर "आक्रमण" करती है और उन्हें अपने माया जाल में फँसा लेती है। परियों का निवास स्थान इन्द्रलोक है

१. विलसन—एसेज, भाग १, पृ० २६।

जहाँ वे अप्सरा के रूप में इन्द्र की सभा में विराजमान रहती है। 'बूड़ा' नामक भूत जल में निवास करता है और बच्चे जब किसी जलाशय या नदी में स्नान के लिए जाते हैं तब उन्हें पकड़ कर अपना शिकार बना लेता है। जिन्न नामक मुसलमानों का भूत कब्रगाह—मुर्दा-स्थली—जैसे गन्दे स्थान में रहता है और जो लोग उस स्थान को अपवित्र करने के लिए जाते हैं उन्हें पकड़ लेता है। अछेरी पहाड़ों की चोटियों पर रहती है और अर्धरात्रि में अपने शिकार की खोज में पहाड़ से नीचे उतरती है।

बियाबान जंगलों, मैदानों और रेगिस्तान में भी भूतों का निवास पाया जाता है। भूतपूर्व सरगुजा रियासत के जंगलों में भूतों के आवास की कल्पना की जाती थी। यदि कोई व्यक्ति इन जगलों में चला जाता था तो भूतों के कारण वह पेचिश, दस्त तथा कै (वमन) की बीमारी से ग्रसित हो जाता था। मैदानों में भी भूतों के रहने की कल्पना की जाती है। लोगों की यह धारणा है कि भूत मैदानों में नंग धड़ङ्ग घूमते रहते हैं और रात्रि में यदि कोई राही उस राह से निकल कर जाता है तो पकड़ कर कष्ट देते हैं। प्राचीन ध्वंसावशेषों में भी भूतों के निवास की बात कही जाती है। इस प्रकार सभी निर्जन स्थानों में भूतों का आवास पाया जाता है।

(२) **प्रेत**—प्रेत का शाब्दिक अर्थ मृत अथवा चला गया, या बिछुड़ा हुआ है। किसी व्यक्ति की मृत्यु के पश्चात् तथा श्राद्ध कर्म (तेरही) समाप्त होने के पूर्व, इन बीच के दिनों में मृत व्यक्ति की आत्मा प्रेत के रूप में घूमती रहती है। वह अशान्त तथा अप्रसन्न अवस्था में विचरण करती है तथा भटकती फिरती है। शास्त्र के अनुसार "दशाह" तक—दस पिण्डों को अर्पित करने के पहिले—मृत व्यक्ति प्रेत बना रहता है। सपिण्डीकरण के पश्चात् ही वह पितरों के स्थान को प्राप्त करता है। कभी-कभी प्रेत शब्द का व्यवहार उस बच्चे की आत्मा (स्पिरिट) के लिए भी किया जाता है जो गर्भावस्था में विद्यमान होते समय उचित विधि-विधानों से वंचित होकर मर जाता है। जंगली जातियों में यह विश्वास प्रचलित है कि जब तक बच्चा अन्न का भोजन न करने लगे तब तक दुष्ट आत्माओं से उसकी रक्षा करना व्यर्थ है क्योंकि उस समय वह 'भूत' माना जाता है। इसीलिए दो वर्ष की आयु वाले बालक की मृत्यु पर उसको जलाने की अपेक्षा पृथ्वी में गाड़ देने की प्रथा है तथा उसे तिलांजलि भी नहीं दी जाती।

प्रेत को यदि दुःख दिया जाय अथवा किसी प्रकार की क्षति पहुँचायी जाय तभी वह किसी व्यक्ति को कष्ट देता है। परन्तु यदि उसे छेड़ा न जाय तो वह पितरों की भाँति सुखदायी आचरण करता है। बिहार के गया नामक नगर में 'प्रेत शिला' नामक स्थान पर प्रेतों की पूजा की जाती है। पटना के आस-पास 'प्रेतिया' नामक ब्राह्मण निवास करते हैं जो किसी सन्त की प्रेतात्मा की पूजा किया करते हैं।[1]

१. बुकानन—ईस्टर्न इण्डिया, भाग १, पृ० ६५,१६६।

(३) **पिशाच**—पिशाच शब्द का अर्थ "मांस-भक्षी" होता है। अतः इस प्रेतात्मा को मानव के मांस का भक्षण अत्यन्त प्रिय है। पिशाच वह दुष्ट आत्मा (evil spirit) है जो मिथ्या भाषी, व्यभिचारी, अथवा अपराध कर्मी के दुष्कर्मों से उत्पन्न होता है। परन्तु पिशाच के कार्यों तथा गुणों का ठीक-ठीक पता नहीं चलता। ऐसा विश्वास किया जाता है कि उसमें बीमारियों को उत्पन्न करने की शक्ति निहित रहती है। 'कथा सरितसागर' में पिशाच से मुक्ति का निम्नांकित प्रकार बतलाया गया है।

"रात्रि के अन्तिम प्रहर में उठकर नंगे तथा बिखरे हुए बालों सहित, बिना मुँह धोये ही, अपने दोनों हाथों की मुट्ठियों में चावल लेकर चौराहे पर जाना चाहिए। वहाँ दोनों मुट्ठी चावल को रखकर बिना पीछे की ओर देखे ही, चुपचाप लौट आना चाहिए। यह कार्य तब तक करना चाहिए जब तक पिशाच प्रकट होकर यह न कहे कि "मैं तुम्हारे दुःखों का अन्त कर दूँगा।"[१] इस प्रकार उसे प्रसन्न करके अपने दुःखों से छुटकारा पाना चाहिए। गोस्वामी तुलसीदास के जीवन से भी एक पिशाच की कथा जुड़ी हुई है।

(४) **राक्षस**—यह मनुष्यों का खून चूसने वाला तथा मांस-भक्षी भूतों की कोटि में माना जाता है। इसीलिए इसे 'क्रव्याद' भी कहा जाता है जिसका अर्थ मांस भक्षण करने वाला है। इस प्रकार राक्षस सड़े-गले मांस को खाने वाला वह भूत है जो मानव जाति का शत्रु होता है। लोक कथाओं में राक्षसों के विषय में विचित्र बातें पाई जाती हैं। हनुमान ने जब लंका में सीता को खोजने के लिए प्रवेश किया तब उन्होंने नाना रंग, विभिन्न आकृति तथा विभिन्न रूप वाले राक्षसों को देखा जिनमें कोई ताड़ के समान लम्बा तथा बौने के समान छोटा था। कोई एक आँख वाला था तो कोई एक कान वाला। इन सभी राक्षसों का राजा रावण था जो पूर्व जन्म में ब्राह्मण था परन्तु अपने दुष्कर्मों के कारण राक्षस के रूप में परिवर्तित हो गया था। इस रावण को दस सिर, बीस भुजायें और बीस ही आँखें और कान थे। इस प्रकार इसका रूप बड़ा ही भयंकर था। इसीलिए रावण को 'दससीस' (दशकंधर) और बीस भुजा वाला माना जाता है।

राक्षस के लक्षण—लोक कथायें राक्षसों के वृत्तान्त से भरी पड़ी हैं। राक्षस अपनी इच्छानुसार अपने रूप को बदल सकता है। इस प्रकार वह मेघदूत में कालिदास के द्वारा वर्णित बादल की भाँति कामरूप है। उसका निःश्वास गरजती हुई हवा के समान प्रचण्ड होता है। वह अपनी भुजाओं को ८० मील अर्थात् १२० किलोमीटर तक लम्बा फैला सकता है। वह मनुष्यों की गन्ध को दूर से ही सूँघने में समर्थ होता है। वह मनुष्यों को वायुमण्डल में मीलों उड़ाकर ले जाने की क्षमता रखता है। राक्षस का सिर यदि काट भी लिया जाय तो वह स्वतः उत्पन्न हो जाता

---

१. टानी—कथा सरितसागर भाग १ (अंग्रेजी अनुवाद), पृ० २५६।

है। इसीलिए रावण के द्वारा अपने सिरों को बार-बार काट कर भगवान् शिव के चरणों में चढ़ाने का उल्लेख मिलता है। अन्य भूतों की भाँति राक्षस भी प्रकाश को देखकर डरते हैं। इस प्रकार जहाँ प्रकाश रहता है वहाँ आने में ये भय खाते हैं।

लोगों का ऐसा विश्वास है कि राक्षस वृक्षों पर निवास करते हैं और जो कोई मनुष्य उनके निवास-स्थान में अतिक्रमण करता है वह पेचिश और वमन (कै-दस्त) रोग से ग्रसित हो जाता है। ये राक्षस रात्रि में यात्रियों को पथ-भ्रष्ट कर देते हैं और ये सतत भोजन की तलाश में रहते हैं। यदि कोई मनुष्य दीपक के प्रकाश में भोजन करता रहता है और अकस्मात किसी कारण वश दीपक बुझ जाता है तब ये राक्षस उस भोजन को अन्धकार में छीन कर खा जाते हैं।

राक्षस लोग देवताओं से सदा युद्ध करते पाये जाते हैं तथा इनके रुधिर का चिह्न अनेक रण-स्थलों में दिखाई पड़ता है। लोक साहित्य तथा लोक संस्कृति (फोकलोर) के क्षेत्र में अनेक राक्षस विस्तृत राज्यों के अधिकारी चित्रित किये गये हैं। इनके पास अनन्त धन होता है। इस धन को वे अपने प्रिय व्यक्ति को प्रदान कर देते हैं। इस प्रकार इनकी तुलना 'आयरलैण्ड' की परियों से की जा सकती है जो पर्वतों की गुफाओं में तथा समुद्र एवं तालाबों के नीचे निर्मित अपने प्रासादों में अनन्त धन राशि को छिपाये रहती हैं।

जनता का यह दृढ़ विश्वास है कि राक्षसों के नाखूनों में भयंकर विष होता है जिनके स्पर्श मात्र से मनुष्य बेहोश हो जाता है और उसकी मृत्यु भी हो सकती है। ये राक्षस कभी-कभी वृद्ध स्त्रियों का रूप धारण कर लेते हैं। इनके लम्बे बालों में जादू की शक्ति होती है। इनमें बड़ा द्वेष भरा रहता है। परन्तु ये इतने मूर्ख होते हैं कि अपने जादू के रहस्य को शीघ्र ही बतला देते हैं।

राक्षस मानव-मांस का भक्षण करने वाले होते हैं जिसका उल्लेख पहिले किया जा चुका है। महाभारत में बकासुर नामक राक्षस का उल्लेख मिलता है जो एक चक्रापुरी नगर में रहता था। वह प्रति दिन एक मनुष्य का मांस खाता था। अन्त में पाण्डव वीर भीम ने उसको मार डाला।

पाश्चात्य देशों की कथाओं में अनेक राक्षसों का वर्णन भवन तथा सेतु-निर्माता के रूप में पाया जाता है। भारत मे मध्यप्रदेश के रामटेक नामक स्थान में एक पुराना तथा विचित्र मन्दिर स्थित है जो विशाल पाषाण-शिलाओं से निर्मित है और जिसमें गारा और चूना का बिल्कुल भी प्रयोग नहीं किया गया है। स्थानीय लोगों की यह धारणा है कि यह 'हेमादपन्त' नामक राक्षस के द्वारा बनाया गया है। बुलन्दशहर जिले के शिकारपुर स्थान में जो बारह खम्भा स्थित है वह राक्षसों द्वारा निर्मित बतलाया जाता है। बिहार के राजगृह स्थान में जरासन्ध का अखाड़ा आज भी विद्यमान है जो उसके द्वारा बनाया बतलाया जाता है। इस प्रकार इस

देश में अनेक मन्दिर, प्रासाद, वापी और तलैया पायी जाती हैं जिनका निर्माण राक्षसों के द्वारा होना कहा जाता है।[१]

राक्षस मांसभक्षी होने के साथ ही बड़ा ही क्रूरकर्मा तथा दुष्ट होता है। इसलिए आज भी किसी अत्याचारी तथा कुकर्मी व्यक्ति की उपमा राक्षस से दी जाती है।

(५) **ब्रह्म राक्षस**—जब ब्राह्मण किसी दुर्घटना, अप्रत्याशित घटना अथवा आत्महत्या के कारण मृत्यु को प्राप्त होता है तब उसकी प्रेतात्मा ब्रह्म राक्षस के रूप में परिवर्तित हो जाती है। जिस प्रकार राक्षस क्रूर कर्मा होता है उसी प्रकार से ब्रह्म-राक्षस भी अत्यन्त क्रूर तथा हृदयहीन प्रेतात्मा माना जाता है। इसीलिए ब्रह्म-राक्षस से छेड़खानी करने की किसी की हिम्मत नहीं होती तथा सभी लोग उससे बहुत डरते हैं।

क्रुक ने लिखा है कि गौड़ वंश के राजपूत मनसाराम ब्राह्मण की प्रेतात्मा से सदा पीड़ित रहते हैं जिसने राजा तेज सिंह के अत्याचारों से दुःखी होकर आत्महत्या कर ली थी। यह ब्रह्म राक्षस बन कर सीतापुर (उ० प्र०) जिले के एक किले में रहता है। उक्त राजघराने में कोई भी शुभ तथा मांगलिक कार्य—जैसे विवाह आदि—तब तक सम्पन्न नहीं किया जाता है जब तक इस ब्रह्म राक्षस को पूजा-पाठ द्वारा प्रसन्न न कर लिया जाय। इसी प्रकार से एटा जिले में बिलसर के टीले पर निवास करने वाले राजा से क्रुद्ध होकर पूरनमल नामक एक ब्राह्मण ने विष खा लिया। उसका शरीर अफीम की भाँति नीला पड़ गया तथा यह भयंकर ब्रह्म राक्षस बन गया। इस ब्रह्म राक्षस के शापों से राजा की मृत्यु हो गई और उन्हें अन्यत्र चला जाना पड़ा। बिहार के भोजपुर जिले (शाहाबाद) में स्थित हरसू ब्रह्म की भी कुछ ऐसी ही कथा है। कहने का आशय यह है कि ब्रह्म राक्षस बड़ा ही भयंकर भूत होता है जिसके शापों से शत्रु का नाश हो जाता है।[२]

(६) **बीर**—यह संस्कृत के वीर शब्द का अपभ्रंश रूप है जिसका अर्थ बहादुर होता है। बीर गाँव का बड़ा ही दुष्ट तथा प्रतिशोध करने वाला भूत है। मिर्जापुर जिले में "खरबार वीर" का एक मन्दिर पाया जाता है। यदि बैंगा जाति के आदिवासी लोग इसकी सम्यक् विधि-विधान से पूजा नहीं करें तो निश्चय ही उनके ऊपर तथा उनके पशुओं पर आपत्ति का पहाड़ टूट पड़ता है। नागपुर में 'गेंडा बीर' के रूप में एक स्त्री की पूजा की जाती है जिसने पेड़ से गिर कर आत्म-हत्या कर ली थी। उत्तरप्रदेश के जौनपुर नगर में जहाँ किला स्थित है उसके पास ही 'केरार बीर' नामक वीर का निवास था जिसके पूजकों की संख्या अनेक हजार थी।

१. विस्तृत विवेचन के लिए देखिए क्रुक—पा० रि०, भाग १, पृ० २४६–२५२।
२. क्रुक—पा० रि० भाग १।

इसका महत्व इसी से जाना जा सकता है कि जब अंग्रेज इंजिनियरों ने इस किले को तोपों से उड़ा देना चाहा तब उनकी तोपें बेकार सिद्ध हो गयीं।

वाराणसी नगरी में अनेक वीरों के मन्दिर अथवा चौरा बने हुए हैं जहाँ उनकी पूजा बड़ी श्रद्धा से की जाती है। इन वीरों में लहुरा वीर, डोड़िया वीर आदि प्रसिद्ध हैं। वाराणसी में लहुरा वीर के नाम से एक मुहल्ला भी स्थित है जो बाजार होने के कारण बड़ा विख्यात है। ऐसा ज्ञात होता है कि यक्षों की जो पूजा प्राचीन भारत में प्रचलित थी और मथुरा-संग्रहालय में जिनकी मूर्तियाँ प्राप्त होती हैं उन्हीं का वर्तमान रूप वीर पूजा में आज भी प्रचलित है। इस प्रकार वीर पूजा की परम्परा अत्यन्त प्राचीन काल से चली आ रही है।[1]

(७) **दानव**—साधारण ग्रामीण भाषा में इसे 'दानो' कहा जाता है जो संस्कृत के दानव शब्द का अपभ्रंश रूप है। दानवों की संख्या सात बतलायी जाती है। इनका नेता वृत्र माना जाता है जिसने बादलों को अपने वश में करके अवर्षण करना प्रारम्भ कर दिया था। अतः इन्द्र ने अपने वज्र से इसका वध करके बादलों को मुक्त किया जिससे संसार में वर्षा होने लगी। आजकल वीर तथा अन्य भूतों से दानवों को पृथक् कर पहिचानना बड़ा कठिन कार्य है। रिजले ने लिखा है कि हजारी बाग में दानव की पूजा एक पाषाण खण्ड के रूप में प्रचलित है जिसके ऊपर सिन्दूर की पाँच रेखायें खचित रहती हैं।[2]

(८) **दैत्य**—यह बड़ा ही भयानक तथा अत्याचारी भूत माना जाता है। सामने तो इसकी आकृति मनुष्य के समान दिखाई पड़ती है परन्तु पीछे से यह बिल्कुल खोखला होता है। मिर्जापुर में यह दैत्य एक वृक्ष के ऊपर निवास करता है। मध्य रात्रि में यह दैत्य इस वृक्ष पर अग्नि ज्वाला के रूप में दिखलाई पड़ता है और कभी-कभी यह एक वृक्ष से उड़कर दूसरे वृक्ष के ऊपर चला जाता है।

मिर्जापुर में यह 'दैत्रा बीर' के नाम से भी प्रसिद्ध है और प्रायः 'अकता बीर' तथा 'लटोरा बीर' के साथ इसका संबंध जोड़ा जाता है। ये तीनों ही वृक्षों पर निवास करते हैं और रात्रि में बाहर निकलते हैं जहाँ ये अपने हाथों में मशाल लेकर नाचते हैं। पवित्र जल और कच्चे फलों को अर्पित कर इनकी पूजा की जाती है।[3] एक गाँव में दैत्य की "व्यवहार बाबा" के रूप में अर्चा का विधान पाया जाता है। लोगों का विश्वास है कि यह व्यापार करने वाले बनियों की रक्षा करता है। कर्नल टाड़ ने मध्य भारत (अब मध्य प्रदेश) में "दैत्य का हर" नामक

१. वीर-पूजा के प्रामाणिक वर्णन के लिए देखिए डा० वासुदेवशरण अग्रवाल—वीर ब्रह्म (सं० १९२० वि०) "जनपद" पत्रिका भाग १, पृ० ६४, अंक ३।
२. रिजले—ट्राइब्स एण्ड कास्ट्स आफ बेंगाल, भाग १, पृ० ३०३।
३. नार्थ इण्डियन नोट्स एण्ड क्वेरीज भाग ३, पृ० ५७, ८०, १३०।

पठार का उल्लेख किया है जहाँ 'भृगु पतन' (अपने प्राण देने के लिए ऊँचे स्थान से नीचे कूदना) की प्रथा प्रचलित थी।[1]

सामान्य जनता की यह भावना है कि दैत्य बड़ा नृशंस, कठोर, अत्याचारी तथा भयंकर जीव होता है जो मनुष्यों को बहुत परेशान करता है। उन्हें बड़ा कष्ट देता है तथा सदा पीड़ित करता रहता है।

(९) मसान—मसान शब्द संस्कृत के श्मशान का अपभ्रंश रूप है जिसका अर्थ शव के जलाने का स्थान होता है। मसान साधारणतया उन दुष्ट आत्माओं (evil spirit) को कहते हैं जो श्मशान में घूमा करते हैं। प्रायः मसान मृत बच्चों के भूत को कहते हैं। अधिकतर वह नीच मनुष्यों के भूत के रूप में विचरता रहता है। कुछ लोगों के कथनानुसार मसान पर्वतीय क्षेत्र के गाँवों में भालू तथा अन्य जंगली जानवरों के रूप में घूमता फिरता है। जनता की यह धारणा है कि मसान की आकृति काली और घृणास्पद होती है। इसका निर्माण अथवा उत्पत्ति चिता की भस्म से होती है। जो व्यक्ति श्मशान की ओर जाते हैं उन्हें यह खदेड़ता है। कुछ लोग इसके आक्रमण से मृत्यु को प्राप्त हो जाते हैं, कुछ पागल हो जाते हैं। जब कोई व्यक्ति मसान की आत्मा से ग्रसित हो जाता है तब घर के लोग किसी शुभ तथा मंगलकारी आत्मा का आवाहन करते हैं। यह ग्रसित आत्मा को पीड़ा पहुँचा कर अथवा दुःख पहुँचा कर मसान से इसको मुक्ति दिलाता है।

मसान प्रायः श्मशान भूमि में निवास करता है। कभी-कभी वह जंगलों में या अन्धकारपूर्ण स्थान में अनेक रूपों में दिखाई पड़ता है। वह कभी भैंस की और कभी बकरे की सी आवाज करता है। कभी यह मसान साधु का रूप धारण कर पथिकों के साथ चलता है और मनुष्य के समान बातें करता है। मसान से ग्रस्त बालक पेचिश के शिकार हो जाते हैं। चोर जब चोरी करने के लिए किसी के घर में प्रवेश करते हैं तब घर के सदस्यों के ऊपर श्मशान का राख छिड़क देते हैं जिससे वे बेहोश हो जाते हैं और चोर अपने काम में सफल हो जाता है।

(१०) अचेरी—पहाड़ों में अछेरा नामक एक भूत पाया जाता है। जो लड़कियाँ छोटी अवस्था में किसी विशेष घटना के कारण मृत्यु को प्राप्त हो जाती हैं उनकी आत्मा अचेरी या अछेरी नामक भूत बन जाती है। ये पहाड़ों की चोटियों पर निवास करती हैं और रात्रि में आनन्द मनाने के लिए नीचे आती हैं। पहाड़ों में जब छोटी बच्चियाँ बीमार पड़ जाती हैं तो ऐसा माना जाता है कि उन पर अछेरी की बुरी दृष्टि पड़ गई है। इस कारण अछेरी से बचने की बड़ी चेष्टा की जाती है।

(११) जिन्न—लोगों का ऐसा विश्वास है कि यदि किसी मुसलमान की

१. कर्नल टाड—ए० ए० रा० भाग २, पृ० ६८१।

मृत्यु किसी दुर्घटना अथवा आकस्मिक रूप में हो जाती है तब उसका भूत 'जिन्न' के नाम से प्रसिद्ध हो जाता है। यह प्रायः कब्रगाह में रहता है। यदि कोई व्यक्ति किसी कब्रगाह को नष्ट करता है अथवा उसे अपवित्र करने की चेष्टा करता है तब उसे जिन्न पकड़ लेता है और अनेक प्रकार से उसे परेशान करता है। उत्तर प्रदेश के पूर्व में स्थित बलिया जिले के सोनवर्सा नामक मेरे गाँव में एक ब्राह्मण के पुत्र को किसी जिन्न ने पकड़ लिया था। वह सन्ध्या समय किसी कब्रगाह में शौच कर्म कर रहा था। उसी समय जिन्न ने उसे आक्रान्त कर लिया। इस भूत ने उस ब्राह्मण बालक को बहुत दुःख दिया, बड़ा परेशान किया। अन्त में ओझा की झाड़ फूंक से तथा उस भूत की मांस, शराब तथा दारू आदि से पूजा करनी पड़ी तब कहीं जाकर उसने पिण्ड छोड़ा। इस प्रकार जिन्न बड़ा ही दुःखदायी तथा क्रूरकर्मा दुष्ट भूत है जो लोगों को बड़ा ही कष्ट देता है।

(१२) **बूड़ा**—यह जल में निवास करने वाला भूत है जिसे "वाटर स्पिरिट" कहा जा सकता है। यह प्रायः छोटे बच्चों पर आक्रमण करता है। जो बच्चे किसी नदी या तालाब में नहाते समय तैरना न जानने के कारण, डूब कर मर जाते हैं उनके विषय में लोगों का यह विश्वास है कि उसे 'बूड़ा' नामक जल के भूत ने पकड़ कर, डुबा कर मार डाला है। अतः गाँवों में लोग अपने छोटे बच्चों को किसी जलाशय में अकेले जाकर स्नान करने के लिए मना करते हैं। उनको भय लगता है कि कहीं 'बूड़ा' मेरे बच्चे को न पकड़ ले।

(१३) **परी**—प्राचीन भारतीय साहित्य में अप्सराओं का वर्णन पाया जाता है जो इन्द्र के दरबार में रहा करती थीं। इन अप्सराओं में उर्वशी, रम्भा और मेनका अत्यन्त प्रसिद्ध हैं। यद्यपि 'अप्सरा' का शाब्दिक अर्थ 'जल में विचरण करने वाली' होता है परन्तु ये दिव्य लोक में निवास करती हैं। वेदों, पुराणों तथा संस्कृत साहित्य में इन अप्सराओं का बड़ा ही रोचक वर्णन प्राप्त होता है। अप्सरायें अत्यन्त रूपवती, सुन्दर तथा आकर्षक स्त्रियों के रूप में वर्णित हैं जिनके अलौकिक तथा दिव्य सौन्दर्य के सामने धैर्यधना, बाल ब्रह्मचारी, ऋषि मुनियों की भी लँगोटी ढीली पड़ जाती थी। मेनका ने विश्वामित्र जैसे महर्षि को अपने रूप-जाल में कैसे फँसा लिया यह कहानी सर्व विदित है।

परियाँ इन्हीं प्राचीन अप्सराओं की आधुनिक संस्करण हैं। इनके निवास स्थान को 'परी स्तान' कहा जाता है। ये अत्यन्त सुन्दर होती हैं और नवयुवकों को अपने माया जाल में फँसा कर अपने प्रासाद में ले जाकर उनके साथ अपनी काम वासना की तृप्ति करती हैं। भूतों की भाँति ये दुःखदायी न होकर सुख तथा आनन्द प्रदान करती हैं।

(१४) **चुड़ैल**—चुड़ैल बड़ी ही भयानक होती हैं। क्रुक ने लिखा है कि चुड़ैल का संबंध भंगियों की 'चुहरा' जाति से है। नीच जातियों के भूत बड़े ही

क्रूर तथा भयंकर होते हैं।[1] अतः चुड़ैल भी एक भयानक भूत है। जिन स्त्रियों की मृत्यु सन्तान के गर्भ में स्थित होने अथवा सन्तान की उत्पत्ति के दिन हो जाती है वह 'चुड़ैल' के रूप में भूत बन जाती है। अतः चुड़ैल किसी स्त्री का वह भूत है जिसकी मृत्यु किसी दुर्घटनावश अकाल में ही हो गई रहती है।

चुड़ैल के लक्षण—चुड़ैल अपने परिवार वालों के लिए बड़ी खतरनाक तथा भयंकर सिद्ध होती है। उसे पहिचानना बड़ा सरल है। उसकी आकृति आगे से अतीव सुन्दर और पीछे से काली होती है। उसके पाँव आगे होने की अपेक्षा पीछे की ओर होते हैं अर्थात् उसकी एड़ी आगे की ओर होती है और अँगूठा तथा अन्य अँगुलियाँ पीछे की ओर दिखाई पड़ती हैं। महाराष्ट्र के कोंकण प्रदेश मे प्राप्त गिर नामक जल के भूत (वाटर स्पिरिट) के भी पांव चुड़ैल की भी भाँति उल्टे होते हैं।

चुड़ैल अत्यन्त सुन्दरी रमणी का रूप धारण कर रात्रि में खूबसूरत युवकों से अनैतिक संबंध स्थापित करती है। वह इन नवयुवकों को उठाकर अपने सुन्दर निवास स्थान में ले जाती है। उन्हें सुन्दर तथा सुस्वादु भोजन कराती है एवं उनके साथ अपनी काम-वासना को तृप्त करती है। अन्त में वह उन्हें बूढ़ा और निर्बल बनाकर मर्त्य लोक में भेज देती है। चुड़ैल के द्वारा नवयुवक के साथ मैथुन संबंध स्थापित करना; पूर्व जन्म में, चुड़ैल होने के पूर्व, उसकी अतृप्त काम-वासना की ओर संकेत करता है। इङ्गलैंड तथा आयरलैंड में भी परियों के विषय में यह मान्यता प्रचलित है कि वे नवयुवकों को उठाकर 'परीस्तान' में ले जाती हैं जहाँ वे उन्हें बुढ़ापा आ जाने तक छिपा कर रक्खे रहती हैं। इस प्रकार वे भारतीय चुड़ैल की प्रतिनिधि रूप हैं।

चुड़ैलों के संबंध में अनेक लोकविश्वास प्रचलित हैं। मिर्जापुर के कोरवा जाति के लोगों की यह धारणा है कि जो स्त्री सौर-गृह में मृत्यु को प्राप्त होती है वह चुड़ैल बन जाती है। मझवार लोगों की मान्यता है कि जिस स्त्री का निधन गर्भावस्था में अथवा मासिक धर्म के दिनों में हो जाता है वह चुड़ैल के रूप में भूत बन जाती है। वह एक सुन्दर लड़की के रूप में सफेद कपड़ों को पहिन कर आती है और युवकों को चुराकर पहाड़ पर लेकर चली जाती है। बैगा जाति के लोग जब इसे (चुड़ैल को) बकरे की बलि चढ़ाते हैं तभी वह नवयुवकों को अपने पाश से मुक्त करती है। जो कोई व्यक्ति चुड़ैल को देखता है वह रोग से ग्रसित हो जाता है और यदि उसके साथ वार्तालाप करता है तब उसकी मृत्यु निश्चित है।

चुड़ैलों के भगाने की विधि—कोई स्त्री मृत्यु के पश्चात् चुड़ैल न बनने पावे इसके लिए आदिवासियों में अनेक उपाय किये जाते हैं। मिर्जापुर ने मझवार लोग

---

1. क्रूक—पा० रि० भाग १, पृ० २७०-७१।

गर्भावस्था में मृत स्त्रियों के शरीर को जलाने की अपेक्षा जमीन में गाड़ देते हैं। उसकी कब्र को काटों से भर देते हैं और उस पर भारी पत्थर रख देते हैं जिससे उसकी आत्मा कहीं निकलने न पावे। पर्वतीय प्रदेश में यदि किसी गर्भवती स्त्री का निधन हो जाता है तब उसके शव को 'पंचगव्य' से स्नान कराकर उसकी छाती पर आग रख दी जाती है। इसके पश्चात् उस शव को या तो जमीन में गाड़ देते हैं अथवा किसी नदी की प्रबल धारा में प्रवाहित कर देते हैं।

परिच्छेद २ : पितरों की पूजा तथा विश्वास

भारत में पितरों—अर्थात् भूत काल में मृत व्यक्तियों—को जितना आदर तथा सम्मान दिया जाता है उतना संसार में संभवतः कहीं भी नहीं होता है। आश्विन मास के कृष्ण पक्ष का नाम ही "पितृ पक्ष" पड़ गया है क्योंकि इन पन्द्रह दिनों में पितरों-पूर्वजों की पूजा की जाती है। आश्विन का मास प्रारम्भ होते ही पितृ विहीन प्रत्येक हिन्दू का यह कर्त्तव्य होता है कि वह पितरों को जलांजलि प्रदान करे। अतः वह प्रातःकाल किसी नदी में स्नान करके अपने हाथ में तिल, अक्षत और कुशा लेकर विशिष्ट मंत्रों का उच्चारण करते हुए पितरों को अर्घ प्रदान करता है। तिल के साथ होने के कारण इस जलांजलि को तिलांजलि भी कहा जाता है। यह क्रम लगातार पन्द्रह दिनों तक चलता रहता है।

इस अवधि में उसे कुछ नियमों का भी बड़ी कट्टरता से पालन करना पड़ता है जैसे ब्रह्मचर्य व्रत रखना, बालों का नहीं कटवाना, शरीर में तैल मर्दन नहीं करना, नेनुआ की तरकारी नहीं खाना आदि। ठीक पन्द्रहवें दिन अमावस्या को—जिसे 'महालया' भी कहा जाता है—पितरों को पिण्डदान दिया जाता है। लोगों का ऐसा विश्वास है कि इस पिण्डदान से पितरों की तृप्ति होती है और जलांजलि देने से उन्हें जल पीने के लिए मिलता है।

इसी जलांजलि को प्राप्त करने के लिए लोग पुत्र-प्राप्ति की कामना करते हैं। कालिदास ने लिखा है कि वृद्धावस्था प्राप्त हो जाने पर राजा दिलीप को जब कोई पुत्र उत्पन्न नहीं हुआ तब उन्हें सबसे बड़ी यह चिन्ता सताने लगी कि उन्हें मरने पर जलांजलि कौन देगा ? अपने गुरु वशिष्ठ के आश्रम में जाकर अपने दुःखों का उन्होंने बड़े ही करुण शब्दों में वर्णन किया है।[1] पुत्र शब्द का अर्थ ही होता है पंम नामक नरक से बचाने अर्थात् रक्षा करने वाला। पुत्र इसी जलांजलि को देकर अपने पितरों की रक्षा करता है।

पुत्र 'पितृपक्ष' में इसी तिलांजलि को देकर अपने पितरों को सन्तोष ही

1. कालिदास—रघुवंश, सर्ग २।

प्रदान नहीं करता बल्कि नरक से उनका उद्धार भी करता है। महालया के दिन पिण्डदान के पश्चात् ब्राह्मणों को भोजन भी कराया जाता है तथा उन्हें दक्षिणा भी दी जाती है। मृतात्मा को जैसा भी भोजन-नमकीन अथवा मधुर-पसन्द हो वैसा ही भोजन ब्राह्मणों को कराने का विधान है।

प्रत्येक वर्ष पितृपक्ष में पिण्डदान करने के अतिरिक्त गया में पितरों को पिण्डदान करने का विशेष महत्त्व माना जाता है। अतः पितृपक्ष में समस्त भारत से लोग यहाँ जाकर पितरों को पिण्डदान कर अपने को कृतार्थ मानते हैं। जिस व्यक्ति के माता और पिता दोनों का निधन हो गया रहता है वे लोग पिण्डदान कर उद्यापन करके माता-पिता को वहीं प्रतिष्ठापित कर देते हैं। ऐसा कर देने पर उन्हें अपने शेष जीवन में पितरों को पिण्डदान करने की आवश्यकता नहीं पड़ती। इसीलिए प्रत्येक हिन्दू गया में अपने पितरों को प्रतिष्ठापित करना अपना धर्म समझता है।

पिता की भाँति माता का भी पिण्डदान करना आवश्यक कर्म है। वर्ष में जिस तिथि को माता का निधन हुआ रहता है उसी तिथि को पितृपक्ष के दिनों में उसे पिण्डदान दिया जाता है। परन्तु जिन लोगों को यह निधन तिथि ज्ञात नहीं होती वे सभी आश्विन कृष्ण नवमी को माता को पिण्डदान करते हैं। इसीलिए यह तिथि 'मातृ नवमी' के नाम से प्रसिद्ध है। महालया के समान इस दिन भी जलांजलि तथा पिण्डदान देकर ब्राह्मणों को भोज देने की प्रथा है। ब्राह्मण-भोज में ब्राह्मणों की संख्या कोई निश्चित नहीं है। अतः अपनी आर्थिक शक्ति के अनुसार लोग ब्राह्मणों को भोजन कराते हैं।

जिस प्रकार आजकल अमेरिका आदि देशों में माता और पिता—जो जीवित हैं—को आदर तथा सम्मान प्रदर्शित करने के लिए 'मदर्स डे' और 'फादर्स डे' मनाया जाता है, उसी प्रकार भारत के निवासी अपने जीवित माता-पिता की तो बात ही दूर रही, प्रत्युत मृत पितरों को भी उनकी स्मृति में जलांजलि तथा पिण्डदान प्रदान कर उनके प्रति अपने सम्मान की भावना को प्रदर्शित करते हैं। इस प्रकार ये उपनिषदों में वर्णित 'मातृदेवो भव' और 'पितृदेवो भव' की भावना को कार्य रूप में परिणत करते हैं।

सती बुर्ज—भारतीय इतिहास के प्राचीन तथा मध्य काल में सती की कुत्सित प्रथा प्रचलित थी। सती का अर्थ है अपने पति की मृत्यु पर उसकी चिता के साथ आग में जल कर भस्म हो जाना। यह दो प्रकार का होता था—(१) सहमरण तथा (२) अनुमरण। पति के शव के साथ ही जल मरने को सहमरण कहते थे। परन्तु पति यदि युद्ध क्षेत्र में मर गया, अथवा कहीं विदेश में उसकी मृत्यु हो गई तब उस दुःखद समाचार को पाने के पश्चात् उसकी स्त्री का आग में जल कर मर जाना 'अनुमरण' कहा जाता है। भारत में प्रचलित यह सती प्रथा उचित थी

या अनुचित इसके विषय में दो मत हो सकते हैं, परन्तु पति की मृत्यु के पश्चात् अपनी काञ्चन काया को अग्नि की प्रचण्ड लहरों में कूद कर अपने प्राणों को उत्सर्ग करने में जो अलौकिक वीरता थी, जो अदम्य साहस था, जो अलौकिक बलिदान की भावना थी उसकी मुक्त कण्ठ से प्रशंसा किये बिना कोई नहीं रह सकता।

राजपूत काल में सती होने की यह प्रथा अपनी पराकाष्ठा पर पहुँच गई थी। तत्कालीन राजाओं की अनेक पत्नियाँ हुआ करती थीं जिनकी संख्या दो-चार नहीं बल्कि सैकड़ों तक होती थी। मृत्यु के पश्चात् इन सैकड़ों रानियों के लिए आग में जल मरना आवश्यक होता था। एक शिलालेख में एक राजा के साथ उसकी एक सौ रानियों के अग्नि में प्रवेश कर मृत्यु का आलिंगन करने का उल्लेख पाया जाता है।

इन सतियों के इसी अलौकिक सतीत्व और आत्म-त्याग की भावना से प्रभावित होकर जनता ने उनकी समाधि के ऊपर जो छोटा सा मन्दिर अथवा कोई भवन बनवा दिया है इसी को 'सती बुर्ज' कहा जाता है। राजस्थान भारत की रणभूमि रहा है। सुप्रसिद्ध ऐतिहासिक कर्नल जेम्स टाड ने लिखा है कि राजस्थान की चप्पा-चप्पा भूमि 'थर्मापोली' के समान है। अतः इस क्षेत्र में सतियों के बुर्ज की अधिकता का होना स्वाभाविक ही है।

सती के इन मंदिरों में कहीं-कहीं कोई पाषाण-खण्ड उसकी स्मृति में स्थापित पाया जाता है। यदि पति रणक्षेत्र में युद्ध करते मारा गया है तो उसकी प्रतिमा घोड़े पर सवार स्थापित है। उसका अनुगमन करते हुए उसकी स्त्री दिखलाई गई है। उदयपुर में जहाँ पद्मिनी ने जौहर किया था वह स्थान आज भी बड़ा पवित्र माना जाता है। इसी प्रकार जयपुर और जोधपुर में सतियों के सैकड़ों बुर्ज (मंदिर) पाये जाते हैं।

मध्यप्रदेश के अकोला नगर में 'साखु बाई' सती के रूप में पूजी जाती है। कालान्तर में सतियों का इतना आदर सम्मान होने लगा कि वह 'सती माता' के नाम से पुकारी जाने लगी। आज सतियों की पूजा गाँव-गाँव में प्रचलित है जहाँ गाँव के बाहर, मैदान में, एक चबूतरे पर मिट्टी की गोल पिण्डी के रूप में इनकी प्रतिमा पूजी जाती है। विवाहित वर-वधू सर्वप्रथम इन सतियों का दर्शन करना अत्यन्त शुभ तथा मंगल दायक मानते हैं।

———

अध्याय १३

परिच्छेद १ : जादू, टोना और टोटका

लोक जीवन में जादू, जन्तर (यंत्र), मन्तर (मंत्र), टोना और टोटका का बड़ा महत्व है। जादू, टोना और टोटका की परम्परा बड़ी प्राचीन ज्ञात होती है। अथर्ववेद को इन विषयों का विश्वकोश ही समझना चाहिए। इस वेद में जादू करने की अनेक विधियों का साङ्गोपाङ्ग विवेचन किया गया है। इससे ज्ञात होता है यह विद्या कितनी प्राचीन है। अथर्ववेद में इसे यातु विद्या कहा गया है।

लोक जीवन के जादू का प्रयोग करने वाली स्त्री को डाइन कहते हैं। इनका आकार-प्रकार कैसा होता है, इनकी शक्ति कितनी अधिक होती है, किस प्रकार ये अपने जादू का प्रयोग करती हैं तथा इसका दुष्परिणाम क्या होता है इसका संक्षिप्त विवेचन यहाँ दिया जाता है। डाइन टोना के द्वारा अपना अभीष्ट कर्म सम्पादित करती है। यह उसका आवश्यक साधन है जिसके द्वारा यह अपने कुत्सित कर्म की सिद्धि करती है।

रोग की शान्ति के लिए, लोक विश्वास के आधार पर, शास्त्रीय औषधियों का परित्याग कर जो विधि-विधान किया जाता है, उसे टोटका कहा जाता है। कहीं-कहीं प्लेग, हैजा और चेचक आदि संक्रामक रोगों के वहिर्निष्कासन के लिए टोटका किया जाता है। लोगों का विश्वास है कि ऐसा करने से रोगों का अन्यत्र संक्रमण हो जाता है।

वेदों में यातुविद्या (जादू)

अथर्ववेद में यातु विद्या की अनन्त राशि विराजती है। जादू को ही वेदत्रयी में 'यातु विद्या' के नाम से जाना जाता है। ऋग्वेदीय ऋषि वशिष्ठ नाना प्रकार के यातुओं से अपना परिचय अभिव्यक्त करते हैं जिनमें से कुछ के नाम इस प्रकार हैं—उलूक यातु, शुशुलूक-यातु, श्वयातु, कोक यातु, सुपर्ण यातु और गृध्र यातु आदि। वे इन्द्र से प्रार्थना करते हैं कि हे इन्द्र ! आप पुरुष यातुधान (जादू करने वाले राक्षस) को मार डालिये और माया से मारने वाली स्त्री (डायन) को भी मार डालिए। यहाँ स्पष्ट ही आथर्वण क्रिया की ओर संकेत किया गया है। इस प्रकार ऋग्वेद में भी यातु विद्या उपलब्ध होती है। अतः वह कथमपि इससे अपरिचित नहीं माना जा सकता।

अथर्ववेद में जादू के प्रकार—सुप्रसिद्ध मानव विज्ञान शास्त्री सर जेम्स फ्रेज़र के अनुसार जादू दो प्रकार का होता है—(१) होमियो पैथिक जादू तथा (२) कण्टेजियस जादू। पहिला वह सादृश्य मूलक जादू है जो सादृश्य अर्थात् समानता के नियम पर आश्रित है। अर्थात् सदृश कारण, सदृश (समान) कार्य को उत्पन्न करता है अथवा कार्य अपने कारण के अनुरूप हो जाता है। उदाहरण के लिए, शत्रु को मारने के प्रसंग में किसी वृक्ष की एक शाखा काट दी जाती है। यहाँ वृक्ष शत्रु का प्रतिनिधि है और उसकी शाखा को तोड़ने या काटने का अर्थ होता है शत्रु के अंग को छिन्न-भिन्न कर देना। वशीकरण की प्रक्रिया में इस जादू का सुन्दर दृष्टान्त उपलब्ध होता है जिसे पुरुष के ऊपर वशीकरण हेतु प्रयोग किया जाता है अर्थात् जिसे अपने वश में लाना अभीष्ट होता है, वह स्त्री उस पुरुष की आटे की प्रतिकृति बनाती है और दहकती आग में गर्म किये गये लोहे के बाणों की नोंक से वह उसके माथे को छेदती है और इसके साथ ही अथर्ववेद के इस मन्त्र का पाठ करती है—

"असौ मे स्मरतादिति, प्रियो में स्मरतादिति।
देवाः प्रहिणुत स्मरमसौ मामनुशोचतु॥
उन्मादयत मरुत उदन्तरिक्ष मादय।
अग्न उन्मादया त्वमसौ मामनुशोचतु॥"

अ० वे० ६/१३०/२, ४।

दूसरे प्रकार के यातु को 'कण्टेजियस' मैजिक अर्थात् संसर्गाश्रित जादू कहा जाता है। यह जादू संसर्ग के नियमों पर आश्रित रहता है। एक पदार्थ यदि दूसरे पदार्थ के साथ संसर्ग रखता है तो वह उस संसर्ग से विच्छिन्न हो जाने पर भी उस पदार्थ से उसी प्रकार संसर्ग धारण करता रहेगा। इस प्रकार का भी जादू अथर्ववेद में उपलब्ध होता है। उदाहरण के लिए शत्रु मारण के उस प्रसंग को लिया जा सकता है जिसमें शत्रु के द्वारा मर्दित धूलि को आग में जलाया जाता है। उस धूलि पर शत्रु ने अपना पैर रखा था। परन्तु अब वह शत्रु दूर चला गया है। धूलि से अब उसका कोई संसर्ग या संबंध बना हुआ नहीं हैं। तथापि उसी धूलि को आग में जलाते हैं और मन में यही भावना करते हैं कि शत्रु आग में जल कर भस्म हो जायेगा। अथर्ववेद में जलाने की इस प्रक्रिया में प्रयुक्त होने वाला मंत्र यह है—

"आ दधामि ते पदं, समिद्धे जातवेदसि।
अग्निः शरीरं·········वागपि गच्छतु॥"

अ० वे० २/१२/८।

जादू में क्रिया पक्ष और शब्द पक्ष दोनों का समान महत्व होता है। जादू की क्रिया की जाती है और इसके साथ ही साथ कतिपय मंत्रों का उच्चारण भी किया जाता है। अथर्ववेद के ऋषि को अपनी क्रिया के ऊपर जितना विश्वास है

उतना ही विश्वास अपने मंत्रों के ऊपर भी है। मंत्रों की पुनरावृत्ति अथवा मंत्रों के शब्दों की कुछ परिवर्तन के साथ आवृत्ति भी जादू-टोना की सिद्धि में उपकारक मानी जाती है।

जादू और टोना (अभिचार)

वैदिक साहित्य में जादू को यातु विद्या और मंत्रों द्वारा जादू करने की क्रिया को अभिचार कहा गया है। जादू या अभिचार को दो भागों में विभक्त किया जा सकता है—(१) मंगल साधक (२) अमंगलकारी। प्रथम से साधक व्यक्ति अपने कल्याण की कामना करता है और दूसरे के द्वारा अपने शत्रुओं को परास्त करने तथा उन्हें ध्वस्त करने की भावना से प्रेरित रहता है। पवित्र अभिचार (अथर्व) में रोगों की चिकित्सा के लिए मंत्र मिलते हैं जिनका जप करके मनुष्य आरोग्य प्राप्त करता है। परन्तु अमांगलिक अभिचार (आंगिरस) में शत्रुओं के प्रति, विद्रोहियों के प्रति अभिशाप मंत्र प्राप्त होते हैं। इन दोनों ही प्रकार के अभिचार मंत्रों का संग्रह होने के कारण यह सम्पूर्ण वेद 'अथर्वांगिरस' के नाम से प्रसिद्ध है।

प्राचीन काल में जिन अभिचारों का प्रयोग होता था उनके तीन प्रधान भेद अथवा उद्देश्य होते थे—(१) मारण, (२) मोहन और (३) उच्चाटन। मंत्रों के जप से किसी शत्रु की मृत्यु अथवा हत्या करवा देने को मारण कहा जाता था। मंत्रों के बल से किसी व्यक्ति के मन को अपने वश में कर लेने को 'मोहन' कहते थे। इसकी दूसरी संज्ञा 'वशीकरण' थी। प्रेमी या प्रेमिका इन्हीं मंत्रों के द्वारा एक दूसरे को अपने वश में कर लिया करते थे। यदि किसी व्यक्ति का मन किसी अन्य व्यक्ति से लगा है तो मंत्रों के द्वारा उसके प्रति उचाट (उदासीनता) पैदा करने की प्रक्रिया को 'उच्चाटन' कहते थे।

प्राचीन काल में जादू और टोना प्रधानतया इन्हीं कार्यों के लिए किया जाता था। परन्तु आजकल जादू और टोना के क्षेत्र का विस्तार अत्यन्त अधिक हो गया है। आजकल छोटे-छोटे कामों के लिए भी जादू और टोना का प्रयोग होने लगा है। किसी व्यक्ति की दुधारू गाय के थन में टोना करके उसे दूध न देने वाली बना दिया जाता है। बच्चों को टोना करके उन्हें माता का दूध न पीने वाला बना देना आदि।

परन्तु अथर्ववेद में अनेक भयंकर कृत्यों के सम्पादन के लिए जादू और टोना का प्रयोग करने की प्रथा का पता चलता है। कोई प्रेमी उसको न चाहने वाली सुन्दरी स्त्री की मूर्ति बनाता है। अपने हाथ में वह सन की डोरी वाले धनुष को लेता है जिसके बाण का अग्र भाग तीक्ष्ण कंटक से बिंधा रहता है। इसी बाण से वह अपनी प्रेयसी के हृदय को बेधता है और इसके साथ ही अथर्ववेद (३/२५/१-५

के मंत्रों का उच्चारण भी करता है जिससे उसका मनोरथ पूर्ण हो जाय। कभी-कभी बड़े क्रूर, कर्कश, बर्बर तथा पाशविक अभिचारों का प्रयोग भी पाया जाता है जैसे किसी स्त्री को बन्ध्या बनाना अथवा किसी पुरुष को पौरुष से हीन कर उसे नपुंसक बना देना। दुःस्वप्नों को दूर करने के लिए कहीं भूतापसरण विधि दी गई है तो कहीं संग्राम में शत्रु की सेना को ध्वस्त करने के लिए तथा राजा को विजयी बनाने के लिए अनेक अभिचार मंत्र विहित हैं। ज्वर, श्वेत कुष्ठ, यक्ष्मा, विष आदि को दूर करने के लिए भी मंत्र पाये जाते हैं। इस प्रकार अथर्ववेद को अलौकिक शक्ति में दृढ़ विश्वास का, भूतप्रेत आदि अदृश्य जीवों में पूर्ण आस्था का, जादू और टोना का एक विराट्, विश्वसनीय तथा सर्वाङ्गीण विश्वकोष समझना चाहिए।

टोना

लोक जीवन में टोना का अत्यन्त अधिक महत्व है। आदिम जातियों का यह अटूट विश्वास है कि किसी रोग का कारण केवल टोना हुआ करता है। अतः उनके समाज में जब कोई बीमार पड़ता है तब उसकी डाक्टरी दवा न कराकर झाड़-फूंक से उस रोग को दूर करने का प्रयास किया जाता है।

टोना और उसकी शास्त्रीय पद्धति—अथर्ववेद टोना का मूल स्रोत माना जाता है। इस वेद में वर्णित प्रत्येक मंत्र में प्रभाव उत्पन्न करने के लिए तीन वस्तुओं का होना अत्यन्त आवश्यक है—

(१) **काल**—प्रत्येक तांत्रिक अनुष्ठान के लिए कोई निश्चित समय होता है जो ब्राह्म मुहूर्त्त, गोधूलि अथवा मध्य रात्रि हो सकता है। (२) **द्रव्य**—प्रत्येक अनुष्ठान के लिए यज्ञ की सामग्री जैसे धूप, दीप, पुष्प, मिष्ठान्न, बलिपशु (३) **शब्द**—अर्थात् अनुष्ठान का मंत्र जिसका शुद्ध उच्चारण करना अनिवार्य है।

किसी मंत्र के चार विभाग होते हैं—(१) प्रणव—देवता के आवाहन के लिए ओंकार का उच्चारण (२) बीज—अर्थात् देवता का नाम (३) मंत्र तथा (४) पल्लव—अर्थात् 'स्वाहा' का उच्चारण। अथर्ववेद में "अहं रुद्रेभिः वसुभिश्चरामि" इस मंत्र की विधि दी गई है। इसके द्वारा मारण, मोहन, उच्चाटन और वशीकरण आदि क्रियायें की जा सकती हैं। इस मंत्र के जप से ऋद्धि, सिद्धि, लाभ और रोग निवारण आदि अनेक प्रकार की मनोकामनाएँ पूर्ण की जाती हैं।

प्रधान मंत्र—कुछ मंत्र ऐसे हैं जिनसे समस्त कामनाओं की सिद्धि होती है। उनमें प्रधान मंत्र है—

"ओऽम् ऐं ह्रीं क्लीं चामुण्डाय बिच्चै।"

यह दुर्गा का मंत्र है। इस जप से दुर्गा जी प्रसन्न होती हैं और सकल कामनाओं की पूर्ति करती हैं।

अथर्ववेद में मारण और सम्मोहन का मंत्र—अथर्ववेद को जादू, टोना, टोटका और मंत्र-तंत्र का विश्वकोश समझना चाहिए। इसमें मारण, मोहन, उच्चाटन और वशीकरण के संबंध में अनेक मंत्र दिये गये हैं जिनके द्वारा कार्य की सिद्धि हो जाती है।[1] अग्नि पुराण में शत्रु को मारने की निम्नांकित विधि दी गई है—"उड़द के आटे से शत्रु की प्रतीक एक पुत्तलिका (पुतरी) बनाई जाती है जिसमें उसे गूँथते समय गिरगिट का रक्त डाल देते हैं। रात को बारह बजे अर्थात् मध्य रात्रि में सूर्य के आवाहन के मंत्र का जाप करके पुत्तलिका के सीना (छाती) पर पाँव का अगूंठा धरते ही शत्रु के हृदय की गति बन्द हो जाती है और वह मर जाता है।" इस विधान के द्वारा शत्रु का विनाश सरलता से किया जा सकता है।

डाकिनी—दुर्गा सप्तशती में डाकिनी का नाम इस प्रकार से आया है। 'डाकिनी शाकिनी घोरा, सिंहिनी च महाबला।" शोध के द्वारा ज्ञात होता है कि डाकिनी डाइन की ही भाँति एक विशेष प्रकार की स्त्री होती है जो अघोर पंथ के अनुयायियों के समान अभक्ष्य वस्तु का भोजन करती है और घृणित कर्म का आचरण करती है।

डाकिनों के विषय में यह प्रचलित है कि वह अक्सर दीपावली या होली की रात को सामूहिक अनुष्ठान करती है और जंगल में जाकर देवी के मंदिर में बलि देती है। मनुष्य की बलि चढ़ाने के लिए कोई दूसरा व्यक्ति नहीं मिलता तब वह अपने पुत्र अथवा पति को भी बलि देने से नहीं हिचकती।

डाकिनों को पहिचानना कोई कठिन कार्य नहीं है। इनकी आँखें अपेक्षाकृत लाल होती हैं। कुछ लोगों का कथन है कि इनकी आँखों में मनुष्य की आकृति कैमरे के समान उल्टी दिखाई पड़ती है। इनकी मृत्यु तब तक नहीं होती जब तक वह अपनी कला को दूसरे किसी को न दे दे। इसलिए प्रायः डाकिनी सास अपनी पुत्र-वधू को थाती समर्पित कर मर जाती है। परन्तु यदि कोई व्यक्ति उसका उत्तराधिकारी नहीं मिलता तो वह मंत्र से अभिमंत्रित कर एक रुपया को चौराहे पर फेंक देती है। इस रुपयें को जो भी व्यक्ति उठा कर ले जाता है वह डाकिनी की शक्तियों से समन्वित हो जाता है। इस प्रकार डाकिनी अपने 'गुण' को दूसरों को देकर ही मरती है।

डाकिनी का कुकर्म—डाकिनी प्रायः पाँच वर्ष के बालकों की मृत्यु अपने टोना के द्वारा करने में समर्थ होती है। ये जिस बालक को टोना करती हैं उसकी मृत्यु पेट के दर्द से होती है और बच्चा उस डाकिनी को बार-बार पुकारता रहता है। जब बच्चे के शव को ज़मीन के अन्दर गाड़ दिया जाता है तब ये ज़मीन खोद कर उस बच्चे को निकाल कर उसे अपने तंत्र-मंत्र के द्वारा पुनः जीवन प्रदान कर देती हैं। पुनः उस जीवित बच्चे को पेड़ से बाँध कर उसके पैर के तलवे में काजल लगाती हैं। इस काजल को अपनी आँखों में लगाने से उन्हें जमीन में गड़ा हुआ सारा धन दिखाई पड़ने लगता है।

---

१. अथर्ववेद—काण्ड ३, सूक्त २५, अनुवाक् ५।

डाकिनी के टोने का निवारण—बालक को जिस डाकिनी ने टोना किया हो उसे खोजकर, बुलाकर स्वागतपूर्वक भोजन कराकर थाली में कुल्ला कराना चाहिए। इस जूठन के पानी की दो चार-बूंदें बालक को पिला देने से उसके टोने का प्रभाव नहीं पड़ता।

मध्यप्रदेश तथा राजस्थान में डाकिनी की कथायें घर-घर में प्रचलित हैं। डाकिनी स्त्रियों का आचरण वामपंथी साधुओं के समान ही अशिष्ट तथा घृणित होता है और वे किसी के बालक को भी नरबलि[1] चढ़ाने में तनिक भी संकोच नहीं करतीं।

यंत्र और मंत्र—विभिन्न रोगों के नाश के लिए अनेक यंत्र और मंत्रों का प्रयोग किया जाता है। यंत्र बीजक या तावीज एक दूसरे के पर्यायवाची शब्द हैं। प्रत्येक यंत्र (जन्तर) में मंत्र की ही भाँति प्रभाव होता है। विभिन्न रोगों के निवारणार्थ विभिन्न बीजक या यंत्र बनाये जाते हैं। यंत्र लाभकारक तथा हानिकारक दोनों प्रकार के होते हैं। देवता के गुणानुसार सोना, चाँदी तथा ताँबे आदि के बने यंत्र-पात्र में इसे रखना चाहिये। निम्न ताबीज तिजारी, इकतरा आदि पित्त द्वारा उत्पन्न रोगों के निवारण के लिए प्रयुक्त किया जाता है। इस यंत्र या तावीज को रोगी के हाथ में उस समय बांधना चाहिए जब वह ज्वर से पीड़ित न हो। यंत्र बनाने वाले के लिए यह अनिवार्य है कि वह व्यक्ति स्नानादि से पवित्र होकर इस कार्य को करे। इस यंत्र को बाँधते समय अपने इष्ट देव से रोगी के आरोग्य-लाभ के लिए प्रार्थना करनी चाहिए।

निम्नांकित यंत्र द्वारा त्रितत्वों की समता की प्रार्थना की जाती है। यंत्र में स्थित तीन अंक त्रितत्वों के सूचक हैं।

ओऽम्

	३	३	३
ओऽम्	३	३	३
	३	३	३

ओऽम्

1. इसके विशेष विस्तृत विवरण के लिए देखिए श्री जनार्दन मुक्तिदूत—लोक जीवन में टोने और टोटके की मान्यता।
सम्मेलन पत्रिका (लो० सं० अ०) सं० २०१० वि०
प्रकाशक—हिन्दी साहित्य सम्मेलन, प्रयाग।

कार्य की सिद्धि हो जाने पर इस तावीज को किसी नदी या कूप में 'सिरा' देना चाहिए।

परिच्छेद २ : डाइन और काला जादू

जो भी व्यक्ति काला जादू (Black art) का प्रयोग करता है उसे डाइन कहा जा सकता है। परन्तु इस शब्द का प्रयोग केवल स्त्रियों के लिए ही रूढ़ हो गया है। अतः आजकल सर्व साधारण जनता के द्वारा डाइन शब्द का व्यवहार उस स्त्री के लिए किया जाता है जो अपने जादू के प्रभाव से किसी व्यक्ति को उत्पीड़ित करने का प्रयास करती है। डाइन की कला में विश्वास की परम्परा उन जातियों में अधिक प्रचलित है जो असभ्य, असंस्कृत तथा अशिक्षित हैं। इसीलिए कोल, भील, सन्थाल तथा थारू लोग इसमें अधिक विश्वास करते हैं। यह प्रथा उन आदिम वासियों में भी प्रचलित है जो खानाबदोश जीवन व्यतीत करते हैं। ऐसी जातियों में नट अथवा नेटुआ, कंजर, हाबुर और साँसिया आदि अधिक प्रसिद्ध हैं। इसीलिए यूरोप में जादू-टोना करना, भविष्य कथन, रोगों को वश कर लेना और प्रेम पैदा करने की कला रोमानी लोगों में सब से अधिक प्रचलित है जो घुमन्तू जीवन व्यतीत करते हैं।

किसी व्यक्ति के डाइन होने का विश्वास अनेक कारणों से उत्पन्न होता है। यदि कोई व्यक्ति अमंगल कारक भविष्य वाणी को सच्ची करता है, किसी भयंकर रोग को मंत्र-तंत्र के द्वारा शान्त कर देता है अथवा दुष्ट आत्माओं को अपने वश में कर लेता है, तब इस अलौकिक शक्ति-सम्पन्नता के कारण लोग उसे डाइन समझने लगते हैं। पुरुष भी जादू-टोना करने में सफल तथा विख्यात होते हैं परन्तु इस कला की अधिष्ठात्री देवता केवल स्त्रियाँ ही समझी जाती हैं।

डाइन की आकृति—डाइनों की एक विशेष आकृति और वेश-भूषा होती है जिनके द्वारा उन्हें पहिचानना कुछ कठिन नहीं होता। गाँवों में किसी स्त्री के रूप-रंग और परिधान को ही देख कर लोग पहिचान जाते हैं कि यह डाइन है। डाइनों की आकृति बड़ी घृणास्पद होती है। उनकी आँखों में जीवन की ज्योति का प्रकाश नहीं दिखाई पड़ता, और उन की नाक प्रायः चपटी होती है। उनकी दोनों भौंहें आपस में सटी रहती हैं। उनके कपोल लम्बे, होंठ आपस में खुले हुए तथा मोटे, दाँतों का समूह होठों में आगे निकला हुआ, लम्बी गर्दन, लम्बे तथा लटकते हुए स्तन, लम्बा तथा बड़ा भारी पेट, चौड़े तथा लम्बे पैर होते हैं। ऐसा ज्ञात होता है कि ब्रह्मा ने अपनी मानव-निर्माण की समस्त कला इस भयंकर काली-कलूटी तथा बदसूरत जीव को बनाने में खर्च कर दी है। डायन मनुष्य के मांस का भक्षण कर अपनी शक्ति को प्राप्त करती है। यह तन्त्र-मन्त्रों के द्वारा अपने काले जादू का प्रभाव दूसरे लोगों पर डालती है और उन्हें अपने वश में कर लेती है।

डाइन की असाधारण शक्ति

डाइनों की शक्ति अनन्त तथा अपरिमित मानी गई है। वे संसार में किसी भी वस्तु का पता लगा सकती हैं, आकाश को भी दो भागों में विभक्त कर सकती हैं। उन्हें नेत्र-ज्योति के अतिरिक्त दूसरी ज्योति भी प्राप्त होती है, मृत व्यक्ति को जीवन प्रदान कर सकती हैं और पानी में भी आग लगा सकती हैं। उनमें पत्थर को भी मोम के रूप में मुलायम कर देने की शक्ति होती है। दो प्रेमियों में अलगाव उत्पन्न कर देना और मनुष्यों को भेड़ा, बकरा तथा भालू बना देना उनके बायें हाथ का खेल है। वे ऋतुओं में परिवर्तन को भी अपने वश में कर सकती हैं। इसके अतिरिक्त आँधी, तूफान और अंधड़ भी उनके वश में रहते हैं। वे जब चाहें तभी अंधड़ और तूफान पैदा कर सकती हैं। जिस व्यक्ति से वे घृणा करती हैं उसके पीछे चलकर धूलि में अंकित उसके पद चिन्हों को नापती हैं जिससे वह व्यक्ति लँगड़ा हो जाता है।

ये अपने कार्यों का सम्पादन प्रायः कब्रिस्तान तथा श्मशान भूमि में किया करती हैं। इन्हें इन्हीं स्थानों पर आनन्द प्राप्त होता है। अनेक डाइन ज्वर के भूत को भी अपने वश कर लेती हैं। वह रोग से ग्रसित व्यक्ति के गले में एक सूत बाँध देती हैं और अपनी मन्त्र-शक्ति के द्वारा उसे बन्दर के रूप में परिवर्तित कर देती हैं। ये किसी बच्चे की हत्या करने की सामर्थ्य रखती हैं। कुछ डाइनें मनुष्यों के जिगर (लीवर) के खाने की अभ्यस्त होती हैं अतः वे सदा कब्रिस्तान में घूमा करती हैं।

डाइन की विद्या में दीक्षित करने की विधि

बंगाल में अगरिया जाति के लोगों में बूढ़ी स्त्रियाँ डाइन की विद्या में निपुण तथा पारंगत मानी जाती हैं। वे नयी लड़कियों को बुलाकर इस विद्या की शिक्षा उन्हें देती हैं। वे तब तक विद्या में पारंगत नहीं मानी जातीं जब तक उनके जादू और मन्त्र से कोई हरा-भरा वृक्ष सूख न जाय।

क्रुक ने लिखा है कि बम्बई (आधुनिक महाराष्ट्र राज्य) में यदि कोई गुरु डाइन विद्या की दीक्षा किसी को देना चाहता है तब इसके लिए कोई उत्तम अवसर की प्रतीक्षा करता है।[1] यह अवसर प्रसव के समय किसी स्त्री की मृत्यु होता है। जब उस व्यक्ति के शव को श्मशान घाट जलूस में ले जाया जाता है तब वह शिष्य (स्त्री या पुरुष) एक टीन के बाक्स में शव-वाहनों के पिछले पैरों की धूलि को अपने बाक्स में रखकर घर लौट आता है।

दूसरे दिन वह श्मशान भूमि को जाता है तथा वहाँ की राख को अपने टीन के बाक्स में रख लेता है। इसके पश्चात् किसी द्वितीया तिथि अथवा ग्रहण के दिन

---

१. क्रुक—पा० रि० भाग २ पृ० २६५-६६

वह मध्य रात्रि में श्मशान भूमि में बैठकर, धूप-दीप जलाकर, वह गुरु से प्राप्त मन्त्र का जप करता है। वह शिष्य मन्त्र के जपने से एक विशेष प्रेतात्मा (Hadal) को अपने वश में कर लेता है और इस प्रकार वह सिद्धि को प्राप्त करता है।

सिद्ध हो जाने पर उसे अनन्त शक्ति प्राप्त हो जाती है। डाइन अपनी अलौकिक शक्ति से दुधारू गाय के दूध को सुखा सकती है, दूध को रक्त में परिवर्तित कर सकती है। खलिहान से अन्न को चुरा लेना उसके लिए अत्यन्त आसान है। वह अपने शत्रु के शरीर या आँखों में काँटा चुभा सकती है। इस प्रकार वह अनन्त शक्ति सम्पन्न हो जाती है।

डाइनों के उपकरण

डाइनों के अनेक उपकरण होते हैं जिनके द्वारा वे अभीष्ट व्यक्ति पर अपना प्रभाव जमा लेती हैं। इन उपकरणों में, केश, नाखून, रक्त, वस्त्र तथा उस व्यक्ति के अन्य वस्तुओं की गणना की जाती है। आयरलैण्ड में कटे हुए नाखून जादू या टोना करने के लिए अत्यन्त उपयोगी माने जाते हैं। शेक्सपियर ने अपने नाटक 'कामेडी आफ एरर्स' में लिखा है कि कुछ भूत नाखून की 'कतरन, केश, रक्त अथवा पिन को जादू करने में प्रयुक्त करते हैं।[1]

"Some devils ask but the pairings of one's nail,
A rusb, a hair, a drop of blood, a pin;
A nut, a cherry stone,"

मनुष्य को अपने बालों को ऐसे स्थान में नहीं छोड़ देना चाहिए जहाँ चिड़ियायें उन्हें लेकर अपने नीड़ का निर्माण करें। ऐसा होने पर साल भर तक उस मनुष्य के सिर में दर्द बना रहता है। उच्छिष्ट भोजन के सम्बन्ध में भी यही बात कही जाती है। अतः मनुष्य को चाहिए कि अपना जूठा भोजन कौओं को खिला दें जिससे उसे दुष्ट आत्मा कोई प्राप्त न कर ले। इङ्गलैण्ड की मातायें अपने बच्चों के दुँधमुहें दाँतों को इसी कारण दूसरों को नहीं देती हैं।

भारत में सामान्यतया कटे हुए बालों तथा नाखूनों को फेंका नहीं जाता। मातायें मुण्डन के अवसर पर बालक के बालों को अपने आंचल में एकत्रित कर गंगा अथवा किसी अन्य पवित्र नदी या तालाब में प्रवाहित कर देती हैं।

मनुष्य की प्रतिकृति के द्वारा जादू-कर्म

अन्य उपकरण जिसके द्वारा डाइन अपने शिकार या शत्रु को क्षति पहुँचाती है वह उसी की प्रतिकृति हैं। यह प्रतिकृति आटा, मिट्टी अथवा मोम से बनायी

१. शेक्सपियर—कामेडी ऑफ एरर्स।

जाती है। इस प्रतिकृति में वह डाइन कीलें अथवा आलपिनों को चुभोती हैं। ऐसा माना जाता है कि इन कीलों को इस आटे की मूर्ति में चुभो देने से असली व्यक्ति को महान् कष्ट होता है और अन्त में वह मृत्यु को प्राप्त हो जाता है।

बंगाल में श्मशान में प्राप्त किसी बाँस को लेकर उससे तीर और धनुष बनाया जाता है और बनाते समय मंत्रों का उच्चारण किया जाता है। इसके पश्चात् मिट्टी के लोंदे से शत्रु की मानव की आकृति बनाकर उसे बाणों से छेदा या भेदा जाता है। इस प्रकार जिस मनुष्य की प्रतिमा का छेदन किया जाता है उसके हृदय में शीघ्र ही दर्द उत्पन्न हो जाता है। आक्सफोर्ड के 'पिट्रिभर म्युजियम' में ऐसी अनेक मानवों की प्रतिकृतियाँ उपलब्ध होती हैं जिनके शरीर में काँटा अथवा पिन चुभोया गया है। ये प्रतिकृतियाँ इस विश्वास का ज्वलन्त उदाहरण हैं।

अथर्ववेद में भी जादू करने की यह प्रक्रिया उपलब्ध होती है जिसका वर्णन पहिले किया जा चुका है।[1]

मूँठ मारना

डाइनों की अनन्त शक्ति का जो पहिले वर्णन किया गया है उसमें एक 'मूँठ मारना' भी है। 'मूँठ' का अर्थ 'मुष्टि' है। इस मुष्टि में चावल अथवा उड़द की दाल को भर कर डाइन अपने परिचित प्रेत अथवा मंत्रों के द्वारा अपने शत्रु के पास भेजती है। यह मूँठ शत्रु के हृदय पर जाकर आक्रमण करती है और इसका प्रभाव बिजली (एलेक्ट्रिक शाक) के धक्के के समान शीघ्र होता है। इस धक्के के लगने से वह ग्रसित व्यक्ति खून उगलने लगता है। यदि इसके प्रभाव को शीघ्र ही नष्ट नहीं किया जाता तो इससे उस व्यक्ति की मृत्यु भी हो सकती है। यह मूँठ लोहे के दहकते गोले की भाँति वायुमण्डल में चलती है और शत्रु को असीम क्षति पहुँचाती है। महाराष्ट्र के कोंकण प्रदेश में इस मूँठ का चलना बड़ा ही भयंकर माना जाता है। इस मूँठ से ग्रस्त व्यक्ति या तो शीघ्र ही बीमार हो जाता है, अथवा उसके मुँह से खून की उल्टी (वमन) होने लगती है। इस प्रकार डाइन की शक्तियों में 'मूँठ मारना' एक अमोघ अस्त्र है जिससे वह असीम क्षति पहुँचा सकती है।[2]

नोना चमारिन

डाइन की कला में पारंगत तथा अपने कुत्सित कर्म में कुशल नोना चमारिन की संक्षिप्त में चर्चा करना यहाँ कुछ अप्रासंगिक न होगा। उत्तर प्रदेश के पूर्वी जिलों में सुप्रसिद्ध डाइन नोना चमारिन का नाम अत्यन्त विख्यात है। इसकी कथा संक्षिप्त रूप में इस प्रकार है—

---

१. आचार्य बलदेव उपाध्याय—भारतीय साहित्य का अनुशीलन, पृ० ३४-३८। (शारदा संस्थान, वाराणसी १९८५ ई०)

२. इस विषय के विशेष वर्णन के लिए देखिए सम्मेलन पत्रिका—लोक संस्कृति विशेषांक (सं० २०१० वि०)

सुप्रसिद्ध वैद्यराट धन्वन्तरि सर्पराज तक्षक के दंश से पीड़ित राजा परीक्षित की औषधि करने जा रहे थे। उन्होंने अपने पुत्र से कहा कि तुम सर्प को भून कर इसके माँस को खाओ जिससे तुम्हें अलौकित शक्ति प्राप्त हो जाये। परन्तु उन्होंने मांस पका कर भी उसे नहीं खाया और कराही समेत मांस को नदी में प्रवाहित कर दिया। नोना नामक किसी चमारिन ने उस मांस को प्राप्त कर उसका भक्षण कर लिया जिसके कारण उसे धन्वन्तरि के समान अलौकिक शक्ति प्राप्त हो गई।

कुछ दिनों में वह कुशल डाइन के रूप में प्रसिद्ध हो गई। एक दिन लोगों ने उसे देखा कि वह अलक्षित होकर बिल्कुल नंगी हो गई और धान के बण्डलों को लेकर उन्हें आकाश में फेंक दिया जो यथास्थान जम गये। लोगों ने इस अलौकिक कर्म के साथ उसे देख लिया। अतः लज्जित होकर वह भाग गई। वह जिस रास्ते से गई वहाँ 'लोनी नामक' नदी बन गई जो आज भी स्थित है।[१]

इसमें सन्देह नहीं कि नोना चमारिन अपने समय की बहुत बड़ी तथा विख्यात डाइन थी। जायसी ने अपने पद्मावत में इसके नाम का उल्लेख किया है।[२] गाँवों में आज भी नोना चमारिन के संबंध में कथायें कही जाती हैं जिसमें इसका अलौकिक चमत्कार वर्णित है।

टोटका

किसी रोग की शान्ति के लिए अथवा किसी संक्रामक बीमारी के बहिर्निष्कासन के लिए जो अनेक प्रकार के विधि-विधान किये जाते हैं उन्हें 'टोटका' कहा जाता है। टोटका की क्रिया में तर्क बुद्धि का अभाव पाया जाता है और यह शुद्ध अन्ध विश्वास पर आश्रित होता है।

लोक औषधियों का आधार प्रायः टोटका हुआ करता है। उदाहरण के लिए अंजनहारी रोग को लिया जा सकता है। इसकी ग्रामीण दवा बहुत साधारण है। लोगों का ऐसा विश्वास है कि ताड़ वृक्ष को कानी अँगुली से सात बार 'बिराने' से अंजनहारी नष्ट हो जाती है। अथवा बेर वृक्ष की सात पत्तियों को किसी लकड़ी से छेद कर रख देना चाहिए। ज्यों-ज्यों बेर की पत्तियाँ सूखती जायेंगी त्यों-त्यों आँख की बिलौनी (अंजनहारी) भी सूखती जाती है। परन्तु यह दवा नहीं केवल टोटका मात्र है। इसी प्रकार सर्व साधारण जनता की यह धारणा है कि जूड़ी बुखार से पीड़ित व्यक्ति के गले अथवा हाथ में छिपकली की पूँछ को काटकर यदि बाँध दिया जाय तो वह व्यक्ति शीघ्र ही नीरोग हो जाता है। यही बात बाँस की पतली छड़ी (कोइनि) से पैर के दर्द (लंघन रोग) को दूर करने के विषय में भी कहा जा सकता

१. क्रुक—पा० रि० भाग २, पृ० २८५।
२. डॉ० वीणा द्विवेदी—प० सां० अ०

है। टोटका में कार्य और कारण में कोई संबंध प्रतीत नहीं होता। इसमें केवल विश्वास के आधार पर ही कार्य होता है। गाँवों में टोटका का इतना अधिक प्रचार है कि कोई भी घर इस बीमारी से बचा हुआ नहीं है। एक रोग को संक्रमित कर दूसरों को देने के लिए भी टोटका किया जाता है जिसका परिणाम कभी-कभी बड़ा ही भयंकर होता है।

परिच्छेद ३ : कुदृष्टि (नज़र लगना)

कुदृष्टि अथवा नज़र लगना की व्यापकता गाँवों में प्रधान रूप से पाई जाती है। बच्चा जितना ही छोटा होता है वह कुदृष्टि का शिकार उतनी ही जल्दी से हो सकता है। अतः मातायें अपने छोटे बच्चों को बुरी नजर से बचाने के लिए अनेक प्रकार का उपाय करती हैं। ग्रामीण क्षेत्रों में कुदृष्टि की व्यापकता अत्यधिक मानी जाती है। यदि कोई बच्चा अपनी माता का दूध नहीं पीता, यदि वह अधिक रोता या "छरियाता" है, यदि उसे नींद नहीं लगती, अथवा यदि उसे दस्त अधिक आता है तब ऐसा माना जाता है कि किसी डाइन ने अपनी बुरी नजर इस पर डाल दी है। यदि कोई मनुष्य बीमार पड़ जाता है, उसे ज्वर अथवा जूड़ी बुखार सताने लगता है तो यह समझाने लगता है कि यह कर्म किसी डाइन के कुकर्म का फल है। किम्बहुना सद्यःप्रसूत गाय अथवा भैंस यदि दूध देना उचित मात्रा से कम कर देती है या दूध देना बिल्कुल बन्द कर देती है—विसूख जाती है—तो लोगों की यह धारणा हो जाती है कि किसी डाइन ने नजर लगा दिया है। कहने का आशय यह है कि कुदृष्टि का रोग गाँवों में इतना व्यापक हो गया है कि बीमार पड़ने से लेकर साधारण घटना का कारण भी यही बुरी दृष्टि माने जाने लगी है।

कुदृष्टि की अवरोधक वस्तुयें

(१) **घृणास्पद नामकरण**—लोगों की यह दृढ़ धारणा है सुन्दर वस्तु पर नज़र बहुत जल्दी लगती है। इसी प्रकार से जिन बच्चों का नाम सुन्दर होता है उन्हें नज़र लगने का अधिक भय होता है। इसीलिए अपने छोटे बच्चों—विशेष कर उन 'मराछ' बच्चों का नाम जो पैदा होकर शीघ्र ही मर जाते हैं—का नाम घृणित तथा तुच्छ वस्तुओं के ऊपर रख देते हैं। उदाहरण के लिए कतवारू, घसीटन, चिरकुट, पतवारू, बसावन, आदि नाम लिए जा सकते हैं जो उन बच्चों के हैं जिनके संबंध में नज़र लगने की आशंका बनी रहती है।

(२) **काजल**—प्रायः सभी काली वस्तुएँ कुदृष्टि का प्रतिरोधक मानी जाती हैं। लोगों की यह दृढ़ धारणा है कि काली वस्तु के ऊपर कुदृष्टि का प्रभाव बिल्कुल नहीं पड़ता। इसीलिए मातायें अपने छोटे बच्चों की आँखों में काजल और ललाट पर (काजल का ही) काला टीका लगा देती हैं।

(३) **काला वस्त्र**—जैसा कि पहिले कहा गया है समस्त काली वस्तुयें कुदृष्टि को रोकने वाली मानी जाती हैं। काला रंग और काला वस्त्र इसी कोटि में आता है। मातायें अपने छोटे शिशुओं के हाथों और पैरों में काला 'फुदेना' बाँध देती हैं जो देखने में सुन्दर लगने के साथ ही उन्हें कुदृष्टि से बचाते हैं। इसी प्रकार वे उन्हें काले कपड़े की कछनी (कौपीन) भी पहिना देती हैं जिससे वे किसी डाइन की कृपा का पात्र न बन सकें।

(४) **रक्त**—रक्त भूतों को भगाने वाला पदार्थ समझा जाता है। द्रविड़ लोगों के कुछ आदिवासियों में बलि में मारे गये बैल के खून पीने की प्रथा थी। मलेर लोग भैंस के रक्त का प्रयोग प्रेत बाधा से पीड़ित व्यक्ति को नीरोग करने में करते हैं। यहूदी लोगों में अपने द्वार के स्तम्भों पर रक्त को छिड़कने की प्रथा विद्यमान है। जिससे उस घर पर किसी की बुरी दृष्टि न पड़ जाय।

(५) **नमक**—नमक में भी नज़र से बचाने की अलौकिक शक्ति विद्यमान है। जब किसी बच्चे को नज़र लग जाती है तो मातायें उस बच्चे के सिर के चारों ओर नमक का टुकड़ा घुमाकर उसे आग में डाल देती हैं। इस क्रिया को 'ओंइछना' कहा जाता है। कभी-कभी नमक के साथ 'राई' का भी प्रयोग इस क्रिया के साथ किया जाता है। हिन्दी के प्रसिद्ध कवि देव ने 'राई-नोन' के द्वारा बालक श्रीकृष्ण के 'ओंइछने' का उल्लेख किया है। गाँवों में यह विधि-विधान प्रायः रोज ही देखने में आता है।

(६) **बहुमूल्य रत्न**—बहुमूल्य रत्नों में भी बुरी नज़र से निवारण की शक्ति विद्यमान पाई जाती है। विभिन्न दुष्ट ग्रहों की कुदृष्टि से बचने के लिए विभिन्न रत्नों को धारण करने का विधान ज्योतिषी लोग प्रायः बतलाया करते हैं। हीरा, पन्ना, मोती, नीलम आदि रत्नों को धनी लोग धारण करते हैं जिससे दुष्ट ग्रहों—शनि और मंगल आदि—का दुष्ट प्रभाव उन पर न पड़ सके। साधारण वित्त के लोग अपने बच्चों के गले में 'राजावर्त' नामक नीले पत्थर को सोने अथवा चाँदी में मढ़वा कर पहिना देते हैं जिनसे वे कुदृष्टि से सुरक्षित रह सकें।

(७) **पाषाण खण्ड**—पत्थर के टुकड़ों में भी कुदृष्टि अवरोधक शक्ति पाई जाती है। विवाह के लिए जाने वाले अपने छोटे बच्चे के सिर के चारों ओर मातायें पत्थर के टुकड़े से बने हुए लोढ़े को घुमाती हैं जिसे 'परिछावन' कहा जाता है। इस परिछावन करने का अभिप्राय यही होता है कि बच्चे को उसकी ससुराल में अथवा मार्ग में किसी की बुरी नज़र न लग जाय। काठ के खण्ड से बने 'मूसल' में भी यही शक्ति अन्तर्निहित पाई जाती है।

(८) **अन्न**—अन्नों में भी भूत भगाने की शक्ति पाई जाती है। विशेष कर उड़द और जौ में यह शक्ति प्रचुर मात्रा में मिलती है। श्राद्ध के अवसर पर विभिन्न

दिशाओं में उड़द और जौ को पुरोहित अथवा वैदिक विखेरता है। इसका अभिप्राय यही होता है कि उन दिशाओं से बुरी आत्मायें इस श्राद्ध स्थल पर न आने पावें।

(९) मुँह को वस्त्रों से ढकना—कहीं-कहीं नज़र से बचाने के लिए बच्चों के मुँह को किसी वस्त्र से ढक देते हैं जिससे उसे कहीं नजर न लग जाय। गाँवों में यह भी प्रथा पाई जाती है। जन्म के छः मास तक बच्चों को घर से बाहर नहीं निकाला जाता अर्थात् उन्हें कहीं बाहर नहीं ले जाते। ऐसी आशंका बनी रहती है कि उन्हें कहीं नज़र न लग जाय। नव विवाहिता वधू जो घूँघट काढ़ कर चलती है उसका भी यही कारण है। अरब देशों के प्रधान राज्याधिकारी जो 'अमीर' कहलाते हैं— अपने सिर तथा शरीर को वस्त्रों से सदा आच्छादित रखते हैं उसका भी कारण संभवतः यही ज्ञात होता है।

(१०) दृष्टि दोष की पराकाष्ठा—वैष्णवों में रामानुजी सम्प्रदाय के अनुयायी खान-पान के संबंध में बड़े ही कट्टरपन्थी होते हैं। इन लोगों की यह दृढ़ धारणा है कि पका हुआ भोजन को यदि कोई दूसरा मनुष्य केवल देख ले तो वह उच्छिष्ट तथा दूषित हो जाता है। दूसरों के केवल दृष्टिपात से ही पके हुए भोजन का उच्छिष्ट (जूठा) हो जाना इस दूषित धारणा की पराकाष्ठा समझनी चाहिए। इसलिए जब पाकशाला में भोजन पक कर तैयार हो जाता है तब ये लोग किसी अन्य व्यक्ति को वहाँ जाने नहीं देते भौर एकान्त में बैठकर भोजन करते हैं।

प्रस्तुत लेखक को इस विषय का साक्षात् कटु अनुभव है। लेखक के एक संबंधी—जो रामानुजी वैष्णव हैं—के लड़के का विवाह था जिसमें लेखक भी आमंत्रित था। विवाह के पश्चात् जब मण्डप में भात का भोज होने लगा तब सभी बारातियों को अलग बैठा दिया गया। परन्तु वर के निकट संबंधी—पिता, भाई, चाचा आदि— उसी मण्डप में बैठे। चादर से उनके भोजन के स्थान को घेर दिया गया जिससे उनके भोजन को कोई देख न ले। इसका कारण पूछने पर पता चला कि ये पुराणपन्थी पण्डित दृष्टि दोष मानते हैं। यदि किसी व्यक्ति की दृष्टि उस पके भोजन पर पड़ जायेगी तो वह अपवित्र और उच्छिष्ट हो जायेगा। इसीलिए यह प्रबन्ध किया गया था। निश्चय ही यह धारणा अत्यन्त दूषित तथा हास्यास्पद है और 'नजर लग जाना" अथवा कुदृष्टि की प्रथा का मखौल उड़ाती है।

खण्ड : ५

ललित-कला

अध्याय १४

परिच्छेद १—लोक-संगीत

परिच्छेद २—लोक-नृत्य

अध्याय १५

परिच्छेद १—लोक-नाट्य

परिच्छेद २—लोक-कला

खण्ड : ५

अध्याय १४

परिच्छेद १ : लोक-सङ्गीत

लोक-संगीत उतना ही प्राचीन है जितना मानव का जीवन। जब से मानव ने सभ्यता के प्रांगण में अँगड़ाइयाँ लेनी शुरू कीं तभी से संगीत का भी श्रीगणेश हुआ होगा। सभ्य किम्बा असभ्य तथा अर्धसभ्य जातियों में भी संगीत के प्रति अभिरुचि दिखाई पड़ती है। सच तो यह कि सभ्यता की प्रारम्भिक अवस्था में वर्तमान, आदि-वासियों का जीवन, संगीत से ओत-प्रोत है। बिहार के छोटा नागपुर में निवास करने वाली आदिम जातियों के लिए नृत्य और संगीत उनके जीवन का अविच्छिन्न अंग ही बन गया है। यह उनकी दैनिक चर्या का अनिवार्य अंश है।

अतः संगीत असभ्य, अर्धसभ्य तथा सभ्य जातियों में समान रूप से पाया जाता है। जन साधारण के द्वारा व्यवहृत होने के कारण इसी को लोक-संगीत कहा जाता है जो लोक-संस्कृति का एक आवश्यक तत्व है। इसी लोक-संगीत की चर्चा समासरूप में यहाँ प्रस्तुत की जाती है।

(१) अनुच्छेद

(१) **संगीत शब्द का अर्थ**—संगीत शब्द 'सम्' उपसर्गक 'गै' धातु से 'क्त' प्रत्यय लगाने से निस्पन्न होता है जिसका अर्थ है—एक साथ गाया हुआ, अथवा सहगान। ऐसा ज्ञात होता है कि प्राचीनकाल में संगीत शब्द का प्रयोग सामूहिक गान के लिए किया जाता था जिसे आजकल अंग्रेजी में 'कोरस' कहते हैं। सामवेद में जो संगीत उपलब्ध होता है वह सामूहिक गान है जिसे यज्ञीय कर्म में भाग लेने वाले विभिन्न पात्र—जैसे होता और अध्वर्यु आदि—एक साथ मिलकर समवेत स्वर से गाया करते थे। इस समय भी संगीत का प्रयोग दो रूपों में किया जाता है—(१) सामूहिक अर्थात् ग्रूप में तथा (२) एकल अर्थात् सोलो।

सामूहिक गान उसे कहते हैं जिसे अनेक व्यक्ति मिलकर एक साथ गाते हैं जैसे होली के गीत। 'एकल' गीत वह है जो केवल एक ही व्यक्ति के द्वारा गाया जाता

है जैसे बिरहा। भारतीय शास्त्रीय संगीत में केवल सामवेदीय गान ही समवेत रूप से गाये जाते थे। अन्य गीत जैसे ध्रुपद, ठुमरी और ठप्पा केवल व्यक्ति विशेष के द्वारा ही एकलरूप में गेय हैं।

(२) **जीवन में संगीत का महत्त्व**—मानव जीवन में संगीत का अत्यधिक महत्त्व है। सच तो यह है कि मनुष्य संगीत के अभाव में जीवित नहीं रह सकता। मनुष्य के जीवन की कथा तो दूर रही, प्रकृति में भी सर्वत्र संगीत की ध्वनि सुनाई पड़ती है। कलकल तथा छलछल कर बहती हुई नदियों के प्रवाह में, नवीन पल्लवों के कम्पन में, जीर्ण-शीर्ण पत्तों के टूट-कर गिरने की पट-पट की आवाज़ में, हिमाच्छादित तुङ्ग पर्वतों के शिखरों की विशालता में, सस्य श्यामला पृथ्वी की हरीतिमा में तथा अनगढ़ पाषाण खण्डों में भी शाश्वत संगीत की ध्वनि अनवरत सुनाई पड़ती है। किम्बहुना चिड़ियों के चहचहाहट में, गायों के रंभाने में और अश्वों के हिनहिनाहट में भी संगीत की मधुर ध्वनि का आभास मिलता है। इसके अतिरिक्त मयूरों की मधुर केका में, कोयल की मीठी तान में, गौरैया की चीं-चीं में, और कौओं की काँव-काँव में भी एक अलौकिक संगीत का आनन्द प्राप्त होता है।

भारतीय लोगों का जीवन सदा से संगीतमय रहा है। आदि युग से, वेदों के काल से ही, इस देश में संगीत की परम्परा अक्षुण्ण रूप से चली आ रही है। हमारा कोई भी संस्कार तथा प्रथा ऐसी नहीं है जिस अवसर पर संगीत का प्रयोग न किया जाता हो। पुत्र जन्म के अवसर पर, मुण्डन और यज्ञोपवीत के समय, विवाह और गवना के मांगलिक कार्यों में सदा लोक-गीतों के गाने की प्रथा आज भी पायी जाती है। वाल्मीकि ने मर्यादा पुरुषोत्तम राम के जन्म के समय गीत और नृत्य का वर्णन किया है। कहने का आशय यह है कि हम भारतीयों का जीवन संगीत से ओत-प्रोत है। अधिक क्या, इस देश की आदिम जातियों का एकमात्र मनोरंजन का साधन उनका संगीत और नृत्य है जिसके बिना वे जीवित नहीं रह सकती है। इसीलिये भर्तृहरि ने ठीक ही कहा है कि संगीत से रहित व्यक्ति पशु के समान हैं।

"साहित्य-संगीत-कला विहीनः।
साक्षात् पशुः पुच्छ विषाण हीनः।।"

(३) **शास्त्रीय संगीत का जन्म**—भारत में शास्त्रीय संगीत का जन्म दैवी माना जाता है अर्थात् देवताओं के द्वारा इस संगीत को जन्म दिया गया। हमारे देवी और देवता भी संगीत के प्रेमी दिखाई पड़ते हैं। भारतीय त्रिमूर्ति के अनन्यतम देवता भगवान् शिव नृत्य में निपुण पाये जाते हैं। शिव का ताण्डव नृत्य प्रसिद्ध है जो बड़ा भीषण और भयंकर माना जाता है। इसके साथ ही इनकी अर्धाङ्गिनी पार्वती का लास्य नृत्य अपनी कोमलता और मधुरता में अद्वितीय है। भगवान् शंकर वाद्य संगीत के भी जन्मदाता माने जाते हैं। एक स्थान पर ऐसा वर्णन पाया जाता है कि अपने ताण्डव नृत्य के अन्त में शिव ने चौदह बार डमरू बजाया और उससे चौदह

सूत्रों की उत्पत्ति हुई जिनके आधार पर पाणिनि ने अपनी अष्टाध्यायी की रचना की। इस प्रकार भगवान् शंकर नृत्य तथा वाद्य संगीत के आदि आचार्य माने जाते हैं।

"नृत्यावसाने नटराजराजो,
ननाद ढक्कां नवपंचवारम्।
उद्धर्तुकामः सनकादिसिद्ध्यै,
एतत् विमर्शे शिवसूत्र जालम्॥"

वृन्दावन विहारी भगवान् श्रीकृष्ण की रास-लीला तथा उनका वंशी वादन तो प्रसिद्ध ही है जिसके अलौकिक तथा मधुर निनाद (स्वर) को सुनकर गोपियाँ अपनी सुध-बुध खो देती थीं। नारद की वीणा तो विश्वविख्यात है जिसे वे अपने साथ सदा रखा करते थे। विद्या की अधिष्ठातृ देवी सरस्वती को 'वीणा-वादिनी' कहा गया है। कुछ देवता मृदंग के प्रेमी बतलाये गये हैं। कहने का आशय यह है कि भारतीय शास्त्रीय संगीत का जन्म देवताओं के द्वारा किया गया। अतः इसकी उत्पत्ति को मानुषी न कहकर 'दैवी' कहना ही अधिक समीचीन है।

लोक-गीतों में प्रधानतया प्रयुक्त होने वाले ताल, राग, थाट और स्वर आदि

भोजपुरी लोक-गीत गायकों के भावों की अभिव्यञ्जना करते हैं। इन्हीं भावों के अनुसार उनके ताल और लय में यथावसर परिवर्तन होता रहता है। शास्त्रीय संगीत के कुछ रागों और तालों को इन लोक-गीतों में पाया जा सकता है। परन्तु इसका यह तात्पर्य कदापि नहीं है कि लोक-गीत, शास्त्रीय संगीत की उपज है। इसके ठीक विपरीत, शास्त्रीय संगीत ही अनेक अर्थों में लोक-संगीत का ऋणी है।

भोजपुरी प्रदेश में कजरी, चैता, विरहा, कहरवा, निर्गुन और झूमर आदि अनेक लोक-गीत प्रचलित हैं जिनमें शास्त्रीय संगीत के अनेक तत्त्वों की उपलब्धि होती है। भोजपुरी के समस्त लोक-गीतों को लोक-संगीत की दृष्टि से तीन भागों में विभक्त किया जा सकता है।

(१) प्रथम श्रेणी के वे गीत हैं जिसकी विषय-वस्तु पौराणिक अथवा धार्मिक है। इन गीतों में भक्ति का पुट पाया जाता है निर्गुन, पूर्वी, पराती और देवी संबंधी ऐसे ही गीत हैं। इन गीतों में प्रधानतया पीलू, दुर्गा, काफी और भैरवी आदि राग पाये जाते हैं।

(२) इस श्रेणी में उन गीतों को रखा जा सकता है जिनकी विषय वस्तु पौराणिक न होकर आधुनिक है। कजरी, विरहा, चैता और विदेसिया ऐसे ही गीत हैं। ये गीत अत्यन्त लोकप्रिय हैं तथा ग्रामीण जनता इन्हें बड़े प्रेम से गाती है। इन गीतों में 'कामोद' और 'झिंझोरी' रागों का प्रयोग परिलक्षित होता है।

(३) तीसरी श्रेणी में संस्कार गीतों का अन्तर्भाव होता है। इनके गाने में

सात विशुद्ध स्वरों (नोट्स) का प्रयोग किया जाता है इसके साथ ही कोमल गान्धार और कोमल निषाद भी प्रयुक्त होते हैं। इनमें काफी और खमाज थाट के स्वरों का भी प्रयोग उपलब्ध होता है।

ताल—शास्त्रीय संगीत के अनेक तालों का प्रयोग लोक-संगीत में बड़ी सफलता के साथ किया गया है। भोजपुरी लोक-गीतों में रागों की अपेक्षा तालों को परिलक्षित करना अत्यन्त सरल है। कहरवा, जत, दादरा, खेमटा और दीपचन्दी आदि कुछ ऐसे लोकप्रिय ताल हैं जिनका प्रयोग प्रचुरता से लोक-गीतों में किया गया है। उदाहरण के लिए सोहर और जनेऊ के गीतों में जत ताल और खेलवना के गीतों में कहरवा ताल का प्रयोग पाया जाता है। इसी प्रकार से दीपचन्दी का प्रयोग विदेसिया आदि गीतों में हुआ है। परन्तु भोजपुरी के अस्सी प्रतिशत गीतों को कहरवा ताल में ही गाया जाता है। अतः यह लोक-गीतों में प्रयुक्त होने वाला सबसे प्रिय तथा प्रसिद्ध ताल है। गीत और भावों के अनुसार कहरवा ताल की गेयता में आवश्यक परिवर्तन होता रहता है। इसीलिए यह कभी द्रुत और कभी विलम्बित लय में गाया जाता है। सोरठी, बिरहा, सोहनी पूर्वी और निर्गुन आदि भोजपुरी के गीत इसी कहरवा ताल में ही गाये जाते हैं। दूसरा लोकप्रिय ताल दीपचन्दी है जिसमें विदेसिया नामक सुप्रसिद्ध गीत गेय है। कभी-कभी एक ही गीत को दो तालों में गाने की प्रथा है। जैसे झूमर को दादरा और कहरवा दोनों तालों में गायक लोग बड़े प्रेम से गाते हैं।

ताल और लय—ये दोनों ही तत्त्व लोक-गीतों के गाने में प्रमुख स्थान के अधिकारी हैं। इनके बिना लोक-गीत निष्प्राण है। ताल और लय—ये दोनों ही लोक-गीतों में ताने-बाने की भाँति बुने हुए हैं। तालों का उल्लेख पहिले किया जा चुका है। लय दो प्रकार की होती है—द्रुत और विलम्बित। कुछ लोक-गीतों को द्रुत लय में और कुछ को बिलम्बित लय में गाया जाता है।

थाट—लोक-गीतों में प्रायः चार थाटों का प्रयोग किया जाता है। (१) विलावल (२) खमाज (३) काफी और (४) भैरव। विलावल थाट का उदाहरण यह 'पूर्वी' गीत है।

"जेठ बइसाख के तलफी भुभुरिया;
हो महेन्दर मिसिर।
चलत में गोड़वा मोर पिराय
हो महेन्दर मिसिर॥"

चैता के गीतों में प्रायः 'खमाज' थाट का उपयोग उपलब्ध होता है। जैसे—

"मानिक हमरो हेरइले हो रामा,
जमुना में।
केहु नाहीं खोजेला हमरो पदारथ हो रामा,
जमुना में।"

'काफी थाट' का प्रयोग छठी माता के गीतों में दिखाई पड़ता है ।

"गंगा जी के तीरे तीरे बोअलों मै राई ।
राजा जी के मिरिगा, चरि रे चरि जाई ।।"

कुछ लोक-गीतों में 'भैरव थाट' के दर्शन होते हैं । जैसे—

सभका के देलउ भोला; अन धन, सोनवाँ ।
बनवारी हो, हमरा के लरिको भतार ।।
लरिका भतार लेके सुतली ओसरवा ।
बनवारी हो जरि गइले एड़ी से कपार ।।"

इस प्रकार 'थाटों' का भी प्रयोग लोक-गीतों का एक आवश्यक तत्त्व है ।

(२) अनुच्छेद

लोक-गीतों के गाने की पद्धति—लोक-गीत प्रायः स्त्रियों के कलकण्ठ से गाये जाते हैं । परन्तु कुछ ऐसे भी लोक-गीत हैं जिन्हें विशेषतया पुरुष ही गाते हैं जैसे—विरहा, आल्हा और होली या फगुआ । लोक-गीत प्रायः समवेत स्वर में गेय हैं अर्थात् पुरुष अथवा स्त्रियाँ एक साथ मिलकर इन्हें समुदाय में गाती हैं । होली और चैता के गीत पुरुषों के द्वारा तथा संस्कार गीत स्त्रियों के द्वारा समवेत स्वर से गेय है । परन्तु विरहा, आल्हा और गोपीचन्द के गीत 'एकल' गीत हैं जिन्हें केवल व्यक्ति विशेष ही गाता है ।

लोक-गीतों के गाने की विशेषताएं—(१) लोक गायक पिंगल के नियमों का पालन प्रायः नहीं करते हैं । वे अपनी सुविधा के अनुसार गाने के लिए कहीं ह्रस्व स्वर को दीर्घ और कहीं दीर्घ को ह्रस्व कर दिया करते हैं ।

(२) लोक-गीतों के प्रत्येक पद्य के उपान्त्य स्वर का दीर्घ काल तक उच्चारण किया जाता है परन्तु अन्तिम स्वर स्वल्प रूप में उच्चरित होता है । विरहा में विशेष रूप से यह उच्चारण परिलक्षित होता है । जैसे—

"बने बने गइया चरावेला कन्हइया,
घरे घरे जोरेला पिरीऽऽऽऽति ।
ऊनका ही मँउगी के सानि मारि अइले;
आखिर त जाति अहीऽऽऽऽर ।।"

इस विरहा में पिरीति का उपान्त्य स्वर 'री' है । इस उपान्त्य स्वर का उच्चारण दीर्घ स्वर में ही नहीं बल्कि प्लुत स्वर में किया जाता है । इसके ठीक विपरीत 'ति' और 'र' का उच्चारण स्वल्प मात्रा के रूप में होता है । लोक-गीतों के गाने की यह विशेषता विरहा में सर्वत्र परिलक्षित होती है ।

(३) **स्तोभ की प्रणाली**—लोक गायक गान के सौन्दर्य तथा सुविधा के लिए किसी शब्द के बीच में किसी वर्ण को जोड़ दिया करते हैं। जैसे, निरमोहिया (निर्दयी) शब्द को 'निरवामोहिया और 'निरदरदी' को 'निरवादरदी' के रूप में उच्चारण कर गाते हैं। जैसे—

'नइहर से नातवा छोड़वले **निरवामोहिया।**' लोक-गीतों में वर्णों को बीच में जोड़ने की यह पद्धति वैदिक 'स्तोभ प्रणाली' का अनुकरण मानी जा सकती है। यह स्तोभ प्रायः तीन प्रकार का होता है—(१) वर्ण स्तोभ, (२) शब्द स्तोभ और (३) वाक्य स्तोभ। वर्ण स्तोभ उसे कहते हैं जहाँ गीत के बीच में किसी अक्षर को जोड़ दिया जाता है। जैसे निरमोहिया के बीच में 'वा' अक्षर को जोड़ कर 'निरवा मोहिया' बना दिया गया है। पद या शब्द स्तोभ उसे कहते हैं जहाँ आदि या गीत के बीच में कोई शब्द जोड़ा जाता है जैसे, चैता के गीत के आदि में 'आहो रामा' और अन्त में 'हो रामा' को जोड़ना। यथा

"**आहो रामा** सूतल रहलीं
पिया संगे सेजिया **हो रामा।**
× × ×
ए राम हरि मोरे गइले विदेसवा,
तं दुइ नवरंगिया लगवले **हो रामा।**"

वाक्य स्तोभ के अन्तर्गत कोई वाक्यांश ही गीत में गाने की सुविधा के लिए जोड़ दिया जाता है। जैसे—निर्गन गीत में।

"बाट में चलत बटोहिया भइया मितवा;
कि आहो मोरे रामा हमरो सनेसवा;
ले ले जइहउ एराम॥

गीतों में कहीं-कहीं मात्रा स्तोभ भी पाया जाता है। अर्थात् गाने की सुविधा के लिए केवल एक मात्रा को ही जोड़ देते हैं जैसे—

"मचिया बइठलए सासु;
सुनहु बचनिया।
राउर बेटा मोरंग चलले
कवन (आ) राम अवगुनिया।"

यहाँ 'आ' मात्रा को जोड़ा गया है।

(४) **लघु और गुरु का शिथिल बन्धन**—गीतों में पिंगल शास्त्र का कठोर बन्धन का पालन नहीं किया जाता। इस कारण इसकी कोई पंक्ति बड़ी और कोई पंक्ति बहुत छोटी होती है। परन्तु लोक गायक इन गीतों को गाते समय मात्राओं और अक्षरों को इस प्रकार से घटा-बढ़ा देते हैं जिससे छन्दो भंग का बिलकुल ही पता

नहीं चलता। गीतों में लघु और गुरु मात्राओं का गलत बन्धन होने के कारण गवैये अपनी सुविधा के अनुसार कहीं लघु मात्रा को दीर्घ और दीर्घ को लघु कर देते हैं। समवेत स्वर (कोरस) में स्त्रियाँ लोक-गीतों को इस प्रकार से गाती हैं जिससे अक्षरों तथा मात्राओं की त्रुटि से उत्पन्न दोष का कुछ पता ही नहीं चलता।

"झूठ भइले साधुआ; झूठ बियफइया;
झूठ भइले कागवा के बोल।
झूठ भइले बाभना के पातरा ओ पोथिया;
कि सँइया नाहीं अइले हा मोर॥"

इस बिरहा में 'झूठ' और 'नाहीं' शब्दों में दीर्घ अकार और दीर्घ ईकार का उच्चारण ह्रस्व के रूप में किया जाता है। इस प्रकार इन गीतों को गाने में गायकों को बड़ी स्वतंत्रता रहती है।

लोक गायकों की सबसे बड़ी विशेषता यह है कि ये लोग बड़ी मस्ती में गीत गाते हैं। उस समय ये अपनी सुध-बुध भी भूल जाते हैं। जब ये समवेत स्वर में गाते हैं तब दो मण्डलियों में विभक्त हो जाते हैं। होली या फगुआ में गवैये दो दलों में बँट जाते हैं। पहिला व्यक्ति होली की पहिली पंक्ति 'व्रज में हरि होरी मचाई' गाता है तो दूसरे दल के लोग समवेत रूप में "केकरा हाथे कनक पिचकारी, केकरा हाथे अबीर" को गाते हैं। इस प्रकार इस गीत का क्रम घंटों तक चलता रहता है।

लोक-संगीत की विशेषतायें

लोक-संगीत में शास्त्रीय संगीत की अपेक्षा अधिक विशेषतायें उपलब्ध होती हैं। संगीत शास्त्र के विद्वान् प्रोफेसर महेश नारायण सक्सेना इस संबंध में लिखते हैं कि:—"वास्तव में लोक-संगीत के अनेक प्रयोग भारतीय शास्त्रीय संगीत के लिए उपयोगी सिद्ध हो सकते हैं। यह सच है कि अनेक रागों का जन्म लोक-धुनों से हुआ है जैसे आसा, माड़, झिंझोटी और पहाड़ी आदि। × × × आवश्यक यह है कि शास्त्रीय संगीत, लोक-संगीत के रोचक और प्रभावशाली प्रयोगों को लेकर अपने को अधिक मधुर और आकर्षक बनाये और दूसरी ओर लोक-संगीत शास्त्रीय संगीत की सहायता से अपनी सीमायें और विविधता बढ़ाये।"[1] लोक-संगीत में प्रयुक्त स्वरों के संबंध में श्री सक्सेना का मत है कि लोक-गीतों में अधिकतर सात शुद्ध स्वरों और दो विकृत—कोमल गान्धार और कोमल निषाद—स्वरों का प्रयोग मिलता है। अर्थात् उनमें मुख्यतः विलावल, खमाज और काफी थाटों के स्वर लगते हैं। शास्त्रीय संगीत की दृष्टि से भी इन थाटों के राग अपेक्षा कृत अधिक सरल और सुग्राह्य होते हैं। कुछ

1. सक्सेना—सम्मेलन-पत्रिका (लोक संस्कृति विशेषांक) प्रयाग। सं० २०१० वि०; पृ० ३४४।

गीतों में अन्य विकृत स्वरों का भी प्रयोग होता है, उदाहरणार्थ—कोमल धैवत और कोमल ऋषभ। इनमें से कोमल ऋषभ का प्रयोग कोमल धैवत से कम मिलता है। तीव्र मध्यम युक्त गीत तो कदाचित ही दो चार मिलेंगे।''[१]

लोक-संगीत में एकल गाने की अपेक्षा समवेत स्वर से गाने का महत्त्व अधिक है। इसमें स्वर की अपेक्षा लय का अपेक्षाकृत कुछ अधिक प्रभाव परिलक्षित होता है। उत्तर भारत में लोक-संगीत में प्रयुक्त होने वाले अवनद्ध अथवा घन वाद्यों में से ढोलक, खंजड़ी, झाँझ और करताल उल्लेखनीय हैं। इनमें से ढोलक वाद्य में कहीं-कहीं अद्‌भुत विकास मिलता है। उसके पृथक् बोले होते हैं। कुछ ढोलक वादक तो ऐसे कुशल होते हैं जो तबले के बोल के समान ही ढोलक पर भी पूर्ण विस्तार और चमत्कार दिखलाते हैं। लोक-गीतों में ढोलक पर लय और सरल ताल दिखलाना ही पर्याप्त होता है।

तालों की उपयोगिता—लोक-गीतों में अधिकतर कहरवा, दादरा, खेमरा और दीपचंदी (चाँचर) तालों का ही प्रयोग मिलता है। शास्त्रीय संगीतज्ञ भी यह जानते हैं कि इन तालों के विभागों में और ताली-खाली आदि से जो 'वज़न' अथवा 'लय की चाल' निर्मित होती है, वह कितनी सरल, सुग्राह्य और आकर्षक होती है। मनुष्य मात्र के हृदय में जो प्रधान भाव उत्पन्न होते हैं उनकी अभिव्यक्ति के लिए ये ताल पर्याप्त समझे जाते हैं। उल्लास, स्फूर्ति, उत्साह और वीरता आदि भावों के लिए 'कहरवा' ताल उपयुक्त समझा जाता है। दादरा तथा खेमटा तालों का उपयोग प्रधानतया शृङ्गार रस में किया जाता है। दीपचन्दी ताल शृङ्गार और करुण रसों की अभिव्यक्ति के लिए अत्यन्त उपयोगी है। इन तालों का प्रतिकूल रसों में भी प्रयोग मिलता है। अधिक बिलम्बित लय का प्रयोग लोक-गीतों में 'नहीं' पाया जाता। इसी से दीपचन्दी ताल भी मध्य तथा द्रुत लय में ही प्रयुक्त होता है।

लोक-संगीत का महत्त्व

लोक-संगीत के महत्त्व को प्रतिपादित करते हुए सुप्रसिद्ध संगीताचार्य कुमार गन्धर्व का मत है कि:—''यह बात सर्व विदित है कि हमारे शास्त्रीय संगीत की उत्पत्ति इसी लोक-संगीत से हुई है। दुर्भाग्य की बात यह है कि हमारे संगीताचार्यों ने केवल पुरातन काल से प्राप्त पूँजी को ही सँभालने का प्रयास किया है। लोक-संगीत के क्षेत्र में महत्वपूर्ण शोध यही करना है कि यह जाना जाये कि उसमें से शास्त्रीय रागों की उत्पत्ति कैसे हुई? **शास्त्रीय संगीत की उत्पत्ति लोक-संगीत से हुई है।** अतः निश्चय ही लोक संगीत अपने आप में पूर्ण है। लोक-संगीत का निर्माण स्वाभाविक ही है। हम लोक धुनों को रागों में छिपा हुआ पाते हैं। लोक धुनें निसर्ग निर्मित हैं। इस लिए निसर्ग की तरह ये पूर्ण होती हैं। उनमें कोई न कोई राग अवश्य होता है। राग

१. सक्सेना—सम्मेलन पत्रिका (लोक संस्कृति विशेषांक) प्रयाग। सं० २०१० वि०; पृ० ३४५।

के मूल स्वरों को जानकर जब उन्हें पूर्णता प्रदान की जाती है तब शास्त्रीय दृष्टि से राग का रूप निखर जाता है। **अतः यह स्पष्ट है कि शास्त्रीय राग लोक धुनों में छिपे हुए रागों से विकसित हुए हैं।''**[1]

लोक धुनों की विशेषताओं का वर्णन करते हुए श्री कुमार गन्धर्व ने स्पष्ट ही निम्नांकित बातों का उल्लेख किया है—

(१) साधारणतया लोक धुनें चार-पाँच स्वरों में सीमित हैं। क्वचित् धुनों में ही छः स्वर मिलते हैं जिनकी संख्या बहुत कम है।

(२) लोक धुनें लयबद्ध होती हैं।

(३) लोक धुनों के स्वर समय के अनुरूप होते हैं। प्रातःकाल, मध्याह्न, सायं काल और रात्रि के अनुसार स्वर-साम्य लोक धुनों में स्वाभाविक है।

(४) लोक धुने प्रायः सरल होती हैं। परन्तु किसी-किसी धुन में रागों का संमिश्रण भी मिलता है। लोक धुनों में जितने मिश्र या जोड़-धुनें मिलती हैं वे अत्यन्त सुन्दर और सुमधुर हैं। उनका मिश्रण कलात्मक है और स्वाभाविकता से युक्त है।

(५) लोक धुनों की रचना प्रसंगानुकूल होती है। उन स्वरों से प्रसंग के अनुरूप भाव व्यक्त होते हैं।

(६) एक ही धुन में अनेक लोक-गीत गाये जाते हैं। किन्तु गीत के बोल भिन्न होने के कारण और विशेषतः लय में परिवर्तन होने से, वे एक दूसरे से बिल्कुल भिन्न हो जाते हैं।

(७) लोक धुनें लोक भाषा में होने के कारण अत्यन्त सरल, सुमधुर तथा आडम्बरहीन होती हैं।

भारतीय संगीत शास्त्र के दो प्रसिद्ध तथा महान् विद्वान् श्री कुमार गन्धर्व और श्री महेश नारायण सक्सेना ने लोक-संगीत की विशेषताओं का जो वर्णन किया है उससे लोक-संगीत की महत्ता का प्रतिपादन तथा उद्घाटन होता है। **मेरा यह निश्चित मत है लोक-संगीत ही शास्त्रीय संगीत का मूल आधार है। लोक-संगीत की दृढ़ आधार शिला पर ही शास्त्रीय संगीत का विशाल प्रासाद अवस्थित है।** लोक-संगीत के अनेक ताल, लय, धुनों का शास्त्रीय संगीत में इसी रूप में मिलना इसका प्रबल प्रमाण है। संगीत के प्रेमियों तथा विद्वानों को इस क्षेत्र में अनुसन्धान करना चाहिए। लोक-संगीत की लोक-प्रियता दिन दूनी और रात चौगुनी बढ़ती जा रही है। आज प्रसिद्ध फिल्मी कलाकार भी लोक धुनों की मनोरमता से आकृष्ट होकर इसका प्रयोग अपने फिल्मी गीतों में करने लगे हैं। वह दिन दूर नहीं है, जब संगीत संसार में लोक-संगीत का एक छत्र साम्राज्य स्थापित हो जायेगा। तथास्तु गत पृष्ठों में लोक-संगीत की चर्चा की गई

१. कुमार गन्धर्व—सम्मेलन पत्रिका (लोक संस्कृति विशेषांक संवत् २०१० वि० प्रयाग)।

। शास्त्रीय संगीत के स्थूल सिद्धान्तों तथा तत्वों का उल्लेख करने के पश्चात् इस संगीत में प्रयुक्त होने वाले प्रधान-प्रधान पारिभाषिक शब्दों का परिचय दिया गया है। स्वरों, रागों और तालों का कुछ विशेष वर्णन इसलिए देना पड़ा है क्योंकि इन्हीं की दृढ़ भित्ति पर शास्त्रीय संगीत स्थित है। इन रागों, तालों और धुनों में से जिनका लोक-संगीत में विशेष प्रयोग होता है, उसकी भी संक्षिप्त मीमांसा प्रस्तुत की गई है। लोक-गीतों के गाने के प्रकार पर भी प्रकाश डाला गया है। इस प्रकार लोक-संगीत से संबद्ध समस्त बातों का संक्षिप्त विवरण प्रस्तुत करने का यहाँ विनम्र प्रयास उपस्थित है।

मेरा यह दृढ़ मत है कि लोक-संगीत ही शास्त्रीय संगीत का उपजीव्य है अर्थात् प्रथम की दृढ़ नींव पर द्वितीय की स्थिति अवलम्बित है। लोक-संगीत की सतत परिवर्धमान लोकप्रियता को देखते हुए यह केवल आशा ही नहीं बल्कि दृढ़ विश्वास होता जा रहा है कि एक दिन संगीत शास्त्र के समस्त क्षेत्र में लोक-संगीत छा जायेगा। लोक-संगीत की मधुरता, मनोरमता और रागात्मकता भव्य, दिव्य और अलौकिक है। इसकी 'अपील' सार्वजनीन तथा सार्वभौम है। शास्त्रीय संगीत की तरह इसको गाने में न तो कोई कठिनाई है और न समझने में कष्ट। लोक संगीत की विश्व-जनीन लोकप्रियता ही इसका प्राण है।

॥ जय हो लोक-संगीत ॥

परिच्छेद २ : लोक-नृत्य

लोक-नृत्य की प्राचीनता—इस देश में नृत्य की परम्परा अत्यन्त प्राचीन है। इसका आविर्भाव मानुषी न होकर दैवी है। भगवान् भूत भावन शिव को 'नटराज' कहा जाता है। इस प्रकार शिव नर्तकों के सम्राट् माने जाते हैं।

भारत में नृत्य दो प्रकार का होता है—(१) ताण्डव और (२) लास्य। इस में भयंकर, पौरुष युक्त तथा कठिन नृत्य को 'ताण्डव' कहते हैं। परन्तु अत्यन्त कोमल, मधुर तथा मार्दव युक्त नृत्य को 'लास्य' की संज्ञा दी जाती है। ताण्डव नृत्य शिव के द्वारा किया जाता है। परन्तु 'लास्य' नृत्य का प्रयोग जगत् जननी पार्वती जी करती हैं। इस प्रकार 'ताण्डव' और 'लास्य' नृत्य के दो प्रधान भेद हैं।

इस देश में नृत्य का भी जन्म दैवी माना जाता है। संगीत के तीन भेद होते हैं—(१) गीत, (२) नृत्य और (३) वाद्य। जैसा कि शास्त्रकारों ने लिखा है :—

"गीतं, नृत्यं तथा वाद्यं,
भयं संगीत मुच्यते।"

अतः यहाँ नृत्य का संक्षिप्त विवरण प्रस्तुत किया जाता है।

नृत्य के भेद—नृत्य दो प्रकार का होता है—(१) नृत्य और (२) नृत्त। गीत के विभिन्न भावों के अनुसार शरीर के भिन्न-भिन्न अंगों के संचालन की क्रिया को नृत्य कहा जाता है। परन्तु जिसमें ताल और लय के अनुसार केवल अंगों का संचालन मात्र किया जाता है उसे 'नृत्त' की संज्ञा प्राप्त है। शास्त्रकारों ने लिखा है कि :—

"अन्यत् भावा श्रयं नृत्यं
नृत्तं तालतया श्रितम्॥"

इस प्रकार नृत्य और नृत्त में स्पष्ट अन्तर दिखाई पड़ता है।

आदिम नृत्य के उद्देश्य

नृत्य मानव जीवन का चिर सहचर रहा है। जबसे मनुष्य की उत्पत्ति हुई तभी से उसने नृत्य करना भी सीखा। प्राचीन काल में लोगों का यह विश्वास था कि नृत्य से प्रेतात्मायें प्रसन्न होती हैं। अतएव वे इन दुष्ट आत्माओं को प्रफुल्लित रखने के लिए नृत्य कर्म का विधान करते थे। इन आदिम लोगों में नृत्य का एक दूसरा उद्देश्य था—अपनी खेतो की पैदावार को अधिक बढ़ाना। उनकी यह निश्चित धारणा थी कि जब मनुष्य नाचता है तब खेतों में अन्न अधिक उपजता है। ऐसा न करने से खेतों में उपज की कमी और शिकार का अभाव होने लगता है जिससे भुखमरी की स्थिति उत्पन्न हो जाती है।[1] इसलिए प्राचीन काल में आदिम जातियाँ अधिक अन्न उपजाने के लिए नृत्य किया करती थीं।

आजकल भी असम राज्य के विभिन्न जाति के लोग फसल काटने के अवसर पर 'बिहू' नामक नृत्य किया करते हैं। इस नृत्य का उद्देश्य भी अन्न की समृद्धि है। छोटा नागपुर की आदिम जातियाँ आज भी अनेक प्रकार का नृत्य किया करती हैं जिनका प्रधान उद्देश्य अन्न की वृद्धि करना है।

नृत्य की प्रचलित प्रधान पद्धतियाँ

(१) **कथाकली**—आजकल इस देश में चार नृत्य पद्धतियाँ प्रधान रूप से प्रचलित हैं—(१) कथाकली (२) भरत नाट्यम् (३) कत्थक और (४) मणिपुरी। लोक नृत्यों में सर्वाधिक महत्त्वपूर्ण लोकप्रिय नृत्य कथाकली है। कथाकली का अर्थ है

1. Dancing makes the spirits rejoice with the people or that when people dance all food grows well and failure to dance would have for a natural consequence a failure of crops, failure of game, failure of everything, in short, starvation and misery.

क्रेपी—दि साइन्स आफ फोकलोर, पृ० ३०१।

कहानी का खेल। इस नृत्य में सम्पूर्ण कहानी बिना बोले ही नाटक के रूप में उपस्थित की जाती है। नृत्य के प्रारम्भ में परदे के पीछे एक प्रार्थना होती है। इसके पश्चात् नायकों के चरित्र का वर्णन होता है जिसे 'पुरपाड' कहते हैं। फिर चमड़े से मढ़े गये अवनद्ध वाद्यों की होड़ होती है जिसे 'मोलयायम' कहते हैं। इस प्रकार आधी रात के समय मूल नृत्य प्रारम्भ होता है। कभी-कभी कथायें अनेक रातों तक चलती रहती हैं।

इस नृत्य में सबसे अधिक आवश्यक तत्व है—मुद्रा के प्रदर्शन के लिए बनाव-शृङ्गार (मेक अप) तथा वेश भूषा का प्रदर्शन। पात्र के चरित्र के अनुसार मुद्राओं का प्रदर्शन करना अत्यन्त आवश्यक होता है। जिस प्रकार के भावों का अभिनय करना होता है उसी प्रकार की वेश-भूषा से सुसज्जित होना पड़ता है। इस नृत्य विधा में नृत्य, ताल और भाव पर आश्रित होता है और नाट्य रसों पर आधारित रहता है।

(२) **भरत नाट्यम्**—भरत मुनि का नाट्य शास्त्र संगीत शास्त्र का आदिम ग्रन्थ माना जाता है। आचार्यों ने संगीत को तीन भागों में विभक्त किया है—(१) गीत (२) नृत्य और (३) वाद्य। इन तीनों ही विषयों का वर्णन नाट्य शास्त्र में बड़े ही विस्तार तथा प्रामाणिक रूप से किया गया है।

भरत के इस प्रसिद्ध ग्रन्थ में नृत्य का विवेचन संगीत के अन्य विभागों की अपेक्षा समधिक रूप में पाया जाता है। यह अधिक विस्तृत तथा प्रामाणिक है। भरत मुनि ने इस ग्रन्थ में नृत्य की १०८ मुद्राओं का वर्णन बड़ी ही सूक्ष्मता से किया है। नर्तक नृत्य के अवसर पर गीत के भावों का प्रदर्शन करने के लिए विभिन्न प्रकार से जो हस्त-विक्षेप करते हैं उन्हें संगीत शास्त्र की पारिभाषिक भाषा में 'मुद्रा' कहा जाता है। ये मुद्रायें नृत्य का अविच्छिन्न मानी जाती हैं। अतः प्राचीन भारत में इनका प्रचुर प्रचार था और आज भी शास्त्रीय नृत्यों (Classical dances) के आचार्य इन मुद्राओं का कुशलता के साथ प्रदर्शन करते हैं।

दक्षिण भारत में स्थित चिदम्बरम् के सुप्रसिद्ध मंदिर में नाट्यशास्त्र में वर्णित इन १०८ नृत्य मुद्राओं को विशाल शिला-खण्डों में उत्कीर्ण कर स्थापित किया गया है। इसी से इसकी महत्ता तथा लोकप्रियता का कुछ अनुमान किया जा सकता है।

आधुनिक काल में नृत्य की 'भरत नाट्यम्' शैली के पुनरुज्जीवन का समस्त श्रेय श्रीमती रुक्मिणी अरण्डेल को प्राप्त हैं जिन्होंने मद्रास में नृत्य का शोध संस्थान स्थापित किया है जहाँ 'भरत नाट्यम्' की शिक्षा दी जाती है। इन्होंने इस नृत्य का

स्वयं अभिनय कर इसके प्रचुर प्रचार में योगदान दिया है जिसके फलस्वरूप यह नृत्य शास्त्रीय नृत्य की एक प्रधान शैली बन गया है।

भरत नाट्यम् के दूसरी प्रचारिका तथा आचार्या का नाम श्रीमती सोनल मानसिंह है। ये इस नृत्य शैली की विशेषज्ञा मानी जाती हैं। श्रीमती सिंह ने देश तथा विदेशों में घूम-घूम कर इस नृत्य का प्रदर्शन किया है जिससे इन्हें विपुल ख्याति प्राप्त हुई है। इसके साथ ही इस नृत्य की लोकप्रियता में भी वृद्धि हुई है। आजकल भरत नाट्यम् दक्षिण भारत की कथाकलि और कुचिपुड़ी नृत्यों के समान शास्त्रीय नृत्यों में प्रधान स्थान का अधिकारी है तथा इसका प्रचार बढ़ता जा रहा है।

(३) **कत्थक नृत्य**—जिस प्रकार दक्षिण भारत में नृत्य की दो प्रधान पद्धतियाँ प्रचलित है—(१) कथाकली तथा (२) भरत नाट्यम्, उसी प्रकार से उत्तरी भारत में नृत्य की दो प्रधान शैलियाँ उपलब्ध होती हैं—(१) कत्थक और (२) मणिपुरी। इनमें कत्थक नृत्य अधिक लोकप्रिय है तथा इसका प्रचार अधिक क्षेत्रों में पाया जाता है। इस नृत्य का जन्म मुगल काल में माना जाता है। मुगल बादशाहों को ऐसे नृत्य की आवश्यकता थी जो उनका मनोरंजन कर सके तथा उनकी काम-वासना की तृप्ति में सहायक हो।

इसीलिए कत्थक नर्तकों की वेश भूषा आज भी मुगल दरबार के समान है। ये रगीन अचकन और चूड़ीदार पैंजामा पहिनते हैं। सिर पर दुपलिया टोपी और अचकन के ऊपर वासकट (जवाहर जाकेट) धारण करते हैं। ये अपने पैरों में घुघुरू बांधकर नाचते हैं। कत्थक नृत्य प्राय: पुरुष ही किया करते हैं परन्तु युवतियाँ भी पुरुष की वेश भूषा धारण कर इसका अभिनय करती हैं। कत्थक नृत्य में नृत्य की अपेक्षा नृत्त पर अधिक बल दिखाई पड़ता है। नर्तक ताल और लय के आधार पर नर्तन का कार्य कर जन-मन का अनुरंजन किया करते हैं।

(४) **मणिपुरी नृत्य**—स्वतन्त्रता के पूर्व मणिपुर एक स्वतंत्र रियासत थी जिसका विलयन अब असम राज्य में हो गया है। फिर भी इसका अस्तित्व आज भी पृथक् है। यहाँ एक विशेष प्रकार की नृत्य शैली प्रचलित है जो इस प्रदेश के नाम के कारण 'मणिपुरी' कहलाती है।

मणिपुर की पौराणिक कथाओं के अनुसार ऐसा ज्ञात होता है कि यहाँ के निवासियों की स्वाभाविक प्रवृति नृत्य की ओर है। ये लोग इस कला को अत्यन्त पवित्र मानते हैं।

मणिपुरी नृत्य के विभिन्न प्रकार

मणिपुर में अनेक नृत्य प्रचलित हैं जिसकी कथा वस्तु विभिन्न है। रास लीला के बाद यहाँ का सबसे अधिक लोकप्रिय नृत्य 'लाइ हरोबा' है जिसका अर्थ है 'देवी

और देवताओं का आमोद-प्रमोद'। 'लाइ हरोबा' नृत्य प्रधानतया प्राचीन धार्मिक नृत्यों के पुनरुत्थान स्वरूप हैं तथा वार्षिकोत्सव के रूप में प्रत्येक ग्राम-निवासी के द्वारा उपस्थित किये जाते हैं। इस नृत्य के द्वारा प्रत्येक जन अपने ग्राम देवता की परितुष्टि करता है। 'लाइ हरोबा' और रासलीला में नृत्य संबंधी उपयुक्त अंग संचालन की क्रियायें, भावभंगिमामें, मुद्रायें अर्थात् हस्त-विपेक्षण की विविध चेष्टायें इनकी कल्पनाओं के अनुसार अभिनीत की जाती हैं।

हाथों के हषत् कम्पन, गति तथा भूमि पर मन्द पदाघात से नृत्य का आरम्भ होता है और थोड़ा सा व्यवधान देकर, हाथ और पैर दोनों की नृत्य गत क्रियायें संचालित होती हैं। शनैः-शनैः नृत्य का वातावरण अपने चरम विकास पर पहुँचता है और देवताओं को प्रणाम करने के पश्चात् समाप्त होता है।

रासलीला—सत्रहवीं शताब्दी के उत्तरार्ध में मणिपुरी नृत्यों में राधाकृष्ण की लीलाओं का समावेश होने लगा। इस नृत्य-नाट्य में आंगिक, वाचिक और आहार्य अभिनय को अपनी पराकाष्ठा पर पहुँचने का अवसर मिला। मणिपुर के प्रत्येक गाँव में राधा-कृष्ण के मंदिर के साथ एक रंगशाला भी होती है जिसमें राधा-कृष्ण की लीलाओं का अभिनय किया जाता है। नृत्य की रंगभूमि को 'रास मण्डल' कहते हैं जो वृत्ताकार होता है। इस नृत्य में एक बार वहाँ की राजकुमारी ने भी भाग लिया था।

जैगोई—मणिपुर में एक अन्य नृत्य प्रचलित है जिसे 'जैगोई' कहते हैं। इस नृत्य के पाँच विभाग होते हैं जो 'वृन्दावन पारंग' और 'भांगी पारंग' आदि नामों से प्रसिद्ध हैं। मणिपुरी नृत्यों के आर्केस्ट्रा (वाद्य समूह) में मृदंग, मंजीरा और बाँसुरी होती है। इसमें भाग लेने वाले नर्तक और नर्तकियाँ दोनों होती हैं तथा इनकी वेशभूषा बड़ी सुन्दर, रुचिकर तथा मनोहर होती है।[1]

(क) मालवा में प्रचलित लोक-नृत्य

भारतवर्ष की संस्कृति बड़ी विशाल है। इस महान् देश के प्रत्येक राज्य में लोक-नृत्य प्रचलित है। मालवा प्रदेश भी इसका अपवाद नहीं है। यहाँ अनेक नृत्य प्रचलित हैं जिनका संक्षिप्त वर्णन यहाँ उपस्थित किया जाता है।

मालवा में प्रचलित नृत्यों को दो भागों में विभक्त किया जा सकता है—(१) पुरुषों के नृत्य और (२) स्त्रियों के नृत्य। कुछ नृत्य केवल पुरुषों के द्वारा ही उपस्थित किये जाते हैं तथा कुछ स्त्रियों के द्वारा।

---

१. श्री प्रजेश बनर्जी—मणिपुरी नृत्य, सम्मेलन पत्रिका (लोक संस्कृति अंक), सं० २०१०, पृ० ३९३।

(१) **घूमर**—यह पुरुषों का नृत्य है। होली के अवसर पर यह नृत्य किया जाता है। इसमें पुरुष और स्त्री—जिनका पार्ट पुरुष ही किया करते हैं—घेरा बना कर नाचते हैं। होली के पर्व पर पुरुष एक हाथ में छतरी और दूसरे हाथ में दुपट्टा लेकर नाचते हैं। दर्शक गण इनके चारों ओर घेरा बनाकर खड़े होकर इस नृत्य को देखते हैं। नाच बन्द हो जाने पर एक दर्शक उस घेरे में आक "छल्ला" (मालवी दोहे) और "छल्ला बोल्यो रे" के साथ नाच पुनः प्रारम्भ हो जाता है।

(२) **माँच के नृत्य**—मालवा में माँच नामक लोक-नाट्य प्रचलित है। इसका अभिनय करते समय नृत्य भी किया जाता है जो बड़ा सुन्दर तथा रमणीय होता है।

(३) **भीलों के नृत्य**—मालवा में भील जाति के लोग भी निवास करते हैं। इन भील-भिलालों के नृत्य उनके जीवन की ही तरह सरल होते हैं। भीलों के अधिकांश नृत्यों में स्त्री और पुरुष दोनों ही समान रूप से भाग लेते हैं। पुरुषों (भीलों) के नृत्यों में पद संचालन साधारण किन्तु गतिमय होता है। हाथों में अस्त्र-शस्त्र लेकर तथा पैरों में घुघुरू बाँधकर ये वृत्ताकार रूप में नाचते हैं। नृत्य के साथ माँदल (लोक वाद्य) बजाई जाती है। नृत्य में माँदल की गति के साथ ही पद से चालन की गति भी बढ़ती जाती है। नृत्य का समाँ जब बंध जाता है तब तो पुरुष हुंकारते हुए नृत्य करते हैं और बीच में पशु-पक्षियों की तरह बोली भी बोलते हैं।

(४) **मोहिली**—इस नृत्य में भीलनी स्त्रियाँ वृत्ताकार रूप में मंद गति से नर्तन करती हैं। चार कदम दाहिनी ओर बढ़ने के पश्चात् पाँचवाँ कदम पीछे की ओर रखती हैं। इसके पश्चात् दाहिना पैर बायें पैर के पास ले जाकर आगे बढ़ जाती हैं। यही क्रम आगे चलता रहता है। इस पद संचालन में एकरूपता रहती है जिससे यह नृत्य बड़ा ही आकर्षक लगता है।

(५) **पाली नृत्य**—स्त्रियाँ दो कतारों में आमने-सामने खड़ी हो जाती हैं। कुछ कदम आगे बढ़ती हैं और फिर दाहिनी ओर पीछे हटती हुई वृत्ताकार रूप में नृत्य करती हैं।

(ख) गढ़वाल के लोक-नृत्य

पर्वतीय प्रदेशों में लोक-नृत्य और लोक कला आज भी अक्षुण्ण रीति से अपने असली तथा स्वाभाविक रूप में पायी जाती हैं। उत्तर प्रदेश के उत्तरी पर्वतीय अंचल में विद्यमान गढ़वाल जनपद में अनेक लोक-नृत्य उपलब्ध होते हैं जिनके द्वारा ग्रामीण लोग अपना मनोरंजन किया करते हैं।

गढ़वाल के लोक-नृत्यों को हम प्रधानतया तीन भागों में विभक्त कर सकते हैं—(१) धार्मिक नृत्य, (२) सामाजिक नृत्य और (३) पेशे वाली जातियों के नृत्य।

सामाजिक तथा पेशे वाली जातियों के कुछ नृत्यों को छोड़कर प्रायः सभी नृत्य स्त्रियों के द्वारा ही प्रस्तुत किये जाते हैं। अतः ये नृत्य 'लास्य' की कोटि में रखे जा सकते हैं।

(क) **धार्मिक नृत्य**—धार्मिक नृत्यों को दो विभागों में विभक्त किया जा सकता है (१) देवी और देवताओं के गीत तथा (२) भूत पिशाचों के नृत्य। प्रथम प्रकार के नृत्य प्रायः पाण्डव, नागर्जा (नागराजा), नरसिंह, निरंकार भैरो, चण्डी, काली और अछरी आदि से संबंधित हैं।

(१) **पाण्डव नृत्य**—यह प्रायः खुले मैदान में होता है। इसमें चार-पाँच व्यक्ति सम्मिलित रूप से भाग लेते हैं परन्तु स्त्रियाँ इससे पृथक् रखी जाती हैं। लोक वाद्यों में ढोल-टौटी का प्रयोग होता है। इसकी कथावस्तु पाँचों पाण्डवों तथा कुन्ती से संबंधित होती हुई भी महाभारत से भिन्न है। इस नृत्य में वीर तथा रौद्र रस की प्रचुरता के साथ-साथ करुण रस की भी अभिव्यक्ति पाई जाती है। निरंकार तथा भैरो नृत्य वीर, रौद्र तथा भयानक रसों से परिपूर्ण होते हैं।

(२) **नागर्जा (नागराजा) नृत्य**—इस नृत्य में स्त्री और पुरुष दोनों ही भाग लेते हैं। यह आँगन और किसी कक्ष (कमरे) में भी किया जा सकता है। नागर्जा कृष्ण का स्वरूप माना जाता है। अतः इसमें गोपियों तथा नाग द्वारा समुद्र मथन की कथा प्रधान रूप से प्रस्तुत की जाती है। इसमें गंगू नामक व्यक्ति तथा बाल-कृष्णावती की करुण कथा को नृत्य रूप से अभिनय किया जाता है। इस नृत्य में करुण रस की मात्रा अधिक और रौद्र रस कम पाया जाता है।

(३) **देवी नृत्य**—यह नृत्य चण्डी और काली देवियों से संबद्ध है। अतः इसमें रौद्र रस का होना स्वाभाविक है। इसमें स्त्रियाँ अपने सिर के बालों को खोलकर तथा हाथ में नंगी तलवार लेकर, इस प्रकार चण्डी का रूप बना कर, नृत्य करती हैं।

(४) **अछरी नृत्य**—यह सबसे सौम्य तथा आकर्षक नृत्य है। अछरी का अर्थ अप्सरा है। अतः इसमें केवल स्त्रियाँ ही भाग लेती हैं। ये स्त्रियाँ सफेद अथवा रंगीन मखमली घाँघरा पहिन कर अप्सरा की वेश भूषा बनाकर नर्तन करती हैं, इनकी गति धीमी तथा अंग विक्षेप मधुर होता है।

(ख) सामाजिक नृत्य

ये नृत्य दो प्रकार के होते हैं—मेले के नृत्य तथा ऋतु विशेष के नृत्य।

(१) **मेले के नृत्य**—गढ़वाल के दक्षिणी भाग में 'गेंद का मेला' प्रसिद्ध है। डाडा मण्डी, थल नदी तथा यमकेश्वर इस मेले के लिए विख्यात है। इस नृत्य में दो पार्टियाँ घेरे के बीच में रखे गेंद को छीन कर अपनी ओर ले जाने का प्रयास करती हैं। इसीलिए इसे 'गेंद का मेला' कहा जाता है। दोनों पार्टियों के लोग अपने दल के झण्डे के नीचे बैठ कर नाचते हैं।

(२) **ऋतु विशेष के नृत्य**—सामाजिक नृत्यों में सबसे अधिक भावपूर्ण नृत्य "चौफुलों" माना जाता है। प्राचीनकाल में इसमें स्त्री और पुरुष समान रूप से भाग लेते थे परन्तु आज-कल यह कुमारी कन्याओं की सम्पत्ति बन गया है। 'चौंफुलो' एक सामूहिक नृत्य (ग्रूप डान्स) है। इसमें अनेक कन्यायें सम्मिलित रूप से भाग लेती हैं। इस नृत्य में अनेक लड़कियाँ वृत्ताकार रूप में नाचती हैं। एक लड़की अपने आगे और पीछे की लड़कियों के हाथों को पकड़कर नर्तन करती हैं। इस नृत्य में बड़ी सजीवता तथा उत्फुल्लता दिखाई पड़ती है। परन्तु सबसे सुन्दर तथा मनोरम नृत्य 'मोर का नाच' होता है जिसमें कन्यायें वृत्ताकार मण्डल में खड़ी होकर नाचती हैं। मण्डल के बीच में स्थित तीन लड़कियाँ मोर के पंख की आकृति बना कर नृत्य करती हैं जिससे राधा-कृष्ण की रास लीला का आभास मिलता है।

(ग) कुँमाऊँ के लोक-नृत्य

हिमालय की गोदी में बसा हुआ कुँमाऊँ प्रदेश प्रकृतिनटी का लीलागार है। यहाँ की प्रकृति जितनी सुन्दर तथा वैविध्यपूर्ण है, यहाँ के नृत्य भी उतने ही मनोरम तथा विविधता से समन्वित हैं। यहाँ पर इस प्रदेश के कुछ नृत्यों का विवरण प्रस्तुत किया जाता है।

(१) **झोड़ा**—कुँमाऊँ में सर्वाधिक प्रचलित नृत्य-गीत झोड़ा है जिसमें प्रत्येक जाति के स्त्री और पुरुष सम्मिलित होकर भाग लेते हैं। ये लोग वृत्ताकार घेरा बना कर परस्पर एक दूसरे के कन्धे पर हाथ रख कर मन्द तथा सरल पद-संचालन के साथ गीत गाना प्रारम्भ करते हैं। वृत्त के बीच खड़े होकर मुख्य नायक गीत की प्रथम पंक्ति गाता है। इसके बाद अन्य व्यक्ति उसी पद को दुहराते हैं और अपने अंग प्रत्यंगों के संतुलित संचालन द्वारा नृत्य करते हैं। गति की तीव्रता के साथ ही नृत्य का आकर्षण बढ़ता जाता है।

विषय-वस्तु की दृष्टि से 'झोड़ो' को तीन भागों में विभाजित किया जा सकता है। (१) धार्मिक झोड़ो में अधिकतर स्थान अथवा अवसर—विशेष सम्बन्धी देवी-देवताओं का स्मरण, पूजन तथा विनय की भावनायें व्यक्त होती हैं। देवताओं में शिव, दुर्गा, काली और नन्द देवी की गणना विशेष रूप से की जाती है।

(२) दूसरा नृत्य गीत **चाँचरी** है। इसमें सभी नर-नारी समानरूप से भाग ले सकते हैं। यह नृत्य अनुमानतः झोड़ा का मूल और प्राचीन रूप है। अनेक स्थानों में 'चाँचरी' को झोड़ा' भी कहा जाता है। परन्तु नृत्य की दृष्टि से इन दोनों में अन्तर है। चाँचरी में पद संचालन मन्द गति से होता है। स्वरों के आरोह और अवरोह में विभिन्नता होती है। लय अधिक जटिल होती है तथा धुनों का खिचाव दीर्घ होता है। इसका सबसे अधिक आकर्षण वेश-भूषा की विभिन्नता है। इस नृत्य में पाँच-सात

व्यक्तियों से लेकर तीन-तीन सौ व्यक्ति तक भाग लेते हैं। इस प्रकार यह चाँचरी नृत्य पूर्णतया सामुदायिक नृत्य है।

विषय वस्तु की दृष्टि से 'चाँचरी' में धार्मिक भावों की प्रधानता होती है जो वातावरण को अपेक्षाकृत गम्भीर और आकर्षक बनाये रखते हैं। इनमें अब धीरे-धीरे प्रेमपरक तथा सामाजिक विषयों का प्रभाव बढ़ने लगा है।

(३) छपेली—कुँमायूँ का तीसरा प्रसिद्ध नृत्य 'छपेली' है। यह दो प्रेमियों का नृत्य-गीत है। इस नृत्य में प्रेमी या प्रेमिका के एक हाथ में रूमाल और दूसरे हाथ में दर्पण होता है और वे नृत्य करते जाते हैं। कोई पुरुष हुड़का (एक पर्वतीय लोक वाद्य) बजा कर नृत्य करता है तथा गीत गाता है और स्त्री अपने विभिन्न अगों का संचालन कर उस गीत के भावों को स्पष्ट करती जाती है। आजकल इस नृत्य में स्त्री के स्थान पर पुरुष पात्र ही काम करने लगे हैं।

छपेली नृत्यों का विषय उन्मुक्त प्रेम का प्रदर्शन है। समागम की कामना करने वाले भाव छपेली नृत्य में मिलते हैं जिनमें यौवन का आवेग चरम उत्कर्ष पर पहुँचा दिखाई पड़ता है।

(४) भगनौल—भगनौल या भगनौला भी एक नृत्य गीत है परन्तु इनमें नृत्य की अपेक्षा गीत की ही प्रधानता होती है।

(५) छोलिया नृत्य—कुँमाऊँ में 'छोलिया' नृत्य के साथ 'घस्यारी नृत्य' हुड़का नृत्य और हीलयाता नृत्य आदि ऐसे नृत्य अभी प्रचलित हैं जो प्राचीन और दैनिक जीवन के कार्य कलापों के साथ प्रत्यक्ष संबंध रखते हैं। इन नृत्यों में केवल अंग संचालन के द्वारा भावों का प्रदर्शन किया जाता है। अतः इन्हें 'नृत्य' न कहकर 'नृत्त' कहना ही अधिक उपयुक्त होगा। इस नृत्य के अवसर पर गीत नहीं गाया जाता। इस नृत्य में भाव प्रदर्शन के द्वारा प्राचीन रीति-रिवाजों तथा प्रथाओं पर प्रचुर प्रकाश पड़ता है। राजपूतों के विवाह के अवसर पर किये जाने वाले छोलिया नृत्य में दो-चार नर्तक अपने हाथों में ढाल-तलवार लेकर चलते हैं। यह नृत्य उस प्राचीन प्रथा का द्योतक है जब राजपूत लोग कन्याओं का अपहरण किया करते थे। अतः ऐतिहासिक दृष्टि से यह नृत्य अत्यन्त महत्वपूर्ण है।[१]

(घ) गुजरात का गर्वा नृत्य

गुजरात का गर्वा नृत्य अत्यन्त अधिक मनमोहक, आकर्षक तथा मधुर होता है। पहिले यह वास्तविक रूप में एक लोक-नृत्य था परन्तु अब यह अपनी उत्कृष्ट

१. इसके विस्तृत विवेचन के लिए देखिए डॉ० त्रिलोचन पाण्डेय—कुँमाऊँ का लोक साहित्य, पृ० ७५-९५.

कला तथा अभिरामता के कारण शास्त्रीय नृत्य की कोटि (स्टेट्स) को प्राप्त करता जा रहा है।

गर्वा एक प्रकार का सामूहिक नृत्य है जो गाँवों तथा शहरों में गोधूलि की बेला में प्रस्तुत किया जाता है। इसमें केवल स्त्रियाँ ही नृत्य करती हैं। स्त्रियाँ अपने सिर के ऊपर मिट्टी का बना 'हड़िया' की आकृति के समान पात्र रख लेती हैं जिसमें अनेक छेद बने रहते हैं। इसी पात्र के बीच में वे एक दीपक जला कर स्थापित कर देती हैं। इस दीपक का प्रकाश पात्र में बने छिद्रों के माध्यम से बाहर निकलता रहता है। ये स्त्रियाँ दीपक जलते हुए पात्र को अपने सिर पर रखकर सामूहिक रूप से नृत्य करती हैं। इनके पद-विक्षेप की यह विशेषता होती है कि सिर पर रखा पात्र गिरने न पाये और पात्र में स्थापित दीपक बुझने न पाये।

इस अवसर पर अनेक प्रकार के गीत भी गाये जाते हैं जिनका वर्ण्य विषय सामाजिक, राजनैतिक तथा ऐतिहासिक हुआ करता है। सुसज्जित वेश-भूषा में, सुन्दर तथा रमणीय, गोरी गुजराती स्त्रियों के द्वारा प्रस्तुत किया जाने वाला गर्वा नृत्य बड़ा ही सरस, सुन्दर तथा मनोरम होता है।[1]

(ङ) पंजाब के लोक-नृत्य

(१) **भाँगड़ा**—यह पंजाब का सबसे प्रसिद्ध तथा लोकप्रिय नृत्य है। इसका आयोजन विशेष रूप से वैसाखी पूर्णिमा के अवसर पर किया जाता है। भाँगड़ा बड़ा ही पौरुष पूर्ण नृत्य है जिममें शक्ति, पौरुष और ओज का समन्वय पाया जाता है। इसके लिए किसी विशेष वेश-भूषा की आवश्यकता नहीं पड़ती। नर्तक कमीज पहिन कर उसके ऊपर लाल, हरा अथवा पीला वेस्ट कोट पहिनते हैं। इसके साथ ही वे 'तहमत्' धारण करते हैं जो पैर के निचले भाग तक होता है। सिर पर रंगीन पगड़ी वे निश्चित रूप से बाँधे रहते हैं। पैरों में घुँघुरू भी सुशोभित होते हैं। इस प्रकार इन नर्तकों की वेश-भूषा बड़ी ही आकर्षक होती है।

भाँगड़ा नृत्य को करने वाले नर्तक एक गोलाकार घेरा बना कर खड़े होते हैं। इस घेरे के मध्य में ढोल बजाने वाला बड़े ही लय (रिदम) के साथ ढोल बजाता है। ढोल की गति के साथ प्रथमतः वे धीरे-धीरे पाद विक्षेप तथा अंग संचालन करते हैं परन्तु ज्यों-ज्यों ढोल की बजाने की गति तीव्र होती जाती है त्यों-त्यों पैरों की गति में भी तीव्रता आने लगती है। कभी-कभी उस घेरे में एक जोड़ी—दो व्यक्ति—बाहर आकर अपने कान पर हाथ रखकर "बोली" गाते हैं। ढोलकिया ढोल की गति को तीव्र किये रहता है। इस जोड़ी के थक जाने के बाद दूसरी जोड़ी नृत्य करती है।

---

१. कुसुम पाल—काठियावाड़ तथा गुजरात के गरवे—सम्मेलन पत्रिका (लो० स० सं०) वि० २०१०, पृ० ४२५.

निश्चय ही भाँगड़ा पंजाबी पुरुषों का पौरुषमय नृत्य है जिसमें शारीरिक शक्ति तथा बल प्रदर्शित किया जाता है।

(२) **गिद्धा**—यह पंजाबी स्त्रियों का सबसे सुन्दर, कोमल तथा मधुर नृत्य है। जिस प्रकार भाँगड़ा केवल पुरुषों का ही नृत्य है उसी प्रकार गिद्धा पंजाबी स्त्रियों की ही सम्पत्ति है। मालवा में गिद्धा विवाह के अवसर पर प्रस्तुत किया जाता है अत: इसे 'वियाहुल गिद्धा' कहते हैं। परन्तु पंजाब में 'तीयन' नामक त्यौहार पर सम्पादित होने के कारण यह 'तीयन गिद्धा' के नाम से प्रसिद्ध है। सावन के महीने में शुक्ल पक्ष की तीज से लेकर पूर्णिमा तक यह त्यौहार बड़े आनन्द से मनाया जाता है। इस समय किसी पीपल या बरगद वृक्ष के नीचे गिद्धा नृत्य किया जाता है।

गिद्धा नृत्य का विषय सामाजिक दशा का चित्रण होता है। कहीं इसमें अनमेल विवाह का प्रदर्शन किया जाता है तो कहीं ननद और भावज के पारस्परिक कटु व्यवहार का प्रदर्शन किया जाता है। भाँगड़ा की ही भाँति गिद्धा नृत्य भी एक घेरे में वृत्ताकार रूप में खड़े होकर किया जाता है। कन्यायें गोलाई में खड़ी हो जाती हैं। उनमें कोई कन्या ढोलकी लेकर बजाने लगती है। ढोलक की गति पर दूसरी कन्या 'बोली' गाने लगती है। इसकी समाप्ति पर तीसरी कन्या अथवा स्त्री दूसरा गीत गाती है। इस प्रकार नृत्य और गीत का क्रम जारी रहता है। गिद्धा को पंजाब का 'लास्य' नृत्य कहा जा सकता है। इसके अतिरिक्त पंजाब में 'सम्मी' तथा 'किकली नृत्य' भी उपलब्ध होते हैं परन्तु भाँगड़ा और गिद्धा के समान उनको लोकप्रियता तथा प्रसिद्धि प्राप्त नहीं हो सकी है।

(च) तमिलनाडु के लोक-नृत्य

दक्षिण भारत के तमिलनाडु राज्य में अनेक लोक-नृत्य प्रचलित हैं जिनमें कोलट्टम, कवाड़ी और करकम नृत्य आदि प्रसिद्ध हैं।

(१) **कोलट्टम**—कोल का अर्थ छोटी छड़ी और 'अट्टम' का अर्थ खेलना है। चूँकि इस नृत्य में एक स्त्री अपने हाथ में छोटी लकड़ी को लेकर दूसरी स्त्री की हाथ की छड़ी को पीटकर खेलती है। अत: इसे 'कोट्टयम' कहा जाता है। इस नृत्य में लड़कियाँ गोलाकार वृत्त में स्थापित वासव की प्रतिमा की पूजा कर नृत्य करती हैं। विशेष रूप से यह नृत्य दीपावली से प्रारम्भ होकर पूर्णिमा तक चलता रहता है।

(२) **कवाड़ी नृत्य**—कवाड़ी का अर्थ काँवर है। जिस प्रकार उत्तर प्रदेश तथा बिहार के काँवरथू अपने कन्धों पर काँवर रखकर शिवरात्रि के अवसर पर गंगाजल को भगवान् शिव को अर्पित करते हैं उसी प्रकार से तमिलनाडु के लोग भी 'सुब्रह्मण्यम्' देवता की पूजा के लिए अपने कलशों में दूध या गुलाब जल लेकर इस देवता को चढ़ाते हैं। ये काँवर ढोने के साथ नृत्य भी करते हैं।

(३) **करकम नृत्य**—कवाड़ी की भाँति यह भी एक धार्मिक नृत्य है। नर्तक अपने शरीर में भस्म तथा चन्दन लगाते हैं तथा छोटी-सी कमीज धारण करते हैं। ये अपने सिर पर चावल से भरा कलश स्थापित करके उसे फूल-मालाओं से सुसज्जित कर मन्दिर में पूजा के लिए जाते हैं। जाते समय ये नृत्य करते हैं परन्तु सिर पर रखा कलश गिरने नहीं पाता।

(छ) अन्य राज्यों के लोक-नृत्य

इसी प्रकार इस देश के अन्य राज्यों में भी लोक-नृत्य प्रचलित है। बंगाल में छाऊ नृत्य, असम में बिहू नृत्य और उड़ीसा का ओड़िसी नृत्य सुन्दरता और मनोरमता में अपना सानी नहीं रखता। छाऊ नृत्य में महाभारत और रामायण की कथाओं को प्रस्तुत किया जाता है। नर्तक बड़े ही सुन्दर तथा भड़कीले मुखौटों को धारण कर नृत्य का कार्य सम्पादित करते हैं।

असम का बिहू नृत्य अपनी अनेक विशेषताओं के लिए प्रसिद्ध है। यह नृत्य फसल के पक जाने पर उसे काटते समय किया जाता है। गाँव के नवयुवक तथा युवतियाँ एकत्रित होकर इस नृत्य का सम्पादन बड़ी प्रसन्नता के साथ करती हैं। यह असमियाँ लोगों का बड़ा ही विशिष्ट तथा लोकप्रिय नृत्य है।

उड़ीसा का ओड़िसी नृत्य लोक-नृत्य की परिधि से बाहर जाकर अब शास्त्रीय स्तर को प्राप्त कर रहा है। इसकी रमणीयता और मनोहरता प्रसिद्ध है। अब ओड़िसी नृत्य सभ्य समाज की वस्तु माना जाने लगा है।

उत्तर प्रदेश तथा बिहार में विदेसिया नृत्य अत्यन्त प्रचलित तथा लोकप्रिय है। इसका निर्माता भिखारी ठाकुर नामक लोक नर्तक माना जाता है। इस नृत्य का विषय सामाजिक जीवन है। बाल विवाह, वृद्ध विवाह, बेटी बेचना इस नृत्य के विशिष्ट विषय हैं। यह नृत्य खुले मैदान में केवल पुरुषों के द्वारा ही अभिनीत किया जाता है। इसका 'मेक अप' साधारण है परन्तु इसकी 'अपील' सार्वजनीन होती है।

अध्याय १५

परिच्छेद १ : लोक-नाट्य

लोक-नाट्यों की समीक्षा

(१) **प्राचीनता**—भारत में नाट्यों की परम्परा अत्यन्त प्राचीन काल से चली आ रही है। नाटकों की उत्पत्ति के संबंध में भरत मुनि ने लिखा है कि चूंकि शूद्र और स्त्रियों के लिए वेदों का अध्ययन निषिद्ध था, अतः ब्रह्मा ने ऋग्वेद से पाठ्य, सामवेद से गान, यजुर्वेद से अभिनय और अथर्ववेद से रस लेकर 'नाट्य वेद' की सृष्टि की।

"जग्राह पाठ्यं ऋग्वेदात्, सामेभ्यो गीतमेव च।
यजुर्वेदादभिनयान्, रसमाथर्वणादपि॥"

इस प्रकार स्वयं ब्रह्मा ने सभी वर्णों के मनोरंजन के लिए 'नाट्य' की रचना की। महाकवि कालिदास ने भी लिखा है कि—

"नाट्यं भिन्न रुचेर्जनस्य,
वहुधाप्येकं समाराधनम्"

अर्थात् नाटक सर्व साधारण जनता के मनोरंजन के लिए एक मात्र साधन है।

(२) **लोक-नाट्यों का विकास**—भारत में मुसलमान शासकों की प्रवृत्ति साहित्य, संगीत और नाट्य कला की ओर उपेक्षापूर्ण ही नहीं बल्कि शत्रुतापूर्ण थी। फलस्वरूप उनके शासन में नाटक रचना तथा रंग-शालाओं का ह्रास होने लगा। अतः राजाश्रय का अभाव भी इसके पतन का कारण बना। इसी समय उत्तरी भारत में भक्ति आन्दोलन का प्रवर्तन हुआ। बल्लभाचार्य जी ने कृष्ण भक्ति का प्रचार किया। इनके शिष्यों ने भागवत के दशम स्कन्ध की कथा—जिसमें कृष्ण के जीवन चरित का वर्णन है—को कृष्ण लीला को अभिनय के माध्यम से जनता के सामने प्रदर्शित किया। इसी प्रकार गोस्वामी तुलसीदास जी के प्रयास से रामलीला का प्रयास हुआ। राम और कृष्ण की ये लीलायें लोक नाट्यों का पूर्व-रूप मानी जा सकती हैं।

(३) **लोक-नाट्यों की कतिपय विशेषताएं**—लोक-नाट्यों की कतिपय विशेषताओं का यहां संक्षेप में वर्णन किया जाता है—

(१) **भाषा**—लोक-नाट्यों की भाषा बड़ी सरल और सीधी-सादी होती है जिसे कोई अनपढ़ व्यक्ति भी बड़ी आसानी से समझ सकता है। जिस क्षेत्र या प्रदेश में इन नाटकों का अभिनय होता है, नट या पात्र वहां की क्षेत्रीय बोली (रीजनल

डाइलेक्ट) का ही प्रयोग करते हैं। जैसे उत्तर प्रदेश के पूर्वी भाग में रामलीला के प्रदर्शन में भोजपुरी तथा ब्रज में रासलीला के अभिनय में ब्रज भाषा का उपयोग किया जाता है। यह भाषा अलंकृत न होकर दैनिक प्रयोग में व्यवहृत भाषा होती है।

(२) **संवाद**—लोक-नाट्यों के संवाद बड़े छोटे और सरल होते हैं। कहीं-कहीं तो प्रश्नोत्तर केवल दो-तीन शब्दों तक ही सीमित रहता है।

(३) **कथानक**—इनका कथानक प्रायः ऐतिहासिक, पौराणिक या सामाजिक होता है। धार्मिक कथा-वस्तु लेकर अनेक नाटक खेले जाते हैं जैसे जात्रा और कीर्तन आदि। केरल में प्रचलित 'यक्ष गान' नामक लोक-नाट्य का कथानक प्रायः पौराणिक होता है।

(४) **पात्र**—लोक-नाट्य में प्रायः पुरुष पात्र ही अभिनय का कार्य करते हैं। कुछ लोक-नाटक-मंडलियाँ सर्वसाधारण जनता को आकृष्ट करने के लिए अब सुन्दर, युवती लड़कियों का भी उपयोग करने लगी हैं। परन्तु ये रामलीला और रासलीला में नहीं पाई जाती।

(५) **रंग-मंच**—लोक-नाट्यों का रंग-मंच खुले मैदान में होता है जहाँ काठ के तख्तों को रखकर मंच बना लिया जाता है। इन रंग-मंचों पर प्रायः परदा का अभाव होता है।

भारत के कतिपय प्रसिद्ध लोक-नाट्य

भारत के विभिन्न प्रान्तों में अनेक प्रकार के भिन्न-भिन्न लोक-नाट्य प्रचलित हैं—

(१) उत्तर प्रदेश में रामलीला और रासलीला की चर्चा अभी की जा चुकी है जो इस प्रदेश के पूर्वी तथा पश्चिमी भागों में क्रमशः प्रचलित हैं।

(२) मध्य प्रदेश में, विशेष कर मालवा में 'माच' नामक लोक-नाट्य प्रसिद्ध है। माच शब्द की उत्पत्ति 'मंच' से मानी जाती है। इसका मंच चारों ओर से खुला रहने के कारण इसमें 'नेपथ्य' नहीं होता। माच की संवाद योजना, शब्द योजना और अभिनय बहुत सुन्दर होता है।

(३) **ख्याल**—राजस्थान में माँच 'ख्याल' के रूप में प्रचलित है। इसका आरम्भ १९वीं शताब्दी के उत्तरार्ध से माना जाता है। मालवा में माचों की परम्परा अविच्छिन्न रूप से चली आ रही है।

(४) **नौटङ्की**—उत्तर प्रदेश में हाथरस की नौटङ्की बड़ी प्रसिद्ध है। कुछ विद्वान् इस शब्द की उत्पत्ति 'नाटकी' से मानते हैं। उत्तर प्रदेश में नौटंकी को 'स्वाग या सांग' भी कहते हैं।

(५) आगरा में प्रचलित 'भगत' नामक लोक-नाट्य लोगों के मनोरंजन का अपूर्व साधन है।

(६) गुजरात में **'भवाई'** नामक लोक-नाट्य अत्यन्त लोकप्रिय है। इसकी प्रसिद्धि इसकी वेश-भूषा, दैनिक जीवन से संबंधित घटनाओं के अभिनय और धार्मिक कथाओं के विश्वास पर आश्रित है। इसमें तबला, नगाड़ा आदि तेज वाद्यों के साथ अभिनय होता है। इसमें स्त्रियों का 'पार्ट' भी प्राय: पुरुष ही किया करते हैं।

(७) गुजरात में गर्बा नामक एक अन्य लोक-नृत्य नाट्य भी प्रचलित है जिसमें नाटकीयता की अपेक्षा नृत्य की ही प्रधानता पायी जाती है। यह नृत्य-नाट्य अब उच्च वर्ग के शिष्ट समाज में भी प्रदर्शित किया जाने लगा है। अत: अब इसे लोक नाट्य कहने में संकोच होता है।

(८) बंगाल में **'जात्रा'** नामक लोक-नाट्य प्रसिद्ध है। चैतन्य महाप्रभु अपनी धार्मिक यात्राओं में भगवान् श्रीकृष्ण का अभिनय और कीर्तन भी किया करते थे। अत: इस प्रकार धार्मिक नाटकों का नाम ही 'जात्रा' पड़ गया।

(९) **गंभीरा**—लोक-नाट्यों का एक दूसरा रूप है जो बंगाल में प्रचलित है। यह शैव मतावलम्बियों से संबंधित है। शिव की लीलाओं को अभिनीत करने के लिये ये पात्र अपने सिर पर अनेक प्रकार के चेहरे या मुखौटा (मास्क) लगा कर मंच पर आते हैं। शिव का अभिनय करने वाला पात्र जनता को प्रणाम करके नृत्य आरंभ करता है। गायकों का मण्डल उसके पीछे गाता है। नृत्य की गति आरम्भ में मन्द और अन्त में द्रुत हो जाती है।

(१०) महाराष्ट्र में **तमाशा**, **ललित**, **गोंधल**, **बहुरूपिया** और **दशावतार** आदि नाट्य मराठी रंग-मंच पर खेले जाते हैं। तमाशा महाराष्ट्र का अपेक्षाकृत प्राचीन लोक-नाट्य है। तमाशा करने वाली मण्डली 'फड़' और उसका मुखिया 'सरदार' कहलाता है। इस 'फड़' में ढोलकिया, नचिया और सुरतिया (स्वर मिलाने वाला) आदि होते हैं। नर्तकी 'तमाशा' का प्राण स्वरूप होती है। वह अपनी भाव-भंगिमा और मधुर गीत से ग्रामीण जनता के हृदय को आकृष्ट कर लेती है।

(११) **ललित** मध्ययुगीन धार्मिक नाट्य हैं। यह नवरात्र संबंधी विशेष कीर्तन है जिसमें भक्तों द्वारा स्वांग दिखलाये जाते हैं। ऐसा ज्ञात होता है कि ललित में कीर्तन की मात्रा कम होती गई और कालान्तर में स्वांग संबंधी विशेषतायें नाटक के रूप में प्रचलित हो गईं।

(१२) **गोंधल**—धर्ममूलक लोक-नाट्य है। महाराष्ट्र में इसका आनुष्ठानिक महत्व है। विवाहादि अवसरों पर गोंधल के अभिनय की व्यवस्था की जाती है।

(१३) **यक्षगान**—दक्षिण भारतीय लोक नाट्य का वह प्रकार जो आन्ध्रप्रदेश, तमिलनाडु तथा कर्नाटक की ग्रामीण जनता में प्रचलित है। तेलुगु में इसे 'विथि' या 'विथि भागवतम्' कहते हैं। यक्षगान की परम्परा अत्यन्त प्राचीन है। यह एक नृत्य-नाट्य (Dance-drama) है जिसमें गतिबद्ध संवादों का प्रयोग होता है। इसके पात्र लम्बे-लम्बे संवादों को सहज में ही कंठस्थ किये रहते हैं। यक्षगान नाटकों की

कथावस्तु प्रायः पौराणिक होती है जो रामायण, महाभारत और भागवत से ली गई रहती है।

(१४) **विथि नाटकम् या विथि भागवतम्**—यह तेलेगु जनता का लोक नाट्य है। यक्षगान की अनेक विशेषताएँ इसमें पायी जाती हैं। 'विथि नाटकम्' का शाब्दिक अर्थ है वह नाटक जो मार्ग में अभिनीत किया जाय। इस नाटक में एक या दो ही पात्र रंगमंच पर आते हैं। स्त्रियाँ सामूहिक रूप से नृत्य करती हैं। नृत्य और अभिनय के द्वारा कृष्ण लीला को बड़ी सफलता से 'विथि नाटकम्' का विषय बनाया गया है।

(१५) **भाँगड़ा**—पंजाब में भाँगड़ा नामक लोक नृत्य-नाट्य प्रसिद्ध है। यह नृत्य केवल पुरुषों के द्वारा किया जाता है। यह बड़ा ही शक्तिपूर्ण (Vigorous) और बलशाली नृत्य होता है जिसके पात्र बड़े ही सशक्त, बलवान् और हृष्ट-पुष्ट होते हैं। एक पुरुष दूसरे पुरुष के कन्धों पर चढ़कर 'पिरामिड' की आकृति बनाता है जो बड़ा ही रोमांचक होता है। इसमें अभिनय की अपेक्षा नृत्य ही अधिक होता है। पुरुषों की ही भाँति पंजाबी स्त्रियों का नृत्य 'गिद्धा' कहलाता है।

(१६) **छाऊ**—बंगाल के पुसलिया जिले में "छाऊ' नृत्य प्रसिद्ध है। यह लोक नृत्य नष्ट होता जा रहा था। परन्तु भारत के सुप्रसिद्ध लोक-साहित्य के विद्वान् प्रोफेसर डा० आशुतोष भट्टाचार्य ने अपने कठिन प्रयास से इसे पुनरुज्जीवित किया है। इन्होंने इस नृत्य के विशेषज्ञों की एक मण्डली बना कर अमेरिका और यूरोप में भी इसके सफल प्रदर्शन में कुशलता प्राप्त की है।

(१७) **विदेसिया**—उत्तर प्रदेश के पूर्वी जिलों में प्रचलित विदेसिया नामक लोक-नाट्य की चर्चा किये बिना यह अध्याय अपूर्ण ही रह जायेगा। विहार के सारन जिले के कुतुबपुर गाँव के निवासी भिखारी ठाकुर ने इस लोक नृत्य-नाट्य रचना की है। जैसा कि इसके नाम से ही विदित होता है इसमें किसी विदेस या परदेस में गये हुए व्यक्ति की निर्दयता का वर्णन है जो अपनी पत्नी के पास आर्थिक सहायता नहीं भेजता। यह नाटक बड़ा ही लोकप्रिय है और इसे देखने के लिए कई हजार लोगों की भीड़ एकत्र होती है। यह नाटक आसमान के नीचे खुले मंच पर होता है जिसमें केवल पुरुष पात्र ही अभिनय करते हैं।

परिच्छेद २ : लोक-कला

भारतवासियों का जीवन सदा से कलात्मक रहा है और आज भी है। हमारी प्राचीन ललित कलायें अत्यन्त गौरवशाली थी। परन्तु इसके साथ ही आज जन-जीवन में उपलब्ध लोक कलाओं का भी कुछ कम महत्व नहीं है। ग्रामीण जन भी

कार्य करता है उसे वह कलात्मक रीति से सम्पादित करता है। गृह-निर्माण से लेकर बालकों द्वारा घरौंदा बनाने तक में एक विशेष प्रकार की कला दिखाई पड़ती है।

लोक कला के भेद—ललित कला के प्रधानतया पाँच भेद पाये जाते हैं—(१) चित्र कला (२) मूर्ति कला (३) स्थापत्य कला (४) संगीत कला और (५) काव्य कला। परन्तु उत्तर प्रदेश के पूर्वी भाग के प्रचलित लोक-कला को निम्नांकित दस भागों में विभक्त किया जा सकता है—(१) वास्तु कला (२) मूर्तिकला (३) चित्र कला (४) अल्पना (५) थोप (६) गोंडना (७) मेंहदी (८) महावर (९) मिष्ठान्न तथा (१०) विविध कला। इनमें से कुछ प्रसिद्ध कलाओं का संक्षेप में यहाँ वर्णन किया जाता है।

(१) **वास्तु कला—मंदिर**—लोक गीतों में मंदिर बनवाने का वर्णन अनेक स्थानों में उपलब्ध होता है। मंदिर का अर्थ निजी गृह तथा देव-स्थान दोनों ही होता है। एक गीत में कोई लोक कवि शिव के मंदिर के विषय में कहता है कि यह पत्थर से बना हुआ है तथा इसकी "छाजन" बेंत से की गई है। इस मन्दिर में "अगरू" की लकड़ी का चौखट लगा हुआ है तथा चन्दन के केवाड़ सुशोभित हैं। ऐसा ज्ञात होता है कि मंदिरों में तथा समृद्ध लोगों के घरों में चन्दन के कपाट लगाये जाते थे।

(२) **चित्र कला**—यह प्रधान रूप से दो प्रकार की उपलब्ध होती है :

(क) भित्ति चित्र (Fresco painting)

(ख) पट चित्र (Canvaus painting)

गाँवों में प्रथम प्रकार की चित्र-कला ही अधिक उपलब्ध होती है। चित्रांकन के लिए लोक गीतों में 'उरेहना' शब्द का प्रयोग किया जाता है। ये चित्र घर की बाहरी तथा भीतरी दीवालों पर बनाये जाते हैं। विवाह के गीतों में 'कोहबर' में चित्र कर्म भी पाया जाता है। एक गीत में कौतुकगृह (कोहबर) की भित्ति पर चार चिड़ियों तथा एक जोड़े हंस को चित्रित करने का प्रसंग मिलता है। इस घर में सूर्य और चन्द्रमा को भी चित्रित करने का उल्लेख है। इसमें समधिनि के द्वारा बनाये गये चित्रों को देखकर समस्त संसार मोहित हो जाता है। इसके अतिरिक्त कोहबर में कमल पुरुष, कमल पत्र, हाथी, घोड़ा, पालकी तथा पान का पत्ता का भी चित्र बनाया गया है।

चित्र कला के उपादान—कोहबर के भित्ति चित्रों के आलेखन में मुख्यतः चूना, सिन्दूर, हलदी, काजल, गेरू (गैरिक) और चौरठ (चावल का आटा) प्रयुक्त होता है। सर्वप्रथम दीवाल पर चूने से सफेदी कर दी जाती है। इसके पश्चात् चौरठ में पानी और पीसी हलदी डाल कर उसका लेप तैयार किया जाता है। फिर

बाँस की पतली शाखा को 'कूँच' कर उसका ब्रश बनाया जाता है। इसी बाँस के बने ब्रश के द्वारा ग्रामीण स्त्रियाँ 'चौरठ' तथा हलदी के मिश्रित लेप से चित्र कर्म करती हैं। जहाँ इस ब्रश का अभाव रहता है वहाँ अँगुली से ही यह कार्य सम्पादित किया जाता है।

(३) **मूर्ति कला**—ग्रामीण कलाकार मूर्ति कला में भी निपुण दिखाई पड़ता है। वह पाषाण में अपनी छेनी के द्वारा मानव की सजीव आकृति प्रस्तुत करने में सफल होता है। वह मिट्टी की गौरी तथा गणेश की सुन्दर तथा आकर्षक मूर्तियाँ बनाता है। इसके साथ ही उसकी कला काष्ठ खण्ड में भी जान डाल देती है। ग्रामीण मूर्तियों को साधारणतया चार भागों में विभक्त किया जा सकता है—(क) प्रस्तरमयी मूर्तियाँ (ख) काष्ठमयी मूर्तियाँ (ग) मृण्डमयी मूर्तियाँ तथा (घ) धातुमयी मूर्तियाँ। मृण्डमयी मूर्तियों को अंग्रेजी में "टेरा कोटाज़" कहा जाता है। दीपावली के अवसर पर गाँव का कुम्भार लक्ष्मी, गणेश, सरस्वती, हनुमान् और दुर्गा जी की इतनी सुन्दर तथा नयनाभिराम मूर्तियाँ बनाता है कि उसे देखने के लिए जी तरसता रहता है।

(४) **अल्पना**—मांगलिक अवसरों पर अल्पना बनाने की प्रथा है। विवाह में बारात के आने के पहिले जहाँ लड़की वाले के घर द्वार-पूजा की जाती है उस स्थान को पहिले गोबर से लीप देते हैं। इसके बाद आटा से जमीन पर स्वस्तिक की अल्पना बनाई जाती है। तिलक, विवाह तथा यज्ञोपवीत आदि मांगलिक अवसरों पर अल्पना की विभिन्न डिजाइनें बनाई जाती हैं जिन्हें "चौक पूरना" कहा जाता है। काठ के छोटे से तख्ते या पीढ़ा पर चावल को विभिन्न रंगों में रंग कर बड़ी सुन्दर अल्पना का निर्माण किया जाता है जिनमें 'ओइम्' तथा 'स्वस्तिक' की डिजायनें प्रधान हैं।

(५) **थापे**—हाथ की अँगुलियों का थापा या ठापा मार कर जो चित्र अंकित किये जाते हैं उन्हें 'थापा' कहा जाता है। विवाह-मण्डप में जो हरे बाँस गाड़े जाते हैं उसके ऊपर उस लड़की की पाँचों अँगुलियों के थापे लगवाये जाते हैं जिसका विवाह होने वाला होता है। यह थापा चावल को पानी में पीस कर अथवा आटा को पानी में घोल कर बनाया जाता है। पर्वतीय जिलों में दीपावली के अवसर पर स्त्रियाँ लक्ष्मी के गृह में प्रवेश करने के लिए मार्ग बनाती हैं जो लाल और सफेद रंगों को मिला कर 'मुट्ठी' का थापा लगाकर तैयार किया जाता है। यह थापा बड़ा ही कलात्मक होता है।

(६) **गोंदना**—विवाह के पश्चात् गोंदना गोंदवाना स्त्रियों के लिए प्रायः आवश्यक माना जाता है। यद्यपि गोंदना के लिए अनेक यंत्रों का आविष्कार हो गया है परन्तु गाँवों में यह काम आज भी बाँहों में सुइयों को चुभो कर किया जाता है।

गोंदना गोंदने का काम नेटुआ जाति की स्त्रियाँ करती हैं। इस गोंदना में फूल, पत्ती, स्वस्तिक, ओइम् आदि की आकृति उत्कीर्ण की जाती हैं।

बंगाल की लोक कला

बंगाल की लोक कला के अन्तर्गत चित्र विद्या को 'पट' कहा जाता है। इस प्रकार के चित्र केवल बंगाल में ही बनते हैं। इस चित्र कला का प्रभाव उड़ीसा और असम राज्यों में भी पाया जाता है। काली घाट के पट बनाने वाले 'पडुवे' या चित्र-कार तथा पश्चिम बंगाल के 'पटुवे' रंगों की कला में बड़े दक्ष माने जाते हैं। इनके रंग सजीव और 'चटकार' होते हैं। इनकी डिजाइनें भी सरल होती हैं। इन चित्रों में किसी देवी-देवता तथा पशु-पक्षियों का चित्रण होता है। पट का चित्रण सरल, मधुर और आडम्बरहीन रूप से किया जाता है।

मिट्टी के पात्रों पर चित्र कर्म भी लोक कला का अंग है। मिट्टी के बने कलशों तथा उनके ढक्कनों पर चित्रकारी पाई जाती है। इस काम के लिए सफेद, पीला और कभी-कभी लाल रंग भी प्रयुक्त किया जाता है। इन चित्रों में स्त्री-पुरुष, हाथी-घोड़ा, पशु-पक्षी, अनेक प्रकार के फूल, पत्तियाँ, बेल और कमल आदि चित्रित किये जाते हैं। कूची (ब्रश) का काम तिनकों से लिया जाता है। इन चित्रों में रेखा, रंग और अभिव्यक्ति का अद्भुत सामञ्जस्य दिखाई पड़ता है।

हाथी दाँत तथा शंख का काम

मुर्शिदाबाद तथा कलकत्ता में हाथी दाँत की छोटी-छोटी मूर्तियाँ बनाई जाती हैं। इसके अतिरिक्त पशु-पक्षियों का भी निर्माण सजावट के लिए किया जाता है। महीन चूड़ियाँ तथा सिन्दूर रखने की डिबिया भी हाथी दाँत से बनाई जाती है। मुर्शिदा बाद की यह कला इतनी प्रसिद्ध है कि समस्त भारत पर इसका प्रभाव पड़ा है।

विष्णुपुर और ढ़ाका (अब बांगला देश) में शंख की बनी महीन तथा चित्र-विचित्र चूड़ियाँ मशहूर हैं। बंगाली स्त्रियाँ इन्हें बहुत पसन्द करती हैं तथा चाव से धारण करती हैं। बंगाल के रईस पुरुष तथा धनी-मानी स्त्रियाँ शान्तिपुर और चन्द्रकोना आदि की बनी हथकरघे की साड़ियाँ अधिक चाव से पहिनती हैं। इनके किनारे (कन्नियाँ) बहुत सुन्दर बने हुए होते हैं। सीधी किनारी (दो काले के बीच गहरा लाल), सतरंगी किनारी, चटाई किनारी आदि नाम से प्रसिद्ध विभिन्न ढंग की किनारे की साड़ियाँ केवल सुन्दर ही नहीं होती बल्कि एक विशेष संस्कृति की परि-चायका है।

मेदिनी पुर जिले की महीन चटाइयाँ तथा कोमिल्ला, और सिलहट (अब बांगला देश) की सीतल पाटी अपनी लोक कला के लिए प्रसिद्ध है। सीतल पाटी भी

एक प्रकार की चटाई ही है जो सूती वस्त्र की तरह तह लगा कर रखी जा सकती है। यह मुलायम चटाई गर्मियों के दिनों में चारपाई के ऊपर गद्दों पर बिछाई जा सकती है तथा शीतल मालूम होती है।

कांथा—बंगाल का कांथा (कंथा) लोक कला की दृष्टि से अत्यन्त प्रसिद्ध है। इस कांथा या कँथड़ियों की सिलाई को एक सुकुमार कला की कोटि तक पहुँचा दिया गया है। इन कँथड़ियों की सिलाई में मातृ हृदय मानों लिपटा पड़ा है। इन कँथड़ियों में स्त्रियाँ सूई और डोरा (सूत) की सहायता से तरह-तरह के फूल, फल, वृक्ष, लता तथा जीव-जन्तु, पशु-पक्षी आदि की आकृतियों को उत्कीर्ण करती हैं।

अल्पना—बंगाल की अल्पना-कला भी अत्यन्त उत्कृष्ट होती है। जमीन पर उँगलियों तथा रूई की सहायता से तथा दीवालों एवं काठ के पटरों पर तिनकों के माध्यम से चित्र बनाये जाते हैं। इस काम में चावल की पीठी का सफेदा काम में लाया जाता है। विवाह के अवसर पर वर के घर में जो अल्पना बनाई जाती है उसे 'बहुछत्र' कहा जाता है। लक्ष्मी पूजा के अवसर पर कमल और लक्ष्मी के चरण की अल्पना सुन्दर रंग में की जाती है। दीवालों पर वर-बधू के बैठने के पटरे पर अल्पना की जाती है। वह बड़ी रंगीन होती है। सूक्ष्मातिसूक्ष्म रेखाओं से यह चित्रकारी अतीव सुन्दर की जाती है।

मिष्ठान्न—मिठाइयों के निर्माण में भी लोक कला का दर्शन किया जा सकता है। खोवा तथा पेड़ा की मिठाइयों को बनाने के लिए अनेक प्रकार के साँचे बनाये जाते हैं। इन साँचों के द्वारा बनाई गई मिठाइयों में स्वाद की वृद्धि पाई जाती है। बड़िये तरह-तरह के आभूषण के नमूनों पर बनाई जाती हैं जो घरेलू कला का प्रतीक हैं। सचमुच बंगाल लोक कला का आगार है।[1]

---

१. श्रीमती माया गुप्त—बंगाल की लोक कला, सम्मेलन पत्रिका (लो०क० विशेषांक) १८८० शकाब्द, पृ० ६४९-६५३।

खण्ड : ६

लोक-साहित्य

अध्याय १६

लोक-गीत

अध्याय १७

लोक-गाथा

अध्याय १८

परिच्छेद १—लोक-कथा

परिच्छेद २—लोक-सुभाषित

उपसंहार

खंड ६

लोक-साहित्य

अध्याय १६—लोक-गीत

लोक साहित्य लोक संस्कृति का एक अभिन्न अङ्ग है। इसके अभाव में लोक संस्कृति का अध्ययन अपूर्ण ही माना जाता है। अतः इसकी संक्षिप्त चर्चा यहाँ प्रस्तुत की जाती है।[1]

लोक-साहित्य का वर्गीकरण

लोक साहित्य को प्रधानतया निम्नलिखित पाँच भागों में विभक्त किया जा सकता है —

(१) लोक-गीत (Folk-lyrics)
(२) लोक-गाथा (Folk-ballads)
(३) लोक-कथा (Folk-tales)
(४) लोक-नाट्य (Folk-drama)
(५) लोक-सुभाषित (Folk-sayings)

यहाँ पर इस प्रत्येक श्रेणी का संक्षिप्त विवरण प्रस्तुत करना अत्यन्त आवश्यक प्रतीत होता है।

(१) **लोक-गीत**—लोक-गीत वह गेय गीत है जिससे जन मन का अनुरंजन सदा होता रहता है। इन गीतों को स्त्री और पुरुष समान रूप से गाते हैं। इन गीतों में कुछ ऐसे गीत उपलब्ध होते हैं जो केवल स्त्रियों द्वारा ही गाये जाते हैं—जैसे संस्कार विषयक गीत। इसके ठीक विपरीत कुछ ऐसे ही गीत हैं जो केवल पुरुषों की

१. लोक साहित्य तथा उसके विभिन्न विभागों के विस्तृत अध्ययन के लिए देखिए डा० कृष्णदेव उपाध्याय—लोक साहित्य की भूमिका (साहित्य भवन लिमिटेड, इलाहाबाद, १६८५ ई०)

ही सम्पत्ति हैं। जैसे होली के गीत। लोक गाथायें तो केवल पुरुष वर्ग के द्वारा ही गाई जाती हैं, मानों इन्हें गाने का पुरुषों को एक मात्र अधिकार प्राप्त हो गया हो।

गायकों की संख्या की दृष्टि से लोक-गीतों को दो विभागों में विभक्त किया जा सकता है—(१) एकल और (२) सामूहिक। 'एकल' वह गीत है जिसे केवल एक ही व्यक्ति गाता है जैसे—शीतला माता के गीत। इस गीत को शीतला देवी को प्रसन्न करने के लिए उस बालक की माता गाती है जिसका पुत्र चेचक के रोग से पीड़ित रहता है। इसी प्रकार से आल्हा, लोरकी और विजय मल की लोक-गाथाओं को केवल एक ही लोक गायक गाता है। आल्हा गीत के गायक को अल्हैत और हुड़का पर पहाड़ी लोक गीत के गाने वाले को 'हुड़ुकिया' कहा जाता है।

इसके विपरीत कुछ ऐसे भी लोक गीत हैं जो सामूहिक रूप से ही गाये जाते हैं जैसे झूमर। इस गीत को अनेक स्त्रियाँ गोलाकार रूप में एकत्रित होकर बड़े प्रेम से गाती हैं। इसी प्रकार से होली के गीत को अनेक पुरुष एक साथ मिलकर तार स्वर से गाते हैं। इस तरह एकल (सोलो) तथा सामूहिक रूप (कोरस) से लोक गीतों के गाने का प्रथा प्रचलित है।

लोक गीतों का वर्गीकरण

लोक गीतों को निम्नांकित छः श्रेणियों में विभक्त किया जा सकता है—

(१) संस्कार सम्बन्धी गीत

(२) ऋतु सम्बन्धी गीत

(३) व्रत सम्बन्धी गीत

(४) जाति सम्बन्धी गीत

(५) श्रम सम्बन्धी गीत

(६) विविध गीत

यहाँ इन सभी वर्गों का संक्षिप्त वर्णन करना कुछ अप्रासंगिक न होगा।

(१) **संस्कार सम्बन्धी गीतों** को पुनः ६ वर्गों में विभाजित किया जा सकता है—(१) सोहर (२) मुण्डन (३) जनेऊ (४) विवाह (५) गवना और (६) मृत्यु। हमारे धर्म शास्त्रियों ने षोडश प्रकार के संस्कारों का उल्लेख किया है जिनमें कुछ पुत्र-जन्म के पहिले और कुछ बाद में किये जाते हैं। परन्तु आजकल पुत्र-जन्म के पूर्व होने वाले—गर्भाधान और पुंसवन आदि संस्कारों का लोप हो गया है और केवल पुत्र-जन्म के बाद ही संस्कारों का विधान उपलब्ध होता है। अतः अब कोई भी ऐसा गीत नहीं पाया जाता जो पुत्र-प्राप्ति के पहिले गाया जाता हो। हाँ, हिन्दी प्रदेश के कुछ भागों में ऐसे कतिपय गीत अवश्य पाये जाते हैं जो छः मासा और आठ मासा कहे जाते हैं। इन्हें गर्भिणी के छः मास और आठ मास बीतने पर गाया जाता है। परन्तु इनकी संख्या अत्यन्त अल्प है।

अनुच्छेद १ : संस्कार-सम्बन्धी गीत

(१) **सोहर**—संस्कार सम्बन्धी गीतों में सोहर प्रथम स्थान का अधिकारी है। यह केवल पुत्र के ही जन्म पर गाया जाता है। भोजपुरी समाज में पुत्री के जन्म का स्वागत नहीं किया जाता। अतः अपने हृदय के उल्लास को प्रकट करने के लिए गीत गाने का कोई प्रश्न ही नहीं उठता। सोहर को वर्ण्य विषय की दृष्टि से दो भागों में विभक्त किया जा सकता है—(१) पूर्व पीठिका और (२) उत्तर पीठिका। पूर्वपीठिका में पुत्र के जन्म के होने के पहिले गर्भिणी की दशा का वर्णन होता है। जैसे गर्भाधान के कारण शरीर में परिवर्तन उत्पन्न होना; प्रसव कालीन पीड़ा आदि। उत्तर पीठिका में पुत्र की उत्पत्ति के पश्चात् माता और पिता के उछाह और उत्सव का वर्णन पाया जाता है। पिता धन-धान्य लुटाता हुआ दिखलाई पड़ता है तो माता ब्राह्मणों को दान तथा भिक्षुकों को भिक्षा देती मिलती है। पुत्र-जन्म के अवसर पर जहाँ उछाह तथा उत्सव दृष्टिगोचर होता है वहीं पुत्री का जन्म विषाद का अवसर होता है।

मैथिली सोहरों की परम्परा बड़ी प्राचीन है। इनमें भी भोजपुरी सोहरों की भाँति दोहद, प्रसव पीड़ा, आनन्द और उदाह का वर्णन उपलब्ध होता है। परन्तु शृङ्गार रस की अपेक्षा इनमें करुण की मात्रा का पुट अधिक है। मैथिली सोहर तुकान्त और भिन्नतुकान्त दोनों प्रकार के मिलते हैं। सोहर सुखान्त होता है और इसमें आशा की निर्झरिणी टेढ़ी नागिन सी बलखाती बिजली सी दौड़ती चली गई है।[1]

व्रज में इन गीतों को सोभर, सोहर या सीहिलो कहा जाता है। सोभर वह घर है जिसमें नव-प्रसूता स्त्री रहती है। भोजपुरी में इसे 'सउरि' कहा जाता है। अतः प्रसूतिका-गृह के उपलक्ष में गाये जाने वाले 'सोभर' के नाम से प्रसिद्ध हैं। व्रज प्रदेश में पुत्र जन्म के समय विभिन्न अवसरों पर गाने के लिए भिन्न-भिन्न गीत प्रचलित हैं जिन्हें प्रधानतया चार भागों में विभक्त किया जा सकता है— (१) जन्ति के गीत (२) छठी के गीत (३) जगमोहन लुगरा और (४) तगा। जन्ति और छठी के गीतों के भी अनेक भेद पाये जाते हैं।[2]

खेलवना के गीत भी सोहर के समान ही पुत्र-पैदा होने के अवसर पर गाये जाते हैं। परन्तु सोहर और इनमें कुछ भिन्नता है। सोहर में विशेषकर पुत्र-जन्म की पूर्वपीठिका का वर्णन होता है परन्तु खेलवना के गीतों में उत्तर पीठिका का। पुत्र-

---

१. राकेश—मै० लो० गी०, पृ० ५०

२. इन गीतों के विस्तृत विवरण के लिए देखिए—डा० सत्येन्द्र—व्रज लोक साहित्य का अध्ययन, पृ० १४३-१५३

प्राप्ति की लालसा रखने वाली स्त्री, गर्भ की वेदना से व्याकुल तरुणी, बधू के मङ्गल साधन में निरत सास, धाय को दौड़कर बुलाने वाला पति—ये सब सोहर के प्रतिपाद्य विषय हैं। परन्तु सद्यः जात शिशु का रुदन, माता का आनन्द, सास की प्रसन्नता, दान देने वाला पिता—ये सब खेलवना नामक गीत के मुख्य विषय हैं। यद्यपि सोहर और खेलवना के गीतों में कोई स्थूल विभाजक रेखा नहीं खींची जा सकती परन्तु इन दोनों में मुख्यतया यही अन्तर है।

(२) **मुण्डन**—बालक जब बड़ा हो जाता है तब उसका मुण्डन संस्कार किया जाता है। संस्कृत में इसे 'जातकर्म' कहते हैं। महाकवि कालिदास ने राजा रघु के जातकर्म संस्कार का वर्णन किया है जिसे उन्होंने 'गोदान विधि' कहा है।[१] इस संस्कार के पहिले—जो बालक के जन्म के विषम वर्षों में किया जाता है—बालक का मुण्डन करना निषिद्ध माना जाता है। इसीलिए इसे पहिले तीसरे, पाँचवे या सातवें वर्ष में करने का विधान है।

किसी पवित्र तीर्थ स्थान में, नदी के किनारे अथवा किसी मन्दिर के प्रांगण में बालक का मुण्डन किया जाता है। उत्तर प्रदेश के निवासी इस कार्य के लिए मिर्जापुर के पास विन्ध्यवासिनी देवी के मन्दिर में जाते हैं। बालक की बहिन अथवा फूआ (बुआ) इन कटे हुए बालों को अपने आँचल में एकत्रित 'ओड़ती'—करती जाती है जिसके लिए वह अपना 'नेग' माँगती है।

मुण्डन के गीतों में कहीं तो कोई स्त्री इन्द्र भगवान् से जल की वर्षा न करने की प्रार्थना करती है तो कहीं बालक की फूआ अपने भतीजे के मुण्डन में सम्मिलित होने के लिए चली आ रही है। कहीं भाई अपनी बहिन से 'लापर परीछने' की प्रार्थना करता है तो कहीं बहिन अपने पिता से 'नेग' के रूप में कोई आभूषण माँगती है। मुण्डन और जनेऊ के अवसर पर बालक की फूआ (बुआ) को 'नेग' पाने की बड़ी आशा रहती है। अतः इन गीतों में इसका बारम्बार उल्लेख पाया जाता है।

(३) **जनेऊ के गीत**—जनेऊ को संस्कृत में यज्ञोपवीत कहा जाता है। इसका दूसरा नाम 'उपनयन' भी है। जिस संस्कार के द्वारा ब्रह्मचारी—विद्यार्थी—गुरु के समीप लाया जाता है उसे 'उपनयन' कहते हैं। "उपनीयते गुरुसमीपं नीयते अनेन हति उपनयनम्।" प्राचीनकाल में उपनयन संस्कार होते ही ब्रह्मचारी गुरुकुल में पढ़ने के लिए चला जाता था। इसीलिए इसे 'उपनयन' की संज्ञा प्राप्त थी। चूंकि उपनयन होने के पश्चात् ब्रह्मचारी को अनेक नियमों का पालन करना पड़ता था अतः इसे 'व्रतबन्ध' की भी संज्ञा प्राप्त थी।

---

१. अथास्य गोदानविधेरनन्तरं;
विवाहदीक्षां निरवर्तयद् गुरुः ॥ (रघुवंश) ३/३३

जनेऊ के जो गीत गाये जाते हैं उनमें उन विधि-विधानों का वर्णन उपलब्ध होता है जो इस संस्कार के समय सम्पादित किये जाते हैं। कहीं पर ब्रह्मचारी किसी स्त्री को माता कह कर सम्बोधित करता हुआ भिक्षा देने की प्रार्थना करता है तो कहीं वह विद्या पढ़ने के लिए काशी या कश्मीर जाने के लिए प्रस्तुत है। यज्ञोपवीत संस्कार में "भिक्षा माँगना" एक प्रधान विधि है। ब्रह्मचारी मूंज की करधनी और पलाश का दण्ड धारण करता है। वह आम की लकड़ी से बने खड़ाऊ को पहिनता है। अनेक लोक-गीतों में ब्रह्मचारी का पिता पलाश-दण्ड को खोजने के लिए व्याकुल दिखाई पड़ता है। बुन्देलखण्डी तथा मैथिली जनेऊ के गीतों में भी एक ही भाव-धारा प्रवाहित होती दिखाई पड़ती है। मैथिली लोकगीतों में जनेऊ के अवसर पर बाँस का मण्डप तैयार करने का उल्लेख पाया जाता है। इसी प्रकार बुन्देलखण्डी लोक गीतों में भी इस समय उछाह दिखाई पड़ता है।

(४) **विवाह के गीत**—हमारे प्राचीन धर्मशास्त्रकारों ने विवाह के आठ भेदों का वर्णन किया है जो निम्नांकित हैं—(१) ब्राह्म (२) दैव (३) आर्ष (४) प्राजापत्य (५) आसुर, (६) गान्धर्व (७) राक्षस और (८) पिशाच। इनमें से प्रथम चार प्रकार—ब्राह्म, दैव, आर्ष और प्राजापत्य प्रशस्त माने जाते हैं और अन्तिम चार अप्रशस्त अथवा निन्दनीय ठहराये गये हैं।

विवाह के गीतों में विभिन्न विधि-विधान—विवाह एक लम्बा-चौड़ा व्यापार है जिसमें अनेक महत्वपूर्ण विधान उपलब्ध होते हैं जैसे—वर रक्षा, तिलक, वर की सजावट, वारात का प्रस्थान, मण्डप का निर्माण, द्वारपूजा, कन्या निरीक्षण, सिन्दूर दान तथा विवाह। इस अवसर पर कन्या पक्ष में बाईस (२२) और वर पक्ष में सोल (१६) प्रकार के विधि-विधान सम्पादित किये जाते हैं।[१] इसी प्रकार से व्रज प्रदेश में विवाह के अवसर पर चौबीस (२४) प्रकार के विधान उपलब्ध होते हैं।[२] व्रज में विवाह संस्कार का प्रारम्भ 'लगुन' अथवा लग्नपत्रिका से होता है। परन्तु भोजपुरी में इसका श्रीगणेश 'वर रक्षा' से माना जाता है। विवाह का अन्तिम विधि-विधान कंकण मोचन तथा चौथारी मानी जाती है जिस दिन वर के द्वारा पहिने गये वैवाहिक कंकन को नदी में डाल दिया जाता है तथा रात में बन्धु-बान्धवों को 'दाल-पूरी' खिलाई जाती है।

वर्ण्य-विषय—विवाह के गीतों का वर्ण्य-विषय बड़ा विस्तृत है। वर तथा कन्या पक्षों को मिला कर पचासों विधि-विधान सम्पन्न किये जाते हैं जिनका वर्णन यहाँ स्थानाभाव से करना संभव नहीं है। इन गीतों में कहीं तो पुत्री की माता अपनी

---

१. इन विधि-विधानों की सूची के लिए देखिये डॉ० कृष्णदेव उपाध्याय—लोक साहित्य की भूमिका, पृ० ८४।

२. डॉ० सत्येन्द्र—व्र० लो० सा० अ०, पृ० १५३-२३१।

युवती पुत्री के लिए वर खोजने के लिये पति से आग्रह करती है तो कहीं पुत्री का पिता योग्य वर खोजने की चिन्ता से व्याकुल दिखाई पड़ता है। कहीं बारात के आने और बाजा बजने का उल्लेख है तो कहीं बरातियों को भोजन कराने का। कहीं जेवनार के समय गाली गाने का वर्णन है तो कहीं कोहबर के अवसर पर हास-परिहास का। इन गीतों में कहीं-कहीं पर किसी युवक के द्वारा अपनी भावी पत्नी की खोज में निकल कर किसी व्यक्ति के आँगन में बैठने की भी चर्चा मिलती है। परन्तु यह प्रथा भोजपुरी प्रदेश में बिल्कुल ही प्रचलित नहीं है। संभवतः प्राचीनकाल में प्रचलित स्वयम्बर प्रथा का यह अवशेष चिह्न हो।

इन गीतों में बाल-विवाह का भी वर्णन पाया जाता है। विवाह करने के लिए जाने वाले बालक की माता अपने पुत्र की छोटी अवस्था को देखकर कहती है कि मेरा लाल ! विवाह करने के लिए जा रहा है। दूध के बिना इसके होंठ कहीं सूख न जाय। कहीं-कहीं वृद्ध विवाह की भी झांकी देखने को मिल जाती है।

मैथिली में विवाह के गीतों को 'लग्न गीत' कहते हैं। इस समय 'सम्मरि' नामक गीत भी गाये जाते हैं जो बड़े मधुर होते हैं। राजस्थानी विवाह के गीत 'ब्लड़े' के नाम से प्रसिद्ध हैं जिसका अर्थ दूल्हा होता है। इन गीतों में भी अनेक विधि-विधान पाये जाते हैं जो भोजपुरी से कुछ भिन्न हैं।

(५) **गवना**—गवना शब्द 'गमन' का अपभ्रंश है जिसका अर्थ जाना होता है। चूंकि विवाह के बाद कन्या अपने ससुराल चली जाती है। अतः इस अवसर पर गेय गीतों को 'गवना के गीत' कहते हैं। आज से सौ वर्ष पहिले बाल विवाह की प्रथा प्रचलित थी। अतः कन्याओं का गवना विषम वर्षों—एक, तीन, पाँच, सात और नौ में किया जाता था। परन्तु आजकल युवावस्था में विवाह होने के कारण, विवाह के तत्काल बाद कन्या की विदाई कर दी जाती है। अतः अब 'गवना' करने की नौबत ही नहीं आती।

वर्ण्य-विषय—पुत्री की विदाई के अवसर पर गाये जाने के कारण गवना के गीतों में करुण रस की मन्दाकिनी अविच्छिन्न रूप से प्रवाहित दिखाई पड़ती है। विवाह के गीतों में जहाँ आनन्द, उल्लास और उछाह का वर्णन है वहाँ गवना के गीतों में विषाद का भीषण तथा कारुणिक दृश्य दिखाई पड़ता है। कहीं भाई ससुराल जाने वाली बहिन की पालकी के पीछे-पीछे रोता हुआ जाता है तो कहीं बहिन अपनी माता, पिता, भाई और निकट कुटुम्बियों के वियोग से दुःखी होकर रोती, कलपती और बिलखती चली जाती है। कहीं पुत्री के विछोह के कारण पिता के रोने से गंगा में बाढ़ आ जाती है तो कहीं माता के सतत अश्रुपात से संसार में चारों ओर अन्धकार का साम्राज्य छा जाता है। सचमुच यह दृश्य बड़ा ही कारुणिक होता है जिसे

देखकर पाषाण हृदय व्यक्ति भी पसीज़ उठता है। महाकवि भवभूति ने सम्भवतः ऐसे ही अवसर के लिए लिखा था कि—

"अपि ग्रावा रोदति,
अपि दलति वज्रस्य हृदयम्"

(६) **मृत्यु गीत**—किसी व्यक्ति की मृत्यु के उपरान्त जो गीत गाये जाते हैं उन्हें मृत्यु गीत कहा जाता है। ये गीत दो प्रकार के पाये जाते हैं। एक में मृत्यु व्यक्ति के गुणों का वर्णन होता है तो दूसरे में उसकी मृत्यु से उत्पन्न आर्थिक कष्टों का उल्लेख। यद्यपि हिन्दी प्रदेश में मृत्यु गीतों की प्रथा बहुत कम पायी जाती है फिर भी व्रज के चतुर्वेदियों में इन गीतों के गाने का प्रचार आज भी है।

परम्परा—मृत्यु गीतों की परम्परा अत्यन्त प्राचीन काल से चली आ रही है। ऋग्वेद में प्रेत की आत्मा किस मार्ग से स्वर्ग को जायेगी उसकी रक्षा के लिए कौन लोग रक्षक के रूप में जायेंगे इसका बड़ा रोचक वर्णन किया गया है।

प्रेहि प्रेहि पथिभिः पूर्वेभिः,
यत्रा नः पूर्वे चितरः परेयुः।
उभा राजाना स्वधया मदन्ता,
यमं पश्यासि वरुणं च देवम्॥

ऋग्वेद १०/१४/७

महाकवि कालिदास ने भगवान् शिव के द्वारा कामदेव के भस्मीभूत कर दिये जाने पर उसकी पत्नी रति के द्वारा करुण विलाप करने का उल्लेख किया है। यह वर्णन अपनी कारुणिकता के कारण पाषाण को भी पिघला देने की क्षमता रखता है।

गृहिणी, सचिवः सखी मिथः;
प्रिय शिष्या ललिते कला विधौ।
करुणा विमुखेन मृत्युना;
हरता त्वां वद किन्न मे हृतम्॥"

× × ×

विभवेऽपि सति त्वया विना,
सुखमेतावदजस्य गण्यताम्।
अहृतस्य विलोभ नान्तरैः
मय सर्वे विषयाः त्वदा श्रयाः।"

(कुमार संभव ५)

मथुरा के चतुर्वेदियों में मृत्यु के अवसर पर स्त्रियों का जो विलाप होता है वह संगीत की गति के साथ ही होता है। इन गीतों में मृत व्यक्ति के प्रिय विविध

पदार्थों का नाम लेकर शोक प्रकट किया जाता है। भोजपुरी प्रदेश में जो मृत्यु गीत गाये जाते हैं उनमें मृत व्यक्ति के कारण जो आर्थिक कष्ट उत्पन्न होते हैं प्रायः उनका ही वर्णन मिलता है। मृत्यु गीतों की संख्या अधिक नहीं है।

यूरोपीय देशों में मृत्यु गीत—आयरलैण्ड में किसी व्यक्ति के मर जाने पर सामूहिक रूप से विलाप करने की प्रथा विद्यमान है। यद्यपि अब धीरे-धीरे इसका ह्रास हो रहा है। इन विलाप-गीतों को 'कीन' (Keens) कहा जाता है। इन गीतों में मृत व्यक्ति के गुणों का वर्णन होता है और इस संसार को छोड़ कर चले जाने के कारण उसे उलाहना दिया जाता है। ऐसे अवसर पर रोने वाले व्यक्ति प्रायः पेशा वाले हुआ करते हैं जिनका यही व्यवसाय ही होता है। इनके द्वारा गीतों का तत्काल निर्माण नहीं किया जाता बल्कि ये परम्परागत प्राचीन गीत होते हैं।

दक्षिण इटली के निवासी—जो ग्रीक भाषा बोलते हैं—इन मृत्यु गीतों के लिए एक विशेष छन्द का प्रयोग करते हैं। वहाँ मृत्यु के अवसर पर रोने वाली 'सार्वजनिक स्त्री' (Public Wailer) होती है जो रुपया देकर इस कार्य के लिए बुलायी जाती है।

उस स्त्री की मृत्यु के उपरान्त उसकी पुत्री उस स्थान को ग्रहण करती है। यह सार्वजनिक रोदन कर्त्री स्त्री शोक गीतों के निर्माण में तथा उनके गाने में बड़ी चतुर होती है। वह इस तन्मयता के साथ रोदन करती है कि श्रोताओं के सामने वह दुःख की अधिष्ठातृ देवी सी ज्ञात होती है।[1] परन्तु कुछ ऐसे भी मृत्यु गीत मिलते हैं जिनमें वास्तव में करुणा की निर्झरिणी बड़े वेग से प्रवाहित दिखाई पड़ती है। अपनी प्यारी पुत्री के निधन पर किसी कृषक माता का यह कारुणिक प्रलाप कितना मर्म वेधी है।

"Now they have buried thee; my little one,
Who will make thy little bed ?
Black Death will make it for me,
For a very long night.
Who will arrange thy pillows,
So, thou mayst sleep softly ?

---

1. The office of the Public Wailer is transmitted from mother to daughter. × × × The hereditary dirge singer, no doubt, like a good actress, keenly realises at the moment the sorrow not her own, of which she undertakes the interpretation in return for a trifling gratuty, and to her hearers as the genius of highpriestess of woe.
—काउण्टेस एमेलिन म्यर्टिनेङ्गो—दि स्टडी आफ फोक सांग्स, पृ० २७१.

इसी प्रकार से इन गीतों में करुणा की धारा दृष्टिगोचर होती है। मानव हृदय सर्वत्र एक समान ही होता है। अतः इस देश के मृत्यु गीत हों या विदेश के करुण रस की अभिव्यक्ति उनकी प्रधान विशेषता होती है।

अनुच्छेद २ : ऋतु संबंधी गीत

एक वर्ष के भीतर प्रधानतया छः ऋतु होते हैं—जैसे (१) शिशिर (२) वसन्त (३) ग्रीष्म (४) वर्षा (५) शरद् (६) हेमन्त। इन विभिन्न ऋतुओं में भिन्न-भिन्न प्रकार के गीत गाये जाते हैं जिनमें कजली, बारहमासा, होली या फगुआ और चैता आदि प्रसिद्ध हैं।

(१) **कजली**—सावन के मन भावन मास में कजली गाने की प्रथा है। यों तो कजली प्रायः सभी नगरों तथा गाँवों में गाई जाती है परन्तु मिर्जापुर की कजली बड़ी प्रसिद्ध है।

"लीला राम नगर की भारी।
कजली मिर्जापुर सरनाम॥"

मिर्जापुर में कजली के दंगल भी हुआ करते हैं जहाँ गवैये दो पार्टियों में विभक्त होकर रात-रात भर कजली गाते हुए पाये जाते हैं। यों तो कजली पुरुष और स्त्री दोनों लिङ्गों के लोगों के द्वारा गाया जाता है परन्तु वास्तव में यह स्त्रियों की ही सम्पत्ति है। मिर्जापुरी कजली के दंगल में प्रायः स्त्रियों की ही प्रधानता होती है।

सावन के महीने में गाँव के बाहर बगीचों में झूले पड़ जाते हैं और स्त्रियाँ उन पर बैठकर झूलती हुई आनन्द से कजली के गीत गाती हैं।

"कइसे खेले जाईं हम सावन में कजरिया
बदरिया घिरि आइल ननदी।"

रमणियों के कल कण्ठ से निकले हुए इस मधुर संगीत को सुनकर किस मनुष्य का हृदय प्रफुल्लित नहीं हो जाता? सभी आनन्द के सागर में गोता लगाने लगते हैं।

(२) **होली**—फाल्गुन मास में होलिकोत्सव के समय जो गीत गाये जाते हैं उन्हें होली कहते हैं। फागुन में गेय होने के कारण उन्हें 'फगुआ' भी कहा जाता है। होली का त्यौहार आनन्द और मस्ती का उत्सव है। अतः इन गीतों में उछाह, उत्साव तथा प्रसन्नता दिखाई पड़ती है। फगुआ के इन गीतों में कहीं राम और सीता सोने की पिचकारी से होली खेल रहे हैं तो कहीं अड़भंगी शिव जी पार्वती के साथ होली खेलने में मस्त दिखाई पड़ रहे हैं। व्रज में राधा और कृष्ण भी एक दूसरे पर रंग

छोड़ते हैं। इस प्रकार मनुष्यों की तो बात ही दूर रही, देवतागण भी होली के रंग में रंगे हुए दृष्टिगोचर होते हैं। फिर पवन-सुत हनुमान द्वारा लंका में होली मचाना स्वाभाविक ही है।

उत्तर प्रदेश में होली ढोलक और झाल को बजाकर गाई जाती है। परन्तु राजस्थान में इस गीत के साथ चंग या ड़फ बजाने की प्रथा प्रचलित है। यहाँ होली के अवसर पर लड़कियाँ तथा युवती स्त्रियाँ वस्त्र तथा आभूषणों से सज-धज कर, आपस में खेलती-कूदती, गाती-बजाती और नाचती हैं। इस समय एक विशेष प्रकार का नृत्य होता है जिसे 'लूर' कहा जाता है। इस नृत्य में अनेक स्त्रियाँ एक दूसरे का हाथ पकड़ कर नाचती हैं। इसको 'लूवर' या 'घूमर' भी कहते हैं।[१] मैथिली फाग के गीतों में संयोग श्रृंगार का चित्रण सुन्दर रीति से किया गया है।[२]

(३) **चैता**—चैत्र के महीने में गाये जाने के कारण इन गीतों को 'चैता' कहा जाता है। कुछ लोग इन्हें घाँटों भी कहते हैं। बाबा बुलाकी दास ने जिन चैता गीतों की रचना की है उन सभी को 'घाँटो' की संज्ञा प्रदान गई की है। यथा—

"दास बुलाकी चहत **घाँटो** गावे हो रामा।
गाई गाई बिरहिन समुझावे हो रामा।"

परन्तु ऐसे चैता के गीतों की संख्या अधिक नहीं हैं।

वर्ण्य-विषय—चैता प्रेम के गीत हैं। इनमें संभोग-श्रृंगार की कथा गीतों में गाई गई है। इन गीतों में किसी आलसी पति को सूर्योदय के बाद तक सोने से जगाने का उल्लेख पाया जाता है, तो कहीं पति और पत्नी के प्रणय-कलह की बाँकी झाँकी देखने को मिलती है। कहीं ननद और भावज के द्वारा पनघट पर पानी भरते समय किसी मनचले आदमी द्वारा छेड़खानी करने का उल्लेख है तो कहीं सिर पर मटुकी रख कर दही बेचने के लिए जाने वाली ग्वालिनों से श्रीकृष्ण के द्वारा 'गोरस' माँगने का वर्णन है। चैता के गीतों में बड़ी रोचकता, मधुरता और मनोरमता पाई जाती हैं। झूमर को छोड़-कर शायद ही कोई ऐसा लोक गीत है जो इतना मधुर और मनोहर हो। एक गीत लीजिए।

"आरे साँझे ही सूतल, फूटल किरिनिया हो रामा।
तबो नाहीं, जागेला सइयाँ अभागा हो रामा
तबो नाहीं।"

इस गीत में मनोरमता के साथ ही आलसी तथा सुतक्कड़ पति के प्रति कितना आक्रोश और कितना विषाद भरा पड़ा है। मैथिली में चैता को 'चैतावर' कहा जाता है। कोई मैथिली युवती कहती है कि चैत बीत ही गया तब प्रियतम घर आकर क्या करेगा?

१. पारीक—रा० लो० गी० भाग १, पृ० ६६।
२. राकेश—मै० लो० गी०, पृ० २७८।

"चैत बीति जइतई हो रामा,
तब पिया कि करे अइतई ।।"

(४) **बारहमासा**—पावस ऋतु में बारहमासा के गीत प्रायः गाये जाते हैं। इन गीतों में पति के वियोग में उसकी विरहिणी स्त्री के द्वारा वर्ष के प्रति मास में अनुभूयमान कष्टों का वर्णन होता है। जिन गीतों में बारह महीनों के कष्टों का उल्लेख हो उन्हें 'बारहमासा' और जिनमें छः मासों का वर्णन हो उन्हें 'छः मासा' कहते हैं। इसी प्रकार से 'चौमासा' भी होता है। संस्कृत के षट् ऋतु-वर्णन की परम्परा के अनुसार ही इन बारहमासों का निर्माण समझना चाहिए। इन दोनों में अन्तर केवल इतना ही है कि संस्कृत में छः ऋतुओं के अनुसार विरहिणी के दुःखों का वर्णन किया गया रहता है। परन्तु 'बारहमासा' में वर्ष के प्रत्येक मास में अनुभूत कष्टों का उल्लेख पाया जाता है।

बारहमासा लिखने की परम्परा कुछ प्राचीन ज्ञात होती है। सुप्रसिद्ध सूफी कवि जायसी ने अपने प्रेमाख्यान काव्य 'पद्मावत' में अत्यन्त मनोरम तथा सरस 'बारह मासा' की रचना की है। आचार्य केशवदास ने भी बारहमासा लिखा है। जैन कवियों के द्वारा भी बारहमासा लिखने की परम्परा प्रचलित थी।

मैथिली लोक गीतों में भी बारहमासा की उपलब्धि होती है। बँगला में इन गीतों को 'मारमाशी' कहा जाता है। बंगला साहित्य में पल्लीगान में और विजय गुप्त के 'मनसा मंगल' में बेहुला की 'मारमाशी' का वर्णन पाया जाता है। भारत चन्द्र के 'अन्न या मंगल' में भी बारहमासा मिलता है। बंगना 'बारमाशी' की यह विशेषता होती है कि इसमें वर्ष भर के व्रतों का भी उल्लेख रहता है। इस प्रकार 'बारहमासा' उत्तर भारत के लोक गीतों में सर्वत्र मिलता है।

अनुच्छेद ३ : व्रत संबंधी गीत

भारतवासियों का जीवन धर्म से ओत-प्रोत है। संभवतः कोई ऐसा वर्ष का महीना न होगा जब कि दो-तीन व्रत या त्यौहार न मनाये जाते हों। हमारा नूतन वर्षारम्भ चैत्र मास की शुक्ल पक्ष की प्रतिपदा से प्रारम्भ होता है। तबसे लेकर अगले बैसाख मास तक प्रत्येक महीने में कोई न कोई व्रत-त्यौहार अवश्य ही मनाया जाता है।

इन धार्मिक पर्वों को दो भागों में विभक्त किया जा सकता है :—(१) व्रत और (२) त्यौहार। व्रत में प्रायः उपवास रहने का विधान है। परन्तु कुछ व्रतों में फलाहार करने की व्यवस्था वर्तमान है। व्रत का प्रधान नियम है अन्न-भोजन का परित्याग। परन्तु त्यौहार में भोजन का कोई बन्धन नहीं है और यह बड़े उत्साह तथा उछाह के साथ मनाया जाता है। एकादशी व्रत का उदाहरण है परन्तु होली, दिवाली और दशहरा त्यौहार कहे जाते हैं।

भारतीय व्रतों और त्यौहारों की विशेषता यह है कि ये सदा एक ही महीने में और सदा पूर्व निश्चित ऋतु में ही मनाये जाते हैं। जैसे दिवाली सदा कार्तिक मास की अमावस्या को शरद् ऋतु के आगमन के पूर्व मनाई जाती है। इसी प्रकार से होली सदा वसन्त ऋतु में फागुन मास में मनाये जाने की परम्परा है। दूसरी विशेषता यह है कि मौसम के अनुसार ही इन त्यौहारों की सृष्टि की गई है। वर्षा ऋतु में मंदाग्नि का प्रकोप प्रायः होता है। अतः इन मासों में अनन्त चतुर्दशी और ऋषि पंचमी आदि व्रतों का विधान पाया जाता है।

(१) **नागपंचमी**—श्रावण शुल्का पंचमी को 'नागपंचमी' भी कहा जाता है। गाँवों में यह 'नाग पचैया' के नाम से प्रसिद्ध है। इस दिन नाग अर्थात् सर्प देवता की पूजा की जाती है। प्रातः काल उठ कर घर की लड़कियाँ घर की बाहरी दिवालों पर गोबर की एक रेखा खींच देती हैं। वे घर के प्रधान द्वार पर गोबर से ही सर्प देवता की आकृति बनाती हैं। फिर नाग-पूजा के पश्चात् किसी बर्तन में धान का लावा (खील) तथा दूध नाग के पीने के लिए रख दिया जाता है। लोगों का ऐसा विश्वास है कि सर्प देवता इसे ग्रहण करते हैं और उनके आशीर्वाद से उस घर के समस्त सदस्य सर्पदंश के भय से मुक्त हो जाते हैं।

(२) **बहुरा**—यह व्रत भाद्रपद मास की कृष्ण चतुर्थी के दिन किया जाता है। इस व्रत की कथा की नायिका के नाम पर इसे 'बहुला' भी कहा जाता है। स्त्रियाँ इस व्रत को पुत्र की प्राप्ति के लिए किया करती हैं। अतः इस व्रत के अवसर पर जो गीत गाये जाते हैं उनमें माता का पुत्र के प्रति अकृत्रिम प्रेम तथा स्वाभाविक स्नेह का उल्लेख पाया जाता है। परन्तु बहुरा के अधिकांश गीतों में सास और बहू का शाश्वतिक विरोध और दाम्पत्य प्रेम का वर्णन ही विशेष रूप से पाया जाता है।

(३) **गोधन**—कार्तिक शुक्ल प्रतिपद् के दिन 'गोधन' का व्रत मनाया जाता है। उत्तर प्रदेश के पूर्वी जिलों में इस दिन गोबर की प्रतिमा बनाई जाती है और स्त्रियाँ इसे मूसल से कूटती हैं। इस प्रक्रिया को 'गोधन कूटना' कहते हैं। 'गोधन' शब्द का गोबर्धन का अपभ्रंश रूप है। अतः प्राचीन काल में जो गोबर्धन पूजा होती थी उसी का प्रतीक आजकल की गोधन-पूजा है। गोबर की बनी मनुष्य की प्रतिमा वास्तव में इन्द्र भगवान् की प्रतिकृति है। भगवान् कृष्ण ने इन्द्र के मद को चूर्ण किया था। अतः 'गोधन कूटने' की यह प्रथा इन्द्र के मद को चूर्ण करने का प्रतीक स्वरूप है। इस व्रत का मुख्य उद्देश्य भाई और बहिन में पारस्परिक प्रेम की अभिवृद्धि करना है। इसी का वर्णन गीतों में भी पाया जाता है।

(४) **पिंडिया**—पिंडिया का व्रत कार्तिक शुक्ल प्रतिपद से प्रारम्भ होकर अगहन प्रतिपद् तक—अर्थात् पूरे एक मास तक चलता रहता है। कार्तिक शुक्ल प्रतिपदा के दिन गोधन की गोबर की जो प्रतिमा बनाकर पूजी जाती है, उसी गोबर का थोड़ा सा अंश लेकर कुंवारी लड़कियाँ पिंडिया लगाती हैं। घर की भीतरी दिवाल पर गोबर

की छोटी-छोटी पिण्डियों को लेकर मनुष्य की सैकड़ों आकृतियाँ बनाई जाती है। इसके साथ ही, गोबर की पिंडियों को दीवाल पर चिपकाने के पश्चात् उन पर रंगों से चित्रकर्म भी किया जाता है। इसी सम्पूर्ण प्रक्रिया को 'पिंडिया लगाना' कहा जाता है। प्रतिदिन बिना भोजन किये लड़कियाँ एक मास तक इसकी कथा सुनती और अन्त में इन पिंडों को फेंक देती हैं।

(५) छठी माता—कार्तिक शुक्ल षष्ठी को छठी माता का व्रत किया जाता है। वास्तव में यह सूर्य का व्रत है परन्तु षष्ठी तिथि को सम्पादित किये जाने के कारण ही इसे छठी माता का व्रत कहते हैं। इसे 'डाला छठ' भी कहा जाता है क्योंकि इस व्रत से संबंधित पूजन सामग्री को एक बड़े डाल—बाँस की बनी हुई टोकरी—में रख कर पूजा स्थान को ले जाया जाता है।

इस व्रत का प्रधान उद्देश्य पुत्र की प्राप्ति और उसका दीर्घायु होना है। छठी माता के गीतों में किसी वन्ध्या स्त्री की, पुत्र-प्राप्ति के लिए, भगवान् सूर्य से प्रार्थना बड़ी मर्म-स्पर्शिनी है। इस व्रत के दिन स्त्रियाँ सूर्योदय से पूर्व गंगा अथवा किसी अन्य नदी के जल में खड़ी होकर सूर्य को अर्घ देने के लिए उनसे प्रार्थना करती हैं कि भगवान् ! शीघ्र उदय लीजिए जिससे आपको अर्घ दिया जा सके।

"हाली-हाली ऊग ए उदितमल ! अरघ दिआउ" इन गीतों में पुत्र की प्राप्ति के लिए वन्ध्या की व्याकुलता हृदय को स्पर्श करती है।

मिथिला में ये गीत 'छठ के गीत' के नाम से प्रसिद्ध हैं। धार्मिक मनोभाव, प्रचलित विश्वास, पारिवारिक विचार, घरेलू निष्ठा और आत्मसंयम—ये छठ के गीतों के प्रिय विषय हैं।[१] मैथिली समाज में इस व्रत का बड़ा ही अधिक महत्त्व है। मैथिली और भोजपुरी समाज में पुत्र-प्राप्ति की भावना इन गीतों में समान रूप से उपलब्ध होती है।

अनुच्छेद ४ : जाति-सम्बन्धी गीत

भारत में अनेक जातियाँ निवास करती हैं जो परम्परा से चले आते हुए अपने पेशा में संलग्न हैं। इन जातियों में अहीर, मुसहर, धोबी, गोण्ड, तेली और दुःसाध आदि प्रसिद्ध हैं। इनके अतिरिक्त विहार राज्य की छोटा नागपुर कमिश्नरी में ओराँव, सन्थाल, मुण्डा, भुइयाँ, विरहोर और हो आदि नामक आदिम जातियाँ चिरकाल से रहती हैं जिनका रहन-सहन, संस्कार, प्रथाएँ और गीत-नृत्य आदि नितान्त पृथक् हैं। इन जातियों के गीत बड़े ही मधुर तथा मनोरम होते हैं जिनसे इनकी संस्कृति के ऊपर प्रचुर प्रकाश पड़ता है। यहाँ इन्हीं जातियों का अत्यन्त संक्षिप्त विवरण प्रस्तुत किया जाता है।

---

१. राकेश—मै० लो० गी०, पृ० ३१६.

(१) **अहीरों के गीत**—अहीर एक बलिष्ठ तथा कर्मठ जाति है जिनका पेशा पशु पालन तथा कृषि कर्म है। ये लोग जिन गीतों को गाते हैं वे विरहा के नाम से प्रसिद्ध है। यह दो प्रकार का होता है—(१) चार कड़िया तथा (२) लम्बा। चार कड़िया विरहा उसे कहते हैं जिसमें केवल चार कड़ी या पंक्तियाँ होती हैं परन्तु दूसरे प्रकार का विरहा बड़ा लम्बा होता है। किसी अहीर की चतुरता का ज्ञान उसके विरहा-गाने से ही जाना जा सकता है। क्योंकि यह कहावत प्रसिद्ध है कि—

"कितनों अहीरा होइहें सुजान।
विरहा छोड़ि न जानै आन।।"

(२) **दु:साधों के गीत**—दु:साध—जो एक अस्पृश्य जाति मानी जाती है—लोग पचरा नामक गीतों को गाते हैं। यदि उनके समाज में कोई व्यक्ति बीमार पड़ जाता है तब इसका कारण किसी देवी या देवता का अप्रसन्न होना माना जाता है। अत: उस जाति का कोई बूढ़ा व्यक्ति उस बीमार के उपचार के लिए बुलाया जाता है। वह आकर देवी को प्रसन्न करने के लिए 'पचरा' नामक गीत गाता है। इस पचरा में देवी की स्तुति की गई होती है। उनसे प्रार्थना की जाती है वे बीमार व्यक्ति को शीघ्र आरोग्य प्रदान करें। भक्त बड़े प्रेम से 'पचरा' गाता है और देवी उस पचरा को सुनकर, प्रसन्न हो जाती हैं तथा रोगी को नीरोग कर देती हैं। भेड़ चराने वाले लोगों को 'गड़ेरिया' कहा जाता है। इनके एक मुख्य गीत का नाम 'सिउरिया' है और दूसरे का 'पड़ोकी मार' है।

(३) **गोण्डों के गीत**—उत्तर प्रदेश के पूर्वी जिलों में गोण्ड नमक एक जाति निवास करती है जिसका प्रधान पेशा गृहस्थों के घर में पानी भरना, बर्तन माँजना और पालकी ढ़ोना है। मध्य प्रदेश के गोण्डवाना के गोण्डों से इन्हें पृथक् समझना चाहिए। ये गोंड़ लोग विवाह आदि मांगलिक अवसरों पर नाचते भी हैं जिसे "गोड़ऊ नाच" कहा जाता है। इस समय हुड़का (एक विशेष प्रकार का बाजा) बजाते समय ये लोग गीत भी गाते हैं जो 'गोड़ऊ गीत' के नाम से प्रसिद्ध है। नृत्य करते समय ये गोड़ अपने विभिन्न अङ्गों का संचालन भी करते हैं। इस क्रिया को 'हर बोलाई' कहते हैं। इनका नाच बड़ा ही मनोरंजक होता है।

(४) **तेलियों के गीत**—तेलियों का पेशा कोल्हू चला कर तेल पेरना है। इन्हें 'कोल्हू के गीत' भी कहा जाता है। इन गीतों में शृङ्गार रस की प्रधानता रहती है। रात्रि की निस्तब्धता में कोल्हू चलाते समय तेली लोग बड़ी सुरीली आवाज में इन गीतों को गाते हैं।

(५) **धोबियों के गीत**—धोबी लोग किसी तालाब अथवा नदी के किनारे गदहों पर गन्दे कपड़ों को लाद कर ले जाते हैं और उन्हें वहीं पर धोते हैं। लकड़ी के बने एक मोटे तख्ते पर ये कपड़ों को उठा-उठा कर पीटते हैं और 'छियो राम छियो'

कहते जाते हैं जिससे उनके श्रम का परिहार भी होता जाता है। जिस काष्ठ खण्ड पर ये गीले कपड़ों को पीटते हैं उसे 'पाट' कहते हैं और कपडे धोने के स्थल को 'घाट' कहा जाता है। एक गीत में कोई धोबी अपनी स्त्री से कहता है कि तुम मोटी मोटी रोटियों को बनाकर तैयार कर लो क्योंकि मुझे घाट पर जाना है जो बहुत दूर है।

(६) **कहारों के गीत**—गोंड़ लोगों की भाँति इनका पेशा भी गृहस्थों के घर का काम काज करना है जिसमें कुएँ से पानी भरने का कार्य प्रधान है। इनके गीत इन्हीं के नाम से 'कहारों के गीत' कहे जाते हैं।

(७) **चमारों के गीत**—चमार लोग जूता बनाने का काम करते हैं। इनके जातीय गीत भी बड़े मनोरंजक होते हैं। विवाह के अवसर पर ये लोग अपने यजमानों के यहाँ जाकर नृत्य का प्रदर्शन करते हैं। इनका प्रधान बाजा 'डफरा' और 'पिपीहरी' है। इनके गीतों में सामाजिक बुराइयों पर चुभता हुआ व्यंग होता है।

जैसा कि पहिले लिखा जा चुका है बिहार राज्य के छोटा नागपुर प्रदेश में सन्थाल, मुण्डा, ओराँव, विहोर आदि आदिम जातियाँ निवास करती हैं जिनके गीत और नृत्य अनेक कारणों से अत्यधिक महत्वपूर्ण हैं।

अनुच्छेद ५ : श्रम-गीत

श्रम-गीत उन गानों को कहते हैं जो किसी कार्य को सम्पादित करते समय गाये जाते हैं। ऐसा देखा जाता है कि मजदूरी का पेशा करने वाले लोग अपनी शारीरिक थकावट को दूर करने के लिए किसी काम को करते समय गाना भी गाते जाते हैं। इससे उस कार्य को करने में मन लगा रहता है और परिश्रम का पता भी नहीं चलता। इस प्रकार के गीतों में जँतसार, टोपनी, सोहनी और कटनी आदि के गीत आते हैं।

(१) **जाँत के गीत**—जाँत को पीसते समय जो गीत गाये जाते हैं उन्हें 'जाँतसार' कहा जाता है जो 'यन्त्रशाला' का अपभ्रश रूप ज्ञात होता है। जाँत के गीतों में करुण रस का अपार पारावार तरंगित दृष्टिगोचर होता है। इन गीतों में कहीं तो दुःखिनी विधवा स्त्री का करुण क्रन्दन सुनने को मिलता है तो कहीं किसी वन्ध्या स्त्री की मनोवेदना अभिव्यंजित होती है। कहीं किसी विरहिणी स्त्री की वियोग व्यथा का वर्णन है तो कहीं सास के द्वारा वधू को दी गई नारकीय यंत्रणा का चित्रण। करुण रस के जितने भी मार्मिक प्रसङ्ग हो सकते हैं, प्रायः उन सभी की अवतारणा इन गीतों में हुई है। पुत्रहीन विधवा स्त्री की मनोव्यथा का कारुणिक वर्णन जाँतसार के अनेक गीतों में उपलब्ध होता है जो पाषाण हृदय को भी पिघला

देने की शक्ति रखता है। इस प्रकार जाँत के गीत बड़े ही कारुणिक, मनोमोहक तथा हृदय-द्रावक हैं।

(२) रोपनी के गीत – खेतों में धान के पौधों को रोपते समय जो गीत गाये जाते हैं उन्हें 'रोपनी' के गीत कहा जाता है। धान रोपने का काम प्रायः मुसहर और चमार जाति की स्त्रियाँ किया करती हैं। रोपनी के गीतों में गाहर्स्थ जीवन का चित्रण विशेष रूप से पाया जाता है। कोई स्त्री ससुराल के कष्टों का निवेदन करती हुई अपने पति से कहती है कि जब से मैं ससुराल आई हूँ तब से घर के कामों को करते-करते मेरे शरीर का चाम सूख गया है और सुख सपना हो गया है।[१] स्त्रियों का पति के प्रति विशुद्ध तथा अटूट प्रेम तो बहुत देखने को मिलता है परन्तु पति का पत्नी के प्रति प्रेम प्रायः दुर्लभ पदार्थ ही समझना चाहिए। परन्तु रोपनी के गीतों में इस निःस्वार्थ स्त्री-प्रेम की झाँकी भी हमें देखने को मिलती है।[२]

(३) सोहनी के गीत—खेतों में व्यर्थ की घास और पौधे जो पैदा हो जाते हैं उन्हें काट कर अलग कर देने को 'सोहनी' अथवा 'निरौनी' कहा जाता है। इन्हें अवधी प्रदेश में 'निरवाही के गीत' कहते हैं। इन गीतों का वर्ण्य विषय प्रायः वही है जो रोपनी के गीतों का है। इनमें कहीं सास के द्वारा बहू की ताड़ना का दृश्य अंकित किया गया है तो कहीं पति के द्वारा अपनी सती स्त्री के आचरण पर सन्देह का चित्रण पाया जाता है।

(४) चर्खा के गीत—चर्खा के प्राचीन गीतों का कुछ पता नहीं चलता। हाँ, आजकल स्कूलों में छात्रों के द्वारा "मोरा चर्खा का टूटे ना तार; चरखवा चालू रहे" यह गीत अवश्य गाया जाता है।

अनुच्छेद ६ : विविध गीत

कुछ ऐसे भी लोकगीत हैं जिनका अन्तर्भाव पूर्वोक्त पाँच श्रेणियों में नहीं किया जा सका। इन गीतों में झूमर, अलचारी, पूरबी और निर्गुन आदि प्रमुख हैं। झूम-झूम कर स्त्रियों के द्वारा गाये जाने के कारण इन गीतों का नाम ही 'झूमर' पड़ गया है। ये झूमर गीत श्रृङ्गार रस से लबालब भरे हुए होते हैं। इनको गाते समय श्रृङ्गार रस की मन्दाकिनी प्रवाहित होने लगती है। ये गीत आकार में छोटे परन्तु अर्थ में बड़े ही गम्भीर होते हैं जिनमें लक्षणा और व्यञ्जना का अद्भुत सामंजस्य पाया जाता है।

अलचारी वे गीत हैं जिन्हें स्त्रियाँ अपनी लाचारी की अवस्था में गाया करती हैं। पति परदेस चला गया है। न तो अपनी कुशलता का वह कोई समाचार भेजता

१. डा० कृष्णदेव उपाध्याय—भो० लो० गी०, भाग १, पृ० ३०१

२. वही, पृ० २९५

है और न कोई आर्थिक सहायता । ऐसी दशा में परेशान वह विरहिणी पत्नी अलचारी गीतों के माध्यम से अपने मन की लाचारी को प्रकट करती हैं । ये गीत करुण रस से ओत-प्रोत होते हैं ।

उत्तर प्रदेश के पूर्वी अंचल में पूर्वी गीतों का प्रचुर प्रचार पाया जाता है । इन गीतों के रचयिता छपरा नगर के निवासी पं० महेन्द्र मिश्र माने जाते हैं जिन्होंने इन गीतों में अपने नाम की छाप लगा दी है । जैसे—

"जेठ बइसखवा के तलफी झुझुरिया हो महेन्दर मिसिर ।
चलत में गोड़वा, मोंर पिराई, हो महेन्दर मिसिर ।"

इसी प्रकार से अन्य गीतों में भी समझना चाहिए । इन पूर्वी गीतों में बड़ी मधुरता, मनमोहकता तथा हृदयद्रावकता उपलब्ध होती है जिससे श्रोताओं का हृदय आकृष्ट हो जाता है ।

अध्याय १७

लोक-गाथा

लोक गीतों को दो भागों में विभक्त किया जा सकता है—(१) लोकगीत (२) लोक गाथा। लोकगीत वे हैं जिनका आकार अपेक्षाकृत छोटा होता है और जिनमें गेयता ही प्रधान रहती है। परन्तु लोक गाथा वे प्रबधात्मक लोक गीत हैं जो आकार में किसी महाकाव्य को चुनौती दे सकते हैं और जिनमें प्रधान तत्व कथा है। इस प्रकार लोकगीत छोटा तथा गेयता-प्रधान होता है परन्तु लोक गाथा में प्रबंधात्मकता होती है और यह कथा-प्रधान होता है। अंग्रेजी में लोक-गाथा को 'बैलेड' कहा जाता है। इसीलिए विद्वानों ने बैलेड की परिभाषा बतलाते हुए यह ठीक ही लिखा है कि यह वह कथा है जो गीतों में कही गई हो।[1]

(क) लोक गाथाओं की विशेषताएँ

विद्वानों ने लोक गाथाओं की निम्नांकित दस विशेषताओं का उल्लेख किया है—

(१) रचयिता का अज्ञात होना।
(२) प्रामाणिक मूल पाठ का अभाव।
(३) संगीत और नृत्य का अभिन्न साहचर्य।
(४) स्थानीयता का प्रचुर पुट होना।
(५) मौखिक प्रवृति।
(६) उपदेशात्मक प्रवृति का अत्यन्ताभाव।
(७) अलंकृत शैली की अविद्यमानता।
(८) रचयिता के व्यक्तित्व का अनस्तित्व।
(९) लम्बा कथानक।
(१०) टेक पदों की पुनः पुनः आवृत्ति।

लोक गीतों की ही भाँति लोक गाथाओं की सबसे बड़ी विशेषता यह है कि इसका रचयिता अज्ञात होता है। भोजपुरी प्रदेश में आल्हा, विजयमल, लोरकी, गोपीचन्द और भरभरी आदि अनेक लोक गाथायें प्रचलित हैं परन्तु इनकी रचना किसने की यह कहना बड़ा कठिन है। वास्तव में ये लोक गाथायें सवर्धनशील महा-

---

१. **A ballad is a story told in song.**

काव्य (Epic of growth) के उदाहरण हैं। जातीय रचना (Communal Composition) की यह विशेषता होती है कि इसका रचयिता गवैयों के दल का मुखिया के रूप में होता है। जब गाथा की रचना समाप्त हो जाती है तब उसके लेखक या गायक होने का वह अभिमान नहीं करता। इस प्रकार की जातीय रचनाओं में गाथा की प्रधानता होती है, दल का भी महत्व होता है परन्तु किसी व्यक्ति विशेष या रचयिता की महत्ता नहीं होती। जातीय रचना में अनेक व्यक्तियों का हाथ रहता है। सभी के सहयोग से इसकी रचना होती है।

लोक गाथाओं का कोई प्रामाणिक मूल पाठ नहीं होता। चूँकि गाथा जातीय समुदाय की सम्मिलित रचना होती है। अतः उसके मूल पाठ (Original text) का पता लगाना बड़ा ही कठिन है। संवर्धनशील काव्य की भाँति इस लोक गाथा में समय-समय पर गवैयों की सुविधा के अनुसार परिवर्तन तथा परिवर्धन होता रहता है। अत इसका मूल रूप नष्ट हो जाता है और इसके कलेवर में वृद्धि होती रहती है। इस प्रकार से प्रदेश की विभिन्नता के कारण तथा गवैयों और भाषा क्षेत्र के आधार पर एक ही लोक गाथा के अनेक पाठ (Versions) तैयार हो जाते हैं। ऐसी दशा में यह कहना कि अमुक पाठ ही मौलिक है बड़ा ही कठिन है।

लोक गाथाओं में संगीत और नृत्य का अभिन्न साहचर्य पाया जाता है। सच तो यह है कि संगीत के बिना गाथा को सुनने में आनन्द ही नहीं आता। अंग्रेजी का बैलेड शब्द लैटिन 'बेलोर' धातु से निष्पन्न हुआ है जिसका अर्थ नाचना होता है। इससे स्पष्ट पता चलता है कि इन गाथाओं को गाते समय नृत्य और वाद्य की सहायता ली जाती थी। गूमर का मत है कि कुछ विशिष्ट प्रकार के गीत बड़े प्रेम से बहुत देर तक गाये जाते थे। मध्यकाल में मृत्यु के अवसर पर नृत्य प्रचलित था जो स्वभावतः धीरे-धीरे होता था। उत्तरी भारत में 'अल्हैत' अपने गले में ढोल बाँधकर उन्हें जोरों से पीटता हुआ आल्हा गाता जाता है। गोरखपन्थी जोगी—जो 'साँई' कहलाते हैं—सारंगी बजा कर अपनी जीविका का उपार्जन करते हैं। पहाड़ी प्रदेश में 'हुड़किया' हुडुका को बजा कर लोक गाथाओं को गाता है।

स्थानीयता का प्रचुर पुट भी इन गाथाओं में पाया जाता है। यही कारण है कि जिस प्रदेश या क्षेत्र में जो लोक गाथा प्रचलित है उसमें स्थानीय भूगोल, इतिहास तथा धार्मिक और सामाजिक अवस्था का वर्णन मिलता है। आल्हा की रचना बुन्देल खण्ड में हुई थी। अतः इस गाथा में कजरी बन, कालिंजर का किला और महोबा नगर का वर्णन अधिकता से उपलब्ध होता है। भोजपुरी के एक गीत में 'पनिया ना पीये हरदिया के राजा में बलिया जिले के एक छोटे जमींदार 'हलदी के राजा' का उल्लेख मिलता है। 'ढ़ोला मारू रा दूहा' में ढ़ोला और मारूकी लोक गाथा में, रेगिस्तानी प्रदेश में 'ऊँट की सवारी' का वर्णन पाया जाता है।

लोक गाथाओं की प्रवृत्ति नितान्त मौखिक होती है। ये चिरकाल से वेदों की भाँति मौखिक रूप से चली आ रही हैं। इसीलिए कुछ विद्वान् इसे "अपौरुषेय वाङ्ग्मय" के नाम से अभिहित करते हैं। बुलाकीदास के द्वारा रचित चैता को उनके शिष्यों ने मौखिक परम्परा के द्वारा ही सुरक्षित कर रखा है। सच तो यह है कि कोई लोककथा तभी तक सुरक्षित तथा जीवित रहती है जब तक यह मौखिक परम्परा की स्थिति में होती है। परन्तु जैसे ही यह लिपि की गारा में बन्द कर दी जाती है वैसे ही इसकी अभिवृद्धि रुक जाती है। उसकी बाढ़ मारी जाती है। इस विषय में लोक साहित्य सुप्रसिद्ध विद्वान् सिजविक का कथन नितान्त सत्य है कि यदि कोई गाथा लिपिबद्ध कर ली गई तो निश्चय ही समझिये कि उसकी हत्या करने में आपने सक्रिय योगदान किया है। जब तक वह मौखिक है तभी तक उसमें जीवन है अन्यथा नहीं। गूमर ने भी उचित ही लिखा है कि मौखिक परम्परा किसी गाथा की जीवन्तता की प्रधान कसौटी है।

लोक गाथाओं में उपदेशात्मक प्रवृत्ति का नितान्त अभाव पाया जाता है। जिस प्रकार संस्कृत में नीति-वचन और हिन्दी में नीति के दोहे मिलते हैं उस प्रकार के उपदेशात्मक कथन लोक गाथाओं में उपलब्ध नहीं होते। इस सबंध में रावर्ट ग्रेम्स ने ठीक ही लिखा है कि कोई लोकगाथा नीति या सदाचार की शिक्षा नहीं देती और न पृथकता की भावना का प्रचार करती है। यदि गाथा में उपदेश की यह भावना पायी जाय तब यह समझना चाहिए कि चारण अथवा रचयिता अपने को समुदाय से बाहर समझता है।[१]

लोक गाथा कलात्मक अथवा अलंकृत काव्य (Poetry of Arts) से सर्वथा भिन्न है। अलंकृत कविता किसी कवि या कलाकार द्वारा लिखी जाती है जो अपनी रचना को सुन्दरतम बनाने के लिए उसमें विभिन्न छन्द, रस, अलंकार और गुणों की स्थापना करता है। वह विभाव, अनुभाव और संचारी भावों का विधान कर विभिन्न रसों को अपने काव्य में स्थान देता है। ऐसे काव्य को अलंकृत कहा जाता है। परन्तु लोक गाथायें इनसे सर्वथा भिन्न होती हैं। न तो इनमें किसी छन्द की योजना पाई जाती और न अलंकारों का सन्निवेश। हाँ यदि कोई अलंकार आ भी गया तो उसकी स्थापना प्रयासपूर्वक नहीं की जाती। इसीलिए पं० रामनरेश त्रिपाठी ने ठीक ही लिखा है कि लोक गीतों (और गाथाओं) में रस होता है, अलंकार नहीं। यदि कोई रस अनायास या संयोग से चला भी आया तो उसकी सृष्टि विभाव, अनुभाव और स्थायी भावों का सन्निवेश कर नहीं की जाती।

लोक गाथाओं में रचयिता के व्यक्तित्व का नितान्त अभाव होता है। प्रथमतः इन गाथाओं के रचयिता के नाम का ही पता नहीं चलता, फिर व्यक्तित्व की छाप की

१. दि इङ्गलिश बैलेड़, पृ० ८१।

कथा तो दूर रही। इन गाथाओं में कवियों अथवा इनके लेखकों का कोई महत्व नहीं होता। वे न तो वर्तमान में उपस्थित रहते हैं और न भूतकाल में। प्राचीन काल में उनकी सत्ता थी या नहीं इसमें भी संदेह रहता है। जहाँ तक श्रोताओं पर प्रभाव डालने का प्रश्न है, गाथाओं का रचयिता केवल अदृश्य ही नहीं होता बल्कि उसका अस्तित्व भी संशय का विषय माना जाता है। ऐसी परिस्थिति में गाथा में उसके व्यक्तित्व का प्रभाव होने का प्रश्न ही नहीं है।

लोक गाथाओं का कथानक बड़ा लम्बा होता है। कुछ लोक गाथायें तो किसी महाकाव्य को भी आकार में चुनौती देने की क्षमता रखती हैं। भोजपुरी की आल्हा नामक गाथा बड़े साइज (रायल) के ६२० पृष्ठों में छपकर प्रकाशित हुई है। इसी प्रकार राजस्थानी 'ढ़ोला मारू' की गाथा भी बहुत बड़ी है। डॉ० श्याम मनोहर पाण्डेय ने लोरिकी नामक लोक महाकाव्य की केवल एक वाचना (Version) को डिमाई साइज़ के पाँच सौ (५००) से भी अधिक पृष्ठों में सम्पादित कर प्रकाशित किया है। डॉ० ग्रियर्सन ने लगभग ८०० पंक्तियों में विजयमल की अपूर्ण गाथा को छापा है। अंग्रेजी की सुप्रसिद्ध गाथा 'ए गेस्ट आफ राबिन हुड (A Gest of Robin Hood)' ४५६ पद्यों में निर्मित है जिसके प्रत्येक पद्य में चार-चार पंक्तियाँ हैं। इन्हीं उदाहरणों से लोक गाथाओं की दीर्घता का कुछ अनुमान किया जा सकता है।

टेक पदों की पुनः-पुनः आवृत्ति को लोक गाथाओं का प्राण ही समझना चाहिये। लोक गीतों तथा गाथाओं की गेयता को अधिक प्रभावोत्पादक बनाने के लिए इसके टेकपदों की अनेक बार आवृत्ति की जाती है। उन्हें बार-बार दुहराया जाता है। ये टेक-पद तीन प्रकार के होते हैं—(१) बर्डेन (२) रिफ्रेन और (३) कोरस। इन्हीं को बार-बार दोहरा कर लोक गायक श्रोताओं के ऊपर अपना प्रभाव जमाता है। वास्तव में इन टेक पदों की पुनः-पुनः आवृत्ति किये बिना गीतों में रसात्मकता की सृष्टि ही नहीं होती। अतः टेक पदों की आवृत्ति गीत तथा गाथा का प्राण है।[1]

(ख) लोक गथाओं की उत्पत्ति—लोक-गाथाओं की उत्पत्ति के सिद्धान्त के संबंध में विद्वानों में बड़ा मतभेद हैं। इस विषय में आज विद्वानों के छः सिद्धान्त प्रसिद्ध हैं जिनकी संक्षिप्त रूप में यहाँ चर्चा की जाती है—

(१) ग्रिम का सिद्धान्त—समुदायवाद
(२) श्लेगल का सिद्धान्त—व्यक्तिवाद
(३) स्टेन्थल का सिद्धान्त—जातिवाद
(४) विशप पर्सी का सिद्धान्त—चारणवाद
(५) चाइल्ड का सिद्धान्त—व्यक्तित्वहीन व्यक्तिवाद
(६) उपाध्याय का सिद्धान्त—समन्वयवाद।

---

१. इस विषय के विशेष तथा प्रामाणिक विवेचन के लिए देखिए—
डॉ० कृष्णदेव उपाध्याय—लोक साहित्य की भूमिका, पृ० १२५-१३६।

ग्रिम का सिद्धान्त—जर्मनी के सुप्रसिद्ध विद्वान् जैकब ग्रिम का नाम लोक साहित्य के क्षेत्र में अत्यन्त विख्यात है। भाषा विज्ञान के क्षेत्र में इनके द्वारा प्रतिपादित 'ग्रिम-नियम' (Grimm's Law) एक महत्वपूर्ण सिद्धान्त है। लोक-गाथाओं के संबंध में इनका अनुसन्धान अत्यन्त मौलिक है। इन गाथाओं की उत्पत्ति के विषय में इनका एक विशिष्ट सिद्धान्त है जिसे 'समुदायवाद' के नाम से अभिहित किया जाता है। ग्रिम का यह मत है कि लोककाव्य का निर्माण आप से आप अर्थात् स्वतः होता है। इसके निर्माण के पीछे किसी विशिष्ट कवि या रचयिता का हाथ नहीं होता बल्कि समस्त जनता के द्वारा इनकी उत्पत्ति होती है।[१]

ग्रिम का कथन है कि किसी लोक काव्य की किसी व्यक्ति विशेष के द्वारा रचना के विषय में सोचना असमीचीन है क्योंकि इनका निर्माण स्वयं (स्वतः) होता है। इनकी रचना कोई कवि नहीं करता।

ग्रिम के मतानुसार जिस प्रकार इतिहास का निर्माण नहीं किया जा सकता उसी प्रकार महाकाव्य का निर्माण भी नहीं हो सकता। सर्वसाधारण जनता ही प्राचीन घटनाओं को लेकर उन्हें काव्य के रूप में परिणत कर देती है। इस प्रकार लोक काव्य की निष्पत्ति स्वयं होती है।[२] इसी सिद्धान्त को पुनः प्रतिपादित करते हुए ग्रिम ने एक दूसरे स्थान पर लिखा है कि लोक महाकाव्य किसी विशिष्ट व्यक्ति या कवि के द्वारा नहीं बनाया जाता बल्कि इसका प्रादुर्भाव स्वतः होता है और जनता में इसका प्रचार आपसे आप होता जाता है।[३] ग्रिम के मत का सिद्धान्त वाक्य है[४] "जनता ही लोक काव्य की रचना करती है।" अतः लोक गाथाओं की परिभाषा बतलाते हुए उन्होंने स्पष्ट ही लिखा है कि "लोक गाथा जनता के द्वारा, जनता के लिए, जनता की कविता है।"[५]

आजकल कजरी, चैता और होली के जो गीत प्रचलित हैं उनकी उत्पत्ति के संबंध में यही बात कही जा सकती है। ये गीत पुरुषों के समुदाय द्वारा रचे गये हैं। ये किसी पुरुष या कवि विशेष की सम्पत्ति नहीं हैं।

(२) **श्लेगल का सिद्धान्त–व्यक्तिवाद**—ए० डब्लू० श्लेगल (A. W. Schlegel) ने ग्रिम के उपर्युक्त सिद्धान्त का बड़े जोरों को साथ खण्डन किया है। लोक गाथाओं की उत्पत्ति के संबंध में इनका मत 'व्यक्तिवाद' प्रसिद्ध है। श्लेगल के मतानुसार किसी कविता का रचयिता कोई न कोई व्यक्ति अवश्य होता है जिस प्रकार कोई कला की कोई कृति उसके निर्माता की अपेक्षा रखती है, उसी प्रकार से कविता भी किसी कवि की सृष्टि होती है। जिस प्रकार से किसी प्रासाद, अट्टालिका अथवा चित्र

---

१. गूलर—ओ० ह० बै० भूमिका, पृ० ४६-५०।
२. वही, पृष्ठ ५१।
३. वही पृष्ट ५१।
4. "Das Volk dischtet."
5. The poetry of the people, by the people, for the people.

के निर्माण में किसी विशिष्ट कलाकार का हाथ होता है उसी प्रकार से लोक-कविता के संबंध में भी किसी विशिष्ट कवि की प्रतिभा कारणभूत हुआ करती है। लोक कविता के निर्माण में यह तथ्य अवश्य ही हृदयंगम कर लेना चाहिए।

लोक गाथा की सृष्टि में अनेक लोक-कवियों का योगदान अवश्य होता है परन्तु वह किसी विशेष कवि की ही रचना हुआ करती है। समस्त काव्य प्रकृति और कला के ऊपर आश्रित होता है। अति प्राचीन आदिम कविता का भी कोई उद्देश्य होता है। उसमें भी कोई योजना होती है। अतः उसका संबंध किसी व्यक्ति विशेष से ही हो सकता है।[1]

इस प्रकार हम देखते हैं कि जहाँ ग्रिम महोदय लोक-गाथाओं की उत्पत्ति के संबंध में समुदायवाद के पक्षपाती हैं वहाँ श्लेगल उनके मत के ठीक विपरीत व्यक्ति-वाद को ही प्रधानता देते हैं। अतः दोनों का सिद्धान्त एकान्त रूप से परस्पर विरोधी हैं।

(३) स्टेन्थल का सिद्धान्त—जातिवाद—लोक गाथाओं की उत्पत्ति के संबंध में स्टेन्थल का सिद्धान्त जातिवाद के नाम से जाना जाता है। इनका मत ग्रिम के सिद्धान्त से बहुत कुछ मिलता-जुलता है। ग्रिम के कथनानुसार कुछ व्यक्तियों के समुदाय (Community) के द्वारा लोक गाथाओं की रचना होती है परन्तु स्टेन्थल का सिद्धान्त है कि किसी सम्पूर्ण जाति (Race) के समस्त व्यक्ति मिलकर इनकी रचना करते हैं। इनके मत से व्यक्ति सभ्यता तथा युग-युग के विकास की परिणति है। परन्तु आदिम जातियों में व्यक्ति के स्थान पर समष्टि की ही प्रधानता पाई जाती है। असभ्य जातियों में भावना, एषणा और मूल-प्रवृतियाँ एक समान ही उपलब्ध होती है। जिस वस्तु का अनुभव कोई एक व्यक्ति करता है समष्टि भी उसी का अनुभव करती है। इस परिस्थिति में सामान्य सृजनात्मक भावना के द्वारा भाषा और कविता का निर्माण होता है। इस प्रकार लोक-गाथा किसी व्यक्ति विशेष की सम्पत्ति न होकर सम्पूर्ण जाति (Race) की धरोहर होती है।

छोटे-छोटे देशों में अनेक ऐसी असभ्य अथवा अर्ध सभ्य जातियाँ विद्यमान हैं जिनके सम्पूर्ण सदस्य एक स्थान पर एकत्र होकर कोई उत्सव मनाते हैं। मेले तथा अन्य सार्वजनिक उत्सवों के अवसर पर वे लोग एकत्र होकर अपना मनोरंजन करते हैं। इस अवसर पर वे लोग गीत बनाते और गाते जाते हैं। इस प्रकार समस्त जाति के द्वारा गीतों का निर्माण होता है। इस सिद्धान्त के संबंध में इतना ही कहना पर्याप्त है कि छोटी तथा अल्प संख्या वाली जाति के लिए तो यह सिद्धान्त समीचीन हो सकता है परन्तु करोड़ों की संख्या वाली विशाल जाति के लिए यह संभव नहीं हो सकता है।

---

१. गूमर—ओ० ह० बै० भूमिका, पृ० ५४।

विशप पर्सी का सिद्धान्त—चारणवाद—विशप पर्सी इङ्गलैण्ड के सुप्रसिद्ध लोक-गीत संग्रहकर्ता थे। इन्होंने लोकगाथाओं का सुन्दर संग्रह प्रस्तुत किया है। इनके मतानुसार लोक-गाथाओं की रचना चारण या भाटों के द्वारा हुई है। ये चारण लोग मध्यकाल में इङ्गलैंड में ढोल या सारंगी—जिन्हें हार्प (Horp) कहते थे—पर गाना गाते हुए भिक्षा की याचना किया करते थे। इसके साथ ही ये गीतों की रचना भी करते जाते थे। ऐसे गीतों को "मिन्स्ट्रल बैलेड" कहा जाता था क्योंकि इनकी रचना इन्हीं चारणों—जो मिन्स्ट्रल कहलाते थे—के द्वारा की जाती थी। ये चारण लोग धनी तथा वैभव सम्पन्न व्यक्तियों के यहाँ जीविकोपार्जन के लिए जाया करते थे जहाँ इनका बड़ा सम्मान होता था।

विशप पर्सी ने अपने संग्रह में संकलित गाथाओं की रचना के संबंध में लिखा है कि इसमें तनिक भी सन्देह नहीं है कि अधिकांश प्राचीन वीर गाथाओं का निर्माण चारणों के द्वारा ही हुआ है। यह संभव है कि बड़ी-बड़ी छन्दोवद्ध गाथाओं का निर्माण साधु-सन्तों की प्रतिभा के परिमाण हों परन्तु छोटे-छोटे वर्णनात्मक गीतों की सृष्टि चारणों के ही द्वारा हुई होगी जो इन्हें बना कर गाया करते थे। जोसेफ रितसन नामक विद्वान का भी यही मत है। सुप्रसिद्ध उपन्यासकार सर वाल्टर स्काट ने भी पर्सी के मत का समर्थन किया है। इस प्रकार पर्सी के मत के अनुसार लोक गाथाओं की उत्पत्ति चारणों के द्वारा ही हुई है। पर्सी के इस सिद्धान्त—चारणवाद—में सत्य का अधिक अंश उपलब्ध होता है परन्तु सभी गाथाओं की उत्पत्ति चारणों के द्वारा ही हुई है यह कथन समीचीन ज्ञात नहीं होता।

(५) **चाइल्ड का सिद्धान्त–व्यक्तित्वहीन व्यक्तिवाद**—प्रोफेसर चाइल्ड अमेरिका के लोक-साहित्य के प्रकाण्ड विद्वान् माने जाते हैं। इनके द्वारा संकलित तथा सम्पादित 'इंगिलिश एण्ड स्काटिश पापुलर बैलेड्स' नामक ग्रन्थ इनकी अमर कृति है। लोक गाथाओं की रचना के संबंध में प्रोफेसर चाइल्ड का मत है कि जिस प्रकार किसी काव्य का लेखक होता है उसी प्रकार इन गाथाओं की रचना भी किसी व्यक्ति विशेष के द्वारा की जाती है। परन्तु उसके व्यक्तित्व का कोई विशेष महत्त्व नहीं होता। व्यक्ति विशेष की कृति होने पर भी भिन्न-भिन्न व्यक्तियों के द्वारा गाये जाने के कारण इन गाथाओं में परिवर्तन तथा परिवर्धन होता रहता है। अतः इन गाथाओं के मूल लेखक का व्यक्तित्व नष्ट अथवा तिरोहित हो जाता है और ये गाथायें जन-सामान्य की सम्पत्ति बन जाती हैं। प्रो० चाइल्ड का मत श्लेगल के सिद्धान्त के समान ही है। अन्तर केवल इतना ही है कि प्रो० चाइल्ड गाथाओं के रचयिताओं के व्यक्तित्व को महत्त्व प्रदान नहीं करते। प्रो० स्टीनस्ट्रप—जो डेनमार्क के लोक साहित्य के अधिकारी विद्वान् हैं—का भी यही मत है। उन्होंने लोकगाथाओं के निर्माण में किसी कवि के व्यक्तित्व का जोरदार शब्दों में खण्डन किया है।

प्रोफेसर चाइण्ड का उपर्युक्त कथन वास्तविकता से बहुत दूर नहीं है। आल्हा का रचयिता जगनिक नामक लोककवि माना जाता है। परन्तु वर्तमान आल्हा के स्वरूप में इतना परिवर्धन तथा परिवर्तन हो गया है कि मूल गाथा के लेखक के व्यक्तित्व का कुछ पता नहीं चलता। चाइल्ड का यही मत है।

(६) **उपाध्याय का सिद्धान्त—समन्वयवाद**—लोक गाथाओं की उत्पत्ति के संबंध में जिन पाँच सिद्धान्तों की अभी चर्चा की गई है उन सभी मतों में सत्य का कुछ न कुछ अंश विद्यमान है। परन्तु एक ही सिद्धान्त को निश्चित तथा एकमात्र प्रामाणिक नहीं कहा जा सकता।

भारतीय लोक साहित्य तथा लोक संस्कृति के विनम्र तथा शोधी विद्वान् डॉ० कृष्णदेव उपाध्याय के मतानुसार लोक गाथाओं की उत्पत्ति के संबंध में जिन पाँच सिद्धान्तों का उल्लेख किया गया है, वे सभी कारणीभूत हैं। इन सभी सिद्धान्तों का सहयोग इन गाथाओं की निष्पत्ति का कारण है। इन सभी मतों का सामूहिक तथा समवेत योगदान इनकी उत्पत्ति का हेतु है।

कुछ गीत और गाथायें ऐसी हैं जो किसी व्यक्ति विशेष की रचना हैं। भोजपुरी चैता या घाँटों के गीतों में बुलाकीदास का नाम बार-बार आता है जिससे ज्ञात होता है कि इनकी रचना उन्हीं के द्वारा की गई है। बुन्देल खण्ड में ईसुरी की फागों का जनता में बड़ा प्रचार है। ब्रज में मदारी और सनेही राय के गीत बड़े प्रेम से गाये जाते हैं। इससे स्पष्टतया प्रतीत होता है कि लोक साहित्य के निर्माण में व्यक्ति विशेष—चाहे वह कवि हो, नाटककार हो अथवा कथाकार हो—का सहयोग अवश्य ही कारणीभूत है।

गाथाओं की रचना में किसी समुदाय (Communtiy) का भी योगदान होता है। अनेक गीत ऐसे पाये जाते हैं जिनका प्रचार किसी जाति विशेष के लोगों में विशेष रूप से उपलब्ध होता है। जैसे अहीर जाति के लोग विरहा गाते हैं और दु:साध लोग पचरा। अहीरों की बारात में विरहा गाने की प्रथा है। इस अवसर पर अच्छे-अच्छे गवैये एकत्रित होते हैं। दो दलों के बीच विरहा गाने की प्रतियोगिता प्रारम्भ हो जाती है। एक दल का व्यक्ति तत्काल ही विरहा को बनाकर गाता है तथा उसी के माध्यम से प्रश्न करता है। दूसरे दल के सदस्य भी तुरन्त हीं विरहा की रचना कर उसका उत्तर देते हैं। इस प्रकार इन विरहों की रचना होती रहती है और विरहा का दंगल चलता रहता है। इस पद्धति से जिन विरहों की रचना होती है उनका रचयिता अहीरों का समुदाय (समष्टि) होता है न कि कोई व्यक्ति विशेष (व्यष्टि)। झूमर के गीतों के निर्माण में यही पद्धति उपलब्ध होती है। इन झूमरों को महिलाओं का समूह बनाता है न कि कोई व्यक्तिगत स्त्री।

आदिम जातियों में यह प्रथा विद्यमान थी कि उस जाति (Clan या Race)

के सभी व्यक्ति एकत्र होकर अपना मनोरंजन किया करते थे। यदि कोई एक व्यक्ति गीत की किसी एक कड़ी को बनाता था तो दूसरा व्यक्ति दूसरी कड़ी को। तीसरा व्यक्ति उसमें तीसरी कड़ी और चौथा चौथी कड़ी जोड़ता था। इस प्रकार यह पूरा गीत बनकर सम्पूर्ण हो जाता था। इस विधि से निर्मित गीतों में किसी विशेष कवि या गायक का हाथ न होकर समस्त आदिम जाति का योग होता था। यही कारण है ये गीत समस्त जाति की सम्मिलित सम्पत्ति माने जाते थे।

चारणों के द्वारा भी अनेक लोग गीतों की रचना हुई है। जगनिक और चन्दबरदायी की कृतियाँ प्रसिद्ध ही हैं जो चन्देलवंशी राजा परमाल (परमर्दिदेव) तथा चौहान कुल-भूषण राजा पृथ्वी-राज के चारण अथवा दरबारी कवि थे।

राजस्थान में तो चारणों की परम्परा प्रचलित ही नहीं दृढ़ मूल भी थी। ये अपने आश्रयदाता राजाओं की स्तुति में काव्यों की रचना कर उन्हें प्रसन्न किया करते थे। राजस्थानी भाषा में इन चारण काव्यों का विशेष महत्व है। सौराष्ट्र (गुजरात) में भी चारणों के द्वारा रचित चारणी साहित्य की विशेष महत्ता है। इनके गीतों का संग्रह लोक साहित्य के प्रकाण्ड विद्वान् श्री झवेर चन्द मेघाणी ने किया है। इङ्गलैण्ड में भी राजा, अमीर उमरा के दरबार में चारणों—जिन्हें वहाँ 'मिन्सट्रल्स' कहा जाता था—की भीड़ लगी रहती थी जो स्वनिर्मित रचनाओं से अपने स्वामी का गुणगान करते हुए कभी अघाते नहीं थे।

इस प्रकार व्यक्तिवाद, जातिवाद, समुदायवाद और चारणवाद—ये सभी वाद लोक-गाथाओं की उत्पत्ति में अल्प या अधिक अंश में कारण माने जाते हैं। ऐसी दशा में किसी एक वाद को इन लोक-गाथाओं की निष्पत्ति का कारण मानना समीचीन प्रतीत नहीं होता। जिस प्रकार आचार्य मम्मट ने काव्य के निर्माण में शक्ति, निपुणता और अभ्यास इन तीनों को एक साथ मिलाकर हेतुः—न तु हेतवः—माना है। उसी प्रकार डा० कृष्ण देव उपाध्याय के मत के अनुसार इन पूर्वोक्त पाँचों सिद्धान्तों का समन्वय ही इन गाथाओं की उत्पत्ति का कारण है। अतः इस विषय में डा० उपाध्याय का सिद्धान्त—समन्वयवाद—ही सम्यक् तथा समीचीन ज्ञात होता है।

"व्यक्ति-जाति—समष्टीनां, चारणादि मतादिनाम्। मध्ये समन्वयो नामा
श्रेष्ठः वादः प्रकीर्तितः ॥"

(ग) लोक गाथाओं के प्रकार

लोक गाथाओं का वर्गीकरण विषय की दृष्टि से किया जाता है। अनेक विद्वानों ने विभिन्न प्रकार से इनका श्रेणी-विभाजन किया है।

(१) **डॉ० कृष्णदेव उपाध्याय** के अनुसार इन लोक-गाथाओं को निम्नांकित तीन श्रेणियों में विभाजन किया जा सकता है—

(१) प्रेम कथात्मक गाथाएँ (Love ballads)
(२) वीर कथात्मक गाथाएँ (Heroic ballads)
(३) रोमांच कथात्मक गाथाएँ (Super natural ballads)

प्रेम मानव जीवन का प्राण है। अतः लोक गाथाओं में इनकी उपस्थिति एक आवश्यक तत्व है। भोजपुरी में बिहुला की गाथा प्रेम का लोक महाकाव्य है। भरथरी और गोपीचन्द की गाथाओं में भी प्रेम का पुट पाया जाता है। दूसरे प्रकार की गाथाओं में वीर रस का परिपाक मिलता है। 'आल्हा' और 'लोरकी' भोजपुरी की वीर गाथाओं के उदाहरण हैं। राजस्थान में प्रचलित पाबू जी, तेजाजी और हरदौल की गाथायें इसी कोटि में आती है। तीसरी श्रेणी की गाथाओं में रहस्य-रोमांच की मात्रा अधिक रहती है। सोरठी की सुप्रसिद्ध गाथा का इसमें अन्तर्भाव किया जा सकता है। इसकी कथा इतनी अलौकिक, रोचक तथा रोमान्सपूर्ण है कि उसे पढ़ते समय रोमांच हो जाता है। अंग्रेजी साहित्य में ऐसी अनेक गाथायें उपलब्ध होती हैं जिनमें रोमांस और रोमांच का अत्यधिक पुट रहता है।

(२) प्रो० कीट्रीज का वर्गीकरण—प्रो० कीट्रीज के अनुसार लोक गाथाओं को केवल दो भागों में बाँटा जा सकता है—

(१) चारण गाथाएँ (Minstrel ballads)
(२) परम्परागत गाथाएँ (Traditional ballads)

मध्य कालीन यूरोप में चारण लोग राजदरबारों में जाकर गाथाओं को गाकर सुनाया करते थे और इस प्रकार अपनी जीविका चलाते थे। इन चारणों के द्वारा बनाये तथा गाये जाने के कारण ही इनका नाम 'चारण गाथाएँ' पड़ गया है। विशप पर्सी अपने ग्रन्थ में चारणों के द्वारा लोक गाथाओं की उत्पत्ति की विवेचना बड़े विस्तार से की है। परम्परागत गाथाओं से प्रो० कीट्रीज का अभिप्राय इन गाथाओं से है जो चिरकाल से चली आ रही हैं तथा जिनका प्रचार और प्रसार आज भी अक्षुण्ण बना हुआ है। सत्तरहवीं शताब्दी में इन गाथाओं का बड़ा महत्व था। अनेक व्यवसायी लोग इन गाथाओं को एकत्र कर तत्कालीन एक पृष्ठ में छपे अखबारों में इन्हें प्रकाशित करवाते थे।[1] ये ही गाथायें परम्परागत गाथाओं के नाम से प्रसिद्ध हो गईं।

(३) प्रो० गूमर का श्रेणी-विभाजन—प्रोफेसर गूमर (Gummere) ने लोक गाथाओं का वर्गीकरण निम्नांकित छः श्रेणियों में किया है—

१. प्राचीनतम गाथाएँ (Oldest ballads)
२. कौटुम्बिक गाथाएँ (Ballads of kinship)
३. अलौकिक गाथाएँ (Coronach and ballads of the supernatural)
४. पौराणिक गाथाएँ (Legendary ballads)

१. चाइल्ड—इ० स्का० पा० बै०, पृ० २७ (भूमिका भाग)

५. सीमान्त गाथाएँ (Border ballads)

६. आरण्यक गाथाएँ (Greenwood ballads)

(१) प्राचीनतम गाथाओं में समस्या मूलक गाथाओं (Riddle ballads) का स्थान सर्वप्रथम है। ये अनन्त काल से चली आ रही हैं। इनकी उत्पत्ति संभवतः ग्रीस देश से मानी जाती है। ये गाथाएँ आकाश, पृथ्वी और ऋतुओं से संबद्ध हैं। प्राचीन काल में ये समस्यामूलक गाथाएँ सामूहिक रूप से गाई जाती थीं और उनका उत्तर भी गीतों में ही दिया जाता था।

(२) कौटुम्बिक गाथाओं में परिवार के विभिन्न व्यक्तियों के पारस्परिक व्यवहार का चित्रण किया गया है। बहिन और भाई, सास और बहू, ननद और भावज, पति-पत्नी आदि के सम्बन्ध की सुन्दर झाँकी हमें इनमें देखने को मिलती है। यूरोपीय देशों में भाई और बहिन का पारस्परिक प्रेम उच्च कोटि का नहीं पाया जाता। निर्दयी भाई (cruel brother) शीर्षक गाथा में कोई क्रूरकर्मा भाई अपनी बहिन के पेट में छूरा भोंक देता है। इस प्रकार उसकी बहिन की मृत्यु हो जाती है। परन्तु भारतीय गाथाओं में इनका प्रेम पवित्र, शुद्ध और सात्विक दिखलाया गया है।

(३) **अलौकिक गाथाएँ**—इनके अन्तर्गत मृत्यु गीत, जादू के द्वारा शरीर परिवर्तन तथा अन्धविश्वासों पर आश्रित अनेक गीत आते हैं। अंग्रेजी की कुछ गाथाओं में परियों से प्रेम करने की कथा भी पाई जाती है जिसका भारत में प्रायः अभाव है।

(४) **पौराणिक गाथाएँ**—इसका अभिप्राय उन गाथाओं से है जो किसी पौराणिक कथा या किम्बदन्ती को लेकर जनता में प्रचलित हैं। भोजपुरी प्रदेश में राजा ढ़ोलन की गाथा पाई जाती है जो नल और दमयन्ती की पौराणिक कथा के आधार पर अवलम्बित है।

(५) **सीमान्त गाथाएँ**—इङ्गलैंड और स्काटलैंड के सोमान्त प्रदेशों में प्रचलित होने के कारण इन्हें सीमान्त गाथाएँ कहा जाता है। इनमें सीमान्त पर होने वाले युद्धों का वर्णन मिलता है। इनमें से कुछ ऐसी भी गाथाएँ हैं जो स्थानीय इतिहास से संबद्ध है। जैसे सन् १८५७ ई० से सम्बन्धित बाबू कुंअर सिंह की लोक गाथा।

(६) **आरण्यक गाथाएँ**—इङ्गलैंड मे राबिनहुड नामक एक साहसिक व्यक्ति था जो ग्रीनउड नामक जङ्गल में रहता था। वह राजकीय आदेशों की अवहेलना कर धनी व्यक्तियों को लूट कर गरीब और निःसहाय लोगों की रक्षा करता था। शासन के नियमों को भङ्ग करने के कारण वह लुटेरा (Out-law) माना जाता था। इस राबिनहुड से सम्बन्धित बीसियों गाथायें अंग्रेजी में प्रचलित हैं। राबिनहुड की तुलना भारत में चम्बल घाटी के सुप्रसिद्ध दस्यु-सम्राट मानसिंह से की जा सकती है जो धनवानों को लूट कर गरीबों का पालन-पोषण करता था। जङ्गल में रहने से राबिनहुड के कारण इन गाथाओं को आरण्यक गाथाएँ कहा जाता है।

———

अध्याय १८

लोक-कथा तथा सुभाषित

परिच्छेद (१) : लोक-कथाओं की मीमांसा

लोक साहित्य के क्षेत्र में लोक-कथाओं का एक विशिष्ट स्थान है। सच तो यह है कि इन कथाओं के द्वारा सर्व साधारण जनता के मन का जितना अनुरंजन होता है उतना अन्य किसी साधन के द्वारा नहीं होता। भारतवर्ष लोक-कथाओं की उत्स भूमि है। यहाँ की प्राचीन कथाओं ने समस्त संसार के कथा साहित्य को प्रभावित किया है। किम्वहुना, यूरोप में प्राचीन समय से प्रचलित ईसाप की कहानियाँ—'इसास्प फेब्रुल्स'—भी इनसे अप्रभावित नहीं है।

(क) लोक-कथाओं की प्राचीन परम्परा

इस देश में लोक कथाओं की परम्परा अत्यन्त प्राचीन काल से चली आ रही है। वेदों में आख्यान के रूप में कथाओं के बीज पाये जाते हैं।

(१) **वृहत्कथा**--संस्कृत में लोक कथाओं का सबसे प्राचीन संग्रह गुणाढ्य की वृहत्कथा मानी जाती है। यह ग्रन्थ पैशाची भाषा में लिखा गया था परन्तु आज इसका मूल रूप उपलब्ध नहीं है। परन्तु आजकल संस्कृत में वृहत्कथा पर अवलम्बित तीन ग्रन्थ प्राप्त होते हैं—

(क) वृहत्कथा श्लोक संग्रह।

(ख) वृहत्कथा मंजरी।

(ग) कथा सरित्सागर।

उक्त तीनों ही ग्रन्थ संस्कृत श्लोकों में निबद्ध है जिनमें अन्तिम पुस्तक सबसे अधिक प्रसिद्ध है। सोमदेव द्वारा रचे गये इस ग्रन्थ में २४,००० श्लोक हैं। टानी नामक विद्वान् ने इसका अंग्रेजी में अनुवाद किया है और पेञ्जर ने अपनी विद्वत्तापूर्ण टिप्पणियों के साथ दस भागों में इसे प्रकाशित किया है। इसके अतिरिक्त पंचतंत्र, हितोपदेश, वैताल पंच विंशतिका, सिंहासन द्वात्रिंशिका, शुक सप्तति और जातक आदि कथा-ग्रन्थ संस्कृत में उपलब्ध होते हैं जो अनेक प्रकार की विशेषताओं के लिए प्रसिद्ध हैं।

(ख) लोक-कथाओं का वर्गीकरण

(१) **प्राचीन कालीन वर्गीकरण**—प्राचीन आचार्यों ने लोक कथाओं को दो श्रेणियों में विभक्त किया है—

(१) कथा और (२) आख्यायिका।

कथा उस कहानी को कहते हैं जो कवि कल्पना से प्रसूत होती है जैसे बाणभट्ट की कादम्बरी और दण्डी का दशकुमार चरित। परन्तु आख्यायिका वह कहानी है जिसका आधार ऐतिहासिक होता है। जैसे वाणभट्ट का हर्षचरित जिसमें सुप्रसिद्ध सम्राट् हर्ष वर्धन का जीवन चरित लिखा गया है। आनन्द वधनाचार्य ने कथाओं के तीन भेदों का उल्लेख किया है—(१) परिकथा (२) सकल कथा और (३) खण्ड कथा। परिकथा वह है जिसमें केवल इतिवृत्त मात्र हो। सकल कथा में बीज (प्रारम्भ) से फल-पर्यन्त कथा का सन्निवेश उपलब्ध होता है। खण्ड कथा एक देश प्रधान होती है।

हरिभद्राचार्य ने कथाओं का एक नया वर्गीकरण प्रस्तुत किया है। इनके अनुसार कथाओं के निम्नलिखित चार भेद हैं—(१) अर्थ कथा (२) काम-कथा (३) धर्म-कथा और (४) संकीर्ण-कथा। अर्थ कथा का विषय अर्थ की प्राप्ति है। काम-कथा में प्रेम का वर्णन प्रधान होता है। धर्म कथा धार्मिक आख्यानों से सम्बन्ध रखती है। दोनों लोकों की कामना करने वालों से संबद्ध कथा संकीर्ण-कथा कहलाती है।

(२) **डा० उपाध्याय का वर्गीकरण**—डा० कृष्णदेव उपाध्याय ने वर्ण्य विषय की दृष्टि से लोक-कथाओं का विभाजन निम्नांकित छः वर्गों में किया है—

(१) उपदेश कथा (२) व्रत कथा
(३) प्रेम कथा (४) मनोरंजन कथा
(५) सामाजिक कथा (६) पौराणिक कथा।

लोक साहित्य में जो कथाएँ उपलब्ध होती हैं उनमें से अधिकांश प्रथम वर्ग से ही सम्बन्ध रखती हैं। लोक कथाओं का प्रधान उद्देश्य उपदेशात्मक होता है। पंचतंत्र और हितोपदेश में ऐसी अनेक कथायें मिलती हैं जिनका एक मात्र लक्ष्य उपदेश देना होता है। 'हितोपदेश' शीर्षक ग्रन्थ के नाम से ही इसके उद्देश्य का कुछ अनुमान किया जा सकता है। इस ग्रन्थ का लक्ष्य लेखक ने बच्चों को उपदेश देना बतलाया है।

"कथाच्छलेन वालाना; नीतिस्तदिह कथ्यते।" इससे ज्ञात होता है इन कथाओं की रचना का उद्देश्य बच्चों को नीति का उपदेश देना था।

हमारे देश में अनेक व्रत और त्यौहार प्रचलित हैं जिस अवसर पर कथायें

कही जाती है जैसे पिड़िया और गोधन की कथा। प्रेम कथाओं में माता-पुत्र, पति-पत्नी तथा भाई-बहिन के प्रेम का वर्णन किया जाता है। जैसे सावित्री सत्यवान् की कथा मनोरंजन कथाओं का उद्देश्य बालकों का मनोरंजन करना होता है। सामाजिक कथायें वे हैं जिनमें समाज का चित्रण किया जाता है। इनमें राजा के द्वारा न्याय करना और अर्थाभाव से कष्ट का वर्णन पाया जाता है। गोपीचन्द, भरथरी, नल-दमयन्ती, दधीचि और राजा हरिश्चन्द्र की कथाओं का अन्तर्भाव अन्तिम श्रेणी में किया जा सकता है।

(३) **डा० सत्येन्द्र का वर्गीकरण**—डा० सत्येन्द्र ने व्रज की लोक कथाओं का वर्गीकरण आठ श्रेणियों में किया जाता है—

(१) गाथाएँ (२) पशु-पक्षी सम्बन्धी कथाएँ (३) परी की कथाएँ (४) विक्रम की कहानियाँ (५) बुझौवल सम्बन्धी कहानियाँ (६) निरीक्षण गर्भित कहानियाँ (७) साधु पीरों की कहानियाँ और (८) कारण-निर्देशक कहानियाँ। डा० सत्येन्द्र के वर्गीकरण पर गम्भीरतापूर्वक विचार करने से यह स्पष्ट ही प्रतीत होता है कि यह विभाजन वैज्ञानिक नहीं है। इन आठों वर्गों का अन्तर्भाव डा० उपाध्याय द्वारा उल्लिखित छः ही श्रेणियों में किया जा सकता है।

(४) **डा० सेन का वर्गीकरण**—बङ्गाली लोक साहित्य के अग्रणी विद्वान् डा० दिनेश चन्द्र सेन ने लोक-कथाओं का श्रेणी विभाजन इस प्रकार किया है—

(१) रूप कथा (Supernatural tales)
(२) हास्य कथा (Humurous tales)
(३) व्रत कथा (Religious tales)
(४) गीत कथा (Nursery tales)

रूप कथा वह है जिसमें किसी अति मानवीय अथवा अप्राकृतिक अद्भुत वस्तु का वर्णन हो। इसके अन्तर्गत भूत-दूत, देवी-देवता और दानव की कथायें आती हैं। हास्य रस को उत्पन्न करने वाली कथाओं को हास्य-कथा कहा जाता है। व्रत कथाओं के कहने का अवसर किसी व्रत या त्यौहार का समय होता है जैसे पिंड़िया और गोधन की कथा। बच्चों को पालने पर सुलाकर सुनाई जाने वाली कथायें गीत कथा कहलाती हैं। इन्हें अंग्रेजी में 'क्रेडेल टेल्स' तथा 'नरसरी टाइम्स' भी कहते हैं।

(ग) लोक-कथाओं की विशेषताएँ

डा० कृष्णदेव उपाध्याय ने लोक-कथाओं की निम्नांकित आठ विशेषताओं का वर्णन अपने ग्रन्थ में किया है।[1]

---

१. लोक साहित्य की भूमिका।

(१) प्रेम का अभिन्न पुट।
(२) अश्लील श्रृङ्गार का अभाव।
(३) मानव की मूल प्रवृत्तियों से निरन्तर साहचर्य।
(४) मंगल कामना की भावना।
(५) संयोग में कथाओं का अन्त।
(६) रहस्य, रोमांच तथा अलौकिकता की प्रधानता।
(७) उत्सुकता की कामना।
(८) वर्णन की स्वाभाविकता।

लोक-कथाओं में प्रेम का अभिन्न पुट पाया जाता है। इन कथाओं में भाई-बहिन, माता-पुत्री, पिता-पुत्र और पति-पत्नी के बीच में विशुद्ध तथा सात्विक प्रेम की उपलब्धि होती है। मानव की मूल प्रवृत्तियों का भी वर्णन इन कथाओं में मिलता है। इन मौलिक प्रवृत्तियों से अभिप्राय काम, क्रोध, मद, लोभ, एषणा और सुख-दुःख से है। आजकल की अनेक कहानियाँ किसी क्षणिक घटना को लक्षित कर लिखी जाती हैं। परन्तु अधिकांश लोक कथाओं का निर्माण मानव की किन्हीं मूल प्रवृत्तियों से संबद्ध होता है। अतएव वे चिरस्थायी होती हैं और उनका प्रभाव शाश्वतिक है।

लोक-कथाओं में मंगल-कामना की भावना वर्तमान होती है। इनका लक्ष्य एक मात्र यही होता है कि—

"सर्वेऽतु सुखिनः सन्तु सर्वे सन्तु निरामयाः।
सर्वे भद्राणि पश्यन्तु; मा कश्चित् दुःखभाग् भवेत्॥"

अर्थात् सभी लोग सुखी तथा नीरोग रहें और संसार में सभी का कल्याण हो।

भोजपुरी कहानियों के अन्त में भरत वाक्य के रूप में यह वाक्य अवश्य ही कहा जाता है कि "जैसे अमुक व्यक्ति का दिन लौटा, वैसे ही सभी व्यक्तियों का दिन लौटे तथा मंगल हो।"

लोक-कथाओं का अन्त संयोगान्त होता है। संस्कृत के नाटक सदा संयोगान्त होते हैं। उनमें वियोग और दुःख का वर्णन अवश्य ही होता है परन्तु कथानक के अन्त में प्रेमी और प्रेमिका दोनों मिलते दिखाई पड़ते हैं। इसी प्रकार से लोक-कथाओं में भी समझना चाहिए। इन कथाओं के बीच में युद्ध, वियोग, दुःख और निर्धनता आदि की घटनायें अवश्य घटित होती हैं परन्तु अन्त में सभी संयोग, सुख और वैभव में परिणत हो जाती हैं।

कुछ कथाओं में अलौकिकता प्रधानता उपलब्ध होती हैं। परियों से संबंधित कहानियों में इनकी प्रचुरता होती है। इनमें रहस्य-रोमांच, भूत-प्रेत, पिशाच, दानव और परियों से संबद्ध कथाओं की अधिकता है। राजाओं और युद्ध-वीरों की कहानियाँ भी इसी के अन्तर्गत मानी जाती हैं।

लोक-कथाओं में उत्सुकता की भावना प्रधान है। श्रोता यह जानना चाहता है कि इस घटना के बाद क्या हुआ ? उसकी यही उत्सुकता इन कथाओं का प्रधान तत्व है। यह बात रूप कथाओं के संबंध में अधिक पायी जाती है।

वर्णन की स्वाभाविकता कहानी-कला की एक प्रधान विशेषता है जो ग्रामीण कथाओं में अधिक उपलब्ध होती है। इन कहानियों की संरचना स्वाभाविक होती है। इनमें अकृत्रिमता का तनिक भी स्थान नहीं है। इसीलिए भारतीय संस्कृति का सच्चा चित्रण इनमें प्रचुर परिमाण में मिलता है।

परिच्छेद (२) : लोक-सुभाषित

सर्व साधारण जनता अपने दैनिक व्यवहार में अनेक लोकोक्तियों, पहेलियों, मुहावरों और सूक्तियों का प्रयोग करती है। इससे उनकी वचन-चातुरी का पता चलता है। लोकोक्तियों के प्रयोग से किसी उक्ति या कथन में शक्ति अथवा विशेषता आ जाती है और श्रोताओं के ऊपर उसका बड़ा सुन्दर प्रभाव पड़ता है। अतः कुशल वक्ता अपने कथन के समर्थन में लोकोक्तियों का प्रयोग प्रायः किया करते हैं। मुहावरों के व्यवहार के द्वारा भाषा में चुस्ती आती है और उसका स्वरूप सुन्दर बन जाता है। पहेलियों का प्रयोग प्रायः मनोरंजन के लिए किया जाता है। छोटे-छोटे बालक अपना मन-बहलाव करने के लिए एक दूसरे से पहेलियाँ पूछते हैं। पहेलियों के लिए उत्तर की प्रतीक्षा होती है। परन्तु शीघ्र ही उत्तर न मिलने पर प्रश्न-कर्ता की जीत समझी जाती है। इस प्रकार पहेलियाँ ज्ञानार्जन के साथ ही मनोरंजन का भी साधन हैं।

उत्तरी-भारत में घाघ और भड्डरी के नाम से अनेक सूक्तियाँ प्रचलित हैं, जिन्हें दो भागों में विभक्त किया जा सकता है—(१) वर्षा तथा कृषि संबंधी और (२) स्वास्थ्य तथा भोजन के नियमों से संबंधित। ये दोनों ही अनुभव के आधार पर स्थित है। लोक-सुभाषित की अन्तिम विधा बालकों के गीत है जिन्हें तीन वर्गों में बाँटा जा सकता है :—(१) पालने के गीत (२) लोरी और (३) खेल के गीत। इन्हीं विषयों का वर्णन यहाँ संक्षिप्त रूप में किया जाता है।

अनुच्छेद (१) : लोकोक्तियाँ

लोक सुभाषित में लोकोक्तियों का अत्यधिक महत्त्वपूर्ण स्थान है। इनके द्वारा किसी कथन में तीव्रता तथा प्रभाव उत्पन्न किया जाता है। इसके प्रयोग से किसी कथन की पुष्टि की जाती है और इसका प्रभाव श्रोताओं पर बहुत अधिक पड़ता है। सर्व साधारण जनता के द्वारा प्रयुक्त होने के कारण इसे लोकोक्ति (लोक=जनता+उक्ति=कथन) कहा जाता है। लोकोक्तियाँ अनुसिद्ध ज्ञान की निधि हैं। मानव ने युग-युग से जिन तथ्यों का साक्षात्कार किया है उनका प्रकाशन इनके माध्यम से होता

है। ये चिरकालीन अनुभूत ज्ञान के सूत्र हैं। समान रूप में चिर-परिचित तथा अनुभूत ज्ञान राशि का प्रकाशन इनका प्रधान उद्देश्य पाया जाता है।

परम्परा—लोकोक्तियों की परम्परा अत्यन्त प्राचीन है। शोध करने से पता चलता है कि वेदों में भी इनकी सत्ता उपलब्ध है। उपनिषदों में भी लोकोक्तियाँ प्रचुर परिमाण में पाई जाती हैं।[१] संस्कृत साहित्य में तो इनका विशाल भण्डार उपलब्ध होता है। महाकवि कालिदास ने अपने ग्रन्थों में इनका सुन्दर प्रयोग किया है।[२] महाकवि राजशेखर ने प्राकृत भाषा में निबद्ध 'कर्पूर मंजरी' नामक सट्टक में 'करकंगन को आरसी क्या' इस हिन्दी लोकोक्ति के भाव का प्रयोग किया है। पालि ग्रन्थों में भी ऐसी लोकोक्तियाँ प्राप्त होती हैं जिनके अनुभूति की व्यंजना पाई जाती है।

लोकोक्तियों की विशेषताएँ

(१) लोकोक्तियों की सबसे बड़ी विशेषता इनकी समास शैली है। इन कहावतों में इनके रचयिताओं ने गागर में सागर भरने का सफल प्रयास किया है। लोकोक्तियाँ आकार में तो छोटी होती हैं परन्तु इनमें विशाल ज्ञान-राशि सिमटी पड़ी रहती है। उदाहरण के लिए "तीन कनौजिया तेरह चूल्हा" को लिया जा सकता है। इन चार शब्दों में कनौजिया ब्राह्मणों की स्पर्शा-स्पर्श संबंधी विचारधारा पर प्रचुर प्रकाश पड़ता है। संस्कृत में एक छोटी सी लोकोक्ति में चार्वाक दर्शन के सम्पूर्ण सिद्धान्तों का अवलोकन किया जा सकता है।

"यावत् जीवेत् सुखं जीवेत्,
ऋणं कृत्वा घृतं पिवेत्।
भस्मी भूतस्य देहस्य,
पुनरागमनं कुतः॥"

(२) इनकी दूसरी विशेषता अनुभूति और निरीक्षण है। लोकोक्तियों में मानव जीवन के युग-युग की अनुभूतियों का परिणाम और निरीक्षण शक्ति अन्तर्निहित है। काशी के संबंध में यह लोकोक्ति प्रसिद्ध है—

"राँड, साँड सीढ़ी संन्यासी।
इनसे बचे तो सेवै कासी॥"

जिन लोगों को काशी में निवास करने का अवसर मिला है वे जानते हैं कि यहाँ के साँड़ और सीढ़ियाँ कितनी खतरनाक हैं। इसी प्रकार के बुन्देल खण्ड के संबंध में यह लोकोक्ति प्रचलित है :—

---

१. कर्नल जैकब—ए हैण्डफुल आफ मैक्सिम्स।

२. पद्मभूषण आचार्य बलदेव उपाध्याय—संस्कृत साहित्य का इतिहास।

"झाँसी गले की फाँसी, दतिया गले का हार।
ललितपुर नहिं छोड़िये, जब तक मिले उधार।"

इससे स्थानीय जनता के व्यवहार का पता चलता है।

(३) इनकी तीसरी विशेषता सरलता है। ये लोकोक्तियाँ बड़ी ही सरल भाषा में निबद्ध होती हैं जिन्हें अनपढ़ जनता भी बड़ी आसानी से समझ सकती है। इनकी सरलता के कारण श्रोताओं पर इनका अतिशय प्रभाव पड़ता है। जैसे :—

नसकट पनही, बतकट जोय;
जो पहिलौंठी बिटिया होय।
पातर कृषि, बौरहा भाय;
घाघ कहै दुःख कहाँ समाय।

इस लोकोक्ति के भाव को समझने में तनिक भी कठिनाई नहीं होती है। कहावतें गद्य में भी होती हैं और पद्य में भी। पद्यात्मक लोकोक्तियों को याद करने में बड़ी सुविधा होती है। इनका प्रभाव भी जनता के ऊपर संभवतः अधिक पड़ता है।

लोकोक्तियों का वर्गीकरण

डॉ० कृष्णदेव उपाध्याय के मतानुसार लोकोक्तियों का वर्गीकरण प्रधानतया पाँच भागों में किया जा सकता है—

(१) स्थान संबंधी लोकोक्तियाँ।
(२) जाति संबंधी लोकोक्तियाँ।
(३) प्रकृति तथा कृषि संबंधी लोकोक्तियाँ।
(४) पशु-पक्षि संबंधी लोकोक्तियाँ।
(५) प्रकीर्ण लोकोक्तियाँ।

स्थान संबंधी लोकोक्तियों में किसी स्थान की विशेषता का वर्णन होता है जैसे तिरहुत (मिथिला) के संबंध में यह उक्ति बड़ी प्रसिद्ध है।

"कोकटी धोती, पटुआ साग;
तिरहुत गीत, बड़े अनुराग।
भाव भरल तन तरुणी रूप;
एतवै तिरहुत होइछै अनूप।"

जाति संबंधी लोकोक्तियाँ वे हैं जिनमें किसी जाति की विशेषता का वर्णन होता है।

"बाभन, कुकुर, नाऊ
आपन जाति देखि गुर्राऊ।"

इसमें ब्राह्मण तथा नाई जाति की विशेषताओं को प्रदर्शित किया गया है। अनेक लोकोक्तियों का संबंध प्रकृति तथा कृषि से होता है जिसका उल्लेख आगे किया जायेगा। पशु-पक्षी संबंधी लोकोक्तियों में किसी पशु या पक्षी के चिह्न, उनकी अच्छाई या बुराई के संबंध में उल्लेख मिलता है। कृषि कर्म में प्रयुक्त होने वाले बैल के संबंध में घाघ की अनेक उक्तियाँ मिलती हैं। प्रकीर्ण लोकोक्तियों में नीति संबंधी कहावतों की प्रधानता पाई जाती है। जैसे—

'लरिका ठाकुर, बूढ़ दिवान।
ममिला बिगरै, साँझ विहान॥'

इसमें एक नीति का कथन किया गया है जिसका अनुभव लोगों को प्रतिदिन होता है।

अनुच्छेद (२) : पहेलियाँ (प्रहेलिका)

लोक सुभाषित की दूसरी विधा पहेलियाँ हैं जिनको संस्कृत में प्रहेलिका कहते हैं। मानव प्रवृत्ति रहस्यात्मक है। जब वह चाहता है कि उसके कथन के अभिप्राय को सर्वसाधारण लोग न समझ सकें तब वह ऐसी भाषा का प्रयोग करता है जो सामान्य बुद्धि के परे हो। यही पहेली का रूप धारण कर लेती है।

प्राचीनता—किसी व्यक्ति की बुद्धि परीक्षा के लिए भी पहेलियों का प्रयोग किया जाता है। मध्य प्रदेश की माड़ला जिले में निवास करने वाली गोड़, प्रधान और बिरहौर नामक आदिम जातियों में विवाह के अवसर पर पहेली पूछने की
भोजपुरी प्रदेश में कोहबर में जाने से पहिले वर से पहेली पूछी जाती है। इन पहेलियों की परम्परा बड़ी प्राचीन ज्ञात होती है। वैदिक काल में भी इसकी सत्ता का पता चलता है। वैदिक ऋषियों ने रूपकालंकार का आश्रय लेकर अनेक ऐसी ऋचाओं की रचना की है जो अर्थ की दुर्बोधता के कारण रहस्यात्मक बन गई हैं। ऋग्वेद का यह प्रसिद्ध मंत्र है।

"चत्वारि श्रृङ्गाः भयो अस्य पादाः;
द्वे शीर्षे सप्तहस्ताः सो अस्य।
त्रिधा बद्धो वृषभो रोरवीति;
महादेवो मर्त्यां आविवेश॥"

इस मंत्र में वर्णित वह 'वृषभ' (बैल) कौन है इस संबंध में विद्वानों में बड़ा मतभेद है। इसी प्रकार से गीता का यह सुप्रसिद्ध श्लोक भी अपने रहस्यात्मक अर्थ के लिए विख्यात है।

"उर्ध्वं मूलमधः शाखं,
अश्वत्थं प्राहुरव्ययम्।

छन्दांसि यस्य पर्णानि;
यस्तं वेद स वेद वित् ॥"

पहेलियों का वर्गीकरण

जन जीवन से संबंध रखने वाली सभी वस्तुओं के विषय में पहेलियाँ उपलब्ध होती हैं जिन्हें आठ वर्गों में विभक्त किया जा सकता है—

(१) खेती संबंधी पहेलियाँ ।
(२) भोज्य पदार्थ संबंधो पहेलियाँ ।
(३) घरेलू वस्तु संबंधी पहेलियाँ ।
(४) प्राणि जगत् संबंधी पहेलियाँ ।
(५) प्रकृति संबंधी पहेलियाँ ।
(६) शरीर संबंधी पहेलियाँ ।
(७) गणित संबंधी पहेलियाँ ।
(८) प्रकीर्ण पहेलियाँ ।

इन उपर्युक्त पहेलियों में घरेलू तथा प्राणि संबंधी प्रहेलिकाओं की ही प्रधानता है । घरेलू वस्तुओं जैसे दीपक, मूसल, ओखरि, लोढ़ा, बेलना, खाट और कुर्ता-धोती के संबंध में अनेक पहेलियाँ उपलब्ध हैं । कपड़ों को सीने वाली सुई के संबंध में भी एक पहेली मिलती है । लकड़ी काटने की आरी की उपमा चिड़िया से दी गई है । बादल को हाथ पैर नहीं होता फिर भी वह पहाड़ों पर स्वच्छन्द विचरण करता फिरता है । जैसे—

"बेहाथ के बेगोड़ के; पहाड़ चढ़ा जायै ।
देखौ तो बनखण्डी बाबा; कौन जनावेरो जायै ॥"

ग्रामीण लोग शकरकन्द (कन्द) बहुत खाते हैं जो प्रायः लाल होती है । यथा—

"लाल छड़ी मुह में गड़ी
सासु ले पतोही बड़ी ।"

प्रकृति से संबंधित वस्तुओं के विषय में भी पहेलियाँ कही गई हैं । जैसे—

"एक थाल मोतिन से भरा;
सबके सिर पर औंधा धरा ।
चारों ओर थाल वह फिरै;
मोती एक न उससे गिरै ।"

कुछ पहेलियाँ ऐसी हैं जिनका आधार गणित होता है। ऐसी पहेलियों का 'बूझना' बड़ा ही कठिन होता है। यहाँ एक ही उदाहरण पर्याप्त होगा।

"चार आना बकरी, आठ आना गाय।
चार रुपैया भैंस बिकाय, बीसै रुपया बीसे जीव ॥"

ढकोसले—ढकोसले पहेलियों से भिन्न होते हैं। पहेलियों में प्रश्न और उनके उत्तर सार्थक होते हैं परन्तु ढकोसले में सभी बातें ऊट-पटाँग, असंभव तथा निरर्थक होती हैं। इनका उद्देश्य एक मात्र मनोरंजन करना तथा हास्य-रस की सृष्टि करना है। संस्कृत नाटकों में, प्राचीन काल में ही ऐसे ढकोसले पाये जाते थे जिनका अर्थ नहीं होता था और अर्थहीनता तथा असंगतता ही उनकी विशेषता होती थी। शूद्रक के द्वारा रचित मृच्छ कटिक नाटक का यह श्लोक उदाहरण के लिए अलम् है।

"किं स शक्रो बलि पुत्रो महेन्द्रो;
रम्भा-पुत्रः कालनेमिः सुबन्धुः।
रुद्रो राजा, द्रोण पुत्रो जटायुः
चाणक्यो वा धुन्धुमारस्त्रिशंकुः ॥"

परन्तु इससे भी अधिक ऊँट-पटाँग बातें शकार (नाटक का एक पात्र) वसन्त सेना से इस प्रकार कहता है कि :—

"चाणक्येन यथा सीता; मारिता भारते युगे।
एवं त्वां मोटयिष्यामि'; जटायुरिव द्रौपदीम्।"

इसी प्रकार ब्रज तथा भोजपुरी प्रदेश में अनेक ढकोसले उपलब्ध होते हैं जिनको सुनकर मनहूस आदमी को भी हँसी आये बिना नहीं रह सकती।

"हाथी चढ़ल पहाड़ पर,
बिनि बिनि महुआ खाई।
चीटी मरलसि बाघ के;
उलुटा पैर उठाई ॥"

अनुच्छेद (३) : मुहावरा

इसे संस्कृत में "वाग्रीतिः" और अंग्रेजी में 'इडियम' कहा जाता है। मुहावरे के अर्थ में अभिधेयार्थ से कुछ विभिन्नता होती है। अतः इसके अर्थ की सिद्धि लक्षणा और व्यञ्जना शक्तियों के ऊपर अवलम्बित रहती हैं। एक मुहावरा है 'नाकों चना चबाना' जिसका अर्थ है बड़ी कठिनाई से किसी कार्य को सम्पादित करना। चूंकि नाक से चना नहीं चबाया जा सकता है अतः लक्षणा के द्वारा इसका अर्थ हुआ कठिनता से कार्य करना।

परिभाषा—मुहावरा किसी बोली या भाषा में प्रयुक्त होने वाला वह अपूर्ण वाक्य खण्ड अथवा वाक्यांश है जो अपनी उपस्थिति से समस्त वाक्य को सबल, सतेज, रोचक तथा चुस्त बना देता है।

मुहावरा और लोकोक्ति में अन्तर

मुहावरों और लोकोक्तियों में बड़ा अन्तर है। मुहावरा किसी वाक्य का अंश मात्र होता है। उसका स्वतंत्र रूप से व्यवहार नहीं किया जा सकता। परन्तु लोकोक्तियाँ पूर्ण वाक्य होती हैं। उनका प्रयोग स्वतंत्र रूप से भी हो सकता है। वे अपना स्वतंत्र अर्थ रखती हैं। किसी कथन का समर्थन करने के लिए उदाहरण के रूप में अलग से उनका व्यवहार किया जाता है। मुहावरे गद्यात्मक होते हैं परन्तु लोकोक्तियाँ गद्य और पद्य दोनों में हो सकती हैं। दोनों का ही आकार लघु होता है परन्तु मुहावरों का स्वरूप लघुतर होता है।

मुहावरों की विशेषताएँ

मुहावरों की निम्नांकित तीन विशेषतायें होती हैं—

(१) मुहावरों की सबसे बड़ी विशेषता यह है कि यह किसी वाक्य का अंगीभूत बन कर रहता है। मुहावरे का जब तक किसी वाक्य में प्रयोग नहीं होता तब तक उसका कोई भी अर्थ नहीं है। अतः इसकी कोई स्वतंत्र सत्ता नहीं होती।

(२) मुहावरा अपने मूल रूप में ही सदा प्रयुक्त होता है। यदि इसमें व्यवहृत शब्दों का पर्याय वाची शब्दों के रूप में प्रयोग किया जाय तो मुहावरा नष्ट हो जाता है। जैसे 'कमर टूट जाना' एक मुहावरा है। यदि इसके स्थान पर 'कटि भंग होना' लिखा जाय तो वह पूर्वोक्त अर्थ का द्योतक कदापि नहीं हो सकता।

(३) मुहावरे का वाच्यार्थ से विशेष संबंध नहीं होता। लक्ष्यार्थ के द्वारा ही अभीष्ट अर्थ की सिद्धि होती है। जैसे "गढ़ा मुर्दा उखाड़ना।" इसका अभिधेयार्थ है कब्र में दफनाये गये मुर्दे को उखाड़ना परन्तु इसका लक्ष्यार्थ है किसी दबी दबाई बात को फिर से उठाना। इस प्रकार मुहावरे का असली अर्थ उसके अभिधेयार्थ से बिल्कुल भिन्न होता है।

मुहावरों में जनता के जीवन की झाँकी देखने को मिलती है। इनमें किसी जाति की सामाजिक, धार्मिक, आर्थिक और राजनैतिक दशा का संकेत मिलता है। इनमें शकुन-विचार की भी पर्याप्त सामग्री उपलब्ध होती है। इसमें जातिगत विशेषताएँ भी परिलक्षित होती हैं। संक्षेप में मुहावरों से किसी जाति की सम्पूर्ण संस्कृति का उद्घाटन किया जा सकता है। इस प्रकार मुहावरों का अत्यन्त अधिक महत्त्व है।

अनुच्छेद (४) : सूक्तियाँ

उत्तर प्रदेश तथा विहार राज्यों में घाघ और भड्डरी की अनेक उक्तियाँ तथा कहावतें प्रचलित हैं जिनके लिए कोई उपयुक्त तथा समीचीन नामकरण न होने के कारण उन्हें यहाँ 'सूक्तियाँ' इस शीर्षक से अभिहित किया जाता है। घाघ की जो सूक्तियाँ प्रसिद्ध हैं उन्हें **तीन भागों में** बाँटा जा सकता है।

(१) प्रकृति संबंधी सूक्तियाँ।

(२) कृषि संबंधी सूक्तियाँ।

(३) स्वास्थ्य संबंधी सूक्तियाँ।

(१) इनमें प्रकृति संबंधी सूक्तियाँ वे हैं जिनका संबंध प्रकृति के विभिन्न अंगों सेपाया जाता है। जैसे आकाश, वायु, बादल और बिजली आदि। आकाश में चमकने वाली चंचला के रङ्ग को देखकर निरीक्षण शक्ति सम्पन्न व्यक्ति प्रचण्ड अँधड़ आने तथा अकाल पड़ने की घोषणा करता है।

"वाताय कपिला विद्युत्, आतपायातिलोहिनी।
कृष्णा भवति सस्याय, दुर्भिक्षाय सिता भवेत्॥"

प्राचीन काल के ये ऋतु विशेषज्ञ किसी यन्त्र की सहायता से नहीं, अपितु अपनी निरीक्षण-शक्ति के द्वारा ऋतुओं के परिवर्तन को उद्घोषित करते थे। घाघ ने, किस दिशा से वायु चलने से प्रकृति में क्या परिवर्तन होता है इसका वर्णन यहाँ किया है।

"जो पै पवन पुरुब से आवै; उपजै अन्त मेघ झर लावै।
अगिन कोन जो बहै समीरा; पड़े काल दुःख सहै सरीरा।
उत्तर उपजै बहुधन धाना; खेत बात सुख करै किसाना।
दक्खिन, पच्छिम आधो समयो; घाघ पंडित ऐसे भनये।"

एक दूसरी जगह घाघ वायु विज्ञान के विषय में कहते हैं—

"सावन में पुरवैया, भादों में पछियाँव।
हरवाहे हर छोड़ दे; लरिका जाय जियाव॥"

(२) कृषि के संबंध में घाघ की सूक्तियाँ बड़ी सटीक होती हैं। विभिन्न नक्षत्रों में वर्षा के संबंध में उनकी भविष्यवाणी यह है कि—

"रोहिनी बरसे, मृग तपै, कुछ-कुछ अद्रा जाय।
कहै घाघ घाघिनी से, स्वान भात ना खाय॥"

परन्तु यदि जाड़े में माघ के महीने में गर्मी पड़े और जेठ में जाड़ा लगने लगे तथा कहीं पहिली वर्षा में ही पूरा तालाब भर जाय तब बहुत बड़ा अवर्षण होगा और देश में अकाल पड़ जायेगा।

"माघ के उखम, जेठ के जाड़।
पहिलै बरखा भरिगा ताल ।।
कहै घाघ हम होब वियोगी;
कुंवा खोदि के धोइहैं धोबी ।।"

वर्षा के संबंध में घाघ की दूसरी सूक्ति बहुत ही प्रसिद्ध है।

"सावन शुक्ला सप्तमी; अधिक तपै जो भान।
तब लग देव बरीसि हैं, जब लग देव उठान।"

इसी प्रकार से कृषि के उपादान—बैल, धरती, हलवाहा—आदि के संबंध में घाघ की सूक्तियाँ उपलब्ध होती हैं। खेती के लिए किस रूप-रंग का बैल उत्तम होता है, इसकी पहिचान घाघ के अनुसार यह है।

"सींग मुड़े, माथा उठा; मुँह का होवे गोल।
रोम नरम, चंचल करन; तेज बैल अनमोल ।।"

इसी प्रकार से सुस्त तथा बुरे बैल का लक्षण है—

"उजर बरौनी मुँह का महुवा;
ताहि देखि हरवाहवा रोवा।"

कृषि कर्म में बैल एक अत्यन्त आवश्यक साधन है जिसके अभाव में खेती असंभव है।

"बिन बैलन खेती करे, बिन भैयन रार।
बिन मेहरारू घर करे; चौदह साख लबार ।।"

पक्षियों के बोलने से भी अकाल की सूचना प्राप्त होती है।

"रात को बोलै कागला; दिन में बोले स्याल।
तो यों भाखै भड्डरी; निहचै पड़िहै काल ।।"

(३) **स्वास्थ्य संबंधी सूक्तियाँ**—घाघ ने मनुष्यों के उत्तम स्वास्थ्य के संबंध में भी अनेक सूक्तियाँ कही हैं। यदि उनके द्वारा बतलाये गये नियमों का पालन किया जाय तब मनुष्य कभी बीमार नहीं पड़ सकता। घाघ के अनुसार निम्नांकित महीनों में विभिन्न वस्तुओं का खाना निषिद्ध माना गया है जैसे—

"क्वार करैला, चैत गुड़; सावन साग न खाय।
कौड़ी खरचे गाँठ की, रोग विसाहन जाय ।।"

इसी प्रकार से रात में दूध पीना और प्रातःकाल बासी पानी पीना स्वास्थ्य के लिये लाभदायक होता है।

"प्रातःकाल खटिया ते उठिकै; पियै तुरन्तै पानी।
वाके घर में बैद न अइहैं, बात घाघ कै जानी ।।"

आजकल की सूक्ति है "कम खावो, गम खावो ।" इसी प्रकार से घाघ भी कहता है कि कम खाओ और ताज़ा भोजन करो। आँखों की ज्योति के लिए हर्रे का अंजन लगावें और दाँतों में नमक का मंजन करना चाहिये ।

"आँख में हर्रें, दांत में नोन; भूखा राखै चौथा कोन ।
ताजा खावै बायाँ सोवै; वैद खड़ा पिछवारे रोवै ॥"

इसी प्रकार से घाघ ने सावन में साग, भादों में दही और क्वार में दूध पीने का निषेध किया है । वह कहता है कि—

"सावन साग न; न भादौ दही ।
क्वार दूध ना, कातिक मही ॥"

इस प्रकार घाघ ने स्वास्थ्य के संबंध में जो नियम पालन करने का आदेश दिया है वह अनेक दृष्टियों से उपयोगी और स्वास्थ्यकर है। यदि मनुष्य इन नियमों का पालन करे तो डाक्टर को घर में बुलाने की आवश्यकता नहीं पड़ेगी ।

अनुच्छेद ५ : बालकों के गीत

बालक संबंधी गीतों का वर्गीकरण तीन श्रेणियों में किया जा सकता है । (१) लोरी (२) पालने के गीत (३) खेल के गीत । जब बच्चा छोटा होता है तब मातायें उन्हें सुलाने के लिए लोरियाँ गाती हैं जिससे वे शीघ्र ही निद्रा देवी की गोद में चले जाते हैं । संस्कृत साहित्य में भी लोरियाँ उपलब्ध होती हैं । महाभारत में मदालसा अपने शिशु अलर्क को सम्बोधित करती हुई यह लोरी गाती हैं ।

"त्वमसि तात ! शुद्ध ! बुद्ध ! निरंजन !
भवमाया वर्जित ज्ञाता ।
भव स्वपनं च मोह निद्रां त्यज,
मदालसाह सुतं माता ॥"

भोजपुरी में यह लोरी बड़ी प्रचलित तथा लोकप्रिय है जो किसी सिनेमा की तारिका के द्वारा गाये जाने से अब अत्यधिक प्रसिद्ध हो गई है।

"चाना मामा आरे आवऽ; पारे आवऽ
नदिया किनारे आवऽ, सोना के कटोरवा में
दूध भात ले वे आवऽ ।
बबुआ के मुहुवा में घुटुऽऽऽऽक ।"

पालने में बच्चों को सुलाकर जो गीत गाये जाते हैं उन्हें पालने के गीत कहा जाता है । इन्हें अंग्रेजी में 'क्रेडेल सांग्स' कहते हैं । इन गीतों के गाने का उद्देश्य भी वही होता है जो लोरियों के गाने का है। एक मराठी पालने का गीत इस प्रकार है ।

"लक्ष्मी बाई आली; आलीस जाउ न को।
धराला पदर सोडु न को केशव लाल।
लक्ष्मी बाई आली, तां ब्यानी दूध प्याली।
धराला मानवली, वासुदेव बालाच्या।
वलयां घाली टोपी मधे; केशव बालाच्या ।।"

तीसरे प्रकार के बाल-गीत वे हैं जिनका उपयोग बालक खेलों को खेलते समय किया करते हैं। गुजराती लोक साहित्य के मर्मज्ञ विद्वान् श्री झवेर चन्द मेघाणी ने बाल गीतों को निम्नांकित दस वर्गों में विभक्त किया है :[1]

(१) चलने-कूदने के गीत।
(२) बैठे-बैठे चलने के गीत।
(३) बच्चों को बुलाने के गीत।
(४) ऋतु संबंधी गीत।
(५) पशु-पक्षी संबंधी गीत।
(६) चाँदनी रात के गीत।
(७) कथा संबंधी गीत।
(८) व्रत-संबंधी गीत।
(९) गरबा के गीत।
(१०) रास के गीत।

जब बालक पैरों से केवल चलने में समर्थ हो जाता है तब उसकी माता उसे चलने के लिए प्रोत्साहित करती है और गीत गाकर उसे चलने का अभ्यास कराती है।[2]

भोजपुरी में बालक खेलों को खेलते समय अनेक गीतों को गाते हैं। इन खेलों में से निम्नांकित प्रसिद्ध हैं—

(१) कबड्डी (२) झाका झूमरि (३) ओका बोका (४) मौन साधन (५) कान पकड़ना।

इनमें कबड्डी का खेल ही सबसे अधिक लोकप्रिय है जिसे खेलते समय बालक निम्न गीत गाते रहते हैं—

(१) ए कबड़िया रेता; भगत मोर बेटा।
भगताइन मोरी जोरी; खेलबि हम होरी ।।
(२) एक कबड़िया आईले, तबला बजाईले।
तबला में पइसा, लाल बगइचा ।।

अंग्रेजी में बालकों के खेल के अनेक गीत उपलब्ध हैं जिनका प्रकाशन तथा सम्पादन बड़ी विद्वत्ता के साथ किया गया है।

———

१. मेघाणी—लोक साहित्य भाग १, पृ० १९९।
२. डॉ० उपाध्याय—लोक साहित्य की भूमिका, पृ० २२१-२२५।

उपसंहार

गत पृष्ठों में "लोक संस्कृति की रूपरेखा" को संक्षिप्त रूप में प्रस्तुत करने का प्रयास किया गया है। जैसा कि प्रारम्भ में ही लिखा जा चुका है कि लोक संस्कृति और लोक साहित्य में बड़ा अन्तर है। लोक संस्कृति अंगी है और लोक साहित्य उसका केवल एक अंग। यदि लोक संस्कृति की उपमा किसी विशाल वट-वृक्ष से दी जाय तो लोक साहित्य को उसकी केवल एक शाखा (बरोहि) मानना पड़ेगा। लोक संस्कृति का क्षेत्र अत्यन्त विस्तृत है परन्तु लोक साहित्य की परिधि अत्यन्त संकुचित है। मानव जीवन के यावत् क्रियाकलाप हैं, जितने भी विधि-विधान हैं, उन सभी का अन्तर्भाव 'लोक संस्कृति' के अन्तर्गत होता है। मनुष्य के जीवन की सभी क्रियायें, रहन-सहन, रीति-रिवाज, खान-पान, वेश-भूषा, विश्वास, मूढ़ाग्रह, जादू-टोना-टोटका, नृत्य-गीत-संगीत, नाट्य, कला और साहित्य लोक संस्कृति के विशाल क्षेत्र के अन्तर्गत आते हैं। इसीलिए मैं फोकलोर को लोक संस्कृति का पर्याय मानता हूँ और सदा इसी शब्द का व्यवहार करता हूँ। इस ग्रन्थ में लोक संस्कृति की परिभाषा का विशेष विवेचन करने के पश्चात् लोक संस्कृति का श्रेणी-विभाजन का प्रयास किया गया है। 'हैण्ड बुक आफ फोकलोर' की सुप्रसिद्ध लेखिका सोफिया बर्न ने 'फोकलोर' का विभाजन केवल तीन ही प्रधान वर्गों में किया है—

(१) विश्वास और व्यवहार।

(२) प्रथायें।

(३) लोक साहित्य।

परन्तु लोक संस्कृति का क्षेत्र अत्यन्त विस्तृत है। मानव जीवन का कोई भी क्रियाकलाप ऐसा नहीं है जिसका समावेश इस लोक संस्कृति के अन्तर्गत न होता हो। प्रो० एलेक्जेण्डर एच० क्रेपी ने अपने ग्रन्थ "दि साइन्स आफ फोकलोर" में अपने मत का प्रतिपादन करते हुए इस विषय का विवेचन अठारह अध्यायों में किया है। परन्तु यदि इस ग्रन्थ के विषयों की ध्यान पूर्वक मीमांसा की जाय तो यह स्पष्ट ही प्रतीत होता है कि इस ग्रन्थ के प्रथम नौ अध्यायों में केवल लोक साहित्य की मीमांसा प्रस्तुत की गई है। दसवें अध्याय में मंत्र-तंत्र और ग्यारहवें में लोक विश्वास की चर्चा की गई है। जादू-टोना और टोटका का विवेचन केवल एक अध्याय (१५वें) में किया गया है। इस प्रकार से इस ग्रन्थ में जो मीमांसा प्रस्तुत की गई है, वह नितान्त

एकाङ्गी है। लोक साहित्य लोक संस्कृति का एक अंग है, अंगी नहीं। अतः इस ग्रन्थ में लोक साहित्य का विवेचन दस अध्यायों में करना चिन्त्य है।

प्रस्तुत लेखक की विनम्र सम्मति में लोक संस्कृति का क्षेत्र उतना ही विस्तृत तथा व्यापक है जितना मानव का जीवन। मनुष्य के जीवन का कोई भी ऐसा व्यापार नहीं है, कोई भी ऐसा क्रियाकलाप नहीं है जो लोक संस्कृति के अन्तर्गत न आता हो। इसलिए इस ग्रन्थ में उन सभी विषयों का विवेचन—चाहे वह संक्षेप में ही क्यों न हो—उपस्थित करने का विनम्र प्रयास किया गया है जो लोक संस्कृति की संभावित सीमा के अन्तर्गत आते हैं।

लोक जीवन में विश्वासों की अधिकता का होना स्वाभाविक है। वृक्ष, लता, बेल, पशु-पक्षी, पुरुष, आदि के संबंध में अनेक लोक विश्वास प्रचलित हैं। इसी प्रकार निर्जीव वस्तुओं के संबंध में भी लोक विश्वासों की कुछ कमी नहीं है। गंगा, यमुना, सरस्वती, कर्मनासा और चर्मण्यवती (चम्बल) आदि नदियों के विषय में अनेक लोक विश्वास पाये जाते हैं। इसी प्रकार से हिमालय, विन्ध्याचल, सुमेरु और अस्ताचल के विषय में भी इनका अभाव नहीं है। छोटे-छोटे तालाबों, वापी और कूपों का संबंध भी प्राचीन प्रथाओं तथा विश्वासों से जुड़ा हुआ है। किम्बहुना, शरीर के जो विभिन्न अंग हैं जैसे सिर, आँख, बाहु आदि ये भी लोक संस्कृति की दृष्टि से कुछ कम महत्त्वपूर्ण नहीं हैं। अतः इन सभी वस्तुओं के संबंध में लोक विश्वासों, मूढ़ाग्रहों, प्रथाओं तथा परम्पराओं का वर्णन करने का यहाँ प्रयास किया गया है।

लोक जीवन में प्रेतात्माओं तथा दुष्ट आत्माओं का प्रधान स्थान है। इनमें भूत, प्रेत, पिशाच, ब्रह्मराक्षस, वैताल, जिन्न, बूड़ा आदि की गणना की जाती है। संभवतः इस ग्रन्थ में सबसे पहिली बार इन दुष्ट आत्माओं का इतना प्रामाणिक तथा विस्तृत विवरण प्रस्तुत किया गया है। हिन्दी अथवा संस्कृत के किसी ग्रन्थ में इन दुष्ट आत्माओं का चलता हुआ उल्लेख भले ही मिल जाय परन्तु इन पंक्तियों के लेखक को इनका साङ्गोपाङ्ग विवेचन कहीं भी प्राप्त नहीं हो सका। इन दुष्ट आत्माओं के स्वरूप, आचार-विचार, क्रिया-कलाप के विषय में बहुत खोज करने पर भी कुछ विशेष सामग्री प्राप्त नहीं हो सकी। अतः ऐसी अवस्था में श्री विलियम क्रुक की पुस्तक का ही एक मात्र अवलम्बन ग्रहण करना पड़ा है। सच तो यह है कि यदि क्रुक की पुस्तक प्राप्त न होती तो इस अध्याय का लिखना दुष्कर ही नहीं असंभव भी होता। अतः यह निःसन्देह कहा जा सकता है प्रेतात्माओं तथा दुष्ट आत्माओं के संबंध में जो बहुमूल्य सामग्री इस ग्रन्थ में प्रस्तुत की गई है, वह सर्वथा मौलिक होने के साथ ही प्रथम बार प्रस्तुत करने के कारण नवीन भी है।

चूंकि लोक संस्कृति का क्षेत्र सार्वजनीन (All pervading) है। अतः इस ग्रन्थ में लोक कला की भी मीमांसा प्रस्तुत की गई है। इस अध्याय के अन्तर्गत लोक संगीत, लोक नाट्य और लोक कला का विवेचन एकत्र किया गया है। जहां तक इन

पंक्तियों के लेखक को ज्ञात है लोक संगीत का इतना प्रामाणिक तथा सुन्दर वर्णन अन्यत्र उपलब्ध नहीं है। इस लेखक की यह दृढ़ धारणा है कि शास्त्रीय संगीत का विशाल प्रासाद लोक संगीत की ही दृढ़ भित्ति पर अवस्थित है। अतः लोक संगीत का भी उतना ही महत्व है जितना शास्त्रीय संगीत का। इसी कारण लोक संगीत का विवेचन यहाँ करना उचित ही है।

लोक कला मानव जीवन का अविच्छिन्न अंग है। जीवन के समस्त व्यापारों में लोक कला की स्थिति पाई जाती है। इस कला का क्षेत्र अत्यन्त विस्तृत है। अतः इसका अत्यन्त संक्षिप्त वर्णन उपस्थित कर ही सन्तोष करना पड़ा है। मेरे कथन का आशय केवल इतना ही है लोक संस्कृति की विस्तृत तथा विशाल परिधि में आने वाले समस्त क्रिया-कलापों और विधि-विधानों की मीमांसा यहाँ समास रूप से की गई है। इस प्रकार इस ग्रन्थ का क्षेत्र-विस्तार श्रीमती सोफिया वर्न और एलेक्जेण्डर क्रेपी की पुस्तकों से कहीं अधिक है। अतः आशा ही नहीं बल्कि दृढ़ विश्वास है कि हिन्दी के पाठकों को इसमें मौलिक तथा नवीन सामग्री उपलब्ध होगी।

अन्त में, भूत भावन, भगवान्, बाबा विश्वनाथ से मेरी यही प्रार्थना है कि वे मुझे दीर्घायुष्य, सुन्दर स्वास्थ्य तथा लोक-संस्कृति संबंधी ग्रन्थ प्रणयन में रुचि प्रदान करने की कृपा करें। पुनः यही प्रार्थना है कि---

"नान्या स्पृहा रघुपते ! हृदयेऽस्मदीये;
सत्यं वदामि च भवान् अखिलान्तरात्मा।
भक्तिं प्रयच्छ जनदैवत ! लोक-गीते;
गाथा-कथा-परिचितं कुरु मानसं मे॥"

परिशिष्ट

पठनीय ग्रन्थ-सूची

(क) हिन्दी

१. डॉ० कृष्णदेव उपाध्याय—भोजपुरी लोक-गीत भाग १ तथा २
(हिन्दी साहित्य सम्मेलन, प्रयाग)

२. डॉ० कृष्णदेव उपाध्याय—भोजपुरी लोक गीत भाग ३
(भोजपुरी अकादेमी, पटना, ८४)

३. डॉ० कृष्णदेव उपाध्याय—भोजपुरी और उसका साहित्य
(राजकमल प्रकाशन, नई दिल्ली)

४. डॉ० कृष्णदेव उपाध्याय—भोजपुरी साहित्य का इतिहास
(लोक संस्कृति शोध संस्थान वाराणसी, १९७१)

५. डॉ० कृष्णदेव उपाध्याय—भोजपुरी लोक साहित्य का अध्ययन
(हिन्दी प्रचारक, वाराणसी)

६. डॉ० कृष्णदेव उपाध्याय—हिन्दी साहित्य का बृहत् इतिहास भाग १६ राहुल जी के साथ (ना० प्र० स० वाराणसी)

७. डॉ० कृष्णदेव उपाध्याय—भोजपुरी लोक-संगीत
(लोक संस्कृति शोध संस्थान, वाराणसी १९८५)

८. डॉ० कृष्णदेव उपाध्याय—लोक साहित्य की भूमिका
(साहित्य भवन लिमिटेड, इलाहाबाद)

९. डॉ० कृष्णदेव उपाध्याय—अवधी लोक गीत भाग १
(प्रकाशक—वही, प्रयाग)

१०. डॉ० कृष्णदेव उपाध्याय—हिन्दी प्रदेश के लोक-गीत
(प्रकाशक—वही, प्रयाग)

११. भारत में लोक साहित्य के अध्ययन का इतिहास (प्रेस में)

१२. भारतीय लोक विश्वास तथा अंध परम्परायें (प्रेस में)

१३. डॉ० कृष्णदेव उपाध्याय—भोजपुरी लोक संस्कृति
(हिन्दी साहित्य सम्मेलन, प्रयाग)

१४. डॉ० कृष्णदेव उपाध्याय—विश्व लोक-साहित्य की रूपरेखा
१५. डॉ० कृष्णदेव उपाध्याय—अवधी लोक गीत भाग २
१६. डॉ० त्रिलोचन पाण्डेय—लोक साहित्य का अध्ययन
(लोक भारती प्रकाशन, प्रयाग)
१७. डॉ० त्रिलोचन पाण्डेय—कुँमाऊनी लोक साहित्य का अध्ययन (अलमोड़ा)
१८. डॉ० त्रिलोचन पाण्डेय—कुँमाऊनी भाषा और साहित्य (हिन्दी संस्थान, लखनऊ)
१९. डॉ० त्रिलोचन पाण्डेय – कुँमाऊनी लोक साहित्य की पृष्ठभूमि
२०. डॉ० त्रिलोचन पाण्डेय—संस्कृत काव्यों में शकुन
२१. डॉ० रविशंकर उपाध्याय—भोजपुरी लोक गीतों का सांस्कृतिक अध्ययन
सम्मेलन पत्रिका—लोक कला अंक
सम्मेलन पत्रिका – लोक-संस्कृति अंक
(हिन्दी साहित्य सम्मेलन, प्रयाग सं० २०१० वि०)

(ख) अंग्रेजी

१. सर जेम्स फ्रेजर—दि गोल्डेन बाऊ (१२ भागों में)
२. विलियम क्रुक—पापुलर रिलिजन एण्ड फोकलोर आफ नार्दर्न इण्डिया
३. श्रीमती सोफिया बर्न—ए हैण्ड बुक आफ फोकलोर
४. एलेन डण्डी – ए स्टडी आफ फोकलोर।
५. एलेक्जेण्डर क्रेपी—दि साइन्स आफ फोकलोर
६. मेरिया लीच—दि स्टैंडर्ड डिक्शनरी आफ फोकलोर, माइथोलाजी एण्ड लीजेण्ड
७. गूमर—दि पापुलर बैलेड
८. फैंक सिजविक—दि बैलेड
९. थर्स्टन—सुपरस्टिशन्स आफ सदरन इण्डिया (बम्बई)
१०. थर्स्टन—विलेज गाड्स आफ सदरन इण्डिया

नोट—लोक साहित्य तथा लोक संस्कृति के लिए पठनीय ग्रन्थों की विस्तृत जानकारी के लिए मेरी पुस्तक "लोक साहित्य की भूमिका" का परिशिष्ट भाग देखिए।

पत्रिकायें

नार्थ इण्डियन नोट्स एण्ड क्वेटी, (प्रयाग)
नोट्स एण्ड क्वेटी—(पत्रिका), लण्डन

सहायक ग्रन्थ-सूची

(क) हिन्दी ग्रन्थ

(१) डा० कृष्णदेव उपाध्याय—लोक साहित्य की भूमिका, इलाहाबाद
(२) डा० त्रिलोचन पाण्डेय—लोक साहित्य का अध्ययन, इलाहाबाद
(३) डा० सत्येन्द्र—लोक साहित्य विज्ञान
(४) डा० श्याम परमार—भारतीय लोक साहित्य
(५) डा० सुरेश चन्द्र त्रिपाठी—कनउजी लोक-साहित्य में समाज का प्रतिबिम्ब
(६) डा० सरोजिनी रोहतगी—अवधी लोक साहित्य
(७) डा० विद्या विन्दू सिंह—अवधी लोकगीतों का विवेचनात्मक अध्ययन
(८) डा० सत्या गुप्त—खड़ी बोली का लोक साहित्य
(९) डा० कृष्ण लाल हंस—निमाडी भाषा और साहित्य
(१०) डा० श्रीवास्तव—बुन्देलखण्डी लोक साहित्य
(११) डा० श्रीराम शर्मा—लोक साहित्य सिद्धान्त और प्रयोग
(१२) डा० कुन्दन लाल उपरेती—लोक साहित्य के प्रतिमान
(१३) डा० रविशंकर उपाध्याय—भोजपुरी लोकगीतों का सांस्कृतिक अध्ययन
(१४) डा० शङ्कर लाल यादव —हरियाना प्रदेश का लोक साहित्य
(१५) डा० हीरालाल तिवारी—गंगाधरी के लोक-गीत
(१६) डा० चिन्तामणि उपाध्याय—मालवी लोक-गीत

(ख) अंग्रेजी ग्रन्थ

(१) सोफिया बर्न—ए हैण्ड बुक आफ फोकलोर (लण्डन) १९१४
(२) एलेकजेण्डर (एच) क्रेपी—दि साइन्स आफ फोकलोर, १९२९
(३) थिसिलटन डायर—इङ्गलिश फोकलोर
(४) रिचर्ड एम० डारसन—अमेरिकन फोकलोर, शिकागो, १९५९
(५) एलेन डण्डी (सं०)—ए स्टडी आफ फोकलोर
(६) मारिस बायसन—मैजिक (लण्डन, १९६०)
(७) विलियम क्रुक—पापुलर टिलिजन एण्ड फोकलोर आफ नार्दर्न इण्डिया (तृ० सं० दिल्ली)
(८) जेम्स फ्रेजर—गोल्डेन बाऊ (दो भाग, संक्षिप्त संस्करण)

(९) ई० ए० आर्मस्ट्रॉंग—दि फोकलोर आफ बर्ड्स (लण्डन, १९५८)
(१०) गुबेर नेटिस—बोटेनिकल माइथोलाजी
(१० ब) गुबेर नेटिस—जुआलाजिकल माइथोलाजी
(११) जे० गोण्डा—आई एण्ड गेज इन दि वेद (एमस्टर्डन १९६९)
(१२) मेरियन आर० कान्स—एन० इन्ट्रोडक्शन टू फोकलोर (लण्डन १८०७)
(१३) रेवेरेण्ड हेनरी ह्वाइटहेड—दि विलेज गाड्स आफ साउथ इण्डिया
(१४) थर्स्टन—सुपरस्टिशन्स आफ साउथ इण्डिया।
(१५) डा० वासुदेव शरण अग्रवाल—एन्शेण्ट इण्डियन फोक कल्ट्स, १९७०
(१६) डॉ० छन्दा चक्रवती—कामन लाइफ इन दि ऋग्वेद एण्ड अथर्ववेद
(१७) मेरिया लीच—डिक्शनरी आफ फोकलोर, माइथोलाजी एण्ड लोजेंड्स (दो भाग)
(१८) काक्स—माइथोलाजी आफ आर्यन नेशन्स।
(१९) शोकोलोव—रशियन फोकलोर
(२०) एण्डरसेन—नार्स माइथोलाजी
(२१) ब्रैण्ड—पापुलर एन्टीक्वीटीज़ आफ इङ्गलैण्ड, स्काट लैण्ड एण्ड आयर-लैण्ड
(२२) ए० डब्लू० मूर—दि फोकलोर आफ दि आइल आफ मैन
(२३) ई० ओवन—वेलश फोकलोर
(२४) जी० एल० गोमे—फोकलोर एज एन हिस्टारिकल साइन्स
(२५) आर० एच० बस्क—दि फोकलोर आफ रोम, १८७४

———

डा० कृष्णदेव उपाध्याय द्वारा लिखित मौलिक तथा सम्पादित ग्रन्थों की सूची

(क) मौलिक ग्रन्थ

(१) भोजपुरी लोक साहित्य का अध्ययन
(२) भोजपुरी और उसका साहित्य
(३) भोजपुरी साहित्य का इतिहास
(४) भोजपुरी लोक साहित्य
(५) भोजपुरी लोक संस्कृति
(६) हिन्दू विवाह की उत्पति और विकास
(७) यूरोप की सांस्कृतिक यात्रा
(८) हिन्दी प्रदेश के लोकगीत
(९) भारतीय लोक विश्वास (प्रेस में)
(१०) भारत में लोक साहित्य के अध्ययन का इतिहास (प्रेस में)
(१० अ) आंचलिक रेखा चित्र।

(ख) सम्पादित ग्रन्थ

(११) भोजपुरी लोक गीत भाग १
(१२) भोजपुरी लोक गीत भाग २
(१३) भोजपुरी लोक गीत भाग ३
(१४) अवधी लोक गीत भाग १
(१५) हिन्दी साहित्य का वृहत् इतिहास भाग १६ (लोक साहित्य) राहुल जी के साथ
(१६) सम आसपेक्ट् आफ इण्डियन फोक कल्चर
(१७) एसेज़ इन इण्डियन फोकलोर
(१८) अवधी लोकगीत भाग २ (प्रेस में)
(१९) भोजपुरी लोक-कथा
(२०) भोजपुरी लोक-संगीत

(ग) प्रकाश्य ग्रन्थ

(२१) इण्डियन फोक-लिटरेचर
(२२) फोकलोर इन एन्शेण्ट इण्डिया
(२३) फोकलोर आफ उत्तर प्रदेश
(२४) इण्डियन फोक-कल्चर
(२५) विश्व लोक साहित्य का अनुशीलन
(२६) भोजपुरी लोक-कथा

(घ) इतर ग्रन्थ

(२७) निबन्ध चन्द्रिका (संस्कृत)
(२८) भोजपुरी निबन्ध-चिन्तामणि
(२९) भगवद्गीता (हिन्दी अनुवाद)
(३०) चारु-चरितावली

—०—

अनुक्रमणिका

अ

अगरिया (जाति) १८२

अचेरी २११

अछरी (नृत्य) २४८

अथर्ववेद २१६

अफ नास्येव (ए० एन०) ३३

अभिन्दन (कवि) १११

अभिलेखागार ३४

अमरनाथ ६६

अयोध्या १२७

अरथी १६४

'अर्थशास्त्र' २१

अल्पना २६१, २८२

अल्हैत २८३

अशोक वाटिका १२३

अशोक सम्राट १०७

आ

आर्ने – एण्टी ३१

आगस्टस १०६

आप्टे (वा० शि०) ११, २१

आशुतोष भट्टाचार्य २७

आयरलैण्ड १६०

आल्हा १६०

इ+ई

इण्डियन फोकलोर कांग्रेस २७

इण्डियन सरपेण्ट लोर ११७

इण्डिनिस्ट थ्योरी ३१

इसाप्स फेबुल्स २६३

ईयर बुक ३४

ईस्टर १७७

ईम्ब्रोज मर्टन ३

ईसा मसीह १०१

इन्दुमती १२६

उ+ऊ+ऋ

उगादि १७३

उपनिषद् १२

उपाध्याय-कृष्णदेव ४२
२६५, २८६, २६४

उपाध्याय बलदेव १२

ऊदल १६०

ऋग्वेद ६, ११८, १४७

ए

एकल २३३

एक्सोर्सिजम २०२

ए ट्रेजेरी आफ स्नेकलोर ११७

एण्डरसन (जे० डी०) ३८

एश्नो ग्राफिक नोट्स ३८

एनाल्स ३६

एबाट (जे०) ३६

एम्री डे बुक ३०

एन्शेण्ट बैलेण्ड्स एण्ड लीजेन्स
आफ हिन्दुस्तान ३७

एरुवाक पुन्नम् १७३

एलेन-डण्डी ३

एस्पिनोजा (ऐरेलियो) ६

ओ

ओइछना २२६

ओडिसी २५३

'ओझा' २०१
ओणम् १७१
ओमेन्स एण्ड सुपरस्टिशन्स
आफ सदरन इण्डिया ३८
ओरियण्टल पर्ल्स ३८
क
कथाकली २४३
कथासरित्सागर १०१, २०७, २६३
कत्थक (नृत्य) २४५
कनौजिया १७६
करकम (नृत्य) २५३
कबाड़ी (नृत्य) २५२
कल्पवास १३१
'कलेक्शन' ३८
कमल सरोबर ६८
कादम्बरी १२४
कार्पस किस्ट्री ६६
कालवेल (आर० सी०) ३६
कालिदास १४, १२४
कासेल ३०
'कास्टस' ३८
कालेवल ३१
कांथा २६१
कामाख्या देवी ६५
काशी बाबा १०१
कण्व १२४
करमा वृक्ष ६४
किओवा जाति १०७
किच्छा पूजा ६५
कीट्रीज २६१
क्राकर क्राफ्टन ३०
कृष्ण १४३
कृष्णानन्द गुप्त २२, २३
कृष्णदेव उपाध्याय २५, २८, २६०
क्रिसमस १७६
क्रिश्चियन्सेन ३२
कुंज विहारी दास १०, २७, ३६
कुरुख फोकलोर ३८
कुरथ-जेरट्रूड ७
कुमार गंधर्व २४१
कुलक—जे० ३८
क्रुक-विलियम ३७, ६४, १७६
केरियार १८०
क्रेडेल टेल्स २६५
क्रेपी (ए० एच०) ४२
कैला बाग ११६
कोरस २३३
कोलट्टम् २५२
कोहबर १०६
क्रोहन-कार्ल ३२
कौटिल्य २१
कौमुदी महोत्सव १२७
ख
ख्याल २५५
ग
गणेश चतुर्थी १६५
गणेश चौबे ३६
गढ़ मुक्तेश्वर १३०
गवना १६४
गर्बा २५०, ५१, २५६
गिर (भूत) २१३
गिद्धा २५२
ग्रीस १०८
ग्रिम (सिद्धान्त) २८६
ग्रियर्सन ३७, २८५
ग्रिम (विलहेम) २६

गुड़ियों का त्यौहार १७२
गुणाढ्य २६३
गुरहत्थी १६३
गुग्गा नवमी १७६
ग्रुण्डविक ३२
गूमर २६१
गेस्ट आफ राबिनहुड २८५
'गोदान' १६४
गोधन २७६
गोमे ३५
गोवर (चार्ल्स० ह०) ३६
गोल्डेन बाउ ३५
गोदना २५६
गोन्धल २५६
गंभीरा २५६
गंगा सागर १२१

घ

घाघ ३०४
घोड़ा देव ६६

च

चाइल्ड (फ्रान्सिस) ३२
चाइल्ड का सिद्धान्त २८८
चम्पू रामायण ११३
चारुदत्त (नाटक) १२४
चिन्तामणि उपाध्याय २७
चाँचरी २४६
चुड़ैल १४, २१२
चूहों का मन्दिर १०१
चौफुलों २४६

छ

छठी माता २७७
छपेली २५०
छाऊ (नृत्य) २५७
छोलिया २५०

ज

जनक पुरी १२७
जन्ति के गीत २६७
जय विमल मुनि १११
जवाहर लाल नेहरू ११४
जात्रा २५६
जायसी ११०
ज्वालाजी का मन्दिर ६६
जिन्न (भूत) २११
जेकब ग्रिम २६
जेमसन (आर० डी०) ६
झोड़ा (नृत्य) २४६

ट

टाड (कर्नल, जेम्स) ३६
टाम्स (विलियम) ३५
टानी २६३
टामस पर्सी २८
'ट्राइब्स' ३८
टेम्पुल (आर० सी०) ३६, ३७
टेल्स ३७
टेलर (आर्चर) ७
टोटेम १०६, १८७
टोटेमिक टेल्स ३८
टोटेमिजम १८४
टोरेस 'स्ट्रेटस' (द्वीप) १८५

ड

डण्डी-एलेन ४२
डाइन २२३-२५
डाकिनी २२१
डायर ६५, ११८
डारसन (एम० आर०) ३३
डायश हाउस होल्ड मार्शेन ३०

डाल्टन ३६
'डिक्शनरी' ४१
डिसक्रिप्टिमभ एटनोलाजी आफ बंगाल' ३६
डुपेल १४०
'डेगडालना' १६४
डेमण्ट (जी० एच०) ३६
डे-लाल विहारी ३७
ढ
'ढकोसला' ३०२
ढोला-मारू २८५
'ढोला-मारू रादूहा' २८३
त
तप्तमुद्रा १२७
'तमाशा' (नाट्य) २५६
तारापीड १२४
तिरुवातिरा १७२
तुलसीदास ३६,६५, १११ ११३, ११६, १२३, १२६, १६३
'तैत्तिरीय' (उपनिषद्) १८१
तोरुदत्त ३७
त्रिजटा १४२
त्रिपाठी (रामनरेश) ३६
त्रिलोकी नाथ (बाबा) १६६
त्रिशंकु ६४
थ
थर्स्टन ३८
थापे २५६
थामसन (स्टिथ) ३२
थिसलटन (डायर) ६६
द
दत्तात्रेय ६४
दमयन्ती १२३
दशरथ (राजा) १०३, १४३
दशावतार २५६
दशावतारं चरित काव्य १४३
दानव २१०
दाही १६५
दिनेश चन्द्र सेन ३६, २६५
दिशा शूल १३५
दुर्गा सप्तशती ६१, १२६
दुष्यन्त १००, १२४
देवसूरि १०८
देवी नृत्य २४८
देवी लाल सम्मर ३६
दैत्य २१०
दौरा १६४
द्वादशाह १६५
द्वार पूजा १६३
ध
धनवन्तरि कूप ६७
धनिय गोप १३
धाँगर जाति १८२
न
नटेश शास्त्री ७३
नन्दा देवी ६६
नरसरी राइम्स २६५
नवरात्र १७५
नाग पंचमी २७६
नागर्जा २४८
नागिन स्त्रियाँ ११७
नाग कुँआ (वाराणसी) ११६
नार्डिक फोकलोर इन्स्टीट्यूट ३४
नार फोक १०५
'नार्थ इण्डियन नोट्स एण्ड क्वेटीज' ३७

निमकौड़ी ७४
नैषधीय चरितम् १०९
नोना चमारिन २२६
नोटस एण्ड क्वेटीज़ (लन्दन) ३०
नौटंकी २२५
न्यू इयर्स डे १७७
न्यूज़ बुलेटिन ३४

प

'पट २६०
पदमावत ९३
परशुराम कुण्ड ६५
पटुवे २६०
परिछावन २२९
परी २१२
पाट १८७
पाण्डव नृत्य २४८
पाण्डुकेश्वर ११६
पाणिनि ९
पिशाच २०७
पापुलर एन्टीक्वीटीज़ २९
'पापुलर रिलिजन एण्ड
फोकलोर आफ नार्दन 'इण्डिया' ३८
पालि जातक १३
पिंडिया २७६
पुरुरवा (राजा) १२६
पुरुक्त सूक्त १४७
पेनाट १३६
पैशाची भाषा २९३
पोङ्गल (पर्व) १७४
पंचगव्य २१४
प्रफुलदत्त गोस्वामी २७
प्रहेलिका ३००
प्लिनी १०९
प्रेत २०६

फ

फादर्स डे २१५
फास्टर-जार्ज ६
फिनिश फोक लिटरेचर सोसाइटी ३४
फुदेना २२९
फोकलिव २६
'फोकलोर' ३५
फोकलोर इन्स्टीट्यूट ३३
'फोक टेल्स आफ बंगाल' ३७
'फोक लिटरेचर आफ बंगाल' ३९
फोकलोर फेलो कम्युनिकेशन ३२
फोकलोर रिसर्च इन्स्टीट्यूट ३४
फोकलोर सोसाइटी ३०, ३३
फोल्स कुण्डे ४
फ्रेजर (जेम्स) ३५, १८८
फ्रेयर (मिस) ३६

ब

बख्तियार १८०
बगाड़ा जाति १९६
बड़े गणेश (मन्दिर) १०१
बहुरा २७६
बहुरूपिया (नाट्य) २५६
बाघ देव ९७
बाघेश्वर ९७
बाण (महाकवि) १०८
बारभ्यू (मारिस) ७
बार्कर ४
बाल (डा०) १८३
बालमीकीय रामायण १४३
बिदेसिया (नाटक) २५३
बिहारी (कवि) ११९, १२६
बिहू (नृत्य) २५३, १७५
बैसाखी १७५
बैसाखी मेला १६५
बोल्टे (जोहन) ३१
बंगाल पीजेण्ट लाइफ ३७, ३९
बीर (प्रेत योनी) २०९
बुरियत जाति १०७
बेदुआ १९३
बेनफी (थियोडार) ३१

बंगाल हाउस होल्ड टेल्स ३८
'बगाली फोक सांग्स फ्राम दिनाजपुर' ३६
बूड़ा २१२

भ

भइया दूज (पर्व) १३८
भगत (नाट्य) २५५
भगनौल (नृत्य) २५०
भगवान् दास (डा०) १४८
भगवान् विष्णु ११०
भड्‌री ३०४
भरत (मुनि) १४३
भरत नाटयशास्त्र २४४
भवाई (नाट्य) २५६
भाँगड़ा २५१, २५७
भारतीय लोक संस्कृति सम्मेलन २८
भुंइ सेज १६४
भूत २०३, २०४, २०५
भेकल नाग ११६
भैरव ६४
भोजपुर ६४

म

मकर संक्रान्ति १३१
मजुमदार (डी० एन०) ११
'मटका' १२०
मण्डप १६३
मण्डूक सूक्त ११८
मणिपुरी नृत्य २४५
मदर्स डे २१५
मदान (टी० एन०) ११
मदुराई (मदुरा) १२४
मधुभाई पटेल २७
मनु (स्मृतिकार) २२
'मर्याद रखना' १६४
मलमास १३२
मशोना लैण्ड १८६
मसान (प्रेतयोनि) २११
महाभारत ६, १०६
महेश नारायण सक्सेना २३६, ४१
मंथरा १२३
माँच (नाट्य) २५५
माण्ट गोमरी (जे०) १८१
मानसरोवर ६६
मारीच ६३
मालविकाग्निमित्र १२४
माल्यवान् ११४
मिश (जान) ७
मीना (जाति) १८४
मीनाक्षी देवी ६८
मुद्राराक्षस १२४
मृच्छकटिक १२४
मेघदूत १५
मेघाणी (झवेर चन्द) ३६
मेक्वीन १७८
मे ट्री १७८
मे पोल १७७
मेयर (जान) ३४
मेरिया लीच ५
मो-जार्गन ३३
मोन डोरो १८६
मोनियर विलियम्स २१
'मोटिक इन्डेक्स आफ फोक लिटरेचर' ३१
मैग पाई (पक्षी) १२२
'मैथिली लोकगीत' ३६

य

यक्ष-गान २५६
यातु विद्या २१७

र

'रशियन फोकलोर' ३३
रसल ३८
राबिन्सन (जे०) ३७
राम १२७
रास चिरैया ११०

राम नरेश त्रिपाठी २०
रामनाथ शास्त्री २७
रामानुजाचार्य १२७
राके-कुर्त ३४
राई नोन २२६
राजावर्त (ताबीज) २२६
राम गरीब चौबे ३८
राम चरित मानस १४०
राम जन्म स्थान १६४
रामायण मंजरी १४३
रामनारायण उपाध्याय ३६
रावण ११४, १४३
रासभ जातक १०१
राक्षस २०७
रिचर्डसन ३८
रिपले (रिज़ले) १८१
हेलिक्स आफ इंगलिश पोइट्री २६

ल

लक्ष्मण १२४
ललित (नाट्य) २५६
लाफ्रेनैस (आर० एम०) ३२
लास्ट सपर १३६
'लोक साहित्य नु समा लोचन' ३६
लियो नार्डो डिविन्शी १३६
लिविंग स्टोन १८६
'लीजेण्ड्स आफ दि पंजाब' ३७
लोक कला मण्डल ३८
लीच-मेक एडवर्ड ७
लीच मेरिया ४१
लानराट ३१
लोरिकी २८५
लैंग-एण्ड्र ३५

व

वराह मिहिर ६०, ६८
बसन्त सेना १२४
वाइड अवे क स्टोरीज़ ३७
वाग्रीति ३०२
वाराह १८४
वाल्मीकि १४, ६३, १२६
'वाल्मीकीय रामायण' ११४
'वासवदत्ता' ११०
वासुदेव शरण अग्रवाल २१, २२
'विजयमल' २८५
विजयसेन सूरि १००
विथि भागवतम् (नाट्य) २५७
विदेसिया २५७
विनायक पवती १७३
विराट पुरुष १४७
विलियम-जोन्स ३५
विलियम-टाम्स ३५
विलियम-व स्कम ५
विशाप-पर्सी २८८
विष्णु १७१
विश्वनाथ मंदिर १६०
विश्वामित्र (ऋषि) ६४
'वृहत् कथा' २६३
'वृहत संहिता' ६२, ६४
'वृहत कथा मंजरी' २६३
'वृहत श्लोक संग्रह' २६३
वोगेल (डा०) ११७
व्रेडनिश (डा०) ३४
वैतरणी १६४
वैताल २०५
व्रतवन्ध १६१
व्रह्म राक्षस २०६
व्राण्ट ११७
व्यास (महर्षि) ६

श

'शकुन्तला' १००, १२४
शुकनास १२४

शंकराचार्य १००
श्याम मनोहर पाण्डेय २८५
'श्वेताश्वतर' (उपनिषद्) १८१
श्लेगल का सिद्धान्त २८६
शाकद्वीपीय ब्राह्मण १८१
शिशुपाल बध १०६
शेक्सपियर ११२, ११८, १२७
शोभना देवी ३८
श्रीकृष्ण १०७
श्री हर्ष (महाकवि) १०६

स

सउरि २३७
सती बुर्ज २१५
सत्य नारायण (देवता) १६६
सत्येन्द्र (डा०) २३, ४१, २६५
सन्त ल्यूक दिवस ८५
सन्त सुपर्ट सडे १८८
सप्तपदी १६३
सरयूपारीण १५२, १७६
सरस्वती देवी २३५
संकट मोचन (देवता) १६४
संक्रान्ति १७३
संस्कार ४३
स्टिथ टामसन ३३
स्पिनोजा (ए० एम०) ४१
स्टील (मिसेज़) ३७
स्टेन्थल का सिद्धान्त २८७
स्तोभ प्रणाली २३८
साखु बाई २१६
साँझी देवी १७६
सागर (देवीलाल) ३६
सियरन पाँडे ६३
सीज़र (सम्राट) १०६
सीमान–एटिल ३४
सुशील कुमार चटर्जी २४
सुमंगली १६३
सुरीनाम १६३
सूक्तियाँ ३०४
सूरदास ६८
सूर सागर १४२
सेण्ट जान ६६
सोको लोव (बी० एम०) ३३
सोरवा २०१
सोफिया बर्न १५, ४१, १८५
सोभर २६७
सोमदेव २६३

ह

हजारी प्रसाद द्विवेदी २०, २६
हनुमान् (देवता) १४
हनुमान चालीसा १६३
हनुमन्नाटक ११०
हर की पैड़ी (हरिद्वार) ११६
हर फरवरी के गीत १४१, १६०
हरिश्चन्द्र-राजा १८७
हरिहर क्षेत्र मेला १३०
हल कर्षण १४१
हान (एफ०) ३८
हार्ट लैण्ड (लेखक) ३५
हिटलर १८६
हिस्लप (एस०) ३६
हीरामन तोता १०२
हीरालाल (डॉ०) ३८
हुडुकिया २८३
हेम विजय गणि १००
हेट देवता १०८
हेस्टिंग्स (ज़ेम्स) १४४
हैमलेट नाटक ११२
होम्स ३०
हेनरी बोर्न २६